AF546452

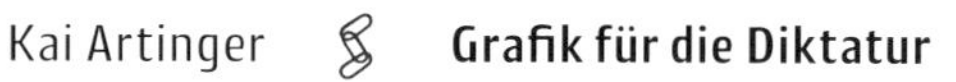

Kai Artinger

Grafik für die Diktatur

Kai Artinger, Ulrike Groos (Hrsg.)

Kai Artinger

GRAFIK FÜR DIE DIKTATUR

Die Geburt der Grafiksammlung des Kunstmuseums Stuttgart im Nationalsozialismus

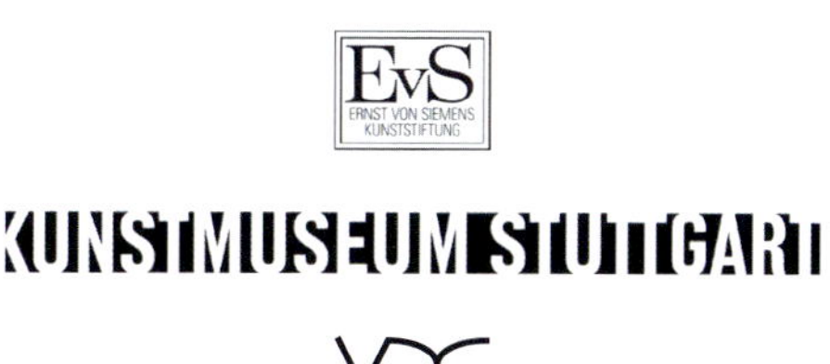

INHALT

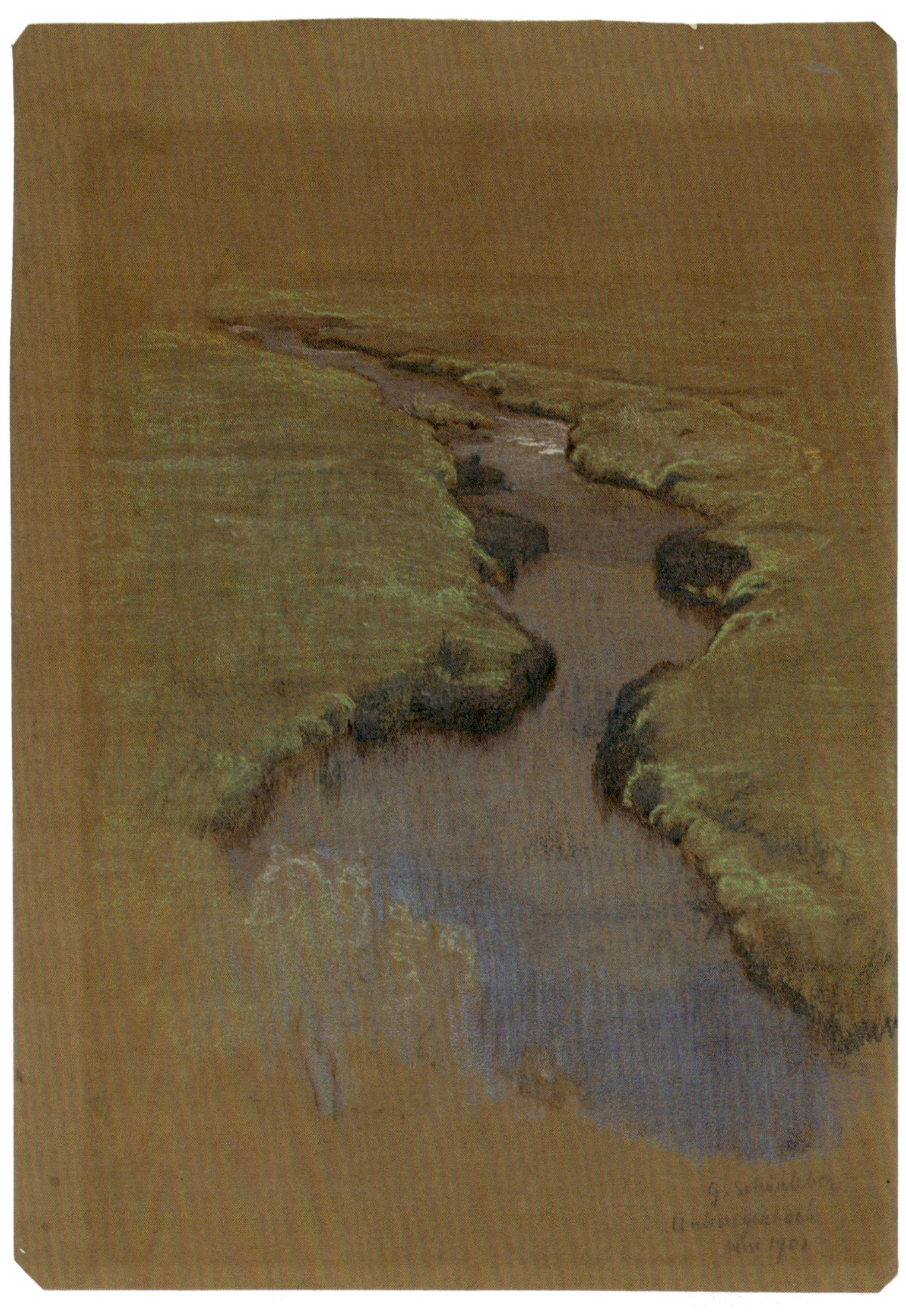

Abb. 1 Gustav Schönleber, *Unterregenbach,* o. J., Pastell, 29 × 32 cm

DAS ENDE DER VERDRÄNGUNG

Gedanken von Ulrike Groos über den Aufbruch zu einer mehrdimensionalen Kunstgeschichte der Stadt Stuttgart im Nationalsozialismus

Seit das Kunstmuseum Stuttgart 2014 mit der Herkunftsforschung in seinen Sammlungen begonnen hat, hat es einen langen Weg zurückgelegt. Zehn Jahre ist es nun her, dass die Provenienzerschließung der Gemäldesammlung durch gezielte Förderungen ermöglicht und in der Folgezeit auf weitere Sammlungsbereiche ausgedehnt wurde. Aus den langjährigen Forschungen unseres Provenienzforschers Kai Artinger resultierte 2020 die von ihm kuratierte Ausstellung „Das Kunstmuseum Stuttgart im Nationalsozialismus. Der Traum vom Museum ‚schwäbischer' Kunst". Zusammen mit dem gleichnamigen Buch fand sie überregionale Beachtung und Anerkennung.

Die umfassenden Untersuchungen zur Museums-, Sammlungs- und Herkunftsgeschichte wurden anschließend fortgesetzt mit der Erforschung der Erwerbungen für die Grafiksammlung der Städtischen Galerie Stuttgart im Dritten Reich. Die Ergebnisse der rund vier Jahre langen Forschungsarbeit bestätigen die Erkenntnisse aus dem vorangegangenen Projekt, dass nämlich Stuttgarts Nationalsozialisten nicht nur von einem Museum „schwäbischer" Kunst träumten und dieses planten, sondern dass auf sie auch die Gründung der Grafiksammlung zurückgeht. Viel deutlicher noch als bei der Entstehung der Gemäldesammlung lässt sich an der Entwicklung der Grafiksammlung erkennen, in welchem Ausmaß sich das städtische Kultur- und Kunstreferat der „Stadt der Auslandsdeutschen" – so der NS-Ehrentitel Stuttgarts – bei seinen Erwerbungen von einem nationalistischen und rassistischen Weltbild leiten ließ. Es war die Geburtsstunde einer völkischen Sammlung, die zum einen den Ansprüchen an die Kunst im Dritten Reich genügen und zum anderen der Propaganda dienen sollte. Daraus ergibt sich der Titel zu der aktuellen Ausstellung über die Museumsgeschichte des Kunstmuseums Stuttgart im Nationalsozialismus: „Grafik für die Diktatur".

Doch auch in der NS-Zeit war, wie die Forschungsergebnisse von Artinger deutlich zeigen, die Sammlungspolitik nicht frei von Widersprüchen. Es gibt eine Reihe schwer zu erklärender Ankäufe.

Es ist erstaunlich und faszinierend zugleich, zu lesen und zu sehen, mit welchem Detailreichtum Artinger die Geburt der Grafiksammlung darstellt – trotz des zerstörten Grafikinventars und nur wenig erhaltener

Quellen im museumseigenen Bestand. Artinger gelingt es, die nationalsozialistische Kunstpolitik in Stuttgart zu veranschaulichen, die für die Entstehung der Grafiksammlung der Städtischen Galerie verantwortlich war. Und er bringt Sammlungsbereiche ans Licht, die seit 1945 vergessen und verdrängt wurden, etwa den fragmentarisch erhaltenen Bestand von Kriegsbildern, dessen Herkunft bis vor kurzem im Dunkeln lag. Artinger spürt der Bedeutung der Werke von Kriegsmalern und Künstlern – alles Männer – im sogenannten grauen Feldrock nach und zeigt, wie das Museum für den Krieg instrumentalisiert und zu einem Teil des totalitären Systems wurde. Überdies werden die Künstler:innen in den Blick genommen, die Mitglied der NSDAP waren und vom Faschismus profitierten.

Zum ersten Mal wurde dieses bisher weitgehend nicht erzählte Kapitel Stuttgarter Kunstgeschichte derart umfassend untersucht. Vor diesem Hintergrund sprechen wir im Zusammenhang mit der Publikation und der sie begleitenden Ausstellung vom längst überfälligen Aufbruch zu einer *mehrdimensionalen* Stuttgarter Kunstgeschichte, die sich nicht mehr allein auf die Erzählung der Kunstentwicklung von den schwäbischen Impressionisten bis zur Stuttgarter Avantgarde beschränkt, sondern auch die Jahre 1933 bis 1945 einbezieht. Dadurch wird veranschaulicht, wie schnell das Vergessen nach dem Zusammenbruch des Dritten Reiches einsetzte. Besonders bei den Künstler:innen, die mit dem NS-Regime aus ideologischer Überzeugung oder künstlerischem Opportunismus kollaboriert hatten.

Wenn wir vom Ende der Verdrängung sprechen, dann insofern, als das Kunstmuseum Stuttgart nun jenen Bestand seiner Grafiksammlung der Öffentlichkeit zugänglich macht, der jahrzehntelang ausgeblendet war und somit ein Beispiel für die allgemeine Geschichtsvergessenheit ist, die in westdeutschen Museen nach 1945 vorherrschte und erst heute langsam überwunden wird.

Schließlich leistet das Kunstmuseum Stuttgart mit seiner fortgesetzten Provenienzforschung einen weiteren, nämlich den wichtigen Beitrag zur Restitution von NS-verfolgungsbedingt entzogenen Kunstwerken. In diesem Fall sind es die Grafiken von Carlos Grethe, die im Besitz des Stuttgarter jüdischen Kaufmanns, Tabakgroßhändlers und Kunstsammlers Max Rosenfeld (1867–1943) waren. Gerade dieser Restitutionsfall veranschaulicht einmal mehr die Komplexität solcher Provenienzen und die Schwierigkeit, nach langer Zeit die Biografie der Opfer und ihre Sammlungen zu rekonstruieren. Die Aufklärung erfordert Ausdauer und Beharrlichkeit – und die Einsicht, dass Provenienzforschung ein *work in progress* ist.

Auch dieses Mal hat die Ernst von Siemens Kunststiftung die Publikation und Ausstellung maßgeblich gefördert. Dafür danken wir ihrem Generalsekretär Dr. Martin Hoernes sehr herzlich.

Unser großer Dank gilt den Freunden des Kunstmuseums Stuttgart, die das Projekt ebenfalls förderten.

Danken möchte ich den Erben von Max Rosenfeld aus den USA: Mark Ronald, Jeff Ronald, Jill Amy Hollenbach, Amy Goldberg, Stacy Gary und weiteren Familienmitgliedern. Sie ermöglichen dem Kunstmuseum Stuttgart, das restituierte Konvolut der Lithografien und Zeichnungen von Carlos Grethe, das einst Teil der Kunstsammlung Max Rosenfeld war, im Rahmen unserer Ausstellung der Öffentlichkeit zugänglich zu machen, bevor es dann endgültig an die Erben in die USA geht. Diese sehr großzügige, nicht selbstverständliche Geste unterstreicht das entstandene Vertrauen zwischen der Familie Rosenfeld und dem Kunstmuseum Stuttgart. Sie zeigt zudem, dass das Museum den Washingtoner Prinzipien nachkommt und im Rahmen von gerechten und fairen Lösungen als Raubkunst identifizierte Kunstwerke an die Vorkriegseigentümer zurückgibt.

Zu danken ist der Verlagsgruppe arts + science weimar und der Verlegerin Bettina Preiß für die sehr gute Zusammenarbeit und die gelungene Gestaltung der Publikation, ebenfalls danken möchte ich der Lektorin Birgit Wüller.

Schließlich gebührt dem Team des Kunstmuseums Stuttgart für die Realisierung der Ausstellung und Publikation großer Dank, insbesondere Kai Artinger, der als Autor und Kurator für die inhaltliche Konzeption und Umsetzung verantwortlich ist. Besonders hervorzuheben ist auch die Arbeit der Mitarbeiter:innen des Grafikdepots, der Restaurierung, der Registratur und Bibliothek: Roger Bitterer, Britta Schmierer, Stella Eichner, Tobias Fleck, Axel Koch, Thomas Basilides und Veronika Großer. Danken möchte ich zudem dem Fotografen Frank Kleinbach. Sie alle und viele weitere Mitarbeiter:innen haben es möglich gemacht, die Grafiken und anderen Kunstwerke, die Grundlage dieser Studie und Ausstellung sind, ans Licht zu bringen.

Möge das Buch viele Leser:innen und die Ausstellung viele Besucher:innen finden.

Ulrike Groos
Direktorin Kunstmuseum Stuttgart

1 GEBURT IM NATIONALSOZIALISMUS: STUTTGARTS GRAFIKSAMMLUNG

Als die Nationalsozialisten die Macht übernahmen, verfügte die Stadt bereits über eine städtische Gemäldesammlung, die auf eine Schenkung in der ersten Hälfte der 1920er-Jahre zurückging. Eine Grafiksammlung existierte hingegen noch nicht, auch wenn die Stadt in kleinem Umfang Arbeiten auf Papier für die Städtische Galerie der Stadt Stuttgart, heute das Kunstmuseum Stuttgart, und für das 1928 gegründete Stadtarchiv angekauft hatte.[1] Bei den Erwerbungen der letztgenannten Institution handelte es sich vor allem um Blätter mit historiografischem Wert, bei der Städtischen Galerie wohl vor allem um sogenannten Ämterschmuck. Damit sind preisgünstige Grafiken gemeint, die zur Ausschmückung städtischer Büros und Einrichtungen wie Krankenhäuser verwendet wurden. Gerade mit Ankäufen für den Ämterschmuck wurden auch notleidende Künstler:innen im Rahmen der Künstlerhilfe unterstützt.

Die Forschungen der jüngsten Zeit zeigen, dass die Nationalsozialisten in Stuttgart einen neuen Weg in der Kultur- und Kunstpolitik einschlugen.[2] Zu den Zielen gehörte die Einrichtung eines städtischen Kunstmuseums mit einem grafischen Kabinett, das systematisch lokale und regionale Grafik sammelte. Im Unterschied zur Staatsgalerie Stuttgart, der württembergischen Landeskunstgalerie, war die 1924 gegründete Städtische Galerie kein Museum mit wissenschaftlicher Leitung. Die in der Villa Berg, der ehemaligen Sommerresidenz des württembergischen Königspaars Karl und Olga, untergebrachte kleine Gemäldesammlung der Stadt wurde als Dauerausstellung gezeigt, erfüllte aber nicht die Aufgaben eines Kunstmuseums. In der Ausstellung gab es nur wenige Grafiken. Ein grafisches Kabinett, das in renommierten Kunstmuseen der damaligen Zeit eine der Säulen der Sammlung bildete, hatte die Stadt Stuttgart nicht. In ihrer Verwaltung gab es auch niemanden, der über eine entsprechende Ausbildung oder Kenntnisse verfügte, um den Aufbau einer

Abb. 2
Franz Heinrich Gref, *Studienkopf*, 1898, Aquarell, 31 × 29 cm

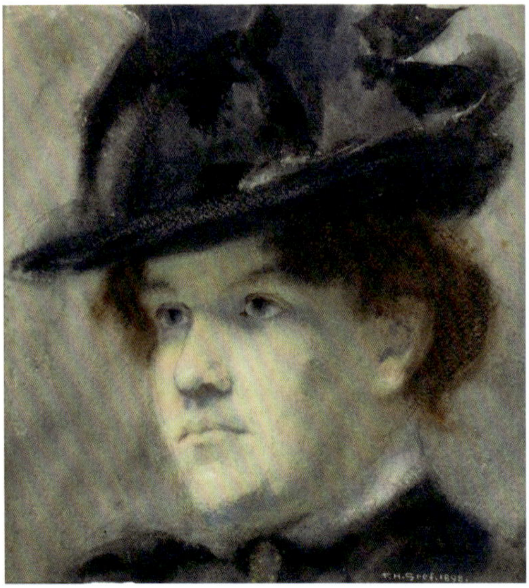

Grafiksammlung vorzunehmen, wenn das gewünscht worden wäre. In den Reihen der Nationalsozialisten fehlte ebenfalls dieser Sachverstand. Die Leiter des 1933 geschaffenen städtischen Kultur- und Kunstreferats waren alle fachfremd. Der erste kommissarisch eingesetzte Kulturreferent war ein promovierter Studienrat mit einem Abschluss in Geologie, der zweite ein Lehrer mit Doktortitel in Geografie und der dritte ein promovierter Jurist. Sie waren auf dem Gebiet der Kunst- und Sammlungspolitik auf Unterstützung angewiesen. Deshalb gehörte die Berufung einer Kunstkommission, die den Kultur- und Kunstreferenten bei Erwerbungen beraten sollte, zu den ersten Maßnahmen der neuen nationalsozialistischen Stadtverwaltung. Von den neun bekannten Mitgliedern waren sechs in der NSDAP, zwei zudem in der SS. Weil sich im Verlauf des Dritten Reiches in allen gesellschaftlichen Bereichen und in der kommunalen Verwaltung das sogenannte Führerprinzip durchsetzte, kann davon ausgegangen werden, dass der Kunstreferent im Zusammenspiel mit seinem Dienstherrn, dem Oberbürgermeister (OB), der zugleich Vorsitzender des Württembergischen Kunstvereins Stuttgart war, die wichtigste Rolle in der Erwerbungspolitik spielte. Im Gegensatz zu der seit der Jahrhundertwende in Deutschland üblich gewordenen akademisch ausgebildeten Fachleitung in Kunstmuseen bauten in Stuttgart Männer ohne kunsthistorische Kenntnisse die Grafiksammlung auf.

Es gibt jedoch noch weitere Unterschiede zu anderen bereits früher gegründeten Grafiksammlungen in Württemberg und Deutschland. Zum Beispiel wurde in der Staatsgalerie Stuttgart nur wenige Monate nach der „Machtergreifung" die Femeausstellung „Novembergeist – Kunst im Dienst der Zersetzung" gezeigt, um die bisherige Sammlungs- und Ankaufspolitik des Museums zu diskreditieren. Solche Attacken gab es auf die Städtische Galerie nicht. Ein „Museumssturm" wie er in einigen deutschen Kunstmuseen erfolgte, blieb aus.

Bei der Städtischen Galerie Stuttgart mussten die Nationalsozialisten keine Abkehr von der Moderne fordern, denn die Pflege der ‚Heimatkunst' war seit der Gründung der Galerie Programm. Sie beherbergte nicht nur einen ausgewählten Bestand an „schwäbischer" Malerei, die unter anderem von Stuttgarter Künstler:innen geschaffen worden war, sondern war auch bereits zu dem Zweck gegründet worden, die Sammlung mit Werken der lokalen und regionalen Künstlerschaft auszubauen. Trotzdem übten die Stuttgarter Nationalsozialisten Kritik an der bestehenden Gemäldesammlung. Sie wollten eine bessere öffentliche Sichtbarkeit, und dafür sollte ein städtisches Kunstmuseum mit einem grafischen Kabinett sorgen. Der größte Teil der Sammlung bestand aus Gemälden der „schwäbischen" Impressionisten Heinrich Pleuer und Otto Reiniger, hinzu kamen ausgewählte Werke der Stuttgarter Sezession, in der radikal avantgardistische Tendenzen nicht vorhanden waren. Wenn überhaupt moderne Kunstwerke Eingang in die Sammlung fanden, stammten sie entweder von Vertreter:innen der Neuen Sachlichkeit,

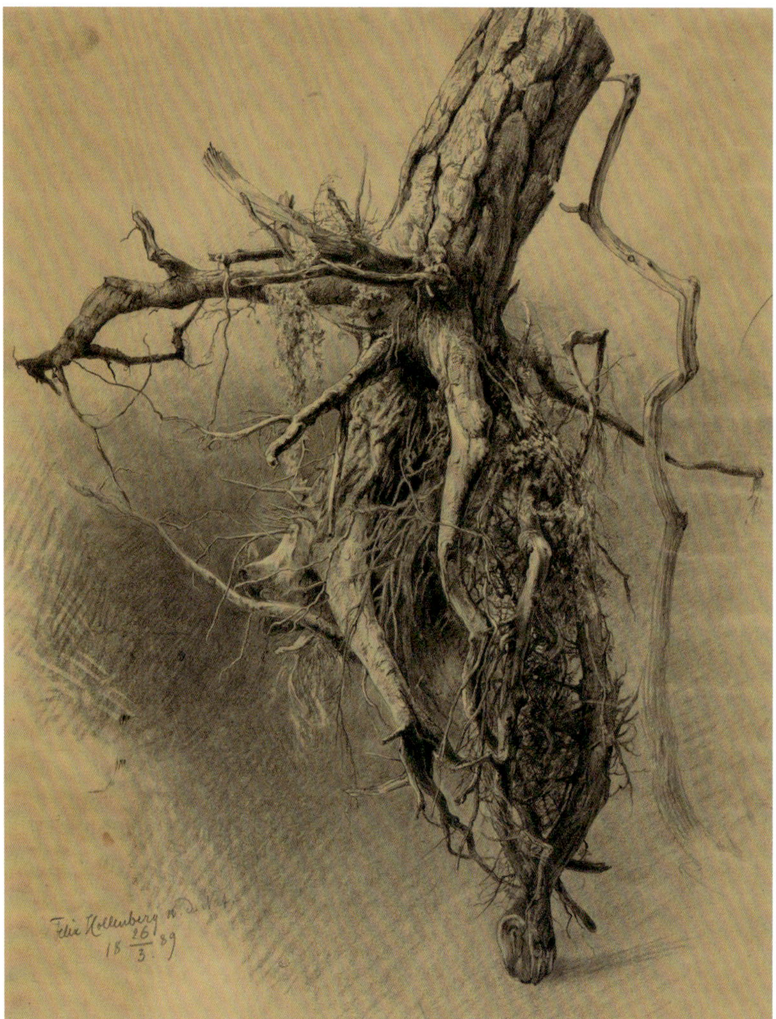

Abb. 3
Felix Hollenberg, *Baumwurzel,* 1889, Bleistift, 50 × 38 cm

das heißt des konservativen Flügels der „Romantiker“[3], oder von der zweiten Generation der Expressionist:innen. Dadurch war in der Zeit von 1925 bis 1933 eine Gemäldesammlung von lokaler und regionaler Bedeutung entstanden, in der konservative Kunstvorstellungen, wie sie in der Stuttgarter Kunstszene und der Kunstakademie verbreitet waren, ihren Niederschlag fanden. Beispiele ausländischer Kunst oder der verschiedenen Spielarten der Avantgarde fehlten völlig.

Es verwundert nicht, dass fast ausschließlich auf dem lokalen und regionalen, in kleinen Mengen auch auf dem süddeutschen Kunstmarkt eingekauft wurde. Das Primat der Regionalität beim Sammeln wurde nur durchbrochen, wenn Werke besonders geschätzter Künstler:innen aus Bayern, vor allem München, erworben oder Arbeiten von überregional und international hervorgetretenen Künstler:innen angekauft werden sollten, die sich im Nationalsozialismus einen Namen gemacht hatten.

Zu diesen Persönlichkeiten gehörten Grafiker wie Georg Sluyterman von Langeweyde aus Essen und Switbert Lobisser aus dem österreichischen Klagenfurt. Auch der Düsseldorfer Akademieprofessor Paul Bindel und der Berliner Kunstprofessor Walter Klinkert sind hier zu nennen.

In ihrem heutigen Erhaltungszustand weist die grafische Sammlung nur ein einziges ausländisches Kunstwerk auf, einen japanischen Holzschnitt aus dem 19. Jahrhundert. Die Arbeit des Österreichers Lobisser wird hier wegen des „Anschlusses" von Österreich an das Deutsche Reich 1938 nicht als ausländischer Beitrag mitgezählt, obwohl sie aus heutiger Sicht ein solcher ist. Während für die Gemäldesammlung im Krieg einige wenige Bilder von Künstler:innen zum Beispiel aus Bulgarien, den Niederlanden und Rumänien angekauft wurden, gibt es im grafischen Bestand keine derartigen Spuren von Internationalität (bis auf die Ausnahme Fritz Kimm, Volksdeutscher aus Rumänien). In dieser drastischen Beschränkung wird das nationalsozialistische und rassistische Weltbild erkennbar. Dementsprechend gab es auch keine Arbeiten von Künstler:innen mit jüdischem Hintergrund, weil diese nicht die geforderten „völkischen Wurzeln" hatten.

In diesem Kontext offenbart die Grafiksammlung der Stadt Stuttgart noch deutlicher als ihre Gemäldesammlung eine Konzentration auf die ‚Heimatkunst'. In ihrer Konzeption scheint die Vision einer deutschen und schwäbischen Sammlung auf, die von einer totalitären Kunstanschauung beherrscht wird. Im Kern kennzeichnete die Sammlung eine Kunstfeindlichkeit, weil sie alle zu dieser Anschauung in Widerspruch stehenden Tendenzen als „undeutsch" und/oder „jüdisch-bolschewistisch" ablehnte, verfolgte und ausschloss. Infolgedessen war die Grafiksammlung der Städtischen Galerie Stuttgart stark provinziell geprägt.

Mehr Kaufkraft, mehr Ankäufe

Ein Großteil der in der Grafiksammlung der Städtischen Galerie Stuttgart vertretenen Künstler:innen war im überregionalen Kunsthandel und in den großen deutschen Auktionshäusern nicht präsent, sie hatten nur regionale Bedeutung und wurden von Sammler:innen in Württemberg und in der Landeshauptstadt geschätzt. Ihre ökonomische Lage war nach dem Ersten Weltkrieg in der Zeit der Inflation, in den Jahren der Weltwirtschaftskrise und in den Dreißigerjahren bis zu Beginn des Zweiten Weltkriegs teils prekär, oft zumindest sehr angespannt und schwierig. So hieß es im Spruch des Entnazifizierungsverfahrens des regional bekannten Stuttgarter Malers und Grafikers Roland Niederbühl (1896–1958): „Seine damals schlechte wirtschaftliche Lage [sein Einkommen gibt er im Jahr 1932 mit 1800 RM, im Jahr 1934 mit 1500 RM an] veranlasste ihn, der Partei beizutreten, da er sich dadurch eine Besserung seines Lebensstandards versprach."[4] Die

Stuttgarter Nationalsozialisten hatten die in der Weimarer Republik ins Leben gerufene Künstlerhilfe kritisiert, mit der in Not geratene Künstler:innen unterstützt worden waren, sie führten sie jedoch mit ihrer Erwerbungspolitik fort. Das erklärt vielleicht auch, warum Arbeiten angekauft wurden, die heutzutage nicht in ein Museum kämen, weil sie nicht den Qualitätsstandards genügen.

Die Erwerbungen der Städtischen Galerie wuchsen aber noch aus einem anderen Grund im Dritten Reich. In den Jahren des Zweiten Weltkriegs stand wesentlich mehr Geld für Ankäufe sowohl von privater als auch öffentlicher Hand zur Verfügung. Nicht nur Privatleute, sondern auch die Stadt kaufte mehr Kunst. Daher expandierte die Grafiksammlung. Die höhere Kaufkraft war bedingt durch steigende Löhne und die fehlende Möglichkeit für Privathaushalte, in der Kriegswirtschaft Geld in Konsumgüter oder dauerhaften Werten anzulegen. Dazu haben sich von vier Künstlern, die in der Grafischen Sammlung vertreten sind, bemerkenswerte Aussagen erhalten: August Hirsching (1889–1962) war Maler, dessen künstlerischer Nachlass in den Sechzigerjahren der Galerie der Stadt Stuttgart (früher Städtische Galerie, heute Kunstmuseum Stuttgart) übergeben wurde; Walter Klinkert (1901–1959) war Grafiker und Professor an der Staatlichen Kunsthochschule Berlin; Walter Romberg (1898–1973) war ein bekannter Radierer von Landschaften und Städtebildern, der sich in den 1920er-Jahren in Stuttgart niedergelassen hatte; und Roland Niederbühl. Alle vier Künstler mussten sich nach dem Krieg der Entnazifizierung unterziehen und ihre Einkünfte von 1933 bis 1945 offenlegen.

Das NSDAP-Mitglied Hirsching befand sich bis zum Kriegsbeginn im September 1939 in dauerhafter Finanznot. Er schreibt:

> „Weshalb ich seiner Zeit im Mai 1933 zur N.S.D.A.P. gestossen bin, habe ich Ihnen bereits ausführlich geschrieben. Ich habe dabei nicht an die Ausnützung irgendeiner Konjunktur gedacht, sondern lediglich an meine persönliche Notlage, die manchesmal größer war, als Sie wahrscheinlich vermuten. Mein Vermögen war durch die Inflation verloren gegangen, mein Verdienst mehr als bescheiden. Ich habe dann [...] keineswegs 3000 M [Reichsmark] jährlich verdient, sondern meistens keine 2000. [...] Ich habe selten mehr als 150–200 M pro Monat verdient, oft 2–3 Monate gar nichts und war dann jeweils gezwungen, von meinen damals sehr bescheidenen Ersparnissen von oft nur wenigen hundert Mark u. namentlich auch von den Zuschüssen meines [1944 verstorbenen] Vaters zu leben, der als Pfarrer i. R. in [Stuttgart-Bad] Cannstatt wohnhaft war. Man muss schon sagen: *traurigerweise ist das erst im Krieg anders geworden, als die Leute Bilderkaufen anfingen, da sie nichts anderes mehr (zu Geschenken etc. etc.) bekommen konnten* [Hervorhebung K. A.]. Aber auch dann wurde, durch meine Einberufung zur Schutzpolizei u. namentlich durch die vielen

Fliegerschäden, besonders den Totalschaden von Wohnung und Atelier dafür gesorgt, dass es einem nicht wohl wurde."[5]

Klinkert, der im Vergleich zu seinem älteren Kollegen künstlerisch erfolgreich war und bereits vor 1933 Verkäufe an große nationale Museen vorweisen konnte, hatte 1934 nach seiner Rückkehr von einem mehrjährigen Studienaufenthalt in der Villa Massimo / Deutsche Akademie in Rom 1934 große finanzielle Sorgen. Er und seine Frau, die ebenfalls Künstlerin war, bekamen von ihrem Bruder, einem Berliner Studienrat, ein Darlehen. Klinkert, der kein Mitglied der NSDAP war, gelang es dann, 1937 eine Anstellung als Lehrkraft an der Hochschule für Kunsterziehung in Berlin zu erhalten. Anschließend wechselte er im Krieg als Professor an die Staatliche Kunsthochschule Berlin. Dadurch verfügte er über ein regelmäßiges jährliches Einkommen in Höhe von circa 4500 Reichsmark. In Kriegsjahren kamen noch Einkünfte aus freier künstlerischer Tätigkeit hinzu, die um ein Vielfaches höher waren. Erst im letzten Kriegsjahr, in dem kein Unterricht an der Hochschule mehr stattfand und das Ehepaar Klinkert sich vor den alliierten Fliegerangriffen in Berchtesgaden in Sicherheit brachte, sanken die Einkünfte rapide ab. Zu seiner finanziellen Situation im Dritten Reich gab Klinkert an:

> „Die Besserung meiner wirtschaftlichen Lage zwischen 1937–1944 ist nicht die Folge einer Beziehung zur Partei oder zu einer sonstigen Organisation politischer oder kunstpolitischer Art. Das hat damit überhaupt nichts zu tun, sondern ist eine Folge erhöhter allgemeiner Kaufkraft. Erhöhte Einkommen sind in diesen Jahren ausnahmslos festzustellen. So auch bei den Künstlern [...]. In meinem Fall entspricht das erhöhte Einkommen einer ebenso gesteigerten Arbeitsleistung und ist kein bequemer Konjunkturgewinn."[6]

Auch das NSDAP-Mitglied Romberg musste im Entnazifizierungsverfahren seine Einkommensentwicklung darlegen. Als selbstständiger Kunstmaler und Grafiker verdiente er 1932 3000 bis 4000 Reichsmark. In den nächsten Jahren stiegen seine Einnahmen. 1938 hatte er einen Jahresverdienst von ungefähr 6000 Reichsmark und ein steuerpflichtiges Vermögen von rund 37 000 Reichsmark. Fünf Jahre später, 1943, lag sein Jahresverdienst bei 29 000 Reichsmark; sein steuerpflichtiges Vermögen war im Vergleich zum Jahr 1938 doppelt so hoch: 74 000 Reichsmark. Im letzten Kriegsjahr hatte er mit 5490 Reichsmark immer noch ein höheres Jahreseinkommen als zu Beginn des Dritten Reiches, und sein steuerpflichtiges Vermögen war auf 87 754 Reichsmark angewachsen. Diesen bemerkenswerten Einkommens- und Vermögenszuwachs erklärte Romberg mit der Flucht der Besitzer:innen von Vermögen in Sachwerte: „Meine erhöhten Einnahmen begründen sich darauf, dass ich als Künstler immer bekannter wurde. Meine Bilder wurden in Kunsthandlungen und öffentlichen Ausstellungen verkauft. Die gesteigerte Nachfrage beruhte auch darauf, dass Bilder dem Preisstop nicht unterworfen waren und ein grosser Teil der Käufer die Vermögenswerte in Bildern anlegte."[7]

Dieses Ausweichen in Sachwerte führte auch der Nationalsozialist Niederbühl als Erklärung für seine im Krieg gestiegenen Einnahmen an.[8] Dass der Staat in erheblichem Maße Rombergs und Niederbühls Bilder und Grafiken angekauft hatte, verschwiegen die Künstler der US-amerikanischen Militärregierung. Und sie erfuhr auch nicht, dass Romberg als Künstler für die Wehrmacht tätig gewesen war. Gerade er, aber auch Niederbühl hatten von der städtischen Ankaufspolitik für die Grafiksammlung des zukünftigen Museums profitiert. Alle vier Künstler erklärten übereinstimmend, ihre gestiegenen Einkünfte wären durch die allgemein angewachsene Kaufkraft der Durchschnittsdeutschen während der Kriegsjahre und durch die Investition von Vermögen in Kunstwerten bedingt gewesen.

Im Jahr 1936 verdienten in Deutschland 14,5 Millionen Menschen, 62 Prozent der Steuerzahlenden, im Jahr weniger als 1500 Reichsmark. Sie hatten einen Wochenlohn von rund 60 Reichsmark und einen Stundenlohn von rund 60 Pfennig. Weitere 5 Millionen Angestellte und Arbeiter, 21 Prozent, verfügten über ein Jahreseinkommen zwischen 1500 und 2400 Reichsmark. Ein Einkommen von über 2400 Reichsmark hatten nur 17 Prozent aller Steuerzahlenden.[9] Hirsching erreichte mit seinem Jahreseinkommen von meistens rund 2000 Reichsmark bis zum Kriegsbeginn gerade einmal das Einkommen eines besserverdienenden Arbeiters und Angestellten. Anders dagegen sah die Situation des Hochschuldozenten und späteren Kunstprofessors Klinkert und des freien Künstlers Romberg aus, die zur kleinen Gruppe derjenigen gehörten, die über ein Jahreseinkommen von über 2400 Reichsmark verfügten. Mit ihren jeweiligen Jahreseinkünften bilden Hirsching und Niederbühl auf der einen Seite und Klinkert und Romberg auf der anderen wahrscheinlich die beiden Pole, zwischen denen sich wohl auch die Einkünfte der Künstler:innen in Württemberg insgesamt und in Baden bewegten, wobei Klinkert und Romberg zur Gruppe der Privilegierten gezählt werden müssen. Ihr kommerzieller Erfolg spiegelt sich in den hohen Einkünften, die sie als freie Künstler in den Kriegsjahren erwirtschafteten. Viele ihrer Kolleg:innen, die keinen festen Nebenerwerb zum Beispiel in der Werbung, Illustration oder Trickfilmproduktion hatten oder hauptberuflich in der Kunstpädagogik arbeiteten, lebten nach den schwierigen Inflationsjahren und der Weltwirtschaftskrise entweder in Armut oder waren fortwährend davon bedroht und deshalb auf staatliche Hilfen angewiesen. Der von den Nationalsozialisten erhöhte Ankaufsetat für die Städtische Galerie konnte da nur bedingt für Linderung sorgen, doch immerhin bot sich hier neben dem normalen Ausstellungsbetrieb und dem Kunstmarkt mit seinen Verkaufsmöglichkeiten eine zusätzliche Einnahmequelle. Und die Stadt sorgte im Dritten Reich dafür, dass in einem weit höheren Maß als in der Weimarer Republik Ankäufe für

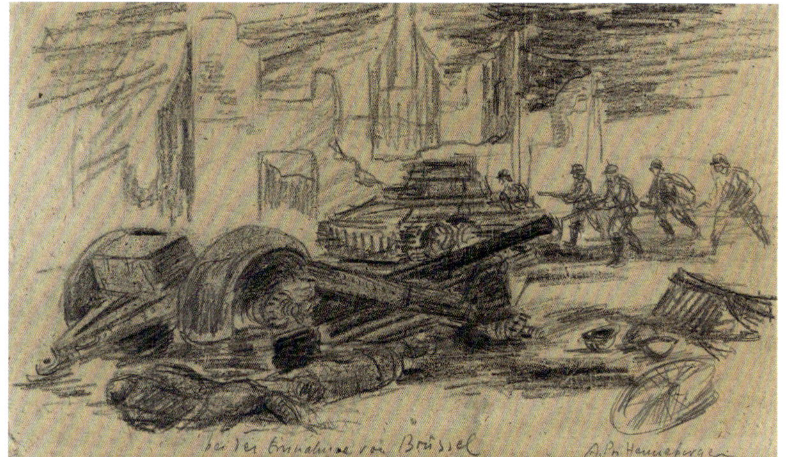

Abb. 4
August Philipp Henneberger, *Bei der Einnahme von Brüssel*, 1940, Bleistift, 28,8 × 47,8 cm

die städtische Kunstsammlung getätigt wurden, weil sie das städtische Kunstmuseum schaffen wollte.[10] Die Grafiksammlung war somit das Produkt der nationalsozialistischen Kunst- und Museumspolitik. Sie und die Gemäldesammlung legten das Fundament des städtischen Kunstmuseums – des heutigen Kunstmuseums Stuttgart. Wie vielleicht an keinem anderen Ort lässt sich an ihr die Entstehungs- und Entwicklungsgeschichte einer öffentlichen Grafiksammlung im Nationalsozialismus studieren. Und das, obwohl das Grafikinventar der Stadt Stuttgart im Zweiten Weltkrieg zerstört wurde und dadurch die wichtigste Quelle zur Rekonstruktion der Sammlungsgeschichte und Herkunft der Kunstwerke fehlt. Dennoch können Erkenntnisse über die Konzeption der Grafiksammlung gewonnen und an ihr die nationalsozialistische Kunst- und Erwerbungspolitik veranschaulicht werden.

Die wiederentdeckte Kriegsgrafik

Erstmals wird der Bestand der Kriegsgrafik aus dem Zweiten Weltkrieg vorgestellt, dessen Provenienz bis vor kurzem völlig im Dunkeln lag. Er zeigt, von welcher Bedeutung die grafischen Arbeiten von Kriegsmalern und „Künstlern im grauen Feldrock", die ausschließlich Männer waren, für die Sammlung damals waren. Gerade dieser Grafikbestand zeugt davon, wie sehr sich der von den Nationalsozialisten verursachte Zweite Weltkrieg im zukünftigen städtischen Kunstmuseum von Stuttgart niederschlug und in welcher Art und Weise dieser Kulturinstitution die Aufgabe zufiel, mit visuellen Mitteln insbesondere den Vernichtungskrieg im Osten zu legitimieren.

Die Kriegsgrafik lag 75 Jahre lang in den Museumsdepots und blieb bis auf eine Inventarisierung nach dem Krieg unbeachtet – man könnte auch sagen: Sie wurde verdrängt. Da verwundert es kaum, dass sie über diesen langen Zeitraum fast vollständig in Vergessenheit geriet. Erst

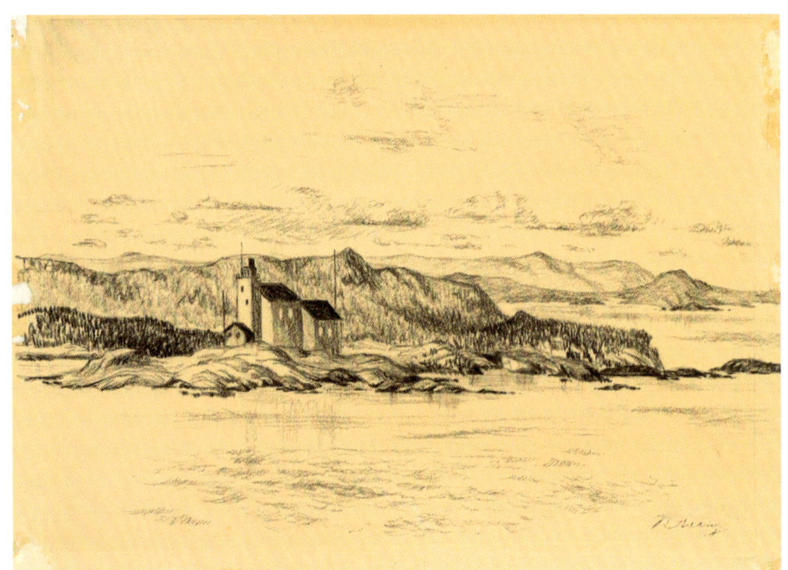

Abb. 5
Richard Neuz, *Oslofjord*, 1940, Kohle, 45,8 × 63 cm

im Jahr 2020 wurden einige wenige dieser Kriegsbilder im Rahmen der Ausstellung „Das Kunstmuseum Stuttgart im Nationalsozialismus" der Öffentlichkeit gezeigt, ohne jedoch zu diesem Zeitpunkt wissenschaftlich aufgearbeitet worden zu sein. Das holt diese Untersuchung nach.

Noch mehr als die Biografien anderer Künstler:innen, die im Dritten Reich tätig waren, werfen die Arbeiten von denjenigen württembergischen Künstlern Fragen auf, die als Kriegsberichterstatter für die deutsche Wehrmacht in den Krieg zogen oder in anderer Funktion Bilder vom Krieg und aus den besetzten Ländern schufen. Darunter findet sich der Maler, Grafiker und zeitweise Kamera-Assistent Heinrich Kübler (1905–1965), von dem bis heute erzählt wird, er hätte zu den verfemten Künstler:innen gehört, obwohl er 1940 in der Frühjahrsausstellung des Württembergischen Kunstvereins und 1942 in der Ausstellung „Künstler im feldgrauen Rock" vertreten war (siehe S. 132–140).

Die Geschichte über die Entstehung der Grafiksammlung des Kunstmuseums Stuttgart und die Provenienzgeschichte der von 1933 bis 1945 erworbenen Grafiken leisten einen wichtigen Beitrag zur Neubewertung der Biografien von Künstler:innen, deren Arbeiten im Dritten Reich Eingang in die städtische Kunstsammlung fanden. Blicken wir auf die Geburtsjahre der hier besprochenen Künstler:innen, die Grafik im Nationalsozialismus produzierten, fällt auf, dass die meisten von ihnen in den letzten beiden Jahrzehnten des 19. und den ersten beiden des 20. Jahrhunderts zur Welt kamen.[11] Von 35 der circa 150 im Grafikbestand vertretetenen Künstler:innen ist die NSDAP-Mitgliedschaft bekannt.[12] Das sind 23 Prozent. Unter den Künstler:innen, die entweder Parteimitglieder waren oder mit der NS-Ideologie offen sympathisierten, waren auch zu ihrer Zeit innerhalb der Bewegung bekannte Namen wie Switbert Lobisser (1878–1943) und Georg Sluyterman von

Langeweyde (1903–1978). Gerade die Herkunft der angekauften Arbeit des Letzteren gibt Rätsel auf, weil Sluyterman von Langeweyde in keiner direkten Beziehung zur Stadt und Region stand und die Erwerbung über das Konzept der Sammlung des künftigen Museums hinausging. Dagegen kann der Österreicher Lobisser mit einer Ausstellung in Stuttgart in Verbindung gebracht werden. Doch der Ankauf gerade der Holzschnitte beider Künstler illustriert auch einen Schwerpunkt nationalsozialistischer Sammlungstätigkeit, denn vor allem diesem Medium wurde in der Kunst des Dritten Reiches eine große Bedeutung beigemessen. Lobisser, Sluyterman von Langeweyde und Erich Feyerabend (1889–1945) gehörten zu den profiliertesten Grafikern, die durch Arbeiten im Holzschnitt überregionale Bekanntheit erlangten und bei führenden Nationalsozialisten größtes Ansehen genossen.

Besonders junge Menschen leisteten einen Beitrag dazu, das Ende der Weimarer Republik einzuleiten, denn die zwischen 1902 und 1918 Geborenen hatten in der Kindheit das materielle Elend und die Unsicherheit der Kriegs- und Inflationszeit erlebt und in der Weimarer Republik „stark nach neuer Bindung in einer ‚Volksgemeinschaft' gesucht".[13] Die älteren Frontkämpfer waren Vorbilder. Angesichts von Arbeitslosigkeit und Perspektivmangel erschien ihnen der Nationalsozialismus als eine Chance, und deshalb trugen sie von 1930 an am stärksten zu den Wahlsiegen der Partei bei.

Die hier behandelten Künstler:innen waren zu Beginn der Machtübernahme der Nationalsozialisten überwiegend zwischen 24 und 45 Jahre alt. Sie standen entweder noch am Beginn der künstlerischen Laufbahn oder hatten das erste Jahrzehnt ihrer beruflichen Tätigkeit bereits hinter sich. Die Allermeisten waren bis dahin nur regional oder lokal bekannt. Das NS-Regime bot ihnen die Chance, sich in der gleichgeschalteten Kunstwelt zu etablieren und öffentliche Aufträge zu erhalten und/oder bei Ankäufen berücksichtigt zu werden. Diese Gelegenheit für Anerkennung und Auskommen ließen sich die Künstler:innen, die zuvor oft in schwierigen finanziellen Verhältnissen gelebt hatten, nicht entgehen. Ihre neue Stellung scheinen sie allerdings mit einem systemkonformen Verhalten erkauft zu haben und mit einer Kunst, die sich entweder offen zum Regime bekannte oder sich affirmativ verhielt. Ihre Grafik war *für* den Nationalsozialismus. Was im Dritten Reich das Fundament der städtischen Grafiksammlung legte, war Grafik für die Diktatur.

Nach dem Zusammenbruch des Faschismus setzten schnell das Verdrängen und Vergessen

Abb. 6
Kurt Weinhold, *Das zerstörte Stuttgart,* 1946, Bleistift, 64,7 × 50 cm

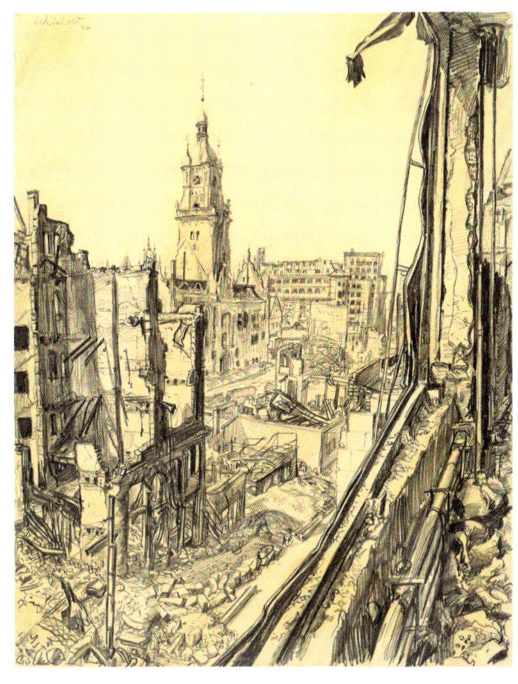

ein. Das geht deutlich aus den Entnazifizierungsakten der Künstler:innen hervor, die Nationalsozialist:innen gewesen waren. Ein typisches Beispiel ist Roland Niederbühl, Mitgliedsnummer 3900000, der zeitweise Blockwart und für die Reichskammer der bildenden Künste lokal tätig gewesen war. Er behauptete, sich nie mit Politik befasst zu haben und ahnungslos in die NSDAP eingetreten zu sein. Nach 1945 schreckte man nicht davor zurück, den Titel einer seiner Radierungen, die der Propaganda gedient hatte, zu verfälschen. Geschichtsmanipulation statt Geschichtsaufarbeitung. Auch von solcher „Geschichtsbewältigung" wird im Folgenden die Rede sein.

2 EINE SAMMLUNG MIT VIELEN FRAGEZEICHEN

Wie wichtig die Grafik für die Sammlung des zukünftigen städtischen Kunstmuseums Stuttgart war, zeigt folgende Begebenheit: Die Erwähnung des „Museums", das die Nationalsozialisten planten, taucht erstmals in einem Sitzungsprotokoll der von der Stadt neu eingesetzten Kunstkommission auf, die das Kultur- und Kunstreferat bei Ankäufen beriet. In der sechsten Sitzung der Kommission am 28. August 1933 sprachen die Mitglieder über die Erwerbung einer Kohlezeichnung, die von dem Direktor der Akademie der Bildenden Künste Stuttgart, dem Bildhauer, Maler und SS-Obersturmführer Professor Arnold Waldschmidt (1873–1958), stammte. Er selbst war Kommissionsmitglied und gehörte zu den führenden Nationalsozialisten in Württemberg (Abb. 7).[14] Das Sitzungsprotokoll vermerkt: „Während der Begutachtung seiner Kohlezeichnung *Stierpflüger* hat sich Prof. Waldschmidt entfernt. Die übrigen Mitglieder der Kunstkommission sind einheitlich der Auffassung, dass der Erwerb dieses Bildes für die Stadt Stuttgart eine wesentliche Bereicherung ihres Museums bedeutet."[15]

Waldschmidt war zu Beginn seiner Laufbahn Matrose zur See, absolvierte dann die Ausbildung zum Offizier der Handelsmarine und wurde anschließend aktiver Offizier in einem Infanterieregiment in Köln. Seine

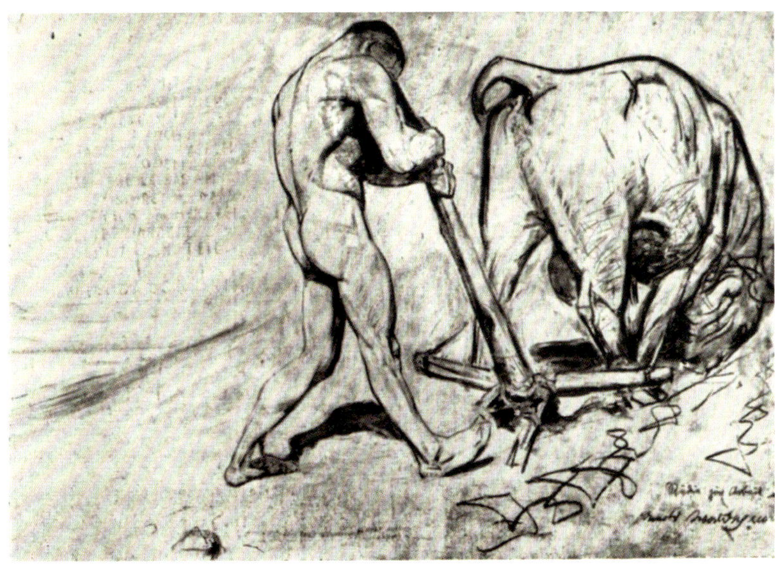

Abb. 7
Arnold Waldschmidt, *Studie zur Arbeit Stierpflüger,* 1904/05, Kohlezeichnung, 155 × 222 cm (Kriegsverlust)

militärische Karriere setzte er in der kaiserlichen Marine auf einem Kriegsschiff fort. Der Dienst in der Kriegsmarine entsprach jedoch nicht seinen Vorstellungen, er quittierte ihn und begann ein Studium an der Berliner Kunstakademie. Hier verweilte er jedoch nur ein Semester, um dann wieder zur See zu fahren. Erst nach zwei Jahren entschied er sich schließlich für den Künstlerberuf und setzte das Studium an der Karlsruher Kunstakademie fort. Bereits nach kurzer Zeit verbuchte er künstlerischen Erfolg und machte sich einen Namen als Vertreter des „naturalistischen Expressionismus"[16]. 1904 ernannte ihn Arthur Kampf zum Professor einer Malklasse an der Hochschule für Bildende Künste in Berlin, und 1908 sorgte Max Liebermann dafür, dass er als Mitglied in die Berliner Sezession aufgenommen wurde. 1914 berief ihn der Verein Württembergischer Kunstfreunde als Maler nach Stuttgart, und 1917 wurde er Professor sowie Leiter der Akt- und Komponierklasse an der Kunstakademie Stuttgart, die er ab 1927 als Direktor leitete.

Waldschmidt hatte sich von April bis Mai 1920 mit Mitgliedern des Schutz- und Trutzbunds an der Gründung der NSDAP in Stuttgart beteiligt. Anfang Juni 1920 war er der nationalsozialistischen Bewegung beigetreten, 1922/23 war er der erste Vorsitzende der Ortsgruppe Württemberg. Mit Adolf Hitler war Waldschmidt gut bekannt und half 1925 bei der Neuorganisation der NSDAP in Württemberg. Er wurde „Stellvertreter des Führers für Württemberg" und Träger des SS-Totenkopfrings. Anfang 1936 führte er den Dienstgrad eines Scharführers des Sturmes, 1940 wurde er ehrenhalber in den Rang eines SS-Standarten- und schließlich SS-Obergruppenführers erhoben. Im Frühjahr 1945 stand er kurzzeitig einem Außenlager des Konzentrationslagers Ravensbrück in Sassnitz als Kommandant vor, wo er seine Forschungen über Seealgen als Nahrungsmittel fortsetzte, die er während des Krieges in Norwegen begonnen hatte. Am Kriegsende floh er mit seiner Frau, der Künstlerin Olga („Olly") Waldschmidt (1898–1972), deren Vater zu den Geldgebern der NSDAP gehört hatte, nach Sassnitz auf Rügen, wo ihn Russen festnahmen und als Kriegsgefangenen in die Sowjetunion brachten. Dort wurde er zu 25 Jahren Arbeitslager verurteilt. Erst nach der Begnadigung kehrte er 1953 nach Deutschland zurück.[17]

In seinem 1936 verfassten Lebenslauf vermerkt Waldschmidt: „1933 übernahm ich nach einer Besprechung mit dem Führer die Landesleitung des neugegründeten Reichskartells der bildenden Künste und wurde in der hieraus entstandenen Reichskammer der bildenden Künste zum reichsamtlichen Landesleiter für Württemberg ernannt."[18] Gekrönt wurde seine erfolgreiche akademische Karriere durch die Ernennung zum Professor und Leiter eines Meisterateliers für Bildhauerei an der preußischen Akademie der Künste in Berlin 1938, der kurz darauf seine Wahl zu deren Senator folgte.

Als überzeugter Faschist und Antisemit bezog Waldschmidt Stellung gegen die moderne Kunst. An Hitler schreibt er am 23. September 1936:

> „Die heutigen Akademien sind aus dem ursprünglich staatlichen Einfluss in die Kulturbedürfnisse des Bürgertums hinübergeglitten. Der individualisierende Kunstmarkt und das nivellierende Ausstellungswesen diktierten gewissermaßen die Aufgaben der bildenden Kunst und somit auch immer mehr den Lehrgang der staatlichen Akademien. [...] Nach dem Weltkriege setzte für die deutsche Kunst das eigentliche Verhängnis ein. 15 Jahre lang durchsetzte jüdischer Geist mit politischen Tendenzen das deutsche Kunstschaffen."[19]

Waldschmidt gehört zu den weitgehend vergessenen Künstlern des 20. Jahrhunderts. Einen Überblick über sein Œuvre zu gewinnen und einzelne Werke wie die Kohlezeichnung *Stierpflüger* einzuordnen, ist schwierig. Daher könnte man fälschlicherweise annehmen, bei der Zeichnung handele es sich um eine in den 1930er-Jahren entstandene Arbeit aus seiner damals aktuellen Produktion und als solche wäre sie von der Kunstkommission der Stadt angekauft worden. Tatsächlich ist es jedoch eine frühe Arbeit, die bereits zu Beginn des 20. Jahrhunderts entstanden und die Vorstudie zu einem seinerzeit bekannten Gemälde war. Auch an diesem Sachverhalt wird deutlich, dass die Stuttgarter Nationalsozialisten schon zu Beginn des Dritten Reiches an dem Aufbau einer Grafiksammlung arbeiteten, die Museumsstandards entsprechen sollte. Dabei wurden auch ältere Werke ausgewählt, die die Entwicklung eines Künstlers zeigten.

Die im Krieg zerstörte Zeichnung *Stierpflüger* war der Karton[20] zu dem gleichnamigen großformatigen Ölgemälde (155 × 222 cm), das 1905 entstand. Es wurde 1912 für das Kölner Wallraf-Richartz-Museum erworben (Abb. 8).[21] Zu den vorbereitenden Studien gehörte auch das Ölgemälde eines Stiers, das sich heute in der Sammlung des Kunstmuseums Stuttgart befindet.[22] Der Karton und das Gemälde wurden in Ausstellungen gezeigt, Ersterer beeindruckte den Kunstkritiker und Kunstschriftsteller Carl Einstein.[23] Die maßstabsgerechte Vorzeichnung *Stierpflüger* war also die Vorarbeit zu einem Kunstwerk, das Waldschmidt schon vor dem Ersten Weltkrieg Anerkennung einbrachte und in die Sammlung eines der bedeutendsten deutschen Kunstmuseen aufgenommen wurde. Damit war die Zeichnung selbst eine museumswürdige Arbeit und eignete sich für die neue grafische Sammlung der Stadt Stuttgart, wobei Waldschmidts Stellung im gleichgeschalteten Kunstbetrieb eine wichtige Rolle gespielt haben dürfte. Aber waren dies die einzigen Gründe, die für den Ankauf des Kartons sprachen? Oder fiel auch der Stil ins Gewicht? Warum entsprach der *Stierpflüger* dem NS-Kunstgeschmack?

Aus heutiger Sicht waren das Ölgemälde und die Studien mit dem NS-Kunstgeschmack kompatibel, denn Waldschmidt war bereits im wilhelminischen Kaiserreich zu Erfolg gelangt und wurde bekannt als Vertreter der sogenannten Monumental- und Stilkunst um 1900. In seinen frühen Arbeiten kamen jene „volkhaft-heimatkünstlerischen

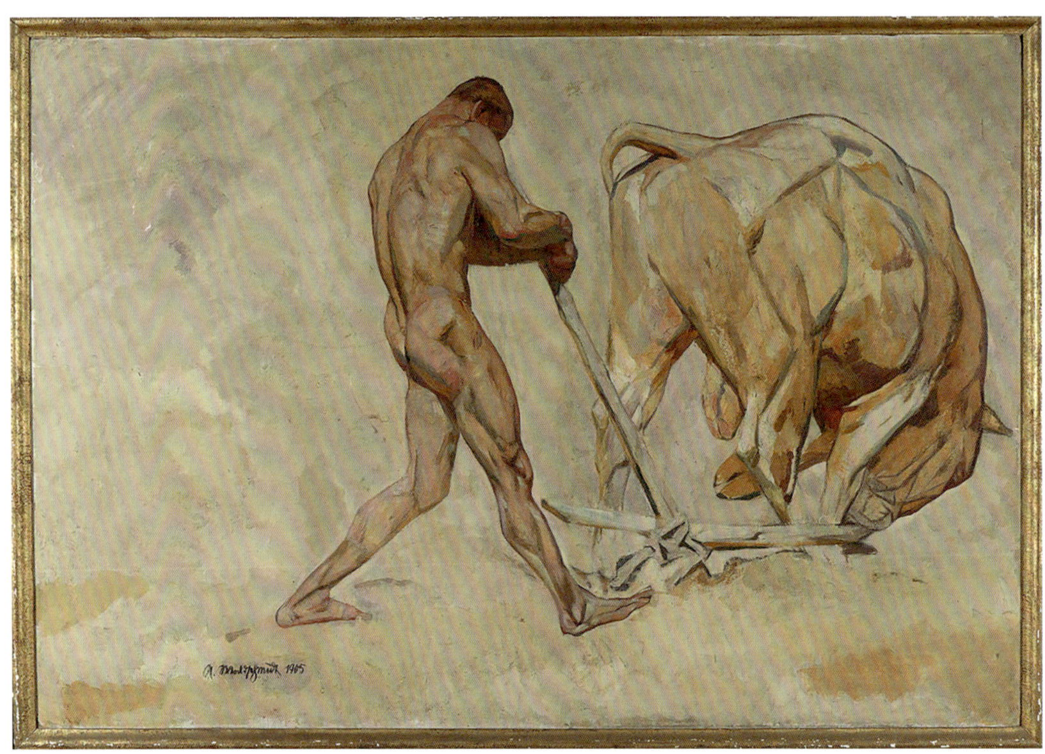

Abb. 8
Arnold Waldschmidt, *Stierpflüger*, 1905, Öl auf Leinwand, 155 × 222 cm, Walraff-Richartz-Museum & Fondation Carboud, Köln

und neudeutsch-monumentalen“[24] Tendenzen zum Ausdruck, die Jost Hermand als kennzeichnend für die Stilkunst in Deutschland um 1900 definierte und die den Boden mit bereiteten für eine präfaschistische, völkische Ideen propagierende Kunst. Sie gehörte zur Vorgeschichte des Nationalsozialismus. Es kommt somit nicht von ungefähr, dass sich Waldschmidt schon sehr früh an der faschistischen Bewegung beteiligte.

Seinem Wesen nach war Waldschmidt ein Draufgänger, er liebte den Wettkampf und das Risiko und lebte nach der im Kaiserreich verbreiteten sozialdarwinistischen Maxime, dass nur der Stärkste den Überlebenskampf gewinnt. Als junger Mann übte er den Box- und Motorrad-Sport aus und gewann internationale Rennen.[25] Noch mit 66 Jahren machte er das goldene Sportabzeichen. Dieser Männlichkeitskult erinnert an Benito Mussolini, den Führer der italienischen Faschisten, für den Körperkult und Sport wichtig waren. Waldschmidts weltanschauliche und politische Haltung, die von den rauen Verhältnissen in der Seefahrt sowie dem Geist des preußischen Militarismus und Nationalismus in der Kriegsmarine geprägt waren, dürften seine Hinwendung zum republikfeindlichen Rechtsextremismus befördert haben. Eine weitere Rolle spielte, dass Waldschmidt nach dem Ersten Weltkrieg trotz seiner leitenden akademischen Position nicht mehr an frühere Erfolge anknüpfen konnte. Als Professor und Direktor war er zwar finanziell gut versorgt und ein arriviertes Gesellschaftsmitglied, doch die Arbeiten des 1919 46-Jährigen fanden keine überregionale Beachtung mehr. Mit dem Kaiserreich war auch sein Stern untergegangen. Die Nachkriegsverhältnisse frustrierten und bestärkten ihn in seinem Kampf gegen die junge Republik und die neuen Kunsttendenzen.

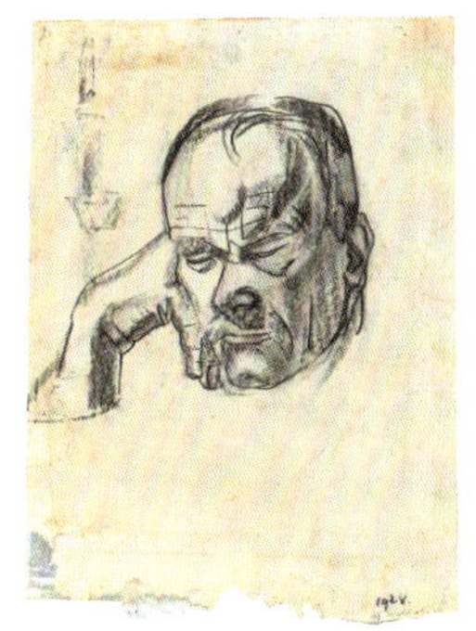

Abb. 9
Olga Waldschmidt,
Arnold Waldschmidt,
1928, Bleistift,
43,5 × 34 cm

Zorniger Existenzkampf

Mit Blick auf die Biografie von Arnold Waldschmidt und den gesellschaftlichen Kontext, in dem seine Kohlezeichnung *Stierpflüger* entstand (siehe S. 23–26), war das Werk zum Zeitpunkt seines Ankaufs für die Grafiksammlung 1933 eine Arbeit aus Waldschmidts inzwischen lange zurückliegender Blütezeit. Mit der Erwerbung des Kartons würdigte die Kunstkommission die Lebensleistung des inzwischen 60-Jährigen und eine ihrer Ansicht nach historische und vorbildhafte Arbeit. Heute ist das nur noch schwer verständlich. Daher ist es notwendig, sich eingehender mit dem *Stierpflüger* zu befassen.

Dargestellt ist ein Mann beim Pflügen. Der Pflug wird von einem mächtigen Stier gezogen, der so groß ist wie der Mann. Der Bauer trägt keine Kleider, sein Körper ist muskulös. Das Bild stellt die anstrengende Arbeit von Mensch und Tier dar. Besonderen Ausdruck findet dieses Moment in der Kraft, die beide Figuren aufbringen müssen und bei der ihre Muskulatur zum Reißen gespannt ist. Irritierend ist die Darstellung als Aktfigur. Kein Bauer bestellt nackt sein Feld. Warum also wurde der Mann hier so wiedergegeben? Mit dem Männerakt knüpft Waldschmidt möglicherweise an das Adam-Motiv und an Darstellungen vom ersten Menschen in der christlichen Kunst an. Adam als Bauer, der, nach der Vertreibung aus dem Paradies, im Schweiße seines Angesichts für seine Existenz schuften muss. Die Zeichnung erweckt den Eindruck, die menschliche Zivilisation entspringe dem Ackerbau; der Bauer als Ursprung der Geschichte. Menschliche Kraft spiegelt sich im Tier. Der Stier als Symbol von (männlicher) Stärke. Das Bild des Pflügens zeigt den Menschen noch nah am Ursprung, nah an der Natur. Zugleich ist der *Stierpflüger* ein metaphorisches Bild für Manneskraft und patriarchale Ordnung. Der Pflüger beherrscht das Tier und die Erde, er macht sich die Natur untertan.

Diese Bedeutungsdimension sahen schon die Zeitgenoss:innen. 1914 schrieb der Kunstkritiker Felix Lorenz:

> „Er [Waldschmidt] greift auf die letzten Symbole zurück, die Schicksal und Menschendasein umkreisen und führt zu Vorstellungen, die schon immer in unserem Geschlecht lebten, also zeitlos und ortlos sind. [...] Seine übermenschlichen Gestalten dröhnen ihre Schicksale zu uns herab und fühlen mit Ergriffenheit, daß sie nur ins Riesenhafte übertragene Spiegelbilder von uns selbst sind! Sie sind Symbole unserer von Fatum überschatteten Wanderung,

unseres stürmischen Vorwärtswollens und unserer schmerzlichen Niederlagen. So ist dieser *Stierpflüger* wie ein zorniger Kampf mit der Erde, zu deren mühseliger Eroberung wir bestellt wurden."[26]

Der Bildtitel betont das Tier und das Thema Pflügen. Waldschmidt gestaltet einen scheinbar archaischen, zeit- und ortlosen Zustand, in dem der Mensch angeblich immer das Dasein eines Bauern führt. Deshalb ist er unbekleidet, was ihn zu einem zeitlosen Wesen stilisiert, und es idealisiert ihn zugleich im Sinne der klassizistischen Kunstanschauung. Nacktheit ist hier eine Metapher für Ahistorizität und die Überwindung des Individuellen, in ihr zeigt sich ein Menschen*typus,* dessen Existenz angeblich nahezu dem ‚Urzustand' gleicht.

Zivilisationstheorien um 1900 sahen in der Revolution des Ackerbaus und der Tierzucht, in dem engen Verhältnis von Mensch und domestiziertem Tier den Beginn der Zivilisation. Die bäuerliche Gesellschaft wurde als Keimzelle betrachtet, in der das Patriarchat als naturgegebene Ordnung galt. Es verwundert nicht, dass Waldschmidt im *Stierpflüger* das männliche Geschlecht und seine Vorrangstellung idealisiert. Auch die Ideen von Blut und Boden sind unübersehbar, sie weisen voraus auf die ihnen im Nationalsozialismus zukommende Bedeutung. Somit war der *Stierpflüger* ganz nach dem Geschmack der Nationalsozialisten. Infolgedessen gehörte der Karton nicht nur zu den ersten Erwerbungen, die die Stadt Stuttgart nach der Machtübernahme des NS-Regimes tätigte, sondern auch zu jenen Werken, die 1934 in der „Ausstellung aus dem Kunstbesitz der Stadt Stuttgart" gezeigt und im Katalog abgebildet wurden. In dieser Schau sollte erstens veranschaulicht werden, was „bodenständige schwäbische Kunst des letzten halben Jahrhunderts"[27] gewesen ist, zweitens die Frage beantwortet werden, was „zeitgemäße", „besonders schwäbische" Kunst ist,[28] und drittens sollte der städtische Kunstbesitz zum ersten Mal in der Geschichte der Stadt der Bevölkerung vorgestellt werden. Der Kunstbesitz machte laut Zeitungsbericht etwa ein Drittel der Ausstellung aus, darunter waren die seit der „Machtergreifung" getätigten Erwerbungen. Ein Raum war allein den Zeichnungen, Aquarellen, Stichen und Radierungen gewidmet. Vertreten waren Adolf Hölzel (1853–1934) und Alexander Eckener (1870–1944), ebenfalls Professoren an der Kunstakademie Stuttgart und Kollegen Waldschmidts, sowie Reinhold Weegmann (1889–1963), seit 1927 Professor an der Danziger Kunstakademie[29]. Die Nationalsozialisten gaben in ihrer Schau im Wilhelmspalais (heute StadtPalais) demnach nicht nur einen Überblick über den städtischen Kunstbesitz, sondern formulierten auch ihre kunstpolitischen Ziele, indem sie ihre Sicht auf die württembergische Kunstgeschichte vorstellten und ihre Forderungen an die Gegenwartskunst auf die Agenda setzten. Sie wollten den Weg „zur wahren Kunst" ebnen und in Zukunft darauf achten, „weniger Mittelmaß am Leben zu erhalten als den ewigen Werten der Kunst zu dienen"[30]. Bei der Eröffnung erklärte Stuttgarts OB

Dr. Karl Strölin, ein Ankauf durch die Stadt bedeute „immer auch eine ganz besondere Anerkennung und Auszeichnung für einen Künstler"[31]. Mit dieser Politik setzte er sich von der Vorgängerregierung in der Weimarer Republik ab und gab die Richtung für die Erwerbungen vor.

Unbekannte Herkunft

Über die Entstehungsgeschichte der grafischen Sammlung im Kunstmuseum Stuttgart ist sehr wenig bekannt, weil das Grafikinventar im Zweiten Weltkrieg zerstört wurde. Darüber hinaus gibt es fast keine Unterlagen zur Erwerbungs- und Herkunftsgeschichte der zwischen 1925 und 1945 angekauften Arbeiten auf Papier. Das verlorene Inventar führte Aquarelle, Zeichnungen, Pastelle, Gouachen und Tempera-Arbeiten, Radierungen, Holz- und Linolschnitte sowie Lithografien.[32] Dass es vernichtet wurde, lässt sich einem Brief des Nachkriegsverwalters der städtischen Kunstsammlung und späteren Galeriedirektors, Eugen Keuerleber, entnehmen, der am 8. Juli 1947 an das Landratsamt Heilbronn am Neckar wegen der Kriegsschadensmeldung des Stuttgarter Kulturreferats schrieb: „Über grafische Arbeiten, Plastiken usw. kann ich keine näheren Angaben machen, da die entsprechenden Unterlagen verbrannt sind."[33] Keuerleber bezog sich auf den in Schloss Löwenstein von der Stadt Stuttgart ausgelagerten städtischen Kunstbesitz, der im April 1945 weitestgehend zerstört wurde. In dieser Quelle wird ausdrücklich festgestellt, dass die Unterlagen für die Inventarisierung der Grafik und Plastiken verbrannt seien. Aus einem anderen Dokument, einem Schreiben des Städtischen Steueramts Stuttgart an das Kriegsschädenamt vom 2. März 1945, geht hervor, dass bei dem 1945 entstandenen Fliegerschaden „Ölgemälde, Aquarelle, Bilder usw." vernichtet wurden.[34] Und am 9. September 1949 schrieb Keuerleber an seinen Vorgesetzten, den Referenten für Kultur und Kunst in der Stadt, Dr. Hans Schumann, über seine Erfassung des erhaltenen städtischen Kunstbesitzes: „Die übrigen Kunstwerke (Aquarelle, Radierungen usw.) konnten nicht geprüft werden, da sie bis auf die Neuerwerbungen seit 1947 [...] buchmäßig nirgends erfasst sind."[35] Der OB Dr. Arnulf Klett stellte 1950 im Vorwort zum Katalog der Ausstellung „Zwei Jahrhunderte Malerei in Stuttgart aus dem Kunstbesitz der Stadt", die im Künstlerhaus Sonnenhalde gezeigt wurde, fest: „Nicht nur wurde die Villa Berg zerstört, auch viele Gemälde und Grafiken, die nach Schloß Löwenstein verlagert worden waren, gingen dort durch Kriegseinwirkungen zugrunde."[36] Aus dieser Quelle geht explizit hervor, dass Grafiken aus dem Kunstbesitz der Stadt nach Schloss Löwenstein ausgelagert worden waren. Wie groß dieser Bestand war, ist unklar, doch muss es sich um den größten Teil gehandelt haben, weil nur ein kleiner Prozentsatz der Grafiksammlung den Krieg überstand. Ermittelbar sind folgende Zahlen: Der NS-Kultur- und Kunstreferent der Stadt,

Dr. Fritz Cuhorst, sprach 1937 von 1200 Zeichnungen. Heute können noch 219 Zeichnungen dem Bestand der im Dritten Reich erworbenen Zeichnungen zugeordnet werden. Das wären circa 18,3 Prozent, vorausgesetzt, der Bestand der Zeichnungen war in den Folgejahren nicht angewachsen, wovon allerdings kaum auszugehen ist. Wahrscheinlich befanden sich bis 1942 mehr Zeichnungen im grafischen Bestand der städtischen Kunstsammlung.

Die Rekonstruktion der Entstehung und Zusammensetzung der Grafiksammlung ist angesichts der prekären Quellenlage sehr schwierig, denn in dem in den Blick genommenen Zeitraum von 1924 bis 1945 sind wir mit zwei Gesellschaftssystemen konfrontiert - der Weimarer Republik und dem Dritten Reich -, die auf unterschiedliche Weise zur Entwicklung der städtischen Kunstsammlung beitrugen. Demzufolge muss davon ausgegangen werden, dass auch der Beitrag zum Aufbau der grafischen Sammlung in der Städtischen Galerie im jeweiligen Zeitraum (1924-1933, 1933-1945) unterschiedlich ausfiel.

Rätsel um ein Pastell

Infolge des Fehlens sämtlicher Schenkungsunterlagen aus dem Jahr 1924 ist unbekannt, wie sich die vom Marchese Silvio della Valle di Casanova der Stadt Stuttgart geschenkte Kunstsammlung genau zusammensetzte und welche Werkgattungen sie umfasste. Der „Grundstock" der Kunstsammlung der Stadt Stuttgart wurde nicht gleich zu Beginn im neu angelegten Inventarbuch eingetragen. In ihm ist nicht die gesamte Schenkung erfasst, es beginnt nicht einmal mit den Werken aus der Casanova-Schenkung, obwohl sie die Sammlung erst begründete und das Anlegen des Inventars notwendig machte. Klar ist lediglich, dass die Casanova-Schenkung eine große Anzahl von Ölgemälden der Künstler Hermann Pleuer (1863-1911) und Otto Reiniger (1863-1909) sowie von Georg Friedrich Zundel (1875-1948) enthielt, mit denen der Sammler eng befreundet gewesen war. In diesem Zusammenhang fallen des Weiteren die Namen Hans Molfenter (1884-1979) und Felix Hollenberg (1868-1945), die wie Pleuer, Reiniger und Zundel Maler waren und dem Umkreis der sogenannten schwäbischen Impressionisten angehörten. Hinzu kommen Carlos Grethe (1864-1913), Reinhold Nägele (1884-1972), Amandus Faure (1874-1931), Josef Kerschensteiner (1864-1936) und Franz Heinrich Gref (1872-1957). Ihre Namen finden sich im „Kleinen Sammlungsführer" von 1925 im Verzeichnis der Bilder.[37] Zwei Gemälde sind von Nägele, je eines von Grethe, Faure und Molfenter, schließlich gab es in der Villa Berg, dem Ausstellungsort der Sammlung, noch einen Nebensaal zu Saal II, in dem Zeichnungen, Radierungen, Aquarelle und eine Plastik von Max Bezner (1872-1939) zu sehen waren.[38] Ob jene Gemälde und Grafiken, die nicht von Reiniger und Pleuer stammen, ebenfalls zur Casanova-Schenkung gehörten, lässt sich aus dem

Führer nicht erschließen. Auch ist völlig unklar, wie viele Bilder von den Künstlern in der Schenkung enthalten waren. Wegen der rudimentären Überlieferung kann über die Zahlen nur spekuliert werden.[39] Belegt ist, dass die Schenkung nicht aus der kompletten Sammlung bestand, denn einige Reiniger-Arbeiten verblieben zum Beispiel in der Casanova-Villa in Pallanza.[40] Sicher aber ist, dass sich die Schenkung vor allem aus Werken von Pleuer und Reiniger zusammensetzte, wobei Arbeiten von Reiniger überwogen.

2020 wurde entdeckt, dass zur Schenkung Casanova auch ein großes Pastell gehörte, das die Marchesa Sophia della Valle di Casanova Browne (1866–1960) anfertigte. Es zeigt das Porträt ihrer Freundin Margarethe Klinckerfuß.[41] Wann und auf welchem Weg die Stadt Stuttgart Eigentümerin des Bildes wurde, war bis 2020 unbekannt (Abb. 10).[42]

Margarethe Klinckerfuß war eine enge Freundin und Vertraute des Grafen di Casanova und seiner Gattin. Die Marchesa, eine versierte Künstlerin und Pastellistin, malte von der Vertrauten ein Porträt, das für die eigenen vier Wände in der Villa San Remigio bestimmt war. Vielleicht signierte Sophia della Valle di Casanova Browne es deshalb nicht, weil das Bild in ihrem Haus blieb.

Während des langen, 13-jährigen Aufenthalts von Silvio della Valle di Casanova in Stuttgart (1883–1896) spielte die Familie des Musikinstrumentenherstellers Apollo Klinckerfuß eine wichtige Rolle in seinem Leben, vor allem dessen Tochter Margarethe. Ihr Bruder Bernhard Klinckerfuß malte im Auftrag der Stadt Stuttgart die Porträts des Stifterehepaars, die bei der Ausstellung der Schenkung di Casanova ebenfalls in der Villa Berg hingen. Vielleicht sollte mit dem Porträt von Margarethe Klinckerfuß an ihre Bedeutung und die ihrer Familie für den Aufenthalt Silvio di Casanovas erinnert werden. Zugleich wurde mit dem Pastellporträt aber auch die Arbeit der Künstlerin Sophia della Valle di Casanova Browne gewürdigt.

Abb. 10 Marchesa Sophia della Valle di Casanova Browne, *Margarethe Klinckerfuß*, o. J., Pastell, 100 × 80 cm

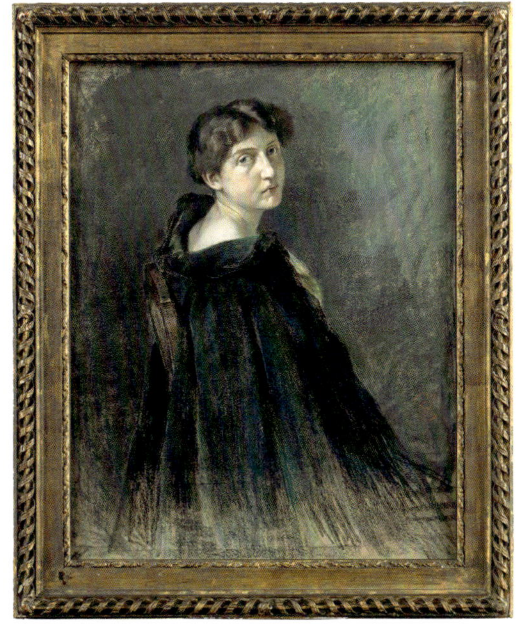

Das Pastell war Teil der Schenkung Casanovas 1924 und wurde auch im Dritten Reich ausgestellt. Allerdings wusste man da schon nichts mehr über seine Herkunft.[43] Über sie geben die Erinnerungen von Margarethe Klinckerfuß Auskunft, die 1948 veröffentlicht wurden.[44] Sie erzählt:

> „Der Marchese und die Marchesa Casanova stifteten der Stadt Stuttgart, zu Händen des damaligen OB Dr. Karl Lautenschlager, Casanovas Freund, eine Sammlung herrlicher Bilder der großen schwäbischen Maler Otto Reiniger und Hermann Pleuer.

> Sie bilden den Grundstock der Städtischen Gemäldesammlung in der Villa Berg, weshalb die Porträts der Stifter, von Bernhard Klinckerfuß im Auftrag der Stadt Stuttgart gemalt, dort hängen. Ein von der Marchesa Casanova gemaltes Porträt von mir wurde auch in diese schöne Gemäldesammlung aufgenommen."[45]

Margarethe Klinckerfuß, die eine Ausbildung als Pianistin an der Musikakademie in Stuttgart machte, hielt sich 1897 für acht Wochen bei den Casanovas in San Remigio auf und studierte gemeinsam mit Silvio di Casanova Werke von Franz Liszt. Höchstwahrscheinlich ist in dieser Zeit das Porträt der 20 Jahre jungen Musikerin entstanden.

3 SAMMELN IN DER WEIMARER REPUBLIK UND IM DRITTEN REICH

Schon vor 1933 muss es in der städtischen Kunstsammlung einen Bestand an grafischen Arbeiten gegeben haben, davon legen alte Signaturen auf Grafiken und die 1934 von den Nationalsozialisten erstmals veranstaltete „Ausstellung aus dem Kunstbesitz der Stadt Stuttgart" Zeugnis ab. Bei Letzterer wurde im Raum XV des Wilhelmspalais (heute StadtPalais) die bereits erwähnte unbekannte Anzahl von Aquarellen, Pastellen, Zeichnungen und Radierungen gezeigt (siehe S. 28). Um sich einen Überblick über den städtischen Kunstbesitz zu verschaffen und die Ausstellung vorzubereiten, forderte Staatskommissar Dr. Karl Strölin – einige Zeit später OB – alle städtischen Ämter auf, ihm mitzuteilen, welche Kunstwerke (Ölgemälde, Radierungen, Zeichnungen, Plastiken etc.) sich bei ihnen befänden und ob es weiteren Bedarf daran gäbe.[46] Bei der Ermittlung des Ämterschmucks wurden alle städtischen Institutionen erfasst, unter anderem auch Krankenhäuser, Technische Werke und die Polizei. In den Antworten wurden alle Kunstwerke aufgelistet, die sich zum Zeitpunkt der Erhebung in der jeweiligen Institution befanden.[47] Dabei wurden auch Angaben zur Technik gemacht, das heißt, ob es sich zum Beispiel um ein Gemälde, ein Aquarell, ein Pastell oder eine Druckgrafik handelte. Dadurch ist es heute möglich, die technischen Gattungen voneinander zu unterscheiden und einen quantitativen Eindruck vom Grafikbestand zu gewinnen. Anhand dieser Listen, die in erster Linie den städtischen Kunstbesitz vor Herbst 1933 erfassten, der als Ämterschmuck der Öffentlichkeit teilweise unzugänglich war, können wir darüber hinaus eine ungefähre Vorstellung davon bekommen, wie viele grafische Arbeiten von der Stadt in den Jahren 1925 bis 1933 erworben wurden.

Zählt man alle aufgeführten Grafiken zusammen, sind es rund 90 Arbeiten (30 Aquarelle, 30 Zeichnungen, 21 Radierungen, 4 Tempera, 3 Lithografien, 1 Pastell). Gemessen an der Menge der Ölgemälde (1932: 427) scheint die Grafik nur etwa ein Fünftel des städtischen Kunstbesitzes ausgemacht zu haben. Doch dieser Schein trügt, denn Grafikinventarnummern für die Werkgattungen Radierung, Zeichnung und Lithografie, die vor 1933 vergeben wurden, legen den Schluss nahe, dass allein von diesen drei Techniken circa 800 Arbeiten zusammengetragen worden waren.[48] Die Grafik wurde vor allem für die Ausstattung von Krankenhäusern erworben, zum Beispiel das Bürgerhospital, das Katharinenhospital und das Städtische Krankenhaus Stuttgart-Cannstatt oder auch das

Wöchnerinnenheim, für das man 1926 Kunstdrucke und Grafiken kaufte. Die Bilder wurden von der Stuttgarter Kunsthandlung Hirrlinger geliefert, die Rahmen vom Kunsthaus Schaller. Von den 88 Kunstwerken, die 1927 für den Neubau des Städtischen Krankenhauses angeschafft wurden, waren über 50 Prozent grafische Arbeiten (23 Zeichnungen, 21 Aquarelle, 2 Lithografien).

Es gab also schon vor dem Dritten Reich einen Grafikbestand in der städtischen Kunstsammlung, wenngleich er aber wohl klein war und bis 1934 eine untergeordnete Rolle spielte. Er diente vor allem als Fundus für den Ämterschmuck; für die Städtische Galerie scheinen dagegen kaum grafische Arbeiten angekauft worden zu sein. Dieser Eindruck wird gestützt von einer Werbeanzeige für die Städtische Galerie auf der Rückseite des Katalogs zur „Ausstellung aus dem Kunstbesitz der Stadt Stuttgart" von 1934. Dort heißt es bezeichnenderweise: „Städtische Sammlung schwäbischer Kunst (Malerei und Plastik) in der Villa Berg". Ein Grafikbestand wird nicht erwähnt (Abb. 11).

Die Zahlen zeigen, dass die Stadtverwaltung zwar schon vor der „Machtergreifung" mit dem Ankauf von Grafiken begann, dass aber erst unter dem NS-Regime in einem größeren Maßstab auf diesem Gebiet Erwerbungen getätigt wurden. Zur Veranschaulichung seien folgende Beispiele ge-

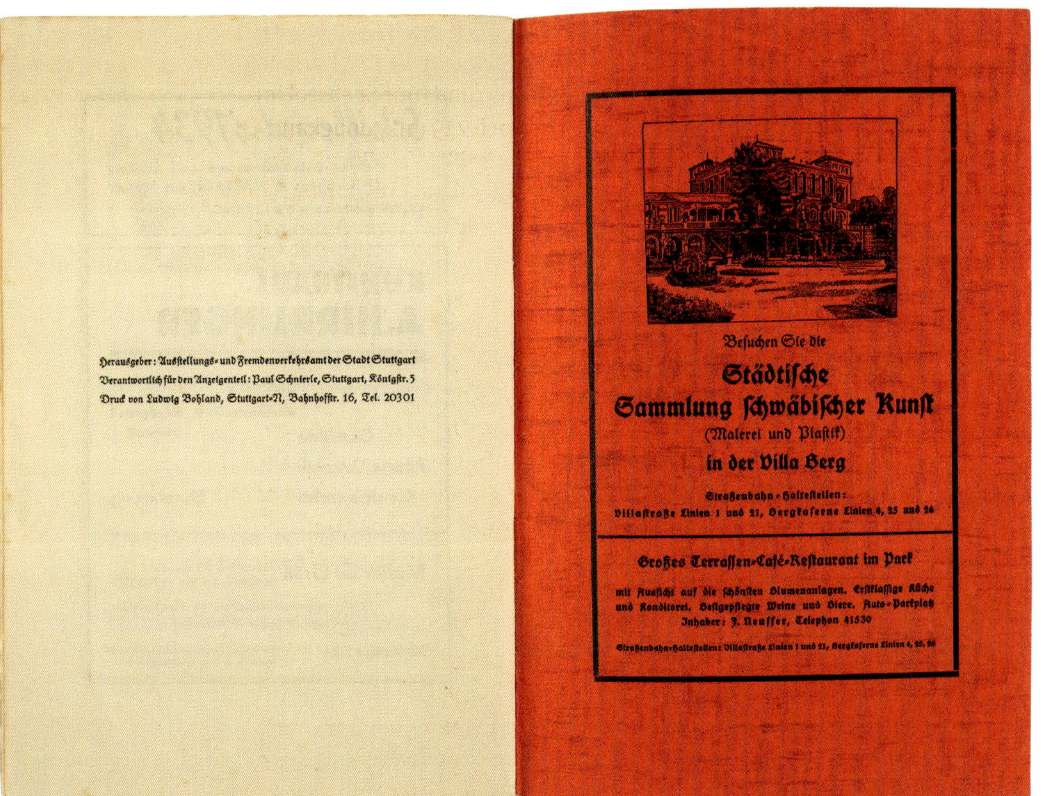

Abb. 11
Werbeanzeige für die Städtische Galerie, 1934

nannt: Im Haushaltsjahr 1933/34 wurden 62 Arbeiten auf Papier erworben (32 Zeichnungen, 20 Radierungen 4 Aquarelle, 3 Lithografien, 2 Holzschnitte, 1 Tempera). Dem standen 63 Gemälde und 8 Plastiken gegenüber. Bekannt ist, dass die Stadtverwaltung in der Weimarer Zeit in den Jahren 1925 bis 1933 mindestens 90 Werke[49] erwarb, und davon wurde allein schon die Hälfte nur für einen einzigen Krankenhausneubau angeschafft. Im Vergleich dazu kauften die Nationalsozialisten gleich zwei Drittel dieser Menge allein im ersten Jahr ihrer Herrschaft. 1937 spricht der Kunstreferent Cuhorst von „1200 Zeichnungen" in der Grafiksammlung. Auch in dem Antwortschreiben des Präsidenten der Reichskammer der bildenden Künste an den OB Strölin wird diese Zahl genannt. Dort heißt es: „Anlässlich des Besuches des Abteilungsleiters Sachs in Stuttgart wurde festgestellt, daß die im Besitz der Stadt Stuttgart befindlichen 1000 Ölbilder und etwa 1200 Zeichnungen keinerlei Werke der Verfallskunst enthalten haben [...]."[50] Das scheint eine überraschend hohe Zahl zu sein, wenn wir bedenken, dass es sich hierbei allein um *Zeichnungen* handelt und die anderen grafischen Techniken noch gar nicht in die Berechnung mit einbezogen sind.[51] Diese Zahl ist jedoch nicht übertrieben, denn es wurden Zeichnungen mit noch höheren Inventarnummern gefunden (u. a. C 1203, 1220, 1225, 1228, 1266, 1333, 1478, 1485, 1554[52]). Bereits auf der Zeichnung eines Arbeiters von Friedrich von Keller (1840–1914), die nach Verleihung des Ehrentitels für Stuttgart erworben wurde, also nach September 1936, findet sich die Inventarnummer C 1067.[53] Gehen wir von diesen Zahlen aus, müssen vom Gesamtbestand der Zeichnungen mindestens rund fünf Sechstel im Krieg zerstört worden sein, weil sich heute nur noch 219 mit „unbekanntem Erwerbungsvorgang" nachweisen lassen, das heißt, eine Provenienz haben, deren Kontext am wahrscheinlichsten mit dem Dritten Reich in Verbindung zu bringen beziehungsweise deren Erwerbung in dieser Zeit nachweisbar ist.

Vor 1933 scheinen die Ankäufe der Stadtverwaltung im Bereich Grafik nicht zielgerichtet gewesen zu sein und von aktuellen Ereignissen abgehängt zu haben. Beispielsweise kaufte die Stadt eventuell zwischen 1924 und 1927 20 Zeichnungen des Dichters und Malers Heinrich Schäff-Zerweck (1862–1937); sie wurden im Krieg zerstört. Die Erwerbung kostete 6000 Reichsmark, was kein geringer Preis war. Der Ankauf des Schäff-Zerweck-Konvoluts scheint aber eine Ausnahme gewesen zu sein, die vor allem der damaligen Bedeutung des Künstlers für das Schwabenland geschuldet war. Schäff-Zerweck verfasste auch 1925 die Einführung in die Casanova-Sammlung, die in der Villa Berg gezeigt wurde.

Das im September 1924 in der Kunstausstellung Schaller veranstaltete Preisausschreiben „Das landschaftliche und architektonische Bild von Stuttgart" kann als eines der oben erwähnten „aktuellen Ereignisse" betrachtet werden, aus dessen Anlass es zu einem Gemälde- und Grafikankauf kam. Die Ausstellung wurde von der gemeinderätlichen Inneren Abteilung besucht. Für den Ankauf durch die Stadt wurde neben einer Stadtansicht von Reinhold Nägele (1884–1972), die den ersten Preis erhalten hatte, auch eine Radierung in die engere Auswahl genommen, der der zweite Preis zuerkannt worden war.

Es gibt eine Radierung des Münchner Malers Albert Burkart (1898–1982), *Frau mit Kind,* die laut alter Inventarnummer wohl 1926/27 angekauft wurde (Abb. 12).[54] Burkart studierte von 1919 bis 1921 an der Kunstakademie Stuttgart bei Christian Adam Landenberger (1862–1927), danach an der Kunstgewerbeschule München. Ab 1925 machte er sich als Maler in München selbstständig. Durch seine Studienzeit hatte er Kontakte nach Stuttgart. Zudem beteiligte er sich ab 1925 an zahlreichen Ausstellungen. Im Jahr 1928 wandte er sich zunehmend religiösen Themen zu. Die Radierung könnte daher vorher entstanden sein, als er noch unter dem deutlichen Einfluss der Neuen Sachlichkeit stand. Burkart ist aber auch noch in anderer Hinsicht für die Sammlungsgeschichte interessant. Zusammen mit anderen Künstlern wie Leo von Welden (1899–1967) oder Walter Klinkert (1901–1959) unterstreicht er, welche Bedeutung München und dessen Kunstszene im Dritten Reich für Stuttgart hatten. 1944 gehörte er darüber hinaus zu einer Reihe von in München lebenden Künstlern, deren Werke in Breslau und Salzburg auf der vom Reichsführer-SS und

Abb. 12
Albert Burkart, *Frau mit Kind,* um 1926, Radierung, 14 × 18 cm

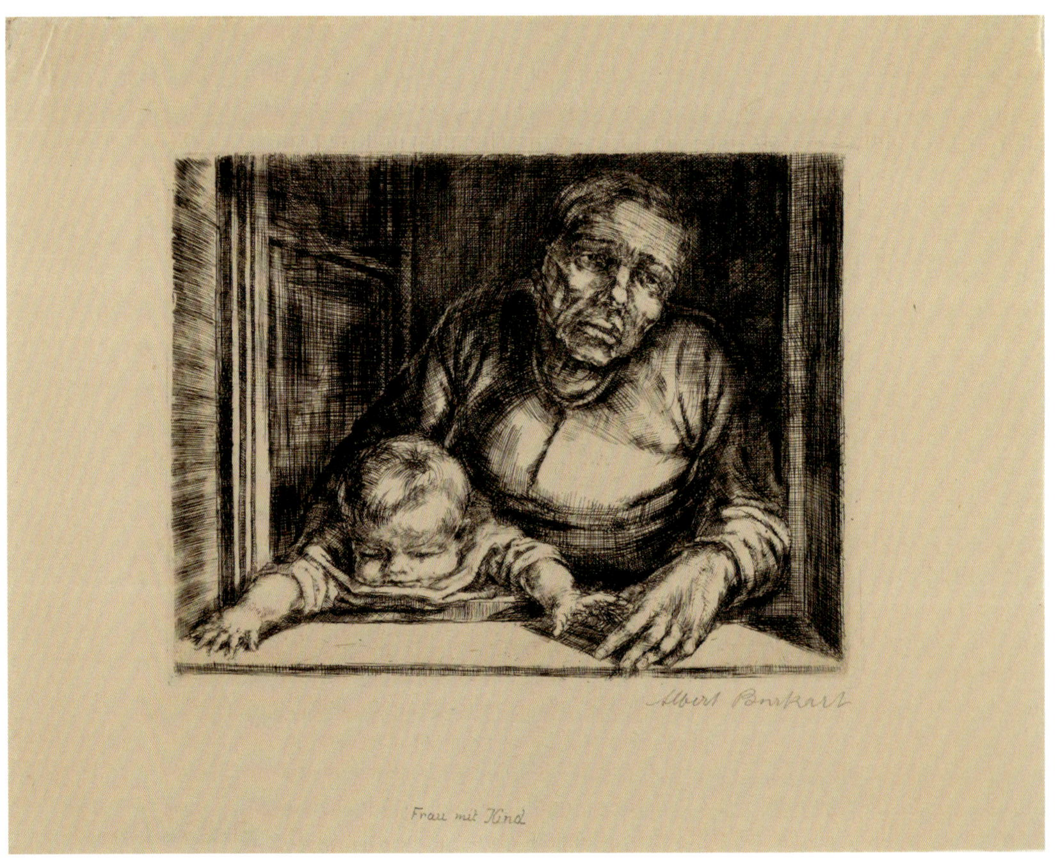

dem Ergänzungsamt des Hauptamts der SS organisierten Ausstellung „Deutsche Künstler und die SS" zu sehen waren.[55]

Somit lässt sich festhalten, dass die Stadt Stuttgart in der Weimarer Zeit grafische Arbeiten für ihre Kunstsammlung ankaufte. Zudem sind einige Ankäufe dokumentiert, die belegen, dass grafische Arbeiten auch für den Ämterschmuck oder im Rahmen der Künstlerhilfe erworben wurden. Was sich hingegen heute nicht mehr beantworten lässt, ist die Frage, wie häufig Grafik gezeigt wurde. Dass sie gleich von Anfang an ein Bestandteil der städtischen Sammlung war, beweist die Ausstellung von grafischen Arbeiten in der Villa Berg. Ob dort allerdings neben den gezeigten grafischen Arbeiten weitere Grafiken gelagert wurden, ist unbekannt. Sollte das nicht der Fall gewesen sein, stellt sich die Frage, wo die Stadt sie aufbewahrte. Vielleicht in Depots, in denen auch Sammlungsobjekte des zukünftigen Stadtarchivs gelagert wurden? Auch dieses verfügte ja über Bildbestände und Kunstwerke. Oder gingen schon in den ersten Jahren grafische Arbeiten als Ämterschmuck in die Verwaltungsbüros der städtischen Ämter und in andere städtische Institutionen wie Krankenhäuser? Das setzt jedoch voraus, dass die Arbeiten auf Papier von jemandem gerahmt werden mussten, um aufgehängt werden zu können. Damit wiederum wären aber auch zusätzliche Kosten für das Rahmen und die Passepartouts bei Rahmenhändlern verbunden gewesen, die zu den Erwerbungskosten für die Kunstwerke hinzugekommen wären. Über diese Sachverhalte war bis vor kurzem wenig bekannt, weil dazu bislang keine Unterlagen gefunden wurden und man annehmen musste, dass sie höchstwahrscheinlich im Krieg mit den Beständen des Stadtarchivs Stuttgart untergegangen sind.

Durch die systematische Erfassung alter Inventarnummern und Bezeichnungen auf den Bildrückseiten wissen wir mittlerweile, dass die Stadtbibliothek Grafiken der Stadt lagerte. Auf manchen Blättern findet sich der blaue Stempel „Stadtbibliothek Stuttgart" und der Stempel „Bibliothek-Schachtel", der auf den Lagerort in der Bücherei hinweist (Tafel 1).[56]

Wie groß war die Sammlung im Dritten Reich?

Weil es 1933 kein städtisches Kunstmuseum in Stuttgart gab, existierte auch keine Grafiksammlung im eigentlichen Sinne. Die ersten öffentlichen Überlegungen zur Einrichtung einer derartigen Sammlung wurden erst nach Beginn des Zweiten Weltkriegs geäußert. Anders als bei einer Gemäldesammlung war der Aufbau eines Kupferstichkabinetts weitaus aufwendiger, denn sein Öffentlichkeitscharakter und Nutzungsbetrieb unterscheidet sich grundsätzlich von dem einer Gemäldegalerie.[57] Wenn die Bestände sachgemäß aufbewahrt, konserviert und ausgestellt werden sollen, müssen die Arbeiten auf Papier wegen der besonderen Fragilität sowie der Feuchtigkeits- und Lichtempfindlichkeit in Schränken und Kisten gelagert und in speziellen Bilderrahmen ausgestellt

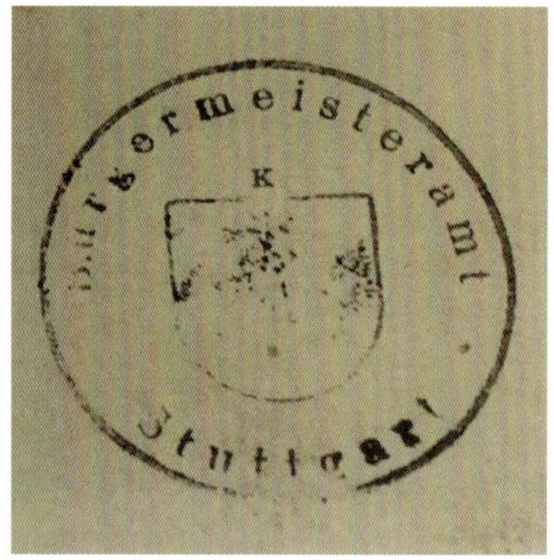

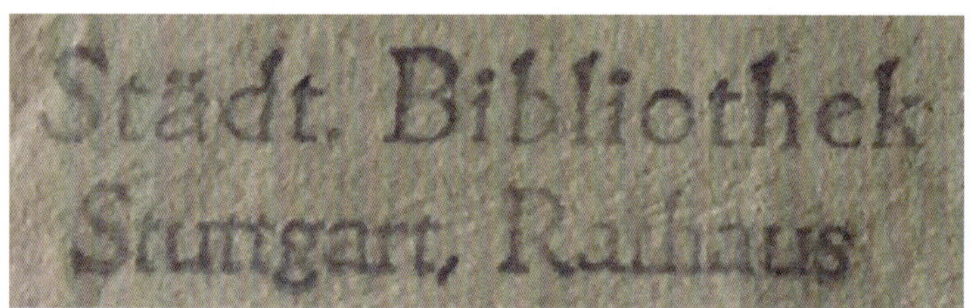

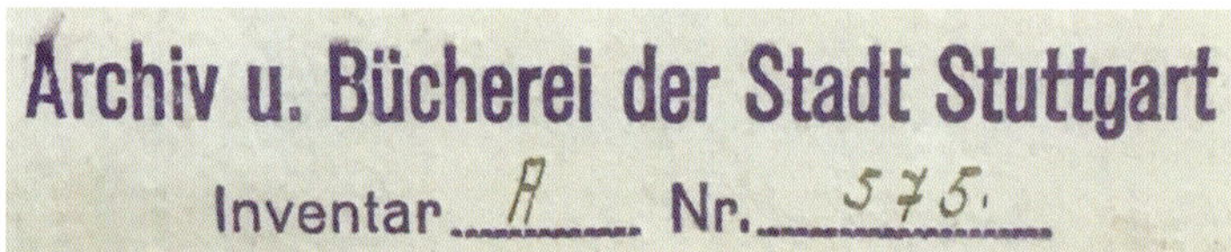

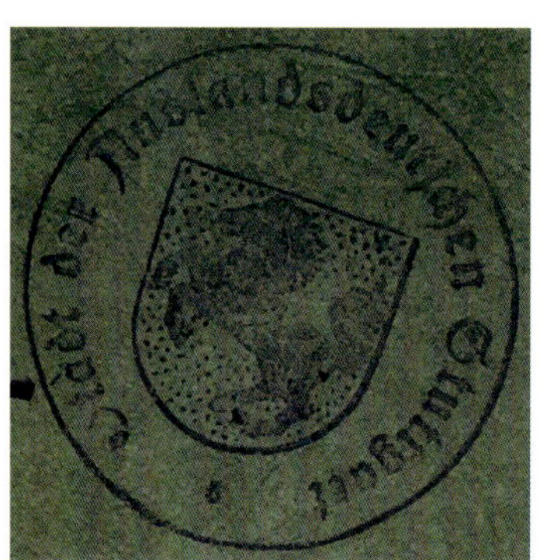

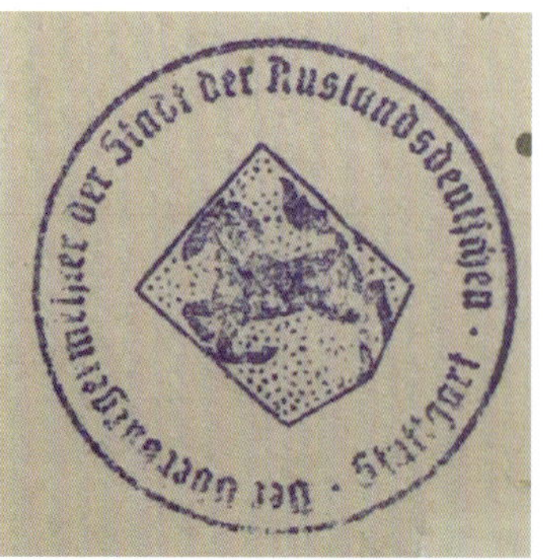

Tafel 1
Stempel der Stadt Stuttgart von 1919 bis 1945, die bei der Inventarisierung zum Einsatz kamen und auf den Bildrückseiten der Grafiken teilweise zu finden sind

werden. Sollen die Bestände der Öffentlichkeit zugänglich gemacht werden, zum Beispiel in einem Lesesaal, in dem Arbeiten individuellen Nutzer:innen vorgelegt oder Besucher:innen in Kabinettausstellungen gezeigt werden, braucht es entsprechende Räumlichkeiten und geschultes Personal. Auch muss für ein Grafikdepot und die systematische Erfassung und Lagerung gesorgt sein. Soweit aus den erhaltenen Quellen erkennbar, fehlten der Stadt Stuttgart diese Voraussetzungen.

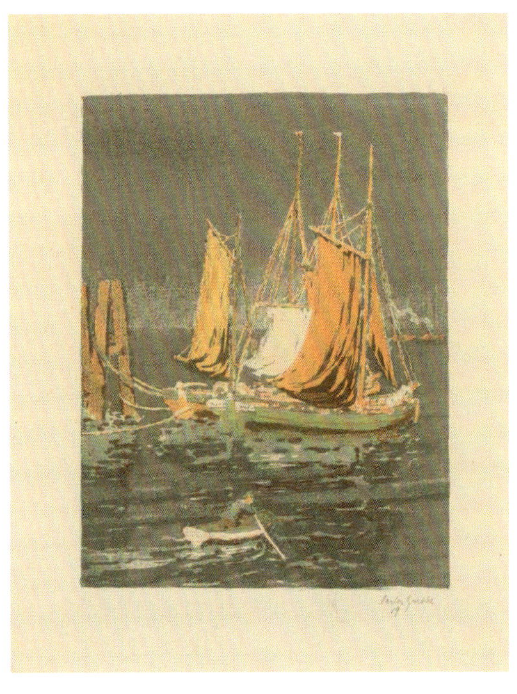

Abb. 13
Carlos Grethe, *Segelboote,* o. J., Lithografie, 23 × 17 cm

Im Frühjahr 1942 spricht der Kulturreferatsmitarbeiter, Stadtamtmann Fritz Schneider, davon, dass in der Villa Berg ein Raum als Grafisches Kabinett „vorgesehen“ sei. Das Kunstreferat plante die Schaffung der notwendigen Infrastruktur. Doch schon wenig später musste die Stadt für die Sicherung der Kunstwerke und ihre Verlagerung aus Gründen des Kunstschutzes sorgen. Die Prioritäten lagen daher ab 1942 insbesondere auf der Auslagerung der städtischen Kunstbestände, während die Planungen zum zukünftigen Museum mit seinem Grafikkabinett zurückgestellt wurden. Es ist davon auszugehen, dass es sich bei dem vorgesehenen Kabinett in der Villa Berg lediglich um einen Ausstellungsraum gehandelt hätte. Dagegen erscheint es wenig wahrscheinlich, dass in der Villa die Strukturen eines Grafikkabinetts mit Lesesaal und Grafikdepot geschaffen werden sollten, denn dafür fehlte der Platz. Die räumliche, materielle und personelle Ausstattung des Hauses war für einen solchen Betrieb nie vorgesehen gewesen. Trotzdem eiferte die Stadt hier der Landessammlung, der Graphischen Sammlung in der Staatsgalerie, nach, die damals zu den bestbestückten Grafiksammlungen in Deutschland zählte und über die notwendigen Bedingungen verfügte.

Die Konzeption des zukünftigen Kunstmuseums der Stadt Stuttgart als eine Galerie der „schwäbischen“ Kunst des 19. und 20. Jahrhunderts bedingte, dass im Bereich der Grafik sehr eingeschränkt gesammelt wurde, damit es nicht zu Überschneidungen mit der Staatsgalerie kam. Das wiederum bedeutete jedoch, dass keine herausragenden Werke deutscher und internationaler Kunst gesammelt wurden – Arbeiten der Moderne fehlten ganz. Stattdessen galt das Augenmerk nur regional und lokal bekannten Künstler:innen. Für den finanziellen Wert des Bestandes und die Erwerbungen war das folgenreich. Es musste nicht auf dem überregionalen Kunstmarkt und in Auktionen eingekauft werden, der regionale Kunsthandel und lokale Ausstellungen reichten aus. Bisher weist nichts darauf hin, dass die Stadt Grafiken auf einer Auktion erwarb oder sie für sich durch einen Einkäufer erwerben ließ.

Aus den Quellen geht lediglich hervor, dass in einigen Fällen auch private Grafiksammlungen angekauft wurden. Hier ist das große Konvolut mit Druckgrafiken und Handzeichnungen von Christian Adam Landenberger zu nennen, das der Stuttgarter Fabrikant Hermann Dorn verkaufte. Dieses Beispiel zeigt, dass es in Stuttgart Kunstsammler:innen gab, die sich auf Grafik spezialisiert hatten. Doch über diese Sammlerszene und ihre Beziehungen zur Stadtverwaltung im Dritten Reich ist nur wenig bekannt.

Wegen der desolaten Quellenlage ist es schwierig, sich ein Bild vom Umfang der Grafiksammlung zu machen. Dies ist nur über einen Umweg möglich, indem auf der Grundlage der überlieferten Zahlen für die Gemäldesammlung vorsichtig Rückschlüsse gezogen werden. Dabei wird implizit vorausgesetzt, den Ankäufen hätte in beiden Bereichen ein ähnliches oder dasselbe Ankaufs- und Sammelverhalten zugrunde gelegen.

Bei der Gemäldesammlung der Städtischen Galerie haben wir für den Zeitraum von 1932 bis 1937 folgende Bestandszahlen:

Dezember 1932:	427 Gemälde (nach dem alten Gemäldeverzeichnis)
[1932:	183 Gemälde (nach dem Verwaltungsbericht 1932)]
1937:	860 beziehungsweise 1000 Gemälde

Für das Jahr 1937 gibt es Angaben sowohl zum Bestand der Gemälde als auch der Zeichnungen, wobei man bei Letzteren zunächst auch vermuten könnte, dass der NS-Kunstreferent Cuhorst mit dem Begriff die Grafiksammlung allgemein meinte, die alle grafischen Techniken umfasst. Cuhorst war kein Kunstkenner, als Laie unterschied er möglicherweise einfach nur grob zwischen Malerei und Zeichnung. Ein Blick auf die Inventarisierungssystematik zeigt jedoch, dass man durchaus differenzierte: Die Inventarnummern der Zeichnungen wurden mit einem „C" gekennzeichnet. Zudem haben wir im erhaltenen Grafikbestand eine Arbeit mit der Nummer „Inventar C 1554". Die Zahl 1200 für die Gesamtzahl der Zeichnungen im Jahr 1937 entsprach also den Tatsachen. Auch dürfte sich Cuhorst in seiner Amtszeit als Kunstreferent die nötigen Kenntnisse angeeignet haben, weil er regelmäßig mit Arbeiten auf Papier befasst war und zum Beispiel in den jährlichen Ausstellungen des Württembergischen Kunstvereins Ankäufe tätigte. Hierbei wurde genau unterschieden, ob es sich um eine Zeichnung, Radierung, ein Aquarell, Pastell oder eine Tempera-Arbeit handelte.[58] Die Unterschiede in den Arbeitstechniken und verschiedenen Reproduktionsformen werden ihm daher geläufig gewesen sein.

Vier Jahre nach der „Machtergreifung" standen 1000 Gemälden über 1200 Zeichnungen und beinahe 800[59] Aquarelle gegenüber. 1943 bezifferte der Kulturreferent Dr. Eduard Könekamp die Anzahl der Gemälde auf „nunmehr circa 3000 Werke".[60] Den erhaltenen Inventarbüchern zufolge umfasste der Bestand im Mai 1945 nur noch circa 2278 Gemälde

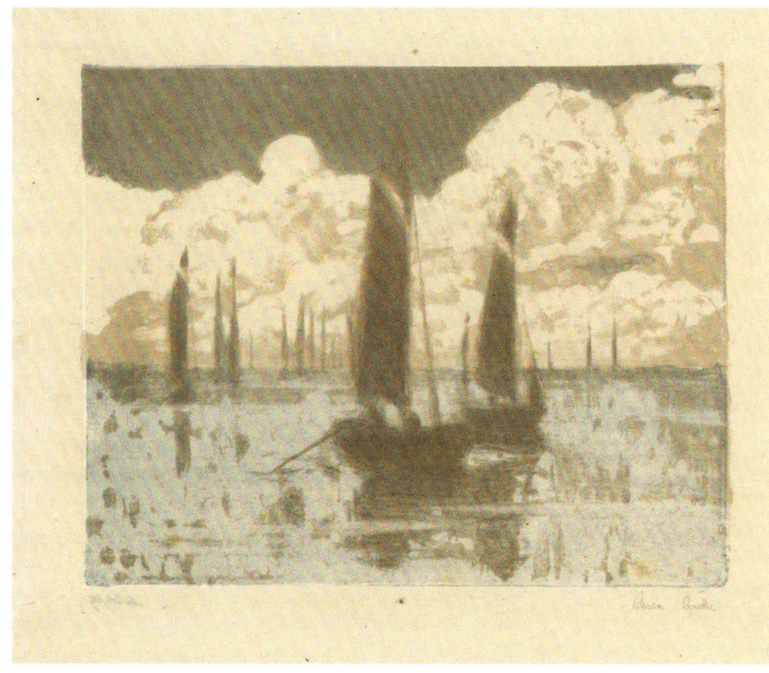

Abb. 14
Carlos Grethe, *Windstille*, 1903, Lithografie, 18 × 23 cm

(der Kriegsverlust ist hier noch nicht abgezogen). Die entsprechende Zahl der Grafiken kennen wir nicht. Was hingegen bekannt ist, ist zum einen die nach dem Abschluss der Inventarisierung im April 1951 errechnete Anzahl. Demnach umfasste der Bestand in diesem Jahr 1318 Arbeiten auf Papier. Allerdings müssen davon die Erwerbungen von Juni 1945 bis September 1951 abgezogen werden (126 Objekte), um die Anzahl der Grafiken zu erhalten, die den Krieg überstanden haben. Damit ergibt sich ein Bestand von 1192 Arbeiten.[61] Zum anderen ermöglichen die Inventarnummern für die Bestände der Aquarelle (B), Zeichnungen (C), Stiche (D), Radierungen (E), Schnitte (F) und Lithografien (G) weitere Aussagen. Die derzeit jeweils höchsten bekannten Nummern sind B 794, C 1554, D 1181, E 500, F 388, G 1562. Das würde einen Grafikbestand von mindestens 5979 Arbeiten ergeben, ginge man davon aus, dass die Inventarnummern jeweils den Bestand in den Gattungen zum Zeitpunkt der Inventarisierung wiedergeben. Sollte die Nummerierung jedoch nach Eingang eines entsprechenden Werkes, das heißt, gattungsübergreifend erfolgt sein, wäre die Gesamtmenge bedeutend geringer. Sie läge zwischen 1600 und 2000 Grafiken.[62]

Wenn das Mengenverhältnis zwischen Gemälden und Grafiken vor der Zerstörung des im Schloss Löwenstein eingelagerten Teils der Kunstsammlungen der Städtischen Galerie vergleichbar gewesen sein sollte mit dem im Jahr 1937 (ein Verhältnis von mindestens 1:2), dann hätte der Grafikbestand circa 4000 bis 5000, wenn nicht noch mehr Arbeiten umfasst. Diese Überlegung scheint von den überlieferten Inventarnummern gestützt zu werden. Im Krieg wurden circa 1306 Gemälde vernichtet, mehr als 50 Prozent. Bei der Grafik könnte die Verlustquote noch höher gewesen sein, denn heute lassen sich nur noch 734 Arbeiten nachweisen. Demnach wären mindestens 5245 Arbeiten zerstört worden (über 87 Prozent).

Im Bereich der Grafik kauften die Nationalsozialisten offenbar mit der gleichen Intensität ein wie im Bereich der Gemälde. Diese Sammlungsentwicklung wird noch durch eine andere Quelle bekräftigt. 1938 verschickte der Deutsche Gemeindetag eine Rundfrage über die Verleihung von Bildern aus städtischem Kunstbesitz. Man wollte wissen, ob Bilder verliehen werden, an wen und aus welchen Beständen. Die Stuttgarter Stadtverwaltung beantwortete die Frage nach den Beständen damit, dass die Ausleihen aus städtischem Kunstbesitz kämen, „der sehr gross“ sei. Der in diesen Worten anklingende Stolz über die stark angewachsene Sammlung ist überdeutlich.[63]

Anlässlich des 10-jährigen Bestehens der nationalsozialistischen Verwaltung gab OB Strölin 1943 in einem Rechenschaftsbericht bekannt, dass im Bereich der Kultur 1,1 Millionen Reichsmark für Kunstankäufe ausgegeben wurden. Bis vor kurzem war davon ausgegangen worden, die Summe hätte sämtliche Kunstankäufe umfasst, also Gemälde, Grafiken und Plastiken. Das ist jedoch nicht der Fall, denn wenn man die im alten Gemäldeinventar überlieferten Ankaufssummen für den Zeitraum von 1933 bis 1943 addiert, stellt man fest, dass sich die Summe von 1,1 Millionen Reichsmark nur auf die Ausgabe für Gemälde beziehen kann, weil diese Summe allein schon für Gemälde bis 1943 aufgewandt wurde. Bis Juni 1945 erhöhte sich die Summe für Gemäldeankäufe sogar noch auf circa 1 234 400 Reichsmark. Das in Grafiken und Plastiken investierte Geld kam somit noch hinzu, so dass die Gesamtsumme für alle Kunstankäufe höher gewesen sein muss als der 1943 zu Protokoll gegebene Betrag. Auf welche Höhe sich die Ausgaben für Grafikankäufe bis zum Kriegsende im Mai 1945 beliefen, lässt sich aufgrund der unzureichenden Quellenlage nicht beziffern. Infolge der Vernichtung des Grafikinventars kennen wir weder die Ankaufssummen noch die Anzahl der erworbenen Arbeiten auf Papier.

Eine weitere Quelle für die Grafikankäufe sind die Verkaufsbücher des Württembergischen Kunstvereins. Sie vermitteln einen Eindruck von den Preisen, die für grafische Arbeiten gezahlt wurden. Leider haben sich die Bücher nicht über das gesamte Dritte Reich hinweg erhalten, sondern nur für Oktober 1935 bis Dezember 1940. Die Auswertung ergab, dass in den Ausstellungen 97 Arbeiten auf Papier für insgesamt 9115 Reichsmark gekauft wurden.[64] Die Preise lagen zwischen 20 und 300 Reichsmark. Ein Auflagendruck wie eine Radierung war in der Regel preiswerter als eine Zeichnung, ein Aquarell oder ein Pastell. Eine farbige Handzeichnung konnte durchaus 300 Reichsmark, ein Aquarell 250 Reichsmark kosten.

Wie groß auch immer der Grafikbestand tatsächlich vor seiner teilweisen Vernichtung im April 1945 gewesen war, so kann als sicher angenommen werden, dass die Nationalsozialisten auch auf dem Gebiet der Grafik den

Bestand erheblich vergrößerten. Vergleichbare Mengen von Grafik wurden im Zeitraum von 1925 bis 1933 nicht gekauft, und in den Nachkriegsjahren 1945 bis 1951 waren es gerade einmal 126 Werke, die neu erworben wurden.

Wenn man davon ausgeht, dass die Stuttgarter Nationalsozialisten den Gemäldebestand nach ihrem Machtantritt innerhalb von vier Jahren verdoppelten, und dieses Verhältnis auf die Grafikankäufe im gleichen Zeitraum überträgt, dann könnte die grafische Sammlung 1932 aus circa 600 Arbeiten bestanden haben. Das erscheint als sehr viel angesichts der Tatsache, dass man über die grafische Sammlung in der Weimarer Republik bis heute nur sehr wenig weiß und ihre Geschichte kaum Spuren hinterlassen hat. Bei rund 600 Werken sollte man annehmen, dass die Sammlung von der Öffentlichkeit wahrgenommen und von der Kunstkritik rezipiert worden wäre. Zudem müsste es auch Erinnerungen an sie unter anderem in Form von Berichten geben. Doch jegliche entsprechende Belege fehlen.

Dennoch ist es unwahrscheinlich, dass erst die Nationalsozialisten mit dem Aufbau der Grafiksammlung begannen, denn das würde bedeuten, sie hätten innerhalb von vier Jahren 1200 Zeichnungen auf Papier angekauft, im Schnitt also jedes Jahr 300 Werke. Das ist schwer vorstellbar, selbst wenn wir in Rechnung stellen, dass die Anzahl der Ankäufe für die grafische Sammlung im Dritten Reich substanziell erhöht wurde. Was wir wissen ist, dass 1933/34 62 Arbeiten erworben wurden. Diese Menge liegt weit unter den geschätzten 300 Grafiken, die hätten angekauft werden müssen, wenn mit dem Sammeln erst 1933 begonnen worden wäre. Natürlich könnte es auch sein, dass im Zeitraum von 1933 bis 1937 große Grafikkonvolute erworben wurden, die zu einem schnellen Anwachsen der Sammlung führten. Doch darüber haben sich keine Quellen erhalten. Zudem erscheint diese These als unwahrscheinlich, weil es für den Erwerb großer privater Gemäldesammlungen in den 1930er-Jahren Quellen gibt und in ihnen nicht die Rede davon ist, dass gleichzeitig auch Grafiken von den Sammler:innen gekauft wurden. Daher ist auszuschließen, dass mit den Erwerbungen der Gemäldekonvolute gleichzeitig Grafiken in den städtischen Kunstbesitz gelangten.

Vor dem Hintergrund all dieser Umstände ist damit insgesamt davon auszugehen, dass 1933 bereits ein grafischer Bestand in unbekannter Größe existierte. Zusätzlich gestützt wird diese Annahme durch überlieferte Angebote und Rechnungen. Unbestritten sind es hingegen erst die Nationalsozialisten, die in der Villa Berg und im zukünftigen städtischen Kunstmuseum der Stadt Stuttgart ein grafisches Kabinett schaffen und dort regelmäßig Grafik präsentieren wollten. Im neuen Museum sollten in den Räumen für herausragende Künstler deren grafische Arbeiten gezeigt werden. Aus diesem Grund kaufte man zum Beispiel im März 1942 das Konvolut von 150[65] Druckgrafiken und Handzeichnungen des Malers und Akademieprofessors Christian Adam Landenberger von dem Seifenfabrikanten Hermann Dorn. In einem Schreiben des Kulturreferatsmitarbeiters Schneider vom 14. März 1942 wird dazu erklärt:

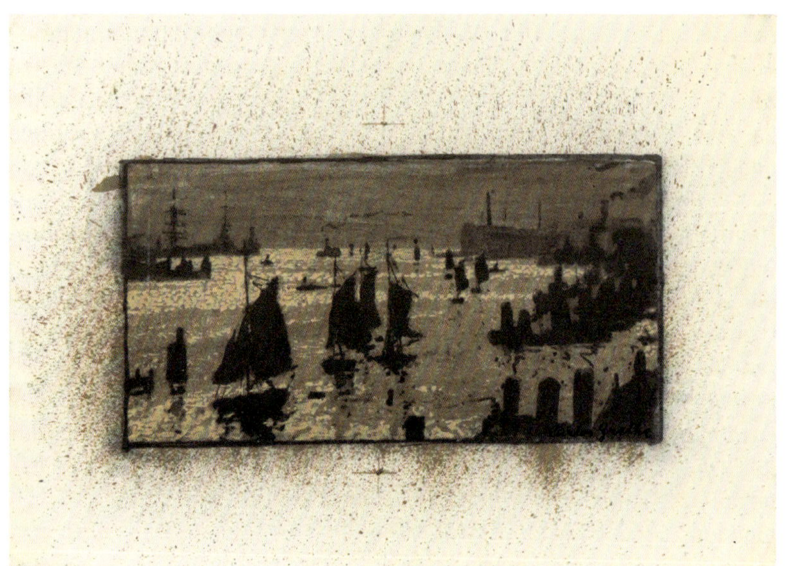

Abb. 15
Carlos Grethe, *Elbe bei Hamburg,* o. J., Lithografie, 9 × 17 cm

> „In der Villa Berg ist ein Raum als ‚Grafisches Kabinett' vorgesehen. Dort sollen in wechselnder Reihe Handzeichnungen und druckgrafische Werke schwäbischer Künstler laufend ausgestellt werden. Für diesen Zweck wurde unter andere[m] bereits eine größere grafische Kollektion von Professor Eckener angeschafft (Illustrationen zu Storms ‚Schimmelreiter'). In diesem ‚Grafischen Kabinett' könnten von Zeit zu Zeit auch einige Folgen der interessantesten Landenberger-Radierungen dem Publikum zugänglich gemacht werden."[66]

Die im Mai 1939 vom Württembergischen Kunstverein angekauften Illustrationen zum „Schimmelreiter" von Theodor Storm wurden im Krieg zerstört, in der heutigen Grafiksammlung befinden sich jedoch noch einige Radierungen von Alexander Eckener (1870–1944), deren Erwerbungsvorgang bis vor kurzem unbekannt war.[67] Vor dem Hintergrund der Geschichte der Städtischen Galerie Stuttgart im Dritten Reich und in Anbetracht der Erwerbung „eine[r] größere[n] Kollektion von Professor Eckener" stammen diese Arbeiten höchstwahrscheinlich aus dem Ankauf durch die Stadt vom Künstler, den sie in den ersten Kriegsjahren tätigte. Das würde dann auch die niedrigen Nummern erklären, die Keuerleber bei der Inventarisierung der Grafiken vergab. Das Kunstreferat orientierte sich hier ganz allgemein an der Rezeption von Eckeners Werk im Dritten Reich, denn die Graphische Sammlung der Staatsgalerie veranstaltete 1940 eine Ausstellung seines grafischen Werkes anlässlich seines 70. Geburtstags.

Ein weiterer wichtiger Ankauf in diesem Zusammenhang war das Konvolut von 27 Zeichnungen des Stuttgarter Malers und Akademieprofessors Robert von Haug (1857–1922); ihre Provenienz ist zurzeit noch ungeklärt. Das Werk von Haug war bekannt und angesehen, es hatte (und hat) seinen festen Platz in der württembergischen Kunstgeschichte. Es war daher naheliegend, beim Ausbau der grafischen Sammlung von ihm eine größere Anzahl von Zeichnungen zu erwerben und damit diese Position zu stärken.

Ein anderer prominenter Künstler war der Nationalsozialist Franz Heinrich Gref (1872–1957), der im Mai 1933 Mitglied der Partei geworden war. Von ihm gibt es neun Zeichnungen und zwei Aquarelle,[68] die möglicherweise anlässlich seines 70. Geburtstags 1943 gekauft wurden.[69] Gref gehörte zu den von der Stadt bevorzugten Malern. Auf der Liste der von den Nationalsozialisten besonders beliebten Künstler:innen rangierte er auf Platz 3. 1941 war er auf der „Großen Deutschen Kunstausstellung" in München vertreten. Von insgesamt 29 Gemälden wurden allein 28 in den Kriegsjahren 1942 und 1943 angekauft.[70] Ziel war es, Gref im künftigen Kunstmuseum der Stadt einen eigenen Ausstellungsraum zu widmen.

Es lassen sich Spuren dieser skizzierten Sammlungspolitik im Dritten Reich entdecken, wie die Erwerbung von zehn Bleistiftzeichnungen des amerikanisch-deutschen Historienmalers und Illustrators Emil Klein (1865–1943) dokumentiert.[71] Die Studien waren für Gemälde mit historischen Ereignissen aus der Französischen Revolution gedacht. Klein arbeitete seit 1887 in Stuttgart. Ein weiteres Beispiel sind Arbeiten des Malers Josef Kerschensteiner (1864–1936). Als er im Oktober 1936 starb, wurden der Stadt von einer Stuttgarter Bürgerin namens Elsbeth Leonhardt 30 gerahmte Zeichnungen unter Glas und sechs Ölbilder zum Kauf angeboten. Die Stadtverwaltung beschloss den Ankauf mit der Bemerkung, dass die Zeichnungen „zur Ausschmückung der Villa Berg" verwendet werden.[72] Dagegen scheinen keine Grafiken von Otto Reiniger (1863–1909) und Hermann Pleuer (1863–1911) angekauft worden zu sein, deren Gemälde mit zu den ersten Ankäufen der städtischen Kunstsammlung gehört hatten.[73]

Lagerung und innerer Aufbau der Sammlung

Die Frage nach der ursprünglichen Lagerung des Grafikbestands lässt sich vielleicht beantworten, wenn wir die Geschichte des Stadtarchivs Stuttgart und der historischen Sammlung der Stadt mit einbeziehen. Nach der späten Gründung des Stuttgarter Stadtarchivs 1928 war die städtische Kunstsammlung in ihrer Entwicklung eng mit dem Archiv und seiner historischen Sammlung verbunden.[74] Teilweise überschnitten sich die Sammlungsbereiche beider Institutionen – der historischen Bildsammlung des Stadtarchivs und der städtischen Kunstsammlung –, so dass Regelungen bezüglich der Sammlungsschwerpunkte getroffen werden mussten. Beide Institutionen grenzten ihre Sammelaktivitäten so voneinander ab, dass es nicht zur Ansammlung von Doubletten kam. Da Objekte der historischen

Sammlung der Stadt, zu denen auch Gemälde und Grafiken gehörten, im Alten Rathaus aufbewahrt wurden, kann davon ausgegangen werden, dass sowohl in der Zeit der Weimarer Republik als auch im Dritten Reich Neuerwerbungen für den Bestand der Grafik ebenso dort gelagert wurden. Darüber hinaus ist das Alte Rathaus auch noch deshalb als Lagerplatz der Grafik naheliegend, weil hier die Kultur- und Kunstreferenten, die Stadträte Cuhorst und Könekamp, ihr Büro hatten. Wenn von ihnen eine Erwerbung getätigt wurde, war der Weg zum „Sammlungsmagazin" des Stadtarchivs beziehungsweise der Städtischen Galerie kurz. Einen weiteren Depotplatz gab es in der Villa Berg.

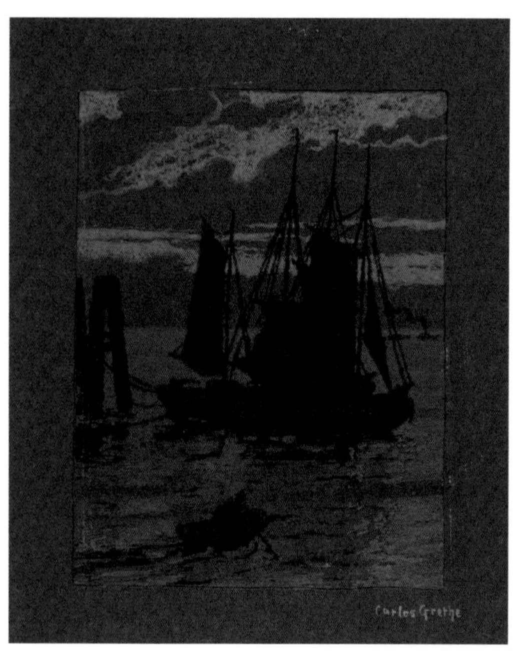

Abb. 16
Carlos Grethe, *Mondschein*, 1898/99, Lithografie, 23 × 18 cm

Von dem Grafikbestand vor 1945 gibt es nur ein unvollständiges Bild. Vielleicht verbrannte ein großer Teil mit den Gemälden in Schloss Löwenstein, doch es ist keineswegs klar, ob die gesamte grafische Sammlung dort in den Kriegsjahren eingelagert war. Weil ein gewisser Teil erhalten geblieben ist, kann nicht der gesamte Bestand an diesem Ort gewesen sein. Es ist gut möglich, dass wie im Fall der Gemälde aus Schloss Löwenstein ein Teil während des Krieges in eines der Salzbergwerke oder an einen anderen Platz verlegt wurde. Leider ist nicht überliefert, von welchen Orten der Bestand der grafischen Sammlung zurückgeführt wurde. Das hätte Aufschluss über die Verlagerung des Grafikbestands gegeben. Doch unabhängig davon lassen sich dennoch Aussagen über den Sammlungsaufbau machen.

Wahrscheinlich befanden sich im Bestand nur wenige Arbeiten, die vor 1850 entstanden waren.[75] Die ältesten erhaltenen Werke sind fünf Stahlstiche nach Zeichnungen von Friedrich Fellner (1799–1859), die vielleicht zwischen 1830 und 1859 gedruckt wurden und bis jetzt nicht identifizierte Motive zeigen. Möglicherweise sind es Illustrationen zu Literaturvorlagen. Sie stammen aus der Grafiksammlung des jüdischen Frankfurter Bankiers und Kunstsammlers Heinrich Stiebel.[76] Es folgen Arbeiten aus der zweiten Hälfte des 19. Jahrhunderts, dabei handelt es sich zum Beispiel um Robert Breyers (1866–1941) Bleistiftporträt von Max Slevogt (1868–1932) aus dem Jahr 1890 – irrtümlich Slevogt selbst zugeschrieben –,[77] um die Bleistiftzeichnung einer Baumwurzel von Felix Hollenberg (1868–1945) von 1889 (Abb. 3)oder die Zeichnung eines 12 Tage alten Ameisenbären von Josef Kerschensteiner, die dieser 1896 anfertigte. Alle anderen Werke, die älter sind, zum Beispiel zwei Bleistiftzeichnungen von Heinrich Funk (1807–1877) – ein Waldstück mit Baumwurzeln (1834) und eine Erntelandschaft (1843) –, wurden 1967 angekauft. Das gilt auch für die beiden ältesten Radierungen, die Karl

Friedrich Heinzmann (1795–1846) 1843 und 1845 druckte, sie wurden 1966 erworben.

Im Bestand von vor 1945 gibt es keine Kohle-, Kreide-, Farbstift- und Pastellzeichnung, kein mit Tinte und Feder gezeichnetes Blatt, kein Aquarell, keine Gouache und keine Tempera, auch keine Druckgrafik, die vor der Mitte des 19. Jahrhunderts entstanden ist. Das älteste Aquarell, ein Blatt von Gottlob Friedrich Steinkopf (1779–1861) aus dem Jahr 1832, den Ort Deinach darstellend, kam 1953 in die Sammlung. Es hat den Anschein, dass die Sammlung von Anbeginn keine ältere oder alte Kunst einbezog, vielleicht auch deshalb, weil darauf bereits das Graphische Kabinett der Staatsgalerie Stuttgart ausgerichtet war. Nur in Einzelfällen scheinen Blätter aus der Zeit der Romantik, des Biedermeier und der zweiten Hälfte des 19. Jahrhunderts gesammelt worden zu sein, nämlich dann, wenn es Arbeiten von Künstler:innen waren, die in einem Bezug zur Sammlung standen. Das scheint aber nur selten der Fall gewesen zu sein. Daran änderte sich auch nach 1945 nichts, nur sehr vereinzelt kaufte der Verwalter und spätere Leiter der Städtischen Galerie ältere Grafiken, etwa das genannte Aquarell und eine Sepiazeichnung von Steinkopf, die beide das gleiche Landschaftsmotiv darstellen und eine Ergänzung zu den beiden im Dritten Reich erworbenen Gemälden sind. Diese Ankaufspolitik im Bereich der Grafik deckt sich mit der auf dem Gebiet der Malerei praktizierten. Auch hier wurde nur vereinzelt alte Kunst erworben, zum Beispiel die wenigen niederländischen Gemälde im Bestand der städtischen Kunstsammlung Stuttgart. Sie waren jedoch nicht als Sammlungsstücke für das zukünftige Museum vorgesehen, sondern dienten als Repräsentationsschmuck für die Büros der Bürgermeister und anderer wichtiger Vertreter der Stadtverwaltung.

Wenn Grafik gesammelt wurde, dann höchstwahrscheinlich in erster Linie mit dem Ziel, von den in der Sammlung vertretenen Künstler:innen Württembergs (und Badens) einen annähernd repräsentativen Einblick in ihr Schaffen zu geben. Die grafischen Arbeiten sollten, wenn die Künstler:innen auf diesem Gebiet tätig waren, das malerische (und plastische) Œuvre ergänzen und einen Eindruck von den Ausdrucksformen und Techniken vermitteln. Wegen des zerstörten Grafikinventars können keine gesicherten Aussagen über die Herkunft und Erwerbungswege gemacht werden, doch wird es ähnlich wie bei den Gemälden gewesen sein. Ein Teil wurde direkt von den Künstler:innen erworben, ein Teil auf den Verkaufsausstellungen des Württembergischen Kunstvereins, in die die Künstler:innen einlieferten, und ein Teil im Kunsthandel, der sie vertrat und ausstellte. Der Kunst- und Auktionshandel, der auf (alte) Grafik spezialisiert war, scheint jedoch überhaupt keine Rolle gespielt zu haben. Es ist davon auszugehen, dass ähnlich wie bei den Erwerbungen von Gemälden auch Grafiken über den Ankauf von Privatsammlungen in die Städtische Galerie Stuttgart gelangten. Die Privateigentümer:innen boten sie teilweise der Stadt direkt an.

Die Konzeption der grafischen Sammlung, soweit von einer solchen angesichts der fehlenden wissenschaftlichen Leitung der Städtischen Galerie Stuttgart überhaupt gesprochen werden kann, erschöpfte sich für lange Zeit vor allem darin, parallel zur Sammlung „schwäbischer" Malerei des 19. und 20. Jahrhunderts einen Grafikbestand aufzubauen, der einen Überblick über das Schaffen der „schwäbischen" Vertreter:innen der grafischen Künste zu geben vermochte. Dabei handelte es sich in der überwiegenden Mehrheit um Künstler:innen, die auf dem nationalen Kunstmarkt kaum oder gar nicht in Erscheinung traten und deren Marktwert schon zu Lebzeiten nicht so hoch war, dass ihre Werke für die großen renommierten, aber auch kleinen Auktionshäuser interessant gewesen wären. Aus der Perspektive der heutigen Kunstgeschichtsschreibung waren es in der Mehrzahl Künstler:innen aus der zweiten und dritten Reihe, die mit ihrer Grafik Eingang in die Sammlung fanden und die daher heute weitgehend vergessen und auf dem Kunstmarkt kaum mehr vertreten sind. Die Sammlungs- und Ankaufspolitik in Stuttgart bezog die zeitgenössische Kunst zwar ein, schloss gleichzeitig aber die Vertreter:innen der modernen Tendenzen aus. Schon in der Zeit der Weimarer Republik wurden offenbar – sieht man zum Beispiel von Reinhold Nägeles (1884–1972) Arbeiten ab – keine Werke des Expressionismus, der Neuen Sachlichkeit und ungegenständlichen Kunst erworben, auch proletarische Milieuschilderungen scheinen keine Beachtung gefunden zu haben. Gesammelt wurden dagegen Vertreter:innen der koloristischen Freilichtmalerei, des Impressionismus, der Heimatkunst und der expressiven Monumentalkunst.[78] An dieser grundsätzlichen Ausrichtung änderte sich auch nach der „Machtergreifung" nichts. Zu den wenigen heute noch bekannten Künstler:innen, deren Werke im Dritten Reich angekauft wurden, zählen der Österreicher Anton Kolig (1886–1950), Professor an der Stuttgarter Kunstakademie von 1928 bis 1943, und Alexander Kanoldt (1881–1939). Von Kolig wurden zu einem nicht bekannten Zeitpunkt zwei Aktzeichnungen unbekannter Provenienz erworben,[79] von Kanoldt drei Lithografien mit ebenfalls unbekannter Herkunft.[80]

4 KÜNSTLER:INNEN

Angesichts der Entwicklung und des inneren Aufbaus des Grafikbestands der Stadt Stuttgart erstaunt es nicht, dass keine einzige Arbeit im Rahmen der Aktion „Entartete Kunst“ 1937 entfernt wurde. Im Gegensatz zu anderen Grafiksammlungen in Deutschland wie zum Beispiel der Pfalzgalerie Kaiserslautern, die 82 Werke einbüßte, gab es in der Grafiksammlung der Stadt Stuttgart nichts zu beschlagnahmen. Obwohl viele Arbeiten von im Dritten Reich lebenden Künstler:innen stammen, ist kein tiefer Einschnitt in den noch jungen Bestand zu verzeichnen, wie das bei Kaiserslautern der Fall ist.[81]

Zu Beginn der städtischen Kunstsammlung Stuttgart wurden einzelne grafische Arbeiten von Künstler:innen hinzuerworben, auch dienten grafische Werke, Arbeiten auf Papier, dem Ämterschmuck, weil sie als originale Kunstwerke preislich günstiger waren als Gemälde und daher für die Ausstattung von städtischen Institutionen mehr Werke für die gleiche Geldsumme erworben werden konnten. Zugleich war es der Stadt dadurch möglich, mehr bedürftige Künstler:innen zu unterstützen. Im Dritten Reich änderte sich die Sammlungspolitik im Bereich der Grafik insofern, als nun einzelne als herausragend betrachtete Künstler, in diesem Fall nur Männer, mit einer größeren Anzahl von Werken vertreten waren und mit diesen Arbeiten der Bestand eines grafischen Kabinetts aufgebaut wurde. Es waren Künstler, die in der Mehrzahl noch lebten und deren Grafikkonvolute direkt von ihnen bezogen wurden, sei es als Ankauf oder als Schenkung an die Stadt.

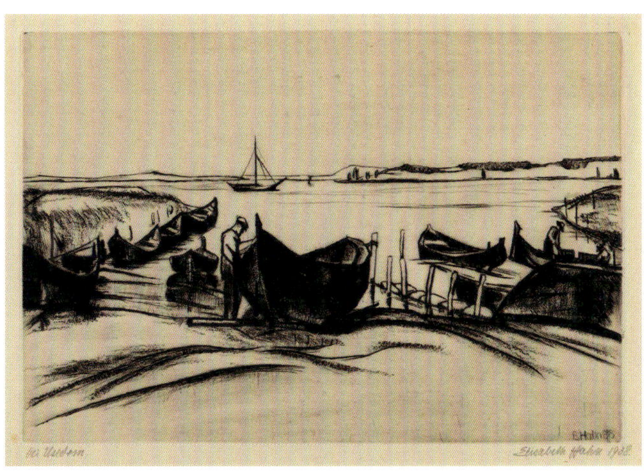

Abb. 17
Elisabeth Hahn, *Bei Usedom,* 1938, Radierung, 25 × 37 cm

1951 erstellte der Nachkriegsverwalter Keuerleber für die Grafiksammlung eine Bestandsliste. Um die Anzahl der bis 1945 erworbenen und erhaltenen Grafiken zu errechnen, müssen die Erwerbungen abgezogen werden, die im Zeitraum vom Kriegsende bis 1951 in den jeweiligen künstlerischen Techniken getätigt wurden. Auch Keuerleber zählte nur die Grafiken, die bis Mai 1945 in die städtische Kunstsammlung gelangt waren:

Stand 1951		**Stand 1945**	
Aquarelle	187	Aquarelle	156
Zeichnungen	251	Zeichnungen	219
Tempera, Gouache, Pastelle	45	Tempera, Gouache, Pastelle	33
Radierungen	656	Radierungen	622
Lithografien	89	Lithografien	78
Schnitte (Holz-, Linol-)	90	Schnitte (Holz-, Linol-)	84
Gesamt	1318	Gesamt	1192

Seine Berechnungsgrundlage ist jedoch unklar, bis auf die Anzahl der Zeichnungen stimmt keine dieser Zahlen mit den Werten überein, die sich aus dem nach 1945 neu angelegten Grafikinventarbuch ergeben. Zählt man die Erwerbungen vom Kriegsende bis September 1951, gelangt man zu folgenden Ergebnissen:

Aquarelle	31
Zeichnungen	32
Tempera, Gouache, Pastelle	12
Radierungen	34
Lithograpfen	11
Schnitte (Holz-, Linol-)	6
Gesamt	126

Im ersten Provenienzforschungsprojekt des Kunstmuseums Stuttgart errechnete die Provenienzforscherin Tanja Baensch für die im Zeitraum 1933 bis 1945 erworbenen Arbeiten auf Papier folgende Zahlen für den Gesamtbestand der jeweiligen grafischen Technik (in der Klammer gegenübergestellt die vom Autor errechneten Zahlen):

Aquarelle	400 (155/165)[82]
Zeichnungen	700 (472/223)
Radierungen	600 (320/197)
Lithografien	150 (83/76: Gouachen, Tempera, Lithografien, Pastelle)
Schnitte (Holz-, Linol-)	50 (82/73)
Gesamt	1900 (1112/734)[83]

Baenschs Zahlen weichen damit von den von Keuerleber überlieferten Zahlen wie auch den aktuell ermittelten ab. Möglicherweise liegt dieser Umstand darin begründet, dass sie die Datierung oder das Entstehungsjahr der Kunstwerke als Grundlage ihrer Zählung genommen hat,[84] denn potenziell problematisch sind alle vor 1945 entstandenen Arbeiten. Nur die Werke, die nach 1945 entstanden sind, können nicht NS-verfolgungsbedingt entzogen worden sein.

Der bei Kriegsende erhaltene Grafikbestand war – wie die Werte zeigen – größer als die Menge der Grafiken, die von 1945 bis 1951 angekauft wurde (1192:126). Ähnlich wie bei der Gemäldesammlung konnte die Städtische Galerie in der Nachkriegszeit auch auf diesem Grundstock an Arbeiten auf Papier aufbauen, der offensichtlich vor allem von den Nationalsozialisten zusammengetragen wurde. Die nachfolgende Tabelle analysiert die Angaben über das Ankaufsjahr der 734 Arbeiten auf Papier, die als Erwerbungen dem Zeitraum vor 1945 zugeordnet werden können. Eine Differenzierung zwischen den Ankäufen des Zeitraums 1925 bis 1933 und 1933 bis 1945 vorzunehmen, ist erst einmal nicht möglich.

Grafische Techniken	Fragezeichen	Keine Angaben	Angaben über einen Zeitpunkt im Dritten Reich
Zeichnungen (223)	222		1
Aquarelle (165)	10	140	15
Gouachen, Tempera, Pastelle, Lithos (76)	39	26	11
Radierungen (197)	145	9	43
Schnitte (73)	64	6	3
Gesamt 734	480	181	73

Von den 734 Arbeiten auf Papier liegen bei 661 Werken keine Angaben über das Ankaufsjahr und über die Herkunft vor. Nur rund 10 Prozent lassen sich direkt der Zeit des Dritten Reiches zuordnen. Weil aber der Kultur- und Kunstreferent Cuhorst 1937 bereits von einem Bestand an „Zeichnungen" in Höhe von 1200 Blatt sprach (siehe S. 30, 35), ist zu vermuten, dass ein großer Prozentsatz der Arbeiten im Dritten Reich erworben wurde. Anders als bei den Gemälden lässt sich bei der Grafik aber nicht von vornherein sagen, dass ein Fragezeichen oder keine Angaben zum Ankaufsjahr zwangsläufig bedeutet, dass hier als Erwerbungszeitraum nur die Zeit des Nationalsozialismus in Frage kommt. Wegen des zerstörten Grafikinventars wissen wir nicht, ob sich nicht unter den 661 Arbeiten Werke befinden, die vor 1933 erworben wurden. Hier können wir nur auf der Grundlage der Künstler:innenbiografien und der Œuvres Schätzungen vornehmen. Auch gilt es, bei der Erwerbungspolitik für Grafik in der Weimarer Zeit zu bedenken, dass vor allem im Zusammenhang mit der Künstlerhilfe von lebenden Künstler:innen angekauft wurde, aber wesentlich weniger Werke von bereits verstorbenen, denn zu diesem Zeitpunkt wurde noch nicht für ein Kabinett der grafischen Kunst des 19. und 20. Jahrhunderts gesammelt. Dieser Schwerpunkt kam erst hinzu, als die Entscheidung für ein zukünftiges städtisches Kunstmuseum und den Aufbau eines Grafikkabinetts gefallen war. Alte Grafiken dürften daher erst in größerer Anzahl nach 1933, vor allem aber ab etwa 1939 angekauft worden sein.

Folgendes Beispiel veranschaulicht die zum Teil vor 1933 vorherrschende Undurchsichtigkeit und Unübersichtlichkeit städtischer Kunsterwerbungen, die Auswirkungen auf die spätere Inventarisierung hatten: Beim Umbau des Bezirksrathauses Untertürkheim wurden sämtliche Bilder abgehängt. Bei der Überprüfung dieses Ämterschmucks zeigte sich, dass vier Grafiken nicht erfasst worden waren. Sie hatten im Dienstzimmer der Bezirksvorsteherin gehangen, darunter eine große Tuschzeichnung des *Rathauses Untertürkheim*, die der Architekt und Ortsbaumeister Julius Lusser (1854–1922) angefertigt hatte.[85] Die Darstellung zeigt das Rathaus in einer Ausführung, die so nie realisiert wurde, sondern einer Wunschvorstellung entspricht (Abb. 18). Dieses künstlerische Zeugnis erstarkten Bürgerstolzes kam 2000 mit anderen Bildern, die ehemals das Bezirksamt Untertürkheim schmückten, in die Grafiksammlung der Galerie der Stadt Stuttgart.[86] Allerdings wurde seine Provenienz nicht vermerkt. Sie konnte erst 2021 im Rahmen der Durchsicht der Ämterschmuckunterlagen weitgehend, allerdings nicht lückenlos rekonstruiert werden. Dieser Umstand ist zu gewissen Teilen Lussers beruflichem Werdegang geschuldet. Der Ortsbaumeister prägte maßgeblich Untertürkheims Stadtbild Ende des 19. / Anfang des 20. Jahrhunderts durch einen für ihn typischen Baustil, der Ziegelstein und Fachwerk auf eine einzigartige Weise verband. Durch Untertürkheims Eingemeindung in die Stadt Stuttgart zu Beginn des 20. Jahrhunderts wurde Lussers Amt überflüssig und man entließ ihn mit einer hohen Abfindung. Er war als Architekt weiterhin tätig und starb wohlhabend 1922. Die Zeichnung hatte höchstwahrscheinlich sein Dienstzimmer im Bezirksrathaus geschmückt und war bei seinem Weggang als Zeugnis seines Wirkens an ihrem Platz verblieben, wo sie bis ins Jahr 2000 als Ämterschmuck diente.

Anhand der Lebensdaten der Künstler:innen lässt sich ermitteln, wie viele vor 1950 und wie viele nach 1950 gestorben sind und bei wie vielen das Todesjahr unbekannt ist. Hieraus lassen sich Schlüsse ziehen, inwieweit das Kultur- und Kunstreferat Werke von lebenden und zu dieser Zeit schon verstorbenen Künstler:innen erwarb.

Von den 156 Künstler:innen, die sich über den Bestand erfassen lassen, waren 43 vor 1950 verstorben (27 Prozent), 60 danach (39 Prozent) und von 53 (34 Prozent) sind entweder keine Lebensdaten bekannt oder nur das Geburtsjahr. Ungefähr 9 Künstlerinnen[87] (6 Prozent) waren mit ihren Arbeiten in der Sammlung vertreten. Demnach wurde mehr von lebenden Künstler:innen gekauft, doch auch die Gruppe der vor 1950 Verstorbenen spielte eine Rolle. Einen gewissen Unsicherheitsfaktor stellt die große Gruppe der 53 Künstler:innen dar, deren Lebensdaten unbekannt oder unvollständig sind. Hier könnten durchaus einige bereits vor 1933 verstorben sein, doch darüber kann man nur spekulieren. Der relativ hohe Anteil illustriert jedenfalls ihren geringen Bekanntheitsgrad. Sie hinterließen wenige oder keine Spuren in der Kunstgeschichtsschreibung und sind heute oft vollkommen vergessen, unbekannt oder nur mehr von regionaler Bedeutung.

Gleicht man die Namensliste der in der grafischen Sammlung vertretenen Künstler:innen mit Gert K. Nagels Werk „Schwäbisches Künstlerlexikon vom Barock bis zur Gegenwart" (Stuttgart 1986) und Edith Neumanns „Geschichte des Württembergischen Malerinnen-Vereins und des Bundes Bildender Künstlerinnen Württembergs" (Stuttgart 1999) ab, findet man bei Nagel 86 der Künstler:innen, etwas mehr als die Hälfte (56 Prozent), und bei Neumann 9 Künstlerinnen. Von den 156 Künstler:innen studierten 45 an der Kunstgewerbeschule und/oder an der Kunstakademie Stuttgart, 13 lehrten als Professoren an den beiden Lehrstätten und an der Technischen Universität Stuttgart oder waren als Universitätszeichenlehrer, anderweitige Lehrkräfte (2) oder als Kunsterzieher und Zeichenlehrer (3[88]) tätig.

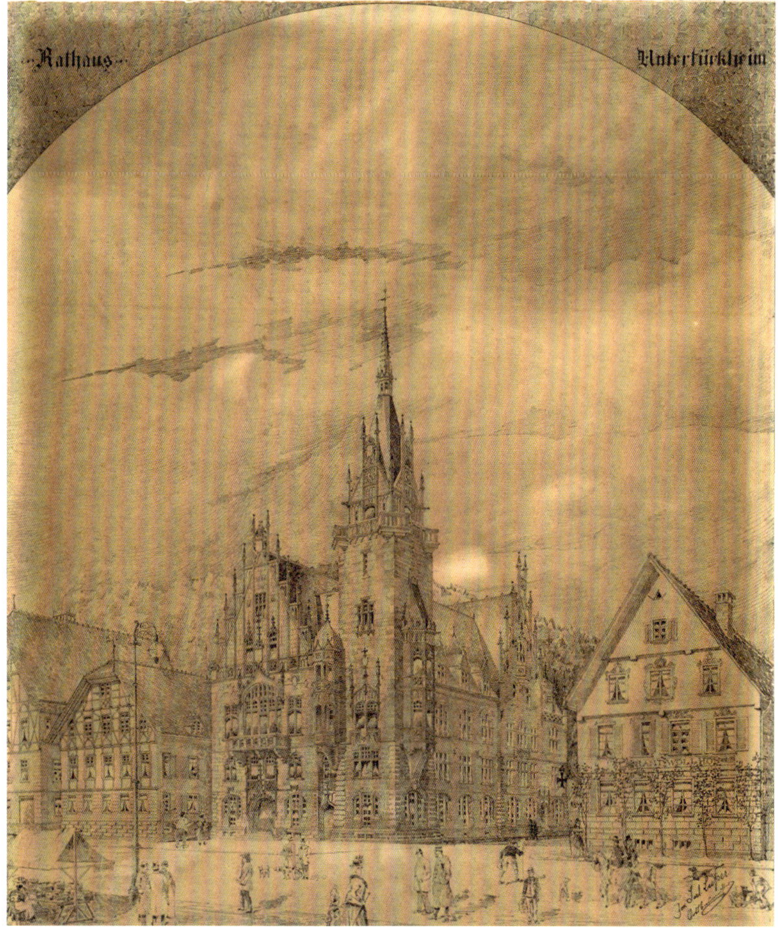

Abb. 18
Julius Lusser, *Rathaus Untertürkheim*, 1900, Zeichnung, 69 × 58,3 cm

Diese Zahlen unterstreichen die Einschätzung, dass die grafische Sammlung nicht für ältere und alte Kunst gedacht war, sondern mit ihr der Sammlungsbestand der damals wichtigsten Künstler:innen in Württemberg aus dem späten 19. und der ersten Hälfte des 20. Jahrhunderts ergänzt und die grafische Arbeit lebender Künstler:innen dokumentiert werden sollte. Das illustriert auch die Tatsache, dass 18 Prozent der erfassten Künstler:innen ein- oder mehrmals auf der „Großen Deutschen Kunstausstellung" im Haus der Deutschen Kunst in München ausstellten, der damals wichtigsten Schau zeitgenössischer Kunst in Deutschland.[89] Ein Beispiel dafür ist der Stuttgarter Maler und Grafiker Oskar Frey (1883–1966), der ein Absolvent der Stuttgarter Kunstakademie war. Auf der ersten „Großen Deutschen Kunstausstellung" wurden von ihm drei Tierzeichnungen – unter anderem eine mit einem Tiger und eine mit einem Adler – gezeigt. Die Städtische Galerie Stuttgart erwarb vier Tierzeichnungen von ihm, darunter zwei Tiger-Darstellungen und das Bild eines Steinadlers.[90]

Ein anderes Beispiel ist der Ankauf der Arbeit der jungen Malerin Gretli Fuchs (1917–1995). Die in Oldenburg geborene Künstlerin studierte zuerst von 1937 bis 1940 in der Städelschule in Frankfurt am Main und ging dann auf die Kunstakademie in Stuttgart. Dort studierte sie beim Leiter der Radierklasse und lithografischen Werkstätte, Professor Hermann Mayrhofer (1901–1976), einem anerkannten Künstler im Nationalsozialismus. Mayrhofer stellte regelmäßig von 1937 bis 1944 auf der „Großen Deutschen Kunstausstellung" aus und war auch auf der 1943 veranstalteten Wiener Ausstellung „Junge Kunst im Deutschen Reich" vertreten. Nach dem Krieg wurde er als Professor nicht weiterbeschäftigt und lebte fortan in seiner Geburtsstadt Passau, in die er bereits 1944 mit seiner Grafikklasse umgezogen war. Auch Gretli Fuchs war ihm gefolgt. Ihre Zeichnung *Blick auf Stuttgart* (1942) zeugt vom Einfluss ihres Lehrers, der in der Nachkriegszeit ein Spezialist für Stadtbilder und Architekturgrafiken war (Abb. 19). In der Grafiksammlung der Stadt Stuttgart ist er mit vier Lithografien vertreten, deren Herkunft unbekannt ist. Wahrscheinlich wurden sie aber im Zweiten Weltkrieg angekauft.[91]

Obwohl Gretli Fuchs noch Kunststudentin war, konnte sie 1943 und 1944 in München insgesamt vier Grafiken zeigen, eine Zeichnung und drei Drucke. Für die 1943 erst 26-Jährige war das eine große Auszeichnung. Ohne den Einfluss Mayrhofers wäre das nicht möglich gewesen. So erklärt sich wohl auch der Ankauf ihrer Stuttgart-Ansicht, mit dem die Stadt die Leistung des jungen Talents honorierte.[92]

Im Grafikbestand, der vor 1945 in den städtischen Kunstbesitz gekommen ist, gibt es nur wenig Grafik aus dem 19. und frühen 20. Jahrhundert. Es handelt sich dabei um Arbeiten von 14 Künstler:innen (9,4 Prozent), die zwischen 1800 und den 1860er-Jahren geboren wurden.[93] Keuerlebers Feststellung, dass die Sammlung in der Folgezeit der Casanova-Stiftung „durch Ankäufe und Schenkungen von Werken regionaler Künstler erweitert" wurde, wird durch die Zahlen und Erkenntnisse bestätigt. Weil

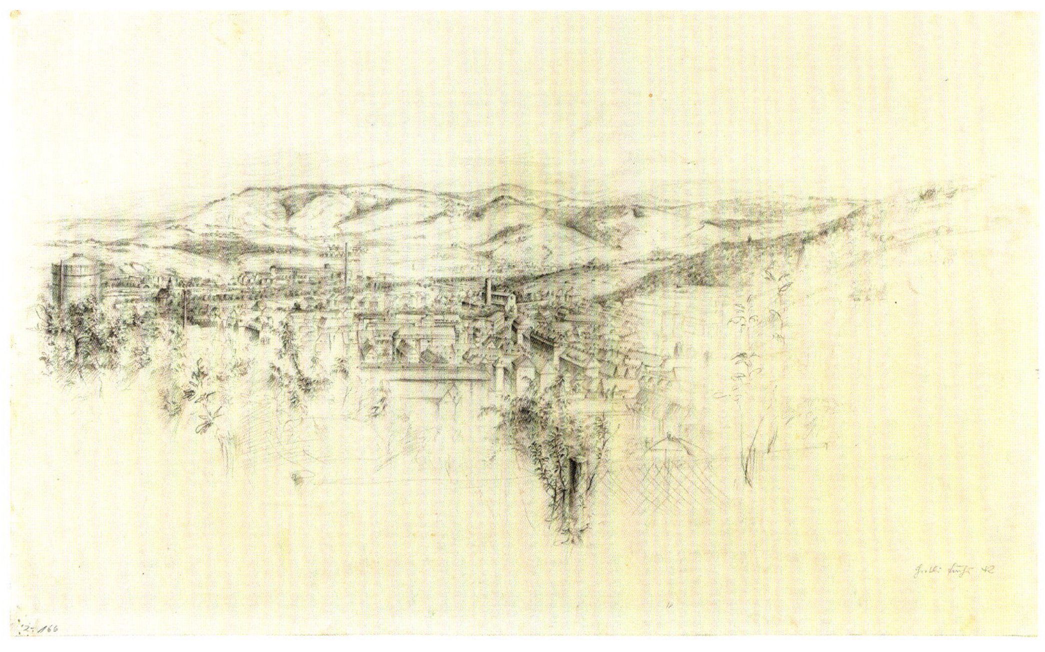

Abb. 19
Gretli Fuchs, *Blick auf Stuttgart*, 1942, Zeichnung, 33 × 57 cm

es vor allem lokale und regionale Künstler:innen waren, gerieten sie nach 1945 in Vergessenheit und sind heute nur noch zu einem geringen Teil bekannt.

Das Kultur- und Kunstreferat hielt sich strikt an seine Vorgaben. Unter den im Bestand genannten Künstler:innen finden sich keine Vertreter:innen moderner Tendenzen, so gibt es zum Beispiel keine späten Arbeiten von Adolf Hölzel (1853–1934)[94] oder Werke von Oskar Schlemmer (1888–1943), Willi Baumeister (1889–1955), Volker Böhringer (1912–1961) und anderen, auch überregionale Künstler:innen sind nicht vertreten (mit den Ausnahmen Alexander Kanoldt [1881–1939], Anton Kolig [1886–1950] und Max Ackermann [1887–1975]). Man konzentrierte sich allein auf die in Stuttgart, in der württembergischen und badischen Region arbeitenden Künstler:innen, die oft eine konservative Kunstauffassung vertraten. Im traditionellen Verständnis der Kunstakademien verstanden sie sich als Spezialist:innen für bestimmte Bildgattungen und Sujets, sie definierten sich als Landschafts-, Porträt-, Figuren-, Stillleben-, Tier- oder Interieurmaler:innen und konzentrierten sich teilweise auf spezielle Landschaften oder Bildmotive.

Die Analyse der Ankäufe des Zeitraums von 1933 bis 1940 zeigt, dass kein systematischer Aufbau einer umfassenden musealen Grafiksammlung erfolgte. Man strebte nicht das Ziel an, mit der neu entstehenden Sammlung die Geschichte der grafischen Künste in Württemberg und Stuttgart beziehungsweise im Schwabenland abzubilden, indem dafür Werke aus allen Epochen zusammengetragen wurden. Aus diesem Grunde fehlen auch ältere druckgrafische Techniken wie der Kupferstich und der mittelalterliche Holzschnitt.

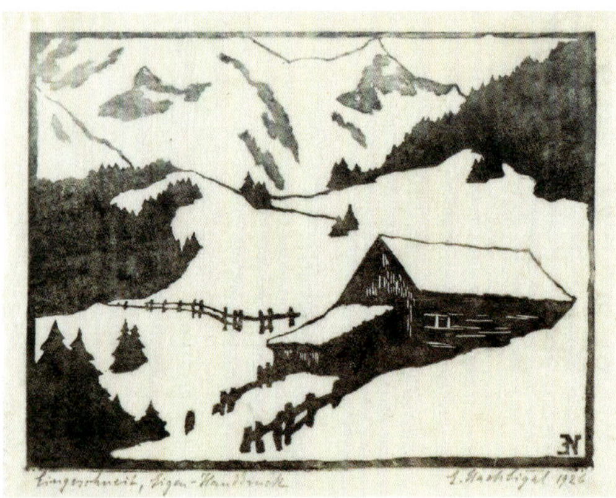

Abb. 20
Emma Nachtigal, *Eingeschneit*, 1926, Holzschnitt, 17,8 × 23,6 cm

Das zukünftige Museum hatte nicht den Anspruch, die Entwicklung der druckgrafischen Medien, die Gattung des technischen Bildes, zu veranschaulichen. Vielmehr wollte es von den bedeutenderen Künstler:innen zusätzliche Werkbeispiele haben, um einen Einblick in ihr Œuvre zu geben. Und weil unter den favorisierten Künstler:innen ausgesprochene Spezialisten für Grafik waren wie Alexander Eckener (1870–1944), Felix Hollenberg (1868–1945) und Walter Romberg (1898–1973), erachtete es die Stadt als notwendig, auch über eine eigene Grafiksammlung zu verfügen, in der diese Kunst genügend gewürdigt wurde. Wegen dieser Festlegung besaß die Grafiksammlung in den Gattungen Druckgrafik und Handzeichnung fast keine Werke, die vor 1850 entstanden. Sie umfasste fast ausschließlich Arbeiten des zeitgenössischen grafischen Schaffens, darunter nur wenige Ausflüge ins späte 19. Jahrhundert.

Quantitative Auswertung des geretteten Bestandes

Bei der Interpretation der Zahlen, die durch die quantitative Untersuchung ermittelt wurden, ist zu bedenken, dass sie nur einen Eindruck von der ursprünglichen Verteilung der Ankäufe pro Künstler:in und der Erwerbungspolitik geben können, denn die Menge aller bis zum Kriegsende angekauften Grafiken und die Gesamtzahl der Künstler:innen, von denen Arbeiten erworben wurden, war sehr wahrscheinlich viel höher. Bei den nachfolgenden Ausführungen werden die überlieferten rund 150 Künstler:innen und die erhaltenen 734 Grafiken zugrunde gelegt.

Bei 75 Künstler:innen lässt sich der Ankauf einer Grafik nachweisen (50 Prozent), bei 25 wurden zwei (16,6 Prozent) und bei 19 drei Arbeiten (12,7 Prozent) erworben. Die Ankäufe von einer bis zu drei Grafiken machen fast 80 Prozent (79,3 Prozent) aller Erwerbungen aus. Es folgt ein sehr schmales Mittelfeld mit Ankäufen von vier bis sechs Grafiken (10 Prozent). Je höher die Zahl der angekauften Arbeiten pro Künstler:in ist, umso mehr konzentrieren sie sich auf wenige Künstler:innen. Nur von zwei wurden sieben und von je einem acht beziehungsweise neun Arbeiten angekauft (insgesamt 2,7 Prozent). Von weniger als einem Dutzend Künstler:innen wurden über zehn Arbeiten erworben: von drei Künstlern 11 Grafiken, von zwei 12, von einem 15, von zwei 21, von einem 26 und von einem 53 (insgesamt 6,7 Prozent). Schließlich wurden von einer Künstlerin ein Skizzenbuch (mit 38 Zeichnungen) und von einem Künstler eine Mappe (mit 22 Skizzen) gekauft (zusammen 1,3 Prozent).

Die Stadt kaufte also von der überwiegenden Mehrheit der Künstler:innen nur einige wenige Grafiken, während es bei einer Minderheit mehr als drei

Arbeiten waren. Bei einer kleinen Gruppe von Künstler:innen wurden mehr als zehn Arbeiten angekauft. Die Stadt sammelte offenbar in der Breite, sie versuchte, von den Künstler:innen jeweils eine oder ein paar Arbeiten auf Papier zu besitzen. In den Fällen, in denen das Werk bedeutender Grafiker:innen gesammelt wurde wie bei Hollenberg, Romberg, Eckener und anderen war der Bestand auf eine größere Menge angelegt, und entsprechend höher war auch die Anzahl der Ankäufe.

Gleichen wir die Namensliste der Künstler:innen von den Grafikankäufen mit der Namensliste der Künstler:innen von den Gemäldeankäufen von 1933 bis 1945 ab, zeigt sich, dass von 82 Künstler:innen nur eine oder mehrere Arbeiten auf Papier gekauft wurden. Von 63 Künstler:innen wurden sowohl ein Gemälde oder mehrere als auch eine Arbeit oder mehrere Arbeiten auf Papier erworben. Von über der Hälfte aller Künstler:innen kaufte die Stadt nur Arbeiten auf Papier an. Möglicherweise handelte es sich bei einer Reihe von ihnen um jene Künstler:innen, deren Werke für den Ämterschmuck vorgesehen und nicht für die Museumssammlung gedacht waren. Die meisten dieser Namen sind heute unbekannt.[95]

Die große Zahl der unbekannten oder heute vergessenen Künstler:innen legt die Vermutung nahe, dass die Stadt die Grafiken direkt von ihnen oder aus den von ihnen bestückten Künstlerausstellungen bezog, so dass die Provenienz der Werke wahrscheinlich in der Mehrzahl unbedenklich ist. Für die meisten von ihnen dürften der Kunstmarkt, der Kunsthandel und Auktionen keine Rolle gespielt haben, weil ihre Bedeutung und der Preis ihrer Werke zu gering waren.[96] Beim Kunstmarkt ist hier in erster Linie nur von einem Handel im Südwesten und Süden Deutschlands auszugehen.

Abb. 21
Ruth Dolmetsch, *Maultaschenküche,* 1942, Bleistift, 37,8 × 48 cm

Quantitative Auswertung der Motive

Die quantitative Auswertung des erhaltenen Grafikbestands ermöglicht es, unter Vorbehalt auch Aussagen über die Themen der Erwerbungen und deren Rangfolge zu treffen. Bei den ermittelten Zahlen handelt es sich jedoch nur um Annäherungswerte, denn zum einen lassen sich die Motive nicht immer eindeutig einem Thema zuordnen und zum anderen ist es nicht möglich, die genaue Gesamtmenge aller erworbenen Grafiken für das Dritte Reich zu bestimmen. Die nachfolgenden Aussagen basieren auf der Grundlage der ermittelten 734 Grafiken, die im Zeitraum von der Mitte der Weimarer Republik bis zum Dritten Reich (1925–1945) erworben wurden. Weil es aber vor allem die Nationalsozialisten waren, die die Grafiksammlung aufbauten, können wir davon ausgehen, dass die aus den ermittelten Werten erkennbaren Trends in der Erwerbungspolitik vor allem auf das Dritte Reich bezogen werden können.

Die Untersuchung der Gemäldesammlung der Städtischen Galerie Stuttgart im Zeitraum von 1933 bis 1945 ergab, dass die Nationalsozialisten bei ihren Ankäufen die Gattungsmalerei bevorzugten.[97] Es gab bevorzugte und untergeordnete Themen. Fast zwei Drittel der Gemälde gehören zur Gruppe des Landschaftsbilds (circa 58 Prozent), es folgen das Stillleben (circa 5,9 Prozent), das Blumenbild (circa 5,7 Prozent), das Tierbild (circa 4,5 Prozent), das Porträt (circa 4,5 Prozent), die Menschendarstellungen im weitesten Sinne (circa 4,2 Prozent), das Interieur (circa 2,8 Prozent) und weitere Motive (circa 13,8 Prozent). Unter Letzteren sind unter anderem die Themen Krieg, Bauer, Arbeiter, Industrie und Akt vertreten. Das Landschaftsbild führt damit unangefochten.

Im Vergleich zur Gemäldesammlung gibt es bei der Grafiksammlung Parallelen und Unterschiede. Auch hier dominiert die Landschaft mit 25 Prozent. Auf den weiteren Plätzen folgen die Themen Stadt (24 Prozent), Krieg (8,3 Prozent), Mensch(endarstellungen) (12 Prozent), Tier (6,2 Prozent), Schiff/Hafen/Fischer (4,3 Prozent), Illustration (2,7 Prozent), Bauer (2,6 Prozent), Dorf (2,5 Prozent), Blumen (1,8 Prozent), Frau (1,6 Prozent) und Porträt (1,5 Prozent).[98]

Der höhere Prozentsatz bestimmter Themen wie Tiermotive erklärt sich aus den Erwerbungen größerer Konvolute. So befanden sich in dem 1942 erworbenen druckgrafischen Konvolut des Stuttgarter Malers und Holzschneiders Fritz Lang (1877–1961) unter 35 Holzschnitten allein 20 Tierdarstellungen. Auch von Künstlern wie Kerschensteiner oder Frey, die auf das Tiermotiv spezialisiert waren, wurden gern Grafiken mit Tierdarstellungen erworben (drei bzw. vier Tierzeichnungen).

Die Illustration ist naturgemäß eine Domäne der grafischen Künste, daher erstaunt es nicht, sie in der Rangfolge unter den ersten zehn zu finden. Nicht wenige Maler:innen und Grafiker:innen bestritten ihren Lebensunterhalt, indem sie in der Verlags- und Werbebranche Gebrauchsgrafik gestalteten. Als Beispiele seien der Illustrator Emil Klein

(1865–1943) sowie der Maler, Illustrator und Schriftsteller Karl Stirner (1882–1943) genannt. Von Stirner erwarb das Kunstreferat wahrscheinlich entweder 1942 auf seiner Ausstellung im Württembergischen Kunstverein anlässlich seines 60. Geburtstags oder 1943 aus Anlass seines Todes aus dem künstlerischen Nachlass ein Konvolut von Zeichnungen sowie Hoch- und Tiefdrucke.[99]

Ein weiteres Beispiel ist der aus Heilbronn stammende und dort lebende Grafiker und Maler Albert Hammel (1883–1958). Der „beste Aquarellist des Schwabenlandes“[100] gestaltete im Nationalsozialismus einige Räume und Printmedien für die Stadt wie etwa das Titelblatt eines Liederhefts für das erste Heilbronner Liederfest 1934 („Sieg Heil! Schwabensänger“) und den Patenschutzbrief der Stadt Heilbronn für ein U-Boot 1941. Hammel hatte sich im Mai 1933 in den Kampfbund für deutsche Kultur, Ortsgruppe Heilbronn, berufen lassen, der allerdings ein Jahr später in anderen NS-Organisationen aufging. Höchstwahrscheinlich wurde das von Hammel in der grafischen Sammlung befindliche Aquarell auf einer Ausstellung erworben, die anlässlich seines 60. Geburtstags gezeigt wurde.[101]

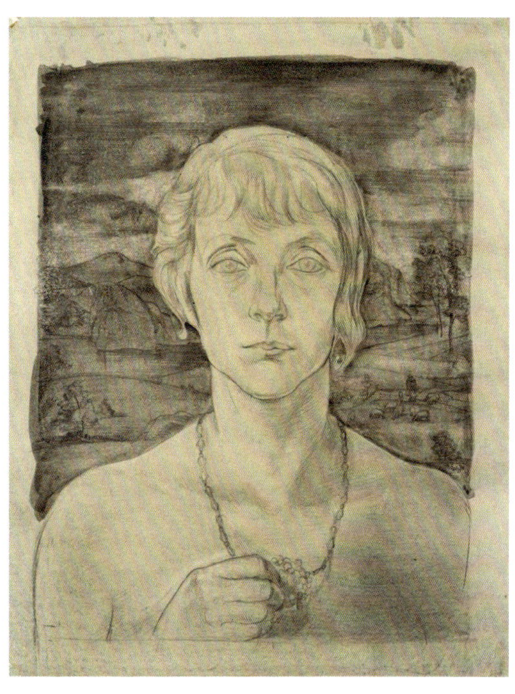

Abb. 22
Marianne Spiegel, *Selbst*, 1943, Bleistift, 46,5 × 36 cm

Weitere Künstler:innen aus der Grafikbranche sind Heiner Baumgärtner (1891–1960), Dora Brandenburg-Polster (1884–1958), Hugo Frank (1892–1963), Peter Anton Gekle (1899–1981) sowie Ludwig Schäfer-Grohe (1909–1983) und Walter Brudi (1907–1987). Auf die beiden Letztgenannten wird im Abschnitt über Kriegslandschaften noch näher eingegangen (siehe S. 191–195). Der Maler und Grafiker Frank wurde durch seine jahrzehntelange Arbeit für die populäre Wochenzeitung „Fliegende Blätter“ als humoristischer Zeichner berühmt. Gekle, Maler und ebenfalls Karikaturist und Illustrator, studierte von 1921 bis 1929 an der Kunstakademie Stuttgart und war Mitglied im Stuttgarter Künstlerbund. Erfolgreich war er vor allem mit seinen Karikaturen für den „Simplicissimus“ und Ende der 1920er-Jahre in seiner Tätigkeit als Pressezeichner in Berlin. Für „Die Woche“, eine illustrierte Zeitschrift des Berliner August Scherl Verlags, fertigte er 1930 zehn farbige Zeichnungen zu dem Film „Blauer Engel“ an, dazu Karikaturen von dem Hauptdarsteller Emil Jannings und der Hauptdarstellerin Marlene Dietrich sowie dem Regisseur Josef von Sternberg. Gekles Serie satirischer Porträts umfasste mehrere Dutzend Persönlichkeiten aus dem Kulturleben der Weimarer Republik.[102] Anfang 1931 kehrte er nach Stuttgart zurück und trat in die NSDAP[103] und SA ein, in der er 1935/36 zum Rottenführer (Obergefreiten) der SA-Reserve aufstieg.[104] Nach dem Krieg wurde Gekle sofort von der amerikanischen Militärregierung interniert, weil er als kriegsdienstverpflichteter Dolmetscher für die Sicherheitspolizei vom 1. Oktober 1940 bis Pfingsten 1942 tätig gewesen war.[105] Fremdsprachen waren sein Steckenpferd.[106]

Fünf der heute in der Sammlung befindlichen Zeichnungen Gekles entstanden teilweise im Dritten Reich.[107] Zwei davon stellen die Landschaft des Kurischen Haffs im damaligen Ostpreußen dar (Abb. 23). An sich war das ein Motiv, das nicht in die städtische Sammlung schwäbischer Kunst passte, denn die Landschaft und das Thema Ostpreußen waren kein Sammlungsgegenstand. Gekle hatte aber in Stuttgart studiert und lebte und arbeitete in der Stadt. Und nach dem Überfall der deutschen Wehrmacht auf Polen 1939 änderte sich auch die Situation, denn nun waren kriegsverpflichtete schwäbische Künstler als Soldaten, als Kriegsberichterstatter oder in anderer Funktion wie Gekle in anderen auch weit entlegenen Teilen des Deutschen Reiches und in den besetzten Gebieten. Gekles Prominenz als Künstler spiegelt sich auch in der Präsentation von zwei Drucken auf der „Großen Deutschen Kunstausstellung“ in München 1944, die jeweils Landschaftsansichten von Finnland und Russland zeigten.[108] Die drei Zeichnungen der städtischen Grafiksammlung Stuttgarts (*Sommernacht in Karelien, Am Kurischen Haff* I & II) werden im Kontext von Gekles künstlerischer Arbeit im Krieg erworben worden sein, und wir können annehmen, dass er die Bilder vor Ort anfertigte. Demnach hätte er in den Kriegsjahren einerseits für die Sicherheitspolizei gearbeitet und andererseits in den Einsatzgebieten auch gezeichnet. Seine Landschaftszeichnungen blenden allerdings seine Tätigkeit für die Sicherheitspolizei und die von ihr begangenen Gräueltaten aus.

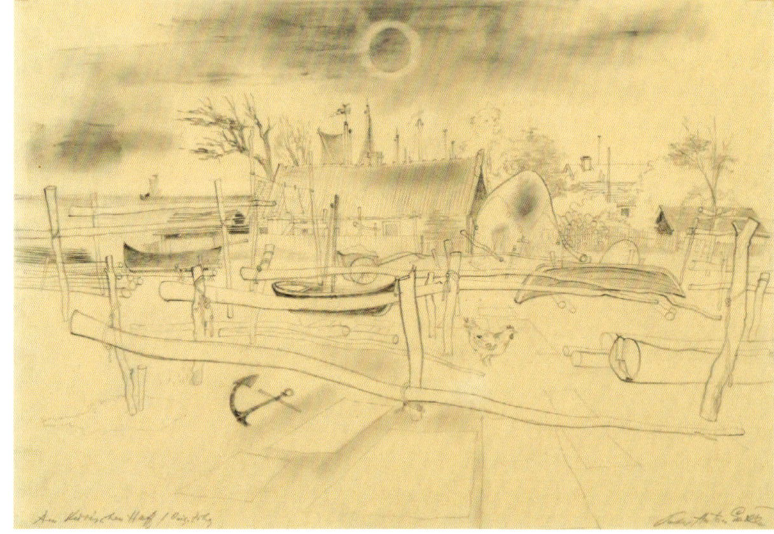

Abb. 23
Peter Anton Gekle,
Am Kurischen Haff,
o. J. (zw. 1940 u. 1942),
Zeichnung,
28,5 × 40,5 cm

Die Sicherheitspolizei umfasste im Nationalsozialismus die Geheime Staatspolizei und die Kriminalpolizei. An ihrer Spitze stand der Reichsführer-SS und Chef der deutschen Polizei Heinrich Himmler. Geleitet wurde sie von Reinhard Heydrich, der zugleich auch Chef des Sicherheitsdiensts war. Die Polizeiorgane waren für die Verfolgung des politischen Gegners und für die Umsetzung des Genozids an der jüdischen Bevölkerung sowie der europäischen Sinti und Roma zuständig.

Die Einsatzkommandos, die aus der Sicherheitspolizei und dem Sicherheitsdienst zusammengestellt wurden, marschierten direkt nach der deutschen Wehrmacht in die besetzten Gebiete ein und sorgten für die sogenannte Bekämpfung der Reichsfeinde. Für die systematische Verfolgung aller tatsächlichen oder angenommenen Gegner wurde auch Hilfspersonal wie Kraftfahrer, Funker, Schreibkräfte und Übersetzer wie Gekle benötigt. Sie waren teilweise Notdienst- oder Kriegsdienstverpflichtete, mussten aber nicht der SS angehören. Warum gerade Gekle ausgewählt wurde, ist nicht bekannt, auch nicht, in welchen Sprachen er dolmetschte. Grundsätzlich müssen wir aber annehmen – und das tat auch die amerikanische Militärregierung bei seiner Verhaftung und anschließenden Internierung –, dass er von den Kriegsverbrechen und dem Völkermord wusste, die die Sicherheitspolizei und der Sicherheitsdienst mit der Wehrmacht in den besetzten Gebieten begingen. Die Entnazifizierung entließ ihn als „Mitläufer".[109]

Das Kurische Haff gehört heute im Norden zu Litauen und im Süden zu Russland. Gekles Bild zeigt ein menschenleeres, karges Fischerdorf. Auf dem Meer fährt ein kurischer Kahn, das für diese Gegend typische schwere und urtümlich erscheinende Fischerboot. Hinter der Hütte befindet sich ein Bootshafen. Masten ragen in einen fantastisch-realistisch anmutenden Himmel mit einer schwarzen Sonne hinein. Vielleicht ist hier entweder das Dorf Rossiten oder das Dorf Nidden dargestellt, beide waren als Ausflugziele in den 1940er-Jahren unter Maler:innen beliebt. Als Motiv finden sie sich auf vielen Ölgemälden und Pastellen. In dieser Zeit wurde auch der Film „Zwischen Haff und Meer. Ostpreußen 1940–1944 in Farbe / Bilder vom Naturschutzgebiet Kurische Nehrung" gedreht.[110] Gekle fängt in seiner Zeichnung eine ähnlich pittoreske Szenerie ein, wie sie der Film schildert. In beiden ist vom Krieg nichts zu sehen, obwohl das Memelland, in der das Haff lag, sofort nach dem Überfall Deutschlands auf die Sowjetunion von der Wehrmacht besetzt wurde. Die dortige aus der Sicherheitspolizei und dem Sicherheitsdienst zusammengestellte Einsatzgruppe A ermordete im Sommer 1941 große Teile der jüdischen Bevölkerung Litauens und der jüdischen Flüchtlinge aus Ostpreußen. In der litauischen Kleinstadt Gargždai (dt. Garsden) kam es zu ersten Massenerschießung der Juden. In Ostpreußen lebten 1941 nur noch ungefähr 2000 Juden, ein Jahr später begannen im Sommer die Deportationen nach Theresienstadt, Auschwitz und Minsk. Am Ende des Krieges waren von der Einsatzgruppe A über 360 000 Menschen getötet worden. In Gekles Darstellung des Haffs findet sich davon keine Spur.

Auch die Lobrede der „Stuttgarter Zeitung“ über den „Vielseitigen“ anlässlich seines 75. Geburtstags im Jahr 1974 schwieg sich über die NS-Vergangenheit aus (zum Zusammenhang von Besatzung und künstlerischer Wahrnehmung der Landschaft siehe S. 175).

Ein besonderer Fall unter den im Bestand vertretenen Grafiker:innen ist der Münchner Leo von Welden (1899–1967).[111] Der an sich eher unpolitische Maler, dessen Schwerpunkt auf der Grafik lag, arbeitete seit 1934 auch als Illustrator für die Zeitschriften „Jugend“ und „Simplicissimus“. In den Kriegsjahren beteiligte er sich an verschiedenen Buchprojekten und schuf dafür Zeichnungen. Er war regelmäßig mit Arbeiten auf der „Großen Deutschen Kunstausstellung“ in München vertreten und reichte Gemälde mit eindeutig pronationalsozialistischen Inhalten ein, die auf große Zustimmung stießen. 1938 war sein Ölbild *Aufmarsch am 9. November* zu sehen, das Adolf Hitler ankaufte. Zwei Jahre später stellte er *Heimkehr der Wolhyniendeutschen* aus, das ebenfalls Hitlers Gefallen fand und erworben wurde. Eine Zeit lang hing es in der Alten Reichskanzlei in Berlin. 1940 wurden die Gemälde *Stoßtrupp über den Fluss* und *Vormarsch in Norwegen* gezeigt. 1941 wurde von Welden vom Reichsarbeitsdienst als Kriegsberichterstatter eingesetzt. Ein Jahr später zeigte er dann auf der „Großen Deutschen Kunstausstellung“ sein Bild *Reichsarbeitsdienst*.

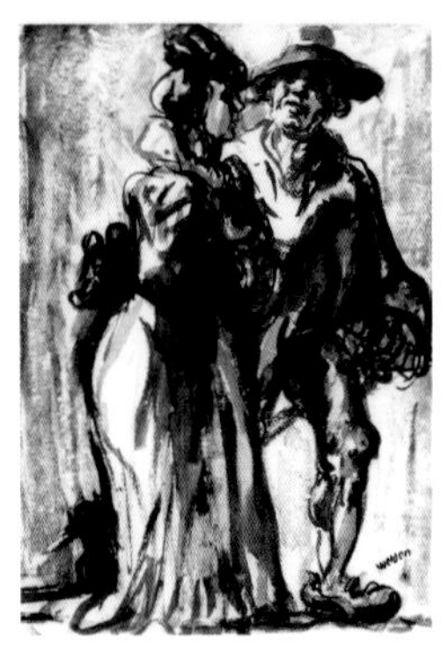

Abb. 24
Leo von Welden, *Paar*, Tusche, o. J., 45 × 30 cm

Höchstwahrscheinlich kaufte die Städtische Galerie Stuttgart seine drei im Bestand befindlichen Zeichnungen *(Paar, Beim Orakelmann, Zwei Männer)* auf von Weldens Einzelausstellung im Kunsthaus Schaller 1944 (Abb. 24).[112] Dort wurden 150 Arbeiten gezeigt, die viel Zuspruch fanden. „Der Münchner Grafiker Leo von Welden […] ist eine jener ursprünglichen Kraftnaturen […]. Aus jeder Gestalt spricht eine gedankliche, mehr noch eine philosophische Hintersinnigkeit, an der wir den unverfälschten deutschen Kern erkennen.“[113] In den Dreißiger- und Vierzigerjahren hatte von Welden zahlreiche Ausstellungen, unter anderem in der Städtischen Galerie München (Lenbachhaus) und in Berlin 1943. Man kann davon ausgehen, dass das Kunstreferat Stuttgart unbedingt einige Arbeiten dieses Künstlers erwerben wollte, der für sich Bilderverkäufe an den Führer verbuchen konnte.

Ein anderer interessanter Fall ist der Werbegrafiker Eugen Funk (1911–2004). Er studierte von 1930 bis 1934 in seiner Geburtsstadt Stuttgart Werbegrafik an der Württembergischen Staatlichen Kunstgewerbeschule bei dem einflussreichen Professor Friedrich Hermann Ernst Schneidler (1882–1956), der in den grafischen Künsten und im Buchgewerbe unterrichtete. 1939 wurde Schneidler Mitglied in der NSDAP, zudem wurde er in die „Gottbegnadeten-Liste“ der wichtigsten Gebrauchsgrafiker im Nationalsozialismus aufgenommen – eine Liste von 1041 Künstler:innen, die als unverzichtbar für das Regime galten. Trotz dieser politischen Belastung stufte ihn die Spruchkammer in seinem Entnazifizierungsverfahren nur als „Mitläufer“ ein. Schneidler behielt auch seine Lehrbefugnis und war an der 1946 wieder eröffneten

Staatlichen Akademie der Bildenden Künste bis zu seinem Ruhestand zwei Jahre später weiterhin tätig. Auf den vakant gewordenen Lehrstuhl folgten 1949 Brudi und Funk. Funk hatte angeblich mit dem Kunstbetrieb wenig zu tun und soll nur sehr selten seine Zustimmung zu Ausstellungen gegeben haben. Bilder verkaufte er angeblich nie, nur einige wenige wären von ihm verschenkt worden.[114] Dieser Behauptung steht die Tatsache entgegen, dass die Städtische Galerie Stuttgart im Dritten Reich von ihm drei Arbeiten mit heimatlichen Themen erwarb.

5 HEIMATBILDER

Einige der im Bestand gelisteten Grafiker wurden ausführlich im „Schwäbischen Heimatbuch" besprochen, dem Jahrbuch des Bundes für Heimatschutz in Württemberg und Hohenzollern. Hier spiegelt sich die Bedeutung des Heimatgedankens und der Blut-und-Boden-Ideologie wider, die bei den Sammlungskriterien maßgeblich waren. Unter den besprochenen Künstlern waren zum Beispiel Alexander Eckener (1870–1944) (Jahrbuch 1933), Heinrich Seufferheld (1866–1940) (Jahrbuch 1935) und Walter Romberg (1898–1973) (Jahrbuch 1936). Ihr Werk wurde von Professor Dr. Erich Heyfelder, der Kunst- und Kulturgeschichte an der Kunstakademie Stuttgart lehrte, vorgestellt.[115] Felix Hollenberg (1868–1945), von dem die Stadt Stuttgart 1943 ein umfangreiches Grafikkonvolut kaufte, war 1939 vom Bund für Heimatschutz zum Ehrenmitglied ernannt worden. Eine der Ausstellungen des Württembergischen Kunstvereins, aus denen die Stadt Arbeiten erwarb, trug den Titel „Unsere schöne Heimat" (1938).[116]

Die in den Jahrbüchern des Heimatschutzbundes besprochenen Radierungen stellen eine Welt dar, die dem Großstadtleben vollkommen konträr gegenübersteht. Es wird eine ländliche, kleinstädtische Idylle heraufbeschworen, eine angeblich ‚gute alte' Zeit, für die im Verlauf der Geschichte kaum veränderte Orte wie das pittoreske schwäbische Neckarstädtchen Besigheim im Landkreis Ludwigsburg standen, dessen verwinkelte Gassen und mittelalterliche Fachwerkhäuser schon die Künstler:innen um 1900 begeistert hatten (Abb. 25, Abb. 26).[117]

Die historische Bausubstanz und geschichtsträchtige Architektur kündeten von einer Ständegesellschaft, die sich scheinbar erfolgreich den Modernisierungstendenzen des industriellen Zeitalters widersetzt und „völkische Identität" bewahrt hatte. Nicht zufällig sind es vor allem die württembergischen Kleinstädte wie unter anderem Bad Mergentheim, Esslingen, Haigerloch, Herrenberg, Hohenrechberg, Horb, Lauffen am Neckar, Möhringen, Schwäbisch Gmünd, Schwäbisch Hall, Weikersheim und Weinsberg, die als volkstümlich galten und wegen ihres ästhetischen Erscheinungsbilds als denkmalwürdig angesehen wurden. Der Heimatschutz war der Auffassung, der „ästhetische Eindruck" dieser Orte und Landschaften sei „besonders wertvoll für den Heimatsinn".[118]

1934 griff die Graphische Sammlung der Staatsgalerie Stuttgart das Thema in der Ausstellung „Alte Württembergische Städtebilder und Ansichten" auf. Diese angeblich „sachliche[n] Veduten schwäbischer Städte"[119] wurden nicht nur druckgrafisch umgesetzt, sondern auch im Aquarell oder in der Zeichnung, wie zahlreiche Beispiele in der Sammlung

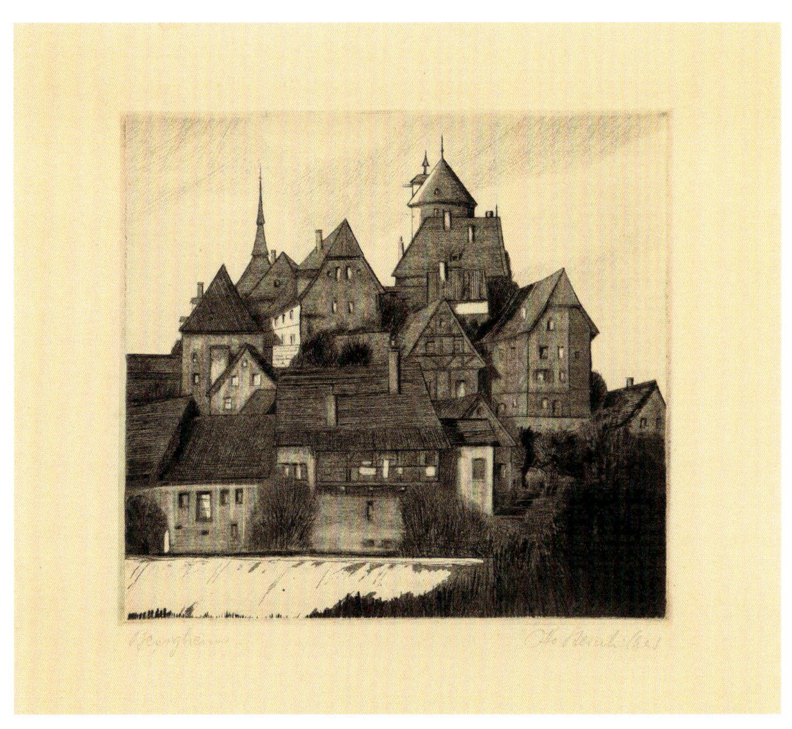

Abb. 25
Anonym, *Besigheim,* o. J., Bleistift, 45 × 56 cm

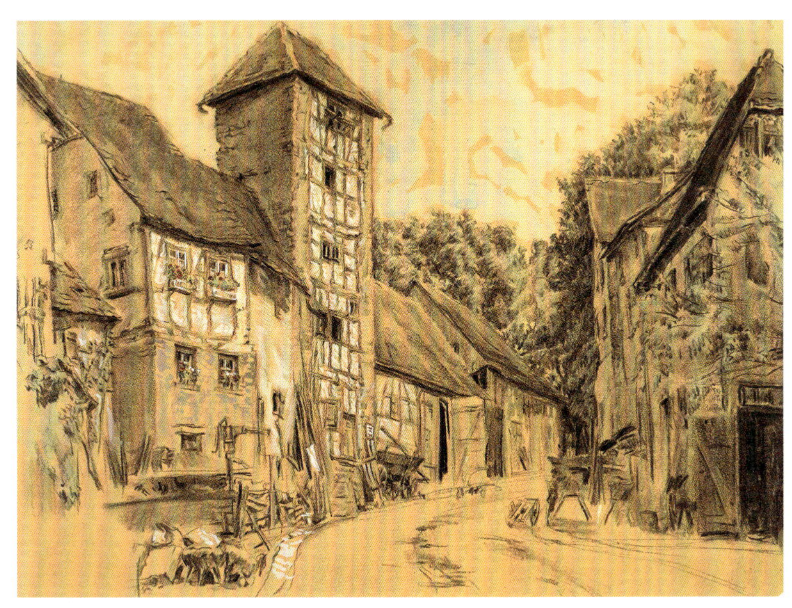

Abb. 26
Otto Steinhilber, *Besigheim,* o. J., Radierung, 16,5 × 18 cm

des Kunstmuseums Stuttgart belegen. Genannt sei der Maler und Grafiker August (Gustl) Illenberger (1898–1969), der Städte wie Ulm, das „Klein Venedig" an der Donau, in Radierungen festhielt, aber auch Ansichten von Rothenburg ob der Tauber und Urach aquarellierte. Oft waren die Malereien die Vorstufe für Radierungen mit demselben Motiv, wie es beispielsweise bei Illenbergers Aquarell *Spitalhof Möhringen* (um 1937) der Fall ist, das zu einer achtteiligen Serie von Ansichten des Städtchens Möhringen gehörte. Erwähnt sei auch Paul Jauch (1870–1957), der sich auf Ansichten Eningens und seines „Hausbergs" im schwäbischen Voralbland, den 700 Meter hohen Achalm, spezialisierte. Als gelernter Dekorationsmaler unterrichtete er erst über zehn Jahre an der Kunstgewerbeschule in Stuttgart, ehe er sich im Alter von 43 Jahren zu dem Schritt durchrang, als freier Künstler zu arbeiten. Finanziell unterstützt wurde er dabei von der Fabrikantenfamilie Gminder, die ihm zugleich Gönner und Auftraggeber war. In seinen Zeichnungen von der Schwäbischen Alb übertrug er die Farben der Malerei in die nuancenreiche Palette der Grauwerte von unterschiedlich harten und weichen Bleistiften. Der beinahe fotografische Realismus dieser Arbeiten korrespondierte mit der Forderung der Nationalsozialisten nach Heimatkunst und getreuer Wirklichkeitsdarstellung. 1940 ehrte ihn die Gemeinde zu seinem 70. Geburtstag, indem sie einen Weg nach ihm benannte.[120]

Abb. 27
Paul Jauch, *Bauernhaus mit Garten,* 1911 oder 1921, Bleistift, 43 × 31 cm

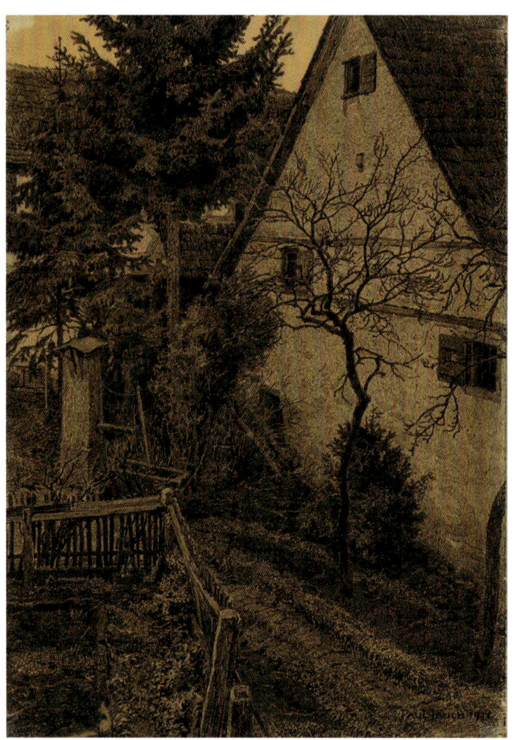

Für die Sammlung wurden jedoch nicht nur ausschließlich Ansichten württembergischer Städte zusammengetragen. Der in Tübingen geborene und in Nürnberg niedergelassene Maler und Grafiker Reinhold Bach (1880–1950) machte sich zum Beispiel einen Namen mit Radierungen der alten Hansestadt Brügge im flandrischen Belgien oder auch bayerischer Ortschaften wie dem mittelalterlichen, durch seine berüchtigten Hexenprozesse in die Geschichte eingegangenen Dinkelsbühl.[121]

Das in den Grafiken gezeigte Deutschland ging mit den Verheerungen des Zweiten Weltkriegs zugrunde. Durch den Luftkrieg wurden 50 bis 90 Prozent der historischen Bausubstanz der Städtelandschaft zerstört.[122] Der Historiker Jörg Friedrich weist darauf hin, dass in diesen gewachsenen Städten noch die Ständeordnung von Bestand gewesen sei und die Kirchtürme noch herausragten und Gottes Herrschaft verkündeten. Die Zugänge zu den Kathedralen hätten an Spaliere von Betenden, die Häuser an Kniende erinnert.[123] Diese Welt war es, die in Schutt und Asche versank.

Rückblickend und aus heutiger Sicht erscheint diese Flut von Heimatgrafiken künstlerisch konservativ und regressiv, damals

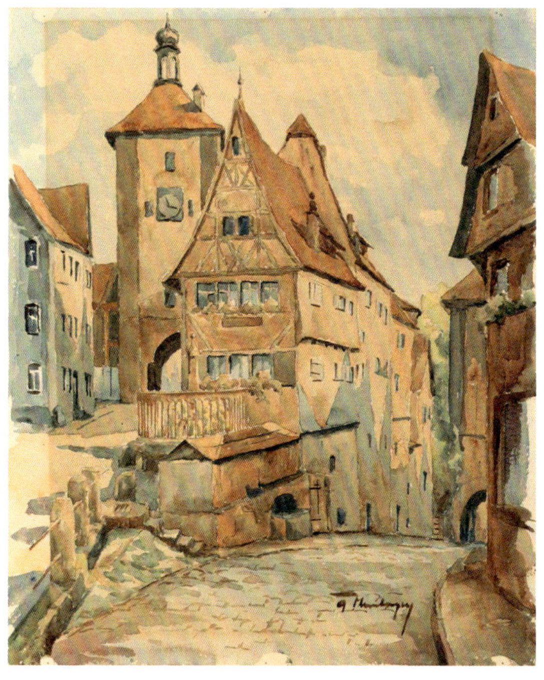

Abb. 28
August Illenberger, *„Plönlein" in Rothenburg ob der Tauber*, o. J., Aquarell, 47 × 35 cm

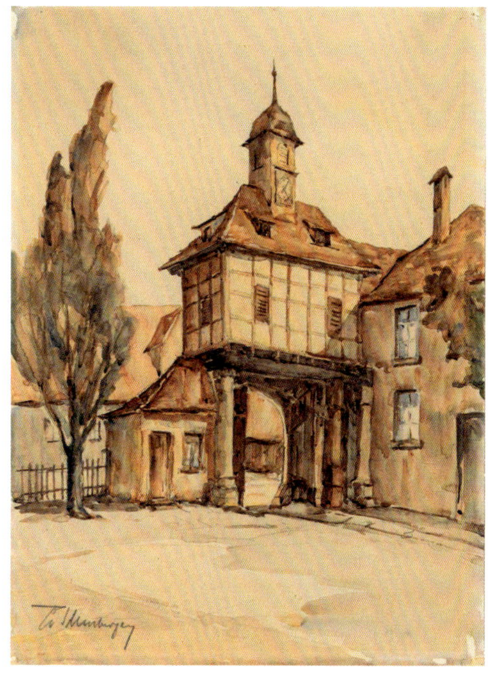

Abb. 29
August Illenberger, *Spitalhof Möhringen*, um 1937, Aquarell, 60 × 45 cm

jedoch wurde die Bildproduktion angetrieben von einer Ideologie, die propagierte, Heimat sei die notwendige Voraussetzung für den Erhalt von Volk und Nation und es gäbe ohne die Heimatliebe keine Liebe zum Vaterland.[124] Diese nationalistische und rassistische Grundanschauung gehörte zum theoretischen Fundament der am Ende des 19. Jahrhunderts entstandenen Heimat- und völkischen Bewegung, sie ermöglichte es dem Nationalsozialismus, die Heimatschutzbewegung und den Schwäbischen Heimatbund für seine Ziele zu kapern.[125] Professor Dr. Hans Schwenkel, Hauptkonservator des württembergischen Landesamts für Denkmalpflege, veröffentlichte 1936 einen Aufsatz im „Schwäbischen Heimatbuch" mit dem Titel „Volksstamm und Landschaft im ländlichen Raum", der die sozialrassistische und antisemitische Stoßrichtung dieses Heimatkults unverhohlen zum Ausdruck brachte und verdeutlicht, dass die Priorisierung des Landschaftsbilds in der Sammlungspolitik der Städtischen Galerie Stuttgart im Dritten Reich weitaus weniger harmlos war, als es heute den Anschein hat. Die Kernaussage dieser Blut-und-Boden-Ideologie war, dass die Landschaft den Menschen, der Boden den Volksstamm („Rasse"), die „schwäbische(n)" Landschaft(en) den/die „Schwaben" geformt habe(n) und immer noch forme(n). Natur wurde als Abbild eines Volks/Stamms betrachtet. Sei der Stamm gesund, seien es auch Volk und Natur. Deshalb sei „Blutpflege" Kulturpflege. Der Schwäbische

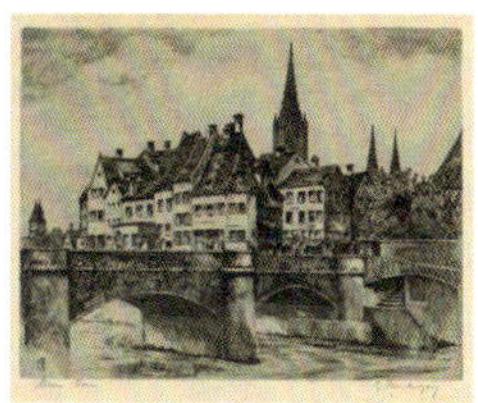

Abb. 30
August Illenberger, *Ulm/Donau*, o. J., Radierung, 24 × 31 cm

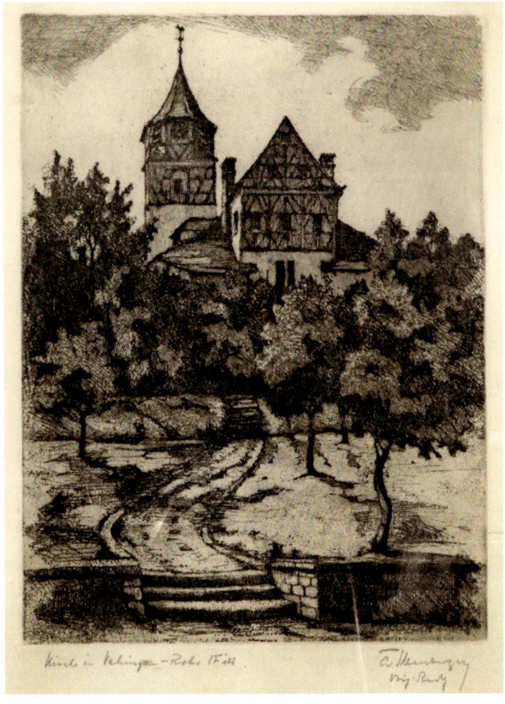

Heimatbund setzte sich folglich mit seiner Arbeit in der Landschaftspflege und im Naturschutz aktiv für die Erhaltung der sogenannten Eigenart der „Schwaben" ein. Diese Konstruktion von Heimat implizierte den Ausschluss aller, die der Boden angeblich nicht hervorgebracht hatte und die infolgedessen Fremde waren. Im Kontext der aggressiven NS-Ideologie von der Überlegenheit der Arier-„Rasse" und der Wiederherstellung der reinrassigen deutschen Volksgemeinschaft wurden die Landschaftsbilder zu ästhetischen Belegen, mit denen die faschistische Theorie unterfüttert wurde. Die Darstellungen „schwäbischer" Landschaften wurden zur Illustration des „Erbgut[s] des Schwaben", seines „Genotypus".[126] Das Sammeln dieser Bilder war demnach sowohl Kultur- als auch „Blutpflege", mit ihnen sollte das Erbgut gesund gehalten werden. Schwenkel ging sogar so weit zu fragen, ob das „Erbgut der Schwaben" durch die Landschaft geformt worden sei:

Abb. 31
August Illenberger, *Kirche in Vaihingen/ Rohr*, o. J., Radierung, 31 × 24 cm

> *„Welchen Anteil hat die Landschaft an der Formung und Herausbildung der schwäbischen Stammesart?* Denn diese Frage kann in ihrer eigentlichsten und tiefsten Bedeutung doch nur so verstanden werden: *Hat die schwäbische Landschaft das Erbgut des Schwaben, also den Genotypus des Schwaben umgeformt oder nicht?* Dies würde im Falle einer bejahenden Antwort bedeuten, daß Umwelt-Einflüsse im Verlauf von rund 1½ Jahrtausenden das Erbgut umgeformt haben [Alle Hervorhebungen von Schwenkel]."[127]

So betrachtet spiegelte sich in der Sammlung der Landschafts- und Stadtbilder das angeblich großartige Wesen des schwäbischen „Volksstamms". Durch sie erklärte sich gleichsam, warum gerade über diesen Raum der Geist schwäbischer Dichter und Denker wie Schiller, Schelling, Hegel und Hölderlin schwebte.

Zu den Grafikern, von denen die Stadt Stuttgart die meisten Radierungen erwarb, gehören Walter Romberg und Felix Hollenberg. Vom Ersten kaufte sie zu einem unbekannten Zeitpunkt 35 Blätter an, vom Zweiten anlässlich seines 75. Geburtstags insgesamt 73 Arbeiten, davon 44 Radierungen. Der in Ulm geborene und in Mergentheim aufgewachsene Romberg studierte 1916 Kunst an der Münchner Akademie, bis er als Soldat in den Ersten Weltkrieg eingezogen wurde. Nach dem Krieg setzte er sein Kunststudium in München fort und ließ sich danach in Stuttgart nieder, wo er sich relativ schnell einen Namen als Radierer von Landschafts- und Städtebildern machte. Zwei seiner Lehrer in der Radierkunst waren Hollenberg und Paul Dörr (1892–1965). Auch Letzterer ist in der Sammlung mit einigen Arbeiten vertreten. Romberg konzentrierte sich ganz auf die Landschaft und die Darstellung alter malerischer Städte mit einer bäuerlichen Bevölkerung und Kleinbürgertum. Es waren ausschließlich Motive aus Württemberg und Bayern. Bei den Darstellungen von sogenannten Volkstypen zeigte er mit Vorliebe die Bevölkerung in alter Tracht. Im Krieg erweiterte er sein Motivrepertoire. So radierte er wohl nach dem Überfall auf Polen ein großes Blatt von der Burg in Krakau.

Der Romberg-Bestand im Kunstmuseum Stuttgart besteht vor allem aus Städtebildern und einigen wenigen Landschaften. Dargestellt sind insbesondere historische Baudenkmäler in ihrer Umgebung, die nur selten mit Staffagefiguren belebt sind. In dem Konvolut befinden sich zwei Arbeiten, deren Entstehungszeitraum genauer bestimmt werden kann, weil sie Neubauten in Stuttgart im Dritten Reich zeigen. Es handelt sich um die *Hautklinik Bad Cannstatt*[128] und das *Haus der Technischen Werke*[129]. Der Neubau der Hautklinik des Krankenhauses Bad Cannstatt wurde am 18. Januar 1935 eröffnet. Die Technischen Werke der Stadt Stuttgart (TWS) entstanden im Mai 1933 durch den Zusammenschluss der Städtischen Elektrizitäts-, Gas- und Wasserwerke in Stuttgart. Zum Herzstück des TWS gehörte ein Neubau in der Lautenschlagerstraße, in dem die zentrale Verwaltung untergebracht war. Dieses Gebäude wurde der Öffentlichkeit im September 1936 übergeben. Bis zu seinem Abriss 2011 galt es als das einzige Herrschaftsgebäude des Nationalsozialismus in Stuttgart, das fertiggestellt wurde. Sehr wahrscheinlich kam das Romberg-Konvolut zu einem Zeitpunkt nach der Fertigstellung des Hauptsitzes der TWS in die Grafiksammlung, vielleicht in der zweiten Hälfte der 1930er-Jahre oder sogar erst in den 1940er-Jahren, denn in dem Konvolut befinden sich auch zwei Radierungen, die erst 1942 entstanden und die russische Stadt Smolensk und die polnische Hauptstadt Warschau zeigen. 1977 verkaufte die Witwe Rombergs eine weitere Radierung (*Warschau, alter Markt*[130]), die ebenfalls von 1942 ist. Eine dritte Arbeit zeigt die weißrussische Stadt Brest-Litowsk.[131] Sie wurde im Sommer 1941 nach schweren und erbitterten Kämpfen von der deutschen Wehrmacht besetzt. Gleich zu Beginn der Besatzung kam es zu Mordaktionen an der Zivilbevölkerung. Ein deutsches Polizei-Bataillon erschoss 4400 Menschen. Weitere Verbrechen gegen die Menschlichkeit wurden durch Einsatzgruppen begangen, deren Terror fast 9000 Zivilist:innen zum Opfer fielen.[132] Ende 1941 wurde die jüdische Bevölkerung in ein Ghetto gesperrt und erkennungsdienstlich behandelt. Nach der „Auflösung" des Ghettos im Oktober 1942 erfolgte die Ermordung der jüdischen Bevölkerung von Brest. Zwischen 15 000 und 20 000 Menschen wurden auf einem Erschießungsplatz 110 Kilometer östlich der Stadt erschossen.

In der Radierung *Brest-Litowsk* zeigt Romberg einen Sakralbau der christlich-orthodoxen Kirche im Zentrum, auf die direkt eine Straße zuläuft, die teilweise aus einem groben Kopfsteinpflaster besteht. Es herrscht eine fast ländlich-provinzielle Atmosphäre, Menschen sitzen im Freien, parlieren oder gehen ihren alltäglichen Beschäftigungen nach. Von der grausamen Realität der deutschen Besatzung ist nichts zu sehen.

Rombergs Radierungen legen die Vermutung nahe, dass er möglicherweise im offiziellen Auftrag als Kriegskünstler oder in anderer Funktion mit der deutschen Wehrmacht in den besetzten Gebieten im Osten unterwegs war und die Stadtansichten anfertigte. Sollte das nicht der Fall gewesen sein, stellt sich die Frage, warum er die polnische Hauptstadt Warschau, Krakau und das im Sommer 1941 in einer Kesselschlacht hart umkämpfte und von der Wehrmacht schließlich eroberte Smolensk in Radierungen festhielt – Orte, die auf den ersten Blick nicht mit seinem künstlerischen Schwerpunkt in Verbindung stehen. Dagegen scheint der Bezug zum Zweiten Weltkrieg mehr als naheliegend. Darauf verweist das Bild *Smolensk* auch selbst, denn es zeigt die Uspenski-Kathedrale in einer zerstörten Umgebung. Im Bildvordergrund sind Häuserruinen und Schutt zu sehen. Die Stadt wurde in den Kriegshandlungen fast vollständig zerstört, viele Menschen wurden dabei getötet oder anschließend von den deutschen Besatzern zwischen 1941 und 1943 als Zwangsarbeiter:innen deportiert (Abb. 32).

Dass dem Bild Bedeutung im Kontext des Deutsch-Sowjetischen Krieges zukam, zeigt allein schon sein Titel, der nicht nur auf die Stadt verweist, sondern auch auf das Entstehungsjahr: *Smolensk 1942*. Die Radierung war 1943 auf der „Großen Deutschen Kunstausstellung" in

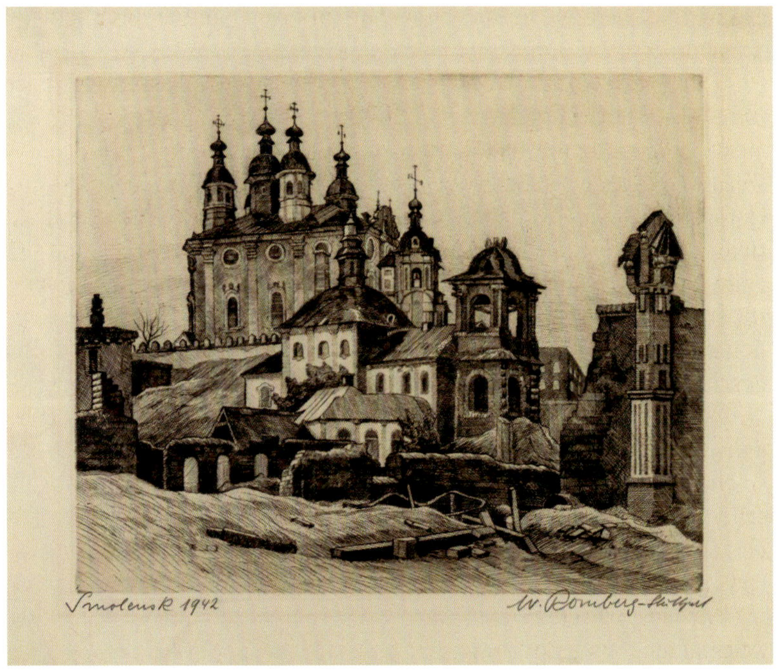

Abb. 32
Walter Romberg, *Smolensk 1942*, Radierung, 35 × 43 cm

München zu sehen und wurde aus diesem Anlass auch in der Stuttgarter Zeitung „NS-Kurier" in Form einer großen Abbildung abgedruckt.[133]

Im Jahr 1942 war Romberg 44 Jahre alt. Ein Jahr zuvor hatte ihn die NSDAP als Mitglied aufgenommen.[134] Er hatte bereits im Ersten Weltkrieg gekämpft und 1918 den Unteroffiziersrang verliehen bekommen. Im Zweiten Weltkrieg wurde er als Soldat bei den Baupionieren eingesetzt. Die Radierung von Smolensk lässt vermuten, dass er mit der deutschen Wehrmacht nach Russland gekommen war. In den wenigen Aufsätzen und Artikeln, die über ihn und sein grafisches Werk verfasst wurden, ist die Zeit des Dritten Reiches generell ausgespart.[135] Die während des Krieges im Osten entstandenen Bilder werden dort nicht erwähnt.

Zur Wehrmacht eingezogene Künstler waren in allen Kriegsgebieten. Teilweise fertigten sie Bilder im offiziellen Auftrag als Kriegsmaler, teilweise betrieben sie als Soldaten private Studien. Während des Krieges wurden die Bilder von den Kriegsschauplätzen in Ausstellungen an der Heimatfront gezeigt, in Stuttgart zum Beispiel im Kronprinzenpalais im Dezember 1942. In der Regel sind es affirmative Bilder vom Krieg, zum Teil unterstützten sie offen die deutschen Kriegsziele und dienten der Kriegspropaganda. Die Ausstellungen wurden von Organisationen wie der Künstler-Kriegshilfe eingerichtet und trugen Titel wie „Künstler im feldgrauen Rock" oder „Kunst der Front, Luftwaffe". Im Kunstmuseum Stuttgart haben sich einige dieser im Zweiten Weltkrieg von der Stadt angekauften Kriegsansichten erhalten, die insbesondere für das grafische Kabinett des zukünftigen städtischen Kunstmuseums gesammelt wurden. Rombergs Stadtansichten aus den östlichen Kriegs- und Besatzungsgebieten fügten sich sehr gut in dieses Sammlungsschema.[136]

Lange Zeit, bis Juni 2019, war die Erwerbung eines großen Grafikkonvoluts von Felix Hollenberg unklar. Es gab weder Informationen zum Ankauf noch zum Erwerbungsjahr, und auch zur Provenienz[137] war nichts bekannt. Ein Brief des OB Strölin vom 9. April 1943 an Hollenberg anlässlich dessen 75. Geburtstags half schließlich, den Sachverhalt zu klären.[138] Hollenberg, geboren am 15. Dezember 1868, hatte im Jahr zuvor unter erheblichen gesundheitlichen Problemen gelitten und sich einer Operation unterziehen müssen. In seinem Schreiben gratulierte OB Strölin ihm zu seinem Jubiläum und übermittelte ihm zugleich seine Genesungswünsche. Darüber hinaus bedankte er sich für ein der Stadt geschenktes Landschaftsgemälde und bekundete seine Zustimmung zu dem Wunsch seines Kunstreferenten, mehrere Gemälde aus verschiedenen Schaffensphasen von Hollenberg zu erwerben und insbesondere eine umfassende Sammlung seiner grafischen Arbeiten der städtischen Kunstsammlung hinzuzufügen. Das Inventarbuch der Gemälde verzeichnet für Juni 1943 den Erwerb von vier Landschaftsbildern von Hollenberg, die alle im Krieg zerstört wurden. Im Zusammenhang mit Strölins Schreiben wird nun auch die Erwerbung der zahlreichen Zeichnungen und Radierungen verständlich. Ungefähr zur Zeit der

Erwerbung der Landschaftsbilder muss es zu dem positiven Beschluss des Kunstreferats gekommen sein, weitere Gemälde und Arbeiten auf Papier von Hollenberg anzukaufen. Einen Anlass dazu bot dessen 75. Geburtstag. Im Januar 1944 wurden dann tatsächlich weitere, teilweise frühe Gemälde Hollenbergs erworben.

Im Dritten Reich war es Usus, dass das Kunstreferat von Künstler:innen direkt Arbeiten kaufte, die das 60. beziehungsweise 70. Lebensjahr überschritten hatten und deren „künstlerisch bedeutsames Lebenswerk im Grossen und Ganzen als abgeschlossen betrachtet werden“[139] konnte. In diesem Kontext stand auch die Erwerbung von Hollenbergs grafischen Arbeiten.[140]

Der Maler und Radierer Heinrich Seufferheld, nur zwei Jahre älter als Hollenberg und heute, im Gegensatz zu seinem Kollegen, wohl nur noch wenigen bekannt, wurde 1935 im „Schwäbischen Heimatbuch“ in einem längeren Aufsatz gewürdigt.[141] Der Bund für Heimatschutz feierte 1935 in Tübingen sein 25-jähriges Bestehen und sendete Seufferheld, der in Tübingen lebte und bald 70 Jahre alt wurde, „seinen heimatlichen Gruß“[142]. Heyfelder, der Autor der Hommage, stellte seinem Text ein Zitat Hollenbergs von 1905 voran: „Künstler, welche etwas Außergewöhnliches wollen, müssen sich von vornherein mit einem sehr kleinen Kreis von Freunden begnügen. – Zu diesen seltenen Künstlern, die in ruhiger Arbeit ohne Schwanken das zutage fördern, was ihr Eigenstes ist, die das sagen, was sie sagen müssen, und das ohne Pose sagen, wie sie es können, die deshalb unbeachtet von der Menge ein Leben als Einsame mit ihrer Kunst leben, gehört auch der vortreffliche Maler-Radierer Heinrich Seufferheld.“[143]

Nicht allein das „Heimatbuch“ zollte Seufferheld Anerkennung. Der Leiter der Graphischen Sammlung der Staatsgalerie Stuttgart, Dr. Theodor Musper, veröffentlichte ein Jahr später einen längeren Aufsatz über ihn in der „Württemberg.[ischen] Monatsschrift im Dienste von Volk und Heimat“[144] und gab 1941 dessen druckgrafisches Œuvre in Buchform heraus.[145] Bereits im Jahr 1930 hatte die Graphische Sammlung ihm eine Ausstellung gewidmet.

Seufferheld stammte aus einer bürgerlichen Familie. Von 1884 bis 1887 absolvierte er ein Kunststudium an der Münchner Akademie der Bildenden Künste, wo er Max Slevogt (1868–1932) kennenlernte. Nach dem einjährigen Militärdienst setzte er sein Studium in der Malklasse der Königlichen akademischen Hochschule für die bildenden Künste in Berlin fort und besuchte dann erneut für zwei Jahre die Kunstakademie in München. Nach der Beendigung seines Studiums arbeitete er immer im Sommer auf der Schwäbischen Alb und im Winter als Meisterschüler in der Königlichen Kunstschule in Stuttgart. Sein erstes eigenes Atelier richtete er sich 1900, nach neun Jahren der Lehre, im Elternhaus in Weinsberg ein. In diesem Jahr erhielt er vom Württembergischen Kultusministerium ein Stipendium für einen Besuch der Pariser Weltausstellung. Seufferheld fand Anerkennung und beteiligte sich fortan an großen Ausstellungen. Überregionale Kunstzeitschriften beachteten sein Werk. 1909 bewarb er sich erfolgreich als Universitätszeichenlehrer in Tübingen. Seine Lehre reformierte den universitären Zeichenunterricht. Neun Jahre später erfolgte seine Ernennung zum außerordentlichen Professor, nachdem das K.[öniglich] Württembergische Ministerium für Kirchen- und Schulwesen eine Aufwertung der Zeichenlehrerstellung abgelehnt hatte. Mit 54 Jahren heiratete Seufferheld die Bildhauerin Margarete Pietzcker (1888–1962).

Anscheinend nahm die künstlerische Anerkennung in den 1920er-Jahren ab, denn auch das Interesse an Grafik und Grafikzyklen ließ in den Jahren der Wirtschaftskrise nach. Weil Seufferheld 1933 in den Ruhestand ging und das 70. Lebensjahr fast erreicht hatte, war er in den 1930er-Jahren künstlerisch auch nicht mehr so präsent. Trotzdem verehrte ihn der Bund für Heimatschutz immer noch als bedeutenden „schwäbischen" und deutschen Künstler und zitierte daher nicht zufällig eine Einschätzung von „Velhagen & Klasings Monatsheften": „Seine Schöpfungen wirken urdeutsch; wie bei den Werken Hans Thoma hat man die Empfindung, daß sie nur in Deutschland entstehen konnten."[146] Für den Heimatschutz war Seufferheld ein „echt deutsche[r] Künstler", der die Heimat künstlerisch herauszuarbeiten verstand:[147] „Denn mit jeder heimatlichen Landschaftsdarstellung eines echt deutschen Künstlers erleben wir auch die Seele eines deutschen Menschen."[148]

Im Grafikbestand sind zwei Radierungen, elf Blätter des Grafikzyklus *Des Todes Lied* (1922/23) und ein Konvolut, bestehend aus zwei Mappen mit 203 Radierungen und sieben Zeichnungen, überliefert. Das Kunstreferat wird sie höchstwahrscheinlich nach Seufferhelds Tod 1940 von der Witwe erworben haben, denn es gehörte zur Sammlungs- und Erwerbungspolitik der Stadt, von verstorbenen, als herausragend bewerteten Künstler:innen Werke in den städtischen Kunstbesitz aufzunehmen, die darin noch nicht genügend vertreten waren.[149] Dass die Nationalsozialisten diesen Künstler schätzten, mag auch an seiner nationalkonservativen Haltung gelegen haben. Im Rahmen des Kunstschutzes sorgten sie im Krieg für den Erhalt seines druckgrafischen Nachlasses.[150]

Ehrung der Legion Condor

Ein Interesse an der Erwerbung von Grafiken hatte die Stadt nicht nur wegen des Aufbaus ihres grafischen Kabinetts, sondern auch, weil sie zum Beispiel Druckgrafiken für Repräsentations- und Propagandazwecke nutzte. Im Dritten Reich war es üblich, dass die Stadt „Volksgenossen" und andere Persönlichkeiten und Menschen, die sich um das Ansehen der Stadt und des „Vaterlands" verdient gemacht hatten, mit einer Ehrengabe auszeichnete. Das konnte ein Bild sein, auf dem die pittoresken Seiten der eigenen Stadt oder heimatlichen Umgebung festgehalten waren. Das Bildgeschenk erinnerte die Ausgezeichneten daran, woher sie kamen, pries aber zugleich auch das Regime, das die Auszeichnung vergab. Diese Bildergrüße aus der Heimat trugen zur Identitätsbildung der sozialen Gemeinschaft bei und stärkten den Zusammenhalt.

Ein Beispiel für solche Kunstpropaganda ist die Serie radierter Stadtansichten von Möhringen auf den Fildern, die August Illenberger anfertigte. Möhringen wurde 1942 in Groß-Stuttgart eingemeindet und ist seitdem ein Stadtteil von Stuttgart. Möhringens Bürgermeister vergab den Auftrag an Illenberger 1937. Illenberger radierte acht Ansichten der Stadt und verkaufte die Druckplatten an den Auftraggeber. Die Originalradierungen verwendete Möhringen bis 1942 zu Repräsentationszwecken und als Ehrengabe, ab 1942 war es dann die Gemeinde Stuttgart-Möhringen.

Die Wahl fiel keineswegs zufällig auf Illenberger, denn er gehörte zu den bekanntesten württembergischen Künstlern. In der Gruppe der 14 Künstler, die im Dritten Reich die meisten Werke an die Stadt verkauften, nahm er den zwölften Platz ein. Von ihm befanden sich allein zwölf Gemälde in der städtischen Kunstsammlung. Auf der „Großen Deutschen Kunstausstellung" in München war er 1938 mit einer Radierung und 1941 und 1942 mit Ölmalerei vertreten.[151] Wie beliebt Illenbergers Stadtansichten auch noch nach 1945 waren, dokumentiert eine Radierung der baden-württembergischen Stadt Metzingen aus dem Jahr 1955, die die Stadt in Auftrag gab.[152]

Illenbergers Möhringen-Serie umfasste eine *Gesamtansicht* der Stadt, den *Dinghof*, den *Spitalhof*, ein *Gässle*, das *Spitalhofgebäude*, das *Rathaus*, das *Schulbrünnele* und die *Körschmühle*. Die Radierungen waren im Handel nicht erhältlich und galten deshalb als „besonders wertvoll".[153] Faktisch handelte es sich jedoch um eine nicht limitierte, vom Künstler gedruckte und signierte Auflage, die nachgedruckt werden konnte. Sobald keine Exemplare mehr vorhanden waren, forderte die Stadt von Illenberger neue an. Dafür übersandte sie ihm die Druckplatten, die in ihrer Obhut waren. Illenberger schuf nach seinen Zeichnungen von Möhringen nicht nur Tiefdrucke, sondern auch Aquarelle, von denen die Stadt Stuttgart eines im Dritten Reich erwarb.[154]

Die Ehrengaben wurden in verhältnismäßig großer Zahl verliehen, wie ein umfängliches Verzeichnis von 1937 bis 1944 dokumentiert. Im März 1944 lagerten von den acht Ansichten insgesamt 145 Stück im Möhringer Rathaus und im Ortskassengebäude. Dass es Illenberger selbst war, der für die Stadt Abzüge von den Platten anfertigte, belegt ein Auftrag des Möhringer Bürgermeisters vom 9. März 1942: „Anbei erhalten Sie 7 Originalplatten der Radierungen für die Gemeinde Möhringen a. d. F. zur Fertigung weiterer Abzüge zugestellt. Nach Erledigung bitte ich um die Rückgabe der Platten."[155]

Die mit den Kunstblättern Geehrten kamen aus unterschiedlichen Kreisen. 1937 wurden zum Beispiel ein Leutnant, dann jeweils die Sieger der Gefolgschaft der Hitlerjugend und des Bundes Deutscher Mädel Standort Möhringen bei dem alljährlichen Reichsportwettkampf der

Hitlerjugend, ein Kreisleiter der Stadt Stuttgart und ein Oberlehrer, der sein 25-jähriges Dienstjubiläum an der Volksschule in Möhringen feierte, geehrt. Im November 1938 waren es unter anderem zahlreiche Personen, die sich um den Ausbau des zweiten Straßenbahngleises in Möhringen verdient gemacht hatten, darunter der Direktor der Stuttgarter Straßenbahn, der Verkehrsinspektor und der OB i. R. Karl Lautenschlager. Besonders auffällig ist die Ehrung von 14 Soldaten der Legion Condor am 8. Juni 1939. Sie wurden mit einer Radierung für ihre Teilnahme am Befreiungskrieg Spaniens 1936/39 ausgezeichnet.[156]

Auch wenn die Stadtansichten selbst nicht offensichtliche NS-Propagandakunst, sondern Heimatkunst waren, so war doch der Zweck der Schenkung propagandistisch. Die Geehrten wurden vom Regime für seine Zwecke vereinnahmt, und die Motive der Kunstblätter veranschaulichten die Beziehung des herausgehobenen Individuums zu der es ehrenden (Volks-)Gemeinschaft. Beider Wurzeln lagen angeblich in derselben Scholle, und alles Sinnen und Streben drehte sich um deren Erhaltung und Ruhm.

Im Fall der ausgezeichneten Soldaten der Legion Condor machten die scheinbar harmlosen Möhringer Stadtansichten vergessen, für welche Leistungen die Ehrung stand. Die Legion Condor hatte im Spanischen Bürgerkrieg für das Deutsche Reich auf der Seite der aufständischen Truppen des faschistischen Generals Francisco Franco gekämpft und Kriegsverbrechen und Verbrechen gegen die Menschlichkeit begangen. Dazu gehörte die Zerstörung der baskischen Stadt Guernica aus der Luft durch deutsche Bombergeschwader, die viele Opfer unter der Zivilbevölkerung forderte. Es war die erste vollständige Vernichtung einer Stadt durch Bomber in der Geschichte des Krieges. Von der Unterstützung eines „Befreiungskriegs" in Spanien konnte schon deshalb keine Rede sein, weil die spanischen Faschisten unter Francos Führung mit Hitlers und Mussolinis Unterstützung die 1936 in freien Wahlen eingesetzte, legitime republikanische Regierung gewaltsam gestürzt hatten.

Der „Dürer'sche" Blick auf Stuttgart

Ähnlich wie in Möhringen (siehe S. 73–75) verfuhr die Stadt Stuttgart unmittelbar nach dem Krieg, als die Stadtverwaltung einen großformatigen Holzschnitt mit der Ansicht Stuttgarts zum Zweck des Verschenkens an prominente Gäste ankaufte. Die Erwerbungsgeschichte ist ein Paradebeispiel für kulturelle Kontinuitäten zwischen dem Dritten Reich und dem westlichen Nachkriegsdeutschland. Der ehemalige NS-Kulturreferent und Stadtrat Könekamp, der nach der Kapitulation weiterhin im Amt war, unterrichtete den neuen OB Dr. Arnulf Klett im Juni 1945 darüber, dass die Stadtverwaltung den Holzschnitt „vor mehreren Jahren" bei Professor Erich Feyerabend (1889–1945) von der Akademie

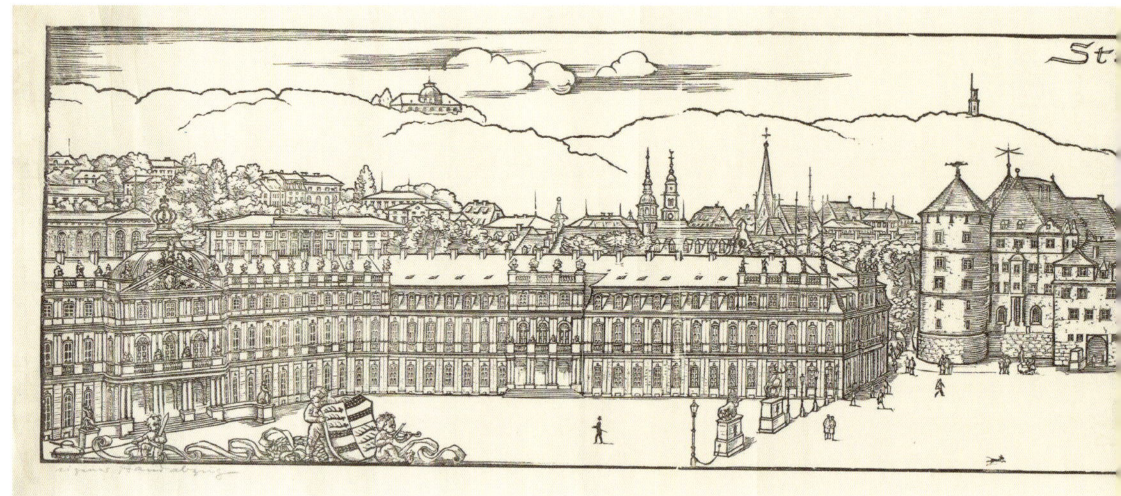

Abb. 33
Erich Feyerabend, *Stuttgart,* zwischen 1942 und 1945, Holzschnitt, 36 × 160 cm

der Bildenden Künste in Stuttgart in Auftrag gegeben habe und dieser „nach mehrfacher Zerstörung bei Luftangriffen nunmehr fertig“ geworden sei. Der Holzschnitt hätte „in dieser Form nicht bloß künstlerischen, sondern auch *dokumentarischen Wert*“ [Hervorhebung K. A.] und eigne sich „– in Glas und Rahmen – für repräsentative Geschenkzwecke“.[157] Könekamp verriet hier nicht die ganze Geschichte und seine Aussagen entsprachen wohl auch nicht der ganzen Wahrheit. Tatsächlich orderten das Land Württemberg und die Stadt Stuttgart den großformatigen Holzschnitt erst am 3. Oktober 1944, damit die Stadt ihn, so Könekamp in einem Schreiben an Feyerabend, „für dokumentarische und technische Zwecke“ nutzen konnte.[158] Im Dezember 1944 präzisierte der württembergische Ministerpräsident und Kultusminister die Aufgabe: „Herr Professor Feyerabend wird auf Grund der Bestimmungen über den totalen Kriegseinsatz für die Dauer ihrer Geltung dem Landesamt für Denkmalpflege, Abteilung Landeskonservator [...], mit dem Auftrag zugeteilt, bemerkenswerte luftgefährdete Städtebilder des Landes holzschnittmässig darzustellen. Professor Feyerabend ist verpflichtet, von den während des Einsatzes vorbereiteten oder hergestellten Platten dem Kultministerium später je 25 Handabzüge zur Verfügung zu stellen.“[159]

Ursprünglich sollte Feyerabend im Rahmen eines Kriegseinsatzes, zu dem er sich bereit erklärte, die Stadtvedute für das Landesdenkmalamt herstellen. Am Ende des Krieges sollte Feyerabend „bemerkenswerte luftgefährdete Städtebilder“ Württembergs in Holzschnitten festhalten, ehe sie durch die Luftangriffe in Schutt und Asche versanken. Nach dem Krieg wurden die Intention und die Funktion dieser Holzschnitte im Fall der Stadtansicht Stuttgarts umgewidmet. Nun erklärte Könekamp den Holzschnitt zu einer unverfänglichen und unproblematischen Vedute, die sich ausgezeichnet als Geschenk für die Ehrung herausragender Persönlichkeiten eigne. Die politische und künstlerische Vergangenheit Feyerabends überging er dabei.

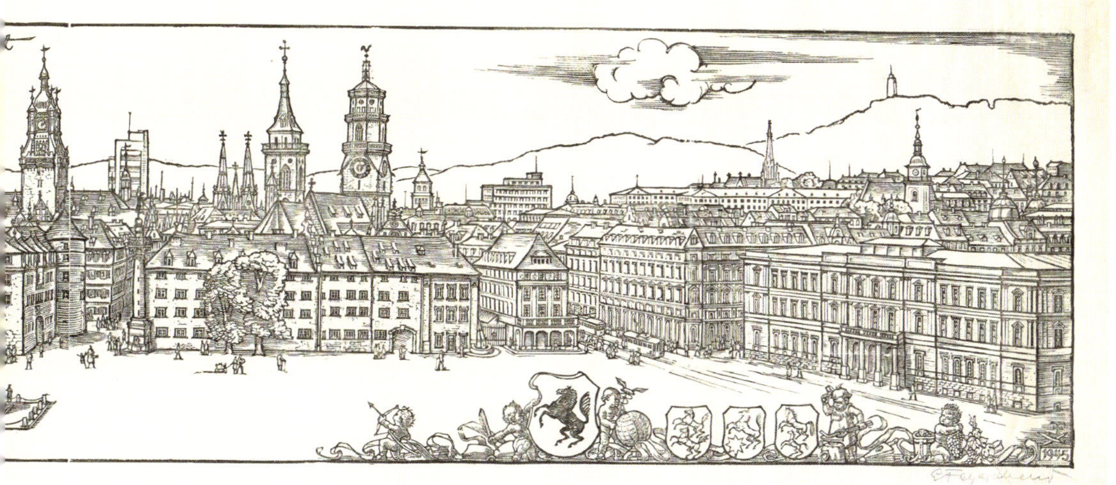

Feyerabend hatte vor dem Ersten Weltkrieg ein Kunststudium begonnen, das er 1919 an der Kunstakademie Berlin fortsetzte, nachdem er aus der Armee entlassen worden war. Von 1921 bis 1938 arbeitete er als freier Maler und Grafiker, dessen Spezialität der Holzschnitt war. Trotz Ausstellungserfolgen und eines überregionalen Rufs als Holzschneider kämpfte er in der Mitte der Zwanzigerjahre mit finanziellen Schwierigkeiten, die ihn dazu bewogen, in die Berliner Loge Friedrichs des Großen einzutreten. Damit verband er die Hoffnung, wichtige gesellschaftliche Kontakte zu knüpfen, die ihm bei der Verbesserung seiner Situation helfen sollten. Obwohl er 1932 aus der Loge wieder ausgetreten war, vielleicht auch deshalb, weil er sich dem Nationalsozialismus und der SS zugewendet hatte[160] und seine neue politische Heimat die Logenzugehörigkeit strikt ausschloss, wurde ihm diese Mitte der Dreißigerjahre von der Partei nachgetragen und er musste sich dafür rechtfertigen. Seiner Karriere tat das keinen Abbruch, denn im November 1938 wurde er zum ordentlichen Hauptlehrer für Holzschnitt an der Kunstakademie Stuttgart ernannt und leitete dort fortan die Holzschnittklasse. Zuvor hatte er mit dem Gau-Kulturamt der NSDAP auch über seinen Wiedereintritt in die SS verhandelt, weil die entsprechende Antragsstellung nach Hitlers Amnestieerlass wieder möglich wurde. Feyerabend war bereits von 1933 bis 1936 bei der SS-Motorstandarte 3 (SS-Motorstaffel) in Berlin „ein pflichteifriger SS-Mann" gewesen, der „seinen Dienst stets zur vollsten Zufriedenheit" versehen hatte.[161]

Das Lehramt an der Akademie Stuttgart übernahm er von Gottfried Graf (1881–1938), der von den Nationalsozialisten aus dem Amt gedrängt worden war. Graf, avantgardistisch eingestellter Maler, Holzschneider und Unterstützer moderner Kunsttendenzen, hatte die Holzschnittklasse seit 1921 geführt und am Ende der gesamten Grafikabteilung vorgestanden. Die Nationalsozialisten lehnten sein Werk ab und entfernten Arbeiten von ihm aus öffentlichen Sammlungen. Graf hatte immer wieder Anfeindungen und Kritik parieren müssen, seine Mitgliedschaft in der Reichskammer der bildenden Künste wurde jedoch nie gekündigt. Stark geschwächt von seinem Krebsleiden und psychisch angeschlagen, gab er dem äußeren Druck zu seiner Pensionierung nach. Feyerabend profitierte davon. Er hatte sich schon beim Machtantritt der Nationalsozialisten für das Regime stark gemacht und im August 1934 den Aufruf der Kulturschaffenden zur „Volksabstimmung" über die Zusammenlegung des Reichspräsidenten- und Reichskanzleramts unterzeichnet. Nach seiner Ernennung zum außerordentlichen Professor wurde er im November 1939 erst ständiger Stellvertreter des Direktors der Kunstakademie und im Juni 1940 dann zum Direktor der Akademie ernannt. Doch dieses Amtes wurde er mit Beginn des Wintersemesters 1941/42 wieder enthoben, der Abteilung für freie Kunst stand er aber weiterhin als Leiter vor.[162] Im November 1944 erhielt er dann endlich die langersehnte ordentliche Professur.

Feyerabend hielt sich für einen der besten Holzschneider Deutschlands. Einige seiner Arbeiten befanden sich in Hitlers Besitz. Im Dritten Reich waren seine großformatigen in Holz geschnittenen Stadtansichten bekannt und begehrt. Zahlreiche Städte gaben sie in Auftrag. Der zeitgenössische Kunstberichterstatter H. D. Roeder schrieb über ihn:

> „Erich Feyerabend ist in den Kreisen der Kunstfreunde bestens bekannt geworden durch seine hervorragend ausgeführten Holzschnitte, mit denen er auf der ersten Großen Deutschen Kunstausstellung im Hause der Deutschen Kunst in München Aufsehen erregt hat [...]. Vor allem waren es die Ansichten deutscher Städte der Nord- und Ostseeküste mit ihren Häfen und Schiffen, die sich der Künstler als dankbare und wirksame Motive für seine meist in ziemlich großem Format gehaltenen Blätter gewählt hat. Mit den rein grafischen Mitteln einer schönen kraftvollen Linie baut er die Silhouetten dieser Städtebilder auf und gibt ihnen einen herbschönen Ausdruck, den wir nicht anders als deutschen bezeichnen möchten. [...] Er hat im deutschen Holzschnitt die Linie, wie sie sich in ihrer feinen malerischen Struktur vom Holzstock abdrückt, wieder in ihre Rechte gesetzt. Man spürt in seinen Blättern noch das Handwerkszeug des Holzschneiders, das Messer und den Stichen, mit denen die ganz besonderen, nur dem Holzschnitt eigentümlichen reizvollen Wirkungen erzielt werden."[163]

Auch der Kunsthistoriker Wilhelm Fraenger drückte sein Lob insbesondere für Feyerabends „Städtebildnisse" aus, indem er feststellte:

> „Seine besondere Note in der Griffelkunst der Gegenwart stellen jedoch die Städtebildnisse des Malers dar. Wie einst Matthäus Merian

die ganze Herrlichkeit unserer burggekrönten, von stolzen Türmen überragten, von trutzigen Basteien eingehegten Städte ausgebreitet hatte, weiß Erich Feyerabend heute noch, wo doch dem Antlitz vieler Städte schwere Entstellung widerfahren ist, den unverlierbaren Charakter und den unveräußerlichen Schönheitswert der deutschen Stadtprofile, vor allem unserer Küstenstädte, zu erschließen. In diesen technisch meisterhaften Werken ist ein vollkommener Ausgleich zwischen dekorativer und streng wirklichkeitsgemäßer Auffassung, zwischen Tradition und Gegenwart erzielt, und unserm heimattreuen Bürgergeiste wird mit diesen Blättern ein Geschenk gemacht, das als spezifisch deutsche Leistung zu bewerten ist."[164]

Wie bereits eingangs erwähnt, behauptete der Kulturreferent Könekamp, der Holzschnitt wäre vor dem Zusammenbruch des NS-Staates nicht fertig geworden, weil er bei Luftangriffen mehrfach beschädigt worden wäre. Nach Aussage des Sohns von Feyerabend, Christian Feyerabend, 2004 kann das aber nicht stimmen, denn nur Feyerabends Arbeiten, die im angeblich bombensicheren Keller der Akademie lagerten, wurden zerstört, während die Druckstöcke bei ihm zu Hause waren.[165]

Der insgesamt 160 Zentimeter lange Druckstock bestand aus mindestens drei, vielleicht sogar vier Teilen. Eine handschriftliche Bezeichnung links unten auf seiner Vorderseite verweist darauf, dass es sich bei dem Druck um einen von Feyerabend hergestellten Handabzug handelt. Angesichts der Größe des Druckstocks ist es durchaus denkbar, dass Feyerabend mindestens sechs Monate daran arbeitete. Das würde dann auch stimmig zur Quellenlage passen.

Betrachtet man den Holzschnitt heute im Abstand von über 75 Jahren seit seiner Entstehung, könnte man glauben, Albrecht Dürer (1471–1528) hätte Stuttgart besucht und die Ansicht der Stadt in Holz geschnitten. Dieser Eindruck drängt sich nicht von ungefähr auf und auch damals wurde das schon so empfunden. Bedingt ist dieser Umstand nicht nur durch die Formensprache und die Bildgattung, sondern auch durch die Art und Weise, wie Stuttgart dargestellt ist. Feyerabend stellt eine Stadt vor, deren Antlitz in ihrem Zentrum seit dem Mittelalter beinahe unverändert geblieben zu sein scheint. Ihre Silhouette wird noch immer bestimmt von den hohen Kirchtürmen der Altstadt. Hinzugekommen sind barocke Bauwerke wie das Neue Schloss samt Schlossplatz und spätere wie das Kronprinzenpalais, doch Neubauten der Gegenwart wie der Tagblattturm, die ab den Zwanzigerjahren das moderne Stuttgart zu repräsentieren begannen, treten gegenüber der historischen Kulisse eindeutig zurück. Selbst die „Elektrische" (Straßenbahn), Symbol moderner großstädtischer Mobilität, wirkt in dem Bild geradezu versteckt. Feyerabend zeigt ein der Vergangenheit und Tradition verpflichtetes, beinahe noch vorindustrielles Stuttgart, dem weder durch die Industrie noch durch die moderne Großstadtkultur der Stempel aufgedrückt wurde. Stattdessen werden im Bildvordergrund die wirtschaftlichen Kräfte

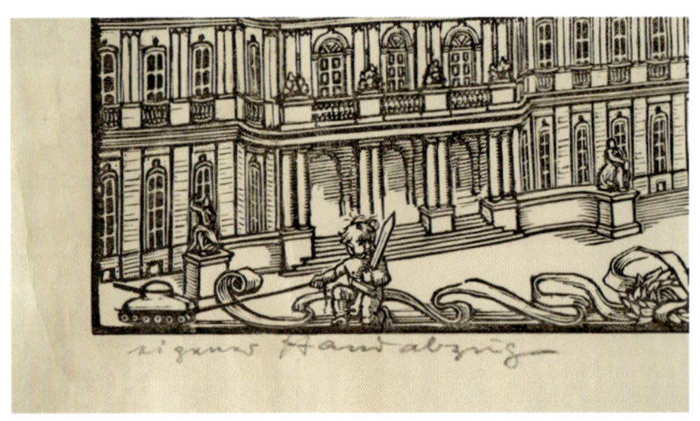

Abb. 34
Detail aus Abb. 33

der Stadt durch barocke Putten, kleinkindähnliche Knäblein, dargestellt, die Allegorien der Wirtschaft und Künste sind.

Der imperialistische und bellizistische Geist der NS-Ideologie, der sich im Krieg in maßloser Schrecklichkeit Bahn brach, ist aber auch hier nicht ausgespart. Ganz links hält eine Putte in der einen Hand ein Schwert und in der anderen einen Panzer (Abb. 34).

Feyerabend knüpfte mit seinem monumentalen Holzschnitt an die lange, insbesondere italienische Tradition der Veduten an, bei denen die Örtlichkeit einer Stadt oder einer ihrer charakteristischen Ausschnitte so sachgetreu wie möglich wiedergegeben ist. Eines seiner Vorbilder war der Nürnberger Maler und Zeichner Michael Wolgemut (1434/37–1519) und seine Werkstatt. Wolgemut war auch Lehrer Dürers. Von ihm stammt der berühmte Holzschnitt mit der Ansicht Münchens aus dem Jahr 1493, der Eingang in Hartmann Schedels „Weltchronik" fand. Durch Wolgemut wurde der Holzschnitt zu einer eigenständigen Gattung in der deutschen Kunstgeschichte. Wie viele andere Künstler:innen im Nationalsozialismus, die vom Holzschnitt fasziniert waren, war er auch für Feyerabend das Synonym „deutscher" Grafik und einer der Höhepunkte in der „deutschen" Kunst schlechthin. In der oben zitierten zeitgenössischen Rezeption seines Werkes wird der „deutsche" Charakter besonders betont. 1935 hieß es in der „Kunst- und Antiquitäten-Rundschau" über Feyerabend: „Deutsche Art schien ihm die einzige, in der er malen sollte. Und was er unter deutscher Art verstehen wollte, das holte er sich mit unermüdlichem Studium aus der deutschen Landschaft und aus der breiten Wucht der ahnherrlichen Holzschnitte und ihres deutschen Formgefühls."[166] Feyerabend stellte sich stolz in die Tradition der großen deutschen „Meister", die ihr Handwerk perfekt beherrschten. Seine Signatur ist ein Lob auf diese Handwerkstradition und den zeitlosen Wert künstlerischer Meisterschaft. Unter seine Initialen setzte er selbstbewusst Stift und Schnitzmesser, einander überkreuzend (Abb. 35).

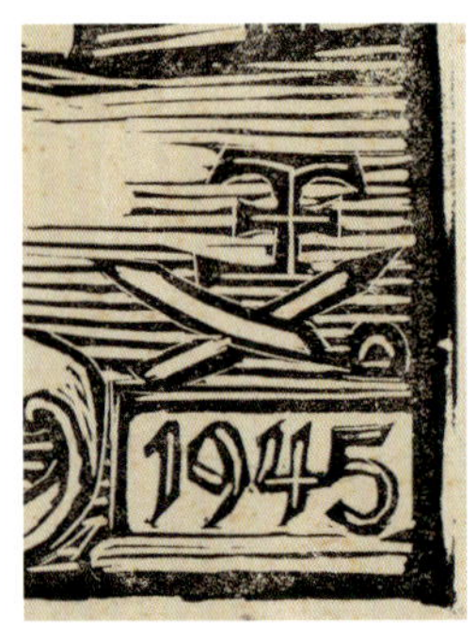

Abb. 35
Detail aus Abb. 33

Die Provenienzgeschichte der Stuttgart-Vedute wirft ein Schlaglicht auf Kontinuitäten, die vom NS-Staat zum westlichen Nachkriegsdeutschland bestanden. Der Hochdruck stellte ein Stuttgart dar, das im Bombenhagel untergegangen war. 90 Prozent der Innenstadt waren zerstört. Daher der Verweis des ehemaligen NS-Kunstreferenten Könekamp auf den historischen Wert. Dass Feyerabend das Regime tatkräftig unterstützt hatte und deshalb seine weitere Anstellung in der Kunstakademie nicht in Frage kam, spielte dabei keine Rolle. Auch nicht, dass er im Mai 1943 von Hans Frank im besetzten Krakau empfangen wurde, jenes Mannes, der Generalgouverneur des nicht annektierten Teils von Polen war und dort von seinen Opfern nur „Polenschlächter" genannt wurde. Im Juli 1945 einigte sich die Stadt mit Feyerabend darauf, von den möglichen 500 Handabzügen etwa 100 Exemplare abzunehmen.

Nur wenige Jahre zuvor, um 1941/42, radierte Roland Niederbühl (1896–1958) eine großformatige Ansicht mit dem Titel *Stuttgart, die Stadt der Auslandsdeutschen.* Im Januar 1942 hatte die Stadt sein Ölgemälde *Stuttgart* erworben und verschenkt (Abb. 36). Offenbar hatte der Stadtverwaltung die Ansicht derart gut gefallen, dass sie Niederbühl beauftragte, davon einen Druck anzufertigen, damit das Bild vervielfältigt werden konnte und als offizielles Geschenk weiter zur Verfügung stand. Für diese These spricht, dass sich 27 Exemplare der Radierung erhalten haben, was auf einen ähnlichen Vertrag schließen lässt wie denjenigen, den Feyerabend abschloss. Dieser sollte 25 Handdrucke seines Stuttgart-Bildes an die Stadt abliefern. Es ist sicher kein Zufall, dass die Nationalsozialisten im fortgeschrittenen Krieg solche Ansichten des „alten" Stuttgarts in Auftrag gaben, nachdem die Stadt mehr und mehr durch die Luftangriffe der Alliierten in Mitleidenschaft gezogen wurde. Insgesamt gab es im Zweiten Weltkrieg 53 Angriffe aus der Luft, die die württembergische Hauptstadt stark zerstörten. Im September 1944 entfachte der schwerste Luftangriff im Stuttgarter Talkessel einen Feuersturm. Als bedeutender Industriestandort in Deutschland mit kriegswichtigen Betrieben wie Daimler-Benz und Bosch stand Stuttgart weit oben auf der Liste der Städte, die von den Luftstreitkräften der Alliierten angegriffen wurden. Am Ende des Krieges waren fast 60 Prozent der Bausubstanz zerstört oder beschädigt. Die Innenstadt war mit 70 Prozent Zerstörungen am schwersten betroffen. Es war jener Stadtbereich, den Feyerabend und Niederbühl in ihren Bildern festgehalten haben.

Vielleicht lassen sich diese Stadtansichten als eine Art Demonstration des Durchhaltewillens der Nationalsozialisten deuten. In ihnen wurde eine heile und intakte Welt aufrechterhalten, die real sukzessive im Schutt versank. Mit diesen Bildern ließ sich nach außen der ungebrochene Wille der „Stadt der Auslandsdeutschen" demonstrieren und im Ausland Propaganda betreiben, wo über die Kriegsverheerungen nichts oder nur wenig bekannt war.

Ähnlich wie Feyerabends Holzschnitt sollte wohl auch Niederbühls Radierung als Gastgeschenk oder Ehrengabe bei besonderen Anlässen vergeben werden. Der größte Teil der 27 erhaltenen Exemplare wurde von Niederbühl mit dem Bleistift handsigniert und mit dem Originaltitel beschriftet. Nach dem Zusammenbruch des Deutschen Reiches war das Bild an sich zwar noch genehm, nicht aber der Bildtitel. Deshalb entfernte man kurzerhand auf einigen Blättern mit dem Radiergummi bis auf *Stuttgart* alle übrigen Wörter (Abb. 37). Auch bei der Inventarisierung verstümmelte man den Titel, um die Radierung als unverdächtige Stadtansicht durchgehen lassen und weiter verwenden zu können. Selbst ein Exemplar, das noch mit dem vollständigen Titel bezeichnet ist, inventarisierte man nur unter dem gefälschten Titel *Stuttgart.* Dieses be-

Abb. 36
Roland Niederbühl, *Stuttgart, die Stadt der Auslandsdeutschen,* o. J. (um 1941/42), Radierung, 29 × 43 cm, hier mit vollständigem Titel

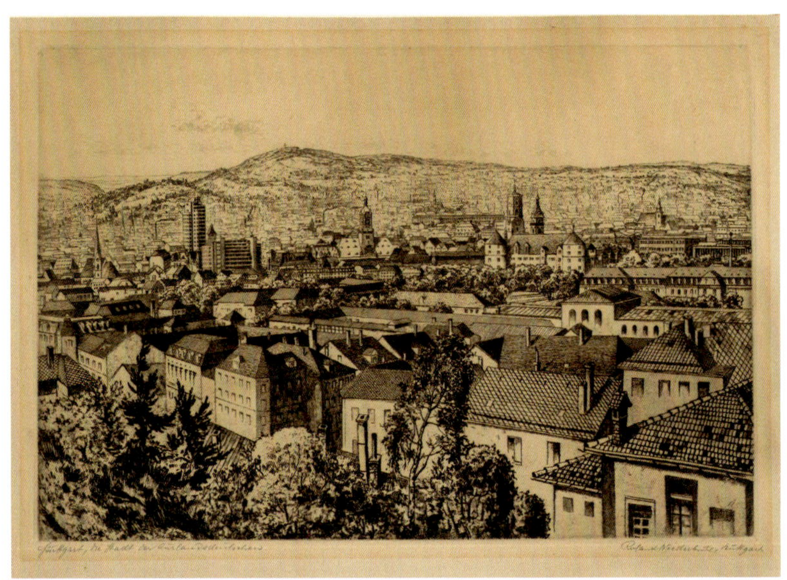

merkenswerte Beispiel früher Geschichtsklitterung in der Städtischen Galerie Stuttgart und in der städtischen Kunst- und Kulturverwaltung illustriert, wie auf diese Art und Weise Niederbühls aktive Beteiligung an der NS-Bildpropaganda vergessen gemacht wurde. Der sich in seinem Entnazifizierungsverfahren als „unpolitisch" bezeichnende Künstler war 1933 in die NSDAP eingetreten und zeitweise Blockwart. Dass er noch gegen Ende des Krieges gute Beziehungen zur Partei unterhielt, beweist nicht nur der Bildauftrag der Stadt, sondern auch ein Brief von 1944, in dem er den NS-Kunst- und Kulturreferenten Könekamp als seinen Fürsprecher erwähnt, um in Schloss Löwenstein ein Ersatzatelier zu bekommen, nachdem seines bei einem Luftangriff zerstört worden war.[167] Dorthin waren die städtischen Kunst- und Kulturgüter ausgelagert worden waren.

Abb. 37
Detail aus Abb. 36, Blatt mit unvollständigem Titel

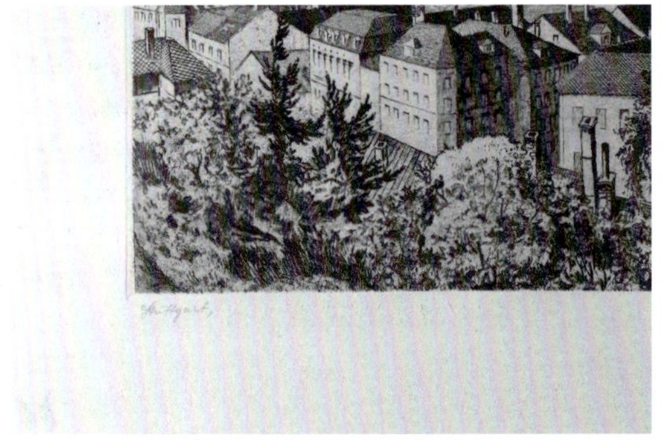

6 KEINE UNSCHULDIGEN BILDER

In der Sammlung des Kunstmuseums Stuttgart gibt es neben den Landschafts- und Städteansichten, die sich scheinbar harmlos darbieten, weil in ihnen die faschistische Ideologie weniger offensichtlich ist, Arbeiten, in denen Künstler – Arbeiten von Künstlerinnen sind nicht darunter – eindeutig politisch Stellung beziehen. Dabei handelt es sich weniger um NS-Propaganda als vielmehr um eine affirmative Haltung gegenüber dem NS-Regime. Dass sich gerade die Druckgrafik für solche Bildbotschaften anbot, ist im Medium und seiner Geschichte begründet. In der Weimarer Republik und im Dritten Reich waren bildende Künstler:innen oft als Gebrauchsgrafiker:innen tätig, um ihren Lebensunterhalt zu bestreiten, sie arbeiteten in der Werbe- und Medienindustrie sowie im Zeitungs- und Verlagswesen. Sie verfügten über die handwerklichen Fähigkeiten zur visuellen Vermittlung von Informationen. Darüber hinaus ist die Druckgrafik in der Herstellung relativ preisgünstig und hat den Vorteil, dass ein Original, ein hochwertiges Kunstwerk oder auch ein Kunstblatt vervielfältigt und im Gegensatz zu einem Unikat wie dem Gemälde ortsunabhängig einer breiten Öffentlichkeit zugänglich gemacht werden kann.

Der Begriff „Grafik", wie ihn das Kunstreferat verstand und bei der Inventarisierung verwendete, beschränkte sich allerdings nicht nur auf die druckgrafischen Techniken wie den Hoch-, Flach- und Tiefdruck, das heißt den Holz- und Linolschnitt, den Holz- und Kupferstich, die Radierung, die Lithografie etc., sondern er umfasste – und umfasst auch heute noch – alle Arbeiten auf Papier, die wegen der technischen Ausführung und Materialität zur Gattung der Grafik gezählt werden. Darin eingeschlossen waren – und sind – die Zeichnung, das Aquarell, die Gouache und die Tempera sowie das Pastell. Entsprechend heterogen erscheint heute der Restbestand der Sammlung der Städtischen Galerie Stuttgart. In ihm befinden sich mehr Zeichnungen und Aquarelle (insgesamt 389) als Druckgrafiken (insgesamt 313). Holzschnitte, subsumiert im ehemaligen Grafikinventar unter der Rubrik „Schnitte" (insgesamt 68), gibt es nur in kleiner Zahl in der Sammlung, obwohl gerade dieser Technik in der Kunst des Nationalsozialismus eine herausgehobene Bedeutung zukam. Dem Holzschnitt wurden Klarheit und Wahrheit, Sauberkeit und Ehrlichkeit nachgesagt,[168] er war das Synonym für „deutsche" Grafik schlechthin, dessen lange Tradition bis zu Albrecht Altdorfer (1480–1538) und Albrecht Dürer (1471–1528) zurückverfolgt werden kann. Die den Schwarz-Weiß-Techniken eigene Beschränkung auf die Linie und den Hell-Dunkel-Kontrast wurde von den Nationalsozialisten ideologisiert:

„Eine jede Zeitepoche schafft sich die ihrem inneren Charakter entsprechende Kunst. [...] Unsere Zeit ist hart, ernst, streng; sie ist Kampfzeit, und die Kunst unserer Tage ist das Spiegelbild eines kulturellen, geistigen, auch politischen und wirtschaftlichen Ringens. So ist es begreiflich, daß viele Künstler der Gegenwart den Holzschnitt und andere Schwarz-Weiß-Techniken bevorzugen. Denn der Holzschnitt mit seiner Kontrastwirkung des Hell und Dunkel, mit seinem klaren Nebeneinander von Licht und Schatten ist der Stil des Gegensatzes, des Kampfes und verkörpert den Willen zur klaren Eindeutigkeit und zum geschlossenen Einsatz. Auch die Lithografie, die Radierung und die Handzeichnung mit ihren klaren Linienführungen können das Bekenntnis zu sauberen Gegensätzen und reiner Lebensführung sein."[169]

Nicht alle Künstler:innen, die im Dritten Reich ihren Beruf weiter ausführen durften, ließen sich gleichermaßen stramm auf Linie bringen. Wie überall in der Gesellschaft gab es solche, die sofort auf den Zug aufsprangen und aus Überzeugung mitmachten, und solche, die sich arrangierten, in den neuen Verhältnissen einrichteten oder sich zurückzogen, soweit das in einem totalitären Staat möglich ist. Auch müssen wir wohl zwischen den Künstlergenerationen unterscheiden, denn blickt man beispielsweise auf die Sammlung des Stadtmuseums Braunschweig, so finden sich dort unter den herausragenden Holzschneider:innen Künstler wie Ernst Koch (1898–1974), Rudolf Koch (1902–1985), Fritz Röhrs (1896–1959) oder die Künstlerin Ilsemaria Noeggerath-Wenner (1909–2002), die alle einer Generation angehörten und zu Beginn des Nationalsozialismus jünger als 40 Jahre waren. Im Vergleich dazu waren die bedeutendsten Künstler, die im grafischen Kabinett der Städtischen Galerie Stuttgart vertreten sind, bereits eine Generation älter: Alexander Eckener (* 1870), Felix Hollenberg (* 1868), Christian Adam Landenberger (* 1862) und Heinrich Seufferheld (* 1866). Die Beziehung ihrer bereits vollständig ausgebildeten Kunst zum Nationalsozialismus war naturgemäß weniger eng als die von manchen jüngeren Kolleg:innen, die am Anfang ihrer Laufbahn standen und deren Werk sich noch entwickelte. Ein Beispiel dafür ist der Grafiker Hektor Kirsch (1909–1941), auf den an anderer Stelle noch ausführlicher eingegangen wird (siehe S. 85–86). Von ihm stammt der Holzschnitt *Der Revolutionär,* der ein klares Bekenntnis zum Nationalsozialismus abgibt und ein unmissverständliches Beispiel von NS-Kunst ist. Vielleicht erklärt das Bemühen des Stuttgarter Kunstreferats, insbesondere Werke von älteren Künstler:innen in die Sammlung aufzunehmen, die das 60. beziehungsweise 70. Lebensjahr überschritten hatten oder schon verstorben waren, dass sich im Kunstmuseum Stuttgart weitaus weniger ideologisch belastete Grafik befindet als zum Beispiel in der Sammlung des Stadtmuseums Braunschweig. Bei solchen Schlussfolgerungen ist allerdings Vorsicht geboten, denn es gibt Belege, dass die grafische Sammlung den Zweiten Weltkrieg nur als Fragment überstanden hat. Wegen der Unvollständigkeit des Bestandes, des fehlenden Grafikinventars und der desolaten Quellenlage ist es unmöglich, sich ein Gesamtbild von der Sammlung zu machen und sie vollständig zu rekonstruieren. Trotzdem drängt sich bei näherer Betrachtung des Restbestands der Eindruck auf, in diesem Teil des städtischen Kunstbesitzes seien vergleichsweise mehr Werke vertreten, die konform mit der NS-Ideologie gehen, als im Gemäldebestand, der ebenfalls im Krieg stark dezimiert wurde. Zwar ist die Anzahl der Arbeiten auf Papier, die zur NS-Kunst gerechnet werden können, im Vergleich zu anderen städtischen Sammlungen klein,[170] doch allein die Tatsache, dass solche Arbeiten überliefert sind, zeigt die ideologische Ausrichtung und politische Instrumentalisierung der Grafiksammlung der Stadt Stuttgart.

Bild der NS-Bewegung

Der Holzschnitt *Der Revolutionär* von Hektor Kirsch ist neben Hans Spiegels (1894–1966) Lithografie *Kameradschaft* eine der wenigen erhaltenen Druckgrafiken, die das Thema der nationalsozialistischen Bewegung zum Bildgegenstand erheben (Abb. 38, Abb. 39). Dazu gehört auch eine große Kohlezeichnung, die einen strammen SA-Mann darstellt und den Titel *Gefolgsmann* trägt (Abb. 40). Das Künstlermonogramm „JM“ ist unbekannt. Im Bestand gibt es nur noch zwei weitere Arbeiten, auf denen das Hakenkreuz ins Bild gesetzt ist: *Stuka-Angriff* von Jos. Pflügl und *Stuttgart Schwabenhalle* von August Illenberger (1898–1969). Auf diese Blätter wird noch anderer Stelle weiter eingegangen (siehe S. 126, 148–162).

Wann das Kunstreferat Kirschs *Revolutionär* erwarb, ist unklar. Das Bild ist Teil einer Serie von drei Blättern. Die anderen beiden Holzschnitte zeigen zum einen eine Mutter mit Kindern und zum anderen deutsche Soldaten, die an der Front Weihnachten feiern.

Bei dem *Revolutionär* handelt es sich um das ausdrucksstärkste und ungewöhnlichste Blatt dieser Holzschnittserie, weil sich Kirsch in ihm eines wenn auch gezügelten expressiven Stils, einer abgeschwächt modernen Bildsprache bedient, wie sie in der Grafik im Dritten Reich nicht oft zu finden ist. Die harten, blockhaft wirkenden Hell-Dunkel-Kontraste und die kraftvolle Linienführung erinnern entfernt an die Formensprache des expressionistischen Malers und Grafikers Conrad Felixmüller (1897–1977).

Kirsch wählte einen sehr engen Bildausschnitt, dadurch befindet sich der Betrachterstandpunkt auf Augenhöhe und sehr nahe bei dem jungen und blonden Fahnenträger. Der Revolutionär ist rahmenfüllend ins Bild gesetzt, wodurch die Figur monumental erscheint. Mehr noch, sie sprengt den Rahmen, denn die Hände, die Arme, die Fahne und der Oberkörper sind angeschnitten. Dadurch scheint der Bannerträger den

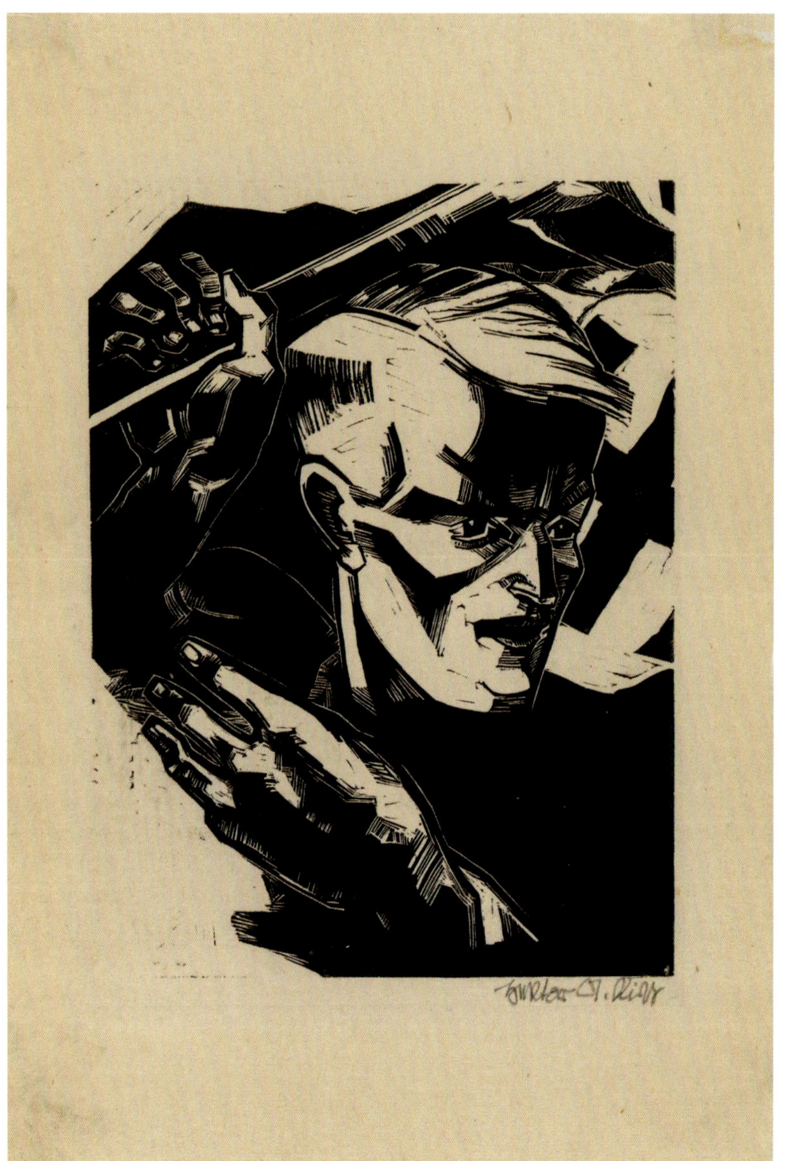

Abb. 38
Hektor Kirsch, *Der Revolutionär,* o. J. (circa 1939–1941), Holzschnitt, 26,5 × 19,5 cm

Betrachtenden direkt gegenüberzustehen und sie unmittelbar in das Geschehen einzubeziehen. Mit wehendem Tuch geht der Revolutionär voran, treibt eine unsichtbare Masse an, reißt sie mit. Der eindringliche, harte Blick und die hohe Stirn des jungen Mannes signalisieren eine feste Haltung und unerschütterliche politische Überzeugung. Für Zweifel ist kein Platz. Der Revolutionär ist die Verkörperung der entfesselten Bewegung, die durch die Hakenkreuzfahne eindeutig identifizierbar ist.

In dramatisches Licht getaucht, schafft die Komposition durch den eng gewählten Ausschnitt einen spannungsreichen Moment mit Suggestivkraft. Die harten Schwarz-Weiß-Kontraste heben den Kopf, die vordere Hand und die Fahne hervor. Der Revolutionär entspricht einem Männertypus, der der Fantasie der faschistischen Bewegung entsprang und sich darüber hinaus auch in der Geschichte des Kommunismus und der Arbeiterbewegung im militanten Aktivisten und Parteigänger des Volkes findet, hier mit der roten Fahne als Symbol des Freiheitskampfs und der Volksbewegung. Zugleich spricht aus dem Revolutionär aber auch das rassistische Weltbild des Nationalsozialismus. Der Bannerträger tritt in Gestalt des blonden „arischen" Jünglings auf, was sich noch deutlicher offenbart, wenn man den Holzschnitt dem Propagandaplakat *Jugend zu uns!* von Hans Herbert Schweitzer (1901–1980), auch Mjoelnir genannt, gegenüberstellt. Schweitzer war einer der bekanntesten Grafiker, die für die NS-Propaganda arbeiteten. Sein Plakat zeigt denselben Typus des jungen blonden Kämpfers. Doch im Gegensatz zu seiner platten Bildpropaganda weist Kirschs Blatt eine sublimere Ästhetik auf und reiht sich ein in die Ikonografie der Bilder von westeuropäischen Freiheitsbewegungen wie etwa Eugène Delacroix' (1798–1863) berühmtem Gemälde *Die Freiheit führt das Volk. Der 28. Juli 1830* (1830) oder Käthe Kollwitz' (1867–1945) Radierung zum deutschen Bauernkrieg, *Aufruhr* (1899), die ebenfalls von einem dynamisch-kämpferischen Geist zeugt.

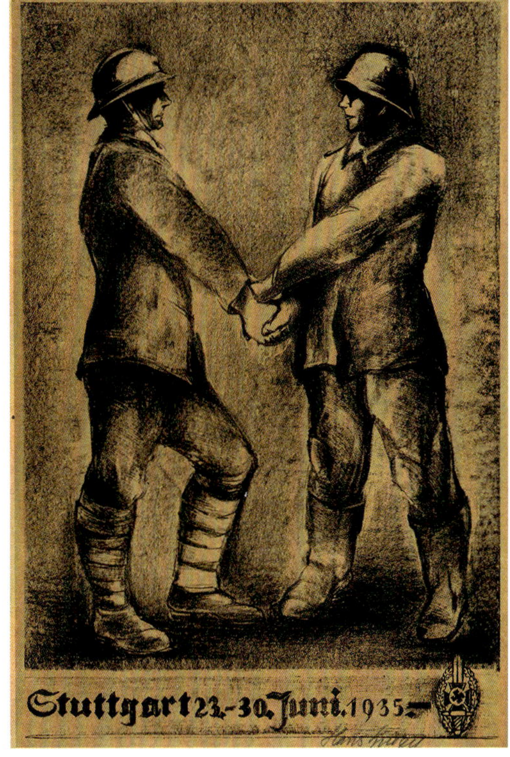

Abb. 39
Hans Spiegel, *Kameradschaft,* 1935, Lithografie, 41 × 28 cm

Das Motiv des Bannerträgers hatte zudem noch ein anderes berühmtes zeitgenössisches Vorbild: Hubert Lanzingers (1880–1950) Gemälde *Der Bannerträger* (1937). Es zeigt Adolf Hitler in Rüstung mit Hakenkreuzfahne zu Pferd und stilisiert den Führer der Bewegung und Partei zur stählernen „Leitfigur eines rücksichtslos militanten Deutschland"[171]. Eine andere Variante desselben Motivs ist Walther Hoecks (1885–1956) *Das junge Deutschland* (1935), das als Wandbild für den Braunschweiger Bahnhof entstand.

Die Bildaussage und Formensprache des *Revolutionärs* finden ein materielles Äquivalent in der Gattung des Holzschnitts, der ja angeblich für Klarheit und Wahrheit, Sauberkeit und Ehrlichkeit stehen sollte, Eigenschaften, die den Revolutionär der NS-Bewegung kennzeichnen würden. Die Holzschnitttechnik selbst wurde als genuin deutsche Kunst deklariert. Der Grafiker Kirsch stellte sich somit in eine alte deutsche Kunsttradition. In der ideologischen Überhöhung wird der Holzschnitt zu etwas „Bodenständigem", weil die Holzplatte aus dem deutschen Wald komme und deshalb Bestandteil der „deutschen Seele" sei.[172]

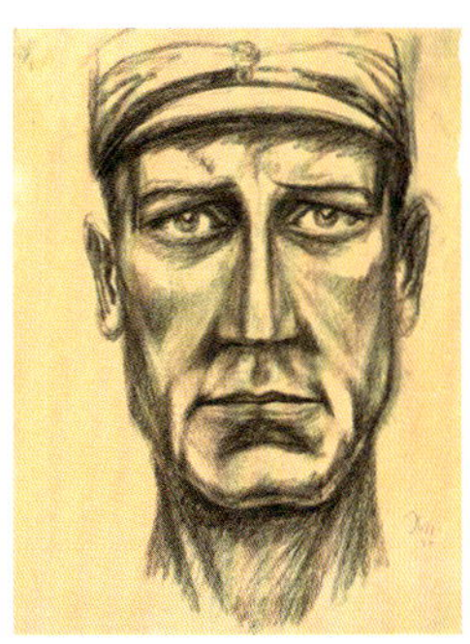

Abb. 40
JM, *Gefolgsmann,* 1938, Kohle, 65 × 50 cm

Durch die Wahl des speziellen Druckmediums meinte Kirsch seiner Arbeit selbst einen volkstümlichen Charakter zu verleihen. Das originale, dennoch erschwingliche Kunstwerk konnte direkt ans Volk abgegeben werden. Es lag somit nahe, im Holzschnitt „das Volkslied der Grafik" zu erblicken, wie es ein Artikel in der Zeitschrift „Die Kunst im Deutschen Reich" 1939 anlässlich der „Großen Deutschen Kunstausstellung" formulierte.[173] „Volksnähe" vermittelten nicht nur die Gegenständlichkeit und relative Naturtreue der Kunst, sondern auch die vermeintliche Kongruenz der Ziele der Bewegung mit den Interessen des Volkes.

Historisch betrachtet war der Holzschnitt immer auch eine politische Kunst gewesen und das nicht erst im Nationalsozialismus. Kirsch gehörte zweifellos zu den Grafikern im Dritten Reich, die bewusst mit ihren künstlerischen Arbeiten Ideen einer rechtsextremistischen Ideologie verbreiteten, die zur Staatsräson geworden waren. Sein *Revolutionär* offenbart seinen enthusiastischen Einsatz für das Regime.

Während Kirsch sich noch einen Namen machen wollte, gehörte Hans Spiegel bereits zu den arrivierten Stuttgarter Künstlern. Der an den Kunstakademien München und Stuttgart ausgebildete Maler arbeitete zu Beginn in einem kubistisch geprägten Stil und zählte damit anfänglich zu den Fortschrittlichen. Mitte der 1920er-Jahre wurde er Professor für Wandmalerei und Komposition an der Stuttgarter Kunstakademie, die er ab 1932 leitete, von 1935 an in kommissarischer Funktion. 1938 legte er das Amt nieder, behielt aber bis zum Ende des Dritten Reiches seine Professur. Spiegel trat am 1. Mai 1933 in die NSDAP ein und war Mitglied zahlreicher NS-Organisationen: NS-Dozentenbund, Allgemeine SS (als förderndes Mitglied), Nationalsozialistische Volkswohlfahrt, NS-Altherrenbund, Reichskolonialbund, Luftschutzbund und NS-Kriegsopferversorgung.[174] Überdies war er Stellvertretender Leiter der Dozentenschaft an der Kunstakademie. Nicht nur politisch, sondern auch künstlerisch vertrat Spiegel die künstlerischen Positionen des Regimes und konnte auf der ersten „Großen Deutschen Kunstausstellung" 1937 in München sein Weltkriegsgedenkbild *Kameraden* zeigen. Sein 1944 am gleichen Ort ausgestelltes Gemälde *Herbst* kaufte die Stadt Stuttgart an. Während des Weltkriegs sorgte er als Vertreter der Reichskulturkammer dafür, dass Kunstwerke in Ausstellungen abgehängt wurden. Es wird von mehreren Fällen berichtet, in denen Spiegel Ausstellungsverbote aussprach.[175]

Die Lithografie für das Propagandaplakat fertigte Spiegel 1935 an. Es stellt einen französischen und einen deutschen Soldaten aus dem Ersten Weltkrieg dar, die einander im Rahmen einer symbolischen Friedensgeste die Hände reichen. Der Ort und das Datum der Begegnung stehen unter der Darstellung: Stuttgart 23.–30. Juni 1935. In diesen Tagen hatte der Industrielle Robert Bosch 44 französische Kriegsinvaliden nach Stuttgart eingeladen. Das Regime nutzte das Ereignis für die eigene Propaganda und zur Verschleierung der eigenen Kriegsabsichten und militärischen Aufrüstung. Stuttgarts OB Strölin gab für die Gäste einen

Empfang in der Villa Berg. Darüber hinaus trafen sich die Franzosen mit dem nationalsozialistischen Frontkämpferbund, dem Reichsbund deutscher Offiziere und dem Kyffhäuserbund, allesamt in ihrer politischen Ausrichtung revanchistische Organisationen. Spiegels Bildsprache sollte vergessen machen, dass das Regime Frankreich weiterhin für den „Erbfeind" des Deutschen Reiches hielt.

Noch enger mit der NS-Bewegung verbunden war Georg Sluyterman von Langeweyde (1903–1978), ein Grafiker, Maler und Liedermacher aus dem Rheinland, der als neuntes Kind des Artillerieoffiziers und Bauingenieurs Bernhard Sluyterman von Langeweyde zur Welt kam. Die Kindheit und Jugend verbrachte Sluyterman von Langeweyde in der aufsteigenden Ruhrmetropole Essen. 1920 studierte er Grafik, Dekorationsmalerei und die Kunst des Holzschnitts an der Essener Kunstgewerbeschule. Sein Studium schloss er an der Kunstakademie Düsseldorf ab. Bereits 1928 trat er der NSDAP und SA bei und engagierte sich für sie als Grafiker, gestaltete Plakate und Vignetten und zeichnete Karikaturen. Regelmäßig lieferte er Beiträge für die NSDAP-Wochenzeitung „Gau Düsseldorf", deren Zeitungskopf er ebenfalls entwarf. Seine bevorzugten Techniken waren der Holz- und der Linolschnitt, künstlerische Vorbilder suchte er vor allem bei den alten Meistern des 14. bis 18. Jahrhunderts. Ein Erkennungsmerkmal seiner Arbeiten war die Verbindung von Wort und Bild, er versah seine Hochdrucke mit Sprichwörtern und Volksliedzitaten. Ab Mitte der Dreißigerjahre wurde er durch die Holzschnittserien „Des Deutschen Volkes Lied" (1935), „Es mahnen die Väter" (1936) und „Deutsches Lied" (1938) deutschlandweit bekannt. Zudem betätigte er sich als Maler und gestaltete dabei Wandbilder für Heime der Hitlerjugend und der SA. Auf der „Großen Deutschen Kunstausstellung" 1939 wurde eine Lithografie von ihm gezeigt. 1940 gehörte er zu der Gruppe von drei deutschen Grafikern, die auf der 22. Biennale in Venedig die deutsche Grafik der Gegenwart vertraten.

Das Thema Tod ist in Sluyterman von Langeweydes Werk sehr präsent, er setzt es in enge Beziehung zu den Zielen des Nationalsozialismus. Der Aktivist, treue Soldat und pflichtbewusste Volksgenosse steht für diese Ziele mit seinem Tod ein. Sein Opfer unterstreicht die Treue zur Gemeinschaft. Der Tod war Teil des militärischen Heldenkults, wie er nach dem Ersten Weltkrieg in der Zwischenkriegszeit und im Nationalsozialismus im Rahmen des Gefallenenkults gepflegt wurde. Sluyterman von Langeweydes Holzschnitt *Wer seinem Volke so die Treue hielt, soll selbst in Treue nie vergessen sein* beinhaltet diese Botschaft.

Der Druck gehört zu der 1940 herausgegebenen Mappe „Der Führer spricht", in der sechs Holzschnitte enthalten sind. Zu jeweils einem Zitat Adolf Hitlers schuf Sluyterman von Langeweyde ein Bild. In *Wer seinem Volke so die Treue hielt* markieren einfache, schlichte Holzkreuze die Gräber gefallener deutscher Soldaten hinter der Front. Die Darstellung zitiert die Ikonografie des christlichen Kreuzes, das eine sehr lange Bildtradition in der abendländischen Kunst hat. Die Kreuze erstrah-

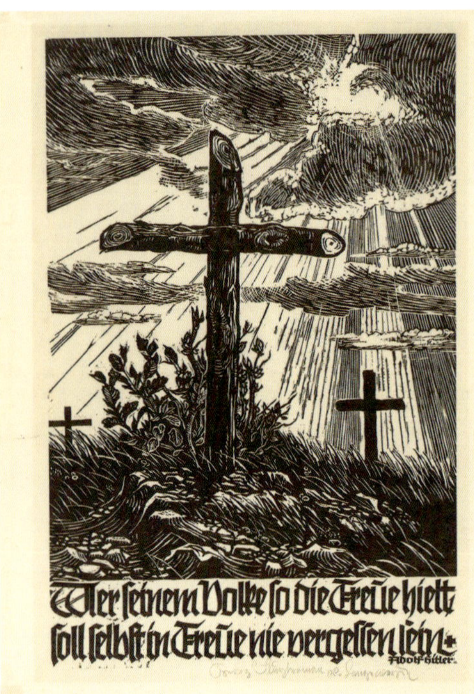

Abb. 41
Georg Sluytermann von Langeweyde, *Wer seinem Volke so die Treue hielt, soll selbst in Treue nie vergessen sein* (Adolf Hitler, aus der Mappe „Der Führer spricht"), 1940, Holzschnitt, 59 × 40 cm

len im Licht der durch die Wolken brechenden Sonne und evozieren das Auferstehungsthema. Die dramatisch illuminierte Szene, die den Soldatentod im Rahmen des Gefallenenkults als Opfer verklärt und die Kreuze zu Denkmälern des Soldatenopfers erhebt, wird von dem Hitler-Zitat begleitet. Die drei christlichen Kreuze glorifizieren den Soldatentod als die Hingabe des Einzelnen für die Gemeinschaft. Die Botschaft ist, dieser Tod sei nicht sinnlos, der Tote bleibe ewig in Erinnerung. Die Ideologie der Volksgemeinschaft formuliert hier den Anspruch, der deutsche Soldat habe für sein Land bis zum Letzten zu kämpfen und wenn nötig dieses mit seinem Leben zu verteidigen. Nur dann erfülle er seinen Treueeid, erlange zugleich aber die Unsterblichkeit. Dieser militärische Heldenkult hatte bereits eine lange Tradition vor dem Ersten Weltkrieg, kam in ihm dann aber besonders zum Tragen, weil das anonyme Massensterben im industrialisierten Krieg mit Millionen Toten in Abnutzungsschlachten und jahrelangen Stellungskriegen nach Rechtfertigung und Sinnstiftung verlangte. Sluyterman von Langeweyde nutzt die altmeisterliche Technik und Ikonografie des christlichen Kreuzes dazu, dem Inhalt seines Holzschnitts eine scheinbar zeitlose Gültigkeit zu verleihen. („Überlebens"-)Kampf und Tod im Krieg erscheinen als etwas, das in der Geschichte der Deutschen tief verankert ist. Er stellte sich mit seinem Holzschnitt in den Dienst der nationalsozialistischen Kriegspropaganda und leistete seinen Beitrag zu einem Helden- und Gefallenenkult, der dem Soldatentod einen positiven Sinn verlieh. Wann und auf welche Weise das Kunstreferat den Holzschnitt erwarb, ist unbekannt (Abb. 41).

Im Gegensatz zu Sluyterman von Langeweydes Holzschnitt *Wer seinem Volke so die Treue hielt* wissen wir bei dem einzigen Adolf-Hitler-Porträt, das sich in der Grafiksammlung befindet, wann es in den Bestand aufgenommen wurde: Die neu gegründete städtische Kunstkommission nahm das Pastellbild, das von dem Stuttgarter Maler und Grafiker Alfred Nübel (1900–1960[176]) eingereicht worden war, am 26. Juni 1934 an. Vermutlich hatte Nübel es zusammen mit dem Porträt von Paul von Hindenburg angeboten, das ebenfalls 1934 entstand. Diese Bildnisse machen deutlich, dass der Auf- beziehungsweise Ausbau der Grafiksammlung gleich zu Beginn des Nationalsozialismus einer ideologischen Ausrichtung folgte. Sie öffnete sich für die Aufnahme von Arbeiten, die zum Beispiel den wachsenden Führerkult um Adolf Hitler und den Retter-Mythos bedienten, der zur Person von Reichspräsident und Generalfeldmarschall Paul von Hindenburg entstanden war (Abb. 42, Abb. 43).

Wer war Alfred Nübel und warum erwarben die Stuttgarter Nationalsozialisten gerade von diesem Unbekannten die Bildnisse des „Marschalls" von Hindenburg und des „Gefreiten" Hitler? Ein NSDAP-Plakat zur Reichstagswahl vom 5. März 1933 brachte beide Männer mit diesen Bezeichnungen aus ihrer Weltkriegsvergangenheit zusammen. Ihre Konterfeis wurden begleitet von dem Slogan „DER MARSCHALL UND DER GEFREITE / KÄMPFEN MIT UNS FÜR FRIEDEN UND GLEICHBERECHTIGUNG". Vor diesem Hintergrund verwundert es kaum, dass die Stuttgarter Kunstkommission die Porträts von Hitler und von Hindenburg 1934 ankaufte.

Nübel gibt über seinen Werdegang selbst Auskunft in einem handschriftlichen Lebenslauf in seinem Antrag für die Reichskammer der bildenden Künste.[177] Er wurde am 31. März 1900 in Nürtingen am Neckar geboren und besuchte bis zur 9. Klasse die Schule. Es folgten eine kaufmännische Lehre und „eine 10 jähr. gründl. Kaufman.-Ausbildung in Welthäusern", von 1924 bis 1925 die Arbeit in Werbeateliers wie der Sunlicht A. G. in Berlin und die künstlerische Weiterbildung „unter befähigten Künstlern", von 1930 bis 1931 die Leitung der grafischen Abteilung einer Stuttgarter Firma und nach deren Schließung die Tätigkeit als freier Künstler und Grafiker in der Werbung.[178] Bis zu seinem Antrag bei der Reichskammer der bildenden Künste (vor 1934) konnte Nübel keine Werke vorweisen, die unter seinem Namen nach persönlichen Entwürfen ausgeführt worden waren, er hatte keine Auszeichnungen oder Preise erhalten und war in keiner Künstlervereinigung oder anderen künstlerischen Organisation. Auch gab es keine Arbeiten in öffentlichen oder privaten Sammlungen von ihm. Und er hatte keine Werke im öffentlichen Auftrag gefertigt. Mit anderen Worten: Nübel war als Künstler und Grafiker ein unbeschriebenes Blatt. So verwundert es kaum, dass in der einschlägigen kunstwissenschaftlichen Literatur nirgends sein Name fällt. Was wir über ihn wissen, entstammt nur dem zweiseitigen bereits erwähnten Antrag in der Personalakte der

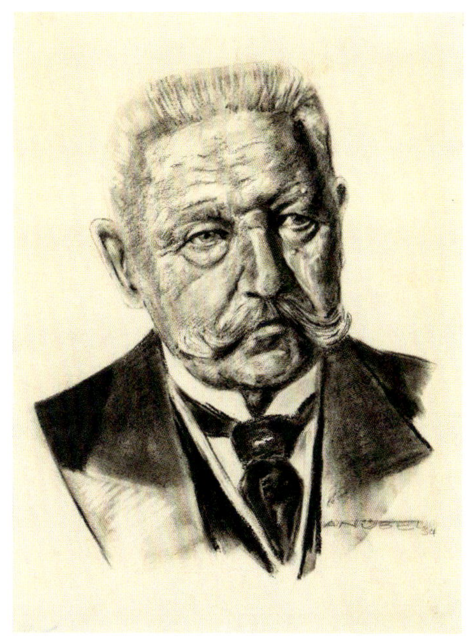

Abb. 42
Alfred Nübel, *Paul von Hindenburg*, 1934, Kohle, 33 × 23 cm

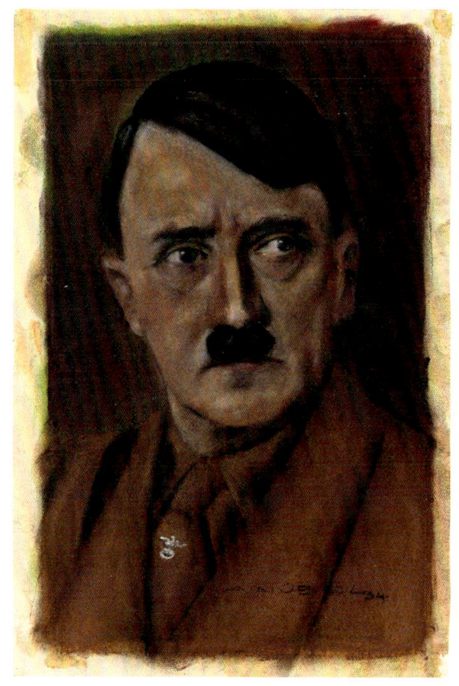

Abb. 43
Alfred Nübel, *Adolf Hitler*, 1934, Pastell, 50,5 × 35 cm

Reichskammer der bildenden Künste.[179] Immerhin war er als freischaffender Künstler registriert. Und er muss einen Draht zum städtischen Kunstreferenten und zur Kunstkommission gehabt haben, weil ansonsten nicht nachvollziehbar ist, warum die beiden künstlerisch nicht besonders anspruchsvollen Porträts überhaupt angekauft wurden. Sowohl Hitler als auch Hindenburg werden Nübel nicht persönlich Modell gesessen haben, sondern er wird seine Porträts nach fotografischen Vorlagen angefertigt haben, die reichlich vorhanden waren, denn insbesondere von Hindenburg kursierten in der Weimarer Republik zahllose Fotos in der Medienberichterstattung. Dass das Bild von Hindenburg nach einem Foto gezeichnet wurde, lässt sich aus der wiedergegebenen Kleidung erschließen. Der Reichspräsident trägt einen vornehmen Zwirn, wie das bei offiziellen gesellschaftlichen oder politischen Anlässen üblich war. Nicht der Privatmann, sondern der Staatsmann Hindenburg ist im Bild eingefangen. Ebenso kann das Pastell von Hitler mit einer weit verbreiteten Fotografie von 1933 in Verbindung gebracht werden. Allerdings ist der von Grün ins Violett changierende Hintergrund für ein solches Porträt ungewöhnlich, vielleicht ist er Nübels Arbeit als Grafiker geschuldet.

Wie lässt sich die Erwerbung der Porträts erklären? 1934, dem Jahr, in dem Hindenburg starb und Hitler endgültig zum mächtigsten Mann im NS-Staat aufstieg, standen beide Persönlichkeiten im Zentrum öffentlicher und medialer Aufmerksamkeit. Mit Hindenburgs Tod endete sein Retter-Mythos, der sich um den Sieg der Tannenberg-Schlacht im Ersten Weltkrieg gebildet hatte und den er auch während der Jahre seiner Reichspräsidentschaft von 1925 bis 1934 nach Kräften bediente.[180] Hitler beerbte diesen Retter-Mythos und führte ihn fort. Die Porträts beider Männer stellten zwei Persönlichkeiten mit einer herausragenden historischen Bedeutung dar und waren somit so etwas wie Ikonen, Kultbilder, die der neuen Sammlung ihre ideologische Legitimität verliehen. Stuttgart hatte beide Männer 1933 zu Ehrenbürgern ernannt, und zwangsläufig mussten diese mit einem Porträt auch in der städtischen Kunstsammlung vertreten sein. Vielleicht sah die Stadt hier die Möglichkeit, gleich zwei Anliegen in einem gerecht zu werden: einem Parteigenossen oder Sympathisanten einen Gefallen zu tun und gleichzeitig Porträts der beiden Ehrenbürger in die Sammlung aufzunehmen. Erstaunlich ist allerdings, dass das Hitler-Bild nach 1945 nicht aussortiert wurde und in der Grafiksammlung verblieb. Für gewöhnlich sorgte die alliierte Militärregierung nach dem Krieg sofort dafür, Zeichen und Symbole der NS-Herrschaft zu beseitigen.

Um Porträts ganz anderer Art geht es bei den Bildnissen des „Volkgesichts“[181]. Sie visualisierten nicht die politische Führung, sondern die nationalsozialistische Volksgemeinschaft.

Bild des „Schaffenden Volkes“ und des „Volksgesichts“

Robert Haags (1886–1958) Serie von fünf Kohlezeichnungen erscheint auf den ersten Blick wie eine Reihe von Männerporträts, doch dieser Eindruck täuscht. Bei aller individuellen Zeichnung der Köpfe ging es Haag nicht in erster Linie um das gezeichnete Bildnis von Individuen, sondern um das allgemeine ‚Gesicht‘ der werktätigen (männlichen) Bevölkerung, das sich angeblich aus einer Vielzahl von Gesichtern/Köpfen herausfiltern, abstrahieren ließ. In diesem Zusammenhang könnten wir auch von einem „Volksgesicht“ sprechen. Dass Haags Gesichtern eine verallgemeinernde Sicht auf den Menschen zugrunde liegt, unterstreichen die Titel der Blätter. Haag hat sie jeweils unter die Zeichnung geschrieben. Sie sind für die Einordnung und Deutung der Serie bedeutsam, denn in ihnen werden keine Namen genannt, sondern den Gesichtern werden Herkunfts- und Berufsbezeichnungen zugeordnet. Durch diese Generalisierung werden die Dargestellten zu Repräsentanten einer bestimmten Volks- und Berufsgruppe. In den Köpfen und Gesichtern können allgemeine Merkmale gelesen werden, die typisch sein sollen für das Erscheinungsbild bestimmter Menschengruppen, „Stämme“, und damit auch ausgewählter Regionen und Landschaften. Da ist der „Schwabe“, der „Bayer“, der „Friese“, der

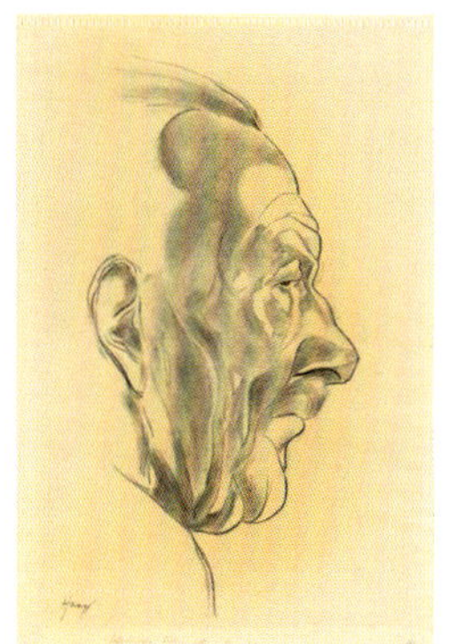

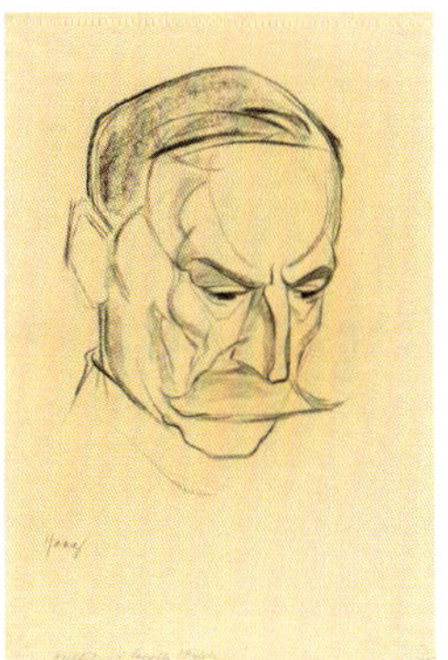

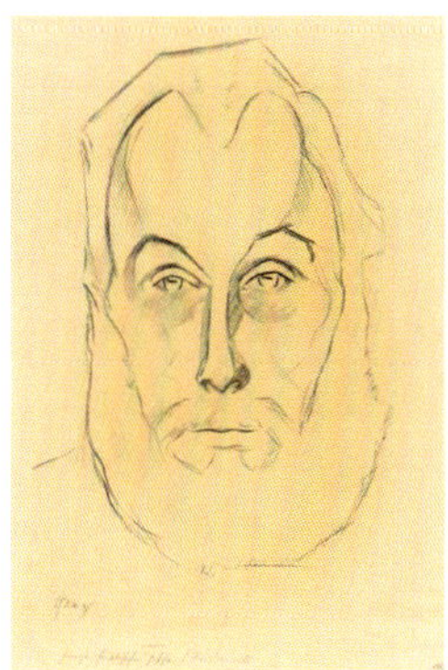

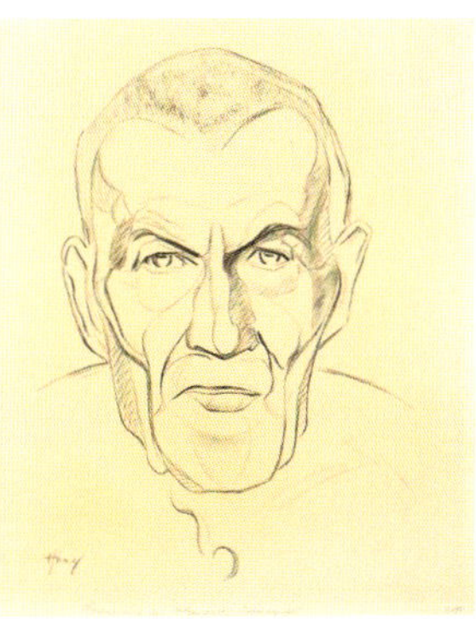

Abb. 44a–e Robert Haag: 44a *Schwäbischer Küfermeister (Remstal)*, o. J., Kohle, 43 × 27 cm; 44b *Werkführer (bayrische Oberpfalz)*, o. J., Kohle, 39 × 28 cm; 44c *Junger friesischer Fischer (Nordmark)*, o. J., Kohle, 43 × 28 cm; 44d *Hessischer Kleinhandwerker*, o. J., Kohle, 35 × 24 cm; 44e *Bauer aus dem Hotzenwald (Südschwarzwald)*, o. J., Kohle, 44 × 32 cm

„Hesse", der „Schwarzwälder". Gleichzeitig spiegelt sich in den vertretenen Berufsgruppen die Vorstellung einer ständischen Gesellschaft, die primär getragen wird vom Bauern, Fischer und Handwerker, aber auch die Industrie ist vertreten mit dem Werkführer. Gesichter von arbeitenden Frauen fehlen in diesem durch die kleine Serie gezeichneten ‚Porträt' der werktätigen Bevölkerung. Vielleicht deshalb, weil die Frau für Haag vor allem Hausfrau und Mutter war und somit an den heimischen Herd, in die häusliche Sphäre gehörte. In dieser Anschauung wurde die Rolle der Frau als Garantin der Nachfolgenschaft innerhalb der Familie nicht als Arbeit im Sinne der gesellschaftlichen Mehrwertproduktion begriffen (Abb. 44a–e).

Der Anspruch auf Verallgemeinerung und Typisierung spricht nicht nur aus den Bildtiteln, sondern offenbart sich auch im Zeichenstil. Haag konzentriert sich auf die wesentlichen Linien des Kopfumrisses und in den Gesichtern, er arbeitet Konturen heraus und vernachlässigt die Binnenzeichnung. Dadurch wirken die Köpfe blockhaft-kantig und knorrig, teilweise wie aus Stein gemeißelt. Es könnten Bildhauerstudien für Büsten sein. An Vorbildern ist hier zu denken an das Werk eines Fritz Boehle (1873–1916) oder Albin Egger-Lienz (1868–1926), Vertreter der sogenannten Maler der Faust, wie die Zeitschrift „Kunstwart" sie in der Heimatkunstbewegung um 1900 bezeichnete.[182] Boehles und Egger-Lienz' Szenen aus dem Landleben haben etwas bewusst Exemplarisches und Monumentales. „Es sind Sinnbilder bäuerlicher Festigkeit, die auf alles Genrehafte, Stimmungsmäßige oder Milieudetaillierte verzichten, um das Leben auf dem Lande ins Zeitlose zu erheben."[183] Genau das strebte Haag in seinen Zeichnungen an. Durch die zeichnerische Reduktion, bei der die individuellen Merkmale zurückgenommen werden, muten die ‚Porträts' wie exemplarische Charakterköpfe an. Es sind keine weichen, jungen Gesichter – nicht einmal der junge Fischer erscheint jung –, sondern es sind die Antlitze von gestandenen Mannsbildern, die das Leben hart und standhaft gemacht hat und die von der Arbeit und Umwelt so gezeichnet sind, dass diese sich in jede Gesichtsfalte tief eingegraben haben. In diesen Bildern wird ein Menschenschlag vorgestellt.

Es ist unbekannt, ob Haags Serie allein auf diese fünf Blätter begrenzt oder umfangreicher angelegt war. Unabhängig davon lässt sich aber klären, welche Intention er mit seinen Zeichnungen verfolgt haben könnte und wie sich die Serie in das Konzept der Grafiksammlung Stuttgarts fügte.

Der in Stuttgart geborene Haag war Maler, Grafiker, Lehrer (Studienrat) und Museumsleiter. Seine künstlerische Ausbildung erhielt er an der Kunstakademie Stuttgart von 1903 bis 1911. Seine Lehrer waren Robert Poetzelberger (1856–1930), Carlos Grethe (1864–1913) und Robert von Haug (1857–1922). In Belgien und in den Niederlanden setzte er seine künstlerischen Studien fort. Anschließend lebte er an verschiedenen Orten in Württemberg, bis er sich in Biberach an der Riß niederließ. Ab 1918 arbeitete er als Lehrer an einer staatlichen höheren Schule und als Leiter der Kunst- und Altertumssammlung des Braith-Mali-Museums, zudem war er im Vorstand der Städtischen Sammlungen, wie das Biberacher Museum damals hieß.

Haag hatte Kontakt zum Leiter der Reichskulturkammer Gau Württemberg, dem Gaupropagandaleiter und SA-Führer Adolf Mauer, der Landeskulturverwalter war und seinen Amtssitz in Stuttgart hatte.[184] Das Amt hatte Mauer 1937 übernommen, ein Jahr später war er an der Organisation der Niederbrennung der Synagoge in Bad Cannstatt in der Pogromnacht vom 9. November beteiligt. Anlässlich des Oberschwabentags der NSDAP Anfang Juni 1939 präsentierte Mauer im Biberacher Hospital die von Stuttgart aus zusammengestellte Sonderausstellung „Zeitgenössisches Kunstschaffen in Oberschwaben", in der über 100 Arbeiten aus den Bereichen Malerei, Plastik, Architektur und Kunsthandwerk gezeigt wurden. Haag war mit Gemälden vertreten.

Es ist anzunehmen, dass Haag in seiner Funktion als Studienrat und Museumsmann auch den Leiter des Stuttgarter Kultur- und Kunstreferats kannte, denn die beiden ersten Referenten waren selbst Studienräte und kamen aus dem Schuldienst. Ob Haag regelmäßig im Württembergischen Kunstverein ausstellte, dort seine fünf Zeichnungen zu sehen gewesen waren und vielleicht vom Kunstreferat erworben wurden, lässt sich nicht mehr klären.[185] Allerdings liegt Biberach im Regierungsbezirk Tübingen und ist geografisch nahe genug an Stuttgart, so dass engere Verbindungen zwischen Haag und der Kunstszene der Landeshauptstadt vorstellbar sind.

In die NSDAP trat Haag im Mai 1933 ein, er war Mitglied der Nationalsozialistischen Volkswohlfahrt sowie des Nationalsozialistischen Lehrerbundes und übte ab 1934 das Amt eines „Zellenwarts" aus. 1935 bekam er Schwierigkeiten mit der Partei wegen seiner Zugehörigkeit zu der Freimaurerloge „Karl zu den 3 Ulmen" in Ulm in den Jahren 1918 bis 1928. Ihm wurde vom Gaugericht Württemberg-Hohenzollern der NSDAP in Stuttgart die Fähigkeit zur Bekleidung eines Parteiamts auf Lebenszeit aberkannt. 1938 wurde er jedoch amnestiert und es wurde ihm wieder gestattet, Ämter in der NSDAP auszuüben.[186] Wegen eines Herzleidens wurde er im April 1944 vom Wehrdienst befreit.[187] Die Spruchkammer Biberach stufte ihn bei der Entnazifizierung im August 1948 als „Mitläufer" ein. Als Sühnemaßnahme verhängte man eine Gehaltsrückstufung für drei Jahre, sah von härteren Maßnahmen aber wegen des schlechten Gesundheitszustands des Angeklagten ab.[188]

Das Biberacher Museum erwarb erst 1943 zwei Landschaftsgemälde von Haag.[189] Wann und von wem das Stuttgarter Kunstreferat Haags Zeichnungen kaufte, lässt sich – wie bereits erwähnt – heute nicht mehr feststellen. Angesichts seines eher geringen Bekanntheitsgrads und der Tatsache, dass er den Lebensunterhalt nicht mit seiner Kunst bestreiten konnte, ist anzunehmen, dass die Blätter direkt von ihm kamen. Ihr Entstehungsdatum lässt sich nur schwer schätzen, denn von Haags Malerei sind heute nur noch Landschafts- und Marinebilder bekannt. Das Gleiche gilt für seine Grafik. Manches deutet darauf hin, dass die

Zeichnungen vielleicht in den 1920er- oder 1930er-Jahren angefertigt wurden, weil das Thema in beiden Jahrzehnten von gesellschaftlicher Relevanz war, doch für diese Annahme fehlen Belege. Auch erhebt sich die Frage, ob Haag für seine ‚Porträts' mit Modellen arbeitete oder ob er sie anhand von Fotografien anfertigte. Ersteres würde bedeuten, dass er gereist wäre und seine Modelle vor Ort gezeichnet hätte. Im Fall der Regionen Schwaben, Bayern und Schwarzwald wäre das mit keinem größeren Aufwand verbunden gewesen, weil Biberach in Oberschwaben liegt. Doch Hessen und Ostfriesland waren weiter entfernt. Der direkte und unmittelbare Eindruck jedenfalls, den die Zeichnungen von den Dargestellten vermitteln, spricht für einen direkten Kontakt zwischen Haag und seinen Modellen.

Haags Idee der konzeptuellen Serie gezeichneter Bildnisse, die ein Gesellschaftsporträt ergeben, stand möglicherweise unter dem Einfluss von Fotografie-Projekten seiner Zeit. Der in Köln lebende Fotograf August Sander begann Mitte der Zwanzigerjahre Menschen verschiedener Gesellschaftsschichten und Berufe zu fotografieren. Dabei unterschied er zwischen folgenden Kategorien: „Der Bauer", „Der Handwerker", „Die Frau", „Die Stände", „Die Künstler", „Die Großstadt", „Die letzten Menschen". Im Rahmen dieses langfristig angelegten Projekts entstanden Hunderte von Fotos, die die deutsche Gesellschaft der Zwanzigerjahre ins Bild setzten. Sander strebte dabei eine dokumentarisch sachlich-konzeptuelle Fotografie an. Ausschnitte dieses Werkes wurden 1927 im Kölnischen Kunstverein unter dem Titel „Menschen des 20. Jahrhunderts" ausgestellt, und zwei Jahre später erschien die Auswahl in dem Bildband „Antlitz der Zeit. 60 Fotos deutscher Menschen"[190]. Ähnlich wie bei Haag ging es auch Sander um die Reflexion des Individuellen im Verhältnis zum Typischen und die wechselseitige Beeinflussung von Mensch und Gemeinschaft. In der ersten Hälfte der Dreißigerjahre gab Sander sechs Hefte heraus, in denen er jeweils eine Region in Deutschland vorstellte, so etwa „Die Eifel" (1933), „Bergisches Land" (1933) und „Die Mosel" (1934). Die Nationalsozialisten lehnten sein Werk jedoch ab und zerstörten die Druckstöcke für „Antlitz der Zeit".

Ein vergleichbares Projekt führte die Fotografin Erna Lendvai-Dircksen zur gleichen Zeit durch. Lendvai-Dircksen hatte erst Malerei an der Kasseler Kunstakademie studiert, bevor sie sich der Fotografie zuwandte und eine Ausbildung zur Fotografin absolvierte. 1917 begann sie ihr groß angelegtes Fotoporträt-Projekt der Darstellung der Deutschen. Auch sie reiste dafür viel. Die Ergebnisse der Arbeit wurden 1932 in dem Bildband „Das deutsche Volksgesicht" veröffentlicht. Im November 1933 wanderte eine Ausstellung ihrer Bauernbildnisse durch verschiedene deutsche Städte. Vier Jahre später war sie mit ihren Porträts von Arbeitern, die beim Bau der Reichsautobahn im Einsatz waren, in der Propagandaausstellung „Schaffendes Volk" vertreten. Anders als bei Sander ist ihre Sicht auf den Menschen aber nicht von Sachlichkeit geprägt. Vielmehr speiste sich ihre Arbeit aus einem rassistischen, völkischen Weltbild, sie lichtete sehr oft blonde „arische“ Menschen in traditioneller Kleidung ab. Das fand seinen Niederschlag in den Titeln ihrer Fotobücher wie „Menschen der Scholle“ (1936). Wie Sander fertigte auch sie Porträts von deutschen Regionen an, die jeweils in einzelnen Fotobüchern erschienen: „Das deutsche Volksgesicht. Schleswig-Holstein“ (1939) oder „Das deutsche Volksgesicht. Niedersachsen“ (1942). Diesen Ansatz dehnte sie auch auf die nordischen Länder aus: „Das germanische Volksgesicht. Dänemark“ (1943) und „Das germanische Volksgesicht. Norwegen“ (1944). Mit ihren Arbeiten war sie im Dritten Reich sehr erfolgreich, und ihre Bücher erschienen in hohen und zum Teil mehrfachen Auflagen.

Bei der Untersuchung der Bände „Das deutsche Volksgesicht“ und „Das germanische Volksgesicht“ kam die Fotohistorikerin Claudia Gabriele Philipp zu dem Ergebnis, die vermittelten Inhalte seien in der politischen Ausrichtung eindeutig reaktionär, die Fotografin sei von einer angeblichen Überlegenheit der nordischen „Rasse“ überzeugt gewesen.[191] Lendvai-Dircksen selbst schrieb 1943: „Das vornehme, einzigartige Herrentum germanischer ‚Rasse‘ aber ist lebendig abseits der Städte in dem bodenstämmigen Bauerntum, das gegen die Einflüsse anglo-amerikanischer Zivilisation seine Eigenart bewahrt hat.“[192] Für sie setzte sich das „Volksgesicht“ aus den deutschen „Volksstämmen“ zusammen: Schleswig-Holstein, Niedersachsen, Mecklenburg und Pommern, Kurhessen, Flandern, Norwegen und Dänemark. Sie suchte typische Vertreter:innen der jeweiligen „Rasse“ und ihrer „Mischformen“ aus und zeigte sie in Lebenszyklen, als Junge, als Menschen mittleren Alters und als Alte.

Ansätze dieser Anschauung und völkischen Ideologie finden sich auch in Haags kleiner Serie wieder. Da ist der junge friesische Fischer, der alte schwäbische Küfer und der Schwarzwaldbauer, der mittelalte bayrische Werkführer und der hessische Kleinhandwerker. Männer, die aus dem gleichen Holz geschnitzt sind wie die von Lendvai-Dircksen fotografierten Modelle. Philipp schreibt über Lendvai-Dircksens Männerbild, das auch für Haag gelten kann: „Die Funktion des Mannes ist […] die des Erzeugers, Ernährers (als Bauer oder Fischer) und Beschützers der Familie, der mit klaren, tapferen Augen hinausblickt und diese erobert, um dann die weise Abgeklärtheit des wohlverdienten Alters zu erlangen.“[193] Es erstaunt nicht, dass Lendvai-Dircksen in den Gesichtern der Jungen und Alten den „bodenständige[n] deutsche[n] Menschen aus allen Gauen“, den „Urtypus des Stammes“ erblickte.[194] Nach Philipp haben diese Anschauungen ihren Ursprung in der Volkstumsfotografie, die es schon vor 1933 gab und die gekennzeichnet war von Stadtfeindlichkeit und der Bevorzugung des Landes, weil das Bauerntum noch als erd- und naturverbunden, als ursprünglich galt. Dieses von der Volkstums- und Rassenideologie beeinflusste Denken entsprach ganz der Weltanschauung des Nationalsozialismus und erklärt den Erfolg von Lendvai-Dircksen im Dritten Reich.

Haag musste sich als Leiter der Biberacher städtischen Kunst- und Altertumssammlung ebenfalls mit Fragen des Volkstums auseinandersetzen, denn die Altertumssammlung war vor allem eine heimatgeschichtliche Sammlung. Bei ihrer Entstehung und bei der Museumsgründung zu Beginn des 20. Jahrhunderts waren Ideen des Heimaschutzes von ausschlaggebender Bedeutung. Im Nationalsozialismus kam ihnen erneut ein zentrales Gewicht zu. Haag, der seit 1933 NSDAP-Mitglied war, dürften die völkische Ideologie und Rassenlehre somit nicht erst zu diesem Zeitpunkt vertraut gewesen sein, hatten sie doch seine Arbeit schon im Museum berührt. Wie anhand der Darstellung der Foto-Projekte „Das deutsche Volksgesicht" und „Das germanische Volksgesicht" von Lendvai-Dircksen gezeigt, lassen sich zahlreiche konzeptionelle und inhaltliche Parallelen zu Haags Arbeit feststellen. Seine Serie von Zeichnungen ist in diesem völkischen und rassistischen Kontext zu verorten, wodurch auch nachvollziehbar ist, warum das Kunstreferat in Stuttgart sie erwarb. Und dieser Zusammenhang könnte auch die Ankäufe solcher Zeichnungen wie *Studienblatt (3 Frauenköpfe)* von Julius Koch (1882–1952) und *Fischer* von der Bildhauerin und Grafikerin Olga (Olly) Waldschmidt (1898–1972) erklären (Abb. 45, Abb. 46).

Koch stellte zweimal auf der „Großen Deutschen Kunstaustellung" aus (1940 und 1942). Der Stuttgarter „NS-Kurier" schrieb im Dezember 1942: „Wie im vergangenen Jahr erfolgte im Haus der Deutschen Kunst auch in diesem Dezember wieder ein Auswechseln der Kunstgegenstände, die der Ausstellung ein ganz neues Gesicht geben. [...] Der Stamm der Schwaben ist durch 20 Künstler wiederum vertreten."[195] Unter ihnen war Julius Koch.

Olga Waldschmidt studierte an der Kunstakademie Stuttgart bei ihrem Lehrer Arnold Waldschmidt (1873–1958), den sie 1921 heiratete. Die Waldschmidts besaßen einen Landsitz in Kragerø an der norwegischen Südküste, wo sie sich häufig aufhielten. Möglicherweise entstand die Kohlezeichnung der Fischer dort, wofür die vom Meer abgeschliffenen Felsen im Bildhintergrund sprechen, die flach aus dem Wasser ragen. Das Blatt wurde 1933/34 angekauft[196] (Näheres zu Olga Waldschmidt siehe S. 245–246).

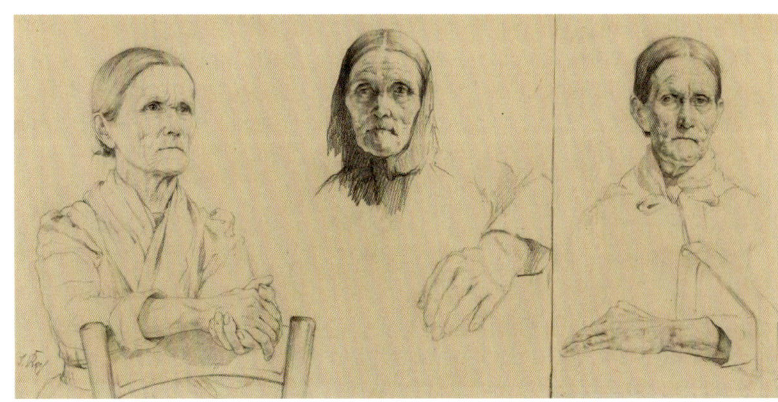

Abb. 45
Julius Koch, *Studienblatt (3 Frauenköpfe)*, o. J., Bleistift, 19,5 × 40 cm

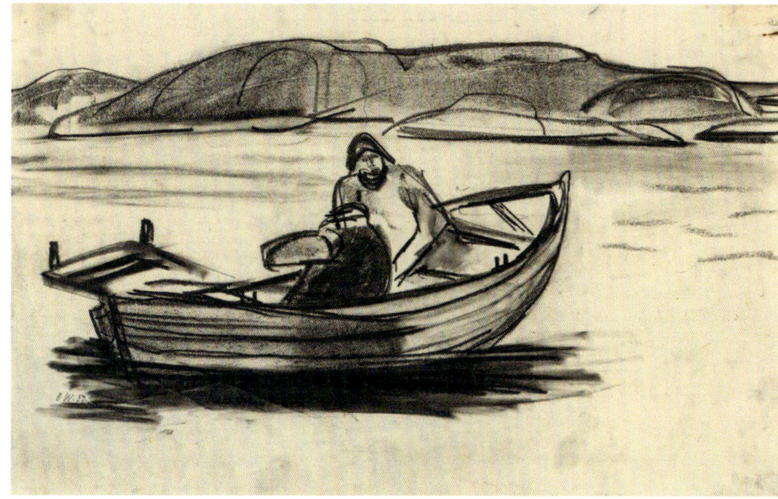

Abb. 46
Olga Waldschmidt,
Fischer, 1933, Kohle,
25 × 40 cm

Bild der Frau

In Adolf Hitlers Wahlprogramm für die Präsidentenwahl 1932 hieß es programmatisch zum Thema Geschlechter:

> „Die Frau ist von Natur und Schicksal die Lebensgefährtin des Mannes. Beide sind dadurch aber nicht nur Lebens-, sondern auch Arbeitsgenossen. So wie die wirtschaftliche Entwicklung der Jahrtausende die Arbeitsbereiche des Mannes veränderte, veränderte sie logisch auch die Arbeitsgebiete der Frau. Über dem Zwang zur gemeinsamen Arbeit steht über Mann und Frau noch die Pflicht, den Menschen selbst zu erhalten. In dieser edelsten Mission der Geschlechter liegen auch ihre besonderen Veranlagungen begründet, die die Vorsehung in ihrer urewigen Weisheit als unveränderlich den beiden gab. Es ist daher die höchste Aufgabe, den beiden Lebensgefährten und Arbeitsgenossen auf der Welt die Bildung der Familie zu ermöglichen. Ihre endgültige Zerstörung würde das Ende jedes höheren Menschentums bedeuten. So groß die Tätigkeitsbereiche der Frau gezogen werden können, so muß doch das letzte Ziel einer wahrhaft organischen und logischen Entwicklung immer wieder in der Bildung der Familie liegen. Sie ist die kleinste, aber wertvollste Einheit im Aufbau des ganzen Staatsgefüges. Die Arbeit ehrt die Frau wie den Mann. Das Kind aber adelt die Mutter.“[197]

1934 ergänzte Hitler:

> „In meinem Staate ist die Mutter die wichtigste Staatsbürgerin. Was der Mann an Opfern bringt im Ringen seines Volkes, bringt die Frau an Opfern im Ringen um die Erhaltung dieses Volkes in

> den einzelnen Zellen. Was der Mann einsetzt an Heldenmut auf dem Schlachtfeld, setzt die Frau ein in ewig geduldiger Hingabe, in ewig geduldigem Leiden und Ertragen. Jedes Kind, das sie zur Welt bringt, ist eine Schlacht, die sie besteht für Sein oder Nichtsein ihres Volkes."[198]

Der Begleittext der Reichsschau „Ewiges Volk" von 1938 verkürzte diese Vorstellung zu „Männer machen Geschichte, Mütter aber erst sichern dem Volk sein ewiges Leben"[199].

In seiner Propaganda erhob der NS-Staat die Sorge für die Familie zur Doktrin und reduzierte das Dasein der Frau auf die Erfüllung der Mutterrolle.[200] Das fand seinen Niederschlag in der Einführung des „Muttertags" als nationalem Ehrentag. Kinderkriegen wurde zur gesellschaftlichen Bestimmung und Pflicht der Volksgenossin. Für Selbstbestimmung und Emanzipation blieb kein Platz mehr, sie waren nur noch einigen erfolgreichen und einflussreichen Frauen vorbehalten wie der Schauspielerin und Regisseurin Leni Riefenstahl. Die Realität der Frauen im NS-Staat unterschied sich allerdings stark vom Propagandabild, denn auch die Arbeitskraft der anderen Hälfte der Bevölkerung wurde in der Wirtschaft benötigt. „Kinder, Küche, Kirche" war gestern, denn schon lange hütete nur noch ein Teil der Frauen den heimischen Herd und die eigene Brut. Der ständig beschworene Zustand von der gleichen, klassenlosen Volksgemeinschaft traf für die Frauen nicht zu. Arbeiterinnen waren ganz selbstverständlich berufstätig, während ihre Geschlechtsgenossinnen aus privilegierten Schichten ein Hausfrauendasein führten – wenn sie es wollten und es sich leisten konnten.

In der NS-Ideologie ging man von der deutschen („reinrassischen", „arischen") Familie als Keimzelle der Volksgemeinschaft aus. Sie sei die leistungsfähige Grundlage für die Entfaltung völkischer Kräfte. Daher genossen die Mutter mit vielen Kindern und die kinderreiche Familie hohes Ansehen und Verehrung. In den nationalsozialistischen Frauenbildern lebten die alten Formen christlicher Kultbilder wie die Darstellung der Heiligen Familie und der Madonna mit Kind wieder auf. In der Weimarer Republik war die Darstellung der „proletarischen Madonna" – der Mutter, die ihr Kind im Elend aufziehen muss – ein Sinnbild ungesunder und inhumaner Zustände. In der Verfassung von 1919 war ausdrücklich vorgesehen, Mutter und Kind zu schützen und ihre Fürsorge zu garantieren. Doch wie so viele ihrer Artikel war auch Nr. 119 nie Realität geworden. Die NS-Propaganda zeichnete dagegen von den Verhältnissen im neuen Staat eine geschönte Wirklichkeit. Dank staatlicher Fürsorge und NS-Wohlfahrt würden Mutter und Kind nun ein gesundes Leben führen. Der Kunsthistoriker Berthold Hinz deutete das Bild der Mutter mit Kind im Faschismus als Erlösungsmotiv im Kontext einer krisenhaften Wirtschaftsordnung. Die Mutter werde als „faschistische ‚Muttergottes'" vorgestellt, „die in totaler Heteronomie und Erniedrigung den Erlöser zur Welt [bringt], der keinem anderen Ziel dient als der ‚Erlösung' des Kapitals aus seinen überhandnehmenden Realisationskrisen“[201].

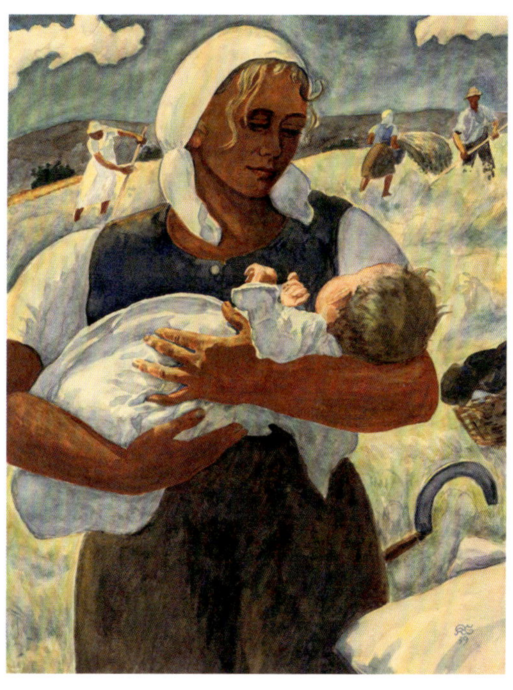

Abb. 47
Karl Sigrist, *Schnitterin mit Kind,* 1939, Aquarell, 90 × 70 cm

Bei Karl Sigrists (1885–1986) *Schnitterin mit Kind* geht die Bäuerin ganz in ihrer Mutterrolle auf. Die junge blonde Frau ist Mitglied einer traditionellen ländlichen Gemeinschaft, die in einer intakten, von Industrie unberührten Natur lebt. Arbeit und das Großziehen der Kinder sind für die Frau kein Widerspruch und vereinbar. Sie nimmt ihren Säugling zur Ernte mit aufs Feld. Das leuchtend weiße Kopftuch und der in strahlend weißer Wäsche gehüllte Säugling symbolisieren die moralische Integrität der Frau und die Reinheit ihres Körpers. Die Ernte der Feldfrüchte korrespondiert mit der Geburt der Leibesfrucht. Beide, die Bauern als Stand und die Frau als Bäuerin, dienen dem Erhalt der Volksgemeinschaft. Letztere, insbesondere aber die Frau, werden zum Sinnbild des „ewigen Volkes“, das seinen Bestand garantiert. Das Sein der Bauern und der Frau bewegt sich in einem natürlichen Kreislauf, der auch eine Metapher ist für die Zeitlosigkeit des deutschen Volkes, für seine endlose Existenz. Sigrists Bauernmadonna dient dem Kult des „ewigen Volkes“. Dem liegt die irrationale, sozialdarwinistische und rassistische Vorstellung zugrunde, dass andere Völker entstehen und untergehen, das deutsche Volk aber nicht, weil es das stärkste ist im Überlebenskampf aller „Rassen“ und Völker. Dass das Bild nach Sigrists Eintritt in die NSDAP[202] 1937 entstand, verwundert nicht (Abb. 47).

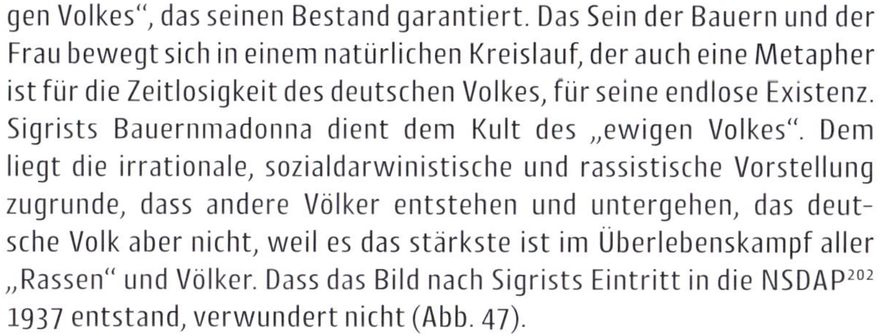

Die persönliche Individualität der Frau und die Gleichberechtigung der Geschlechter gab es im Nationalsozialismus nur noch in einem eingeschränkten Maße. Die dargestellten Frauen haben keinen Namen, sie erscheinen als Repräsentanten ihres „Standes“. Als Mutter und Dienerin werden sie zu bloßen Funktionsträgerinnen, zu Objekten des Mannes. In Hektor Kirschs Holzschnitt *Mutter mit Kindern* wird das selbst in der räumlichen Anordnung der Figuren deutlich: Die Mutter tritt hinter ihre vier Kinder zurück. In der Anordnung der Körper ist nur noch ihr Oberkörper sichtbar. Die pyramidale Komposition, den Madonnenbildern und Darstellungen der Heiligen Familie entlehnt, verleiht ihr den Charakter einer Heiligen, die ganz in sich ruht (Abb. 48). Wie sehr Kirsch mit seinem Bild den nationalsozialistischen Mutterkult bediente, veranschaulicht ein Vergleich mit den Mutterdarstellungen von Käthe Kollwitz. In ihrem grafischem und plastischem Œuvre nahm das Mutter-Thema einen herausragenden Platz ein. Doch während Kirsch die Passivität des weiblichen Geschlechts betont, schildert Kollwitz

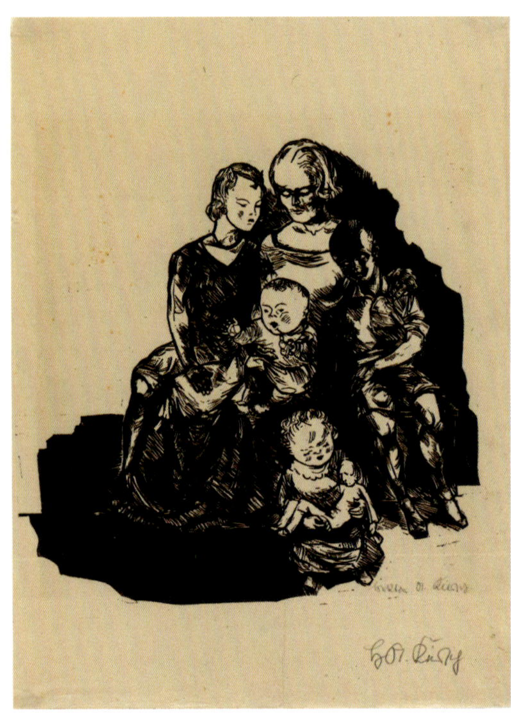

Abb. 48
Hektor Kirsch, *Mutter mit Kindern*, o. J. (circa 1939–1941), Holzschnitt, 27 × 25 cm

zum Beispiel in ihrem Holzschnittzyklus *Krieg* (1922/23) die Frau als Kämpferin, die sich aktiv den inhumanen Verhältnissen entgegenstellt. Auf Blatt 6 *Die Mutter* verteidigen die Frauen ihre Kinder vor der Gefahr.

Das Entstehungsjahr von Kirschs Holzschnitt ist nicht bekannt, vielleicht gehörte es mit dem Druck *Der Revolutionär* zu einer Serie, die zwischen 1939 und 1941, das heißt in den ersten Jahren des Zweiten Weltkriegs entstand. Kollwitz hatte mit ihrer Sozialkritik und ihrem Pazifismus auf die katastrophalen Folgen des Ersten Weltkriegs reagiert und auch die Frauen in der Verantwortung für die Erhaltung des Friedens gesehen. Kirsch dagegen, der zu jung war, um als Soldat im Ersten Weltkrieg zu kämpfen, sieht die Aufgabe der Frau allein „in ewig geduldiger Hingabe, in ewig geduldigem Leiden und Ertragen“, wie Hitler es formulierte.

Zu den ungewöhnlichsten Erwerbungen gehört zweifellos der große Holzschnitt *Am Fenster* von Switbert Lobisser (1878–1943). Der in Österreich geborene Künstler war erst Benediktinermönch und studierte in Salzburg und Rom Theologie. 1903 erhielt er die Priesterweihe. Anschließend absolvierte er von 1904 bis 1908 ein Studium an der Kunstakademie in Wien, danach unterrichtete er im Stiftsgymnasium in St. Paul als Kunsterzieher. In den 1920er-Jahren begann Lobisser sich als Künstler mit Wandgemälden einen Namen zu machen. Der Technik des Holzschnitts wandte er sich 1923 zu. Wegen der Liebe zu einer Frau verließ er 1932 das Stift, schied aus dem Benediktinerorden aus und ließ sich als freier Künstler in Klagenfurt nieder. In den 1920er- und 1930er-Jahren erhielt er große Preise, unter anderem 1927 die Goldene Staatsmedaille von Salzburg, 1931 die Goldene Staatsmedaille von Linz, 1935 den Großen Staatspreis, 1937 die Goldene Ehrennadel des Wiener Künstlerhauses und 1939 den Mozartpreis der Reichsschrifttumskammer. Zum Nationalsozialismus bekannte sich Lobisser nach der „Machtergreifung“ in Deutschland. Seine Werke entsprachen den Vorstellungen der braunen Machthaber, sie entdeckten in ihnen das gewünschte Bewusstsein für den „Mythos der Scholle“, den „Saft und [die] Kraft des gesunden Bauernstandes“ und die „Verherrlichung der Mütter“.[203] Lobisser schrieb in seiner Autobiografie „Das Lobisser-Buch“ (1940) über sein Verhältnis zum Nationalsozialismus. Darin heißt es, die Partei brauche Arbeiten aus seiner Hand.[204] In einer Rede des Klagenfurter OB anlässlich Lobissers zweiter Vermählung hieß es über ihn, er sei schon Nationalsozialist gewesen, bevor diese Bewegung in Österreich Bedeutung gehabt hätte:

„In einer ebenso herzlichen als formschönen Rede sagte Dr. Franz, ich sei durch meine Stellungnahme zum größten Feind der neuen deutschen Bewegung Nationalsozialist gewesen, bevor die Partei bei uns Bedeutung hatte. Auch sei ich in der Liebe zum deutschen Volkstum, zur Familie, zum Kinde und zur Natur, die aus allen meinen Werken leuchte, ein Künder der Ideen Adolf Hitlers."[205] In diesem Buch ist auch eine leicht veränderte Version von *Am Fenster* abgedruckt, hier unter dem Titel *Muttertag 1937*.[206]

Führende Nationalsozialisten wie Joseph Goebbels und Rudolf Hess besaßen Arbeiten von Lobisser. Im Auftrag von Innenminister Wilhelm Frick malte Lobisser im Sitzungssaal des Landtags in Klagenfurt das Fresko *Kärntens Heimkehr ins Reich*.

Sein *Am Fenster* ist weit entfernt von dem Bild der neuen Frau, wie es in den Zwanzigerjahren entsteht. Bei Lobisser scheint die Zeit stehengeblieben zu sein. Die im Bild gezeigte Mutter steht in einem geradezu biedermeierlichen Ambiente. Die Pflanzen und Blumen vor dem Fenster und der ornamentierte Fensterrahmen verweisen auf eine ländliche Idylle, fernab vom modernen Großstadtgetriebe. Ganz selbstverständlich ist der Platz der Frau und Mutter im Haus beim Kind. Lobisser verleiht der Mutter-Kind-Darstellung madonnenhafte Züge, und die Nacktheit des Säuglings erweckt gewollt Assoziationen an das Jesus-Kind. Die Mutter wird hier als Heilige vorgestellt, die in ihren Pflichten aufgeht (Abb. 49).

Stuttgart war interessiert am Werk des Künstlers. Offenbar kam eine Schau zustande, denn Lobisser schreibt: „Saarbrücken, Stuttgart, Kassel bieten mir einen ganzen Saal zur Ausstellung an. Ich bin gut aufgelegt und schicke etwas."[207] Das Stuttgarter Kunstreferat könnte hier den Holzschnitt gekauft haben.

Interessanterweise findet sich auch die Arbeit eines anthroposophischen Künstlers und Waldorflehrers aus Stuttgart in der Sammlung, die unbekannter Provenienz ist und höchstwahrscheinlich im Dritten Reich erworben wurde. Es handelt sich um die Radierung einer stillenden Mutter, die Max Wolffhügel (1880–1963) vor dem Ersten Weltkrieg schuf. Beim Ankauf mag die ideologische Nähe von Teilen der anthroposophischen Bewegung zum Nationalsozialismus eine gewisse Rolle gespielt haben. Das Verhältnis der anthroposophisch Gesinnten zum Nationalsozialismus war komplex und kompliziert, es bewegte sich zwischen den Polen Annäherung und Distanz. Beide Weltanschauungen standen in Konkurrenz zueinander. Wie die Nationalsozialisten wollten die anthroposophisch Gesinnten einen Beitrag zur Volksgemeinschaft und zur völkischen Erneuerung Deutschlands leisten. Wichtige Persönlichkeiten in der nationalsozialistischen Führungsriege brachten ihnen und insbesondere der Waldorfpädagogik Wohlwollen entgegen. Bevor die letzte Waldorfschule 1941 in Deutschland geschlossen wurde, erfreuten sich die anthroposophischen Freischulen teilweise der Protektion einflussreicher Nationalsozialisten.[208] Der freien Waldorfschule in

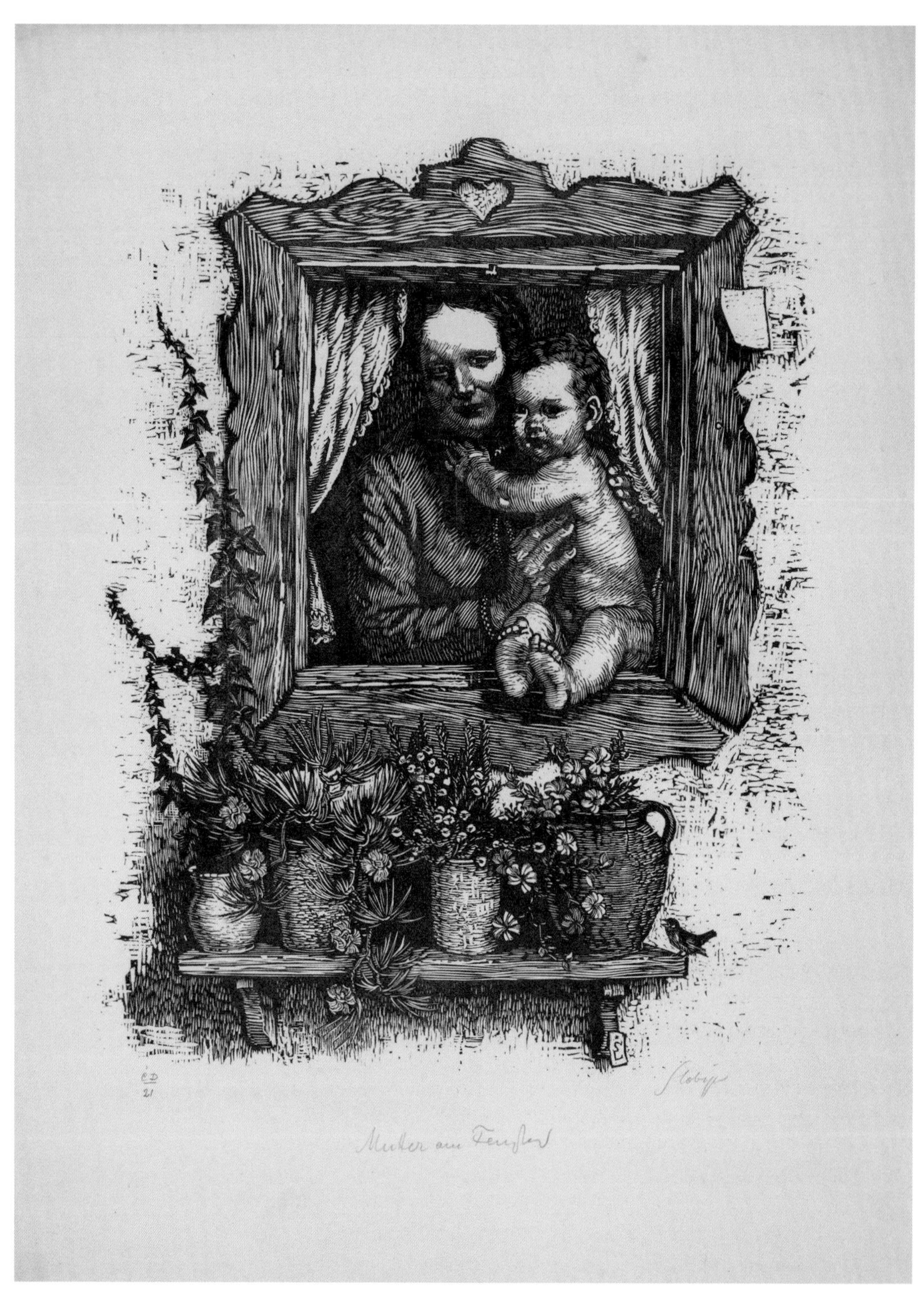

Abb. 49
Switbert Lobisser, *Am Fenster,* 1937, Holzschnitt, 70 × 50 cm

Stuttgart war das württembergische Kultusministerium allerdings weniger wohlgesinnt. Nach einem Erlass von 1934, der der Schule verbot, Schüler:innen in die erste Grundschulklasse aufzunehmen, folgten weitere Anordnungen wie Flaggenhissen sowie die Beteiligung an NS-Umzügen und Versammlungen. Trotzdem wurde schließlich vom Kultusminister im Frühjahr 1938 die Schließung der Schule befohlen.[209]

Wolffhügel, der als Sanitäter am Ersten Weltkrieg teilgenommen hatte, wandte sich nach dem Krieg der anthroposophischen Bewegung zu. Das Kriegserlebnis hatte ihn kurzzeitig zur Einstellung seiner künstlerischen Arbeit und der Aufnahme einer Schreinerlehre bewegt. 1920 berief ihn Rudolf Steiner, theoretischer Kopf und Begründer der Anthroposophie, zum Kunst- und Werkunterrichtlehrer der ersten Walddorfschule, die auf der Uhlandshöhe in Stuttgart eröffnet wurde. Dort unterrichtete Wolffhügel bis 1955. Als Steiner-Schüler spielte er bei der Entwicklung des anthroposophischen Kunst- und Werkunterrichts eine wichtige Rolle. In seiner Malerei und Grafik standen religiöse Themen im Zentrum.

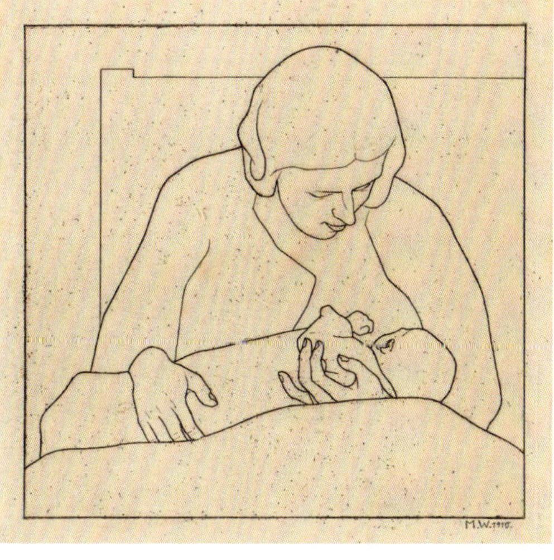

Abb. 50
Max Wolffhügel,
Stillende, 1910,
Radierung, 14 × 15 cm

Die kleinformatige Radierung *Stillende* von 1910[210] stellt das Thema Mutterschaft dar. Eine (junge) Frau stillt ihren Säugling wahrscheinlich im Kindbett. Mutter und Kind scheinen ganz für sich, bilden eine stille abgeschlossene Einheit. Die pyramidale Komposition in dem fast gleichseitigen Bildformat – ein Dreieck in einem Quadrat – lehnt sich an die Ikonografie christlicher Madonnendarstellungen an. Sie verleiht der intimen Szene sakrale Züge. Das vollständig auf die Konturlinie reduzierte Bild stellt die enge Verbindung zwischen Stillender und Kind heraus. Mutterschaft wird zur Wesenseigenschaft der Frau stilisiert (Abb. 50).

Ein anderes wichtiges Motiv in der Kunst des Dritten Reiches war der nackte weibliche Körper. In der grafischen Sammlung gibt es dazu ebenfalls Beispiele, etwa die Rötelzeichnung eines liegenden Rückenakts des jungen Bildhauers Gottlieb Schäfer (1910–1941) (Abb. 51).[211]

Walter Squarises (1902–1977) Holzschnitt *Abschied* gehört ebenfalls dazu, auch wenn der Druck wohl schon in den 1920er-Jahren entstand und stilistisch zur Neuen Sachlichkeit gerechnet werden muss (Abb. 52; näheres zu Squarise siehe S. 219–220).

In der Aktmalerei strotzten Frauen vor Gesundheit und Schönheit, der weibliche Körper hatte sich in Bestform darzubieten. Entsprechende Ansprüche wurden in der faschistischen Aktmalerei an den weiblichen Körper gestellt. Er musste seine Gesundheit und Leistungsfähigkeit demonstrieren. Und gemäß der Rassenideologie hatte sich auch der Frauenakt am Rasseideal zu orientieren. „Der menschliche Leib, die

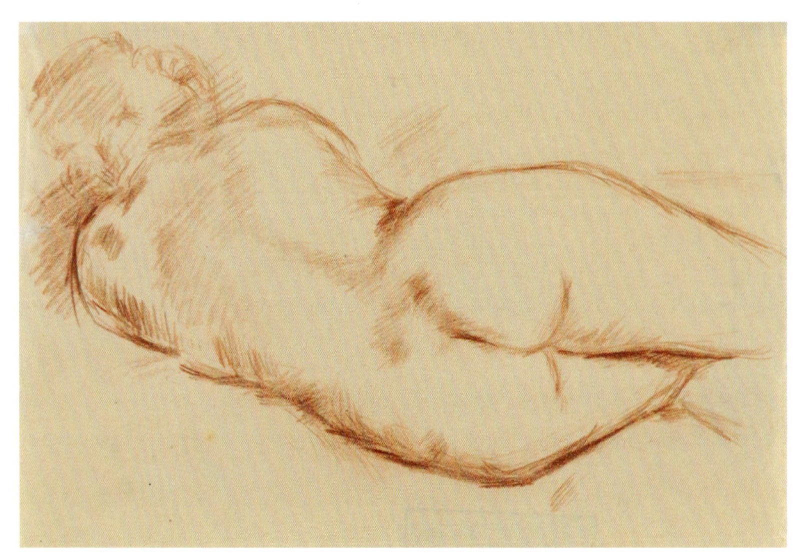

Abb. 51
Gottlieb Schäfer, *Rückenakt,* o. J., Rötel, 22 × 31 cm

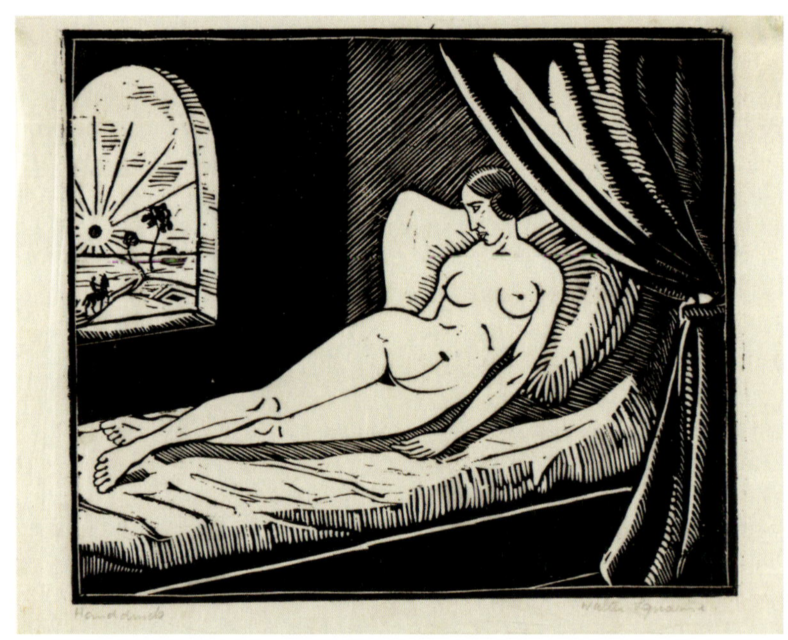

Abb. 52
Walter Squarise, *Abschied,* o. J., Holzschnitt, 22 × 26 cm

Aktdarstellung, wird eine Sache blutvollen Lebens. Man will in ihm die gesunde körperliche Basis, den biologischen Wert der Person als Voraussetzung jeder völkischen und geistigen Neugeburt vor Augen stellen. Es geht der Kunst um Leiber so wie sie von Natur aus sein sollen, um Bestformen, um durchblutete Haut, um den angeborenen Wohllaut der Bewegungen und um sichtbare vitale Reserven, kurz um eine moderne und deshalb fühlbare sportliche Klassizität."[212]

Squarises liegender Akt kam diesem physischen Ideal des Frauenkörpers entgegen, er bietet sich dem (männlichen) Betrachter in voller Pracht dar. Dieser nimmt die Rolle eines Voyeurs ein. Sein Blick wird direkt auf den weiblichen Schoss und die Scham gelenkt und wandert dann hoch zum Kopf der Frau und ihrem Blick aus dem Fenster hin zu dem sich entfernenden Reiter, der der Sonne entgegenstrebt. Es ist sicher kein Zufall, dass der Betrachter, dessen Blick zuerst von der unbekleideten Frau Besitz ergreift und dann ihrer Blickrichtung folgt, sich mit dem Reiter identifiziert und zu einer Art Stellvertreter wird. Das Blatt *Abschied* ist keine reine Aktdarstellung, sondern stellt eine erotisch aufgeladene Geschichte dar, in der eine nackte Frau, ein Liebeslager und ein davonreitender Mann die Hauptrolle spielen. Squarises Motiv und die Komposition erinnern an den griechischen Mythos der Danaë, der seit der Antike in der Kunst dargestellt wurde und sich auch in der modernen Kunst großer Beliebtheit erfreute. Klassische Vorbilder für das Motiv waren etwa Rembrandts (1606–1669) Gemälde *Danaë* (1636), dem Squarises Arbeit besonders nahesteht wegen der Darstellung des in der niederländischen Malerei weitverbreiteten Vorhangs im Bildvordergrund und der Art und Weise der Präsentation des Aktes auf dem Diwan. Solche allegorisch verbrämten Frauenakte gab es in der Kunst im Dritten Reich zuhauf, und immer ist es die lasziv-passive Frau, die in einer wartenden Haltung, in der Erwartung verharrt.

Bild des Bauern und der Bäuerin

Hitler hatte die Vision von Deutschland als einem „Bauernreich".[213] Dem Thema Bauer/Bäuerin und ihrem Bild kam in der NS-Propaganda eine wichtige Bedeutung zu. Auf den offiziellen Kunstausstellungen waren Bauernbilder Legion. Berechnungen zufolge machten Szenen bäuerlichen Lebens in den Katalogen der „Großen Deutschen Kunstausstellungen" 24 Prozent aller ausgestellten Kunstwerke aus.[214] Das stand in krassem Gegensatz zur Wirklichkeit, denn auch im faschistischen Deutschland, einem technologisch hochgerüsteten, hochmodernen Industriestaat, war die Schicht der Arbeiter:innen und Angestellten weitaus größer als die des Bauernstands. Schon 1930 machte er nur noch 10,6 Prozent der Bevölkerung aus. In der Kunst des Dritten Reiches waren Bauerndarstellungen somit überrepräsentiert, das ihnen beigemessene Gewicht spiegelte nicht die Wirklichkeit wider, sondern eine

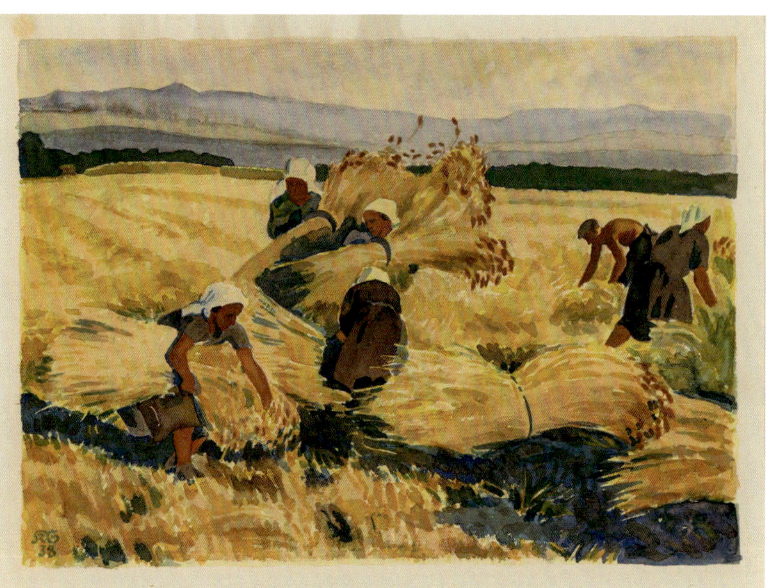

Abb. 53
Karl Sigrist, *Ernte Filderebene,* 1938, Aquarell, 30 × 40 cm

Scheinrealität, die die Propaganda mit ihren Bildern von einer intakten ländlichen Idylle aufbaute.

Die Art und Weise, wie der Bauer und die Bäuerin in der Kunst im Dritten Reich dargestellt wurden, war nicht neu. Vielmehr knüpften die Künstler:innen an eine ikonografische Tradition an, die sich bis ins letzte Drittel des 19. Jahrhunderts zu Malern wie Wilhelm Leibl (1844–1900) oder Fritz Boehle (1873–1916) zurückverfolgen lässt. Auch sie idealisierten den Bauernstand, und ihre Darstellung bäuerlicher Lebensverhältnisse war alles andere als realistisch. Nach einer andauernden Landflucht lebte ein großer Teil der Bevölkerung in Städten. Der expandierende industrielle Sektor führte zu dramatischen gesellschaftlichen Verwerfungen, zur Entstehung der Arbeiterklasse und der Arbeiterfrage im 19. Jahrhundert. Doch obwohl sich die Verhältnisse radikal wandelten und die Industriegesellschaft nicht mehr auf der Basis des Bauernstands ruhte, hatten Bauernbilder dennoch einen Bezug zum Alltag der Mehrheit der Bevölkerung. Sie „enthielten als Symbole alles das, woran es der Bevölkerung der fortgeschrittenen bürgerlich-kapitalistischen Gesellschaft mangelte: Sicherheit, Geborgenheit, überschaubare Verhältnisse; Kontinuität in einer existenziell gesicherten Lebensweise, die es dem einzelnen erlaubt, sich innerhalb einer Gemeinschaft zu verwirklichen“[215].

Um die Sehnsucht der Menschen nach idealen Lebensverhältnissen zumindest auf der ideellen Ebene zu stillen, behauptete der Nationalsozialismus in seiner Propaganda, ein Staat zu sein, der mit der Priorisierung bäuerlichen Lebens zu den Ursprungsformen menschlichen Zusammenlebens zurückkehre: „Der Nationalsozialismus als Staatsidee umfasst und schützt alle Berufe als eine wirtschaftliche Einheit. Geht dabei aber aus vom bäuerlichen Urgewerbe [...] als der Lebensgrundlage des gesamten Volkes, dieses nicht nur in wirtschaftlicher, sondern auch in lebensgesetzlicher Sicht."[216]

In der grafischen Sammlung gibt es eine Reihe von Bauerndarstellungen, vor allem unter den Zeichnungen und Radierungen. Der *Pflügende Bauer* von Heinrich Kübler (1905–1965), der *Schnitter* von Fritz Ketz (1903–1983) und die *Schnitterin* von Gottlieb Schäfer sind dafür Beispiele (Abb. 54, Abb. 55). Küblers 1939 entstandene Radierung *Pflügender Bauer* unterstreicht die Verbreitung dieses Motivs unter den Bauerndarstellungen, sie ist aber darüber hinaus bedeutsam, weil sie von einem Grafiker stammt, der angeblich zu einer Gruppe von in Württemberg verfemten Künstler:innen gehörte, die 1946 die Freie Kunstschule Stuttgart wieder etablierten.[217]

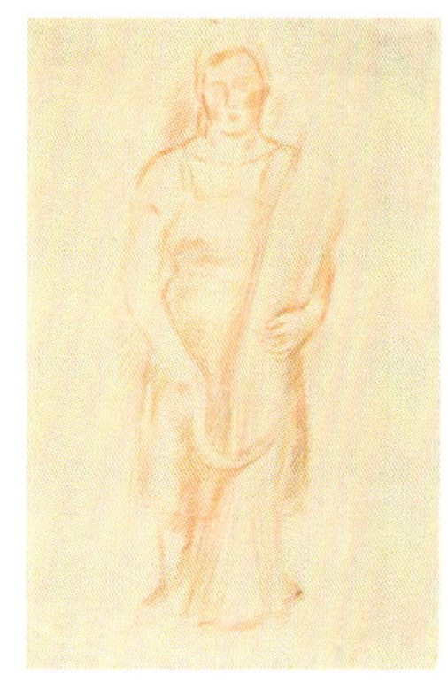

Abb. 54
Gottlieb Schäfer, *Schnitterin,* o. J., Rötel, 46 × 30 cm

Ketz' 1943 gezeichneter *Schnitter* geht völlig in der Dynamik seiner Arbeit mit der Sense auf, er ist so sehr diese Arbeit, wie er Bauer *ist*. Während es der Mann ist, der mit geballter Muskelkraft das Korn mäht, ist es die Frau, die die Getreidehalme zu Garben bündelt. Die Aufgaben der Geschlechter bei der Ernte sind klar verteilt; das sie kennzeichnende Rollenverständnis schlägt sich in den Bildern des Bauern und der Bäuerin nieder.

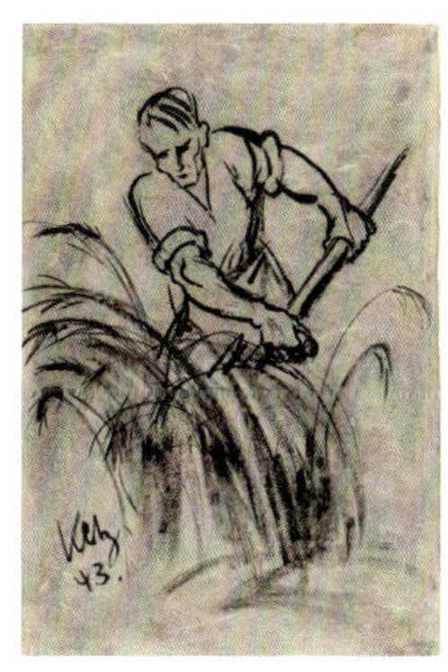

Abb. 55
Fritz Ketz, *Schnitter,* 1943, Tusche, 37 × 25 cm

Der Maler und Grafiker Paul Kälberer (1896–1974), der seit jüngster Zeit zu den wiederentdeckten Künstlern der Neuen Sachlichkeit in Südwestdeutschland gehört, war ein künstlerischer Außenseiter, der mit seiner Familie am Rande des östlichen Schwarzwalds in der Provinz lebte. Seine Radierung *Bauernpaar* von 1933 entstand für einen über mehrere Jahre geschaffenen Zyklus „Bauernleben", der fünf Radierungen umfasst und den Kälberer vor 1933 begonnen hatte. Der Bauer und die Bäuerin bauen sich vor einer Landschaft auf, die tief unter ihnen liegt und die gesamte Tiefe des Raumes einnimmt. Die Nähe zu den Landschaftsbildern der altdeutschen Meister der frühen Neuzeit und der niederländisch-flämischen Landschaftsmalerei des 17. Jahrhunderts ist dabei durchaus beabsichtigt. Kälberer stellte seine Kunst bewusst in diese Traditionslinie (Abb. 56).

Er kam als zweites von sieben Kindern in einer pietistischen Handwerkerfamilie in Stuttgart zur Welt. Nach dem Abitur im Juli 1914 meldete er sich gleich zu Beginn des Ersten Weltkriegs als Freiwilliger und erlebte den gesamten Krieg als Soldat. Zuletzt trug er den Rang eines Leutnants. Er erlitt mehrere Verwundungen, zusätzlich wurde seine Gesundheit in französischer Kriegsgefangenschaft von 1918 bis 1920 in Mitleidenschaft gezogen. Nach der Rückkehr nahm er im Frühjahr 1920 ein Studium an der Kunstakademie Stuttgart auf und schloss Freundschaft mit zahlreichen Künstler:innen, deren Arbeiten auch in der grafischen Sammlung der Stadt Stuttgart vertreten sind, darunter Heinrich Altherr (1878–1947), Hermann Bäuerle (1886–1972), Ruth Dolmetsch (1918–2000), Reinhold Nägele (1884–1972), Otto Groß (1898–1970) und Peter Jakob Schober (1897–1983). Von 1925 bis 1927 war er Meisterschüler von Christian Adam Landenberger. Im Anschluss

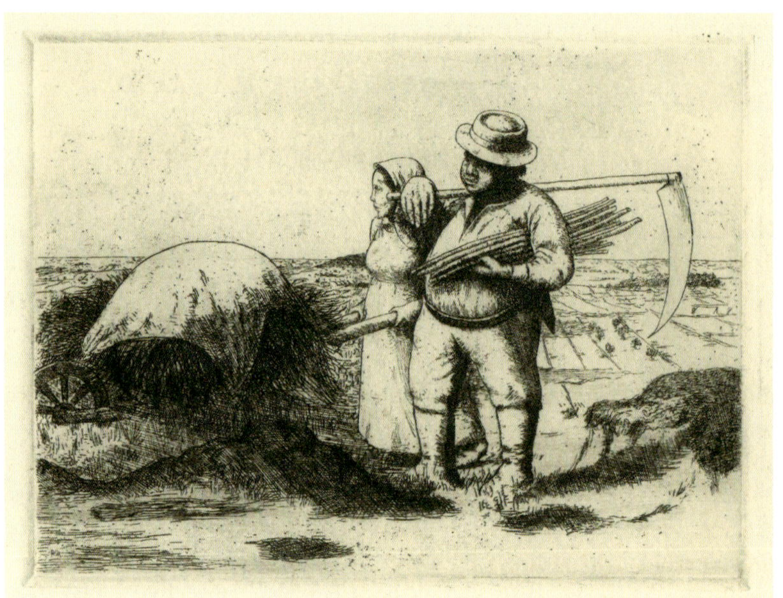

Abb. 56
Paul Kälberer, *Bauernpaar,* 1933, Radierung, 11 × 16 cm

ließ er sich mit der aus Hamburg stammenden und in Berlin studierenden Künstlerin Gesa Rautenberg in Glatt, einem Dorf im Schwarzwald, nieder. Das Paar gründete eine Familie und Gesa Kälberer brachte bis 1946 sechs Kinder zur Welt.

Kälberers Verhältnis zum NS-Regime war nicht frei von Widersprüchen und gekennzeichnet von der Notwendigkeit, als alleiniger Ernährer für den Unterhalt seiner großen Familie sorgen zu müssen. Seine Kunst war schon vor 1933 anerkannt. Nach der Machtübernahme erwarben die Nationalsozialisten in regelmäßigen Abständen Gemälde von ihm für die Städtische Galerie Stuttgart, darunter das Ölbild einer Bäuerin in Festtracht.[218] Das Thema der lokalen Trachten im Glatttal interessierte Kälberer schon seit einer ganzen Weile. 1934 hielt er Frauen- und Männertrachten in einem Skizzenheft fest und fertigte von ihnen auch Fotografien an.[219] Gert Nagel nahm Kälberer bezeichnenderweise in seinem „Schwäbischen Künstlerlexikon" als einen Maler auf, der für die „umfassende zeichnerische und malerische Bestandsaufnahme der schwäbischen Heimat" stand. Dazu passte auch, dass Kälberer seit 1929 ehrenamtlicher Beauftragter des Landesamts für Denkmalschutz und der Landesstelle für Naturschutz war und sich in diesem Zusammenhang ab 1931 auch mit der Geschichte des deutschen Südwestens und der Wappenkunde beschäftigte. Mit der Unterstützung des Stuttgarter Hauptstaatsarchivs entwarf er Gemeindewappen und im Zeitraum von 1934 bis 1937 kleinmaßstäbliche historische Karten, zum Beispiel eine „Karte zur Auswanderung der Württemberger nach Westpreussen 1776–1786 (1806)".[220]

Die Heimatkunde, zu der auch die Trachtenkunde gehört, entwickelte sich im 19. Jahrhundert und beeinflusste die Heimat- und Heimatkunstbewegung stark.[221] Das Tragen der Tracht war in den 1880er-Jahren in Deutschland nicht mehr allgemein verbreitet. Ihr Niedergang setzte in den meisten Regionen um die Jahrhundertmitte ein. Die Tracht war ein Symbol von Wohlstand und Geld, mit ihr bekundete die bäuerliche Gesellschaft ihr Selbstbewusstsein und grenzte sich zugleich gegenüber Fremden ab. Die Trachtenbegeisterung spiegelt sich in der Heimatkunst des ausgehenden 19. Jahrhunderts wider. Mit der industriellen Revolution, der Land-Stadt-Flucht und anderen umwälzenden Entwicklungen, die Folge des Industrialisierungsprozesses in Deutschland waren, verlor die traditionelle Kleidung der Landbevölkerung sukzessive an Bedeutung und wurde von der städtischen Mode abgelöst. Mit dem zunehmenden Verschwinden der Trachten begannen das Bürgertum und die Künstler:innen sich dafür zu interessieren. Anfang der 1890er-Jahre wuchs dieses Interesse und führte dazu, dass insbesondere im niedersächsischen und baden-württembergischen Raum trachtenpflegerische Maßnahmen im Rahmen der Heimatbewegungen ergriffen wurden. Ihr Ziel war es, dem Verschwinden der Tracht entgegenzuwirken und damit einen aktiven Beitrag zur Heimatpflege zu leisten. 1892 publizierte der badische Pfarrer Heinrich Hansjakob sein Buch „Unsere Volkstrachten. Ein Wort zu ihrer Erhaltung“, das die Trachtenbewegung in den 1890er-Jahren befeuerte. In den Volkstrachten sah die Heimatpflege ein Symbol für die Festigkeit der alten Ordnung und den Bauernstand. Für Hansjakob gingen die Trachten einher mit den angeblich bäuerlichen Tugenden wie Frömmigkeit, Herrschertreue, Standesbewusstsein und Naturverbundenheit. Das Ende der „guten alten Zeit“ wäre endgültig besiegelt, wenn die bäuerliche Bevölkerung die Tracht ablege. Für die Zeitgenoss:innen waren die Trachten eine der interessantesten und eigenartigsten Erscheinungen der „Volksseele“. Kälberers *Bauernfrau in Festtracht* entstand im Kontext der schwäbischen Heimatbewegung, in der er selbst aktiv war. Das Bild war keineswegs nur eine Anpassung an den neuen Kunst- und Zeitgeschmack im Dritten Reich, inhaltlich passte es zur Forderung des Regimes, das Bauerntum zu erhalten.[222]

Kälberers Auseinandersetzung mit dem Thema Bauer und Bäuerin schlug sich auch im druckgrafischen Werk nieder, wie der Zyklus „Bauernleben“ illustriert. Als Grafiker genoss er einen derart guten Ruf, dass die Kunstakademie Stuttgart zwischen 1934 und 1938 mehrfach versuchte, ihn als Lehrer zu gewinnen, und ihm sogar die Professur für die Grafische Klasse antrug. Doch Kälberer lehnte jedes Mal ab, angeblich weil er in die NSDAP hätte eintreten müssen, was er nicht wollte.[223] Wie sehr seine druckgrafischen Arbeiten geschätzt wurden, dokumentiert die Ausstellung von Kälberers Radierungen auf der Weltausstellung in Paris 1937 und in der ersten „Großen Deutschen Kunstausstellung“ in München im gleichen Jahr. In der französischen Hauptstadt wurde er für seine Arbeiten mit einer Goldmedaille ausgezeichnet, und in München schließlich wurden statt seiner eingeschickten Gemälde zwei Landschaftsradierungen gezeigt, darunter das Blatt *Bachlandschaft* (1931), das zu den in Paris prämierten Werken gehörte.

Kälberer gehörte unter den neusachlichen Künstlern zu den „Romantikern", die sich von Veristen wie unter anderem Otto Dix (1891–1969), George Grosz (1893–1959), Karl Hubbuch (1891–1979) und Georg Scholz (1890–1945) dadurch unterschieden, dass sie sich der harschen Kritik an den gesellschaftlichen Widersprüchen enthielten. Ähnlich wie Kälberer waren viele von ihnen nach dem schrecklichen Weltkriegserlebnis und dem Untergang der Monarchie zwar anfangs für einen Wandel, doch die Begeisterung für tiefgreifende Veränderungen erlahmte schnell in den Wirren der Novemberrevolution und der ersten hart umkämpften Jahre der jungen deutschen Republik. Auch Kälberer, der infolge des Krieges eine pazifistische, antinationalistische und antikirchliche Haltung eingenommen hatte und aus der Kirche ausgetreten war, nahm im Verlauf der Jahre eine konservative Haltung ein. Das zeigt sich auch in seinem Rückzug in die Provinz. Ende der Dreißigerjahre trat er schließlich wieder in die Kirche ein und suchte die Nähe zur Wehrmacht. Dass er in der Zeit des Dritten Reiches in beiden Institutionen „Gegenpole" zum Regime gesehen habe und sich von ihnen Schutz erhoffte,[224] mag ein Grund für die Anpassung gewesen sein, doch diese Schritte waren wohl auch Etappen eines vielschichtigen Prozesses, bei dem die Tatsache eine Rolle spielte, dass beide Institutionen wichtige Auftraggeber waren.[225] Als Atheist wäre er vielleicht nicht für die Restaurierung der barocken Kapelle des Wasserschlosses Glatt in Frage gekommen, die er 1940/41 ausführte, und als Pazifist und Kriegsgegner hätte er sich ebenfalls nicht für Wandbildaufträge der Wehrmacht empfohlen.

Im Werk Kälberers gewann ein altmeisterlicher Stil die Oberhand, der zur vorherrschenden Kunstdoktrin nicht in Widerspruch stand. Kälberer gehörte sicher nicht zu denjenigen, die ihre Zeitgenoss:innen – in diesem Fall seinen Freund Reinhold Nägele – ins Exil zwangen. Verschiedentlich äußerte er sich zu Beginn des NS-Regimes sogar kritisch bis ablehnend zur Kunst- und Ausstellungspolitik in Württemberg. Dennoch ist die Beteiligung an der Pariser Weltausstellung und der „Großen Deutschen Kunstausstellung" auffällig und erscheint als Widerspruch zu der Aussage, dass Kälberer sich im Verlauf des Dritten Reiches in die „Innere Emigration" zurückgezogen hätte. Seine Radierungen, die wahrscheinlich im Deutschen Pavillon zu sehen waren, hätten ohne die Zustimmung der Nationalsozialisten nicht ausgestellt werden können. Es ist unklar, inwieweit er selbst an der Ausstellung aktiv beteiligt war, es ist aber nur schwer vorstellbar, dass er davon erst erfahren haben soll, nachdem seine Arbeiten ausgezeichnet worden waren.[226] Anders verhielt es sich dagegen bei der ersten sogenannten Leistungsschau der deutschen Kunst in München, wo er selbst seine Arbeiten einsenden und von der Jury begutachten lassen musste. Die in Paris errungene Goldmedaille dürfte seinen Ruf als Grafiker zu Hause gefestigt haben, und da unter den in München gezeigten Radierungen auch eines der prämierten Werke war, durfte er zumindest auf dem Gebiet der Druckgrafik mit dem Wohlwollen der Auswahlkommission rechnen.

Wie wichtig den Stuttgarter Nationalsozialisten das Thema Bauern und Tracht in der Kunst war, veranschaulicht der von ihnen in Auftrag gegebene Kunstdruck von Hermann Tieberts (1895–1978) Gemälde *Schwäbisches Bauernmädchen* (1939), das die Stadt 1940 für ihre Sammlung erwarb (Abb. 57, Abb. 58).

Die Stadt war so stolz auf ihre Neuerwerbung, dass sie sie als Kunstdruck reproduzieren ließ, um sie auch für den Ämterschmuck nutzen zu können. Hermann Tiebert war ein Vertreter der Neuen Sachlichkeit. Er hatte erst an der Kunstgewerbeschule in Karlsruhe und ab 1914 an der Kunstakademie Karlsruhe studiert. Im Verlauf des Nationalsozialismus spezialisierte er sich auf Porträts der deutschen Landbevölkerung in Tracht. Seinen Stil entwickelte er so weiter, dass seine Bilder sowohl formal wie inhaltlich den neuen Anforderungen entsprachen. Ihnen liegen die Anschauungen der nationalsozialistischen Rassenideologie zugrunde. Sie zeigen eine symbolische Überhöhung des „bodenständigen Volkes“, das vor allem auf dem Land noch unverfälscht und „reinrassig“ sei.

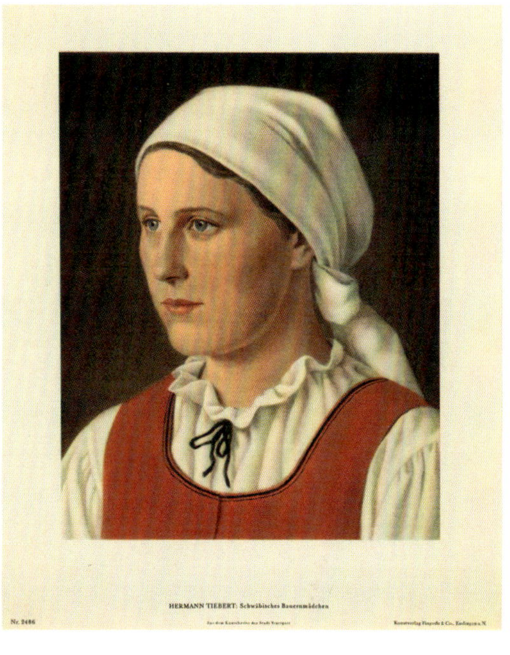

Abb. 57
Hermann Tiebert, *Schwäbisches Bauernmädchen,* Öl auf Leinwand, 42,3 × 34,7 cm. Aus dem Kunstbesitz der Stadt Stuttgart, Druck des Kunstverlags Fingerle & Co., Esslingen am Neckar

In der Kunst des Dritten Reiches gibt es unter den Bildern von der arbeitenden Landbevölkerung auffällig viele Darstellungen mit den Themen Feierabend und Rast. Kälberers *Bauernpaar* hat offensichtlich sein Tagwerk getan und ist im Begriff, den Heimweg anzutreten. Sigrists *Bauernmädchen bei der Mittagsrast* ist ein anderes Beispiel für die Darstellung des bäuerlichen Feierabends (Abb. 59). Der Realität des durchschnittlich zehn- bis zwölfstündigen Arbeitstags der in der kleinbäuerlichen Landwirtschaft Tätigen entsprachen diese Darstellungen jedoch nicht. In ihnen wird ein friedliches Miteinander von Natur und Mensch suggeriert, das Bild von der angeblich innigen Verbundenheit der Landbevölkerung mit der Umwelt. Auch scheinen die Menschen in der Zusammenarbeit auf wundervolle Weise zu harmonieren, Unterschiede oder gar eine Hierarchie scheint es unter ihnen nicht zu geben. Die Rastbilder vermitteln eine Vorstellung von selbstbestimmter Arbeit in der Landwirtschaft, die für die meisten Menschen auf dem Lande nicht existierte. Die *Erntepause* von Georg Günther (1891–1969) zeigt eine solche Pause, die die Feldarbeiter nach getaner Arbeit einlegen. „Durch die entspannte Haltung der Personen, die Requisiten (Weidenkorb, Tonkrug, Keramikteller und Holzlöffel) sowie die weite, von Technik unberührte Landschaft wird der dargestellte Zustand zum Gegenbild und Identifikationsangebot des in der Industrie – und während des Faschismus immer härter – arbeitenden Menschen.“[227]

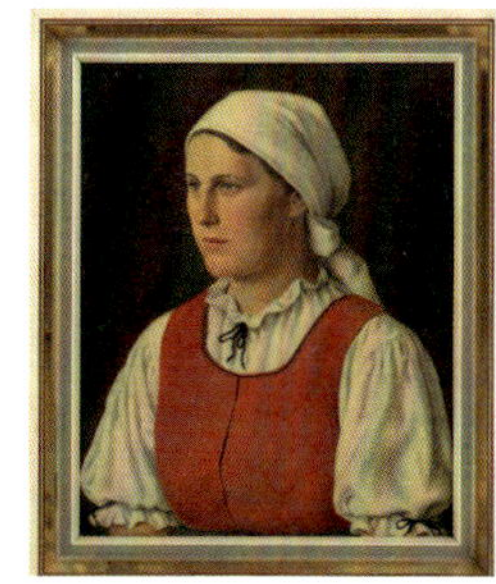

Abb. 58
Hermann Tiebert, *Schwäbisches Bauernmädchen,* Öl auf Leinwand, 42,3 × 34,7 cm

Bei Sigrist entspannen die *Bauernmädchen* in ihrer Mittagspause auf dem Feld im Schatten eines Baums. Wieder finden sich dieselben

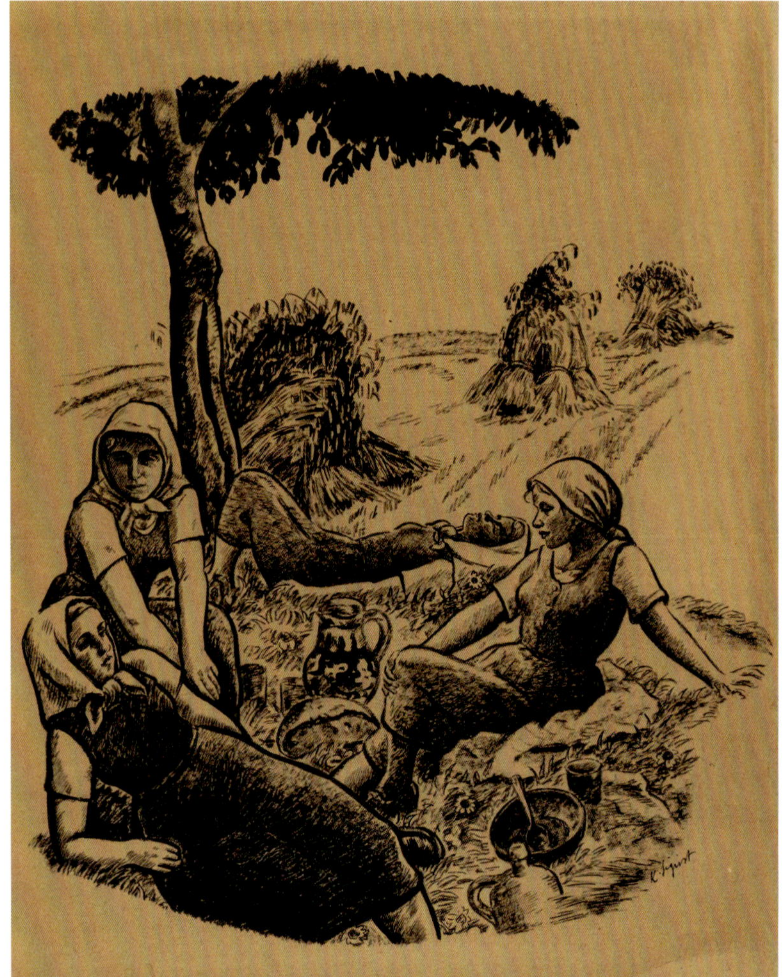

Abb. 59
Karl Sigrist, *Bauernmädchen bei der Mittagsrast,* o. J., Tusche, 45 × 35,5 cm

Requisiten: der Tonkrug, der Teller mit dem Löffel, die Heugarben, die bis zum Horizont reichen und das Ausmaß der bereits geleisteten Arbeit sichtbar machen. Doch Sigrist ging es um mehr als nur um die Darstellung von Fleiß. Die vier jungen Frauen werden jeweils in einer anderen Haltung abgebildet, die trotz der Kleider an Posen aus der Aktmalerei erinnern. Diese Mädchen machen nicht einfach nur Pause, sie *warten* auch, weil sie selbst in der Zeit der körperlichen Reife, in der Blütezeit ihres Lebens sind. Sie befinden sich in einem Moment der *Erwartung,* ein Bildtitel, der oft bei Frauenakten und Frauendarstellungen verwendet wurde.

Sigrist bedient die patriarchale Vorstellung vom angeblich passiven weiblichen Geschlecht, das zu seiner Daseinserfüllung den Mann braucht; erst der noch abwesende (die Position des Betrachters einnehmende) Mann erlöst die Bauernmädchen vom Warten, macht sie zu Frauen und Müttern, die ihre Aufgabe als Hüterin der Volksgemeinschaft und damit ihre Bestimmung erfüllen.

Neben den genannten Beispielen kaufte das Kunstreferat auch Grafiken von „ausländischen" Künstler:innen an. Dazu gehörte Fritz Kimm (1890–1979), der in Kronstadt im damaligen Königreich Ungarn geboren wurde, das bis zum Ende des Ersten Weltkriegs zur Österreichisch-Ungarischen Monarchie gehörte. Von 1909 bis 1914 studierte er figürliches Zeichnen an der Budapester Kunstakademie und gewann 1914 den Nadányi-Preis als bester Kunstschüler Ungarns und den Harkányi-Preis als bester Aussteller. Zudem erhielt er das Studienstipendium des ungarischen Staates. Der Krieg unterbrach seine künstlerische Laufbahn, drei Jahre lang diente er als Offizier in der österreichisch-ungarischen Armee, anschließend eineinhalb Jahre im rumänischen Heer. Nach dem Untergang der K.-und-k.-Monarchie setzte Kimm seine künstlerische Tätigkeit mit Ausstellungen in seiner Geburtsstadt Kronstadt, in Hermannstadt und in Bukarest erfolgreich fort. In der Weltwirtschaftskrise, um 1930, übernahm er die Verwaltung eines Gutshofs und eines Gestüts im Szeklerland. Ab 1936 bewohnte er dort selbst einen Bauernhof. In den Jahren 1930 bis 1944 arbeitete er als Illustrator für siebenbürgische und deutsche Buchverlage.[228] Im Zentrum seines vor allem zeichnerischen Schaffens stand die Lebens- und Arbeitswelt der Landbevölkerung in den Karpaten. Zudem war ihm die künstlerische Erfassung des engen Zusammenlebens von Mensch und Tier ein Anliegen.

Kimm stellte in der Ehrenhalle des „Ehrenmals der deutschen Leistung im Ausland" im Wilhelmspalais (heute StadtPalais) aus,[229] darüber hinaus waren seine Zeichnungen erneut auf einer Wanderausstellung sogenannter volksdeutscher Künstler:innen aus Rumänien im Zweiten Weltkrieg zu sehen. Diese Schau „Deutsche Künstler aus Rumänien" tourte von 1942 bis 1944 durch das Deutsche Reich und gastierte 1942 in Stuttgart. Auf einer der beiden Ausstellungen kaufte die Stadt zwei Blätter von ihm: *Bauer* (1934) und *Ochsengespann* (vor 1942).

In Kimms künstlerischem Schaffen nahm die Zeichnung breiten Raum ein. Sie war stilistisch beeinflusst vom ungarischen Expressionismus. Nach eigener Aussage waren seine Vorbilder Albrecht Dürer (1471–1528), Hans Holbein (1497/98–1543), Michelangelo (1475–1564), Alfred Sohn-Rethel (1875–1958), Ferdinand Hodler (1853–1918), Egon Schiele (1890–1918) und „die Japaner".[230] Viele von Kimms frühen Zeichnungen und Skizzen zeichnen sich durch Spontanität und Expressivität aus. Davon ist in den Blättern *Bauer* und *Ochsengespann* allerdings nichts mehr zu spüren, diese Arbeiten sind von einem Naturalismus und einer Sachlichkeit geprägt, die an die Neue Sachlichkeit in Deutschland erinnern. In *Bauer* lassen einzig die Perspektive und die dadurch bedingten anatomischen Verkürzungen noch den Einfluss des Expressionismus erahnen. Wie in so vielen Bauerndarstellungen dieser Zeit geht es auch in Kimms Blatt nicht um das Individuum an sich, vielmehr wird der Typus des Bauern als eines bodenständigen Menschen betont, der mit seinen Stiefeln fest auf dem Boden steht, schlicht im Auftreten ist und dessen äußeres Erscheinungsbild geprägt ist von großen schweren Händen und einem markanten Schädel mit wettergegerbtem Gesicht. Zwischen dem

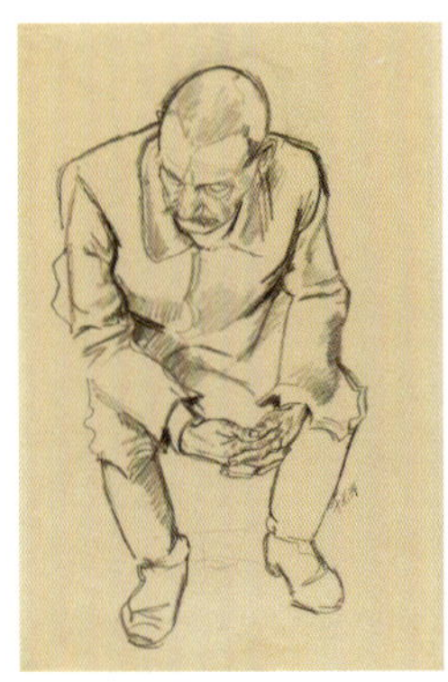

Abb. 60
Fritz Kimm, *Bauer,* 1934, Bleistift, 31 × 20 cm

Abb. 61
Fritz Kimm, *Bauernmadonna,* Zeichnung, 1934, 63 × 50 cm

Zeichner und dem Modell besteht kein Blickkontakt, der Bauer scheint ganz bei sich selbst zu sein, in sich zu ruhen. Doch dieser Eindruck täuscht, denn die Zeichnung ist die Studie zu der Zeichnung *Bauernmadonna,* die eine Anbetungsszene zeigt, in der der Bauer auf das Kind schaut. Er gehört, neben einem Rind im Hintergrund, zu einer kleinen Figurengruppe, die das Kind anbetet. Deshalb schrieb Kimm vorn auf die Zeichnung des Bauern: „Studie zu Madonna". Die *Bauernmadonna* war Bestandteil einer „Kimm-Mappe", die 20 Lithografien enthielt und 1938 in Kronstadt herausgegeben wurde (Abb. 60, Abb. 61).

Die Nationalsozialisten vereinnahmten die sogenannten deutschstämmigen Künstler:innen aus völkischen und rassischen Gründen, wie dem Vorwort zur Ausstellung „Deutsche Künstler aus Rumänien" zu entnehmen ist.[231] Die Werke wurden im Kontext der Blut-und-Boden-Ideologie rezipiert und für die NS-Kunstpolitik instrumentalisiert.

Von besonderer Prominenz ist der in Nürnberg geborene und zuerst zum Industriegrafiker ausgebildete Maler, Grafiker und Typograf Alfred Finsterer (1908–1996). Er machte vergleichbar schnell Karriere wie der fast gleichaltrige Walter Brudi (1907–1987), der ebenfalls in der Buchkunst und Typografie reüssierte. Finsterer stellte 1935 als einer von zehn Künstlern auf der „Chicago International Exhibition" aus, erhielt 1937 auf der Weltausstellung in Paris eine Silbermedaille und war 1928, 1935 und 1938 Dürer-Preis-Träger der Stadt Nürnberg, was mit einem Stipendium verbunden war. 1935 wurde er zudem Dozent an der Akademie für grafische Künste und Buchgewerbe in Leipzig, von 1939 bis 1945 war er dann auch Professor und leitete die Meisterklasse für Holzschnitt. Wie Brudi setzte er seine Laufbahn im Nachkriegsdeutschland fort und wurde ein bedeutender Buchgestalter in Westdeutschland. Die Kontinuität in seiner Biografie ist erstaunlich angesichts seiner Bedeutung im NS-Kunstbetrieb. Er war mehrfach auf der „Großen Deutschen Kunstausstellung" vertreten (1937, 1939, 1940, 1941, 1942) und stellte altmeisterliche Holzschnitte mit vorwiegend bäuerlichen Motiven aus. Seine Bilder finden sich als Abbildungen in der aufwendigen Publikation „Die Kunst im Deutschen Reich", die der Beauftragte des Führers für die gesamte geistige und weltanschauliche Erziehung der NSDAP herausgab.[232] Darüber hinaus schuf Finsterer die Holzschnitte für das Liederbuch der Hitlerjugend, das die Reichsjugendführung veröffentlichte.[233] Er galt als einer der profiliertesten Holzschneider der deutschen Gegenwartskunst im Dritten Reich, weshalb er auch 1941 von Karl Hennemann in dem Aufsatz „Der deutsche Holzschnitt der Gegenwart" besprochen wurde.[234]

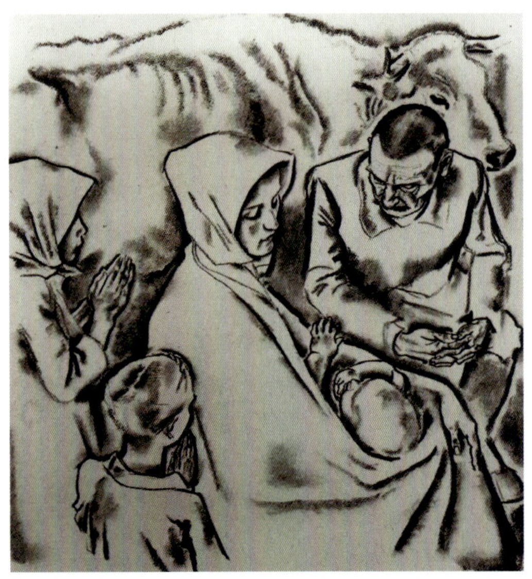

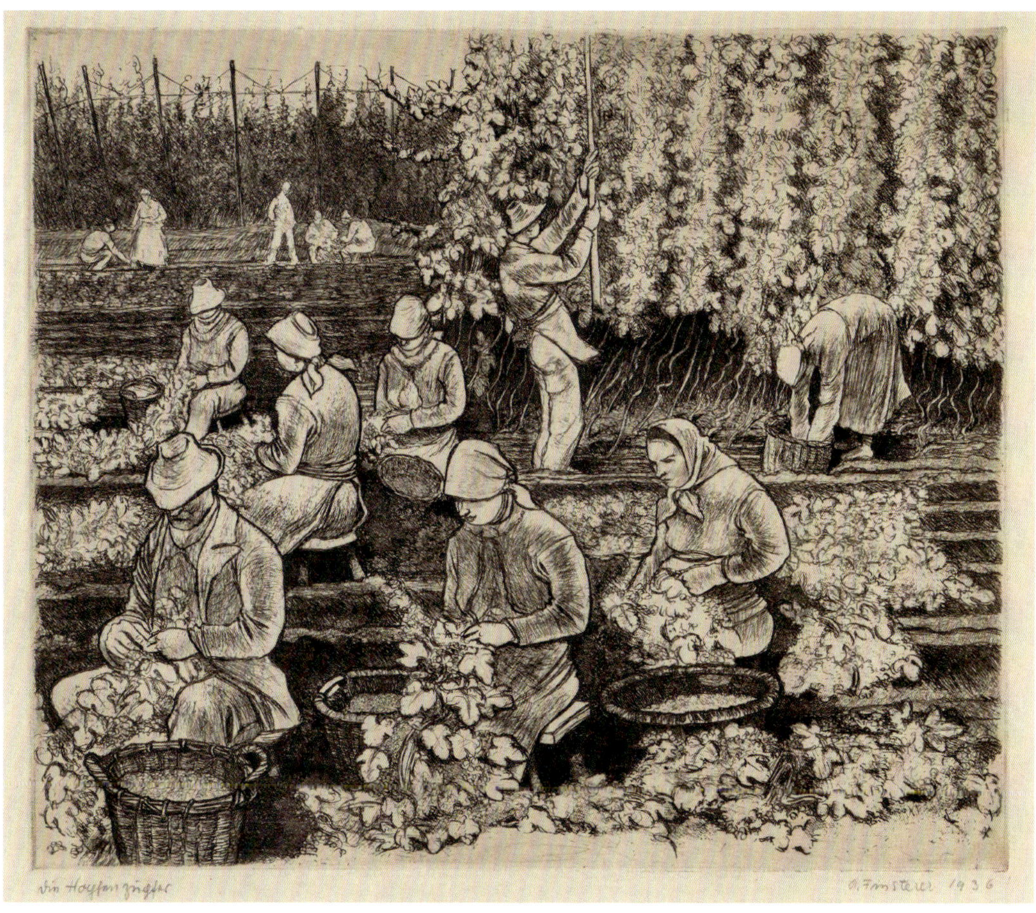

Abb. 62
Alfred Finsterer,
Hopfenzupfer, um 1937,
Radierung, 31 × 37 cm

Auf der „Großen Deutschen Kunstausstellung“ 1937 präsentierte er *Hopfenbauern*, einen Holzschnitt, der höchstwahrscheinlich in demselben Kontext entstand wie die Radierung *Hopfenzupfer*. Aus ungewöhnlicher Perspektive werden die Arbeitenden mit Blick von oben dargestellt. Dabei werden nicht nur die Arbeiter:innen gezeigt, die den Hopfen ernten, sondern auch die Arbeiter, die ihn von den hohen Gestellen schneiden. Durch die Perspektive erscheinen die Arbeiter:innen wie in Reihen in die Tiefe des Raumes gestaffelt und als Teil eines größeren Ganzen. Es ist das Kollektiv, nicht das Individuum in der Landwirtschaft, das zum Thema wird. Die Volksgemeinschaft steht im Zentrum, ihr ordnet sich das Individuum unter (Abb. 62).

Bild einer „deutschen“ Grafik

Im süddeutschen Raum gab es einen Künstlerkreis, der sich als geistige Gemeinschaft um den Münchner Landschaftsmaler Edmund Steppes (1873–1968) gescharrt und der „Vision einer deutschen Malerei“ verschrieben hatte. Zu ihm gehörten die Ulmer Maler und Grafiker Alfred Vollmar (1893–1980) und Josef Nicklas (1893–1974) sowie weitere Künstler.[235] Einige von ihnen hatten an der Kunstakademie Stuttgart studiert und dadurch eine Beziehung zur Stadt. Von ihrem Mentor und Förderer Steppes war bereits 1930 das Gemälde *Die letzte Stunde des Tages* vom Galerieverein Stuttgart an die Stadt verkauft worden.[236]

Steppes knüpfte in seinem Werk an seine Vorbilder Hans Thoma (1839–1924) und Arnold Böcklin (1827–1901) an und entwickelte einen eigenständigen, bewusst im Gegensatz zum Impressionismus stehenden Stil. Er wollte die Malerei im nationalen Sinne erneuern und zu den ‚Wurzeln' der deutschen Kunst zurückkehren, die er in der altdeutschen Kunst bei Albrecht Altdorfer, Albrecht Dürer und Lucas Cranach dem Älteren (1472–1553) sah. Der zeitgenössische Kunsthistoriker Henry Thode, ein enger Freund Hans Thomas, sah in Steppes, der vor dem Ersten Weltkrieg seine größten Erfolge hatte, den Vertreter einer „deutschen" Malerei und unterstützte ihn in diesem Sinne. Nach dem verlorenen Krieg und den gesellschaftspolitischen Entwicklungen nach der Novemberrevolution näherte sich Steppes früh der nationalsozialistischen Bewegung an, wurde aber erst 1932 Mitglied der NSDAP. Für den Kunsthistoriker und Biografen von Steppes, Andreas Zoller, wird im Leben und Werk des Künstlers ein „Kapitel einer national bestimmten, völkischen Kunst und ihre Verbindung zum Nationalsozialismus greifbar"[237]. Es erstaunt daher nicht, dass Steppes im Dritten Reich wichtige Auszeichnungen verliehen bekam und auf der „Großen Deutschen Kunstausstellung" regelmäßig mit Bildern vertreten war, die die Aufmerksamkeit führender Nationalsozialisten erregten. In den Jahren 1937, 1938, 1940, 1941, 1942, 1943 und 1944 zeigte er dort insgesamt 29 Gemälde.

Vollmar und Nicklas waren ihrem ‚Lehrer' das erste Mal 1912 begegnet, sahen sich fortan als seine ‚Schüler' und hielten zeitlebens Kontakt zu ihm. In den zehn Radierungen von Vollmar und vier von Nicklas sind die völkischen Anklänge spürbar, wodurch sich unter anderem auch erklärt, warum sie im Dritten Reich für die Grafiksammlung Stuttgarts erworben wurden. Beide Künstler versuchten nicht nur, sich den als „deutsch" klassifizierten alten Meistern durch die Wiederaneignung der altmeisterlichen Techniken anzunähern und damit ihren Status als solide Kunsthandwerker und „Meister" ihres Fachs herauszustellen, sie unterstrichen mit der Wahl ihrer Motive auch den nationalen und regionalen, den heimatverbundenen Charakter ihrer Kunst, die sie als Wiederanknüpfung an eine alte Tradition in der deutschen Malerei verstanden wissen wollten. Daher standen die Landschaft, das stadtferne Land, das Leben der Landbevölkerung und religiöse Themen im Zentrum des künstlerischen Schaffens dieser deutschtümelnden Visionäre. Das starke Moment von Religiosität und Heilserwartung brach sich Bahn in überwirklichen, teilweise fantastischen Landschaften. Die latente Sehnsucht nach der Rückkehr zu einer ständisch verfassten, vorindustriellen Gesellschaft führte zu Bauerndarstellungen, die sich den Anschein von Zeitlosigkeit gaben und durch „Stammescharakter" auszeichnen sollten. Den Entwicklungen und Erscheinungen der modernen und urbanen Industriegesellschaft standen Vollmer und Nicklas skeptisch bis ablehnend gegenüber, den verlorenen Weltkrieg lasteten sie der Sozialdemokratie und jungen Republik an. Ihre „Vision einer deutschen Malerei" muss im Kontext der Bewegung einer konservativen Revolution in Deutschland gesehen werden. Das erklärt auch die symbolisch aufgeladenen Bilder von Hirten und Schafherden, alten Metaphern der christlichen Heilslehre. Die Gemeinde der Gläubigen, das Volk, unter Führung ihres/seines Hirten auf dem Weg nach Arkadien. Diese Bilder bringen die Sehnsucht nach dem Aufbruch zum Ausdruck (Abb. 63, Abb. 64, Abb. 65, Abb. 66).

Alfred Vollmar wuchs in Ulm auf und schloss dort seine Schulausbildung mit dem Abitur ab. Zu Kriegsbeginn 1914 meldete er sich als Freiwilliger und wurde als Soldat nach nur wenigen Wochen Einsatz an der Westfront verwundet. Er erlitt eine schwere Gehörschädigung, die zu Taubheit führte, und ein Teil seines linken Arms musste amputiert werden. Nach seiner Genesung studierte er Kunst an den Akademien in Stuttgart und München und arbeitete dann als freischaffender Künstler in Ulm. Dort begründete er 1919 die Ulmer Künstlergilde mit, deren programmatischer Name auf das mittelalterliche Zunftwesen verwies. Für Vollmar war Edmund Steppes Vorbild und Mentor zugleich. Mit Josef Nicklas verbanden ihn wohl nicht nur ähnliche künstlerische Vorstellungen und Ideen, sondern auch das Schicksal eines in seiner körperlichen Beweglichkeit eingeschränkten Mannes (im Falle

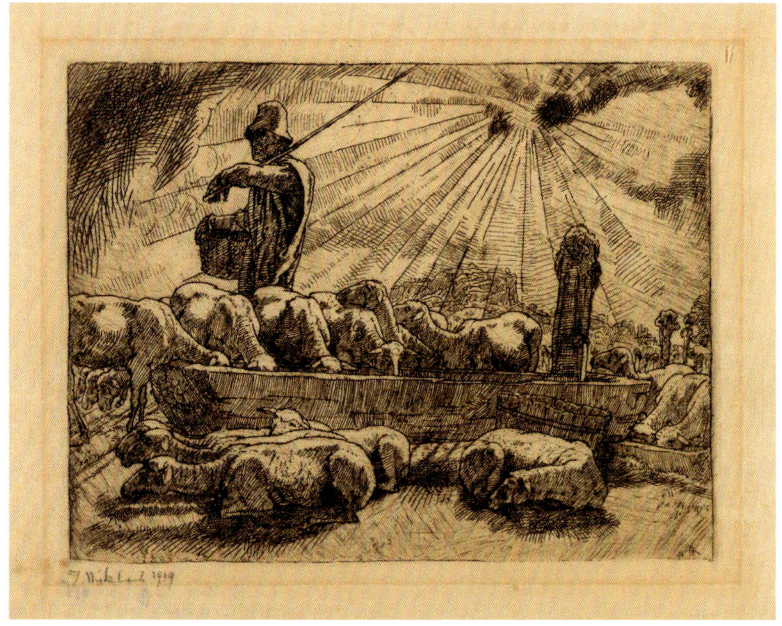

Abb. 63
Josef Nicklas, *Schafherde*, 1919, Radierung, 14,5 × 19 cm

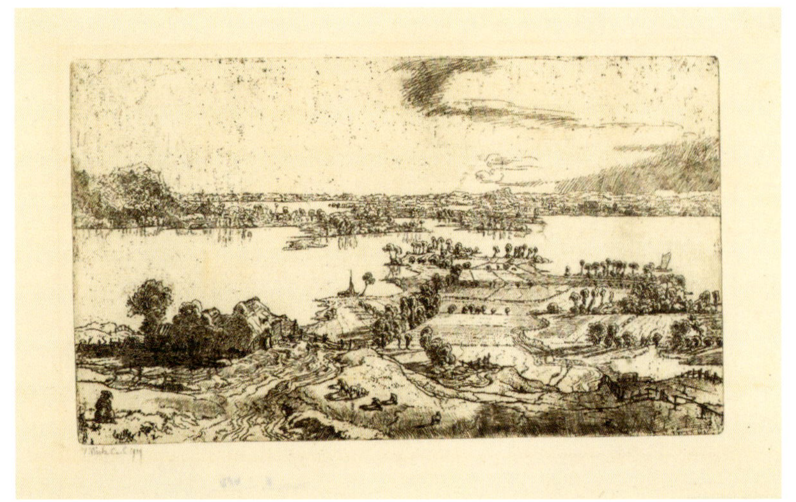

Abb. 64
Josef Nicklas, *Seelandschaft,* 1919, Radierung, 20 × 34 cm

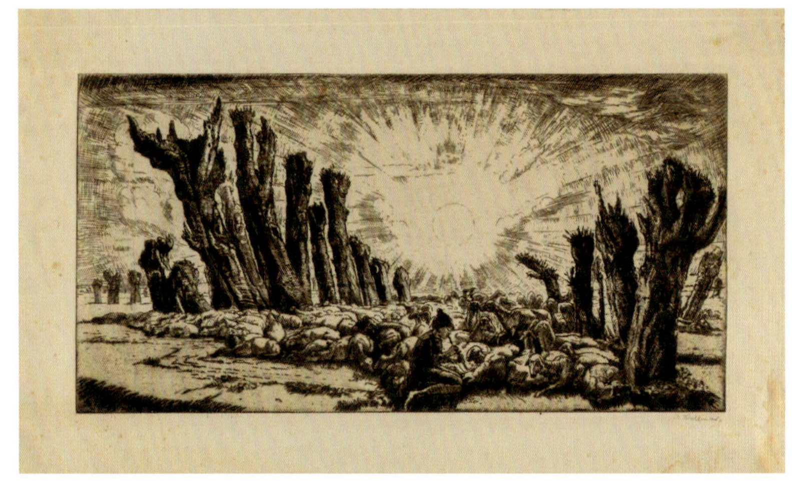

Abb. 65
Alfred Vollmar, *Schafherde,* o. J., Radierung, 25 × 48,5 cm

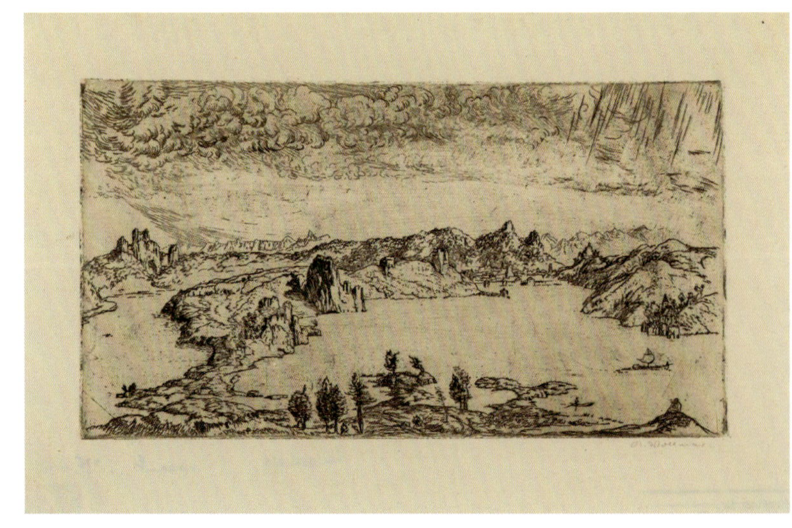

Abb. 66
Alfred Vollmar, *Romantische Landschaft,* o. J., Radierung, 14,5 × 26,5 cm

Vollmars eines Kriegsversehrten). Nicklas war von Kindheit an durch eine Kinderlähmung halbseitig gelähmt und wusste daher, was das Leben mit einer Behinderung bedeutete. Die Arbeiten, die die Städtische Grafiksammlung Stuttgart von den beiden Künstlern erwarb, zeigen eine auffällige stilistische und motivische Nähe, die wiederum auf ihre sehr enge Zusammenarbeit in den Zwanzigerjahren verweist. Beider Vorbilder waren altdeutsche Meister wie Altdorfer, Dürer und Cranach. In diesem Sinne hatte ihr künstlerisches Schaffen eine nationalistische und völkische Komponente, die von Zeitgenossen ausdrücklich angesprochen wurde, so etwa von dem Maler Hans Thoma, der 1919 über sie feststellte: „Der Hexensabbat in der Kunst ist doch sehr groß; aber es regt sich doch sehr viel Hocherfreuliches – so schicken mir zwei Ulmer Maler [Nicklas, Vollmar] eine Anzahl Radierungen, die hochbedeutend sind, echt deutscher Geistesart. Am Neubau Deutschland wird auch diese echte deutsche Malerei ihren Teil beitragen."[238] Folgerichtig schrieb der Kunsthistoriker Dr. Franz Hofmann, seit 1931 Mitarbeiter des „Völkischen Beobachters", 1934 jeweils über beide Künstler einen Aufsatz in der Zeitschrift „Die Kunst für alle".[239] Hofmann wurde im Juni 1934 Leiter der Städtischen Galerie München und war an der Organisation der Aktion „Entartete Kunst" sowie der Sichtung der zur Beschlagnahmung vorgesehenen Museumsbestände beteiligt. Anschließend stieg er zum Abteilungsleiter im Reichsministerium für Volksaufklärung und Propaganda in Berlin auf. Über Vollmars künstlerisches Umfeld hielt er fest: „Am nächsten steht ihm künstlerisch und menschlich der annähernd gleichaltrige, gleichfalls in Ulm tätige Josef Nicklas. Wir nannten schon gelegentlich einer Würdigung dieses Künstlers die Namen Cammisar, Tübingen, Emil Ernst Heinsdorff, München, ferner Rudolf Scheller, Siegfried Czerny, Heidelberg, und Karl Flügel als weitere Mitglieder dieser geistigen Gemeinschaft. Man geht nicht fehl, wenn man das Überpersönliche derselben vorwiegend im alemannischen Rassentum sucht und in einer knorrigen erdverwurzelten Bäuerlichkeit, die dem schwäbischen Volksstamme eigen ist."[240] Für Hofmann waren Vollmars Bilder das Beispiel des „neuen deutschen Stils". Auf der „Großen Deutschen Kunstausstellung" 1937 war Vollmar mit der Radierung *Herdenheimtrieb* vertreten. Nicklas stellte dort 1938 eine und 1941 zwei Zeichnungen aus.

Ob Vollmar tatsächlich wegen seiner überwiegend religiösen Themen und der fehlenden Parteizugehörigkeit auf wenig Zustimmung bei den Nationalsozialisten stieß und deshalb nach 1933 „zunehmend isoliert, bei Aufträgen übergangen, bei Ausstellungen benachteiligt"[241] wurde, ist schwer zu beurteilen, denn immerhin dokumentiert die Erwerbung der zehn Radierungen für die Grafiksammlung, dass sein Werk für die Stuttgarter Nationalsozialisten als ankaufswürdig und für ihr projektiertes Museum „schwäbischer" Kunst als geeignet erachtet wurde. Auch andere Verkäufe von seinen Werken lassen sich in Stuttgart nachweisen. So verkaufte er im Württembergischen Kunstverein Zeichnungen im Dezember 1935 *(Albbauer)* und Dezember 1936 *(Brotessender Knabe)* im Rahmen der Künstlerhilfe. Dass er auf eine solche Hilfe angewiesen war, illustriert andererseits aber auch, dass seine finanzielle Situation zeitweise angespannt gewesen sein muss.

Josef Nicklas stammte aus einer Bauernfamilie. Er absolvierte von 1913 bis 1916 erst ein Studium an der Kunstgewerbeschule in Stuttgart und ging dann anschließend auf die Kunstakademie in Stuttgart. Nach dem Krieg wurde er freischaffender Künstler. Seine bevorzugten Themen waren der ländliche Raum, die Landschaft, Tierdarstellungen und das Bauerngenre. Möglicherweise kannten sich Nicklas und Vollmar schon aus Ulm oder sie lernten sich während des Kunststudiums in Stuttgart kennen. Hofmann stellte die bäuerliche und schwäbische Abstammung von Nicklas heraus: „Er [...] entstammt einem oberschwäbischen Bauerngeschlecht. Das ist ein Volksschlag, der erdverwurzelt sich in seinen Lebensanschauungen durch Torheiten des Großstadtmenschentums nicht aus dem Geleise bringen läßt, und auch da, wo er künstlerische Talente aus sich hervorbringt, ihnen von dieser bäuerlichen Dauerhaftigkeit etwas mit auf den Weg gibt.“[242]

Paul Kälberers *Märzsonne* von 1933, die interessanterweise die zweitniedrigste Inventarnummer aller Radierungen in der Grafiksammlung des Kunstmuseums Stuttgart hat, weist nicht nur inhaltlich, sondern auch formal viele Parallelen zu den Landschaftsradierungen von Nicklas und Vollmar auf. Wie seine Kollegen setzte er sich intensiv mit der Grafik der alten Meister auseinander, im Falle Kälberers war das besonders das Radierwerk Rembrandts. Auch für Kälberer war die Alte Kunst, die kunstgeschichtliche Tradition, die Richtschnur für das eigene malerische und grafische Schaffen. An dieser Messlatte hatte sich die Arbeit der lebenden Künstler zu messen, aus dem „Stamm“ der Alten Kunst sah Kälberer diese erwachsen, von ihm empfingen sie „Leben und Art“.[243] Er verstand sein Werk als eine Art Gegen-Moderne, die sich auf die Tradition rückbesinnt. In diesem Sinne war auch sein Rückzug aufs Land programmatisch, weil er sich fernab des großstädtischen Getriebes mit dessen Ablenkungen, Versuchungen und Modernismen in der ländlichen Abgeschiedenheit ganz auf sein Werk konzentrieren und mit den alten Meistern ins Zwiegespräch treten wollte. Wie in *Märzlandschaft* ist für alle Landschaftsradierungen von Kälberer das Streben nach einer vollkommenen Einheit von Mikro- und Makrokosmos kennzeichnend (Abb. 67). Alles ist harmonisch und wohlgestaltet, wie Eva-Marina Froitzheim feststellt: „Der Mensch als Teil des Ganzen ist darin eingebettet, die göttliche Schöpfung erscheint völlig unberührt von menschlichen Eingriffen. Keine Autobahn, keine Industrie, nicht mal ein Dorf stört die Harmonie.“[244]

Abb. 6 /
Paul Kälberer, *Märzsonne*, 1933, Radierung, 17 × 21 cm

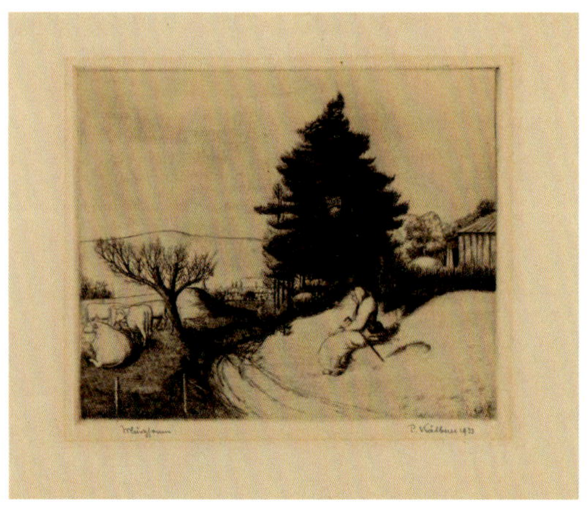

Kälberer mühte sich um die Darstellung der idealen Landschaft, er versuchte die Merkmale der heimischen Umgebung mit den Kompositionsmitteln der alten Meister ins Bild zu setzen und ihnen den Anstrich von Zeitlosigkeit zu verleihen. Mit dem Anspruch der Landschaft als ‚Seelenporträt' verfolgte er ähnliche Ziele wie Nicklas und Vollmar und stand auch jenem Künstlerkreis nahe, der sich um die Darstellung der „Stammeslandschaft" bemühte. Kein Wunder, dass er Alexander Eckener als Lehrer in der Druckgrafik hatte und mit Künstlern wie Felix Hollenberg befreundet war, oft Männer, die wie er in der Heimatschutzbewegung engagiert waren und sich für die Erhaltung der ‚ursprünglichen' Landschaft Schwabens einsetzten.

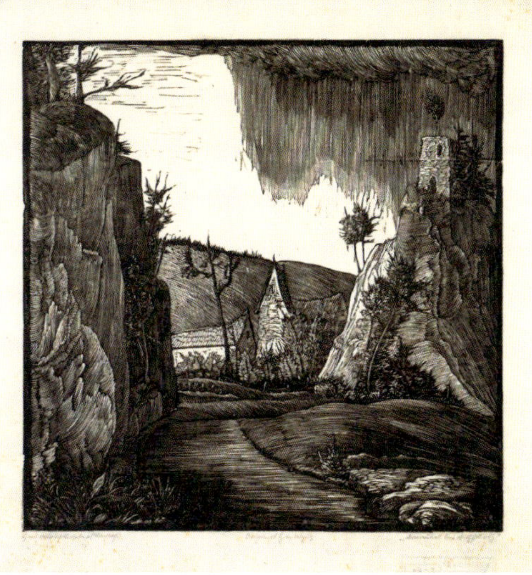

Abb. 68
Hans Otto Schönleber, *Donautal bei Diethfurth,* 1925, Holzschnitt, 40 × 40 cm

Im Zusammenhang mit der Vision einer „deutschen Landschaft" darf auch der etwas ältere Arzt und Grafiker Hans Otto Schönleber (1889–1930) nicht vergessen werden, der wie Vollmar und Nicklas den Weltkrieg miterlebt hatte und leidenschaftlicher Verehrer der alten deutschen Meister war. Mit 40 Jahren begann er 1929 noch das Studium der Malerei an der Kunstakademie Stuttgart. Ein Jahr später setzte er seinem Leben ein Ende. Seine in Kupfer und Holz gestochenen teils riesenformatigen Berglandschaften und nordischen Landschaften erinnern so sehr an Dürer, Altdorfer und die Donauschule, dass der Arzt und Schriftsteller Hans Killian meinte, in ihnen zeige sich eine deutsche Wesensart.[245]

Bild der NS-Kultur

Die ungewöhnliche Zeichnung *Die Tingstätte des Gaues Köln-Aachen in Jülich* gehört zu den Grafiken in der Sammlung, die ganz auf der Linie der NS-Ideologie liegen. Die Thingstätten waren bis zu Beginn des Zweiten Weltkriegs als Versammlungsplätze der Volksgemeinschaft und Orte der Volkskultur bedeutsam innerhalb der nationalsozialistischen Kultur, infolgedessen wurden sie anfangs stark gefördert. Das Wort „Thing" (auch „Ting" oder „Ding") ist nordgermanischen Ursprungs und bezeichnete die germanische und frühe deutsche Volks- und Gerichtsversammlung. In den skandinavischen Ländern sind die Volksvertretungen noch heute danach benannt. Das Thing wurde stets am Tag und zu bestimmten Zeiten unter freiem Himmel abgehalten. Immer fand es am gleichen Ort statt – der Thingstätte. Hier kam man zu politischen Beratungen und Gerichtsverhandlungen zusammen und führte Kultopfer und Heeresmusterungen durch.

Die Thingbewegung entstand zu Beginn des 20. Jahrhunderts in der deutschen Jugendbewegung in Rückbesinnung auf das Germanentum

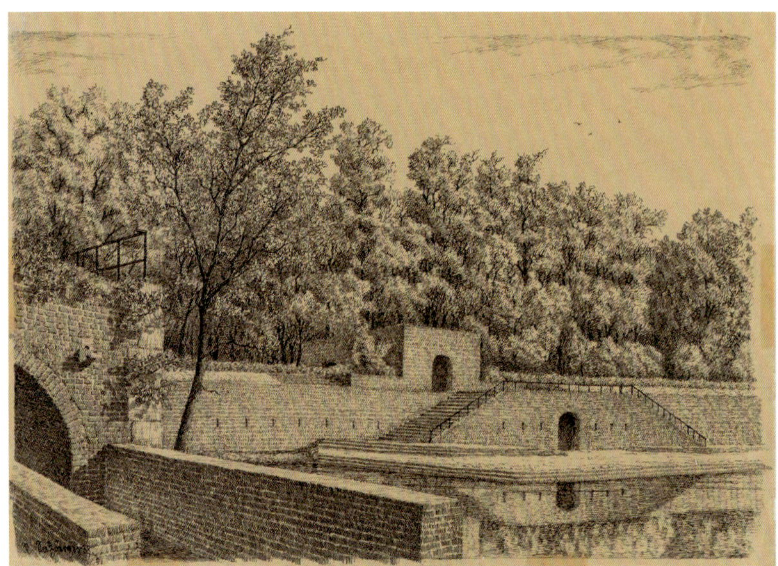

Abb. 69
Rupert Salzberger, *Die Tingstätte des Gaues Köln-Aachen in Jülich*, o. J. (zw. 1934–1936?), Feder, 30 × 43 cm

als vermeintlicher Ursprungsquell der Deutschen. Sie stand in Opposition zum wilhelminischen Kaiserreich, legte sich eine völkische Gesinnung zu und hoffte auf die Reinthronisierung der ‚wahren' deutschen Werte und Tugenden durch die Wiederbelebung alter Rituale und Traditionen. Für die jährlichen Generalversammlungen der Thingbewegung wurde ein Kulturprogramm eingeführt, das Trachten, Tanz, Gesang, Dichtung und Theater darbot. Ende der 1920er-Jahre wurde das Thingspiel entwickelt, ein vom Reichsbund der deutschen Freilicht- und Volksschauspiele organisiertes Großereignis, das sich die Thingbewegung zum Vorbild nahm, sich vor allem aber auf das Laienschauspiel und Volkstheater konzentrierte. Wegen der völkischen Ausrichtung gab es viele Berührungspunkte zwischen der Thingbewegung und dem Nationalsozialismus, es war daher für das neue Regime ein Leichtes, sie nach der Machtübernahme sofort gleichzuschalten, sich an ihre Spitze zu setzen und das Thingspiel für die eigene Propaganda zu nutzen. Reichspropagandaminister Joseph Goebbels stand der Thingbewegung vor, verlor nach einiger Zeit aber das Interesse, weil andere Medien zeitgemäßer und für die Propaganda geeigneter waren. Deshalb wurde die Förderung eingestellt und das Ende des Thingspiels eingeläutet. Seine Hochphase lag zwischen 1933 und 1936.[246]

Im Nationalsozialismus war die Thingstätte ein Ort der Huldigung der NS-Ideologie und ein Platz, auf dem die Volksgemeinschaft, vergleichbar mit einer Kirche im Freien, ihren Glauben ausübte. 1935 bezeichnete man zum Beispiel die Thingstätte in Heidelberg „als Kultstätte des nationalsozialistischen Glaubens"[247]. An anderer Stelle war zu lesen: „Die Thingplätze sollen Heimstätten einer neuen, aus nationalsozialistischer Gestaltungskraft entsprungenen Volkskultur und Volkskunst werden."[248] In diesen Pseudosakralbauten und Kulturtempeln zelebrierte man in mystisch-rituellen Festen und Feiern eine politische Ersatzreligion, deren einziges Ziel die Erziehung und Disziplinierung der Volksgenoss:innen war. Die Thingstätte war demnach ein Ort der weltanschaulichen Indoktrination.

Auf der Zeichnung *Die Tingstätte des Gaues Köln-Aachen* wird der Versammlungsplatz als ein in der Natur eingebetteter abgelegener Ort vorgestellt, der verlassen daliegt. Seine Bestimmung als sakraler Versammlungsort ist spürbar. Die ganz aus Stein errichtete Anlage befindet sich in einer beeindruckenden Naturkulisse. Deren natürlich gewachsene Formen stehen im Kontrast zur strengen Symmetrie der Architektur. Der schwere, lang gestreckte Baukörper besteht aus mit Ziegelstein verkleidetem, völlig schmucklosem Mauerwerk, das zum zentralen Versammlungsplatz hinführt und diesen hinterfängt. Auf den Platz gelangt man nur durch eine festungsartige, im Mauerwerk eingelassene Öffnung und über zwei Treppen. Ein Wasserbecken trennt den Platz vom Zuschauerbereich und unterstreicht seine herausgehobene Funktion. Während in der Natur die horizontalen Linien dominieren, sind es in der Sakralstätte die vertikalen. Die Architektur erinnert an eine Kombination aus Tribüne und Altar, wie sie auch auf dem von Albert Speer entworfenen Reichsparteitagsgelände in Nürnberg zu finden ist. Tatsächlich handelt es sich bei dem Baukomplex des Gaus Köln-Aachen um eine alte Festungsanlage aus napoleonischer Zeit. 1929 gestaltete man sie zu einem Volkspark um und am 28. Oktober 1934 wurde sie von den Nationalsozialisten als Thingstätte eingeweiht. Historische Fotos dokumentieren, wie eng Rupert Salzberger (1899–1966) sich an seine Vorlage hielt.[249] Die Thingstätte ist menschenleer, was ihre geheimnisvolle Erscheinung und auratische Wirkung verstärkt (Abb. 69).

Die Nationalsozialisten planten mehrere Hundert kleinere Thingstätten deutschlandweit mit einem Fassungsvermögen von bis zu 10 000 Personen. Errichtet wurde am Ende nur ein Bruchteil. Die bekanntesten Thingstätten im heutigen Baden-Württemberg, zum Beispiel in Heidelberg, sind in der Form von Amphitheatern, das heißt Freiluftbühnen, errichtet worden, deren Gestalt sich von der *Tingstätte des Gaus Köln-Aachen in Jülich* insofern deutlich unterscheidet, als bei Letzterer ein Festungsgraben die Bühne vom Zuschauerraum trennt. In Stuttgart wurde 1939 auf der Rohrer Höhe eine Thinghalle mit Thingplatz eingeweiht.

Rupert Salzberger, geboren im niederbayrischen Untereschenbach und gestorben in Welzheim, wohnte in Ludwigsburg, Stuttgart und Vellberg. Nach der Volksschule im Kloster Andeck am Ammersee absolvierte er von 1912 bis 1916 eine Ausbildung zum Mechaniker und Elektromonteur in Bad Tölz. Zum Jahresbeginn 1918 musste er als Soldat in den Westfeldzug. Nach dem Krieg hielt er sich bis 1920 in München auf und arbeitete anschließend als Mechaniker im Rheinland. Er entschied sich für einen Berufswechsel und ließ sich 1921 als Kunstmaler und Grafiker in Ludwigsburg nieder. Im gleichen Jahr trat er bereits dem Schutz- und Trutz-Bund bei, schied aus diesem aber 1923 wieder aus, weil er den Mitgliedsbeitrag nicht zahlen konnte. Schon in dieser Zeit wandte er sich der NSDAP zu. Im Dezember 1930 trat er in die Partei ein. Im März 1931 nahm ihn die Allgemeine SS auf. 1937 wurde er in den Rang eines Hauptscharführers erhoben und arbeitete von April bis September 1938 beim Rasse- und Siedlungshauptamt Oberabschnitt Süd-West. 1938 ernannte die SS ihn zum Untersturmführer. Er war von 1933 bis 1945 Mitglied der Reichskammer der bildenden Künste, von 1938 bis 1945 in der Nationalsozialistischen Volkswohlfahrt und von 1942 bis 1945 in der NS-Kriegsopferversorgung. Ab November 1944 übte er das Amt des Blockleiters aus. 1940 erhielt er die zehnjährige Dienstauszeichnung der NSDAP. Weil er ein überzeugter und eifriger Anhänger des Nationalsozialismus und Mitglied der SS gewesen war, wurde er nach dem Krieg sofort verhaftet und im Internierungslager 75 in Kornwestheim festgesetzt. In seinem Spruchkammerverfahren stuften die Richter Salzberger als einen Hauptbelasteten („Belasteter II") ein und verurteilten ihn zu zwei Jahren Arbeitslager, zudem wurden der Einzug seines Vermögens um 10 Prozent sowie die Erstattung der Kosten des Verfahrens, der Internierung und der Haft im Arbeitslager (5700 Reichsmark) angeordnet. Auch durfte er nach seiner Entlassung den Künstlerberuf für fünf Jahre nicht mehr ausüben.[250]

In seinem Entnazifizierungsverfahren behaupteten Zeug:innen, Salzberger hätte als Maler von seiner Parteizugehörigkeit profitiert und seine Bilder insbesondere an die NS-Organisationen verkauft. Betrachtet man seine Einkommensentwicklung von 1931 bis 1945, lässt sich Folgendes feststellen: Während er von 1931 bis 1939 zwischen 1200 und 2500 Reichsmark jährlich verdiente – insgesamt 16 000 Reichsmark –, nahm er in den Kriegsjahren 1942 bis 1944 16 400 Reichsmark ein

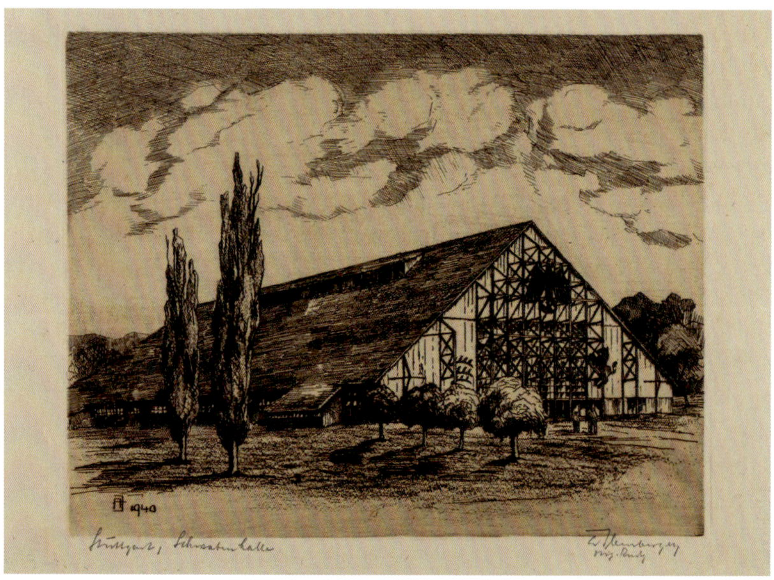

Abb. 70
August Illenberger, *Stuttgart Schwabenhalle*, 1940, Radierung, 25 × 32 cm

(1942: 3000, 1943: 7700, 1944: 5700). Salzberger war im August 1939 zur Wehrmacht eingezogen worden. Von März bis August 1941 betätigte sich der Unteroffizier als Maler in der Truppe. Nach seiner krankheitsbedingten Entlassung aus der Armee im April 1942 erhielt er als Kunstmaler lukrative öffentliche Aufträge, die ihm in drei Jahren ein Einkommen bescherten, das er vor dem Krieg nicht in acht Jahren verdient hatte. Es ist davon auszugehen, dass die Zeichnung *Tingstätte des Gaues Köln-Aachen in Jülich* zu den Ankäufen gehörte. Durch seine ehemalige Tätigkeit als Mechaniker zu Beginn der 1920er-Jahre hatte er Beziehungen ins Rheinland. Das erklärt, warum er die ehemalige Festungsanlage kannte, die die Nationalsozialisten dann in eine Thingstätte umwandelten. Als überzeugter, nach Zeugenaussagen sogar „fanatischer", in der Öffentlichkeit wiederholt in der schwarzen Uniform der SS auftretender Nationalsozialist stand Salzberger hinter der NS-Kulturbewegung der Thingstätten. Höchstwahrscheinlich fertigte er seine Zeichnung zwischen 1933 und 1936 an und verkaufte sie anschließend an das Kunstreferat.

Die *Schwabenhalle,* die August Illenberger in einer Radierung von 1940 verewigte, gehörte zu den von den Nationalsozialisten in Stuttgart realisierten Großbauprojekten. Im April 1938 hielt Hitler während seines Besuchs in Stuttgart hier eine Rede. Die Halle diente Massenveranstaltungen, in denen sich die Nationalsozialisten inszenierten. Architektonisch war sie angelehnt an den Typus des Hallenhauses, des bäuerlichen Einhauses, wie es in Norddeutschland verbreitet war. Im Stil sollten der Anspruch auf Volkstümlichkeit, die enge Verbindung des Nationalsozialismus zur bäuerlichen Gesellschaft und die Idee des Ursprungs der „arischen Rasse" in der niederdeutschen, „nordischen" Kultur zum Ausdruck gebracht werden. Illenberger stellt die Halle in einer idyllischen, geradezu ländlich wirkenden Umgebung dar, trotz ihrer Größe erscheint sie harmonisch in die Landschaft eingebettet. Sie wirkt wie ein großer Bauernhof. Tatsächlich befand sich die Schwabenhalle jedoch auf dem Wasen, einer großen Freifläche in Stuttgart. Der große Reichsadler mit dem Hakenkreuz in den Fängen zeigte aber sogleich unmissverständlich, wem dieses Gebäude diente (Abb. 70, Abb. 71).

Illenberger war nicht nur ein bekannter Landschaftsmaler und vielbeschäftigter Grafiker im Dritten Reich – die Stadt Stuttgart kaufte von ihm zahlreiche Arbeiten für die städtische Kunstsammlung und die Verwaltungen an –, sein beruflicher Hintergrund prädestinierte ihn auch für Bilder wie jenes von der *Schwabenhalle,* denn nachdem er aus dem Ersten Weltkrieg als Schwerbeschädigter zurückgekehrt war, begann er ein Maschinenbaustudium, wechselte dann aber zur bildenden Kunst und studierte an den Kunstakademien Düsseldorf und Dresden. Nach seinem Abschluss arbeitete er für die Industrie und fertigte konstruktive Darstellungen unter anderem von Fabrikanlagen und Maschinenhallen. Zudem malte er Industrieanlagen, zum Beispiel den großen Gaskessel und die Kokereianlage des Gaswerks Stuttgart. Dieses Gemälde er-

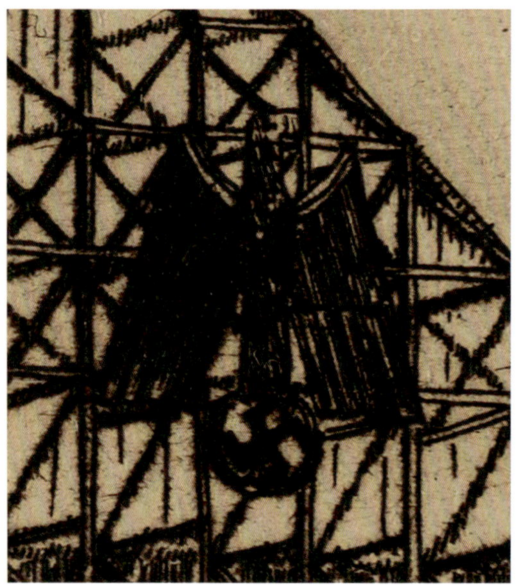

Abb. 71
Detail aus Abb. 70

warb die Stadt 1944, musste es aber gegen eine Anzahl kleinerer Bilder umtauschen, weil es wegen seiner Größe nicht im Rahmen des Kunstschutzes im Salzwerk Jagstfeld eingelagert werden konnte.[251]

7 KRIEGSBILDER

Im Grafikbestand des Kunstmuseums Stuttgart sind zahlreiche Arbeiten, deren Herkunft nach dem Zweiten Weltkrieg unklar war. Heute wissen wir, dass der Krieg den Ausbau der Grafiksammlung nicht stoppte. Sie wurde unter anderem um die Gruppe der Kriegsbilder erweitert. In diesem Bestand werden verschiedene Aspekte des Krieges behandelt. In dem Themenfeld finden sich viele Bilder, die als typisch für die Kunst- und Informationspolitik sowie die Kriegspropaganda des Nationalsozialismus betrachtet werden können und deshalb ohne Einschränkung zur Kunst im Dritten Reich gehören. Entsprechend hieß es im Verwaltungsbericht der „Stadt der Auslandsdeutschen" für das Jahr 1939 zum Stichwort „Kulturpflege": „Auch während des Krieges wird sich die Stadtverwaltung die Förderung der Kunst im Rahmen des Möglichen angelegen sein lassen. Besondere Berücksichtigung beim Erwerb von Kunstwerken sollen dabei diejenigen Künstler finden, die heute im feldgrauen Rock an der Front stehen."[252]

Von der Wehrmacht als Soldaten eingezogene Künstler waren in allen Kriegsgebieten. Teilweise fertigten sie Bilder im offiziellen Auftrag als Kriegsmaler oder Kriegsberichterstatter an, teilweise betrieben sie als Soldaten-Künstler in ihrer freien Zeit an und hinter der Front private künstlerische Studien. Ein Beispiel dafür ist der Maler Hans Dorn (1913–1941), der bis zur Einberufung zum Kriegsdienst an der Kunstakademie Stuttgart studierte. Dorn trat bereits 1931 mit 17 Jahren in die NSDAP ein und war als überzeugter Nationalsozialist Studentenführer an der Hochschule. Das erklärt die Förderung, die ihm von der Stadt zuteilwurde durch den Ankauf seiner Landschaftsbilder und die Ehrung anlässlich seines Todes in der Ukraine zu Beginn des Russlandfeldzugs, die sich in einem teilweise farbig illustrierten Buch niederschlug. Im März 1940 bekam der Soldat Dorn vier Wochen „Malurlaub". Als er im Frühjahr 1941 im französischen Marnetal stationiert wird, erhält er erneut die Gelegenheit zum Malen. Hier entstehen seine letzten Gemälde.[253]

Die Bilder von den Kriegsschauplätzen und dem Soldatenleben wurden in Ausstellungen an der Heimatfront gezeigt, in Stuttgart zum Beispiel im Kronprinzenpalais im Dezember 1942. Im überwiegenden Maße handelt es sich um affirmative Kriegsbilder, die nicht selten auf verharmlosende Weise wie Urlaubsimpressionen wirken, es gibt aber auch Bilder, die die deutschen Kriegsziele unterstützten und die Erfolge auf den Kriegsschauplätzen verherrlichen. Die Kriegsbilderausstellungen wurden von Organisationen wie der Künstler-Kriegshilfe initiiert. Aber auch die Akademien hielten ihre Kriegsdienst leistenden Studenten dazu an, an von Wehrkreiskommandos ausgerichteten Ausstellungen mitzuwirken, aus denen dann Arbeiten erworben wurden.[254]

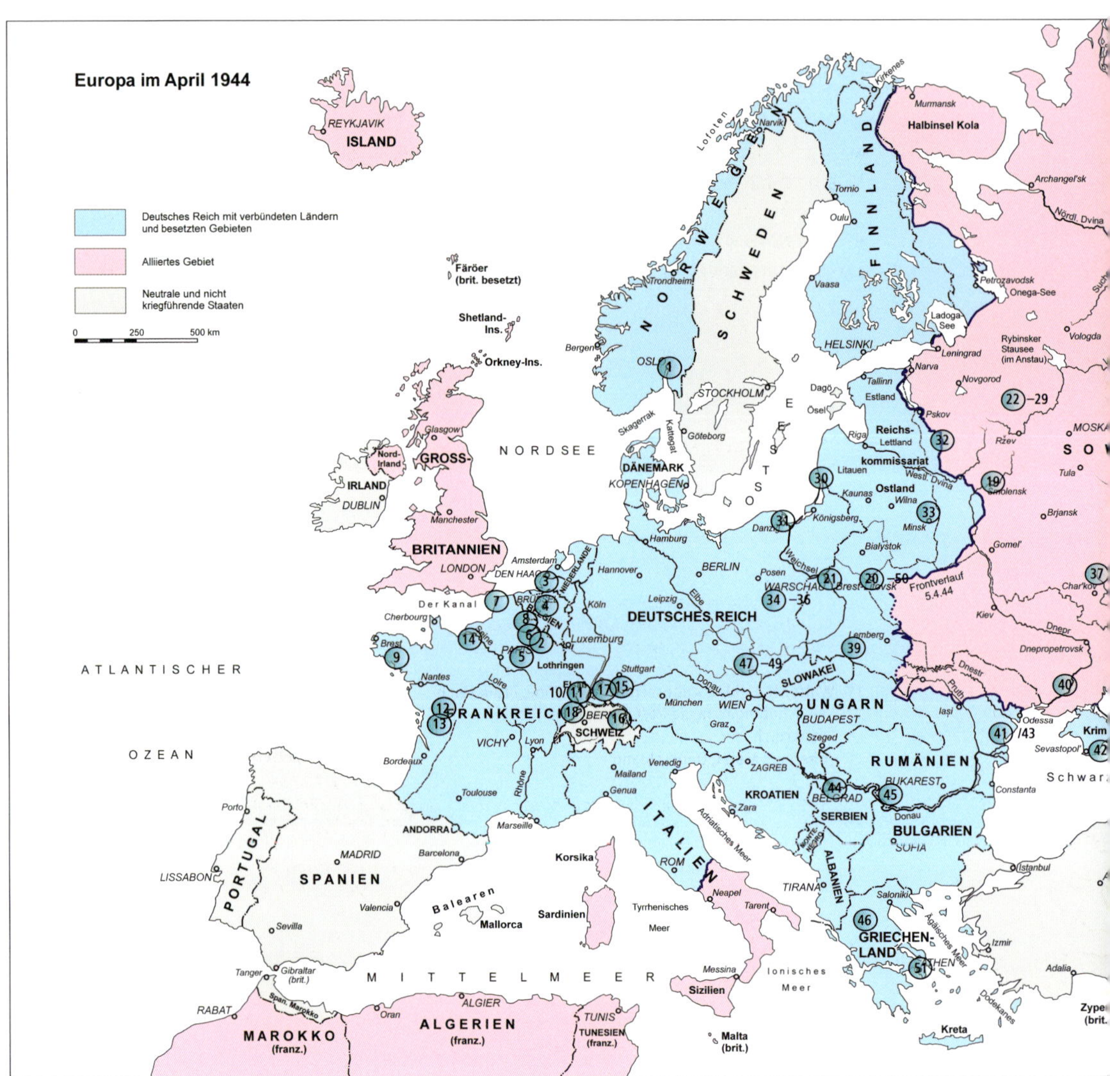

Europa im April 1944
Deutsches Reich mit verbündeten Ländern und besetzten Gebieten
Alliiertes Gebiet
Neutrale und nicht kriegführende Staaten
0
250
500 km
REYKJAVIK
ISLAND
Färöer (brit. besetzt)
Shetland-Ins.
Orkney-Ins.
NORWEGEN
SCHWEDEN
FINNLAND
Lofoten
Narvik
Kirkenes
Murmansk
Halbinsel Kola
Archangel'sk
Nördl. Dvina
Tornio
Oulu
Vaasa
Trondheim
Bergen
OSLO
STOCKHOLM
HELSINKI
Petrozavodsk
Onega-See
Ladoga-See
Leningrad
Rybinsker Stausee (im Anstau)
Vologda
Narva
Tallinn
Estland
Dagö
Ösel
Novgorod
Pskov
Riga
Reichs-kommissariat
Lettland
Litauen
Ostland
Kaunas
Wilna
Westl. Dvina
Minsk
Smolensk
Tula
Rzev
MOSKA
Brjansk
Gomel'
Skagerrak
Kattegat
Göteborg
DÄNEMARK
KOPENHAGEN
NORDSEE
OSTSEE
Danzig
Königsberg
Bialystok
Glasgow
Nord-Irland
GROSS-BRITANNIEN
IRLAND
DUBLIN
Manchester
LONDON
Amsterdam
DEN HAAG
NIEDERLANDE
BRÜSSEL
BELGIEN
Der Kanal
Cherbourg
Brest
Hamburg
Hannover
BERLIN
Posen
WARSCHAU
Weichsel
Brest-Litovsk
Köln
Leipzig
Elbe
DEUTSCHES REICH
Luxemburg
Lothringen
PARIS
Seine
Loire
Nantes
Stuttgart
Frontverlauf 5.4.44
Kiev
Char'kov
Dnepr
Dnepropetrovsk
Dnestr
Pruth
Lemberg
SLOWAKEI
Donau
München
WIEN
Graz
UNGARN
BUDAPEST
Szeged
Iasi
Odessa
Krim
Sevastopol'
ATLANTISCHER OZEAN
FRANKREICH
VICHY
Lyon
Rhône
Bordeaux
Toulouse
Marseille
SCHWEIZ
BERN
Venedig
Mailand
Genua
ZAGREB
KROATIEN
Zara
BELGRAD
SERBIEN
RUMÄNIEN
BUKAREST
Constanta
Schwarz
BULGARIEN
SOFIA
Istanbul
Porto
PORTUGAL
LISSABON
MADRID
SPANIEN
Valencia
Barcelona
ANDORRA
Sevilla
Balearen
Mallorca
Korsika
Sardinien
ITALIEN
ROM
Adriatisches Meer
Tyrrhenisches Meer
Neapel
Tarent
MONTENEGRO
ALBANIEN
TIRANA
Saloniki
GRIECHEN-LAND
ATHEN
Ägäisches Meer
Izmir
Adalia
Dodekanes
Kreta
Ionisches Meer
Messina
Sizilien
Malta (brit.)
Zypern (brit.)
Tanger
Gibraltar (brit.)
Span. Marokko
MITTELMEER
RABAT
MAROKKO (franz.)
Oran
ALGIER
ALGERIEN (franz.)
TUNIS
TUNESIEN (franz.)
1
2
3
4
5
6
7
8
9
10/11
12
13
14
15
16
17
18
19
20–50
21
22–29
30
31
32
33
34–36
37
39
40
41/43
42
44
45
46
47–49
51

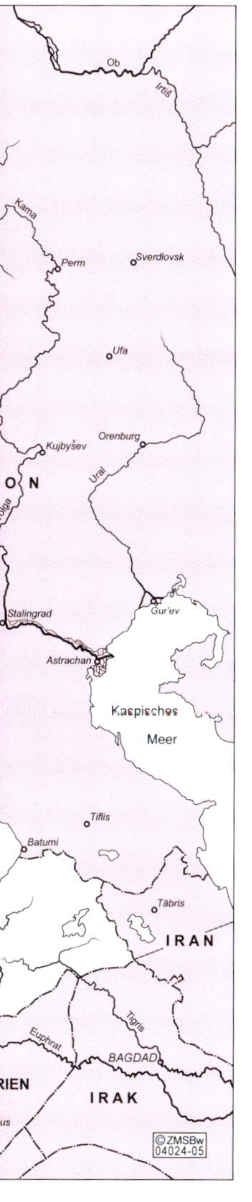

Tafel 2

Europa unter deutscher Besatzung, 1943–1945 (© Zentrum für Militärgeschichte und Sozialwissenschaften der Bundeswehr). Der Autor ergänzte die Karte mit den Kriegsschauplätzen, an denen die von der Städtischen Galerie Stuttgart gesammelten Kriegsbilder im Zeitraum von 1939 bis 1943 entstanden. Die in der Karte dargestellte Herrschaftssituation entspricht deshalb einer Gebietsverteilung, die teilweise erst nach der Herstellung einiger Werke bestand. Die Orte sind geografisch nicht exakt eingezeichnet. Die Karte veranschaulicht, dass für die Sammlung von einer Vielzahl von Kriegsschauplätzen Arbeiten erworben wurden, die die geografische Dimension des Krieges illustrieren, und dass damit eine Art Gesamtdarstellung des Krieges angestrebt wurde.

1. Richard Neuz, Oslo, Norwegen
2. Martin Sternagel, Frankreich
3. Unbekannter Künstler, Rotterdam, Niederlande
4. August Philipp Henneberger, Brüssel, Belgien
5. Max Pöppel, Quincy-Voisins, Frankreich
6. Paul Erich Felger, Laon, Frankreich
7. Caspar Fürst, Boulogne, Frankreich
8. Emil Klay, Chemin des Dames, Frankreich
9. Norbert Gerd Hartmann, Trinité-sur-Mer, Frankreich
10. Max Osterrieder, Straßburg/Elsass, Frankreich
11. Rupert Salzberger, Glashütte/Elsass, Frankreich
12. Maxim Bühler, La Roche-Foucauldt, Frankreich
13. Walter H. Köhler, Aubeterre-sur-Dronne, Frankreich
14. Leo Schobinger, Île de Ré/Châtelaillon-Plage, Frankreich
15. Johannes Maier, Deutschland
16. Robert Frank, Säntis, Schweiz
17. Eduard Trautwein, Schwäbische Alb, Deutschland
18. Fritz Steisslinger, Étang de Frasne, Frankreich
19. Walter Romberg, Smolensk, Russland
20. Walter Romberg, Brest, Belarus
21. Walter Romberg, Warschau, Polen
22. Hans Grohe, Russland
23. Alfred Reeder, „Eismeerfront", Russland
24. Willy Widmann, Russland
25. Gustav Ueckert, Russland
26. Ludwig Schäfer-Grohe, Russland
27. Alfred Eichhorn, Russland
28. Walter Brudi, Russland
29. Walter Dambacher, Russland
30. Peter Anton Gekle, Kurisches Haff, Litauen
31. Hermann Mayrhofer, Danzig, Polen
32. Willy Widmann, Polnisch-russische Grenze
33. Rudolf Trickl, Belarus
34. Heinrich Kübler, Polen
35. Willy Haas, Polen
36. August Müller, Polen (?)
37. Karl Freitag, Kursk, Russland
38. Emil Klay, Bohdaniwka, Ukraine
39. Peter Jakob Schober, San bei Solina, Polen
40. Willy Widmann, Bug, Ukraine
41. Paul Erich Felger, Bessarabien, Rumänien
42. Willy Widmann, Alupka, Russland
43. Heinrich Kübler, Bessarabien, Rumänien
44. F. Berger, Belgrad, Serbien
45. ? Jürgens, Eisernes Tor, Rumänien
46. Rudolf Hengstenberg, Griechenland
47. Leo Schobinger, Hauerland, Tschechoslowakei
48. Hermann Metzger, Prag, Tschechoslowakei
49. Arnold Lutz, Tschechoslowakei
50. Willy Widmann, Bug bei Nikolejeff, Belarus
51. Adolf Saile, Athen, Griechenland

Natürlich kann die Auswertung und Analyse dieses Bestandes nur auf der Grundlage der heute noch erhaltenen Kriegsgrafiken vorgenommen werden. Höchstwahrscheinlich war die Anzahl der Erwerbungen weitaus größer, und vielleicht sah der Bestand in seiner Zusammensetzung noch etwas anders aus als heute, wo nur noch ein Rest erhalten ist. Aber auch der überkommene Bestand vermag zu veranschaulichen, auf welchen Kriegsschauplätzen und in welchen besetzten Ländern die Arbeiten entstanden und zu welchem Zweck die Nationalsozialisten sie anschafften und sich ihrer bedienten.

Von 49 Grafiken haben 39 eine unbekannte Provenienz. Sie können jedoch wegen ihres Entstehungsdatums und ihres Bildgegenstands Ereignissen und Kriegsorten im Zweiten Weltkrieg zugeordnet werden. In vier Fällen stammen die Arbeiten definitiv aus Ausstellungen, die während des Krieges stattfanden und unter anderem die Titel „Kunst an der Front" und „Künstler im feldgrauen Rock" trugen. Darunter war auch eine Ausstellung im Kronprinzenpalais Stuttgart. In drei Fällen kamen die Blätter nach dem Krieg in die Sammlung, weil sie erst dann von den Künstlern verkauft wurden.[255]

Nicht von allen 33 Künstlern sind die Biografien bekannt. Nur drei gehörten zu den bildenden Künstlern in Stuttgart, alle anderen können nicht in Beziehung zur Stadt gebracht werden.[256] Die überwiegende Mehrheit scheint aber aus Württemberg und Baden gekommen zu sein und ihre Werke wurden deshalb zur „schwäbischen" Kunst gezählt. Das entsprach auch der völkischen Ausrichtung des zukünftigen Museums. Die in den Krieg involvierten Künstler bildeten eine weitere, allerdings für die Nationalsozialisten sehr wesentliche Facette des regionalen Kunstschaffens.

Die Themen variieren. Fast die Hälfte aller Arbeiten sind Landschaftsbilder (23), es folgen die Themen Kriegsalltag (6), Kriegsmarine (3), Zerstörungen (3), Kampf (4), Tod (2), Städte (3), Heimatfront (1), Vormarsch (1), Interieur (1) und Niederlage (1). Die große Bedeutung des Deutsch-Sowjetischen Krieges 1941 bis 1945 drückt sich in der hohen Anzahl von 17 Bildern aus, die in Russland entstanden und Land und Leute darstellen. Für den westlichen Kriegsschauplatz und die vom Deutschen Reich besetzten Länder war besonders Frankreich bedeutsam. Das spiegelt sich in 9 Bildern wider. Es folgen Darstellungen vom deutschen Überfall auf Polen (4), vom Krieg in Griechenland (1) und Jugoslawien (1) sowie von drei bisher nicht identifizierten Orten.

Die Frontmaler[257]

Kriegs- oder Schlachten- und Militärgenrebilder gehörten schon vor dem Zweiten Weltkrieg zum Sammlungsbestand der Städtischen Galerie.[258] Maler wie Otto Faber du Faur (1828–1901), Carl von Häberlin (1832–1911), Robert von Haug (1857–1922) und Christian Speyer (1855–

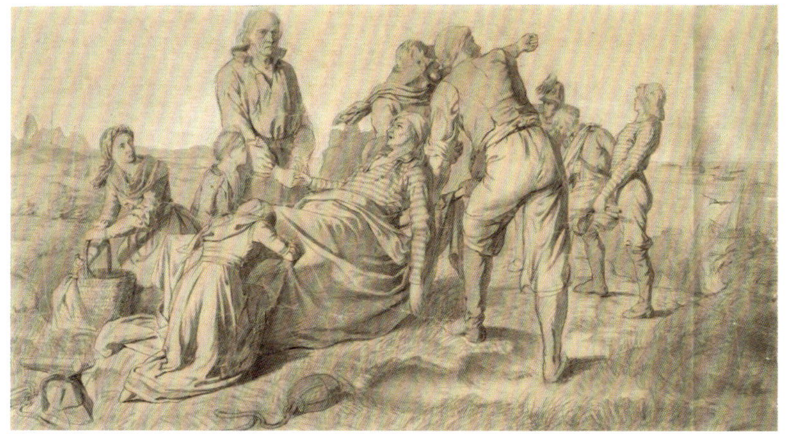

Abb. 72
Carl von Häberlin, *Szene aus dem 1. Schleswig-Holsteinischen Kriege. Ein auf der Insel Amrum Verwundeter Freiwilliger wird auf der Tragbahre zu seiner Familie gebracht*, 1857, Bleistift, 59 × 107 cm

1929) waren ausgesprochene Spezialisten auf dem Feld der Kriegs- und Schlachtenmalerei. Solche Bilder wurden schon in der Zeit vor der „Machtergreifung" für dieses Sammlungsfeld erworben und in der Villa Berg ausgestellt.[259] Ein Beispiel dafür ist Carl von Häberlins große Zeichnung *Szene aus dem 1. Schleswig-Holsteinischen Kriege* (Abb. 72).[260]

Das Bild thematisiert den Deutsch-Dänischen Krieg 1848. Die zum Königreich Dänemark gehörende Insel Amrum kam erst 1864 zu Preußen. Als Schleswig 1848 von Friedrich VII. einverleibt werden sollte, erhoben sich junge Freiwillige in Schleswig-Holstein im patriotischen Überschwang. Das dänische Militär schlug den Aufstand nieder, weshalb der Deutsche Bund Truppen schickte und dadurch der Deutsch-Dänische Krieg ausgelöst wurde. Häberlin, Historienmaler und von 1868 bis 1885 Professor für Genremalerei an der Königlichen Kunstschule in Stuttgart, schuf ein etwas größeres Ölgemälde (93 × 120 cm) zu diesem Motiv, das sich heute im Landesmuseum Schleswig befindet. Die Zeichnung ist eine von zwei Studien dazu. Die Genreszene stellt einen verwundeten freiwilligen Deutschen ins Zentrum und bedient sich der Darstellungsform des toten, aufgebahrten Christus, wie sie zum Beispiel auch Jacques-Louis David (1748–1825) in seinem Revolutionsgemälde *Der Tod des Marat* einsetzte. Häberlin gestaltete ein nationales Bildthema und betonte das deutsche Nationalgefühl, indem er den Einsatz der deutschen Freiwilligen für das Vaterland heroisiert. Die nationalistische Haltung entsprach dem Zeitgeschmack und kam später den Nationalsozialisten entgegen.

Arbeiten, die den Ersten Weltkrieg thematisierten, waren ebenfalls ein Sammlungsgegenstand. Eine düstere und ungewöhnliche Darstellung des Kriegsbeginns gelangte mit Fritz Scherers (1877–1929) Lithografie *Truppenausmarsch München August 1914* in die Sammlung. Der in Freiburg im Breisgau geborene Künstler verdiente seinen Lebensunterhalt erst als Kaufmann im Familienbetrieb, ehe er sich mit 30 Jahren der Malerei zuwandte. Ab 1908 lebte er in München, war Mitglied der Münchner Sezession sowie verschiedener anderer deutscher Künstlervereinigungen und stellte regelmäßig in der Sezession aus. Grafiken schuf er nur wenige, die menschliche Figur spielt in seinem von der Landschaftsmalerei bestimmten Werk fast keine Rolle. Umso bemerkenswerter ist die Darstellung des Massenausmarschs der zum Krieg eingezogenen Männer in München 1914. Gespenstisch angeleuchtete Soldatenkolonnen mit voller Ausrüstung marschieren auf drei hell erleuchtete Bögen im Hintergrund zu, so als strömten sie dem verheißenen Paradies entgegen. Aus der Dunkelheit geht es ans Licht. Der Krieg 1914 bekommt die Dimension eines Erweckungserlebnisses, eines Heilsgeschehens von religiösen Ausmaßen. Das einzelne Individuum reiht sich ein in die Gemeinschaft und geht in der Masse auf. Weil das Geschehen aus einer leicht erhöhten Position festgehalten ist, erscheint die Menschenmenge grenzenlos. Ein einzigartiger Augenblick scheint im Bild eingefangen, das Augusterlebnis zu Beginn des Ersten Weltkriegs, der von vielen Zeitgenoss:innen mit Begeisterung und Gefühlsüberschwang aufgenommen wurde. Ob Scherer die Lithografie während des Krieges anfertigte oder erst in der Zeit der Weimarer Republik, ist unbekannt. Der Steindruck wurde 1937 angekauft.[261]

Ganz ähnlich hielt der Stuttgarter Maler Amandus Faure (1874–1931) den Ausmarsch der Soldaten 1914 in Stuttgart fest. Wiederum ist das Ereignis als nächtliche, nur von einer einzigen Straßenlaterne dramatisch angeleuchtete Szene festgehalten. Auch in diesem Fall kennen wir das Erwerbungsjahr, das mittelgroße Gemälde kam 1943 in die Sammlung (Abb. 73, Abb. 74).[262]

Nachdem die Nationalsozialisten im Oktober 1939 beschlossen hatten, die Ausstellung der Städtischen Galerie in der Villa Berg umzugestalten und dabei die Sammlung neu zu ordnen – zu diesem Zeitpunkt hatte die deutsche Wehrmacht Polen bereits überfallen und das Deutsche Reich den Zweiten Weltkrieg ausgelöst –, richtete man einen ganzen Raum nur für historische Kriegsbilder ein. Er zeigte in erster Linie Darstellungen aus den Napoleonischen Kriegen und den Befreiungskriegen 1813 bis 1815.

Neben historischen wurden auch aktuelle Kriegsbilder angekauft. Ein Beispiel hierfür ist die Erwerbung eines Gemäldes, das den Kampf einer sich auf dem Vormarsch in Russland befindenden motorisierten Grenadiereinheit darstellt. Hergestellt wurde es von einem Maler namens Jürgens, der Obergefreiter beim Stab des motorisierten Grenadierregiments 25 Stuttgart-Zuffenhausen war.[263] Sein 4000 Reichsmark teures Gemälde sollte dem Stuttgarter Traditionsregiment, dem motorisierten Grenadierregiment 119, von OB Strölin als Geschenk im Kriegsjahr 1943 überreicht werden, weil die Regimentsangehörigen rund 44 000 Reichsmark für die durch den Fliegerangriff vom 22. November 1942 geschädigten Stuttgarter:innen gesammelt hatten. Bis zur Rückkehr des Regiments von der Front wurde das Bild zusammen mit dem Kunstbesitz der Stadtverwaltung aufbewahrt.[264] Es war nicht die einzige Arbeit, die die Stadt Stuttgart von Jürgens erwarb. In der grafi-

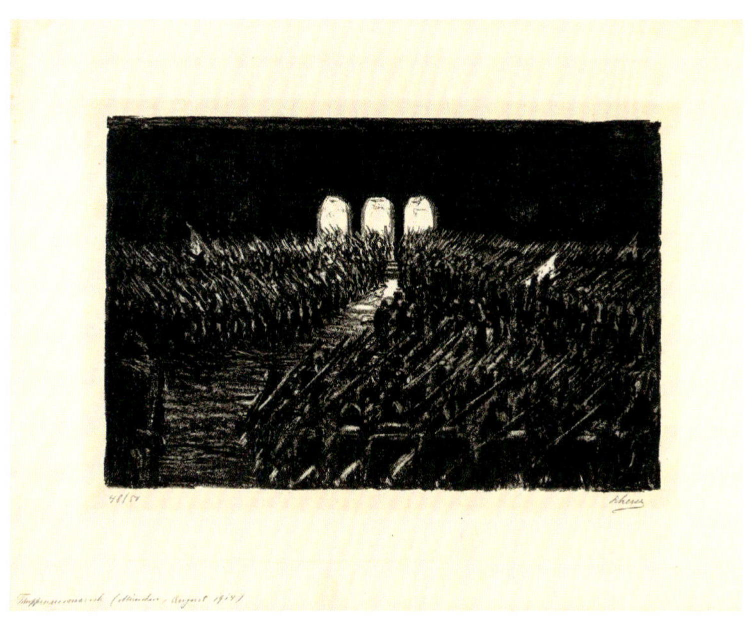

Abb. 73
Fritz Scherer, *Truppenausmarsch München August 1914,* o. J.,
Lithografie, 32 × 42 cm

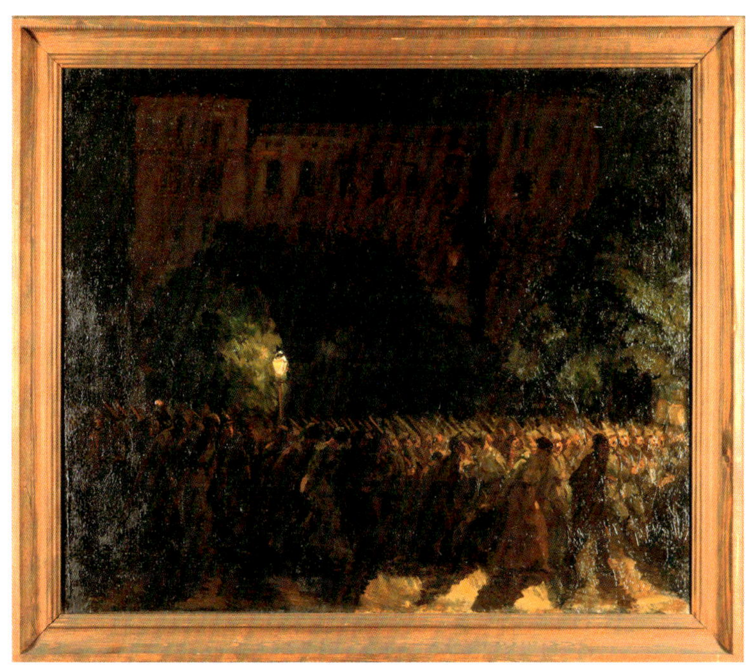

Abb. 74
Amandus Faure, *Ausmarsch 1914 in Stuttgart,* 1914,
Öl auf Leinwand, 84 × 100 cm

schen Sammlung befindet sich von ihm zudem die Tempera-Arbeit *Am eisernen Tor von der rumänischen Seite aus abwärts*[265], die während des Balkanfeldzugs im Frühjahr 1941 entstand, als die jugoslawische Armee am Eisernen Tor die Invasion der deutschen Wehrmacht zu verhindern versuchte.

Der Maler Jürgens ist ein Beispiel dafür, dass von heute völlig unbekannten Künstlern Kriegsbilder in die Grafiksammlung gelangten. Über diese Künstler-Soldaten oder Soldaten-Künstler ist zumeist nur sehr wenig bekannt, oft sind nicht einmal ihre Lebensdaten und vollständigen Namen überliefert. Es stellt sich die Frage, auf welche Art und Weise ihre Bilder entstanden und wie sie in die Sammlung gelangten.

Um etwas Licht ins Dunkel zu bringen, müssen wir uns mit jener Gruppe in der deutschen Wehrmacht befassen, für die General Zenetti die Umschreibung „Künstler, die Soldaten wurden, und Soldaten, die Künstler werden wollen"[266] wählte. Bis heute ist über das Thema Kriegs- beziehungsweise Frontmaler relativ wenig geforscht und publiziert worden.[267] Nur in seltenen Fällen kennen wir die Biografie und den Werdegang der Kriegsmaler in der Wehrmacht. Die von der Städtischen Galerie Stuttgart angekauften Werke kamen jedoch von Künstlern, die einem regionalen Publikum bekannt gewesen sein dürften, allerdings hinterließen auch sie nach 1945 keine weiteren kunsthistorischen Spuren. Deshalb ist es schwierig, nachzuvollziehen, ob sie im offiziellen Auftrag als Kriegsmaler oder Kriegsberichterstatter an der Front tätig waren oder nur als Künstler, die als Soldaten Kriegsdienst leisten mussten und sich künstlerisch betätigten, wenn ihnen im Feld dazu Zeit blieb. Nur in einigen wenigen Fällen ist von den im grafischen Bestand vertretenen Künstlern überliefert, dass sie Kriegsmaler waren und im Auftrag der Wehrmacht und des Reichspropagandaministeriums Kriegsbilder herstellten. Im Fall des württembergischen Kriegsmalers Richard Hohly (1902–1995) zeichnete Eberhard Birk dessen Weg und dessen Situation im Zweiten Weltkrieg nach, die vielleicht exemplarisch ist und auf die daher noch anderer Stelle eingegangen wird (siehe S. 142–143).[268] Von Caspar Fürst (1900–1977), einem ehemaligen Meisterschüler an der Stuttgarter Kunstakademie, ist überliefert, dass er zu Beginn des Krieges als Soldat eingezogen wurde und dass das Wehrkreiskommando Stuttgart ihn als „Künstler im feldgrauen Rock" zu den Kriegsschauplätzen entsandte.[269] In dieser Funktion zeichnete er zum Beispiel die Hafenanlage in Boulogne-sur-Mer. Die französische Hafenstadt, größter Fischereihafen Frankreichs, war Stützpunkt der Wehrmacht. Im Mai 1940 fand hier die Schlacht um Boulogne statt, bei der die alliierten Truppen, bestehend aus Franzosen, Briten und Belgiern, den Hafen verteidigten. Am 25. Mai eroberte die deutsche Wehrmacht die Stadt und besetzte sie bis Herbst 1944. Zwischen Juni 1940 und Juni 1942 befand sich im Westhafen eine Seeflugzeugstaffel der Luftwaffe. Eine Marine-Artillerie-Abteilung war hier während der gesamten Besatzungszeit zur Verteidigung der Küste abgestellt (Abb. 75).

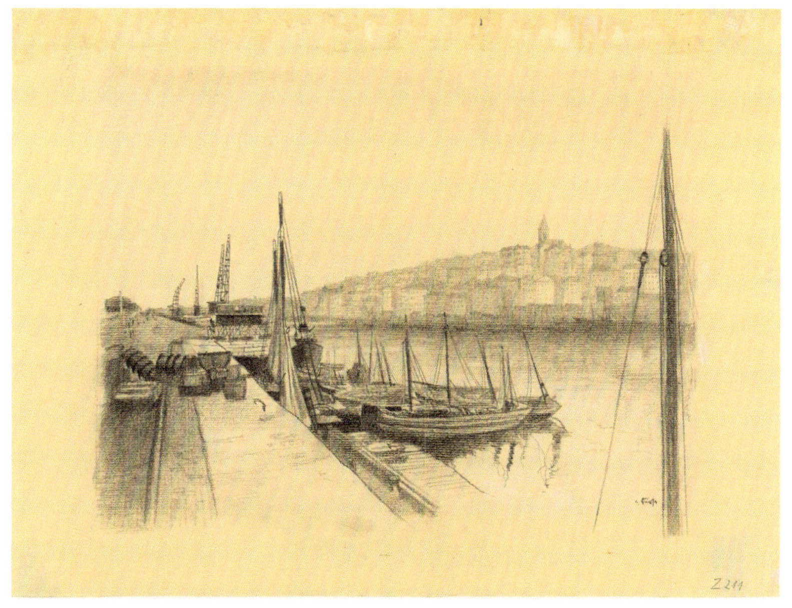

Abb. 75
Caspar Fürst, *Hafenanlage Boulogne*, um 1940, Bleistift, 32 × 44 cm

Darüber hinaus war Fürst auch an anderen Kriegsschauplätzen, etwa 1941 in Jugoslawien. Das Deutsche Reich hatte es mit seinen Verbündeten Italien und Ungarn ohne vorherige Kriegserklärung oder Ultimatum angegriffen. In Belgrad aquarellierte Fürst die zerstörte Save-Brücke.[270] Belgrad hatte über keine Luftverteidigung verfügt und sich deshalb zur offenen Stadt erklärt, trotzdem war es von der deutschen Luftwaffe binnen zwei Tagen zum größten Teil zerstört worden. Die Opferzahlen schwanken zwischen 1500 bis 17 000 beziehungsweise 30 000 Menschen. Nach offiziellen jugoslawischen Angaben, die nach 1945 bekannt gegeben wurden, kamen circa 2300 Menschen ums Leben.

Der Anblick und das Ausmaß der Kriegszerstörungen in Belgrad beeindruckten nicht nur Fürst, sondern auch andere deutsche Kriegsberichterstatter und Kriegsmaler. Rudolf Hengstenberg (1894–1974) hielt den Bau einer Pionierbrücke über die Save im Bild fest.[271] Der Kriegsmaler F. Berger, über den wir nichts wissen, der aber in der Grafiksammlung mit dem Aquarell *Belgrad* vertreten ist, zeigt als Ergebnis der Arbeit deutscher Pioniere die fertige Ersatzbrücke neben der zerstörten. Bergers Aquarell trägt nicht nur das Entstehungsjahr, sondern ist auch mit dem Tagesdatum versehen. Damit wird der dokumentarische Charakter dieses Kriegsbildberichts unterstrichen (Abb. 76).

Die Quellenlage über die Kriegsmaler ist auch deshalb schwierig, weil die zur ehemaligen Wehrmacht überlieferten Fakten große Lücken aufweisen, die heute nicht mehr geschlossen werden können. Es fehlen viele Unterlagen von Regimentern, Bataillonen und anderen kleineren Einheiten sowie Dienststellen. Kriegstagebücher der Divisionen enden zumeist im Jahr 1943.[272] Damit wir überhaupt Genaueres über einen Frontmaler in Erfahrung bringen können, benötigen wir Informationen

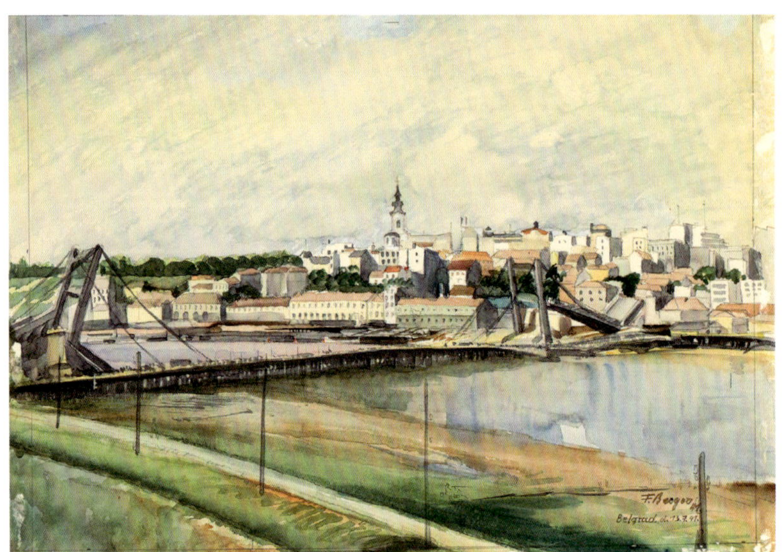

Abb. 76
F. Berger, *Belgrad,* 1941, Aquarell, 37 × 55 cm

über seinen Soldatenstatus und den Verlauf seiner Kriegsteilnahme. Ganz entscheidend ist der Name der Einheit oder sind die Namen der Einheiten, in denen er Kriegsdienst leistete, doch in den allermeisten Fällen sind diese unbekannt. Im Fall von Fürst, der den Krieg überlebte, sind solche Informationen wohl durch ihn selbst überliefert und fanden dann Eingang in die Literatur. Aber in denjenigen Fällen, in denen die Frontmaler in Kriegshandlungen getötet wurden oder vor 1945 noch unbekannt waren und nach dem Krieg nicht reüssieren konnten und infolgedessen in Vergessenheit gerieten, fehlen mündliche und schriftliche Überlieferungen.[273] Im Fall der anonymen Zeichnung *Träumender Krieger* kann nicht einmal die Signatur identifiziert werden, so dass uns der Name des Künstlers fehlt. Aber selbst in den Biografien der kriegsteilnehmenden Künstler, die überlebten und nach 1945 ihre künstlerische Tätigkeit oder Karriere fortsetzten, wie das bei dem Illustrator Willy Widmann und dem Hochschullehrer und Rektor der Akademie der Bildenden Künste Stuttgart, Walter Brudi, der Fall war, treffen wir auf das Primat der Ausblendung ihrer Arbeit als Kriegsberichterstatter und Frontmaler. Es ist unübersehbar, dass diese Station im Leben der Künstler kollektiv verdrängt wurde und in der Nachkriegszeit nur äußerst selten Erwähnung fand. Dadurch kommt es zu dem Kuriosum, dass sich in der grafischen Sammlung drei Temperabilder von sehr bekannten deutschen Schlachtschiffen wie dem Panzerschiff Deutschland befinden, die Gerth Biese (1901–1980), einer der bekanntesten Künstler der klassischen Moderne in Südwestdeutschland, im Zeitraum von 1934 bis 1939 malte, man diese Schlachtschiffbilder in den Monografien und in der Biografie des Künstlers aber vergeblich sucht. 1935 hielt Biese das Schwesternschiff der *Deutschland,* das *Panzerschiff Admiral Scheer,* in Öl fest.[274] Dieses Schlachtschiff kam im Spanischen Bürgerkrieg zum

Einsatz und beschoss am 31. Mai 1937 den Hafen von Almeria, in dem zu diesem Zeitpunkt die republikanische Flotte vor Anker lag. Wegen Nebels verfehlten jedoch viele Granaten ihr Ziel und trafen stattdessen die Stadt und die Zivilibevölkerung. In der Folge kamen 21 Menschen ums Leben, 55 wurden verletzt. Stuttgart erwarb das Gemälde von Biese im Juli 1937 (Abb. 77, Abb. 78).[275]

Biese wurde im Zweiten Weltkrieg als Soldat eingezogen und als Kriegsmaler eingesetzt. Yenne führt ihn in seiner Liste der Kriegsmaler auf. In der „German War Art Collection“ befindet sich ein weiteres Kriegsschiffbild von ihm, das Aquarell *Das Schlachtschiff Bismarck, eskortiert von einem Zerstörer* aus dem Jahr 1941.[276]

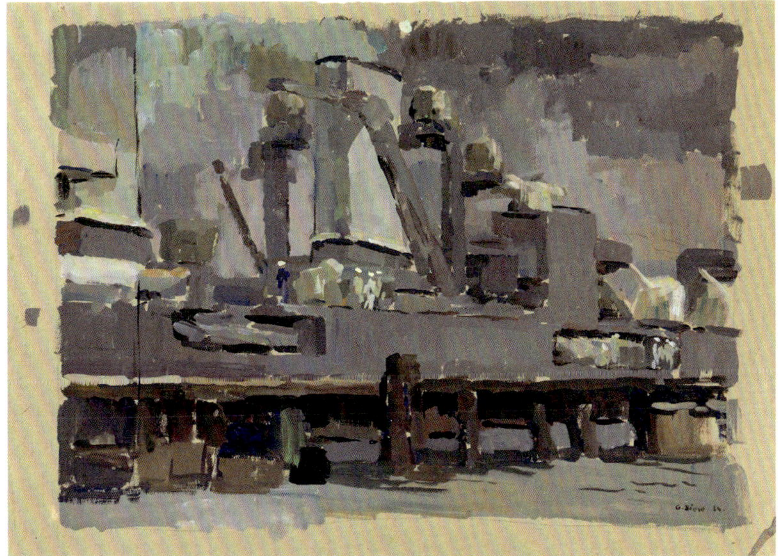

Abb. 77
Gerth Biese, *Panzerschiff Deutschland*, 1934, Tempera, 27 × 34 cm

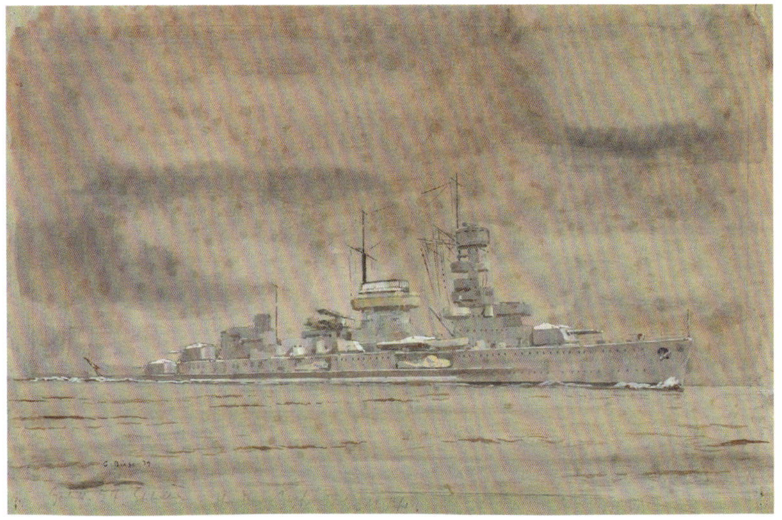

Abb. 78
Gerth Biese, *Kreuzer Nürnberg*, 1939, Tempera, 28 × 45 cm

Wie war Biese an den Auftrag zu dieser Serie von Schlachtschiffbildern vor Beginn des Zweiten Weltkriegs gekommen? Warum hatte er ihn ausgeführt? Stand seine Rekrutierung zum Kriegsmaler in unmittelbarem Zusammenhang mit dieser Arbeit? Auf diese Fragen fehlen bis heute Antworten.

Die Organisation der Kriegsmaler

Gleich zu Beginn des NS-Staates wurde eine Reichskulturkammer mit Einzelkammern geschaffen und dem Propagandaministerium unterstellt. Kunst und Kultur wurden gleichgeschaltet, alle missliebigen und unerwünschten Äußerungen und Tendenzen mit Hilfe des Berufsverbots unterdrückt. Künstler:innen, deren Arbeit dem neuen Kunstideal widersprach, die dagegen opponierten oder aus rassischen Gründen ausgeschlossen wurden, wurden nicht als Mitglied in die Reichskulturkammer aufgenommen. Das bedeutete Arbeits- und Ausstellungsverbot. Die zu Beginn gegen die moderne Kunst eingerichteten Femeausstellungen und die Aktion „Entartete Kunst" im Jahr 1937 sorgten dafür, dass die ungegenständliche und expressionistische Kunst verfolgt, aus den Museen verbannt und schließlich eliminiert wurde. Vor allem Künstler:innen, die sich nach dem verlorenen Weltkrieg einen Namen mit Werken der Antikriegskunst gemacht hatten wie Ernst Barlach (1870–1938), Max Beckmann (1884–1950), Otto Dix (1891–1969), George Grosz (1893–1959), John Heartfield (1891–1968), Käthe Kollwitz (1867–1945), der Kreis der Kölner Progressiven um Gerd Arntz (1900–1988), Heinrich Hoerle (1895–1936) und Franz Wilhelm Seiwert (1894–1933) und viele andere mehr zogen ganz besonders den Hass des neuen Regimes auf sich, denn ein System, das sich von Anfang an zum Krieg bekannte, konnte solche kritischen und oppositionellen Stimmen nicht dulden. Infolgedessen wurden die kritischen Kriegsbilder, die zu den bedeutendsten Kunstwerken der Weimarer Republik gehören, als „Kriegsgräuelpropaganda" und „gemalte Wehrsabotage" denunziert und die nationalsozialistischen „Kunsttempel" von ihnen „gesäubert". Im europäischen Vergleich der Staaten, die am Weltkrieg beteiligt gewesen waren, gab es besonders in Deutschland starke kriegskritische, pazifistische und antinationalistische Äußerungen, die Einfluss auf die öffentliche Diskussion über den verlorenen Krieg und den Untergang der Monarchie hatten. Im totalitären Staat sollte es diese Freiräume nicht mehr geben. Die Künste hatten sich der Staatsräson zu unterwerfen.

In Vorbereitung auf den künftigen totalen Krieg bildeten das Propagandaministerium und die Wehrmachtführung im Frühjahr 1939 die Abteilung Wehrmachtpropaganda im Wehrmachtführungsstab des Oberkommandos der Wehrmacht. Die Arbeit dieser militärischen Propagandaabteilung wurde von der Idee geleitet, „dass die großen und entscheidenden Aufgaben des Soldaten – mehr noch seiner Führer – nur zu einem geringen Teil von der Wissenschaft, zum weitaus größten aber von der Kunst her unterbaut werden müssen“[277].

Die NS-Führung und die Führung der Wehrmacht maßen den kriegsbejahenden Bildern eine propagandistische Wirkung bei, die zum Erfolg des Krieges beitragen sollte. Ab 1938 hatte man damit begonnen, Künstler für diesen Zweck zu gewinnen. Sie sollten Kunstwerke schaffen, die die neue Wehrmacht verherrlichten.

Nach Kriegsbeginn kamen sie vor allem aus den Propagandakompanien der drei Wehrmachtsteile (Heer, Marine, Luftwaffe) und ab 1944 aus der SS. Es wurden Kriegsberichterstatterzüge zusammengestellt, in denen neben den zahlenmäßig stärker vertretenen Berichterstattern aus Funk, Film und den Printmedien auch einige bildende Künstler waren, die Pressezeichner oder Kriegsmaler genannt wurden. Anfangs rekrutierte man sie auf der Grundlage der Vorschlaglisten der Reichspropagandaämter.[278] Wie viele Maler und Zeichner tatsächlich in den Propagandakompanien des Heeres dienten, kann wegen der zerstörten Akten nur noch geschätzt werden. Bei 23 Propagandakompanien im Jahr 1943 könnte es sich um 23 bis 69 Künstler gehandelt haben.[279]

Durch die sukzessive Ausdehnung des Krieges und das Anwachsen der Wehrmacht erhöhte sich auch der Bedarf an Kriegsmalern und Pressezeichnern. Im Sommer 1940 richtete man in Potsdam eine zentrale Ausbildungsstätte in Form einer Propaganda-Ersatz-Abteilung ein. Von hier aus wurde der Einsatz der Maler zentral gelenkt. „[...] sie wurden einzeln oder in Gruppen für mehrere Monate in die Operationsgebiete der Wehrmacht kommandiert. Sie zogen mit Panzern oder Infanterie ins Gefecht, flogen Einsätze der Luftwaffe mit oder fuhren zur See. Ihre während des Kriegseinsatzes angefertigten Skizzen hatten sie in einem anschließenden Arbeitsurlaub zu vervollständigen und zu heroisierenden Schlachtengemälden auszugestalten.“[280]

Wir wissen, dass 7 der 42[281] Künstler, von denen Kriegsbilder Eingang in Stuttgarts Grafiksammlung fanden, als Kriegsberichterstatter dienten (Biese, Brudi, Freitag, Fürst, Hengstenberg, Klinkert, Schober). Auch Willy Widmann, im zivilen Leben Illustrator, könnte als Pressezeichner eingesetzt worden sein, und Paul Erich Felger sowie Gustav Uecker waren eventuell als Kriegsmaler tätig,[282] doch fehlen Belege für einen offiziellen Kriegsberichterstatterdienst. Damit blieben dann aber immer noch viele Künstler, deren Status in der Wehrmacht unklar ist. Die verhältnismäßig niedrigen Zahlen für Künstler in den Propagandakompanien legen jedoch die Schlussfolgerung nahe, dass wohl nur wenige von den Künstlern über eine offizielle Akkreditierung zu einer Propagandakompanie verfügten. Dafür sprechen ihre Unbekanntheit und ihr Alter, auch hatten sie oft keine Kriegserfahrungen. Diese Mängel prädestinierten sie nicht gerade für diese herausgehobene Position. Sie waren daher wohl eher Künstler, die Soldaten wurden und in ihrer freien Zeit die Kriegsbilder anfertigten. Nicht ausgeschlossen ist, dass sie im Auftrag eines Wehrmachtsbefehlshabers oder einer NS-Organisation wie der Organisation Todt arbeiteten. Dass einige von ihnen für einzelne Wehrkreise und Luftgaue tätig waren, ist belegt durch den Ausstellungskatalog des Luftgaus VII, des Luftgau-Kommandos in München, das im Rahmen der Ausstellung „Kunst der Front 1942“ Arbeiten von Soldaten der Luftwaffe zeigte. Einem Bericht zum 115. Geschäftsjahr des Württembergischen Kunstvereins zufolge soll diese Ausstellung sehr erfolgreich gewesen sein. Von den 114 900 Besucher:innen der Ausstellungen insgesamt hätten allein 67 200 die Schau „Kunst der Front“ gesehen.[283] Unter den vertretenen Künstlern stoßen wir auf die Namen des Gefreiten Kurt Dellian (* 1920), des Unteroffiziers Max Osterrieder, des Oberfeldwebels und Mitglieds der Reichskammer der bildenden Künste, Martin Sternagel (1893–1943), und des Unteroffiziers Rudolf Trickl, gleichfalls Kammer-Mitglied. Von allen vier Künstlern erwarb Stuttgart jeweils ein Werk, auf drei Bilder wird weiter unten eingegangen (siehe S. 152–158, 178–180). Aus der Ausstellung wurden nicht nur Grafiken, sondern auch zwei Gemälde erworben.[284] Ein Bild mit dem Titel *Ruhepause* kam von dem Stuttgarter Maler und Grafiker Eugen Schickhardt (1905–1965), der sich auf die „schwäbische“ Landschaft spezialisiert hatte. Der vom Malerhandwerk kommende Schickhardt hatte von 1921 bis 1930 auf der Stuttgarter Kunstgewerbeschule studiert. Bekanntheit erlangte er bereits in den 1920er-Jahren durch sein Wandbild für das Kasino der Reiterkaserne auf dem Hallschlag in Stuttgart-Bad Cannstatt. Freischaffender Künstler war er seit 1937, etwa in dieser Zeit entstand auch sein Wandbild für die Außenfassade der Feuerwehr in Bad Cannstatt.[285] Das Beispiel Schickhardt veranschaulicht, dass Stuttgart von diesen im Kriegsdienst künstlerisch tätigen Künstler-Soldaten, die aus der Stadt kamen, Arbeiten erwarb.

Wie unorthodox und unübersichtlich es bei der Rekrutierung von Kriegsmalern zugehen konnte, soll an folgenden Beispielen veranschaulicht werden. Zuerst der Fall des Württembergers Richard Hohly.[286] Der in der kleinen Bergstadt Löwenstein geborene Maler hatte von 1915 bis 1922 eine Ausbildung zum Lehrer absolviert. Es folgte ein fünfjähriges Studium an der Kunstakademie Stuttgart mit dem Abschluss zum höheren Lehramt 1929/30. Hohly war Schüler in Gottfried Grafs (1881–1938) Holzschnittklasse, drei seiner Arbeiten wurden schließlich in Grafs programmatischer Schrift „Der neue Holzschnitt und das Problem der künstlerischen Gestaltung“ berücksichtigt.[287] 1926 besuchte Hohly eine Meisterklasse in der Kunstakademie Kassel. Vier Jahre später lernte er den norwegischen Maler Edvard Munch (1863–1944) kennen und wurde Mitglied der Künstlergruppe Berliner Sezession. Im Dritten Reich galt sein Werk als „entartet“ und eines seiner Gemälde wurde aus dem Ulmer Museum entfernt und zerstört. Wegen seiner politischen Haltung wurde Hohly als Lehrer von einem Leonberger auf ein Bietigheimer Gymnasium zwangsversetzt. Seine Verfolgung als Künstler verhinderte jedoch nicht seine Abordnung nach Potsdam zur zentralen Ausbildungsstätte der Propagandakompanie. Dafür hatte seine Frau nach seiner Einberufung zum Militär gesorgt. Sie war mit Oberst Hasso von Wedel verwandt und besaß daher Beziehungen zum Führungsstab der Wehrmacht. Als Leiter der Wehrmachtpropaganda unterstanden von Wedel die Propagandakompanien. In Potsdam nahm Hohly an einem Lehrgang für Wehrmachtspropagandisten teil und wurde anschließend im Juli 1942 als „Kriegsmaler Sonderführer" in die Ukraine nach Charkow geschickt, wo er Land und Leute und die deutschen Eroberungszüge in Zeichnungen festhalten sollte. Die Arbeitsergebnisse fanden allerdings nicht den Beifall seiner Auftraggeber und wurden als ungeeignet klassifiziert. Sie sollten vernichtet werden, wurden von Hohly aber gerettet. Im März 1943 wurde er nach Paris abkommandiert und dort bis Ende 1944 im Nachrichtendienst eingesetzt. Obwohl nun nicht mehr offizieller Kriegsmaler, malte er weiter. Seine mit der NS-Ideologie keineswegs kompatiblen Bilder waren jedoch rein privater Natur und nicht für die Öffentlichkeit bestimmt. Hohlys Weg zur Kriegspropagandakompanie erinnert ein wenig an Caspar Fürsts Rekrutierung, der erst als Soldat eingezogen und dann vom Wehrkreiskommando Stuttgart zum „Künstler im feldgrauen Rock" gemacht wurde.

Grundsätzliche Voraussetzung für die Aufnahme als Kriegsmaler war wohl eine passende berufliche Ausbildung. Was das aber genau bedeutete, war schon damals nicht fest umrissen, weil auch ausgesprochene Dilettanten unter den Kriegsmalern waren, wie Heinz Hindorf (1909–1990)[288] berichtete, der als Kriegsmaler in der Wehrmacht diente.[289] Seiner Aussage zufolge war eine Parteimitgliedschaft nicht nötig. Nach welchen Kriterien ausgewählt wurde, fand Hindorf nie heraus.

Ein anderes Beispiel ist Heinrich Klumbies (1905–1994), der als Kriegsmaler bei der Luftwaffe diente und dort zugleich auch Bordschütze war.[290] Im zivilen Leben war er Kunstlehrer an einer Berliner Schule und Pressezeichner gewesen. Den künstlerischen Nebenberuf übte er aus, um finanziell über die Runden zu kommen. Die Presseabteilung der Lufthansa erlaubte ihm, einige Male an Flügen teilzunehmen. Dabei zeichnete Klumbies und fertigte hinterher aus den Skizzen Gemälde. Sie trugen ihm den Ruf ein, als Künstler die Welt besonders gut von oben, aus der Perspektive eines Flugzeugs, darstellen zu können. Dass er für die Lufthansa im Einsatz war, resultierte aus dem Umstand, dass er dort einen Bekannten hatte, der zu Kriegsbeginn selbst eingezogen wurde und dafür sorgte, dass die Luftwaffe Klumbies als Pressezeichner zu sich holte. Im Verlauf des Krieges wurde ein Testpilot auf seine Arbeiten aufmerksam und lud ihn zu Flügen ein. Die dabei entstandenen Skizzen und Notizen waren Material für kleine Gouachen. 1940 kam er zu einer Jagdfliegerstaffel. Er nahm als Bordschütze an Flügen nach England teil. Die meiste Zeit lag er mit Papier und Bleistift vor dem Maschinengewehr. Offiziell wurde Klumbies nie zum Kriegsmaler ernannt, ihm war auch verwehrt, Heimaturlaub zu nehmen, um seine Skizzen zu fertigen Bildern auszuarbeiten. Das war ein Privileg, das nur offiziellen Kriegsmalern zustand.

Des Weiteren sei der Münchner Maler und Akademieprofessor Theo Scharf (1899–1987) genannt, dessen „Augenzeugenbericht" Yenne in seinem Buch „German War Art" veröffentlichte. Scharf war bei Kriegsbeginn bereits 40 Jahre alt und besaß keinerlei militärische Kenntnisse. Auch sein Status als Akademiemitglied sorgte dafür, dass er von der Rekrutierung zur Wehrmacht ausgenommen wurde. Dann entschloss sich das Generalkommando Wehrkreis VII in München, eine Serie von Büchern über die militärischen Aktivitäten der bayrischen Divisionen im Zweiten Weltkrieg zu publizieren, und fragte bei Scharf an, ob er sich als Illustrator an dem Projekt beteiligen wolle. Er war einverstanden und es wurde vereinbart, er müsse zwar in die Armee eintreten, könne aber während der Studiensemester weiterhin seinen Lehrverpflichtungen nachkommen und würde in den Semesterferien als Kriegsmaler zu den Einsatzorten im Ausland reisen. Die ersten beiden Jahre 1940 bis 1942 war er mit dem Publikationsprojekt beschäftigt, anschließend kam er zur Propagandakompanie in Berlin-Potsdam, von der er in ganz Europa eingesetzt wurde.[291]

Als letztes Beispiel für den Propagandaeinsatz eines Künstlers sei die Arbeit von Heinrich Kübler (1905–1965) vorgestellt. Aus der Ausstellung „Künstler im feldgrauen Rock" im Jahr 1942 erwarb die Stadt sein Bild *Aufbruch der (Um-)Siedler* (1940) (Abb. 79).[292] Kübler, der auf der Kunstgewerbeschule in Stuttgart zum Dekorationsmaler ausgebildet worden war und die Kunstakademien in München und Stuttgart besucht hatte,[293] verkaufte regelmäßig Bilder an das NS-Kunstreferat.[294] 1939 war er als Grafiker für die Firma Kling-Film an der Produktion von Trickfilmen beteiligt und ein Jahr später als Kamera-Assistent an der Herstellung eines Dokumentarfilms über die Umsiedlung der Bessarabiendeutschen durch die SS.[295] In diesem Jahr entstand auch sein Bild des Aufbruchs der Umsiedler. Wann Kübler zum Kriegsdienst eingezogen wurde, ist nicht eindeutig belegt. Die einen nennen das Jahr 1941,[296] Kübler selbst gab Juli 1943 an.[297] Seine Jahreszahl lässt sich viel eher in Übereinstimmung bringen mit seinen Beteiligungen an dem Dokumentarfilm, der Kriegsbilderausstellung 1942 und der Schau der zehn schwäbischen Maler im Kronprinzenpalais in Stuttgart 1942/43.

Im Bundesarchiv Berlin gibt es einen Film ohne Ton und Vor- oder Abspann mit dem Archivtitel „Umsiedlung von Volksdeutschen durch die SS", der nach dem Überfall auf Polen in Bessarabien gedreht wurde.[298] Er schildert die Durchführung der Umsiedlung und ihre Organisation durch die SS und zeigt die dafür eingesetzten verschiedenen Transportmittel wie LKWs, Schiffe und Planwagen mit Pferden, die die Bessarabiendeutschen in ihre neuen Siedlungsgebiete brachten. Vorgestellt werden die Landschaft und die Menschen des fremden Landes. Gegen Filmende sieht man bessarabiendeutsche Männer, Frauen und Kinder in ihrem Dorf kurz vor dem Aufbruch des Trecks. Schwer beladene Fuhrwerke haben sich auf einem Platz versammelt.

Der Film entstand im Zuge der NS-Propaganda für die Umsiedlung der Volksdeutschen im Osten und behauptete eine einvernehmliche Beziehung zwischen der bessarabischen Bevölkerung, der deutschen

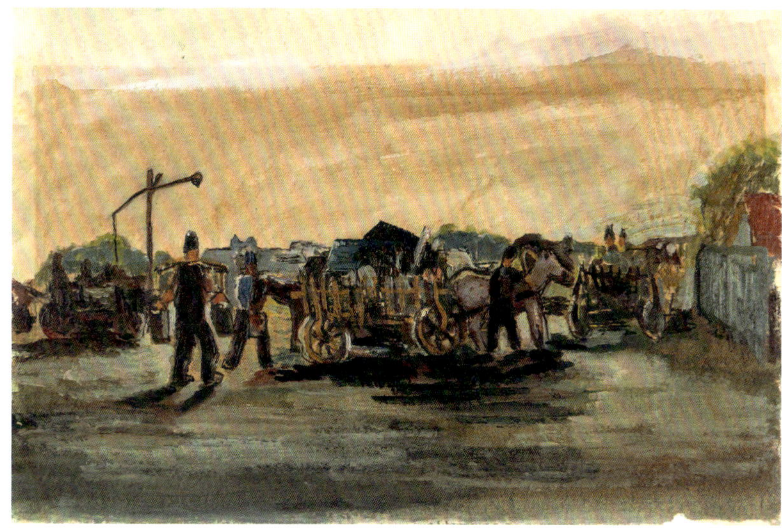

Abb. 79
Heinrich Kübler, *Aufbruch der (Um-)Siedler,* 1940, Öl auf Papier, 26,5 × 46,5 cm

SS und dem Deutschen Reich. In mehreren Bildsequenzen ist die Hakenkreuzfahne prominent ins Bild gesetzt, in Schiffsszenen mit Raddampfern auf einem breiten Fluss flattern Fahnen mit SS-Runen und SS-Totenkopf im Wind. Dass dieser Film die Umsiedlung der Bessarabiendeutschen im Jahr 1940 festhält, belegen traditionelle Kleidungsstücke wie die von einigen Männern getragene hohe schwarze Mütze. Eindeutig ist auch der Steppenbrunnen, ein Symbol der bessarabischen Kultur, der mehrfach zu sehen ist.

Im Deutsch-Sowjetischen Grenz- und Freundschaftsvertrag vom 28. September 1939 war die Umsiedelung deutscher Minderheiten aus den sowjetischen kontrollierten Gebieten in Osteuropa vorgesehen. Mehr als eine halbe Million Deutsche wurden durch SS-Dienststellen dazu gedrängt, ihre Siedlungsgebiete im Baltikum, Ostpolen und Rumänien zu verlassen und sich in den vom Deutschen Reich annektierten Gebieten Polens (Reichsgau Wartheland) niederzulassen. Von den nationalsozialistischen Umsiedlungsplänen in Osteuropa waren neben den Bessarabiendeutschen unter anderem die Baltendeutschen, Wolhyniendeutschen und Bukowinadeutschen betroffen, deren Siedlungsgebiete wegen des Hitler-Stalin-Pakts an die Sowjetunion fielen.

Bessarabien hatte bis 1917 zum Russischen Zarenreich gehört und war von 1918 bis 1940 Teil Rumäniens gewesen. Im Sommer 1940 wurde es von der Sowjetunion besetzt. Am Ende des Jahres zog die gesamte deutschsprachige Bevölkerung Bessarabiens, mehr als 90 000 Menschen, ins Deutsche Reich, das heißt in die deutsch annektierten Gebiete Polens. Möglich war das nur, weil zuvor die polnische und polnisch-jüdische Bevölkerung – 630 000 Menschen – vertrieben und ins Generalgouvernement abgeschoben worden war. Die Bessarabiendeutschen sollten als Ersatz Land erhalten, das Deutschland unter anderem in Polen, Böhmen und Mähren enteignete. Durch die Ansiedlung der

Volksdeutschen sollten die westlichen Regionen des besetzten Polens „germanisiert" werden. Die deutschen Umsiedlungspläne verfolgten rassistische und menschenverachtende Ziele und waren nur wegen des Eroberungskriegs möglich.

Die erzwungenen Umsiedlungsmaßnahmen hielt die NS-Propaganda in Filmen, Broschüren und anderen Medien wie Werken bildender Künstler fest. Kübler war nicht der einzige Maler, der sich diesem Thema widmete, es gab zahlreiche andere, darunter der Maler Otto Engelhardt Kyffhäuser (1884–1965), den das NS-Regime beauftragte, einen Umsiedlungstreck von Volksdeutschen aus Galizien und Wolhynien zu begleiten und zu dokumentieren.[299]

Das Filmaufnahmeinstitut Kling-Film GmbH, für das Kübler im Rahmen der Trickfilmproduktionen tätig war, wurde 1928 von dem in Stuttgart geborenen Filmtechniker und Kameramann Albert Kling gegründet. Im Dritten Reich produzierte er nicht nur Kurzdokumentarfilme mit eindeutig regimekonformem Inhalt,[300] sondern war auch als einer von mehreren Kameramännern an Propagandafilmen wie „Tag der Freiheit – Unsere Wehrmacht" oder „Feldzug in Polen, 1940" beteiligt. Die Kling-Film produzierte zwei kurze Dokumentarfilme zum Thema Auslandsdeutsche: „V. Reichstag der Auslandsdeutschen 1937 in Stuttgart" und „VI. Reichstag der Auslandsdeutschen 1938 in Stuttgart". Der Dokumentarfilm über die Umsiedlung der Bessarabiendeutschen scheint in einer Art Kooperation zwischen der Münchner ARRI Film und der Stuttgarter Kling-Film entstanden zu sein.[301]

Die Freie Kunstschule Stuttgart listet Kübler bis heute als einen derjenigen Männer auf, die die unabhängige Institution 1947 wieder zu neuem Leben erweckten, und in diesem Zusammenhang wird stolz darauf verwiesen, er hätte mit anderen Mitstreitern wie Helmut Muehle (1902–1991), dem ersten Leiter der Schule, zu den „verfemten" Künstlern im Dritten Reich gehört. Ihr freigeistiges Denken und Handeln hätte das Programm der Kunstschule entscheidend mitgeprägt. Dieses Narrativ von der angeblichen Verfemung der Gründungsväter wird für die eigene Öffentlichkeitsarbeit genutzt, ohne dass es jemals verifiziert worden wäre. Es eignet sich einfach zu gut dafür, die demokratischen Ziele und die innovativen Lehrinhalte, mit denen die Institution nach dem Untergang der Diktatur antrat, zu unterstreichen.

Tatsächlich ist Küblers Haltung im Nationalsozialismus im Spiegel seiner Bilderverkäufe an das NS-Kunstreferat und seines Bildes *Aufbruch der (Um-)Siedler* widersprüchlich. Daher sollte sich von der von Kübler selbst genährten Verfolgungserzählung verabschiedet und sie durch ein differenzierteres Bild ersetzt werden. Die Beschäftigung mit *Aufbruch der (Um-)Siedler* kann dabei helfen, denn das Bild offenbart die Ambiguität der künstlerischen Haltung und wirft Fragen auf: 1. Welches Geschehen hielt der Maler als Chronist fest? 2. Welchen politischen und ideologischen Standpunkt vertrat er gegenüber dem Gesehenen/Dargestellten? und 3. Ist in *Aufbruch der (Um-)Siedler* eine Szene der gewaltsamen Zwangsumsiedlung von Menschen in dem von der deutschen Wehrmacht besetzten Polen im Jahr 1940 dargestellt oder zeigt das Bild die Umsiedlung von sogenannten Volksdeutschen aus einem anderen Gebiet des weiten Ostens im Rahmen der nationalsozialistischen Strategie des „Volkstumskampfes", bei dem mit kriegerischen Mitteln ganze Völker vertrieben und der Vernichtung preisgegeben werden sollten? Schon der Titel von Küblers Bild gibt Rätsel auf, denn im alten Gemäldeinventar – das Bild wurde unter den Gemälden aufgenommen, weil es in Öl auf Papier gemalt wurde – steht das „Um-" von „Umsiedler" in Klammern, während der Werktitel nach 1945 in „Aufbruch der Umsiedler" verändert wurde. Gerade die Klammer im ursprünglichen Titel darf aber nicht ignoriert werden, denn es gibt einen wesentlichen Unterschied zwischen den Wörtern „Umsiedler" und „Siedler".

Zwei Bilddetails in Küblers Darstellung springen besonders ins Auge: die Kopfbedeckungen und der Brunnen. Die hohen Mützen erinnern stark an die sogenannte Karakulmütze, die bereits angesprochene typische Kopfbedeckung der bessarabischen Männer. Der Brunnen ist ein bessarabischer Steppenbrunnen, wie er auch im Dokumentarfilm gezeigt wird. Direkt unter dem Brunnen steht ein Wasserträger, der mit einem Schulterträger zwei Eimer transportiert. Ein solcher Eimer- oder Wasserträger ist auch im Film zu sehen, allerdings trägt er die wohl für die Pferde vorgesehenen Behältnisse in den Händen. In Küblers Bild veranschaulicht der Wasserträger die unterentwickelte Infrastruktur und das Fehlen von fließendem Wasser in den Haushalten in der Steppe. Wasser musste vom Brunnen geholt werden. Familien, die es sich leisten konnten, stellten für diese Arbeit einen Wasserträger ein, der das Nass eimerweise verkaufte und es vom Brunnen zu seiner Kundschaft nach Hause trug. Noch bis vor dem Zweiten Weltkrieg gehörte der Wasserträger insbesondere in unterentwickelten ländlichen Regionen in Osteuropa, zum Beispiel in jüdischen Stetln Südpolens und der Westukraine, zum Alltagsbild. Für Menschen, die wie Kübler in der Großstadt lebten, dürfte der Anblick eines Wasserträgers mit Schulterjoch befremdlich angemutet haben, denn diese schwere Arbeit hatte in Deutschland bereits im Verlauf des 19. Jahrhunderts zunehmend an Bedeutung verloren, weil Städte ab der Jahrhundertmitte zentrale Wasserversorgungssysteme bekamen. In diesem Kontext steht der Wasserträger für Armut, mangelnden Fortschritt und einfache Gesellschaftsstrukturen, und die traditionelle Kleidung bringt die „Ursprünglichkeit" dieser Gruppe von Volksdeutschen zum Ausdruck.

Es sind die Bilddetails – hohe Mütze, Brunnen, der Treck –, die Indizien dafür sind, dass Kübler bei den Dreharbeiten in Bessarabien anwesend war und Augenzeuge der Umsiedlungsaktion wurde. Sehr viel spricht dafür, dass Küblers *Aufbruch der (Um-)Siedler* im Kontext der von der SS durchgeführten massenhaften Zwangsumsiedelungen im Zweiten Weltkrieg entstand. Das Bild kann damit in den Zusammenhang mit den völkermörderischen Bestrebungen der Nationalsozialisten und ihrem rassistischen Krieg für neuen „Lebensraum im Osten“ gebracht werden. Es belegt einmal mehr, dass es in dieser Zeit keine unschuldigen Bilder geben konnte und dass Kübler eine affirmative Haltung zu den Zielen der kriegsverbrecherischen Politik des deutschen Reiches einnahm. Deshalb war sein Bild 1942 in Stuttgart in einer Kriegsbilderausstellung zu sehen und vom NS-Kunstreferat der Stadt angekauft worden. Höchstwahrscheinlich blieben dem Soldaten Kübler die Kriegsziele des Ostfeldzugs nicht verborgen. Der US-amerikanische Wirtschaftshistoriker Tooze bemerkte hierzu, dass bereits im Frühjahr 1941 mit der Wehrmacht und allen wichtigen staatlichen Ministerien und der Parteiführung die Ermordung von Abermillionen Menschen innerhalb der ersten zwölf Monate des geplanten Krieges abgesprochen worden war: „Ein Geheimnis hat man aus diesem so genannten ‚Hungerplan‘ also ganz gewiss nicht gemacht. Man bezog sich auf ihn in offiziellen Richtlinien, die an Tausende von Untergebenen verteilt wurden, und unternahm auch nicht den geringsten Versuch [...], die tiefere Logik hinter den brutalen Grausamkeiten zu verhüllen [...]. Im Gegenteil, sie wurde allen Wehrmachtsoldaten und allen deutschen Besatzungsverwaltungen auf sowjetischem Boden eindringlich vor Augen geführt. Jeder von ihnen sollte sie sich zu Eigen machen.“[302] Auch Kübler als „Soldat im feldgrauen Rock“ und seine Künstlerkollegen waren Akteure im Militärapparat und in der Wehrmachtspropaganda, die nach den Überfällen auf Polen und die Sowjetunion von dem Völkermordprojekt etwas bemerkt haben mussten.

Von der amerikanischen Militärbehörde zu seinem Verhältnis zum NS-Regime befragt, gab Kübler an, in keiner NS-Organisation gewesen zu sein und „nur Schwierigkeiten von Seiten des Kunstreferenten“ gehabt zu haben. Letzteres steht im Widerspruch zu den Ankäufen seiner Arbeiten durch die Stadt und zu seinen Ausstellungsbeteiligungen, die weit in den Krieg hineinreichten und ihn als wichtigen „schwäbischen Maler“ präsentierten.

Wir müssen uns solche und andere Wege vorstellen, auf denen Künstler gewollt oder ungewollt zu Wehrmachtspropagandisten wurden. Viele ließen ihr Können für die Kriegspropaganda instrumentalisieren, nur wenige wie Hohly widersetzten sich dem im Rahmen eingeschränkter Möglichkeiten.

Kriegspropaganda

Die großformatige Kohlezeichnung *Stuka-Angriff* von Jos. Pflügl[303] aus dem Jahr 1940 ist eines der martialischsten Bilder, das in der Stuttgarter Sammlung aus der Zeit des Nationalsozialismus erhalten geblieben ist. Ein deutscher Sturzkampfbomber – zu identifizieren am Hakenkreuz an der Heckflosse und dem Kreuz der Luftwaffe auf den Tragflächen und am Rumpf – fliegt einen Angriff auf einen feindlichen Hafen, der umgeben ist von Industrieanlagen, Tanks und Gleisen. Festgehalten ist der Moment, in dem sich der Bomber im Sturzflug befindet und eine Bombe abwirft. Der halsbrecherische Flug und die hohe Geschwindigkeit werden veranschaulicht durch die fallende Bilddiagonale in der Komposition und die verwischte, streifige Struktur des Himmels, die den Eindruck erzeugt, das Flugzeug stürze sich im steilen Winkel zur Erde hinab. Durch den engen Bildausschnitt, der die Flügel zu beiden Seiten leicht anschneidet, rückt die Kampfszene direkt ins Blickfeld. Es scheint fast so, als würde man sie selbst aus einem Flugzeug aus unmittelbarer Nähe beobachten. Dabei steht nicht der Mensch, der Kampfbomberpilot, der die Maschine fliegt, im Zentrum, sondern der Stuka selbst. Im Gemälde *Im Sturz auf die Stadt* (1939) des italienischen Künstlers Tullio Crali (1910–2000) sehen wir die gleiche Situation als Beisitzer exakt aus der Perspektive des Piloten. Wir erleben den Fall gleichsam mit, sehen die Stadt auf uns zurasen. Pflügl lenkt den Blick von außen auf das Flugzeug selbst und erhebt es als Kriegsgerät mit seinen besonderen technischen Eigenschaften zu einem bildwürdigen Gegenstand (Abb. 80).

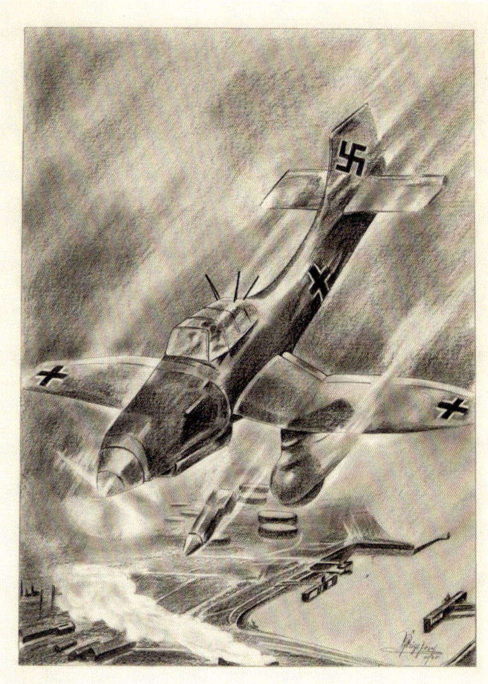

Abb. 80
Jos. Pflügl, *Stuka-Angriff*, 1940, Kohle, 50 × 38 cm

Die militärische Luftfahrtindustrie entwickelte Sturzkampfflugzeuge in den 1930er-Jahren. Die leichten, oft einmotorigen Maschinen eigneten sich besonders zur Bombardierung von Angriffszielen, für die eine höhere Treffergenauigkeit notwendig war, zum Beispiel Industrieanlagen, Tanks und Schiffe. Die Sturzkampfbomber konnten die Punktziele angreifen und ihre zerstörerische Fracht genau ins Ziel lenken. Erstmalig zum Einsatz kamen diese Spezialflugzeuge im Spanischen Bürgerkrieg.

Die deutsche Luftwaffe setzte besonders zu Beginn des Zweiten Weltkriegs das Sturzkampfflugzeug Junkers Ju 87 ein. Im Blitzkrieg im Osten und Westen unterstützte es massiv die Panzerverbände. Es ging unter der Bezeichnung „Stuka" in die Kriegsgeschichte ein und erlangte einen legendären Ruf. Daran hatte auch die deutsche Kriegspropaganda ihren Anteil. Nicht allein die bildende Kunst verherrlichte das Sturzkampfflugzeug als angeblich unschlagbare Waffe, sondern auch die Literatur und der Film.

Gleich nach dem erfolgreichen Blitzkrieg 1940 erschien im Berliner Verlag „Die Heimbücherei John Jahr" das Buch „Stukas. Erlebnis eines Fliegerkorps" von dem Schriftsteller und Journalisten der Wochenzeitung „Das Reich", Curt Strohmeyer.[304] Herausgeber und Mitautor war Wolfram Freiherr von Richthofen. Er war der Stabschef der Legion Condor im Spanischen Bürgerkrieg gewesen und damit verantwortlich für die völkerrechtswidrige Zerstörung der baskischen Stadt Guernica. Strohmeyer flog mit Richthofen in die Kriegsgebiete in Polen und Frankreich, wo die Stuka-Staffeln ihr in Spanien erprobtes Vernichtungswerk fortsetzten. Der Verleger John Jahr, seit 1933 NSDAP-Mitglied, hatte seine „Heimbücherei" zu Beginn des Dritten Reiches gegründet.[305] Das von ihm verlegte Buch „Stukas" ist mit einem umfangreichen Abbildungsteil ausgestattet, der aus zahlreichen Kriegszeichnungen des Berliner Presse- und Industriezeichners Hans Otto Wendt (1911–1979) und aus Dokumentar- und Porträtfotografien besteht. Wendt hat sehr wahrscheinlich auch das Buchcover gezeichnet (Abb. 81, Abb. 82).

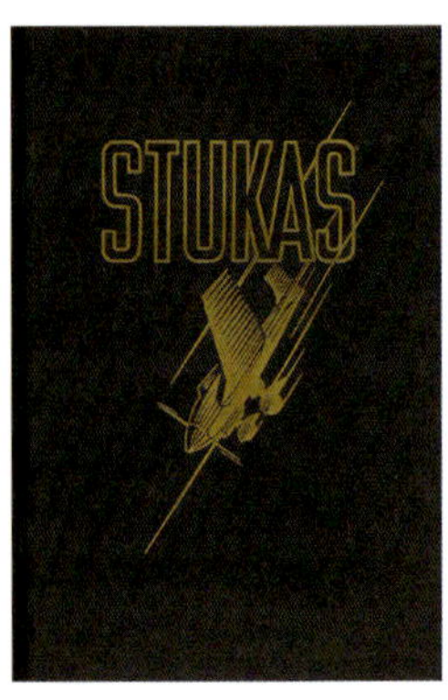

Abb. 81
Cover von „Stukas. Erlebnis eines Fliegerkorps": Hans Otto Wendt, um 1940

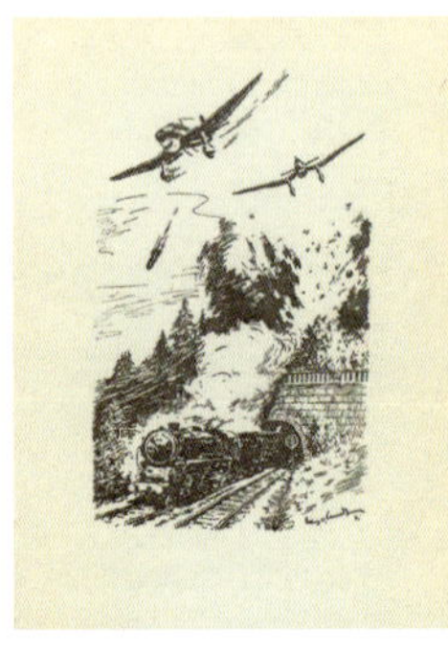

Abb. 82
Illustration: Hans Otto Wendt, *Stuka-Angriff*, aus: Stukas. Erlebnis eines Fliegerkorps, um 1940

1941 kam unter der Regie von Karl Ritter, Illustrator, Werbegrafiker und Regisseur, Nationalsozialist seit 1925, der UFA-Film „Stukas" in die Kinos. Die Luftwaffe hatte diesen Propagandastreifen gefördert. Im Zentrum der Handlung steht der Angriff der Luftwaffe auf Frankreich ein Jahr zuvor. Ritter gilt als ein Mitgründer der Filmgattung des zeitnahen Propagandafilms. „Stukas" zeichnete sich besonders durch originales Filmmaterial von Sturzkampfbomberangriffen aus, die den Flugszenen ein hohes Maß an Authentizität verliehen. Die Kernbotschaft des Films ist die Opferbereitschaft für die Volksgemeinschaft und die Bedeutungslosigkeit des Individuums. Der Einzelne zählt nur etwas in der Gruppe, er hat sich ihren übergeordneten Zielen unterzuordnen.

Curt Strohmeyer war als Journalist Mitglied der Propagandakompanie und schrieb in deren Auftrag über Stukas. Seine Darstellung eines Stuka-Angriffs hat viel gemeinsam mit dem Bild von Pflügl:

> „Da lässt sich das erste Flugzeug in fast senkrechtem Sturz herunterfallen und schießt mit wachsender Geschwindigkeit dem Erdboden zu. Die Augen können diesem rasend größer werdenden Etwas kaum folgen, der Verstand begreift die unheimliche und plötzliche Verwandlung nicht. Das ist keine Maschine, die da vom Himmel stürzt, das ist ein wutschnaubendes Raubtier von groteskem Aussehen und dämonischer Stärke! Jetzt löst sich ein dunkler Schatten und huscht in gestreckter Bahn zur Erde. In Staub, Rauch und Qualm geht das Fort unter, während die Maschine nach wohl berechnetem Bogen im Tiefflug davonjagt. Die Empfindungen des Gehörs hinken dem Gesehenen um Sekunden nach, aber dadurch wird die Wirkung aufs deutlichste unterstrichen. Mit der beim Sturz verbundenen Vergrößerung der Drehzahl erhöht sich das Motorengeräusch. Bei wachsender Geschwindigkeit treten schauerliche Heultöne auf und werden von Sekunde zu Sekunde lauter und drohender. Alles scheint dem einen großen Augenblick der Vernichtung zuzustreben. Und dann die vorausgeahnte lufterschütternde Detonation, der elementarste Ausdruck der geballten Kraft. Selbst wir in einiger Entfernung werden bis in den innersten Winkel der Brust und in die letzte Gehirnwindung erschüttert. Der Erdboden erzittert unter den Füßen, die Scheiben klirren

irgendwo in Resonanzbewegung nach, es klappern die Ziegel auf den Dächern. Schon hat die nächste Maschine im rasenden Sturz das Ziel fast erreicht, und das Schauspiel wiederholt sich mit derselben Kraft, mit derselben furchtbaren Erschütterung."[306]

Die Stukas wurden als „Wunderwaffe" gefeiert und die Piloten als „Helden". Strohmeyer darüber: „Welch stolzes, prächtiges Geschlecht, Du ewiges Deutschland, erwächst Dir aus Deinen Fliegern."[307] Und über die Bombardierung des Hafens von Dünkirchen ist zu lesen:

„Die Stadt ist von den Luftangriffen und dem konzentrierten Beschuss unserer Artillerie ein rauchender und brennender Trümmerhaufen. Aus den Lagerschuppen im Hafen hoch und gierig aufzüngelnde Feuersäulen, leere Schleusenbecken, brennende und explodierende Öl- und Benzinlager! Rasend sich im Sturzflug der Erde nähernde Stuka-Maschinen! Herabsausende Bombenlast, Verderben, Vernichtung! Höllische Orgien!"[308]

Pflügls Zeichnung *Stuka-Angriff* erscheint wie eine Illustration dieser bellezistischen Literatur. Am Erdboden, auf der Höhe der Flugzeugräder und der ausgeklinkten Bombe, befindet sich ein Öl- und Benzinlager mit großen Tanks, rechts im Vordergrund ein Hafen mit Kais, links davon Lagerhäuser. Eine weiße Rauchsäule steigt aus einem Tank im Vordergrund empor. Hier hat es bereits einen Bombentreffer gegeben. Die Zeichnung des Stuka-Angriffs von Hans O. Wendt in Strohmeyers Buch illustriert die Wendigkeit des leichten Flugzeugs und seine tödliche Präzision beim Angriff auf einen Zug. Sie zielt ab auf die unmittelbare und lebendige Schilderung des Ereignisses und bedient sich dafür impressionistischer Effekte, die das Atmosphärische der außerordentlichen Situation erfahrbar machen. Bei Pflügl dagegen erscheint der Angriff wie in einem Filmstill eingefroren auf den einen entscheidenden Augenblick, nämlich wenn der Stuka nach dem Sturzflug aus mehreren 1000 Metern auf der Höhe von circa 1000 Metern sein Ziel erreicht hat und die Bombenlast abwirft. Vernichtung und Tod liegen außerhalb des Bildes, es ist die Wunderwaffe mit ihrer (angeblichen) Unfehlbarkeit und Unbesiegbarkeit, die im Bild zum Fetisch erhoben wird. Durch die Ausblendung der vernichtenden Wirkung tritt nicht nur die Entfremdung von Mensch und Maschine zutage, sondern auch die propagandistische Funktion der Grafik. Sie spart jene völkerrechtswidrige Realität des Luftkriegs aus, gegen die Picassos (1881–1973) Antikriegsbild *Guernica* (1937) klagt.

In der Schau „Kunst der Front 1942. Ausstellung von Soldaten der Luftwaffe" erwarb die Städtische Galerie höchstwahrscheinlich[309] Max Osterrieders 1941 entstandenes Aquarell *Ju 88 über Strassburg (Ferkelmarkt)*. Die vom Luftgau VII München ein Jahr später organisierte Kriegsbilderschau wurde in zehn Städten des Befehlsbereichs gezeigt

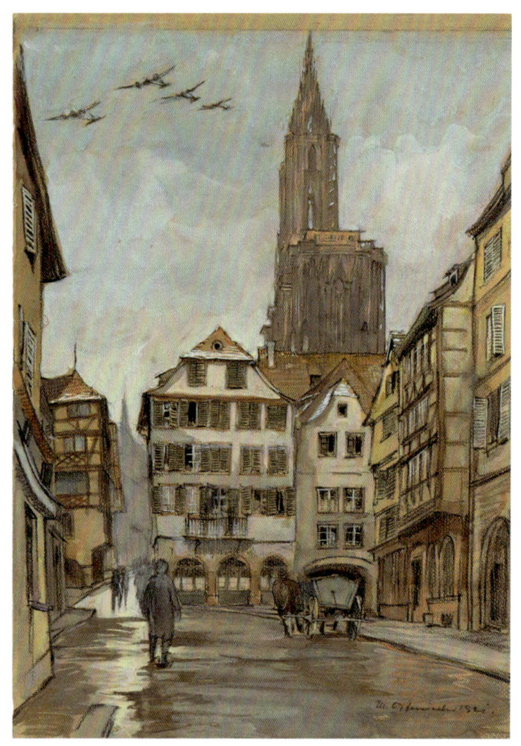

Abb. 83
Max Osterrieder, *Ju 88 über Strassburg (Ferkelmarkt)*, 1941, Aquarell, 43 × 31 cm

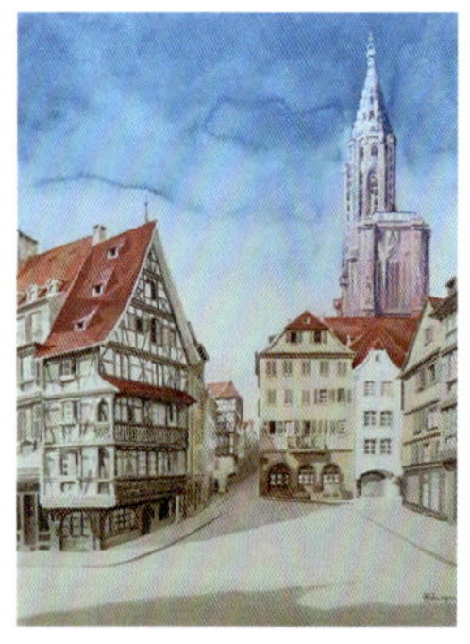

Abb. 84
Aquarellierte Ansicht des Ferkelmarkts in einem Reiseprospekt von 1941

und erreichte nach Aussage der Veranstalter 226 000 Besucher:innen.

Der Ferkelmarkt, auf Französisch „Marché-aux-Cochons-de-Lait", gehört zu den berühmtesten Plätzen in Straßburgs Altstadt und wurde oft in Bildern festgehalten. Er war und ist eine touristische Attraktion. In einem Reiseprospekt von 1941 findet sich eine Osterrieders Bild sehr ähnliche Ansicht – ebenfalls ein Aquarell[310] –, und historische Fotos zeigen einen fast identischen Bildausschnitt[311] (Abb. 83, Abb. 84).

1938 bekundete Adolf Hitler auf dem Reichsparteitag in Nürnberg, dass den Deutschen das Straßburger Münster sehr viel bedeute. Und der Reichsstatthalter und Gauleiter Robert Wagner sagte bei der Verteilung des Gaukulturpreises 1940: „Wir werden unsere ehrenvolle Aufgabe darin sehen, der Stadt auch in der Zukunft den Namen zu sichern, den sie sich in ihrer deutschen Vergangenheit durch ihre kulturbildenden Kräfte erworben hat. Wir sind deshalb entschlossen, die alten Kulturwerte Strassburgs wieder freizulegen und in neuer Schönheit erstehen zu lassen."[312] Das Münster wurde also als ein wichtiges Symbol deutscher Geschichte und Kultur betrachtet, es wurde „heim ins Reich" geholt, nachdem die Stadt und das Elsass von der Wehrmacht am 21. Juni 1941 besetzt und an das Großdeutsche Reich angeschlossen worden waren. Mit einem aggressiven „Regermanisierungsprogramm" sollten das Elsass und Straßburg wieder vollständig deutsches Gebiet werden. Nicht zufällig wurde als Titel des Aquarells nicht der französische Name des Platzes, sondern der deutsche gewählt.

Das Motiv *Ju 88 über Strassburg (Ferkelmarkt)* bringt drei wesentliche Dinge zusammen: das Flugzeug Ju 88, den Ferkelmarkt und das Münster. Die zweimotorige Ju 88, ein vielfältig einsetzbares Kriegsflugzeug, war das Symbol für die Leistungsfähigkeit der deutschen Luftwaffe. Beinahe 15 000 Maschinen wurden im Dritten Reich von diesem Flugzeugtyp hergestellt. Damit war die Produktion der Ju 88 eines der größten Rüstungsprogramme des Deutsches Reiches im Zweiten Weltkrieg. Dieses Flugzeug stand anfangs für die militärische Luftüberlegenheit.

Die scheinbar touristische Ansicht Straßburgs entpuppt sich bei genauerer Betrachtung als die Darstellung einer vom Deutschen Reich besetzten französischen Stadt, die von den Nationalsozialisten als ein wesentlicher Bestandteil deutscher Kultur und Geschichte betrachtet wurde und durch die militärische Besetzung und „Regermanisierung" wieder zu einem Teil Deutschlands gemacht werden sollte. Die Fernbomber Ju 88 an Straßburgs Himmel deklarierten sie als deutsche Stadt, die nach der Niederlage im Ersten Weltkrieg ein zweites Mal „heim ins Reich" geholt wurde. In diesem Kontext ist das Aquarell politisch und propagandistisch.

Über Max Osterrieder ist wenig bekannt. Jahrgang 1903, war er als Künstler spezialisiert auf Landschaftsmalerei.[313] Am Zweiten Weltkrieg nahm er als Soldat im Rang eines Unteroffiziers teil. Osterrieder muss bei der Luftwaffe gewesen sein und wurde entweder als Kriegsmaler eingesetzt oder war ein sich künstlerisch betätigender Soldat. Vielleicht hatte er einen ähnlichen Status wie Heinrich Klumbies, der als Bordschütze und Kriegsmaler Einsätze mitflog. Insofern verwundert es auch im Fall Osterrieders nicht, dass man auf den Namen noch in einem anderen militärischen Zusammenhang stößt. Ein Oberfeldwebel Max Osterrieder wurde am 23. Oktober 1942 als Bordschütze eines Transportgeschwaders mit dem Ehrenpokal der Luftwaffe ausgezeichnet. Der Pokal wurde für besondere Leistungen im Luftkrieg verliehen. Möglicherweise handelt es sich bei diesem Osterrieder um den Maler, denn auf *Ju 88 über Strassburg (Ferkelmarkt)* sind vier Fernbomber zu sehen. In diesem Standard-Kampfflugzeug flogen „Gäste" sowohl als Bordschützen als auch als Kriegsberichterstatter mit. Es ist daher vorstellbar, dass Osterrieder wie Klumbies Bordschütze war, was seine besondere Beziehung zur Ju 88 erklären würde.

Die Art und Weise, wie die Propaganda in *Ju 88 über Strassburg (Ferkelmarkt)* visualisiert wird, finden wir in einer ganzen Reihe weiterer kriegsbejahender Grafiken in der Sammlung des Kunstmuseums Stuttgart. Dazu gehören Hektor Kirschs Bild *Weihnachten an der Front* (Abb. 85), Eduard Trautweins (1893–1978) *Flugwache auf der Schwäbischen Alb* (1941), Kurt Dellians *Zerstörter Bunker* oder Gerth Bieses Aquarellserie, in der die Schiffsaufbauten und Kanonen deutscher Kriegsschiffe wie des Panzerschiffs Deutschland oder des Kreuzers Königsberg eine Unbesiegbarkeit der Kriegsmarine evozieren und ihr Tarnanstrich entfernte Erinnerungen an den Siegfried-Mythos wachrufen. Ihr Anstrich schien sie unsichtbar und unverwundbar zu machen wie den Helden aus der Nibelungensage (zu Biese siehe S. 139).

Geradezu idyllisch und kriegsfern mutet dagegen Trautweins winterliche Ansicht einer Flugwache auf der Schwäbischen Alb an. Der Wachposten hoch oben in den Bergen wirkt durch die verschneite Landschaft malerisch, die Winterszene ist überdies durch den ‚Schlüssellocheffekt', den die Äste im Bildvordergrund erzeugen, in eine romantische Atmosphäre getaucht. Deutschland befindet sich im Krieg,

Abb. 85
Eduard Trautwein, *Flugwache auf der Schwäbischen Alb*, 1941, Zeichnung, 41 × 31 cm

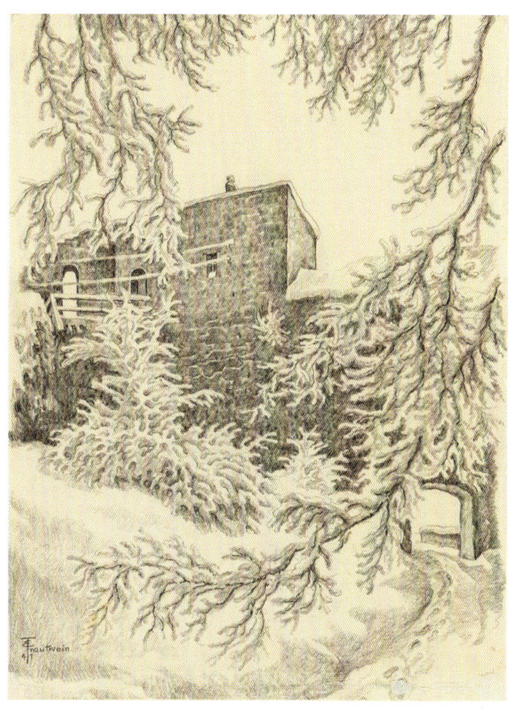

aber die Kampfhandlungen sind weit weg, und an der Heimatfront ist man wachsam genug, um die Bevölkerung rechtzeitig vor Gefahren zu warnen und zu schützen, so die Botschaft der Zeichnung. Trautwein war ein überzeugter Propagandist des NS-Regimes. Bereits 1930 war er Mitglied der NSDAP geworden[314] und hatte in seiner Ortsgruppe das Amt des Fachberaters für Kunst und Wissenschaft übernommen. Zudem war er von 1932 bis 1935 Mitglied in der SS, musste aber aus gesundheitlichen Gründen wieder austreten. Vor der Machtübernahme der Nationalsozialisten lebte der Sohn eines Wirts als freiberuflicher Künstler in Wolfach im Schwarzwald in sehr ärmlichen Verhältnissen, er war auf die Unterstützung der Fürsorge angewiesen. Er hatte von 1909 bis 1913 an der Akademie der Bildenden Künste in Karlsruhe studiert und sich zu Beginn des Ersten Weltkriegs freiwillig zum Kriegsdienst gemeldet. Der künstlerische Durchbruch gelang ihm erst im Dritten Reich, wo er sein Talent ganz in den Dienst des NS-Regimes stellte und zahlreiche öffentliche Aufträge wie zum Beispiel Wandmalereien an Rathäusern ausführte. Zudem engagierte er sich stark kulturpolitisch, so war er bespielsweise von 1933 bis 1934 Stützpunktleiter des Kampfbundes für Deutsche Kultur und beeinflusste als Kreiskulturwart maßgeblich das Kultur- und Vereinsleben in Wolfach. Trautwein gestaltete auch zahlreiche Werbematerialien der NSDAP und andere propagandistische Gebrauchsgrafik. Er gehörte wohl zu den bekanntesten Künstlern des Schwarzwalds, die sich aktiv für den Nationalsozialismus einsetzten und Kunst für das Dritte Reich produzierten. Seine Anstrengungen wurden unter anderem belohnt durch einen Eintrag in dem 1939 von dem Kunsthistoriker Hans Vollmer herausgegebenen 33. Band des „Allgemeinen Lexikons der Bildenden Künstler von der Antike bis zur Gegenwart" („Thieme-Becker-Vollmer").[315] Trautweins *Flugwache auf der Schwäbischen Alb* ist nicht die einzige Grafik, in der die Kriegspropaganda sehr feinsinnig ausfällt.

Ein weiteres Beispiel für solche Sublimität ist das Aquarell *Landsers Sonntagmorgen,* das Martin Sternagel, Oberfeldwebel sowie Mitglied der Reichskammer der bildenden Künste, im Jahr 1941 malte und das auf der Wanderausstellung „Kunst der Front 1942. Ausstellung von Soldaten der Luftwaffe" gezeigt wurde.[316] Dargestellt ist ein Interieur. In einem vornehm erscheinenden wandvertäfelten Zimmer mit Ausblick steht ein Stuhl vor einem weit geöffneten Fenster. Auf ihm liegt eine Maschinenpistole, deren Lauf zum Fenster zeigt, an der Stuhllehne hängt ein verschlossenes Pistolenholster und auf dem Boden, zu Füßen des Sitzmöbels, dessen Design an einen Louis-XVI.-Stuhl vielleicht aus dem 18. oder 19. Jahrhundert erinnert, steht ein Paar schwarze Marschstiefel. Über den Stuhl hinweg fällt der Blick durch das offene Fenster auf eine herbstliche Landschaft, in der sich das Blattwerk bräunlich zu verfärben begonnen hat. Es ist unklar, ob es ein Garten oder Park ist oder ob es sich um wilde Natur handelt.

Das vornehme Möbel, der glänzende Parkettboden und die weiße Wandtäfelung sprechen dafür, dass sich das Zimmer in einem begüterten Haus befindet beziehungsweise dass es sich zumindest um einen Haushalt handeln muss, der einem höheren sozialen Stand angehört und dessen Mitglieder es sich leisten können, im Grünen zu leben. Der gegenwärtige Bewohner ist nur indirekt zugegen durch seine Waffen, seine Stiefel und das geöffnete Fenster, das darauf verweist, dass hier aktuell jemand wohnt. Seine Soldatenausrüstung mutet trotz der offensichtlichen Ordnung, die er hält – die Stiefel sind akkurat abgestellt und nicht einfach auf den Boden geworfen –, seltsam in dem Zimmer an. In der zivilen, friedlichen Umgebung wirken die Marschstiefel und die Kriegswaffen wie Fremdkörper, wie ein ironisches Statement. Jemand hat den Raum für sich in Anspruch genommen, der eigentlich nicht hierhergehört. Doch obwohl er Kraft seiner Waffen und Macht ein Eindringling ist, weiß er sich zu benehmen. Die herausfordernd zur Schau gestellte Ordnung der wenigen Dinge lässt den Eroberer kultiviert erscheinen.

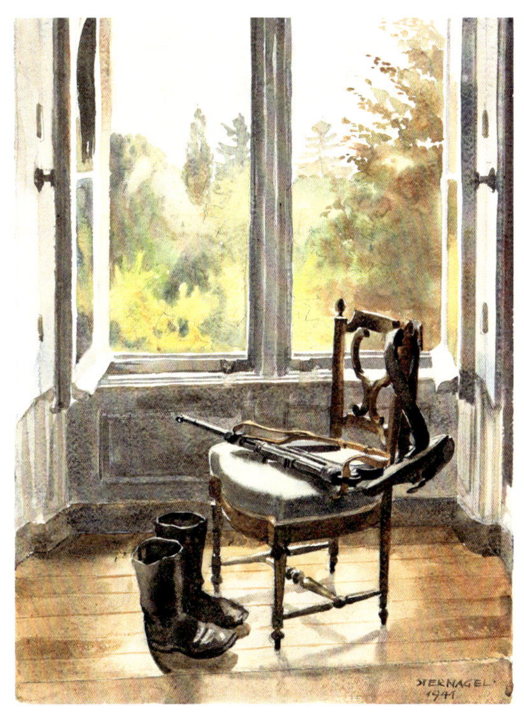

Abb. 86
Martin Sternagel, *Landsers Sonntagmorgen,* 1941, Aquarell, 47 × 34 cm

Der Bildtitel gibt sich humorvoll: *Landsers Sonntagmorgen.* „Landser" ist ein Synonym für den deutschen Soldaten. Im Ersten und besonders im Zweiten Weltkrieg war dieses Wort beziehungsweise diese volkstümliche oder Volkstümlichkeit suggerierende Bezeichnung für den einfachen deutschen Heeressoldaten verbreitet. Verwendung fand es häufig in humoriger Literatur, und die Nationalsozialisten bedienten sich seiner ab 1940 in der Witzliteratur. Es erschienen Bücher wie „Landser lachen: Neuer deutscher Soldatenhumor. Die besten heiteren Kriegserlebnisse aus der Rundfunk-Sendung ‚Soldatenkameraden'", 1940 herausgegeben von Alfred Schröter, und Werner Loss' und Hans-Adolf Webers „Landser lachen: Fronthumor dieses Krieges", das 1944 bereits in der elften Auflage verlegt wurde. In der NS-Kriegspropaganda hatte der „Landserhumor" seinen festen Platz, weil er den Krieg und seine Realität verschleierte und verharmloste, und er bot gleichzeitig der Bevölkerung eine Identifikationsebene mit „unseren Soldaten", die in der Ausnahmesituation Krieg angeblich auch nicht anders waren als die sogenannten Normalbürger:innen.

Komische Situationen und Erotik spielen im „Landserhumor" eine wichtige Rolle. Und eine solche, auf sublime Weise „komische" Situation stellt auch *Landsers Sonntagmorgen* dar. Der einfache Soldat erwacht in einem für ihn ungewöhnlich feinen Ambiente, das ihm normalerweise verschlossen bliebe. Dass der Landser eine Rast auf seiner Etappe eingelegt und höchst wahrscheinlich in dem Zimmer genächtigt hat, legen der Bildtitel – Sonntagmorgen – und die ausgezogenen Stiefel nahe. Vielleicht hat er sich nach einem langen Marsch erschöpft in Uniform aufs Bett fallen lassen, doch trotz des Krieges verboten ihm der Anstand und die Moral, das Schuhwerk anzubehalten. Wir betrachten das Interieur aus seinem Blickwinkel von einem leicht erhöhten Standpunkt aus, wahrscheinlich vom Bett, das dem Fenster direkt gegenübersteht. Das Bild veranschaulicht, wie kurios (oder komisch) es während eines Feldzugs zugehen kann, zum Beispiel, wenn sich ein Landser plötzlich am Morgen in der Situation eines Herrn in herrschaftlicher Umgebung wiederfindet und trotz Krieg eine friedliche und bequeme Umgebung genießen kann, die jedoch nicht von Dauer ist. Dass es nur ein Moment der Ruhe und Beschaulichkeit ist, davon künden die Waffen. Die Maschinenpistole ist eine MP 40, die von 1940 bis 1944 in Deutschland und Österreich hergestellt wurde. Sternagel hat sie detailgetreu wiedergegeben, so dass der Waffentyp leicht zu identifizieren ist. Diese Maschinenpistole war der Inbegriff der deutschen Infanteriebewaffnung. Sie wurde allerdings nicht von der Mehrheit der Soldaten getragen – sie kämpften mit dem Karabiner 98k –, sondern es waren die Zug- und Gruppenführer, denen sie vorbehalten war und die in der Militärhierarchie über dem einfachen Soldaten standen. Ein Zugführer hatte einen Unteroffiziers- oder niederen Offiziersrang und führte eine Teileinheit, die Zug genannt wurde. Gruppenführer (vergleichbar mit Generalsrängen) waren in nationalsozialistischen Organisationen wie dem NS-Fliegerkorps, dem NS-Kraftfahrtkorps, der Schutzstaffel und der Sturmabteilung. Die Maschinenpistole zeigt also den höheren militärischen Rang ihres Besitzers an und erklärt damit auch das besondere Etappenquartier. Sternagel war Oberfeldwebel, hatte also einen höheren militärischen Rang und daher das Privileg, eine MP 40 zu besitzen.

Das Motiv ist keineswegs seine Erfindung, vielmehr lässt es sich in der deutschen Kunstgeschichte und in der Geschichte der deutschen Kriegsbilder zumindest bis zur künstlerischen Rezeption des Deutsch-Französischen Krieges 1870/71 zurückverfolgen. Ein berühmtes Beispiel ist Anton von Werners (1843–1915) *Etappenquartier vor Paris 1871* von 1894. Auf ihm sind deutsche Soldaten in schmutzigen Kampfstiefeln beim Musizieren in einem luxuriösen Rokoko-Interieur dargestellt. Das Gemälde, heute in der Berliner Nationalgalerie, gehört zu den bekanntesten und am häufigsten reproduzierten und ausgestellten Werken des Direktors der Hochschule für die bildenden Künste in Berlin. Werner präsentiert sich im *Etappenquartier* als nüchterner Chronist des Deutsch-Französischen Krieges und als Erzähler des Kriegsalltags. Das Bild ist aber weitaus mehr als nur die anekdotische Schilderung einer seiner Kriegserinnerungen. Vielmehr ist das Kriegsgenrebild als ein Psychogramm der *deutschen Seele* zu verstehen, die Werner als *wesenhaft* für *die* Deutschen betrachtete. Das Gemälde stellte in seinem Entstehungsjahr 1894 den bereits historisch gewordenen deutsch-französischen Feldzug als einen Krieg der deutschen *Kultur* gegen die französische *Zivilisation* dar.[317]

Im Vergleich zu *Landsers Sonntagmorgen* lässt sich gerade in der herausgehobenen Bedeutung der Marschstiefel eine Parallele zum *Etappenquartier* finden. Während das Schuhwerk bei Sternagel eine Stellvertreterfunktion einnimmt und auf seinen abwesenden Besitzer verweist, sind die Stiefel bei Werner das Detail, das ihre in diesem Falle sichtbaren Besitzer am eindrücklichsten beschreibt. Der auffälligste Kontrast besteht zwischen den verdreckten Stiefeln und dem überfeinerten Rokoko-Interieur. Werner hat die Schmutzspuren peinlich genau wiedergegeben. Hier wird ein Gefallen am Schmutz zelebriert. Es ist legitimer, durch Krieg ‚geadelter' Schmutz.

Im Ersten Weltkrieg veröffentlichten die „Kriegsflugblätter" eine Karikatur von Karl Arnold (1883–1953) auf den deutschen „Barbar" in der Etappe, der für seine Nachtruhe ein hochherrschaftliches Schlafzimmer für sich vereinnahmt. Auch hier wieder die unverzichtbaren Kampfstiefel – dieses Mal vor dem Bett stehend –, das achtlos abgestellte Gewehr und die auf dem Nachtschränkchen abgelegte Pistole. Sternagels Bild ließe sich als die umgedrehte Variante des Motivs begreifen: Aus der umgekehrten Richtung des im Bett schlafenden oder gerade erwachten Landsers ruht der Blick auf dem Zimmer und dem Fenster (Abb. 87).

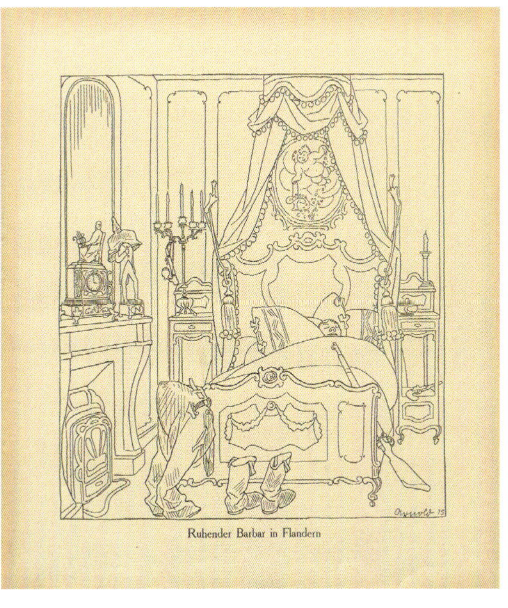

Abb. 87
Karl Arnold, *Ruhender Barbar in Flandern*, 1915, Cover Kriegsflugblätter, Nr. 38

Bei Sternagel sind die Maschinenpistole und Militärstiefel wegen ihrer Konkretheit eindeutig im Kontext des 1941 herrschenden Krieges zu lesen. Doch ihre dramatische Bedeutung, der mit ihnen assoziierte Tod, wird abgemildert durch das Sonnenlicht, in dem sie baden. Der Stuhl und die Stiefel befinden sich exakt in einem Sonnenfleck, den die Sonne auf dem Parkettboden malt. Die Wirkungen des Lichts im Raum sind Sternagel genauso wichtig wie die naturgetreue Wiedergabe der militärischen Ausrüstung. Er taucht die gesamte Szene in ein so betörendes Licht, dass eine geradezu romantische Atmosphäre entsteht, die den Krieg und seine Wirklichkeit in den Hintergrund drängt.

Das Motiv des offenen Fensters mit Blick aus dem Innenraum auf die Natur taucht in der Malerei der deutschen Romantik oft auf und wird daher mit einem romantisierenden Blick in Verbindung gebracht. Berühmte Beispiele für Fensterausblicke finden sich im Werk von Georg Friedrich Kersting (1785–1847) und Caspar David Friedrich (1774–1840). Zweifellos sind es bei Sternagel die (scheinbar) unberührte Natur draußen vor dem Fenster und das von der Sonne beschienene saubere und aufgeräumte Zimmer, die die romantisch verklärte Stimmung erzeugen. Seine Behandlung des Lichts erinnert aber noch an ein anderes berühmtes Bild, an Adolph Menzels (1815–1905) *Das Balkonzimmer* (1845), in dem Sonnenlicht durch eine offene Balkontür in einen menschenleeren Raum fällt.

Auf der Ausstellung „Kunst der Front 1942" zeigte Sternagel noch ein zweites Aquarell, das sich explizit mit dem Licht des Südens auseinandersetzt. Die Arbeit hat den Titel *Sonne in Südwestfrankreich*. Diese Ortsangabe lässt den Schluss zu, dass beide Aquarelle während Sternagels Stationierung in Frankreich entstanden sind und sich deshalb auch der Bezug zu Werners *Etappenquartier* aufdrängt.

Der Maler und Grafiker Martin Sternagel hat kaum Spuren hinterlassen. Er wurde in Niederschlesien geboren und lebte in Waldenburg. Dort war er auch Mitglied der Waldburger Künstlergilde. Er absolvierte ein Kunststudium an der Staatlichen Akademie für Kunst und Kunstgewerbe in Breslau und führte es anschließend an der Kunstakademie München fort. Die Aquarellmalerei spielte in seinem künstlerischen Werk eine wichtige Rolle.[318]

Sternagel nahm als Oberfeldwebel am Westfeldzug teil und scheint als Soldat der Luftwaffe 1941 in Frankreich stationiert gewesen zu sein. Die intime Sicht auf den Krieg, die sein Interieur vermittelt, belegt, dass er in herausgehobener Funktion unterwegs war, wodurch er die Gelegenheit hatte, solche Augenblicke festzuhalten. In der gekonnten Ausführung der Wasserfarbentechnik erweist er sich als geübter Aquarellist, was sich durch seinen professionellen Hintergrund und seine künstlerische Ausbildung erklärt. Wir wissen nicht, an welchem Ort das Kriegsinterieur aufgenommen wurde. Wo immer es auch entstanden sein mag, die schreckliche und verbrecherische Wirklichkeit des Zweiten Weltkriegs blendet es ganz bewusst aus und verharmlost sie. Dazu trägt nicht unwesentlich die Titelgebung bei, die entweder der Propaganda oder Sternagels Sinn für ‚Humor' geschuldet war, der vor dem Hintergrund des Vernichtungskriegs nur als zynisch bezeichnet werden kann.

Gegenüber Sternagels militaristisch aufgeladenem Interieur enthält Walter Klinkerts (1901–1959) Architekturstich *Berlin. Portalfront des Berliner Schlosses* von 1940[319] versteckte Kriegspropaganda, die sich erst dem enthüllt, der das Blatt im Kontext seines Motivs, seiner Entstehung und der Vita des Künstlers betrachtet und sich die Frage stellt, warum diese feingestochene Ansicht des Berliner Schlosses in die Sammlung der Städtischen Galerie Stuttgart gelangte, entsprach das Motiv doch nicht dem „schwäbischen" Schwerpunkt (Abb. 88). Was also zeichnete diese Radierung und diesen Künstler aus?

Klinkert ist heute weitgehend vergessen, doch der 1901 in Berlin geborene Grafiker und Kupferstecher hatte sich in den Zwanziger- und Dreißigerjahren einen Ruf als ein Meister der Zeichnung und des Tiefdrucks erworben. Seine Architekturansichten wurden von berühmten nationalen und internationalen Sammlungen gekauft.[320] Studiert hatte Klinkert an der Berliner Staatsschule für freie und angewandte Kunst, dort war er Meisterschüler Emil Orliks (1870–1932). 1930/31 erhielt er auf Vorschlag der Hochschule den Rom-Preis, mit dem eine

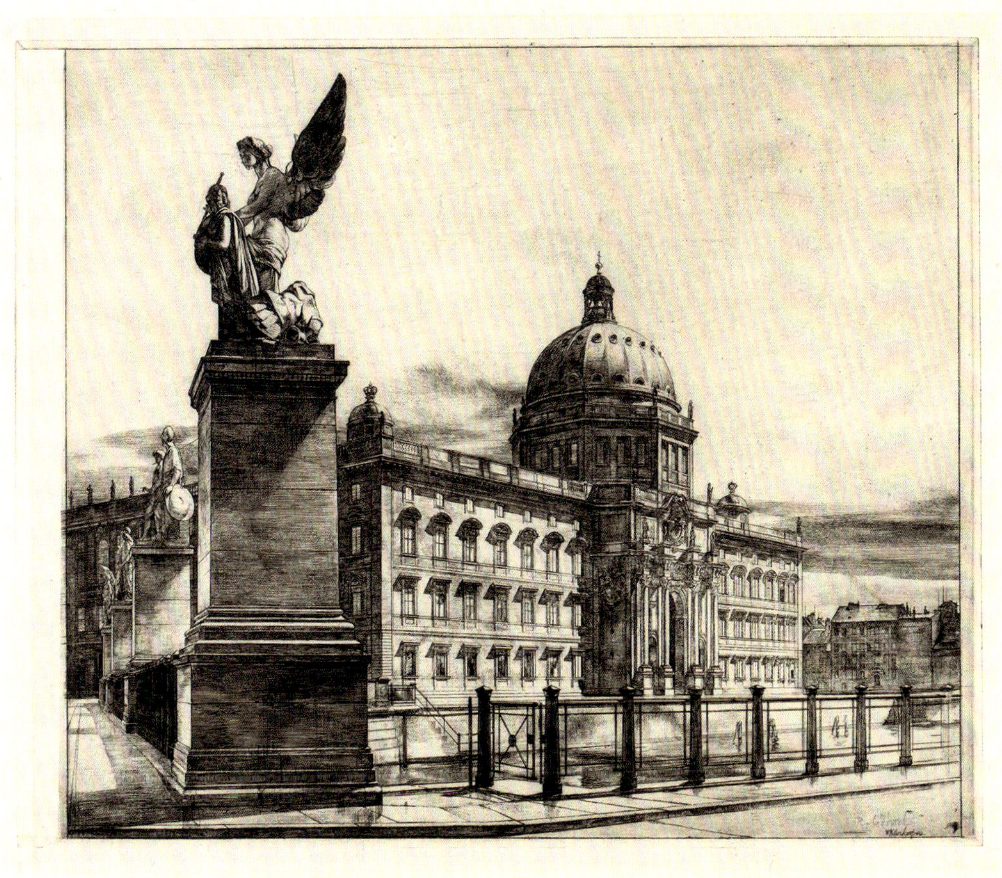

Mitgliedschaft in der Deutschen Akademie in Rom verbunden war. Ein Jahr später zeichnete ihn der Preußische Minister für Wissenschaft, Kunst und Volksbildung mit einem Staatsstipendium aus, das ihm einen einjährigen Aufenthalt in der Deutschen Akademie in Rom, in der Villa Massimo, ermöglichte. Dieses Stipendium wurde um ein Jahr verlängert. Klinkert erwarb sich den Ruf eines „deutschen Piranesi". 1934 beauftragte ihn der Leiter des Deutschen Instituts für Archäologie in Rom damit, in der Ausgrabungsstätte Pompeji Kopien und Rekonstruktionen von antiken Wandgemälden anzufertigen. Im Rahmen dieser Arbeit befasste sich Klinkert mit der Mal- und Mörteltechnik römischer Stuckmalerei, mit der er sich nach seiner Rückkehr nach Berlin neben seinen freien Arbeiten bis 1937 weiter beschäftigen sollte. Albert Speer, der Architekt Adolf Hitlers und zu diesem Zeitpunkt Generalbauinspektor für die Reichshauptstadt, förderte seine Arbeit.

Abb. 88
Walter Klinkert, *Berlin. Portalfront des Berliner Schlosses,* 1940, Radierung, 31,3 × 38,4 cm, V. Zustand, Probedruck

Einen weiterer Schritt in seiner Karriere war seine Ernennung zum Dozenten der Hochschule für Kunsterziehung in Berlin, wo er von 1937 bis 1943 unterrichtete und ab 1939 als Professor lehrte. Schließlich berief ihn die Berliner Hochschule für die bildenden Künste 1943 zum

Professor für Architekturzeichnen. Diese Stelle konnte er jedoch nicht mehr antreten, weil er zum Kriegsdienst eingezogen wurde. Wegen seiner schwachen gesundheitlichen Konstitution musste er nur drei Monate Dienst leisten und wurde dann aufgrund seines Herzfehlers für kriegsuntauglich erklärt. Anschließend war er als Kriegsberichterstatter für die Organisation Todt tätig und wurde nach Westfrankreich, nach La Rochelle und St. Malo, geschickt, wo er neben kriegsfernen Motiven auch Bilder wie *La Pallice – Der Bau der Schleuse für den U-Boot-Stützpunkt* (1943) und *Bordeau – U-Boot auf Trockendock* (1944) anfertigte. Gegen Kriegsende, im Jahr 1945, wurde er vom Ministerium für Erziehung und Unterricht in Berlin beurlaubt und führte für den „Arbeitsstab Wiederaufbau zerstörter Städte" künstlerische Aufgaben aus.[321]

Im Kreis der nationalsozialistischen Führungspersönlichkeiten muss Klinkert, der kein NSDAP-Mitglied war,[322] großes Ansehen genossen haben. Das erklärt den Auftrag des Preußischen Reichserziehungsministers Bernhard Rust im Jahr 1940, ein Widmungsblatt für den Preußischen Finanzminister Professor Johannes Popitz zu schaffen, auf dem der große Garten von Schloss Herrenhausen in Hannover dargestellt ist. Speer, ab 1942 Reichsminister für Bewaffnung und Munition, beauftragte Klinkert 1942 mit einer Reihe von Radierungen und Zeichnungen zu den baukünstlerischen Leistungen des Dritten Reiches. Das Projekt wurde nicht beendet.[323] Für die geplante Kunstmappe zur Neuen Reichskanzlei in Berlin entstanden drei Radierungen: eine Ansicht des Ehrenhofs, eine des Portals des Ehrenhofs und eine des Runden Saals. Die Anerkennung, die Klinkerts Arbeiten fanden, spiegelt sich auch in seiner regelmäßigen Beteiligung an der „Großen Deutschen Kunstausstellung" wider. Von 1937 bis 1941 stellte er insgesamt 13 Architektur- und Landschaftsgrafiken aus. Im letzten Kriegsjahr nahm auch das Propagandaministerium seine Dienste in Anspruch und ließ ihn das Berliner Schloss und das Zeughaus Unter den Linden zeichnen. Gegen Kriegsende wurden viele seiner Werke und alle seine Druckplatten zerstört. Klinkert und seine Frau Hildegard gingen als Kriegsflüchtlinge im Oktober 1945 nach Berchtesgaden, wo sie bis Mitte der Fünfzigerjahre lebten.[324] In seine Geburtsstadt kehrte Klinkert 1954 zurück, als ihn das Land Berlin nach seinem Antrag auf Übertragung eines Amtes gemäß der Beamtengesetzgebung wieder als Professor an der Hochschule für die bildenden Künste einstellen musste.[325] Der Historiker Jobst C. Knigge gelangte zu der Einschätzung, Klinkert wäre „ein dem Regime genehmer Künstler" gewesen: „Die offizielle NS-Presse lobte seine Arbeit. In der Zeitschrift ‚Die Kunst im Deutschen Reich' wurde im Januar 1940 ein Artikel über ihn veröffentlicht: ‚Walter Klinkert. Ein Deutscher Künstler sieht Rom'."[326]

Klinkerts grafische Kunst war aufs Engste mit der Architektur verbunden, er schuf Veduten und präzise Architekturstücke von Berlin, Rom, Ulm und vom kriegszerstörten München. Er sah sich in der Tradition großer Berliner Architekturzeichner und Vedutenmaler wie Friedrich Gilly

(1772–1800), Karl Friedrich Schinkel (1781–1841) und Friedrich August Stüler (1800–1865). Für den Kunsthistoriker Schreiner war es Klinkerts „unglückliches Geschick, dass er in ein politisch und künstlerisch lautes Jahrhundert hineingeboren wurde, das mit den revolutionären Tendenzen der Kunstbetrachtung altmeisterliche Disziplin nicht mehr recht zu würdigen“[327] wusste. Schreiner analysierte Klinkerts Beziehung zu seinen nationalsozialistischen Förderern wie Speer und die Stellung seiner Arbeiten in der Kunst im Dritten Reich nicht weiter und mit dieser Haltung ist er kein Einzelfall. Auch der Berliner Kunsthistorikerin Hella Reelfs erschien Klinkert als „unpolitischer Außenseiter“[328]. Es ist jedoch zweifelhaft, dass diese Einschätzung auf den Radierer des großformatigen Blattes *Berlin. Portalfront des Berliner Schlosses* zutrifft. Klinkert datierte es auf 1940, Reelfs ist dagegen der Meinung, es sei vermutlich erst im Winter 1941 fertig geworden. Dem steht jedoch die Tatsache entgegen, dass es auf der „Großen Deutschen Kunstausstellung“ in München 1941 zu sehen war, die am 26. Juli eröffnet wurde.

Klinkert soll die Arbeit ohne Auftrag angefertigt haben. Sie gehörte zu einer kleinen Serie von Ansichten historischer Bauten Berlins, mit der er bereits 1937 begann. Es ist aber kaum anzunehmen, dass Klinkerts Schlossmotiv im Jahr 1940, in dem die deutsche Wehrmacht im Rahmen des Westfeldzugs zuerst die Beneluxländer überfiel und dann einen Teil Frankreichs besetzte, unabhängig von den aktuellen Kriegsereignissen rezipiert wurde, wie überhaupt der Künstler wohl nicht zufällig für seine Ansicht einen Betrachterstandpunkt wählte, bei dem das Schloss vom ersten Pfeiler der Schlossbrücke aus gesehen wird. Dadurch stehen die hoch aufragende Skulpturengruppe und die dem Kanal zugewandte Schlossfront im Zentrum. Der preußische König hatte die Brücke 1819 von Schinkel als architektonisches Denkmal an den siegreichen Feldzug gegen Napoleon entwerfen lassen. Die Marmorgruppe im Vordergrund

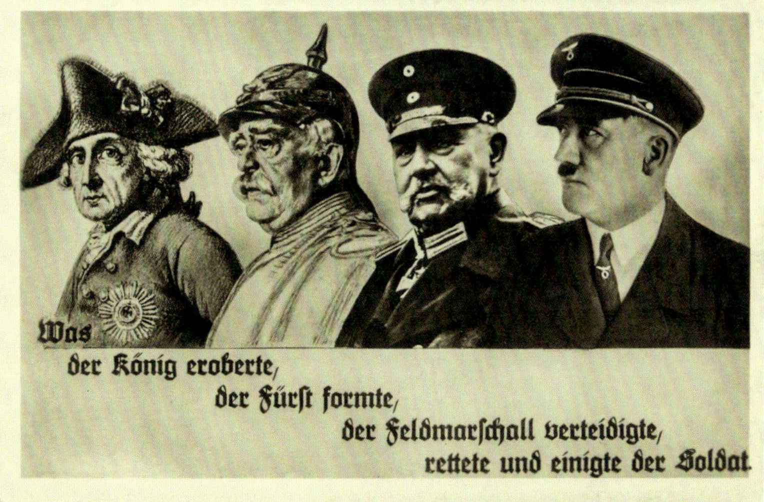

Abb. 89
Was der König eroberte, der Fürst formte, der Feldmarschall verteidigte, rettete und einigte der Soldat, 1933, Propagandapostkarte, Entwurf: Hans vom Norden, Verleger: Johannes Böttger, Quelle: „Historische Bildpostkarten – Universität Osnabrück – Sammlung Prof. Dr. Sabine Giesbrecht

stellt den Siegesgenius dar, der einen Jungen unterweist. Bei seiner Komposition nahm sich Klinkert die künstlerische Freiheit heraus, das Nationaldenkmal für Kaiser Wilhelm I., das vor dem Schloss stand und von diesem Standpunkt eigentlich zu sehen gewesen wäre, wegzulassen und den Fokus auf die hoch aufragende Marmorgruppe und die Schlosskuppel zu lenken. Klinkerts Motiv ließ sich in einen Zusammenhang bringen mit den Kämpfen Friedrichs des Großen, Bismarcks und Hindenburgs gegen Frankreich und suggerierte eine angeblich historische Kontinuität, in der sich der Führer Hitler mit seinem erfolgreichen Blitzkrieg im Westen 1940 sah. „Was der König eroberte, der Fürst formte, der Feldmarschall verteidigte, rettete und vereinigte der Soldat", hieß es auf einer bekannten Propagandapostkarte der Nationalsozialisten (Abb. 89). Klinkerts Schlossansicht mit Siegesgenius rief diese Idee aus aktuellem Anlass erneut auf und war daher im Zeitkontext alles andere als eine unpolitische Arbeit.

Bild des Soldatenlebens

In den Kriegsbildern fand sowohl das Leben der deutschen als auch der feindlichen Soldaten an der Front seinen Niederschlag. In der Regel wurden nicht das Leid und der Tod der eigenen Männer, sondern nur des Gegners dargestellt. Es sind kriegsbejahende Bilder.

Rudolf Hengstenbergs großformatiges Aquarell *Heimkehr griechischer Soldaten* ist eine Darstellung des geschlagenen Gegners während des Balkankriegs (Abb. 90). Der Sieg der Wehrmacht ist implizit im Bild enthalten. Hengstenberg studierte erst Architektur an der Technischen Hochschule Berlin, dann von 1919 bis 1924 Malerei an der Kunstakademie Stuttgart. Er wurde Meisterschüler bei dem konservativen Professor Heinrich Altherr (1878–1947). Zu Beginn der Weimarer Republik verlor das progressive Lager an der Kunstakademie mit Adolf Hölzel (1853–1934) seinen wichtigsten Vertreter, der für eine fortschrittliche Kunstausbildung eingetreten war. Die Berufung Paul Klees (1889–1940) scheiterte. In diesem Klima nahm Hengstenberg zeitlebens eine künstlerische Haltung ein, die sich zu einer gegenständlichen, naturalistischen Darstellung der Wirklichkeit verpflichtet sah. 1924 siedelte er nach Potsdam um und lebte dort als freier Künstler. Sieben Jahre später wurde er Mitglied der NSDAP. Nach der nationalsozialistischen Machtübernahme wurde seine künstlerische Karriere durch zahlreiche öffentliche Aufträge und öffentliche Ausstellungsbeteiligungen befeuert. Zu diesen Erfolgen gehörte die Ausstellung zweier Gemälde im Deutschen Pavillon auf der Weltausstellung in Paris 1937. Gezeigt wurden sein 1935 für das Reichsarbeitsministerium in Berlin entstandenes Bild *Bauhütte* – hier unter dem Titel *Kameradschaft* beziehungsweise *Arbeitsgemeinschaft* – und das Monumentalgemälde *Maifeier im Berliner Lustgarten* von 1937, das eine 1.-Mai-Massenkundgebung unter

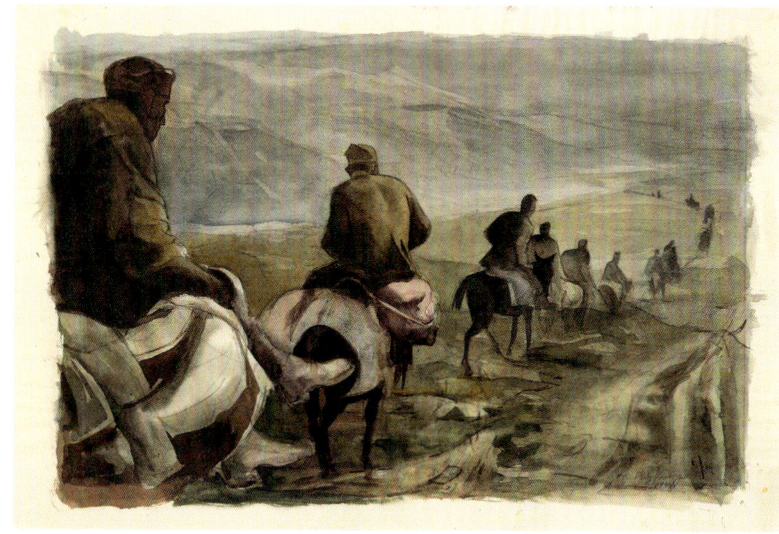

Abb. 90
Rudolf Hengstenberg, *Heimkehr griechischer Soldaten*, 1941, Aquarell, 80 × 100 cm

dem Banner der Hakenkreuzfahne feiert. Das Bild *Bauhütte* wurde mit dem Grand Prix des französischen Handelsministeriums ausgezeichnet.

Den Kriegsdienst absolvierte Hengstenberg als Kriegsmaler im Offiziersrang in der Propagandakompanie. Seine an der Front angefertigten Skizzen arbeitete er in den Heimaturlauben zu größeren Bildern und Gemälden aus. Hengstenbergs Kriegsbilder sind keine plakativen Durchhalteparolen, doch Leid und Tod gibt es stets nur auf der feindlichen Seite. Die nationalsozialistische Presse war von seinen Arbeiten angetan und bedachte sie mit Lob.[329] Im „Völkischen Beobachter" wurde Hengstenberg anlässlich seines 50. Geburtstags „heroische[s] Pathos" bescheinigt.[330] Die Anerkennung durch das Regime schlug sich auch in der Zuerkennung des Preises der Harry-Kreismann-Stiftung 1938 nieder, der von der Preußischen Akademie der Künste ausgelobt und an verdiente NS-Kulturschaffende verliehen wurde. Seine Werke wurden nicht nur ausgestellt, zum Beispiel 1941 bis 1942 auf der „Großen Deutschen Kunstausstellung" in München, der „Großen Berliner Kunstausstellung" und der Akademieausstellung, sondern auch in Kunstzeitschriften reproduziert und positiv besprochen. Daran änderte auch die Beschlagnahme von zwei Grafiken aus dem Museum Gelsenkirchen im Rahmen der Aktion „Entartete Kunst" 1937 nichts. Nach dem Krieg nahm Hengstenberg für sich in Anspruch, mit seinem „Realismus" nicht auf der Linie der Partei gewesen zu sein und keinen Beitrag für die Propaganda geleistet zu haben. Seine Erfolge, die öffentliche Anerkennung und seine Ernennung zum Direktor der Nordischen Kunsthochschule in Bremen, der einzigen Kunsthochschule, die die Nationalsozialisten im Dritten Reich gründeten, stehen in Widerspruch zu dieser Behauptung. Nach dem Zusammenbruch des deutschen Faschismus wurde Hengstenberg als Direktor der Kunsthochschule in Bremen gekündigt. Er lebte noch bis zu seinem Tod in der Hansestadt.

Das Aquarell *Heimkehr griechischer Soldaten* schuf er als Mitglied der Kriegsberichterstatter-Staffel,[331] die sich an wechselnden Kriegsschauplätzen des Balkanraums aufhielt. Es stellt die Rückkehr der geschlagenen griechischen Soldaten in ihre Herkunftsorte dar. Die deutsche Wehrmacht hatte am 6. April 1941 Griechenland angegriffen. Die griechische Armee war der deutschen in Ausrüstung und Bewaffnung unterlegen, nur wenige Divisionen hatten motorisierte Infanterieverbände. Es fehlten schwere Waffen und eine geeignete Luftunterstützung. Aus diesem Grund hielten die Deutschen die Griechen für einen rückständigen Gegner, der zwar tapfer Widerstand leistete, aber unterliegen musste. Am 21. April kapitulierte die griechische Armee und das griechische Festland sowie die wichtigsten Mittelmeerinseln bis auf Kreta wurden besetzt.

Hengstenberg findet für die Rückständigkeit der Griechen das Bild der geschlagenen Soldaten, die auf ihren Mulis die Heimkehr antreten. Er schafft eine ländliche, pittoreske Szene, ein Bild des Balkans, wie es zu dieser Zeit in Deutschland vielleicht noch weit verbreitet gewesen ist. Es ist zugleich aber auch eine wohlwollende Haltung des Beobachters spürbar, denn die besiegten Männer gehen scheinbar als freie Menschen ihres Weges; vom Sieger und von der Besatzungsmacht ist nichts zu sehen. Hengstenberg folgte hier dem anfänglich noch positiv besetzten Bild, das die Wehrmacht und deutsche Kriegspropaganda von den tapferen Griechen entwarf und denen sie durchaus einen gewissen Respekt zollten. Spätestens mit Beginn des griechischen Partisanenkampfs schlug die Stimmung um und die Besatzungsmacht versuchte mit äußerster Brutalität den Widerstand zu brechen. Dabei verübten die Deutschen schreckliche Kriegsverbrechen und Verbrechen gegen die Menschlichkeit, die bis heute Teil des kollektiven Gedächtnisses der griechischen Nation sind.

Das Aquarell *Der Urlauber* von Johannes Maier thematisiert den Heimaturlaub des deutschen Soldaten. Maier, 1899 in Tengen geboren und 1987 in Oberaichen gestorben, war zuerst von 1919 bis 1926 in Stuttgart auf der Kunstgewerbeschule und dann von 1926 bis 1934 auf der Kunstakademie. Er studierte unter anderem bei Robert Breyer (1866–1941) und Hans Spiegel (1893–1966). Von 1936 bis 1938 war er Lehrer an der Staatlichen Kunsthochschule Weimar. Zudem arbeitete er von 1934 bis 1975 in Oberaichen als Designer für die Holzmanufaktur seiner Frau. 1937 trat er in die NSDAP ein.[332] Maier führte im Krieg ein Wandbild in einer Kaserne in Ludwigsburg aus, das den deutschen Soldaten im Verlauf der Geschichte und eine Bauernfamilie im Krieg darstellt, deren Sohn im Fronturlaub auf dem Hof mithilft. In Uniform steht er hinter dem mit Ochsen bespannten Pflug. Das Aquarell *Der Urlauber* war vielleicht eine Studie zum Wandbild. Darüber hinaus malte Maier 1942 auch ein Ölbild, das eine Bauernfamilie bei der Erntepause zeigt. Maiers Bilder aus dieser Zeit entsprachen den Kunstvorstellungen der Nationalsozialisten.[333] *Der Urlauber* gehörte dazu; das Bild weist

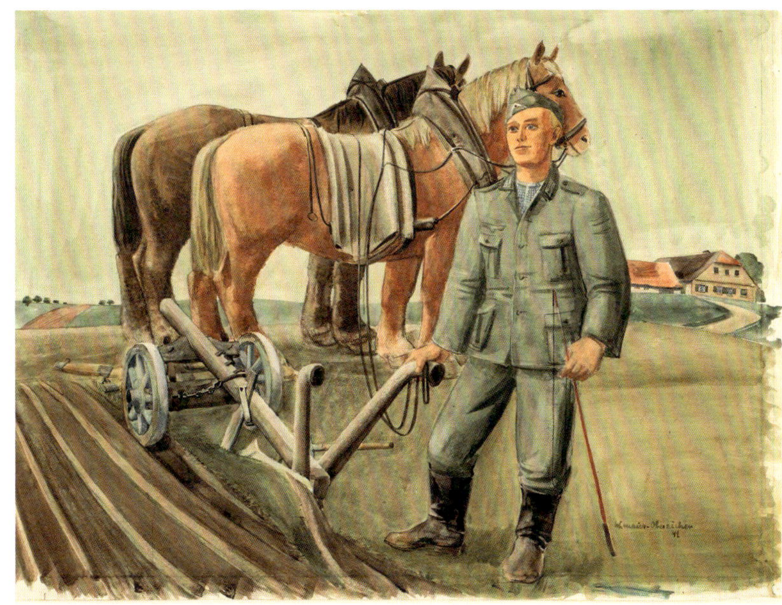

Abb. 91
Johannes Maier,
Der Urlauber, 1941,
Aquarell, 48 × 66 cm

propagandistische Aspekte auf, die dem Thema seine Bedeutung verliehen. Die Wehrmacht rekrutierte allein im Landwirtschaftssektor 750 000 Männer, infolgedessen herrschte auf dem Land starker Arbeitskräftemangel.[334] Jede helfende Hand wurde gebraucht, und deshalb fühlten sich auch die Fronturlauber, die auf dem familiären Hof weilten, in der moralischen Pflicht, bei der Feldarbeit mit anzupacken. Maiers Urlauber hat nicht einmal mehr seine Kleidung gewechselt, er hat sich, noch in Uniform, sofort nach seiner Ankunft hinter den Pflug gestellt. Dass Maier darüber hinaus seinem uneigennützigen Urlauber auch „arische" Züge verleiht, dieser blond und blauäugig ist, komplettiert das Idealbild der Propaganda vom deutschen pflichtbewussten Soldaten (Abb. 91). Dagegen vergessen machen sollten solche Bilder, dass bereits bis 1941 schon ein großes Heer von Zwangsarbeiter:innen, die aus Polen, der Ukraine, aus Russland und Frankreich kamen, dafür sorgten, dass die deutsche Landwirtschaft nicht zum Erliegen kam. Im August 1942 wurden fast 44 Prozent aller Zwangsarbeitskräfte in der Landwirtschaft ausgebeutet. Damit kam dieser Sektor gleich hinter der Industrie, wo es 47 Prozent waren. Viele Zwangsarbeiter:innen starben unter anderem an Misshandlung und Hunger

Ein anderes Thema in der Darstellung des Soldatenlebens ist die „sexuelle Wehrmacht"[335]. Die Zeichnung *Landserflirt* von Friedrich Wilhelm Schindhelm (1902–1979)[336] gibt sich humoristisch und stellt auf scheinbar amüsante Weise den gutmütigen Landser vor, der auch im Krieg den Sinn fürs schöne Geschlecht nicht verloren hat und dem Sex mit einheimischen Frauen nicht abgeneigt ist. Zwei deutsche Soldaten haben eine junge Frau unbekannter Nationalität, die einen Korb mit Äpfeln trägt, in ihre Mitte genommen. Der Größere tätschelt ihr mit der Hand in einer

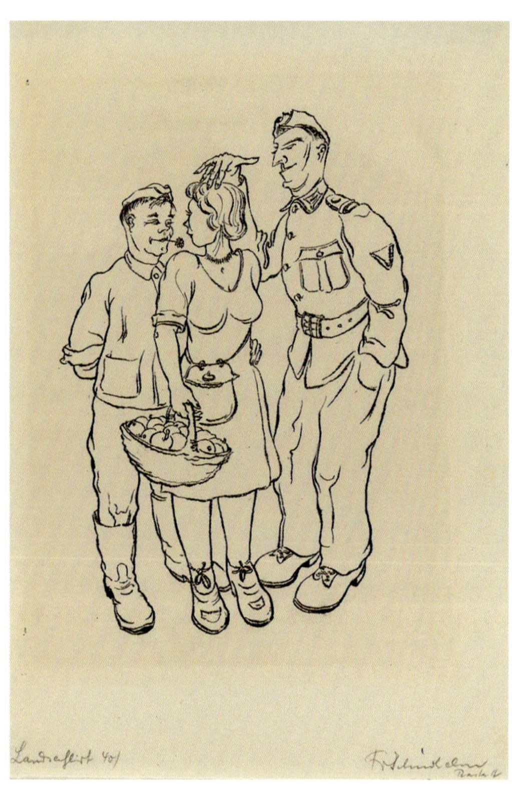

Abb. 92
Friedrich Wilhelm Schindhelm, *Landserflirt,* 1940, Tusche, 23 × 17 cm

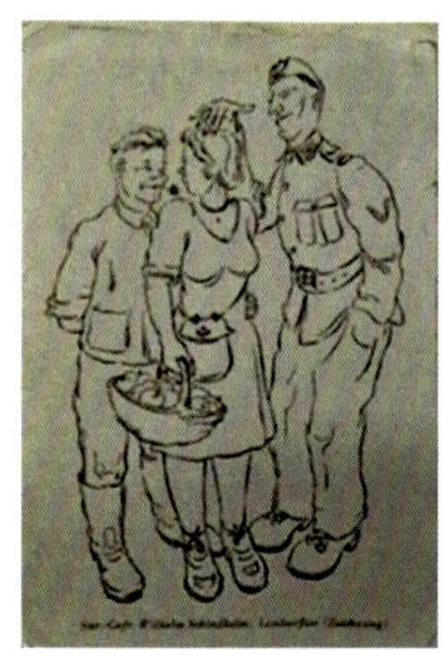

Abb. 93
Friedrich Wilhelm Schindhelm, *Landserflirt,* 1941, Postkarte, Zweiter Weltkrieg

Überlegenheitsgeste den Kopf; der Kleinere hat ihr vielleicht eine Hand auf die Hüfte gelegt, weshalb sie sich zu ihm umdreht und ihn direkt ansieht. Es ist jedoch nicht genau zu erkennen, ob die Hand zu ihm oder der Frau gehört. Weil die Soldaten in dieser Straßenszene in Uniform und ohne Waffen dargestellt sind, ist hier sehr wahrscheinlich eine Begegnung zwischen Landsern und einheimischer Bevölkerung hinter der Front geschildert. Eindeutig ist aber – auch wegen des Bildtitels –, dass das Verhalten der deutschen Soldaten von sexuellen Bedürfnissen geleitet ist und dass sie die Frau körperlich bedrängen. Das breite Grinsen der Männer lässt daran keinen Zweifel (Abb. 92, Abb. 93).

Die Szene gibt sich als alltäglicher, harmloser ‚Flirt'. Doch die Machtverhältnisse sind in dem Geschlechterverhältnis eindeutig, denn es herrschen patriarchale Bedingungen. Darüber hinaus findet die Begegnung im Krieg statt, wo Gewalt gegen Frauen zum Alltag gehört. Verkehrte sich die Situation in eine Vergewaltigung, wäre die Frau körperlich unterlegen und gegenüber den beiden Männern machtlos. In dem ungleich verteilten Kräfteverhältnis ist sie in der schwächeren Position und deshalb auf das Wohlwollen der Besatzungssoldaten und deren Gutmütigkeit angewiesen, die sie in einem gönnerhaften Auftreten zur Schau stellen.

Schindhelm arbeitete als Grafiker und Restaurator für das Landesamt für Museen, Sammlungen und Ausstellungen in Rastatt. Im Zweiten Weltkrieg war er Sanitätsgefreiter und offenbar auch als Grafiker im Auftrag der Wehrmacht oder einer anderen Organisation tätig, denn die Zeichnung *Landserflirt,* die auf 1940 datiert ist, wurde ein Jahr später als Propagandapostkarte vertrieben.[337] Das unterstreicht die Bedeutung des Themas „Sexualität der Soldaten" für die NS-Propaganda.[338] Allen Verantwortlichen war bewusst, dass der kämpfende Soldat sexuell aktiv war, damit bewies er auch seine Männlichkeit. Und weil sich Kontakte zwischen Männern und Frauen in den besetzten Gebieten nicht verhindern ließen, musste das Triebleben der deutschen Soldaten geduldet und kanalisiert werden. „In der Duldung von ‚sexuellen Zusammentreffen' und sexueller Gewalt lag auch Kalkül: Schließlich sind Vergewaltigungen und die ‚Entehrung' von Frauen ein wirkungsvolles Mittel, ‚um das gegnerische Kollektiv zu schädigen'."[339] Natürlich entstanden aus solchen Begegnungen zwischen deutschen Soldaten und einheimischen Frauen auch ernsthafte Liebesbeziehungen, die über eine kurze Affäre hinausgingen und aus denen uneheliche Kinder, sogenannte Wehrmachtskinder, hervorgingen. Diese Art der Fraternisation mit dem Feind war aber sowohl im Lager der Eroberer als auch im Lager der Eroberten verboten und deshalb nicht die Regel. Stattdessen gehörten die Vergewaltigung, Zwangsprostitution und Demütigung der Frauen zum soldatischen Alltag in den besetzten Ländern.

Humorvoll sollte wohl auch die Lithografie *Der Essenholer* von Adolf Saile (1905–1994) sein, die einen deutschen Soldaten aus der Rückenansicht zeigt, der bei schlechtem Wetter das Essen heranschafft. Durch den Poncho mit Tarnmuster und die vielen Essensnäpfe in beiden Händen lädt das Bild zum Schmunzeln ein. Es fängt eine alltägliche Situation im Krieg ein und beschreibt ein Leben jenseits des gewohnten Komforts, das mit stoischer Gelassenheit und Mutterwitz selbst unter widrigen Bedingungen ertragen wird (Abb. 94). Adolf Saile wurde in eine bekannte Stuttgarter Glasmalerei- und Kunstglaserfamilie hineingeboren. In den 1920er-Jahren studierte er erst Architektur an der Technischen Hochschule in Stuttgart, lernte dann Glasmaler und ging anschließend auf die Stuttgarter Kunstakademie, wo er bei Arnold Waldschmidt (1873–1958), Robert Breyer und Heinrich Altherr studierte. Nach seiner Glasmeisterprüfung 1935 arbeitete er in der väterlichen Werkstatt mit, die er später übernahm. Ob er im Krieg als Kriegsberichterstatter tätig war, ist unklar, als sicher gilt aber, dass er sich 1941 mit der deutschen Wehrmacht in Griechenland aufhielt, denn es gibt von ihm eine weitere Lithografie aus dem gleichen Jahr mit dem Titel *Athen*, die eine ländliche Straßenszene mit Mulis, Karren und Kakteen am Straßenrand zeigt.

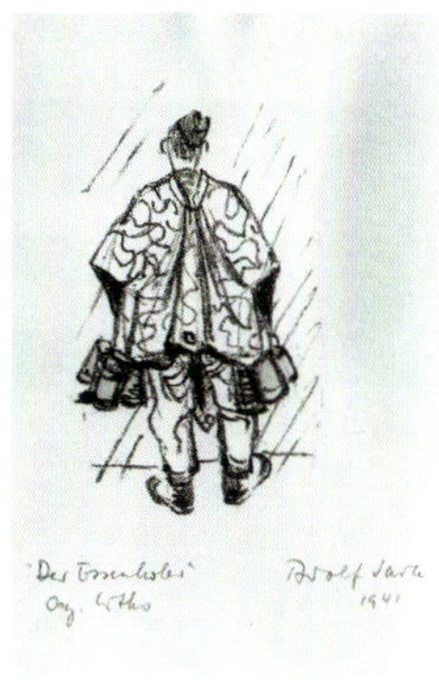

Abb. 94
Adolf Saile, *Essenholer*, 1941, Lithografie, 34 × 25 cm

Für die Soldaten an der Front war es immer schwierig, den Kontakt nach Hause zu halten. Hauptkommunikationsmittel war die Feldpost. Wahrscheinlich sind es die Anstrengungen des Schreibens, die Manfred

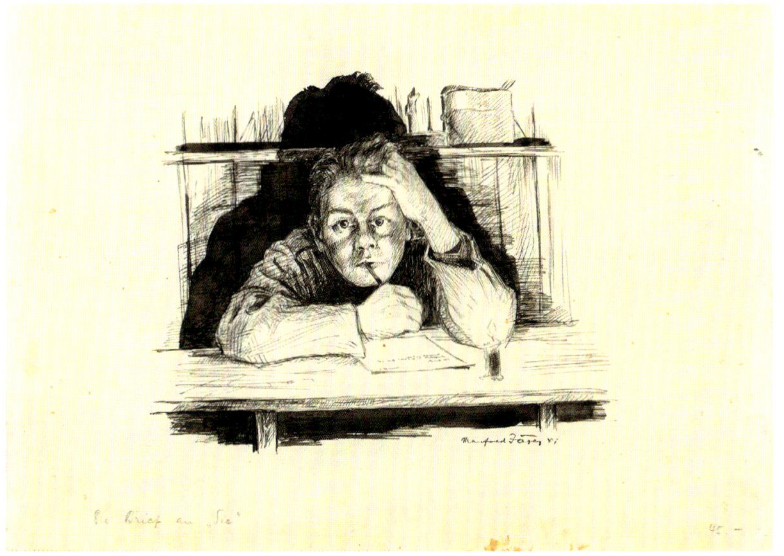

Abb. 95
Manfred Jäger, *Der Brief an „Sie“*, 1941, Federzeichnung, 23 × 32 cm

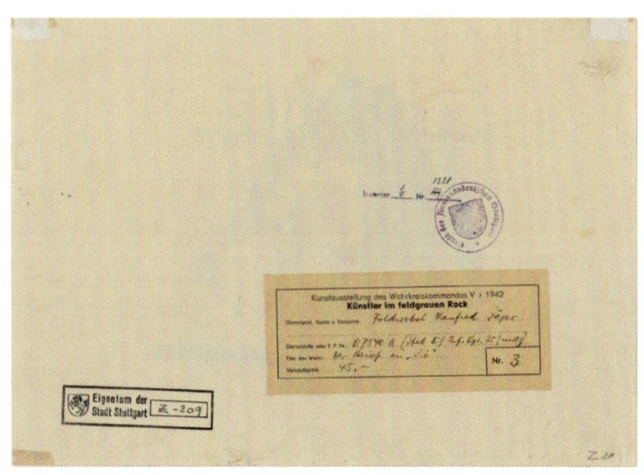

Jäger in seiner Zeichnung *Der Brief an „Sie“* (1941) thematisiert. Die dargestellte Person, vielleicht ein Selbstbildnis des Künstlers, scheint sich angestrengt Gedanken darüber zu machen, was sie einem vielleicht geliebten Menschen (im Bildtitel *„Sie“*) mitteilen kann und soll. Der Schlagschatten ist bedrohlich hinter dem Briefschreiber (Abb. 95).

Bemerkenswert ist die Zeichnung noch aus einem anderen Grund. Es ist die einzige Erwerbung, auf deren Bildrückseite sich das Etikett einer Ausstellung der „Künstler im feldgrauen Rock“ befindet. In diesem Fall war es eine Kunstausstellung des Wehrkreiskommandos V 1942. Es handelte sich um den Wehrkreis Stuttgart, der die Gebiete Elsass, das Land Baden und das Land Württemberg umfasste (Abb. 96).

Abb. 96
Ausstellungsetikett auf der Rückseite von Abb. 95

Abb. 97
Leo Schobinger, *Mädchen aus der Gegend von Kremnica – Hauerland (Sudetenland)*, 1938, Lithografie, 60 × 40 cm

Neben diesen Motiven gab es auch andere Darstellungsformen, die zum Beispiel im Kontext der Volkstumsforschung und -politik standen und Inhalte der Ideologie deutscher Volkstumsgruppen und Auslandsdeutscher vermittelten. Hier ist an die Lithografie *Mädchen aus der Kremnitzer Gegend – Hauerland* (1938) des Stuttgarter Kunstpädagogen, Malers und Grafikers Leo Schobinger (1897–1985) zu denken.

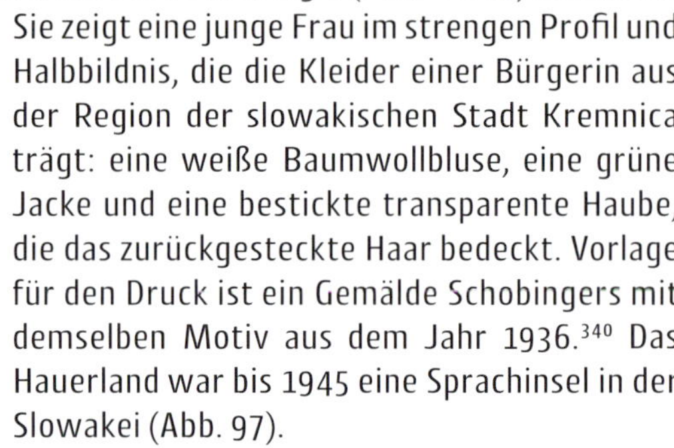

Sie zeigt eine junge Frau im strengen Profil und Halbbildnis, die die Kleider einer Bürgerin aus der Region der slowakischen Stadt Kremnica trägt: eine weiße Baumwollbluse, eine grüne Jacke und eine bestickte transparente Haube, die das zurückgesteckte Haar bedeckt. Vorlage für den Druck ist ein Gemälde Schobingers mit demselben Motiv aus dem Jahr 1936.[340] Das Hauerland war bis 1945 eine Sprachinsel in der Slowakei (Abb. 97).

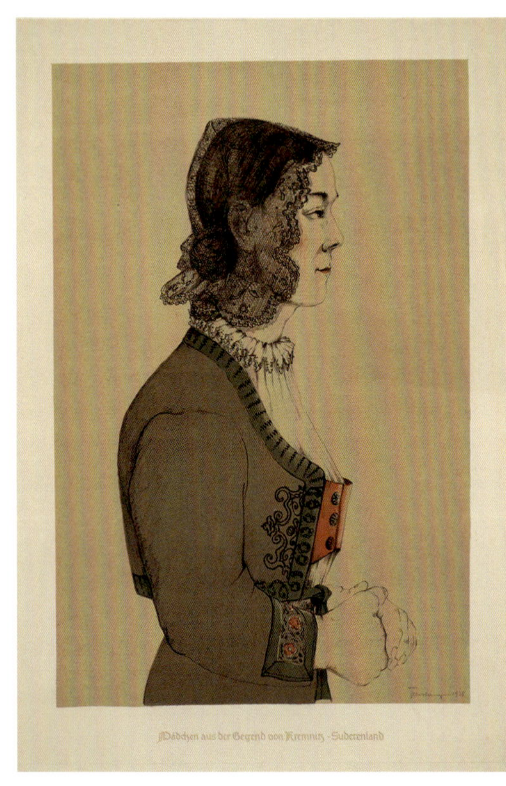

Schobinger wurde am Bodensee geboren und absolvierte seine Lehrerausbildung in Saulgau in Oberschwaben. Von 1917 bis 1918 war er Weltkriegssoldat und arbeitete anschließend bis 1923 als Lehrer. Die nächsten beiden Jahre unterrichtete er als Zeichenlehrer am Saulgauer Lehrerseminar. Ein fünfjähriges Studium an der Kunstakademie und der Technischen Hochschule in Stuttgart folgten. Einer seiner Lehrer war Gottfried Graf.[341] Schobinger war von 1929 bis 1962 im württembergischen Berufsschuldienst als Zeichenlehrer angestellt, also als Berufsschullehrer der Höheren Fachschule für das grafische Gewerbe in Stuttgart. Hauptberuflich war er Lehrer, nebenberufich freier Künstler, bis die Wehrmacht ihn am 1. August 1939 einzog. 1940 wurde er zum Studienrat befördert. Das hätte er aber nicht seiner Mitarbeit in der Partei zu verdanken gehabt, sondern einzig seiner „Tüchtigkeit".[342] Über seine Arbeit im Dritten Reich ist fast nichts bekannt. Es wird behauptet, er wäre als Lehrer „nur geduldet" gewesen, was merkwürdig anmutet angesichts seiner Beförderung zum Studienrat und seiner Mitgliedschaft in der Partei und verschiedenen NS-Organisationen. Viele seiner Bilder wären als „entartet" geächtet und zerstört worden, ist zu lesen.[343] Tatsache ist, dass ein Gemälde aus der Staatsgalerie im Rahmen der Aktion „Entartete Kunst" beschlagnahmt wurde und die Stadt Stuttgart von ihm sechs Gemälde im Dritten Reich erwarb, davon vier nach 1937.[344]

Schobinger wurde am 1. Mai 1937 Mitglied der NSDAP (Mitgliedsnummer 5973361), davor war er SA-Mann (SA-Reserve I) vom 1. August 1933 bis 1. Februar 1935. Den NS-Fliegerkorps förderte er seit September 1936. Darüber hinaus war er ab 1934 in der Nationalsozialistischen Volkswohlfahrt und wegen seiner beruflichen Tätigkeit Mitglied im Nationalsozialistischen Lehrerbund und in der Reichskammer der bildenden Künste. Im Krieg war er ab März 1944 bei den „Luftnachrichten", das heißt dem Flugmelde-, Funkmess- und Funkaufklärungsdienst.[345] 1943 war er mit zwei Bildern vertreten auf der Ausstellung „Junge Kunst im Deutschen Reich", die Reichsstatthalter und Reichsleiter Baldur von Schirach im Wiener Künstlerhaus veranstaltete. Im Jahr zuvor stellte er drei Gemälde in der Ausstellung „Kunst der Front" aus, die das Luftgaukommando VI organisiert hatte.[346]

Die Grafik der sudetendeutschen Trachtenträgerin, die 1938 entstand, kam in der Zeit des Nationalsozialismus in die Sammlung. Möglicherweise erklärt sich diese Erwerbung durch Schobingers Mitarbeit entweder an einem Volkstumsgruppenforschungsprojekt des Deutschen Auslands-Instituts (DAI) in Stuttgart oder an der Slowakei-Ausstellung im „Ehrenmal der deutschen Leistung im Ausland" im Sommer 1942. Das DAI war 1917 als „Museum und Institut zur Kunde des Auslandsdeutschtums und zur Förderung deutscher Interessen im Ausland" gegründet worden. Eine seiner Hauptaufgaben bestand in der Dokumentation aller deutschen Volkstumsgruppen im Ausland. Im Nationalsozialismus waren mit „Volksdeutschen" Menschen gemeint, die außerhalb des Deutschen Reiches in den Grenzen von 1937 und Österreich lebten und eine deutsche Volkszugehörigkeit, aber keine deutsche Staatsangehörigkeit hatten.

Nach der „Machtergreifung" wurde das DAI gleichgeschaltet und eine neue Leitung eingesetzt. OB Strölin fungierte fortan als Präsident. Durch die starke Aufstockung der finanziellen Mittel beteiligte sich das Institut an Projekten der Volksdeutschen Forschungsgemeinschaften und gab von 1937 bis 1944 die Zeitschrift „Auslandsdeutsche Volksforschung" heraus. Des Weiteren organisierte es zahlreiche Ausstellungen wie die Sonderschau „Die Slowakei", in der besonders das Zusammenwirken des slowakischen Staatsvolkes und der deutschen Volksgruppe sowie die Wechselbeziehungen zwischen dem Reich und der Slowakei dargestellt werden sollten. Zudem diente die Ausstellung dazu, den Grundstock für ein geplantes Ausland-Museum in Stuttgart zu legen. Schobingers Grafik wird in diesem Kontext erworben und nach dem Krieg in die städtische Kunstsammlung integriert worden sein, weil das Auslandsmuseum wegen des Krieges nie realisiert werden konnte (Näheres zum DAI siehe S. 249–250).

Die nüchterne Art und Weise der Darstellung des Sudetenmädchens von Schobinger lässt eine Verbindung zur Volkstumsgruppenforschung vermuten, denn im Vordergrund steht nicht das Bildnis einer individuellen jungen Frau, sondern die traditionelle Tracht, die offenbar zu einer bestimmten Region des Sudetenlands gehört. Besonders den Schmuckelementen widmete Schobinger Aufmerksamkeit. Ein an der wissenschaftlichen Dokumentation beteiligter Künstler hätte damals sicher nicht anders gearbeitet, um die Volkskultur – in diesem Fall die Trachten – zu dokumentieren.

Ein anderes Beispiel ist die österreichische Malerin, Grafikerin und „Trachtenforscherin" Erna Piffl (1904–1987). Sie schenkte 1938 OB Strölin das Bild einer deutschen Bäuerin zusammen mit ihrem Buch „Deutsche Bauern in Ungarn". Strölin, von einer Fahrt mit Hitler nach Italien zurückgekehrt, bedankte sich überschwenglich: „Ich habe mich als Oberbürgermeister der Stadt der Auslandsdeutschen und als Präsident des Deutschen Auslands-Instituts über das Bild und Buch ganz besonders gefreut. Das Bild wird einen Ehrenplatz bekommen. Ich freue mich, dass wir die Originale Ihrer prächtigen Bauernbilder aus Ungarn in diesem Jahr bei unserer Tagung des Deutschen Auslands-Instituts ausstellen dürfen, und dass wir Sie hier in Stuttgart werden persönlich begrüssen können."[347]

Der überzeugten Nationalsozialistin Piffl war 1938 der Kulturpreis ihrer Geburtsstadt verliehen worden. Schon im Juni 1933 trat sie in die NSDAP ein, um die Partei in künstlerischer Hinsicht zu unterstützen. Sie wurde Mitglied der Hochschulgemeinschaft Deutscher Frauen in der Nationalsozialistischen Studentenkampfhilfe des NS-Studentenbundes der NSDAP. Ihre Arbeit als Volkskundlerin stand in enger Verbindung mit der Kulturkommission in Heinrich Himmlers SS-Ahnenerbe. Als Malerin bevorzugte Piffl das Aquarell. Die Bilderschenkung an die Stadt Stuttgart wird eines der Aquarelle gewesen sein, mit denen ihr Ungarn-Buch ausgestattet wurde. Ihre Trachtenbilder kamen derart gut an, dass sie zur massenweisen Verbreitung vorgesehen waren und angeblich vom Führer persönlich ausgesucht wurden.[348]

Im Gegensatz zu dieser Schenkung, die im Krieg verloren ging, sind die Erwerbungsumstände von Schobingers *Mädchen aus Kremnica* bis heute unbekannt. Vielleicht war das Bild nie für die Grafiksammlung vorgesehen, sondern für das ehemals geplante Deutsche Auslandsmuseum.

Durch die Kriegswirren geriet vielleicht der ursprüngliche Sammlungszusammenhang in Vergessenheit und das Blatt wurde nach 1945 mehr aus Verlegenheit in die städtische Grafiksammlung integriert, auch wenn es dort unter inhaltlichen Gesichtspunkten nicht in die Sammlungskonzeption passte, weil es weniger eine künstlerische Grafik ist als ein Bild mit dokumentarischem Zweck. Durch die Präsidentschaft von Strölin im DAI waren die Grenzen der Ankäufe für das DAI, die Städtische Galerie und das Deutsche Auslandsmuseum fließend geworden, denn Strölin war nicht nur überzeugter Nationalsozialist, sondern auch ein Anhänger der Volkstumspolitik des NS-Regimes. Er war der treibende Motor bei der Ernennung Stuttgarts zur „Stadt der Auslandsdeutschen". Als Präsident des DAI reiste er nach dem Überfall auf Polen 1940 zusammen mit seinem Referenten für das Auslandsdeutschtum, Stadtrat und Kultur- und Kunstreferent Könekamp, in das besetzte Land. Dieser fuhr seinerseits im Frühjahr des gleichen Jahres auch nach Südosteuropa, um in den Balkanländern für die Stadt der Auslandsdeutschen zu werben. Strölin und Könekamp waren maßgebliche Entscheider bei der Erwerbungspolitik für die städtische Kunstsammlung. Entsprechendes Gewicht hatten ihre ideologischen und politischen Überzeugungen bei den Ankäufen.

Bild des Kampfes und Todes

Kampf und Tod waren in der Kriegsmalerei im Nationalsozialismus von zentraler Bedeutung.[349] Krieg ist seinem Wesen nach Kampf und Tod. In der kriegerischen Auseinandersetzung mündet Gewalt nicht selten in der Auslöschung des Gegners. Die NS-Ideologie sah im Kampf die „gesteigertste Form allen Lebens überhaupt"[350]. Künstler sollten die kriegerische Existenz in heroischen Bildern zum Vorbild erheben und feiern. Und weil sie auch Soldaten waren, schienen sie dazu besonders befähigt, denn sie erlebten den Krieg als Zeugen und riskierten in lebensgefährlichen Einsätzen nicht selten die eigene Haut. Dennoch gaben nur die wenigsten offiziellen Bilder die Kriegswirklichkeit mit allen schrecklichen und katastrophalen Erscheinungen wieder. Das zum totalen Krieg gehörende industrialisierte Töten und Auslöschen von Städten und Landstrichen entzog sich der Darstellbarkeit konventioneller, im Naturalismus befangener Malerei. Zwischen der Kriegsrealität und den von der Propaganda geschönten Bildern bestand schon seit Beginn der modernen Kriegsführung ab Mitte des 19. Jahrhunderts eine Diskrepanz. Der Erste Weltkrieg offenbarte schließlich den Anachronismus traditioneller Schlachten- und Militärmalerei. Sie verlor vor dem Hintergrund der sogenannten Urkatastrophe des 20. Jahrhunderts jede Legitimation. Im Zweiten Weltkrieg fand auch die Wehrmachtspropaganda kein überzeugendes Konzept zur Lösung des Problems. Stattdessen nahmen Kriegsmaler ein letztes Mal Zuflucht zu tradierten stereotypen

Bildfindungen, um ihren Kriegsberichterstatterauftrag zu erfüllen. Sie bedienten sich alter Bildformeln, mit denen aufs Neue die Gewalt und der Soldatentod idealisiert und die Wirklichkeit der Kämpfe, der Kriegsverbrechen und des Massensterbens ausgeblendet wurden.

Die Grafiksammlung enthält nur wenige Kriegsbilder zum Thema Kampf und Tod. Ob sich im Kunstmuseum Stuttgart ehemals mehr solcher Kriegsdarstellungen befanden, lässt sich nicht sagen. Vielleicht bildeten sie keinen Schwerpunkt. Es gilt aber auch zu fragen, wie die alliierten Siegermächte in Württemberg und Baden und in Stuttgart mit den Kriegsbildern aus öffentlichen Museumssammlungen umgegangen sind. Eines der Hauptziele der Besatzung, die im Potsdamer Abkommen vom 2. August 1945 festgelegt wurden, war die vollständige Zerschlagung der NSDAP und ihrer angeschlossenen und von ihr überwachten Organisationen, die Auflösung aller nationalsozialistischen Einrichtungen und die Verhinderung des Wiederauflebens von neuen nationalsozialistischen, militärischen oder propagandistschen Aktivitäten. Die amerikanischen Behörden sahen in den deutschen Kunstwerken Instrumente, die zu einer Wiederbelebung des Nationalsozialismus beitragen könnten, und gaben daher am 7. November 1945 den Befehl, alle Gemälde, Aquarelle, Stiche und Zeichnungen, die während des Krieges produziert worden waren und das Militär, seine Einrichtungen, Schlachtfelder und Aktivitäten an der Heimatfront darstellten, zusammenzutragen. „[A]lle Kunstsammlungen, die sich auf eine Bewahrung des deutschen Militarismus oder Nationalsozialismus bezögen oder darauf abzielten“[351], wollten die Amerikaner sicher verwahren, damit sie keinen Schaden mehr anrichten konnten. Es ist nichts darüber bekannt, ob die amerikanischen Militärbehörden auch die städtische Kunstsammlung Stuttgarts dahingehend untersuchten. Nach dem Krieg befanden sich darin aber nur wenige inhaltlich belastete Kunstwerke.

Wie auch immer sich die Amerikaner zur Frage der Kriegsbilder in der Städtischen Galerie Stuttgart verhalten haben, August Philipp Hennebergers (1902–1980) *Bei der Einnahme von Brüssel* und Horst Freitags (1902–1945) *Im Kampf* verblieben in der Sammlung und sind sehr typische Beispiele für das Motiv des kämpfenden deutschen Soldaten. Hennebergers Bleistiftskizze stellt das Vorrücken deutscher Soldaten dar, die Schutz hinter einem Panzer suchen.[352] Im Bildvordergrund sind Tote, wahrscheinlich feindliche Soldaten, und zerstörtes Kriegsgerät dargestellt, im Hintergrund Häuserruinen. In dieser verwüsteten Stadtlandschaft bahnen sich die Soldaten ihren Weg. Es ist eine schnell angefertigte Skizze von einer Kampfsituation an der Westfront 1940.

Der in Bayern geborene Henneberger war Sohn eines Fleischbeschauers und arbeitete als Porzellanmaler sowie Mode- und Sportzeichner. Er absolvierte ein Studium an der Münchner Kunstakademie, dass er mit dem Verkauf von Zeichnungen an Zeitungen finanzierte. Im Dritten Reich war er ein vielbeschäftigter Freskomaler, der für Kasernen und Fliegerhorste Wandbilder fertigte. Als Soldat erlitt er drei Verwundungen, im Kriegsverlauf stieg er zum Oberleutnant einer Flakeinheit auf.[353] Wohl wegen seiner guten Kontakte zur Presse wurde Henneberger als Kriegsberichterstatter eingesetzt. Ein Indiz dafür ist auch die Beschriftung der Zeichnung mit den erklärenden Worten „Bei der Einnahme von Brüssel". Die Stadt selbst wurde im Rahmen des deutschen Blitzkriegs am 17. Mai kampflos eingenommen. Warum gerade diese Zeichnung, die Arbeit eines bayerischen Künstlers, erworben wurde, bleibt unklar. Verbindungen Hennebergers zu Stuttgart oder Baden-Württemberg sind nicht nachweisbar.

Wenig ist auch über Horst Freitag bekannt. Er hatte Kunst in Leipzig studiert und war 1933 von Bitterfeld nach Stuttgart gezogen.[354] Er schloss sich der Künstlergruppe Feldgraue Schwäbische Maler an und war im Zweiten Weltkrieg in Frankreich und in der Sowjetunion als Kriegsmaler tätig, er führte den Rang eines Sonderführers (Z).[355] Freitag starb im August 1945 als Kriegsgefangener in einem russischen Arbeitslager an Diphtherie.[356]

Sein kleines Temperabild *Im Kampf* kaufte die Stadt vielleicht in der Ausstellung „Kunst der Front 1942" im Kronprinzenpalais im Juli 1943. Es zeigt einen Landser, der im Begriff ist, eine Handgranate scharf zu machen und auf den Gegner zu schleudern. Dieses Motiv steht in einer jahrzehntelangen Tradition, die bis in den Ersten Weltkrieg zurückreicht. Für die künstlerische Rezeption des Weltkriegserlebnisses 1914 bis 1918 war besonders das Bild des Handgranatenwerfers sehr prägend. Zweck dieser Darstellungen waren sowohl die Aufrechterhaltung und Stärkung der Kampfmoral als auch die Glorifizierung des furchtlosen deutschen Soldaten. Sie sendeten die Botschaft an die Zivilisten aus, sich die Kämpfer zum Vorbild zu nehmen. Ob die Propaganda verfing, kann angesichts des wachsenden Leids der Zivilbevölkerung und ihrer Ohnmacht gegenüber den Kriegsfolgen insbesondere durch die Luftangriffe auf die Städte bezweifelt werden, dennoch werden die Bilder eine gewisse Wirkmacht gehabt haben (Abb. 98).

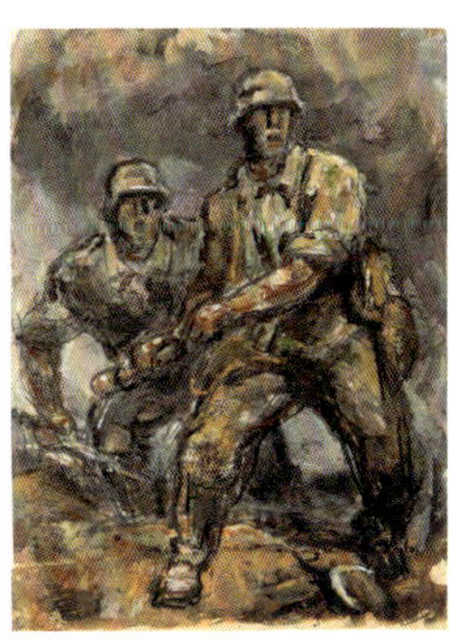

Abb. 98
Horst Freitag, *Im Kampf*, o. J. (vor 1943), Tempera, 26 × 21 cm

Die realistische Darstellung der Kriegswirklichkeit war in der Bildpropaganda unerwünscht. Propagandaminister Goebbels verfügte, „dass wohl die Härte, die Größe und das Opfervolle des Krieges gezeigt werden soll, dass aber eine übertrieben realistische Darstellung, die statt dessen nur das Grauen vor dem Kriege fördern könne, auf jeden Fall zu unterbleiben habe"[357]. In der grafischen Sammlung findet sich nur eine Arbeit, die den Soldatentod behandelt. Es ist Emil Klays (1915–1943) Aquarell *Am Chemin des Dames*. Wie Freitags Kämpfer steht das Bild in der Tradition der Kriegsbilder des Ersten Weltkriegs. Klay war Kunstmaler und wohnhaft in Heilbronn. Die Städtische Galerie kaufte sein Aquarell vielleicht auf einer Kriegsbilderausstellung zwischen 1940 und 1943, denn Klay wurde 1943 in Tretjakowa (Russland)[358] getötet. Offensichtlich hatte er sich auch im ukrainischen Bohdanówka aufgehalten. Diesen Ort aquarellierte er 1941.[359] Die Arbeit *Am Chemin des Dames* entstand vermutlich in Frankreich zu Beginn des West-

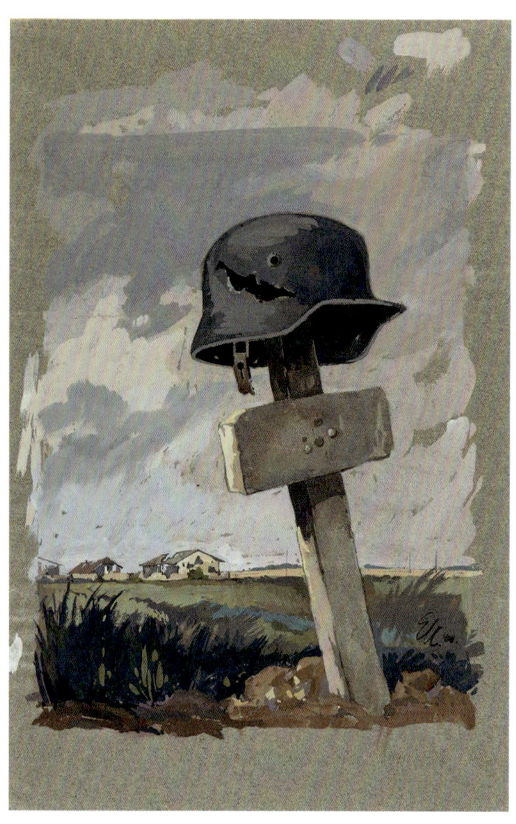

Abb. 99
Emil Klay, *Am Chemin des Dames*, o. J., Aquarell, 37 × 27 cm

feldzugs 1940. Wie schon im Ersten Weltkrieg war auch im Zweiten der sogenannte Damenweg hart umkämpft. Er wurde schließlich am 5. Juni oder einige Tage später von den deutschen Truppen überrannt. Daran beteiligt war das württembergische Infanterieregiment 119, das im Morgengrauen über den Aisne-Oise-Kanal setzte. Klays Aquarell nimmt wohl Bezug auf die Kämpfe an dem geschichtsträchtigen Ort, der schon im Ersten Weltkrieg eine wichtige Rolle gespielt hatte.

Das schmucklose Holzkreuz ist aus leichter Untersicht aufgenommen und ragt steil in den bewölkten Himmel. Bekrönt wird es von einem deutschen Stahlhelm, in dem seitwärts ein großer Riss klafft, der nahelegt, was den namenlosen Soldaten tötete und dass dies im Kampfeinsatz geschah. Weit hinten am Horizont liegen zwei vom Artilleriebeschuss stark beschädigte Häuser. Um das Grab sprießt frisches Grün (Abb. 99).

Die von Klay verwendeten Versatzstücke stehen ganz in der Tradition der Visualisierung der in den Weltkriegen Getöten. Für gewöhnlich wurden dafür das christliche Kreuz, der Helm und eine wiedererwachte oder sich behauptende Vegetation in unwirtlicher Landschaft eingesetzt, die vom Leben und von der Überwindung des Todes künden. Auch der hohe Himmel kann als Symbol der christlichen Transzendenz des Todes gelesen werden, wie er in Kreuzigungsszenen anzutreffen ist.

Die Gräber sollten nicht an die Vergänglichkeit des Lebens erinnern, sondern sie waren „Zeichen soldatischen Vorbilds“. Von welcher Bedeutung die Darstellung des Stahlhelms als ein zentrales Symbol des Soldatentodes im Ersten Weltkrieg, in der Zwischenkriegszeit und im Dritten Reich beim Gedenken der in den Weltkriegen Getöten war, veranschaulichen die zahlreichen Bilder von Soldatengräbern im sogenannten Niemandsland. Sie waren Beiträge zum Gefallenenkult.[360] Klays *Am Chemin des Dames* kann in diese Reihe gestellt werden, es diente dem Gefallenenkult und der Rechtfertigung des Krieges. Und ganz bewusst wurde hier die Verbindung zum Weltkriegsmythos hergestellt, dass schon 1914 bis 1918 aus dem „Blutmeer“ und den „Stahlgewittern“ ein neues, veredeltes Menschen-/Männergeschlecht geboren worden sei, dass nun im Zweiten Weltkrieg seinen „Auftrag“ zum Aufbau einer neuen Welt erfülle. Wegen der Tatsache, dass am Chemin des Dames schon einmal deutsche Soldaten gekämpft hatten, verweist der Stahlhelm nicht nur auf einen konkreten toten deutschen

Soldaten, sondern auch auf die in den Weltkriegen getöteten deutschen Soldaten ganz allgemein.

Bei der porträthaften Kreidezeichnung *Träumender Krieger* ist unklar, ob der Soldat schläft oder tot ist. Nicht selten wurden tote Soldaten als scheinbar schlafende dargestellt. So gibt es das Gemälde eines schlafenden Soldaten mit jugendlichem Antlitz des Malers Thomas, bei dem lediglich die abgebrochene Erkennungsmarke zu verstehen gibt, dass der Soldat getötet wurde.[361] Die Kriegsmaler setzten dem millionenhaften Tod ihrer Kameraden „das Stereotyp des schlafenden Jünglings" entgegen, „das, einem Heiligenbild gleich, zum pathetischen Symbol eines sieghaften Optimismus gerann".[362] Im Gesicht des *Träumenden Kriegers* zeichnen sich Zufriedenheit und Entspannung ab sowie die Überwindung aller Anstrengungen und Schrecken, die den Krieg kennzeichnen. Man kann sich fragen, warum der „Schläfer" seinen Helm aufbehalten hat. Weil er während einer Gefechtspause vor Erschöpfung eingeschlafen ist oder ihn der Tod überraschte (Abb. 100)?

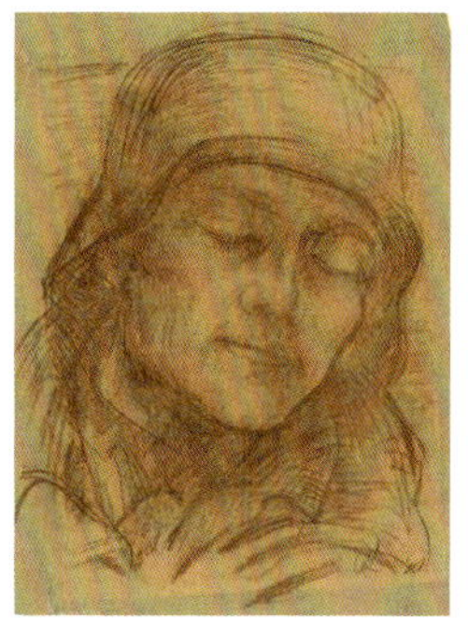

Abb. 100
Anonym, *Träumender Krieger*, o. J., Kreide, 55 × 42 cm

Bild der Städte und Landschaften in eroberten Ländern

Eine Reihe von Kriegsbildern zeigen fremde Landschaften und Städte. Sie waren ein beliebtes Ausstellungsthema. Zum Beispiel zeigte die Kunsthalle Bremen im Rahmen der „Bremischen Kulturarbeit im Kriege" 1940 die Schau „Städte und Landschaften, die unsere Soldaten sahen".[363] Dabei handelt es sich nur in Einzelfällen um Darstellungen von Kampfplätzen und Kriegslandschaften im eigentlichen Sinne, sondern meistens um Landschafts- und Stadtbilder, die einen mittelbaren Bezug zum Krieg haben und in denen sich Kriegshinweise erst auf den zweiten Blick erschließen. Viele der Künstler – und in diesem Falle sind es ausschließlich Männer – waren zum ersten Mal in den Ländern, die von der deutschen Wehrmacht besetzt wurden. Zwar gehörten deutsche Künstler:innen mit einer akademischen Ausbildung schon immer zu derjenigen Bevölkerungsgruppe, die andere Regionen und fremde Länder aus Gründen der Weiterbildung bereisten – Länder wie Italien, Frankreich, Spanien, die Niederlande und Belgien waren wichtige Destinationen –, doch nur die wenigsten besuchten Russland, die Balkan-Staaten, Griechenland oder die Länder in Nordafrika. So wie viele Soldaten der Legion Condor im Spanischen Bürgerkrieg zum ersten Mal in einem südeuropäischen Land weilten und einer fremden Landschaft und Kultur begegneten, so sahen zum Beispiel andere Künstler, die zum Militärdienst eingezogen worden waren und am Deutsch-Sowjetischen Krieg teilnahmen, eine ihnen vollkommen unbekannte Landschaft und andersartige Kultur, die einen starken Anreiz bot, im Bild festgehalten zu werden. Weil über viele dieser Künstler nur wenig bekannt ist, lässt sich nicht feststellen, ob die Bilder Auftragswerke oder Freizeitarbeiten waren. Ihr oftmals von privatem Interesse gespeister ‚touristischer' Blick

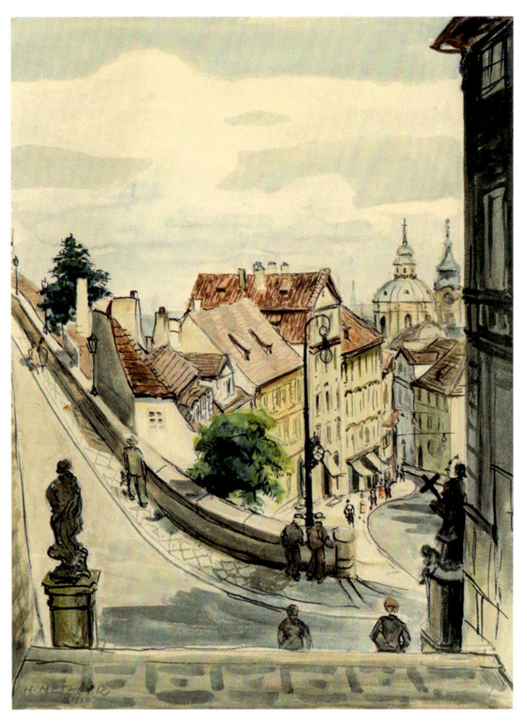

Abb. 101
Hermann Metzger,
Die Burgrampe in Prag,
1940, Aquarell,
43,5 × 34 cm

legt Letzteres nahe. In vielen Fällen handelte es sich wohl um Arbeiten, die von den Soldaten in ihrer freien Zeit zum einen zur persönlichen Erinnerung angefertigt wurden und zum anderen als künstlerische Auseinandersetzung, in der sie erprobten, ob ihre Ausdrucksmittel zur Wiedergabe des Neuen zureichend waren. Beispiele wie das Aquarell *Die Burgrampe in Prag* (1940) von Hermann Metzger (1896–1971) weisen eine große Ähnlichkeit mit Postkartenmotiven auf (Abb. 101).[364]

Metzger war ein Bäckersohn aus Bad Cannstatt. Dort gründete er 1936 die Galerie „Das Kunsthöfle" mit und leitete sie bis 1971. Von ihm wurden im Dritten Reich auch Gemälde angekauft, 1941 etwa aus der Ausstellung „Künstler im feldgrauen Rock".[365] Sein Aquarell *Die Burgrampe in Prag* entstand nach der Besetzung der sogenannten Rest-Tschechei durch die Wehrmacht und der Einrichtung des Protektorats Böhmen und Mähren etwas später im Jahr 1939. Die Burgrampe ist Teil des berühmten Hradschiner Platzes im Zentrum Prags, den prächtige Bauwerke aus den Epochen der Renaissance und des Barock einrahmen. Die Burgrampe liegt auf der Südseite. Von dort hat man einen großartigen Blick auf die Stadt. Metzgers Bild gibt also eine populäre Ansicht Prags wieder und gehört zu den ‚touristischen' Kriegsbildern in der Sammlung.

Zu solchen Darstellungen gehört auch das Aquarell *La Trinité sur Mer* von Norbert Gerd Hartmann (1914–1969), das 1941[366] entstanden sein soll. Der in Dortmund geborene Maler und Grafiker studierte unter anderem bei Anton Kolig (1886–1950) an der Akademie der Bildenden Künste in Stuttgart und arbeitete ab 1938 als freischaffender Künstler in der württembergischen Landeshauptstadt. Hartmann wurde 1941 zum Kriegsdienst eingezogen und absolvierte einen Offizierslehrgang in Berlin-Krampnitz. Er war in Frankreich von Februar 1942 an – vermutlich am Atlantikwall –, ab Juli 1942 diente er in einer Aufklärungseinheit in Südrussland. Im Kaukasus erlitt er einen Lungensteckschuss. Nach dem Lazarettaufenthalt musste er im März 1943 zum Einsatz in die Bretagne. Vier Monate später wurde er an die Ostfront versetzt, wo er ein zweites Mal schwer verletzt wurde. Der Krieg endete für ihn 1945 in französischer Kriegsgefangenschaft.

Der bekannte Yachthafen Trinité-sur-Mer liegt in der Bucht von Quiberon, die Teil der deutschen Befestigungsanlage war. Der Atlantikwall sollte die Landung alliierter Truppen verhindern. Keine Autostunde von Trinité-sur-Mer entfernt befand sich in der Hafenstadt Lorient der wichtige deutsche U-Boot-Stützpunkt mit gigantischen U-Boot-Unterständen. Das Aquarell gibt eine Impression des Südens wieder, die weit entfernt von der Realität des Krieges ist. Für die Wiedergabe einer sonnendurchfluteten Sommerstimmung eignet sich die Wasserfarbenmalerei besonders gut, weil sie sich durch leichte Pinselführung und luzide Farbigkeit auszeichnet, Merkmale, die dem Licht des Südens entsprechen. Dieses Malmedium lässt sich selbst unter Kriegsbedingungen gut einsetzen, es garantiert eine schnelle Ausführung und befriedigende bis sehr gute Ergebnisse, wenn der Künstler die Technik beherrscht (Abb. 102).

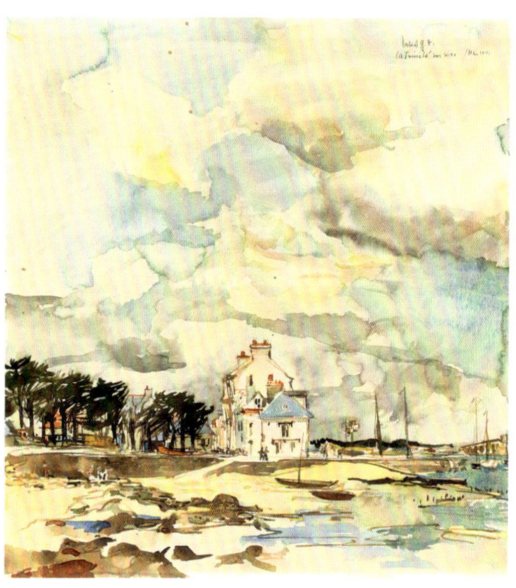

Abb. 102
Norbert Gerd Hartmann, *La Trinité sur Mer*, 1941, Aquarell, 32 × 30 cm

Aquarellbilder wie Hartmanns *Trinité sur Mer* müssen beim Publikum an der Heimatfront den Eindruck erweckt haben, die deutschen Soldaten befänden sich im Süden Europas im Urlaub. Genau aus diesem Grund eigneten sie sich für die Propaganda, zeigten sie doch ein verharmlosendes Bild vom Krieg, von der Situation der Soldaten und der Bevölkerung in den besetzten Gebieten. Gleichzeitig wirkten die Impressionen der Künstler-Soldaten authentisch. Sie waren vor Ort, legten scheinbar Zeugnis ab. Sie leisteten damit ihren Beitrag zur Aufrechterhaltung der Moral und zur Beruhigung der Stimmung an der Heimatfront. Weil die deutsche Wehrmacht 1941 noch von Sieg zu Sieg eilte, ließen sich die Kriegsfolgen und Opfer angesichts solcher Stimmungsbilder leicht vergessen.

Über das Kunsthaus Schaller, das Hartmanns Werk während des Krieges bis 1943 ausstellte und vertrieb, erwarb das Kunstreferat 1943 sechs Gemälde des Künstlers.[367] Darunter befanden sich die Ölstudie *An der unteren Loire* (Kriegsverlust) und das Aquarell *Straße am Atlantik*. Vermutlich wurden auch die beiden Aquarelle von Hartmann bei dem Stuttgarter Kunsthändler in der gleichen Zeit gekauft.[368] Offenbar betätigte sich Hartmann nicht im offiziellen Auftrag künstlerisch in seinen Einsatzgebieten. Das erklärt, dass er Eigentümer seiner Arbeiten blieb und diese in Galerieausstellungen verkaufen konnte.

Ganz ähnlich verhielt es sich wohl auch bei dem Memminger Maler und Bildhauer Max Pöppel (1909–1989), der sich im September 1940 als deutscher Kriegssoldat in der île-de-France aufhielt und die Gelegenheit nutzte, die von den deutschen Truppen 1940 bombardierte Kirche St. Denis in Quincy-Voisins zu malen.[369] Der zerstörte Sakralbau hat eine pittoreske Ausstrahlung, die den Künstler in Uniform gereizt haben dürfte, denn in Deutschland hatte man über viele Jahrzehnte hinweg solche Verwüstungen in den Städten nicht zu Gesicht bekommen, weil das Heer im Deutsch-Französischen Krieg 1870/71 und im Ersten

Weltkrieg immer auf fremdem Territorium gekämpft hatte und die Kriegsschäden an Gebäuden vor allem im Feindesland zu sehen waren (Abb. 103).

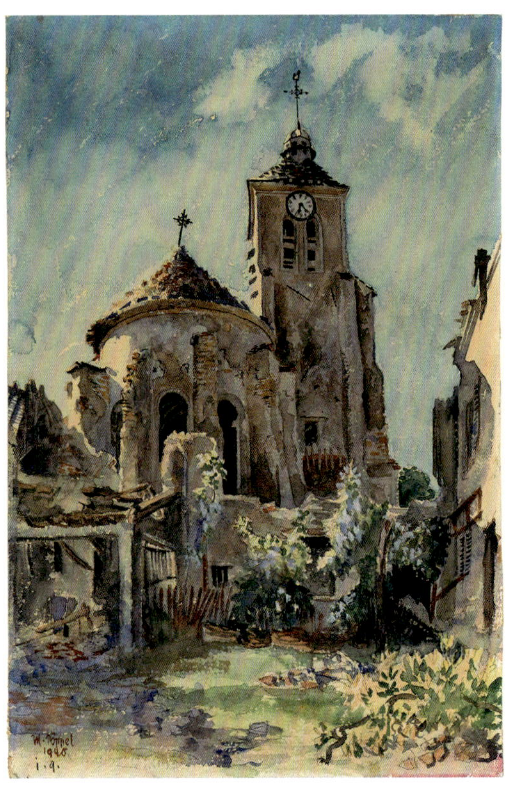

Abb. 103
Max Pöppel, *Kirche in Quincy-Voisins*, 1940, 1.9., Aquarell, 56 × 37 cm

Bunker

Wie Verteidigungswerke, Bunkeranlagen, in die Landschaft ‚unsichtbar' eingepasst waren, zeigt Rupert Salzbergers (1899–1966) Aquarell *Französische Bunker bei Glashütte (Elsass).* Im Bildmittelgrund befindet sich auf der rechten Seite ein Luftschutzbunker, der in den Hügel hineingegraben wurde und unterirdisch angelegt ist. Im Weinberg ist er kaum auszumachen, denn sein Dach ist begrünt und die Betonwände des Eingangsbereichs verschmelzen wegen des Tarnmusters mit der Landschaft. Die Camouflage löst einen Überraschungseffekt aus, der wohl auch Salzberger zu dieser Kriegslandschaft angeregte.

Der Bunker war Teil der Maginot-Linie. Frankreich errichtete zwischen dem Ersten und Zweiten Weltkrieg einen Verteidigungswall, der sich von Nordfrankreich bis zum Mittelmeer erstreckte und auch durch das Elsass verlief. Am 10. Mai 1940 begann mit der deutschen Invasion in den Niederlanden und Belgien der Westfeldzug. Am 15. Juni 1940 wurde das Elsass nach 1871 ein zweites Mal von Deutschland besetzt. Salzberger war als Soldat in der Zeit vom 16. Juni 1940 bis zum 30. September 1941 in Frankreich.[370] Möglicherweise zeigte er das Aquarell auf einer Ausstellung in Stuttgart 1941 oder später und das Kunstreferat kaufte es (Abb. 104). Als frühes NSDAP-Mitglied war Salzberger einer der regimetreuen Künstler.

Insbesondere in der Zwischenkriegszeit 1919 bis 1939 und im Zweiten Weltkrieg spielten Bunker und Verteidigungsanlagen als Elemente der modernen Kriegsführung eine wichtige Rolle. Aufwendig errichtete Verteidigungswerke mit militärischen Bunkern, die zum Beispiel kennzeichnend waren für die Maginot-Linie und den Atlantikwall – ein vom Deutschen Reich errichtetes 630 Kilometer langes Verteidigungssystem aus 18 000 Bunkern, Stollen, Gräben und Panzersperren –, sollten feindliche Invasionen verhindern. Luftschutzbunker wurden zum zentralen Bestandteil städtischen Zivilschutzes. Der Einsatz von immer mehr Stahl und Beton und einer immer ausgefeilteren Architektur führte zum Bau von Bunkern, die für immer größere Gewalteinwirkungen von außen ausgelegt waren. Am Ende waren sie derart unverwüstlich, dass man sie nach dem Zweiten Weltkrieg stehen lassen musste.

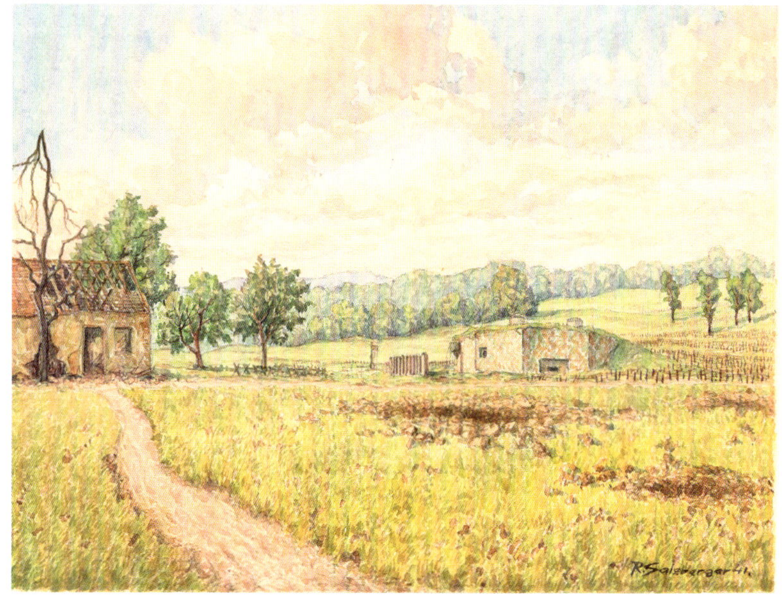

Abb. 104
Rupert Salzberger,
Französische Bunker bei Glashütte (Elsass), 1941,
Aquarell, 29 × 38 cm

Bunker erweck(t)en bei Menschen stets ambivalente Gefühle, vor allem bei denen, die Krieg selbst erlebt und Zeit in einem Bunker zugebracht haben (hatten). Als Schutzraum verbinden sich mit ihm die Kriegsschrecken, als Architektur gehen mit ihm die teilweise faszinierende Idee und das Versprechen einher, dem Menschen für begrenzte Zeit maximalen Schutz in einer feindlichen und lebensbedrohlichen Welt bieten zu können. Doch die staatliche Errichtung von Luftschutzbunkern bedeutet auch das implizite Eingeständnis, dass keine Regierung die Bevölkerung absolut vor dem Luftkrieg (und Raketen- und Dronenkrieg) schützen kann. Das ist eine der Lehren aus der Geschichte der modernen Kriegsführung. Die Beispiele der Zerstörung Guernicas im Spanischen Bürgerkrieg und der Auslöschung vieler anderer europäischer Städte im Zweiten Weltkrieg bewiesen den Zeitgenoss:innen schon damals, dass der Luftkrieg grenzenlos ist und die Städte und die Zivilbevölkerung zu den ersten Opfern zählen.

Das Aquarell *Zerstörter Bunker* von Kurt Dellian demonstriert die militärische Durchschlagskraft der deutschen Truppen, die sich auch von den gegnerischen Verteidigungslinien nicht aufhalten lassen. Bunker sind für sie kein Hindernis beim Vormarsch und bei der Eroberung feindlichen Territoriums. Es ist unbekannt, wo sich dieser zerstörte Bunker befand, der Teil einer größeren Verteidigungsanlage mit Schützengraben und einem mit Stacheldraht bewehrten Wall war. Auch das Entstehungsdatum des Aquarells ist nicht überliefert, es dürfte aber in den ersten Jahren des Zweiten Weltkriegs gemalt worden sein (Abb. 105). Über Dellian konnte bisher nichts ermittelt werden, er gehörte aber wohl zu einer Kriegsberichterstattertruppe, die die deutsche Wehrmacht bei ihrem Vormarsch begleitete. Das Gleiche kann

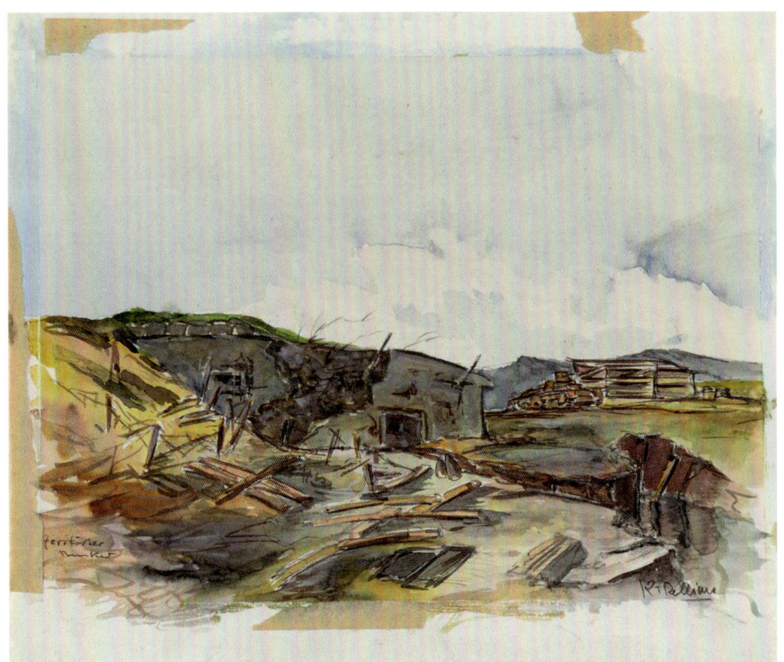

Abb. 105
Kurt Dellian, *Zerstörter Bunker*, o. J., Aquarell, 22 × 29,5 cm

von Gustav Uecker angenommen werden, einem 1905 in Weingarten im Südosten Baden-Württembergs geborenen Künstler, der 1939 nach Stuttgart kam und bereits über eine gewisse Bekanntheit verfügt haben muss, weil ihm der Württembergische Kunstverein Stuttgart im folgenden Jahr zusammen mit Julius Koch (1882–1952) eine Ausstellung widmete.[371] Uecker kämpfte im Zweiten Weltkrieg zuletzt im Rang eines Obergefreiten und starb 1944 in russischer Kriegsgefangenschaft in Wetluschski nordöstlich von Gorki, heute Nischni Nowgorod[372]. Diese städtische Siedlung liegt rund 400 Kilometer östlich von Moskau und hieß von 1932 bis 1990 Gorki. Von Uecker kamen drei in Russland gemalte Aquarelle in die Sammlung, darunter das kleine Blatt *Nachrichtentrupp im Bunkergelände*[373]. Uecker fertigte sowohl an der West- als auch an der Ostfront Kriegsbilder an. Aber auch kriegsferne Arbeiten von ihm wurden für die grafische Sammlung angekauft, Zeichnungen von Pflanzen und Landschaften. So wie Uecker auf der „Großen Deutschen Kunstausstellung" 1941 und 1942 mit großformatigen Zeichnungen von Baumwurzeln und einer Milchdistel vertreten war und 1942 sowie 1943 mit den Zeichnungen eines russischen Bauernhauses und des österreichischen Bergmassivs Kanisfluh im Bregenzerwaldgebirge, so sammelte auch Stuttgart von ihm sowohl Pflanzen- und Landschafts- als auch Kriegsbilder.[374] Im Rahmen der gemeinsamen Ausstellung mit Koch im Württembergischen Kunstverein im Juni 1940 war über Uecker im „Schwäbischen Merkur" zu lesen:

„Der junge […] Gustav Uecker überrascht zunächst auch wieder durch die außerordentliche Pünktlichkeit seiner Zeichnungen und Gemälde. Bei einem Wiesenblumenstrauß könnte man wirklich Bertschs württembergische Botanik herannehmen, um nicht bloß etwa die verschiedenen Grasarten, sondern selbst die verschiedenen Rispengrasarten botanisch zu bestimmen. Das ist ja nicht der Zweck eines Blumenbildes; aber Uecker bleibt nicht im Vorkünstlerischen. Eine phantastische Wirkung erreichen bei ihm knorrige Baumgestalten oder die Zeichnungen von Löwenzahnpflanzen mit ihren bizarren Blattrosetten, ihren Blüten und Samenlichtern! Da erweist sich schon der Künstler!“[375]

Uecker stellte sich in diesen Pflanzenbildern bewusst in die Tradition der Grafik Dürers (1471–1528), Holbeins (1497/98–1543), Grünewalds (um 1488 – um 1530), Cranachs (1473–1553), Altdorfers (1480–1538) und Baldung Griens (1484/5–1540), er knüpfte an die Zeichenkunst der Reformationszeit und des 19. Jahrhunderts an und suchte eine ähnliche Natur- und Detailtreue im Kleinen zu erzielen wie das Dürer in seinem kleinen und großen Rasenstück gelungen war. Das Verlangen, die altmeisterliche Zeichenkunst vollkommen zu beherrschen, trieb Uecker an. Sie war für viele der traditionalistisch und völkisch eingestellten Künstler:innen das Vorbild, dem sie nacheiferten. Anlässlich der Olympischen Spiele in Berlin zeigte die Kunsthalle Bremen im Sommer 1936 mit der Unterstützung des Propagandaministeriums und des Ministeriums für Volksbildung und der Kultur-Olympiade die aufwendige Grafikausstellung „Ein Halbjahrtausend deutscher Zeichnung“. Im Geleit schrieben die Macher lobend: „Deutsche Künstler waren in allen großen Zeiten der Geschichte, vielleicht in noch höherem Maße als die Künstler anderer Länder, leidenschaftliche Zeichner, nicht nur des Naturstudiums wegen, sondern auch Zeichner aus Selbstzweck, aus Schwarzweiß-Gesinnung, als Künstler des Ausdrucks, im Kleinsten wie im Größten, als Erfinder und als Träumer.“[376] Selbstverständlich stand in dieser Rezeption der 25-jährige Albrecht Dürer am Anfang einer Entwicklung, in der sich eine „deutsche Sonderart“ ausgeprägt hätte, die unter anderem zur Mitbegründung der deutschen Landschaftsmalerei beigetragen habe. Naturgemäß spielen Pflanzendarstellungen dabei eine wichtige Rolle und wiederum wurde Dürer als wesentlicher Vorreiter betrachtet. Über dessen Pflanzenbilder schrieb Theodor Musper, seit 1925 Leiter der Graphischen Sammlung der Staatsgalerie Stuttgart, der Nürnberger Meister biete Natur in einem unerbittlichen Ernst dar und enthülle dem Menschen die Schönheit eines Grashalms: „Vor ihm [Dürer] sah man ihn auch, aber erst jetzt bedeutet er dem Auge etwas.“[377]

Um etwas Vergleichbares war es Uecker zu tun. Sein genauer Blick auf den Löwenzahn im Mauerwerk ist zum einen die wirklichkeitsgetreue Naturdarstellung einer weit verbreiteten Pflanze, zum anderen kann der Naturausschnitt aber auch im metaphorischen Sinne als Kulturkritik gelesen werden: Die die Natur symbolisierende Pflanze setzt sich gegen die Errungenschaften menschlicher Zivilisation durch, sie siegt über das Artifizielle, Naturferne, indem sie sich selbst an den unwirtlichsten Plätzen wie Mauerfugen festsetzt, sich von da ausbreitet und ein neues Habitat schafft beziehungsweise Lebensraum zurückerobert. Nicht einmal Beton ist vor Löwenzahn sicher, wenn Lücken ihm Platz zum Wachsen bieten. Daher ist der Löwenzahn ein Symbol höchster Lebenskraft, die sich gegen alle Widerstände behauptet (Abb. 106).

In diesem ideellen Kontext lässt sich eine Beziehung herstellen zwischen Ueckers Pflanzen- und Kriegsbildern und der Ideologie der nationalsozialistischen Lebensraumpolitik, der Eroberung des Ostens als sogenannter Lebensraum für die deutsche Bevölkerung und dem Krieg gegen Polen sowie die Sowjetunion, denn gemäß der irrationalen nationalsozialistischen Rassenlehre diente der Ostfeldzug dazu, der „Natur", sprich der arischen Rasse, im Überlebenskampf der Rassen und Völker den Weg zu bahnen und sie zum Sieg zu führen. Im sozialdarwinistischen Verständnis setze sich das Starke gegen das Schwache durch. Es kann daher auch nicht erstaunen, wenn in der Besprechung der Juni-Ausstellung des Württembergischen Kunstvereins neben Ueckers Arbeiten auch die Bilder der Gruppe „Deutsche Kunst im Ostraum"[378] behandelt werden und dadurch über dem Bericht der Uecker-Schau die Überschrift „Deutsche Kunst im Ostraum" steht. Während Uecker am Deutsch-Sowjetischen Krieg teilnahm, der die aggressive Lebensraumpolitik, die Vernichtung des Bolschewismus und der angeblich „minderwertigen" slawischen Rasse als Ziele verfolgte, wurden gleichzeitig auf der „Großen Deutschen Kunstausstellung" 1941 und 1942 seine Zeichnungen *Baumwurzel* und *Milchdistel* präsentiert.

Polen

Über den Künstler Peter Jakob Schober (1897–1983) ist bekannt, dass er seit 1937 Mitglied der NSDAP, Ortsgruppe Stuttgart, war und auf der „Großen Deutschen Kunstausstellung" in den Jahren 1941 bis 1944 sieben Gemälde ausstellte, die ganz dem nationalsozialistischen Geschmack entsprachen, darunter große Frauenakte mit den Titeln *Sommer* und *Flora*.[379] Er hatte am Ersten Weltkrieg teilgenommen und wurde 1939 ein zweites Mal zum Kriegsdienst eingezogen, in dem er für die Wehrmacht in den östlichen Kampfgebieten als Kriegsberichterstatter tätig war.[380] Hier entstanden die Lithografie *Krakau* (1940) und die Federzeichnung *Übergang über den San bei Solina am 24. September 1939*.

Der San ist ein Nebenfluss der Weichsel in Südostpolen im Grenzgebiet zur Ukraine. Schobers Blatt zeigt, wie die deutschen Truppen mit Pferdefuhrwerken der einheimischen Bevölkerung durch eine Furt übergesetzt werden, weil eine Brücke fehlte. Er betont die merkwürdig archaische Szene in einem modernen Bewegungskrieg und die eindrucksvolle Landschaft der Karpaten. Schober waren volkskundliche Details wichtig: die traditionelle Tracht der Einheimischen, die aus ihren

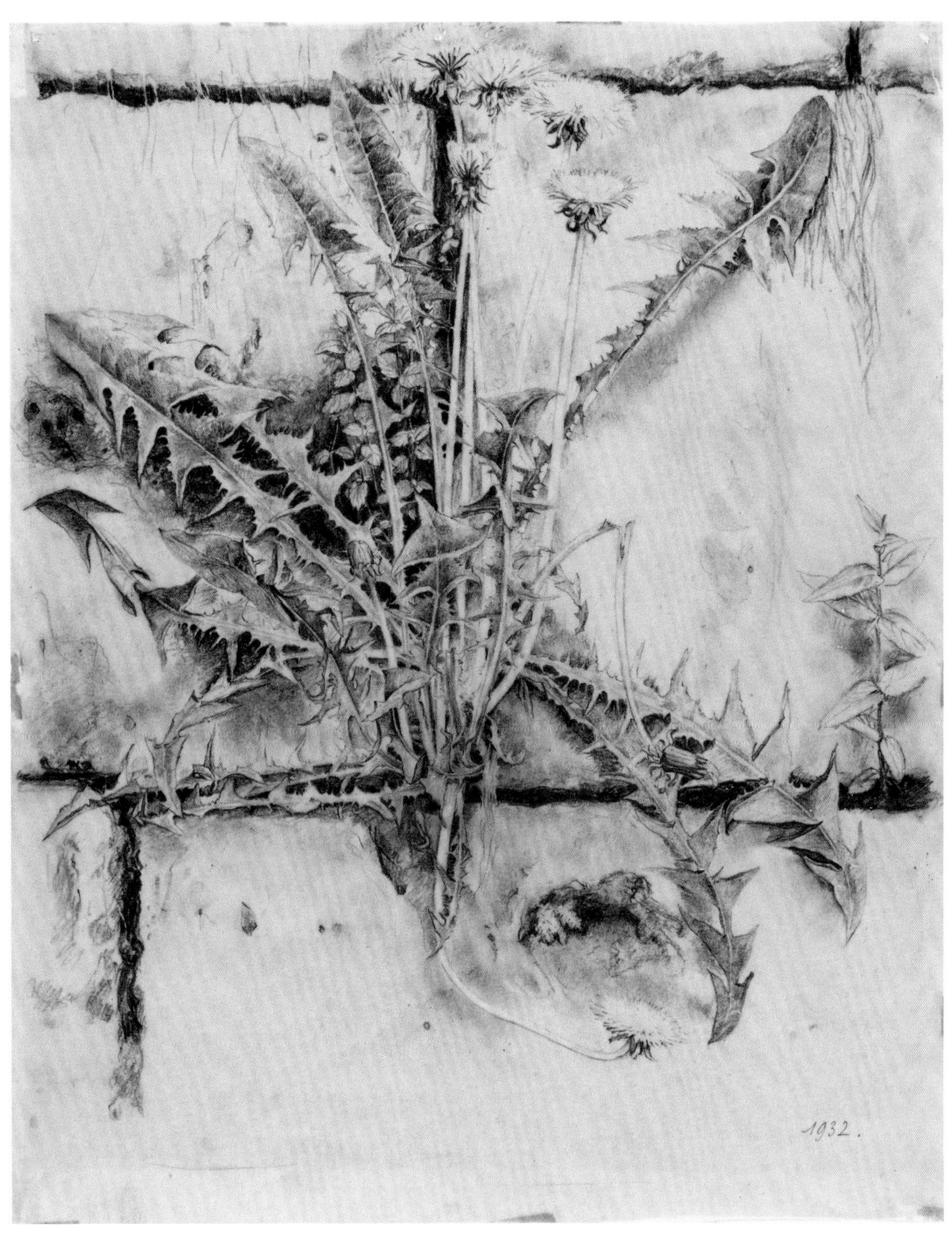

Abb. 106
Gustav Uecker, *Löwenzahn an der Mauer,* 1932, Zeichnung, 39 × 32 cm

mit Ret gedeckten Blockbohlenhäusern, einer urwüchsigen Architektur, herausgeströmt sind, um die fremden Soldaten zu sehen. Es wird eine rückständige Region Polens vor Augen geführt, die fernab jeder Zivilisation zu liegen scheint und in Deutschland nicht mehr vorstellbar war (Abb. 107). Diese Wahrnehmung des fremden Beobachters aus der Stadt dürfte nicht frei von der seit dem Wilhelminischen Kaiserreich in Deutschland gehegten Slawen- und Polenfeindlichkeit gewesen sein. Diese Form des Rassismus definierte die slawischen Völker als slawische Rasse, die der arischen unterlegen sei. Der Antislawismus nahm besonders schreckliche Ausmaße im Nationalsozialismus an und wurde durch dessen rassistische Weltanschauung noch befeuert.

Die deutschen Soldaten sind bei Schober nicht feindliche Invasoren und Eroberer, die tatsächlich Polen überfallen hatten, sondern Männer, denen die Einheimischen helfen. Ob der Transport freiwillig oder unter Zwang, das heißt unter Androhung von Gewalt erfolgte, ist nicht zu erkennen. Allerdings wurde der deutsche Blitzkrieg in Polen gleich vom ersten Tag an mit fürchterlicher Härte geführt. Die deutschen Truppen und „Einsatztruppen" der Polizei und SS ermordeten viele polnische Zivilist:innen und Kriegsgefangene.

Der Kriegsberichterstatter Schober fertigte seine Ansicht der erinnerungswürdigen Begebenheit im Rahmen des deutschen Polenfeldzugs und trat zugleich als Chronist auf, der die Authentizität des Bildes mit seiner eigenhändigen Notiz, der Nennung des Ortes und Datums, bezeugte. Dabei fing er eine Wahrheit ein, die ihm vielleicht selbst gar nicht bewusst gewesen war: Im Zweiten Weltkrieg kamen bei der Wehrmacht fast 3 Millionen Pferde beim Transport von Nachschub und Geschützen zum Einsatz. Der motorisierte Krieg wäre ohne sie noch immer nicht möglich gewesen.[381] Möglicherweise wurde diese Grafik als Illustration verwendet, denn es finden sich auf ihr Korrekturen, einige Linien sind mit Deckweiß abgedeckt.

Wie dieses Blatt in die grafische Sammlung gelangte, ist unbekannt. Da Schober aber offiziell die Funktion eines Kriegsberichterstatters ausübte, werden seine Arbeiten auf entsprechenden Kriegskunstausstellungen zu sehen gewesen sein. Auch hielt sich der ehemalige Stuttgarter NS-Kultur- und Kunstreferent Fritz Cuhorst ab November 1939 keine vier Autostunden von Solina entfernt auf, denn er war zum Stadtpräsidenten von Lublin ernannt worden. Über die Mordaktionen an der polnischen jüdischen Bevölkerung berichtete er OB Strölin.[382] Diese Beziehung des vormaligen Leiters der Stuttgarter Kulturverwaltung zum besetzten Polen könnte bei der Erwerbung eine Rolle gespielt haben.

Schobers Verhältnis zum Nationalsozialismus war eindeutig, doch wurde es in der verhältnismäßig wenigen Literatur über ihn höchstens gestreift. Ein Beispiel dafür ist die Schober-Monografie von Ehrenfried Kluckert. Darin findet sich nirgendwo eine Erwähnung darüber, dass Schober Bilder zu der „Fibel für die Volksschulen Württembergs" beitrug, die 1935 mit der Genehmigung des Reichsministers für Wissenschaft,

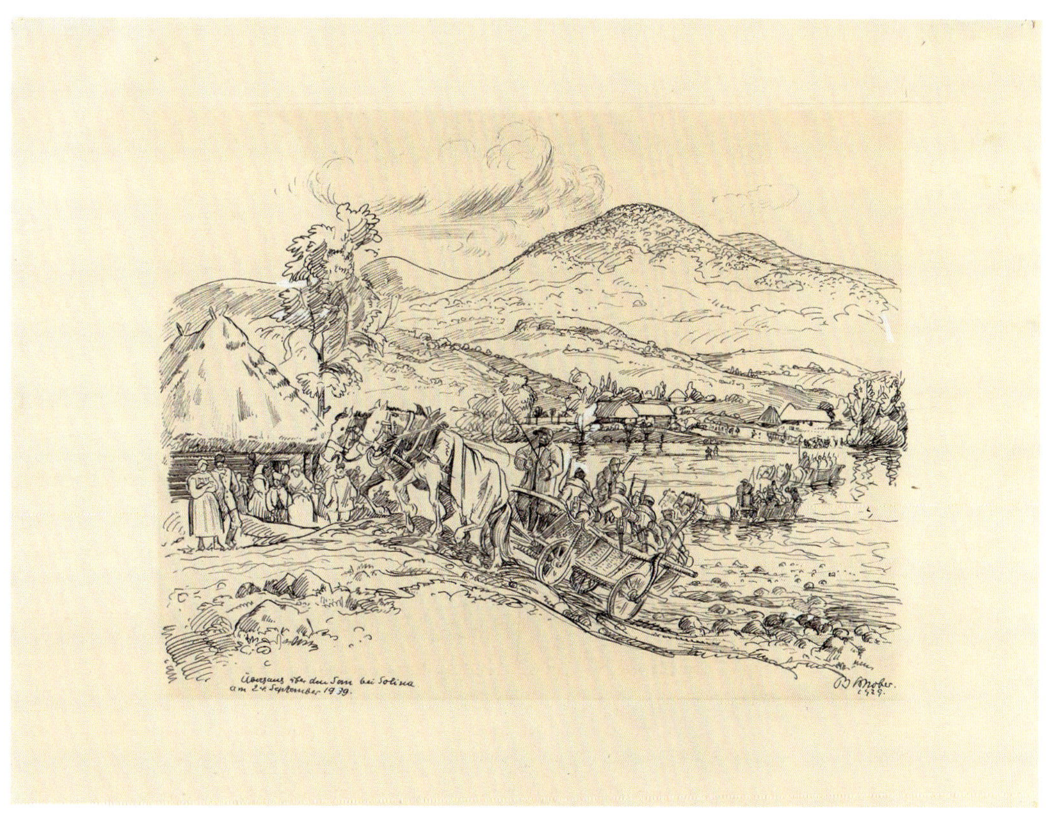

Erziehung und Volksbildung publiziert wurde. Das Lesebuch diente eindeutig der NS-Indoktrination der jungen Schüler:innen. Auf dem von Schober gestalteten Titelbild, ein Mädchen und einen Jungen Hand in Hand auf dem Weg zur Schule zeigend, weht im Bildzentrum am Schulhaus die Hakenkreuzfahne. Damit nicht genug findet sich darin unter anderem auch ein Bild von ihm zum Krieg. Es zierte den Text „Meine Wehrmacht“.[383] Im Jahr 1936 bekam er den Auftrag zur Ausschmückung des Ratssaals im Aalener Rathaus. Seinem Vorschlag entsprechend malte er einen Bildfries, der den „Aufbruch des Deutschen Volkes in der nationalsozialistischen Bewegung“ darstellte: den Kampf der SA und die erbrachten „Blutopfer“ sowie „das Vorwärtsschreiten der SA, der übrigen Volksgenossen und der Jugend dem einen Ziel entgegen“.[384] In einer Bilderfolge wurden die Kampfjahre der NS-Bewegung in verschiedenen heroischen Szenen mit der Hakenkreuzfahne festgehalten, zwei weitere Bilder zeigten unterschiedliche Berufe aus der Wirtschaft und Landwirtschaft, die Männer jeweils um eine im Zentrum platzierte Mutter gruppiert. Diese aufwendige Ausschmückung mit NS-Propagandabildern wurde auch deshalb möglich, weil Schober bei seiner Honorarforderung der Stadt entgegenkam. Ihm selbst war an einer großen Lösung des Auftrags gelegen.[385] Der Saal wurde der Öffentlichkeit im Juli 1936 übergeben. Nach dem Krieg wurden die faschistischen

Abb. 107
Peter Jakob Schober, *Übergang über den San bei Solina am 24. September 1939*, Feder, 32 × 42 cm

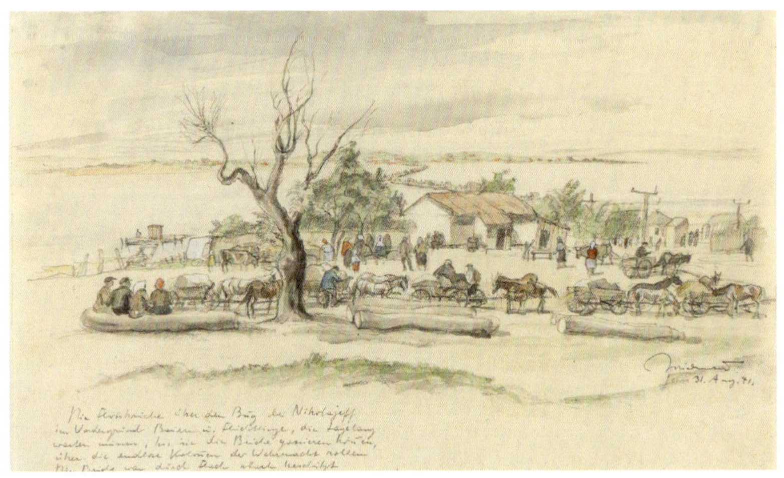

Abb. 108
Willy Widmann, *Die Floßbrücke über den Bug bei Nikolajeff*, 1941, aquarellierte Zeichnung, 50 × 70 cm

Wandbilder sofort mit grüner Farbe übermalt und die Wände tapeziert. So beseitigt, gerieten sie schnell in Vergessenheit. Auch Schobers in die „Großen Deutschen Kunstausstellungen" eingereichten Gemälde, die vollkommen kompatibel mit den NS-Kunstvorstellungen und der faschistischen Weltanschauung waren – besonders die Frauenakte als vorgebliche Allegorien des Sommers und der Flora –, vergaß man schnell, weil er es nach dem Kriegsende verstand, „sich den neuen künstlerischen Aufgaben anzupassen".[386] Er wurde „‚Hofmaler' der Prominenz"[387], erfolgreicher Porträtist, der 1981 im offiziellen Auftrag ein Porträt von dem ehemaligen baden-württembergischen Ministerpräsidenten Hans Filbinger für die „Ahnengalerie" des Stuttgarter Staatsministeriums malen durfte. Filbinger war NSDAP-Mitglied gewesen und Marinerichter, der an vier Todesurteilen beteiligt war.

Schon im Dritten Reich war Schober als „schwäbischer Künstler" bekannt. Der NS-Kurier berichtete im Juli 1943 in einem Artikel über „Schwaben im ‚Haus der Kunst' in München" über die Beteiligung schwäbischer Künstler an der sogenannten Kunstleistungsschau. Unter den vertretenen Malern war auch Schober.[388] Er war als Nachfolger von Gottfried Graf für die Radierklasse der Akademie vorgesehen, wurde aber am Ende nicht ausgewählt.[389]

Eine vergleichbare Situation wie in Schobers Zeichnung *Übergang über den San* findet sich in Willy Widmanns aquarellierter Bleistiftzeichung *Die Floßbrücke über den Bug bei Nikolajeff,* die am 31. August 1940 entstand (Abb. 108). Der Fluss Bug zieht sich durch die Länder Ukraine, Polen und Weißrussland. Im Sommer 1941 überschritt ihn die Wehrmacht und besetzte dahinterliegende Gebiete.

Der mit Schober fast gleichaltrige gebürtige Stuttgarter Widmann hatte an der Kunstgewerbeschule Stuttgart studiert und sich vor dem Krieg als Buchillustrator betätigt. Zu den von ihm mit Buchschmuck ausgestatteten Büchern gehörte Heinz Eisgrubers „Augenblicke der Entscheidung im Leben eines Kriegsfliegers", das 1940 erschien und vom Weltkriegserlebnis eines deutschen Kampfpiloten im Ersten Welt erzählt.[390] Widmann scheint gleich von Anbeginn des „Unternehmen Barbarossa“, so der Deckname für den Krieg gegen die Sowjetunion, als Kriegsberichterstatter eingesetzt worden zu sein, denn seine Zeichnung entstand nur etwa sechs Wochen nach dem Überfall der Wehrmacht auf die Sowjetunion.

Das kolorierte Blatt zeigt einen Versammlungsplatz in einem Dorf am Fluss, auf dem viele Einheimische mit ihren Pferdefuhrwerken stehen. Über die Floßbrücke auf dem Fluss zieht eine Kolonne von Menschen und Fahrzeugen, die sich bis zum Horizont erstreckt. Widmann versah seine Zeichnung mit einem Begleittext, der unten links steht: „Die Flossbrücke über den Bug bei Nikolajeff / im Vordergrund Bauern u. Flüchtlinge, die tagelang / warten müssen, bis sie die Brücke passieren können, / über die endlose Kolonnen der Wehrmacht rollen. / Die Brücke war durch die Flack stark beschädigt.“ Widmanns Bild vermittelt den Eindruck von einem friedlichen Miteinander von einheimischer Bevölkerung und deutscher Armee, deren Flussüberquerung Vorrang hat, weshalb die Zivilist:innen warten müssen. Der Krieg und seine verheerenden Folgen sind nur mittelbar zu sehen und zu erahnen.

Ein weiteres Beispiel ist die Zeichnung *Polen 1940 – Bauernhaus b.[ei] Pionki* von Willy Haas (Abb. 109). Sie dokumentiert sein Interesse für das ländliche Polen im Krieg. Wie schon bei Schober erregte die Blockbauweise der Häuser auch seine Neugier. Über Haas wissen wir nur, dass er die deutschen Truppen wohl im Winter 1939/40 begleitete und dabei das Bild anfertigte. Auf seiner Zeichnung hielt er den Namen des polnischen Ortes fest, an dem er sich befand: Pionki. Pionki ist eine Stadt im Powiat Radomski der Woiwodschaft Masowien. Der Ort wuchs im 19. Jahrhundert im Zuge der Industrialisierung und erhielt 1939 mit seinen rund 7700 Einwohner:innen den Stadtstatus. Es gab hier ein Sägewerk und eine Chemiefabrik sowie seit 1922 eine militärische Einrichtung zur Überwachung ausländischer Geheimdienste. Im Dezember 1939 kam das Polizei-Bataillon 51 hierher. Es war eine Einheit der deutschen Ordnungspolizei und hatte seinen Heimatstandort in Stuttgart. Von ihm sollte das Polizei-Bataillon 71 aus München abgelöst werden. Ort der Ablösung war Pionki. Das Polizei-Bataillon 51 übernahm die Unterkünfte in der Pulverfabrik. Seine Hauptaufgabe lag in der Bekämpfung von polnischen Partisanen, die sich in nahegelegenen Wäldern verschanzt hielten. Im Frühjahr 1940 versuchte es zusammen mit der Waffen-SS die Freischärler zu vernichten, erlitt dabei aber selbst eine schwere Niederlage. Die Militäroperation endete in einem Fiasko. Als Vergeltung zerstörten die Deutschen die Dörfer in der näheren Umgebung und töteten in Massenerschießungen die wehr-

Abb. 109
Willy Haas, *Polen 1940 – Bauernhaus b.[ei] Pionki*, 1940, Bleistift, 23 × 30 cm

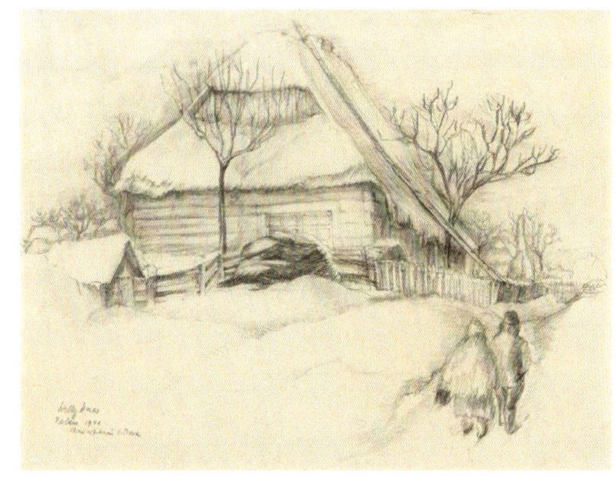

fähigen Männer. Das Polizei-Bataillon 51 machte das Dorf Skloby unweit von Hucisko am 11. April 1940 dem Erdboden gleich.[391]

Wohl nicht zufällig weist die Zeichnung eine Verbindung zu demselben Ort auf, an dem das Stuttgarter Polizei-Bataillon stationiert war. Möglicherweise gibt es einen Zusammenhang zwischen den Aktivitäten der Polizei- und SS-Einheiten, dem Künstler Haas und der Erwerbung der Zeichnung durch das Stuttgarter Kunstreferat. Allerdings zeigt Haas ein friedliches Bild, eine dörfliche Winteridylle, die nichts erahnen lässt von den Kriegsverbrechen. Bei der Neuinventarisierung der Zeichnung nach dem Krieg änderte der Nachkriegsverwalter der städtischen Kunstsammlung Eugen Keuerleber den Titel in *Polnisches Bauernhaus*, was sehr unverfänglich klingt. Er macht den Kriegskontext, das Entstehungsjahr und den Ort vergessen.

Russland

Auch Motive aus dem Deutsch-Sowjetischen Krieg – im Dritten Reich Russland- beziehungsweise Ostfeldzug genannt – finden sich im Bestand der Darstellungen von Landschaften aus eroberten Ländern. Der Widerspruch zwischen den oft traum- und märchenhaften Bildern und der grausamen Realität besonders dieses Krieges könnte nicht größer sein. Im Kontext ihrer Entstehung und Rezeption können diese Landschaftsdarstellungen nur als Propagandabilder betrachtet werden. Der Deutsch-Sowjetische Krieg begann am 22. Juni 1941 mit dem Überfall auf die Sowjetunion. Sein Ende war nach dem Fall Berlins am 2. Mai 1945 mit der Kapitulation der Wehrmacht am 8./9. Mai 1945 besiegelt. Der Krieg zielte darauf ab, „Lebensraum im Osten" für die „arische Herrenrasse" zu gewinnen, den Kommunismus zu vernichten und große Bevölkerungsteile der Sowjetunion zu vertreiben, zu versklaven und zu töten. In die moderne Geschichte ging er als der ungeheuerlichste Eroberungs-, Versklavungs- und Vernichtungskrieg ein, in dem die Deutschen Massenverbrechen an der Zivilbevölkerung begingen und Zehntausende von Städten und Dörfern zerstörten, Schätzungen gehen von 25 bis 40 Millionen Todesopfern auf der Seite der Sowjetunion aus.[392]

Nach anfänglichen Siegen und dem bald darauffolgenden Scheitern des als Blitzkrieg geplanten Feldzugs wurde der Untergang der deutschen Armee durch die Niederlagen in der Schlacht um Moskau zum Jahresende 1941 und der Schlacht um Stalingrad 1942/43 eingeleitet. Was dann folgte, war die vollständige Niederlage Deutschlands.

Auf der Kohlezeichnung *Vormarsch im Osten* von Alfred Eichhorn (1909–1972) ist davon noch nichts zu sehen. Sie entstand zu Beginn des Feldzugs 1941, wo die Wehrmacht Siege zu verzeichnen hatte. Eichhorn stellt die deutschen Soldaten als entschiedene Kämpfer dar, die im Schneegestöber mit hochgeschlagenen Mantelkragen gen Moskau marschieren, ihre Gesichter hart und entschlossen. An der Erreichung des Ziels lässt er keinen Zweifel, auch wenn die Armee und besonders ihre Tiere mit den Naturgewalten kämpfen und die Betreuer sich zu Rossebändigern

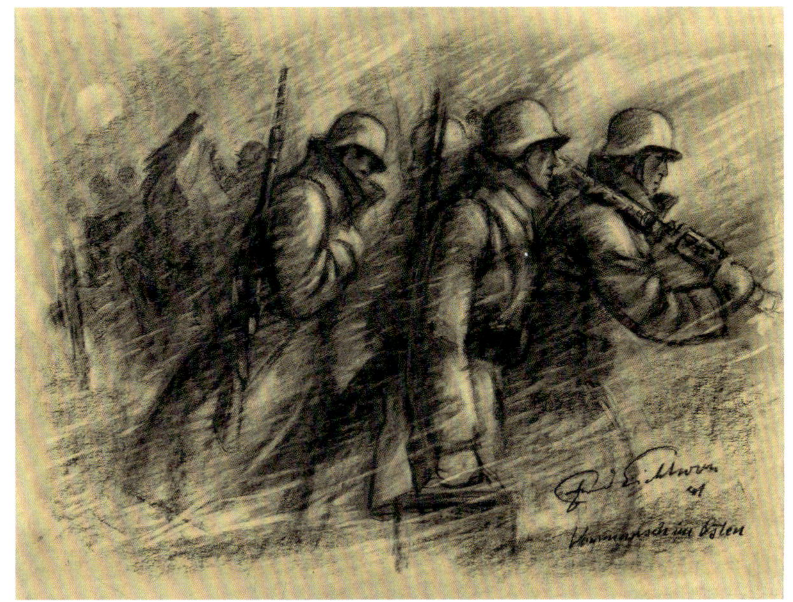

Abb. 110
Alfred Eichhorn, *Vormarsch im Osten,* 1941, Zeichnung, 30 × 41 cm

aufschwingen müssen, wie eine Szene im Hintergrund zeigt, wo sich ein Zugpferd aufbäumt und im Zaum gehalten werden muss. Der Krieg ist für Mensch und Tier eine Herausforderung (Abb. 110, Abb. 111).

Bei genauer Betrachtung der Zeichnung fallen zwei Aspekte auf, die wichtig für die Deutung sind: Zum einen gibt es einen Mann, der entweder aus dem Bild heraus auf uns, die Betrachter:innen, oder zu den Kameraden zu blicken scheint, und zum anderen verwendete Eichhorn hier das Motiv des Soldatenzugs, einer Formation, die aus der Tiefe des Raumes kommt und im Bildvordergrund an uns vorbeizieht. Sowohl die Figur des aus dem Bild blickenden Soldaten als auch das Motiv des Soldatenzugs findet man bereits in den deutschen Kriegsbildern der Zwischenkriegszeit, die das Erlebnis des Ersten Weltkriegs verarbeiten. Es drängt sich der Eindruck auf, dass Eichhorn beide Darstellungsformen in seinem Bild zum Vormarsch im Osten zitiert. Der erste Soldat von links, dessen Gesicht uns zugewandt ist und uns daher anzusehen, das heißt den Blickkontakt zu uns zu suchen scheint, ist eine Figur, die wir nicht nur in dem linken Flügel *Vormarsch* von Otto Dix' (1891–1969) Triptychon *Der Krieg* (1929–1932) finden, sondern die auch in anderen Bildmedien präsent ist wie in Hans Buschs Plakat *Nationalsozialist – oder umsonst waren die Opfer* (1928) oder in dem Still aus dem Film *Im Westen nichts Neues,* das einen Zug von Rekruten zur Front mit einem Soldaten zeigt, der direkt aus dem Bild herausschaut. Im linken Flügel seines *Kriegs*-Triptychons verwendete Dix auch das Motiv des Soldatenzugs, der aus der Tiefe des Raumes hervorkommt und im Vordergrund dann einen Schwenk vollzieht und vorbeimarschiert.

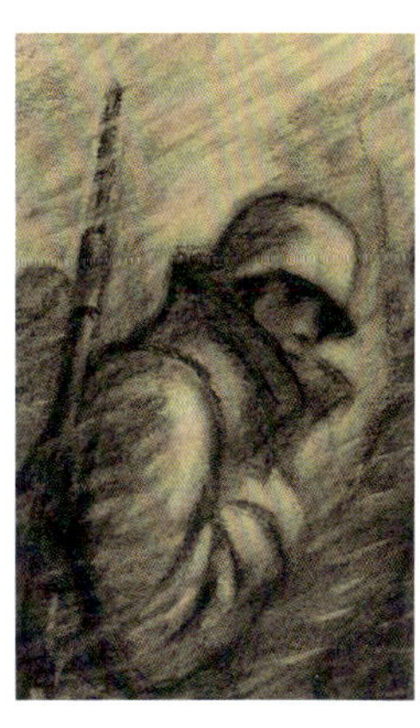

Abb. 111
Detail aus Abb. 94

Die Bildanalyse legt offen, dass Eichhorns Zeichnung keineswegs eine naturalistische Momentaufnahme, quasi ein gezeichneter

Schnappschuss aus dem Russlandfeldzug 1941 ist, sondern aus einer wohlüberlegten Bildidee und Komposition resultiert, in der mit den Zitaten bewusst an das Erlebnis des Ersten Weltkriegs erinnert und der Kampf im Zweiten Weltkrieg in eine Kontinuität der historischen Ereignisse gestellt wird: Deutsche Soldaten führten etwas fort und zu Ende, an dem sie 1914 bis 1918 (gemäß der „Dolchstoßlegende“) angeblich gehindert worden waren. Nun tilgten sie die Schmach der Demütigung und Niederlage. Die Zeichnung ist im Kontext des revanchistischen Mythos der im Ersten Weltkrieg ungeschlagenen deutschen Armee zu lesen. Die dargestellte Szene basiert nicht auf direkten Beobachtungen von Eichhorn vor Ort im Feld, sondern stützt sich auf die heroische Weltkriegserzählung, wie sie vom nationalistischen und faschistischen Lager in der Zwischenkriegszeit überliefert und fortgeschrieben wurde. Auf sie greift Eichhorn für seine Bildfindung zurück. Und deshalb ist es auch kein naturalistisch gestaltetes Bild, das die Kriegswirklichkeit getreu wiedergibt, sondern ein Beispiel für die visuelle Propaganda des NS-Regimes und der Wehrmacht.

Eichhorn wurde in St. Valentin in Niederösterreich geboren und studierte Anfang der Dreißigerjahre in Linz und Wien. Danach ging er nach Berlin. Ab 1944 freundete er sich in Stuttgart mit Willi Baumeister an und wurde in der Nachkriegszeit als ungegenständlicher Maler bekannt. Seine Kriegszeichnungen scheinen in der Kunstgeschichte bisher nicht bekannt gewesen zu sein, sie haben in der Literatur keine Erwähnung gefunden.[393] Es ist nicht bekannt, ob das Blatt im Rahmen eines offiziellen Auftrags der Wehrmacht entstand und Eichhorn Mitglied einer Propagandakompanie war. Seine Zeichnung ist das einzige Blatt in der Sammlung des Kunstmuseums Stuttgart, das deutsche Soldaten beim Vormarsch einfängt. Zwei Aquarelle von Alfred Reder stellen die harten winterlichen Bedingungen dar, insbesondere das Blatt *Eismeerfront,*[394] dessen Titel einen Ausdruck der nationalsozialistischen Propaganda aufgreift. Die „Eismeerfront“ bezeichnete eine Frontlinie in den Ländern Russland, Finnland und Nordnorwegen, in der sich die deutschen und sowjetischen Truppen in einem Stellungskrieg gegenüberstanden.

Im Verhältnis zu den wenigen oben erörterten Darstellungen überwiegen zweifelsohne die Landschaftsbilder beziehungsweise ‚Kriegslandschaften‘. Die folgenden Landschaftsgrafiken entstanden alle in einer Phase des Krieges (1942/43), in der im Gegensatz zur Entstehungszeit von Eichhorns Zeichnung nicht mehr an eine erfolgreiche Beendigung des Ostfeldzugs zu denken war. 1943 befand sich die Wehrmacht bereits auf dem Rückzug und setzte die Taktik der verbrannten Erde ein, bei der die Sowjetunion systematisch verwüstet und geplündert wurde. Reichsführer SS Heinrich Himmler gab im September 1943 den Befehl, „daß bei der Räumung von Gebietsteilen in der Ukraine kein Mensch, kein Vieh, kein Zentner Getreide, keine Eisenbahnschiene zurückbleiben; daß kein Haus stehen bleibt, kein Bergwerk vorhanden ist, das nicht für Jahre gestört ist, kein Brunnen vorhanden ist, der nicht

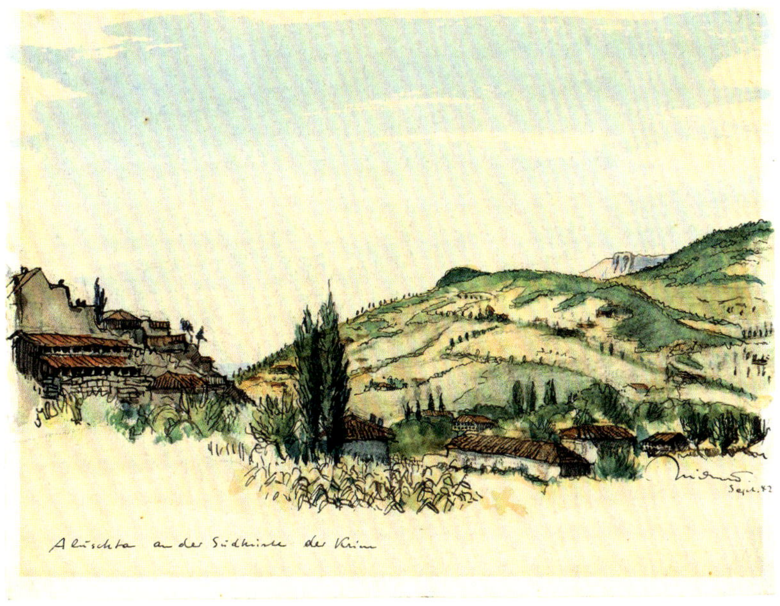

Abb. 112
Willy Widmann, *Aluschta an der Südküste der Krim,* 1942, Feder, koloriert, 17 × 23 cm

vergiftet ist. Der Gegner muß wirklich ein total verbranntes und zerstörtes Land vorfinden.“[395]

Von diesem Vernichtungsfeldzug ist auf den folgenden zwei Aquarellen und zwei kolorierten Federzeichnungen nichts zu sehen. Es gibt überall nur intakte Landschaften und märchenhafte Motive, die als typisch russisch gelten können: der tiefverschneite russische Winter, die mediterane, an die Toskana erinnernde Krim, die in der russischen Weite gelegenen Landgüter und die russisch-orthodoxen Kirchen mit ihrer verspielten Zwiebelturmarchitektur. Alle vier Künstler wurden im ersten Jahrzehnt des 20. Jahrhunderts geboren und nahmen am Russlandfeldzug teil. Als ausgewiesene Grafiker qualifizierten sie sich für die Tätigkeit des Bildberichterstatters besonders gut (Abb. 112, Abb. 113, Abb. 114, Abb. 115).

Der in Mainz geborene Ludwig Schäfer-Grohe (1909–1983) war gelernter Lithograf und hatte sich 1936 in Fellbach an der nordöstlichen Stadtgrenze Stuttgarts niedergelassen. Er war Mitarbeiter bei einem Stuttgarter Verlag und freischaffender Künstler. Seine Spezialität waren Architektur- und Stadtansichten. Willy Widmann war als Kriegsberichterstatter im Russlandfeldzug mit dabei. Der ebenfalls in Stuttgart geborene Walter Brudi gehört nicht zu den Künstlern, von denen die Stadt Stuttgart im Dritten Reich Arbeiten erwarb. Sein Aquarell, seine Tempera-Arbeiten und Zeichnungen kamen erst nach dem Krieg in die Sammlung. Doch weil er als Kriegsberichterstatter der Propagandakompanie in den Kontext dieser

Abb. 113
Ludwig Schäfer-Grohe, *Russisches Haus im Schnee,* 1942, Aquarell, 24,5 × 34 cm

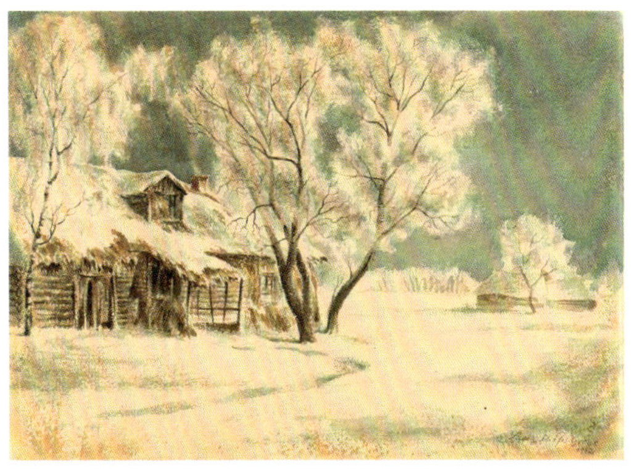

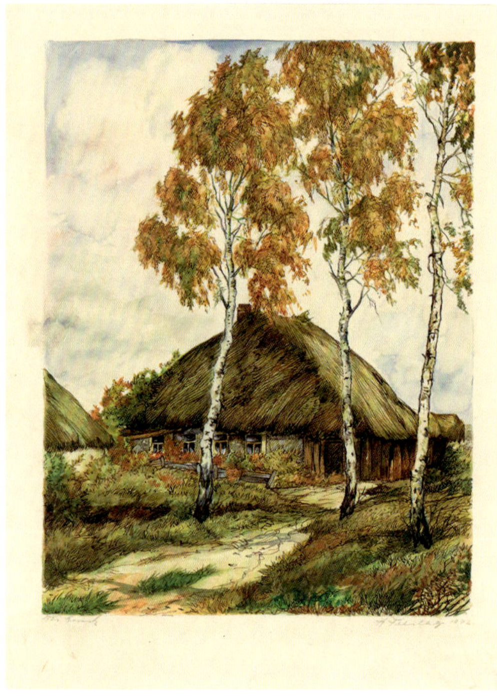

Abb. 114
Karl Freitag, *Bauernhaus mit Birken bei Kursk,* 1942, Feder, aquarelliert, 34 × 26 cm

Überlegungen passt, soll auch auf ihn hier näher eingegangen werden. Brudi hatte sich als Buchgrafiker einen Namen gemacht. Nach dem Studium an der Kunstgewerbeschule Stuttgart von 1924 bis 1928 lehrte er an der Höheren Grafischen Fachschule in Berlin, um dann von 1935 bis 1945 als Lehrer an der Meisterschule für Deutschlands Buchdrucker in München zu unterrichten. Er trat 1930 in die NSDAP ein.[396] Über den 1905 geborenen Karl Freitag ist fast nichts bekannt.

In allen vier Bildern ist die Realität des Krieges vollkommen ausgeblendet. Sie könnten Reiseillustrationen oder Ergebnisse einer künstlerischen Studienreise durch Russland sein. Kennten wir nicht ihr Entstehungsdatum und die Orte, würden wir nicht erahnen, dass es sich um Bilder aus dem Krieg handelt. Die Landschaften sind menschenleer, Besiedlungsspuren werden nur in der Kultivierung der Natur und in der Architektur erkennbar. Widmann bezeichnete seine Federzeichnung von der ukrainischen Halbinsel Krim mit den Worten „Aluschta an der Südküste der Krim". Aluschta war und ist ein beliebter Badeort an der Schwarzmeerküste. Er liegt nicht weit entfernt von Sewastopol, der berühmten Hafenfestung. Die deutsche Armee erreichte die Krim im Herbst 1941. In monatelangen Kämpfen versuchte sie die Hafenstadt zu erobern, was erst im Juli 1942 gelang. Dabei wurde die Stadt vollständig zerstört. Auf sowjetischer Seite starben über 10 000 Soldaten und fast 100 000 kamen in deutsche Kriegsgefangenschaft. Die deutschen und rumänischen Truppen, die als Verbündete auf ihrer Seite kämpften, verzeichneten ungefähr 12 000 Gefallene.

Abb. 115
Walter Brudi, *Russischer Winter,* 1943, Aquarell, 12,2 × 20,3 cm

Nach der Eroberung der Halbinsel sollte sie von der jüdischen, tatarischen und russischen Bevölkerung „gesäubert" und von Deutschen besiedelt werden. Es gab bereits Namen für alle Orte. Die Krim sollte „Gotenland", Sewastopol „Theodorichhafen" und Simferopol „Gotenburg" heißen.

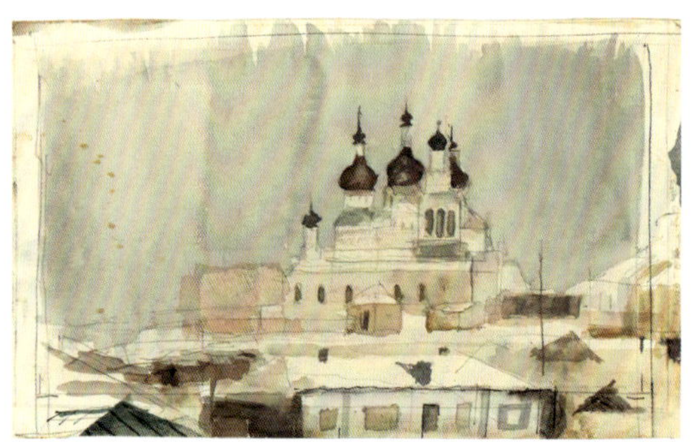

Im Juni 1942 führte die Wehrmacht die große Sommeroffensive über einen 800 Kilometer breiten Frontabschnitt, der sich zwischen Kursk und Taganrog am Asowschen Meer erstreckte. Ende August wurde am nördlichen Frontabschnitt die Stadt Stalingrad eingenommen. 1943 fand die letzte Großoffensive der Wehrmacht im Osten statt und mündete beim Kampf um Kursk in die größte Panzerschlacht im Zweiten Weltkrieg. Karl Freitags verträumt und friedlich daliegendes Bauernhaus zwischen Birken, deren Laub der Herbst gelbbraun gefärbt hat, scheint weit entfernt zu sein von all dem Schlachtengetümmel.

Der russische Winter oder „Väterchen Frost" ist legendär und ein feststehender Topos in der russischen Kultur und im kollektiven Gedächtnis Europas. „General Frost", wie der russische Winter auch genannt wurde, hatte nicht nur Napoleons Grande Armée beim Russlandfeldzug 1812 in den Untergang getrieben, auch der deutschen Armee zeigte er in den Wintern 1941/42 und 1942/43 ihre Grenzen auf. Die sibirische Kälte rieb die Truppen auf. Durch Schnee, Frost und Eis starben mehr deutsche Soldaten als durch die Kugeln aus sowjetischen Gewehren. Ludwig Schäfer-Grohe fängt dagegen eine russische Landschaft ein, die von Schnee und Eis verzaubert ist. Sie versprüht sogar eine heimelige Atmosphäre, denn das nahegelegene Blockhaus verspricht Schutz vor der Kälte und die gemütliche Wärme eines Ofens. Walter Brudis Aquarell greift das Thema „Russischer Winter" ebenfalls auf, allerdings zu einem Zeitpunkt, wo die Rote Armee die Wehrmacht bereits zurückdrängte und der Krieg auf die endgültige Niederlage des faschistischen Deutschlands zusteuerte. Doch von dieser Realität ist in Brudis idyllischer Ansicht eines russischen Städtchens nichts zu spüren, dessen Behausungen sich um die majestätische Kirche scharen wie eine Schafherde.

Anfang der 1980er-Jahre erwarb die Galerie der Stadt Stuttgart drei Zeichnungen von Brudi, die alle 1943 zu dem Thema „Russische Landstraße" entstanden. In einem lockeren, skizzenhaften Stil notierte Brudi seine visuellen Eindrücke von Dörfern und Kleinstädten in der russischen Provinz, die sich entlang oft unbefestigter Straßen erstreckten. Es sind beinahe menschenleere Gegenden und sie haben alle etwas Gleichförmiges. Die Zeichnungen sind schnelle Notate – Brudi nannte sie sein „grafisches Tagebuch"[397]. In ihnen ist nirgendwo erkennbar, in welcher Funktion und mit welcher Absicht der Künstler sich in Russland aufhielt. Die eingefangene Leere und Verlassenheit der Orte mag vom Anmarsch oder der Anwesenheit der deutschen Truppen herrühren. Auf anderen Blättern, die in der gleichen Zeit während seines Aufenthalts in der Sowjetunion entstanden (und bis zu seinem Tod publiziert wurden), malte Brudi Menschen, Handwerker, Wäscherinnen, Pferdekutschen und Pferdeschlitten sowie folkloristische Szenen aus einem gänzlich unbekannten und fremden Land mit einer rückständigen Provinz, wie sie in dieser Form in Deutschland der Vergangenheit anzugehören schien. In den heute noch bekannten – und von Brudi nach dem Krieg selbst als Kunstdrucke und Illustrationen verbreiteten – Russlandbildern sind keine Spuren des Krieges und der deutschen Gräuel sichtbar. Wüssten wir nicht, dass er als Kriegsmaler mit der Wehrmacht unterwegs war, könnten wir denken, es handle sich um private russische Reiseskizzen des Künstlers – und so wurden sie höchstwahrscheinlich auch infolge der großen Geschichtsvergessenheit in der Nachkriegszeit rezipiert.[398] Doch in den Jahren von 1941 bis 1945 konnte kein deutscher Künstler einfach die Sowjetunion bereisen, Brudi hielt sich dort als Angehöriger eines feindlichen Usurpators auf, der gegen Russland einen Vernichtungskrieg führte. Und er war zu einer Zeit des Kriegsverlaufs dort (1943–1944), in der die deutsche Armee bereits in Rückzugsgefechten verwickelt war und sich die Rote Armee nach schweren Niederlagen, die sie den Deutschen zufügte, unaufhaltsam auf dem Vormarsch nach Berlin befand. Anhand des in der Landesbibliothek Baden-Württemberg aufbewahrten ausgewählten künstlerischen Nachlasses lässt sich studieren, dass Brudi durchaus auch andere Bilder vom Deutsch-Sowjetischen Krieg zeichnete, die im Gegensatz zum folkloristischen Material näher an der Kriegswirklichkeit waren.[399] Es gibt Zeichnungen von Landsern vor zerschossenen und brennenden Panzern, besetzten Ruinenstädten, angreifenden deutschen Soldaten, Bombern und Explosionen, Planwagen auf Pontonbrücken, Soldaten mit Geschützen, vom Fronttheater im Freien und von der Gefangennahme russischer Soldaten. Brudi kannte also die Realität des Russlandkriegs in seinen vielen teils schrecklichen Facetten und er dürfte auch gewusst haben, wie die deutsche Wehrmacht mit den russischen Kriegsgefangenen in ihren Stalags, den Gefangenenlagern, umging. Es gehört zu dem dunklen Kapitel der westdeutschen Nachkriegs- und Kunstgeschichte, dass über die Rolle von Künstlern wie Brudi, die den Nationalsozialismus unterstützt und am Krieg teilgenommen hatten, von 1945 bis in die jüngste Zeit geschwiegen wurde – mit einer Unterbrechung, nämlich als die rebellierenden Student:innen der Stuttgarter Kunstakademie die Vergangenheit ihres Rektors und Professors wieder ans Licht holten und die Öffentlichkeit damit konfrontierten. Auch aus diesem Grunde ist Brudi ein interessanter Fall unter den hier besprochenen Künstlern, denn im Gegensatz zu vielen anderen holte ihn seine Vergangenheit ein vor dem Hintergrund der Ausschwitzprozesse in Frankfurt am Main ab 1963 und der westdeutschen Studentenrevolte 1968. Er gehörte zu denen, die im Dritten Reich Karriere machten. 1935 kam er aus Berlin, wo er nach der „Machtergreifung" weiter in der Höheren Grafischen Fachschule hatte tätig sein können, nach München an die Meisterschule für Deutschlands Buchdrucker, die ihn zu ihrem jüngsten Professor ernannt hatte. Das Institut war führend auf dem Gebiet der Typografie und des Buchdrucks. Es wurde nach der Machtübernahme von den Nationalsozialisten sofort gleichgeschaltet und von unliebsamen Lehrkräften „gesäubert". Schriftkultur unterm Hakenkreuz bedeutete, dass sich das typografische Schaffen ganz den Zielen des Regimes unterordnen musste. Brudi lehrte an dem Institut bis zu seiner Einberufung zum Kriegsdienst und seinem Einsatz als Kriegsmaler. Er gehörte von 1940 bis 1945 zur Wehrmacht, war zuerst Obergefreiter in der Infanteriedivision 65, dann im STAB der Heeresgruppe B.[400]

Seine „Kriegsbilder" wurden während des Krieges unter anderem in der Fachzeitschrift „Gebrauchsgrafik. Monatsschrift zur Förderung künstlerischer Werbung" veröffentlicht. Sie war das offizielle Organ der Fachgruppe Gebrauchsgrafiker in der Reichskammer der bildenden Künste.[401] Ab 1944 war Brudi Kriegsmaler in Frankreich. Hier hatte er Kontakte in den Führungsstab der Wehrmacht. Anfang Januar 1945 ließ er durch seine Frau drei Abzüge seiner Kriegsbilder an General Hans Speidel senden.[402]

In seinem Entnazifizierungsverfahren als „Mitläufer" eingestuft, schloss er 1949 in der jungen Bundesrepublik nahtlos an seine vorangegangene Karriere an und wurde Professor für Buchgrafik und Typografie an der Staatlichen Akademie der Bildenden Künste Stuttgart. Den Zenit erreichte er mit seiner Ernennung zum Rektor, einer Position, die er von 1959 bis 1969 innehatte. Der kritische Teil der Studentenschaft forderte 1969 von der Kunsthochschule demokratische Verwaltungsstrukturen, mehr politische Mitsprache und zeitgemäße Lehrinhalte. Brudi wurde autoritärer Führungsstil, Geschichtsvergessenheit und seine NS-Vergangenheit vorgeworfen. Eine besondere Angriffsfläche bot er den Kritiker:innen auch deshalb, weil er früher als viele andere der NSDAP beigetreten war. Die Proteste zeigten Erfolg: Brudi musste von seinem Amt als Leiter der Kunstakademie zurücktreten.[403]

8 UNGEWÖHNLICHE BILDER

In der Sammlung gibt es Arbeiten, die nicht oder scheinbar nicht in das Sammlungsprofil von 1933 bis 1945 passen und deren Provenienz lange unbekannt war oder noch ist. Die Grafiken stammen von den Künstler:innen Max Ackermann (1887–1975), Hermann Bäuerle (1886–1972), Paul Bindel (1894–1973), Albert Birkle (1900–1986), Grete Csaki-Copony (1893–1990), Fritz Faiss (1905–1981), Waldemar Flaig (1892–1932), Tell Geck (1894–1986), Gottfried Graf (1881–1938), Gustav Arthur (Gusto) Gräser (1879–1958), Alexander Kanoldt (1881–1939), Anton Kolig (1886–1950), Utagawa Kunisada (1786–1865), auch Toyokuni III. genannt, Helmut Muehle (1902–1991), Reinhold Nägele (1884–1972), Richard Neuz (1894–1976), Walter Squarise (1902–1977) und Kurt Weinhold (1896–1965). Bis auf die Sonderfälle Neuz, Toyokuni III. und Weinhold gehörten sie zu den von den Nationalsozialisten verfemten und als „entartet“ verfolgten Künstler:innen. Daher stellt sich die Frage, warum sich von ihnen Arbeiten im Sammlungsbestand befinden, obwohl sie teilweise ausgegrenzt und mit Berufsverbot belegt worden waren oder wie im Fall des japanischen Holzschneiders Toyokuni III. überhaupt nicht ins Sammlungsprofil passten.

Als Vertreter der Reichskammer der bildenden Künste im Rahmen der Aktion „Entartete Kunst“ 1937 nach Stuttgart kamen, um die städtische Kunstsammlung zu „überprüfen“, suchten sie die Villa Berg auf, in der ein Teil des städtischen Gemäldebestands und eine geringe Anzahl von Grafiken ausgestellt waren. Zu beanstanden gab es nichts.[404] Daraufhin teilte OB Strölin dem Präsidenten der Reichskammer in Berlin schriftlich mit, seine Stadt stünde in Sachen Kunst ganz auf Hitlers Linie.[405] Es ist nicht bekannt, dass anlässlich dieses Überprüfungstermins auch der an einem anderen Ort deponierte grafische Bestand der Stadt untersucht worden wäre. Noch 1941 empörte sich Kulturreferent Cuhorst darüber, dass der Stadt 390 Reichsmark als Ersatz für zwei beschlagnahmte Bilder überwiesen worden waren, die angeblich aus der städtischen Kunstsammlung stammten. Tatsächlich waren sie aus der Staatsgalerie.

Das Kunstreferat hatte ausdrücklich kein Interesse daran, von Hitlers Linie in Sachen Kunst abzuweichen. Umso weniger nachvollziehbar ist es, dass sich dennoch Werke in der Sammlung befinden, die sich dort eigentlich nicht befinden dürften – vorausgesetzt, sie wurden im Dritten Reich erworben. Weil es sich aber in allen Fällen um Arbeiten handelt, deren Provenienz unmittelbar nach 1945 mit einem Fragezeichen ausgewiesen wurden, können sie nur im Zeitraum von 1933 bis 1945 in die Sammlung gelangt sein. Lassen sich vielleicht aus den Biografien der Künstler:innen und den Grafiken Rückschlüsse ziehen, die zur Aufklärung

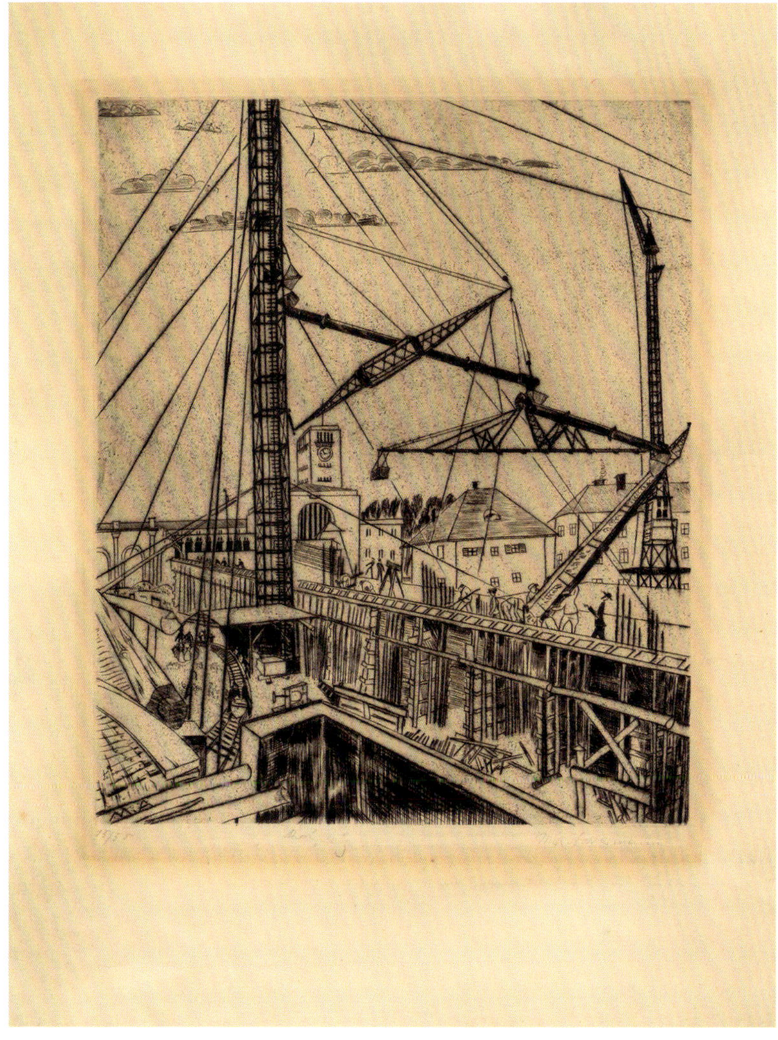

Abb. 116
Max Ackermann, *Bauplatz*, frühe 1920er-Jahre, Radierung, 46 × 38 cm

der Provenienz beitragen könnten? Womit könnte die Erwerbung von Werken Ackermanns, Koligs und Neuz' trotz ihrer Verfemung und Verfolgung erklärt werden? Bei vielen der Künstler:innen lässt sich ein Stuttgart-Bezug feststellen. Sie erhielten ihre künstlerische Ausbildung in der Stadt, lehrten an einer ihrer Kunstschulen oder machten den Ort zu ihrem Lebensmittelpunkt.

Ackermann hatte 1912 an der Königlichen Akademie der Bildenden Künste studiert, wo er zum Schülerkreis Adolf Hölzels (1853–1934) gehörte. Das bahnte ihm den Weg zur gegenstandslosen Kunst. Auch der in Stuttgart geborene Maler und Radierer Bäuerle studierte an der heimischen Kunstakademie und war dort Meisterschüler bei Heinrich Altherr (1878–1947).[406] Er gehörte zu den Gründungsmitgliedern der Stuttgarter Sezession und hatte zeitweise den Vorsitz des Schwäbischen Künstler-Verbandes inne.

Dagegen steht Bindel auf den ersten Blick in keiner Verbindung zu Stuttgart. Der Landschaftsmaler wuchs in Düsseldorf auf, studierte von 1912 bis 1918 an der Kunstgewerbeschule Düsseldorf mit der Unterbrechung seines Kriegsdiensts im Ersten Weltkrieg und einer kaufmännischen Tätigkeit und absolvierte von 1920 bis 1922 in Düsseldorf eine Ausbildung zum staatlich geprüften Zeichenlehrer. Im anschließenden Schuldienst brachte er es bis 1926 zum Oberstudienrat, ab 1930 unterrichtete er zudem parallel an der Kunstakademie Düsseldorf den Nachwuchs für das künstlerische Lehramt. Seine Tätigkeit als Lehrer endete 1934. Er beteiligte sich an Ausstellungen der Künstlervereinigung „Junges Rheinland" und war Mitglied des Düsseldorfer „Ey-Kreises". Johanna Ey war in den Zwanzigerjahren eine Galeristin in Düsseldorf und förderte junge fortschrittliche Talente. Ihre Galerie „Junge Kunst – Frau Ey", die ganz in der Nähe der Akademie lag, war der Mittelpunkt der Künstlergruppe „Das junge Rheinland". Bindel war neben Otto Dix (1891–1969), Max Ernst (1891–1976), Gert Wollheim (1894–1974), Otto Pankok (1893–1966) und vielen anderen Künstler:innen mit der Galerie verbunden.

Der in Berlin geborene Birkle hatte verwandtschaftliche Verbindungen zu Württemberg. Sein Großvater mütterlicherseits war Hofmaler im hohenzollerischen Sigmaringen. Dadurch waren Birkles Herkunft und Jugend eng mit Sigmaringen und dem oberen Donautal verknüpft. Der Großvater unterstützte den Enkel in seinen künstlerischen Bemühungen. Nach der Teilnahme am Ersten Weltkrieg und einer Lehre als Dekorationsmaler im väterlichen Betrieb studierte Birkle Malerei an der Hochschule der Künste in Berlin. 1921 wurde er als jüngstes Mitglied in die Berliner Sezession aufgenommen und 1924 an der Preußischen Akademie der Künste zum Meisterschüler von Arthur Kampf (1864–1950) ernannt. Nach expressionistischen Anfängen entwickelte sich Birkles Malerei in die Richtung der Neuen Sachlichkeit mit starken sozialkritisch-religiösen Bezügen. 1932 siedelte er mit seiner Familie nach Salzburg über, wo er sich Landschafts- und Industriemotiven zuwandte.

Geck, Sohn des sozialdemokratischen Land- und Reichstagsabgeordneten sowie Druckereibesitzers Adolf Geck aus Offenburg, studierte nach seiner Teilnahme am Ersten Weltkrieg von 1919 bis 1926 an der Kunstakademie Stuttgart. Dort war er Meisterschüler von Altherr. Er war an der Gründung der Stuttgarter Sezession beteiligt. In einer 1984 veröffentlichten Kurzbiografie ist zu lesen, Geck habe von 1927 bis 1936 wieder in Offenburg gelebt und im väterlichen Verlag gearbeitet. Nachdem ihm die Gestapo den Reisepass entzogen habe, sei er nach Stuttgart zurückgekehrt und habe dort als Cello-Spieler und freier Maler gearbeitet.[407]

Arthur Gustav (Gusto) Gräser stammte aus dem siebenbürgischen Kronstadt in Rumänien. Sein Vater war Bezirksrichter und Senator. Er und sein Bruder Karl Gräser waren Mitbegründer der 1900 geschaffenen Lebensreformsiedlung Monte Verità im schweizerischen Ascona, in der auch der dritte, jüngere Bruder Ernst Graeser (1884–1944) eine Zeit lang lebte. Während Karl, der Älteste, zuerst eine militärische Laufbahn einschlug und Offizier war, bevor er ein Leben als Aussteiger führte, machten seine Brüder eine künstlerische Ausbildung. Gusto Gräser verließ mit 16 Jahren die Schule, fing eine Goldschmied- und Kunstschlosserlehre an, brach diese aber nach kurzer Zeit ab. Für ein Schnitzwerk erhielt er auf der Weltausstellung in Budapest 1896 eine Goldmedaille. Ein Jahr später begann er ein Kunststudium auf der Kunstgewerbeschule in Wien, doch auch hier hielt es den 19-Jährigen nicht lange. Er trat für kurze Zeit in die Gemeinschaft „Humanitas" bei Wien ein, die der Künstler, Sozialreformer und Kommunitarist Karl Wilhelm Diefenbach (1851–1913) ins Leben gerufen hatte. In dieser Lebensphase beschloss Gusto Gräser endgültig, den herrschenden Konventionen und Werten zu entsagen, aus der Gesellschaft auszusteigen und als „vegetarischer Weltenbummler"[408] zu leben. Wie sein Lehrer Diefenbach oder der Künstler und Lebensreformer Hugo Höppener (1868–1948), genannt Fidus, wollte er eine radikale Veränderung auf allen Gebieten des gesellschaftlichen Lebens – Ernährung, Kleidung, Wohnen, Sexualität, Wirtschaft, Staat, Religion – und kann daher zu den bekanntesten Vertretern bürgerlicher Fluchtbewegungen um 1900 gezählt werden. Gräsers oberste Ziele waren die Schonung alles Lebendigen und die Ablehnung von Krieg. Töten sollte der Mensch nur in einer Notsituation. Mit diesen Grundsätzen begann er ein für bürgerliche Maßstäbe sehr unstetes und unsicheres Leben als Künstler, Wanderdichter, Naturheiliger, Einsiedler, Philosoph und „Wanderprediger"[409], durch das er aber nicht nur in Kontakt zu zahlreichen Persönlichkeiten wie Hermann Hesse, Gustav Landauer, Erich Mühsam, Rudolf Steiner und vielen anderen kam, sondern auch selbst Bekanntheit erlangte. In der zweiten Hälfte des 20. Jahrhunderts wurde er zum Prototypen des Hippies.[410]

In verschiedenen Lebensphasen war er bildkünstlerisch aktiv, beispielsweise 1902 bei seinem Bruder Ernst in München und von 1913 bis 1915 in Stuttgart. Weil vermutet werden kann, dass seine drei Lithografien im Kunstmuseum Stuttgart möglicherweise durch eine Ausstellung des Bruders Ernst in die Sammlung der Städtischen Galerie gelangten, ist es nötig, hier auch kurz auf dessen künstlerischen Werdegang einzugehen.

Ernst Graeser studierte ab 1902 Malerei an der Akademie der Bildenden Künste in München und Zürich, arbeitete dann eine Weile in Ascona und führte anschließend sein Kunststudium von 1908 bis 1914 an der Königlich Württembergischen Akademie der Bildenden Künste in Stuttgart bei Christian Adam Landenberger (1862–1927) und Adolf Hölzel fort. Bereits als Kunststudent interessierte er sich sehr für Anthroposophie. Ab 1920 erlangte Ernst Graeser, der sich in Stuttgart niedergelassen hatte, als Maler und Grafiker überregionale Bekanntheit und wurde Gründungsmitglied der Stuttgarter Sezession. Mehrfach war er in deren Jury. Vor dem Ersten Weltkrieg sahen die Kunstkritiker in ihm einen der – bezogen auf seine Generation – bedeutendsten Maler von religiösen Themen. Im Gegensatz zu seinem Bruder Gusto war er im Dritten Reich geschätzt, die Städtische Galerie Stuttgart erwarb allein 17 Gemälde von ihm.[411] Anlässlich seines 50. Geburtstags organisierte der Württembergische Kunstverein in Stuttgart eine Retrospektive seines Werkes, und in den folgenden Jahren stellte ihn das Kunsthaus Schaller in regelmäßigen Abständen aus.[412] Dabei wurden eventuell auch Arbeiten von seinem in Berlin lebenden älteren Bruder Gusto gezeigt, durch deren Verkauf dieser finanziell unterstützt wurde.[413]

Kanoldts Olevano II

Alexander Kanoldt ist ein besonderer Fall, weil er einerseits 1932 Mitglied der NSDAP wurde und überzeugter Nationalsozialist war, andererseits aber auch Werke von ihm in Sammlungen als „entartet" beschlagnahmt wurden. Zu diesen Sammlungen gehörten unter anderem das Museum Folkwang in Essen, die Kunsthalle Hamburg, der Kunstverein Jena, die Städtische Kunsthalle Mannheim, die Bayerischen Staatsgemäldesammlungen in München und die Städtischen Kunstsammlungen in Nürnberg. Unter den in Essen beschlagnahmten Druckgrafiken waren auch die Lithografien *Olevano VIII* und ein anderes *Olevano*-Blatt, dessen Werknummer und Entstehungsdatum unbekannt sind. Ebenso wurde in Nürnberg ein *Olevano*-Blatt beschlagnahmt, dessen Werknummer und Entstehungsdatum gleichfalls unklar sind. Diese Lithografien der Motivgruppe *Olevano* zählten zu den als „entartet" verfemten Druckgrafiken Kanoldts. Dagegen wurden seine Arbeiten im Schlesischen Museum in Breslau, wo der Künstler mit einer Vielzahl von Grafiken vertreten war, darunter die *Olevano*-Serie, nicht beschlagnahmt.[414] In die grafische Sammlung der Städtischen Galerie Stuttgart wurde zu einem unbekannten Zeitpunkt vor 1945 ein Abzug von *Olevano II* aufgenommen. Wie ist der Ankauf der Arbeit des teilweise als „entartet" bewerteten Künstlers zu erklären?

Kanoldt, der in keiner unmittelbaren Beziehung zu Stuttgart und zur Städtischen Galerie in der Zeit der 1920er- bis 1930er-Jahre stand, war bis 1933 mit keiner Arbeit in der städtischen Kunstsammlung vertreten. Bei der ersten Feme-Ausstellung in der Karlsruher Kunsthalle am 30. April 1933, der „Schreckenskammer"-Ausstellung, wurde auch Kanoldt angeprangert, weil er als Mitglied der Badischen Sezession zu den Intimfeinden der völkischen Kulturkämpfer vor Ort gehörte. Die Ausstellung hatten der Maler Hans Adolf Bühler (1877–1951) und die Ortsgruppe des Kampfbundes für Deutsche Kultur im Auftrag des kommissarischen Kultusministers Dr. Otto Wacker organisiert. Kanoldt wurde am 1. Mai 1933 vom Preußischen Minister für Wissenschaft, Kunst und Volksbildung, Bernhard Rust, zum Direktor der Staatlichen Kunstschule in Berlin-Schöneberg ernannt, das heißt zum Leiter der wichtigsten Ausbildungsstätte für das künstlerische Lehramt in Preußen. Die Situation, in der sich Kanoldt zu Beginn des Dritten Reiches befand, war sehr widersprüchlich, denn einerseits wurde er als „entartet" verfemt und andererseits als ein in politischer Hinsicht überzeugter Nationalsozialist in ein leitendes Amt berufen.

Vor diesem Hintergrund ist zu fragen, ob die Kunst- und Kulturreferenten in Stuttgart drei Lithografien von ihm für die grafische Sammlung angekauft hätten. Das erscheint eher unwahrscheinlich, weil Cuhorst, der Kulturreferent bis 1939, größten Wert darauf legte, in der städtischen Sammlung kein einziges Objekt „entarteter" Kunst zu haben. Kanoldt war Gründungsmitglied der von den völkischen Kulturbundkämpfern angefeindeten Badischen Sezession, doch er war auch in Württemberg so bekannt und angesehen, dass der Freundeskreis der Staatsgalerie 1935 aus dem Kunsthandel das Gemälde *Stillleben mit Gitarre* (1926) erwarb, um es als Dauerleihgabe der Staatsgalerie zu überlassen. Dieses Bild stammt aus der Sammlung des jüdischen Anwalts und Kunstsammlers Ismar Littmann in Breslau. Die Familie Littmann hatte es NS-verfolgungsbedingt verkaufen müssen. Im Jahr 2008 restituierte die Staatsgalerie das Gemälde und kaufte es dann zurück. Die Stellung Kanoldts und seines Werkes war Mitte der 1930er-Jahre in Stuttgart alles andere als klar und eindeutig, im Gegenteil: Es gab Freunde, die sein Werk unterstützten und für die Landeskunstsammlung ankauften. Wie verhielt sich die Stadt also gegenüber dem Werk Kanoldts? Lehnte sie es ab, weil er umstritten und angefeindet war, oder erkannte sie es an, weil seine Arbeiten immer noch von der Landesgalerie gesammelt und ausgestellt wurden? Allerdings hatte die Staatsgalerie einen anderen Sammlungsschwerpunkt als die Städtische Galerie, und Kanoldt gehörte nicht zu jenen Künstlern, die im Zentrum der städtischen Erwerbungen standen. Im Dritten Reich wurde von der Stadt kein Gemälde Kanoldts angekauft. Wurde bei der Grafik eine Ausnahme gemacht?

Als Zeitpunkt für die Erwerbung der drei in der Sammlung befindlichen Lithografien käme das Jahr 1935 in Frage. Kanoldt erwarb *Stillleben mit Gitarre* auf der Auktion des Berliner Auktionshauses Max Perl (26.–27. Februar 1935), auf der Teile der Sammlung Littmann versteigert wurden. Anschließend verkaufte er es an den Freundeskreis der Staatsgalerie Stuttgart weiter. Littmann hatte schon vor 1933 finanzielle Schwierigkeiten und versuchte, Werke aus seiner Sammlung abzusetzen. Denkbar ist, dass er Kanoldt schon in dieser Zeit sein Bild zurückverkaufen wollte, dieser aber wegen des Preises ablehnte. Auf der Auktion in Berlin hatte er dann die Gelegenheit, es zu einem günstigeren Preis zu erwerben. Warum er es dann aber gleich an den Galerieverein der Staatsgalerie weiterverkaufte, ist unklar. Offenbar muss es in dieser Angelegenheit bereits Kontakte gegeben haben. Vielleicht war es für ihn aber auch naheliegend, der Landesgalerie von Württemberg das Gemälde anzubieten, das er für bedeutsam genug hielt, um es zurückzunehmen. Immerhin war er 1935 als Direktor der wichtigsten preußischen Kunsthochschule ein bedeutender Künstler, von dem die Landesgalerie repräsentative Bilder besitzen sollte. Das könnte eine Motivation für ein Herantreten an den Galerieverein gewesen sein. Der Galerieverein war keine unabhängige, eigenständige Institution mit einer eigenen Leitung, sondern eng mit der Staatsgalerie Stuttgart verbunden. Ankaufsentscheidungen gingen wohl in der Regel von der Museumsleitung aus, während der Galerieverein nur die Rechnungen bezahlte.

Denkbar wäre es, dass Kanoldt vielleicht auch seine in der Sammlung Littmann befindlichen Grafiken zurückerworben hat, doch ist hier der Einwand berechtigt, ob das für ihn ein lohnendes Geschäft gewesen wäre. Stellten die drei Blätter einen ausreichend großen finanziellen Wert dar, dass sich eine solche Aktion mit anschließendem Weiterverkauf für den Künstler gelohnt hätte? Oder hätte er so etwas aus einer mehr emotionalen Haltung getan? Ist es vorstellbar, dass es wie beim Galerieverein auch Kontakte zu den Vertretern der städtischen Kunstsammlung Stuttgart gegeben hat, denen er die drei Blätter für die grafische Sammlung hätte anbieten können?

Unwahrscheinlich ist, dass die Stadt direkt auf der Auktion des Berliner Auktionshauses Max Perl am 26. bis 27. Februar 1935 vertreten war, um dort Grafik zu ersteigern. Das entsprach nicht ihrer Ankaufspolitik Mitte der Dreißigerjahre. Wahrscheinlicher ist, dass jemand die drei Blätter direkt der Stadt angeboten hat.

Der jüdische Rechtsanwalt Dr. Ismar Littmann lebte in Breslau und besaß bis zu seinem Tod eine Kunstsammlung, die aus 347 Gemälden und Aquarellen und 5814 Grafiken bestand. Darin waren Künstler:innen wie Lovis Corinth (1858–1925), Max Pechstein (1881–1955), Erich Heckel (1883–1970), Max Liebermann (1847–1935), Käthe Kollwitz (1867–1945), Otto Mueller (1874–1930) und viele mehr vertreten. Als Mäzen spielte Littmann im kulturellen Leben Breslaus eine bedeutende Rolle. Die Förderung junger Künstler:innen war eines seiner Anliegen. Auch war er im Vorstand der Gesellschaft der Kunstfreunde und an Ausstellungen moderner Kunst beteiligt. Die Nationalsozialisten untersagten ihm die Ausübung seines Berufs auf der Grundlage des 1933 erlassenen Gesetzes über die Zulassung zur Rechtsanwaltschaft. Littmann beging ein Jahr später Suizid.

Zu Breslauer Künstler:innen, besonders zu Otto Mueller, hatte er persönlichen Kontakt unterhalten. Mueller war von 1919 bis 1930 Professor an der Staatlichen Akademie für Kunst und Kunstgewerbe in Breslau. Kanoldt war 1925 an die gleiche Kunsthochschule als Professor berufen worden. Es ist daher sehr wahrscheinlich, dass sich er und Littmann gekannt haben und der Sammler auch von ihm Grafiken besessen haben könnte.

1937, dem Jahr, in dem die Reichskulturkammer Werke von Kanoldt konfiszierte, konnte er bedeutende Verkaufserfolge bei Museen und privaten Sammlern erzielen. Diese Situation könnte bedeuten, dass auch die Stadt Stuttgart direkt bei ihm kaufte, weil das auch andere Museen taten.

Weitere Expressionisten und Neusachliche in der Sammlung

Der Österreicher Anton Kolig ist einer der bedeutendsten Vertreter des Spätexpressionismus beziehungsweise des sogenannten österreichischen Farbexpressionismus. 1928 nahm er einen Ruf als Professor der Malklasse in der Stuttgarter Kunstakademie an und wirkte hier bis zu seiner Zwangspensionierung 1943.

Sein Kollege Gottfried Graf, der seit 1921 Leiter der Grafikabteilung und gegenüber modernen Tendenzen sehr aufgeschlossen gewesen war, wurde dagegen ab der Aktion „Entartete Kunst" 1937 durch das Kollegium der Akademie und von Vertretern des Kultusministeriums derart unter Druck gesetzt, dass er im März 1938, auch wegen seiner fortgeschrittenen Krebserkrankung, um die Entbindung von seinen Dienstpflichten und die Versetzung in den Ruhestand nachsuchte. Seinem Wunsch wurde stattgegeben, Graf sollte im Frühjahr 1939 in Pension gehen. Im September 1938 starb er jedoch im Alter von 57 Jahren.[415]

Auch von ihm fanden zwei kleine Radierungen im Dritten Reich Eingang in die Grafiksammlung. Die Erwerbungsumstände sind unbekannt.[416] Für 1934 war im Württembergischen Kunstverein eine Ausstellung von Graf und seinen Meisterschülern geplant, wegen politischen Drucks wurde sie aber abgesagt. Unter den Schülern war der in Schwäbisch Hall geborene Künstler Dieter Franck (1909–1980). Er studierte an der Kunstakademie Stuttgart von 1929 bis 1936, war Meisterschüler von Graf und Kolig und lehrte von 1938 bis 1941 an der Kunstakademie als Assistent für Radiertechnik. Dann wurde er als Soldat eingezogen. Während sein Lehrer Graf an den neuen Verhältnissen zerbrach, passte sich Franck an. 1933 legte er das Staatsexamen für Kunsterziehung ab und trat in den Nationalsozialistischen Lehrerbund ein, im Mai 1937 beantragte er nach Aufhebung des Mitgliederstopps die Aufnahme in die NSDAP.[417] Von ihm wurden drei Aquarelle für die grafische Sammlung der Stadt Stuttgart angekauft.[418] 1938 und 1941 reichte er auch Arbeiten auf der „Großen Deutschen Kunstausstellung" ein, darunter Bilder mit Titeln wie *Fränkisches Bauernmädchen im alten Biedermeierkostüm* und *Deutsche Truppen am Arc de Triomphe in Paris*. Sie fanden keine Berücksichtigung. Franck ist ein typisches Beispiel für die Nachkriegsrezeption der Künstler:innen, die im ersten und zweiten Jahrzehnt des

Abb. 117
Anton Kolig, *Aktskizze*, 1934, Bleistift, 60 × 47 cm

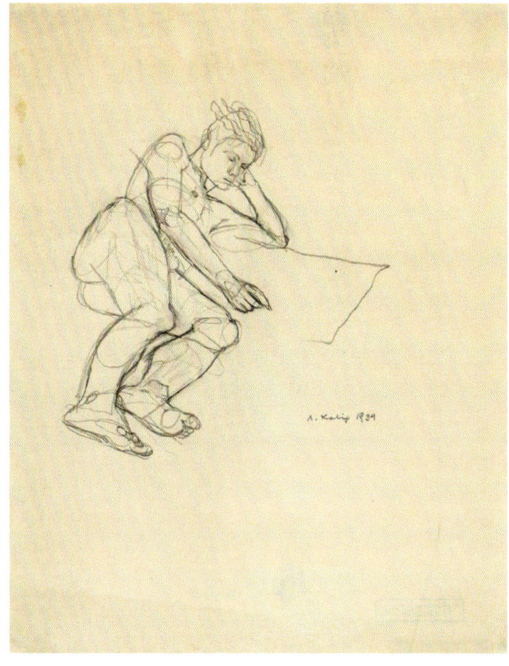

20. Jahrhunderts geboren wurden und entweder ihre künstlerische Ausbildung im Dritten Reich absolvierten oder in dieser Zeit als freie Künstler:innen zu arbeiten begannen. In der Nachkriegszeit schwieg Franck über sein Verhältnis zur NSDAP und ihren Organisationen und betonte seine Arbeit als „freier Maler". In den Kunstkritiken, die über seine Arbeiten zu Lebzeiten veröffentlicht wurden, wurde dieser Aspekt völlig ausgeblendet.

Der Maler Reinhold Nägele (1884–1972) ist ein besonderer Fall, weil er eine feste Größe im Stuttgarter Kunstbetrieb in der Weimarer Republik gewesen war und eine ganz eigene Stellung innehatte. Weil seine Frau einen jüdischen Hintergrund hatte und im Dritten Reich nicht mehr als Hautärztin praktizieren durfte, war auch er von der rassistischen Verfolgung betroffen und fortan auf die Unterstützung von privaten Sammlern und Gönnern angewiesen. Der Ankauf einer seiner Radierungen im Dezember 1937 illustriert, dass in Einzelfällen selbst nach der Aktion „Entartete Kunst" noch von verfemten Künstlern Werke angeschafft wurden.[419]

Der Stuttgarter Helmut Muehle studierte erst von 1921 bis 1924 an der Stuttgarter Kunstgewerbeschule, dann an der Kunstakademie Stuttgart bei den Professoren Arnold Waldschmidt (1873–1958), Hans Spiegel (1893–1966) und Alexander Eckener (1870–1944). 1932 und 1933 gestaltete er den Straßenschmuck für das „Deutsche Turnfest" in Stuttgart. Er gilt als Vertreter des Expressionismus und wird zu den im Nationalsozialismus verfemten und verfolgten Künstler:innen gezählt. 1946/47 wurden durch ihn und weitere Künstler die 1927 von Adolf Hölzel ins Leben gerufene und 1934 geschlossene Freie Kunstschule Stuttgart wieder eröffnet. Muehle war auch bis 1948 ihr Leiter. Die Nationalsozialisten erwarben von ihm mindestens sieben Bilder.[420]

Der expressionistische Maler Waldemar Flaig erlebte den Nationalsozialismus nicht mehr, dennoch war die Rezeption seines Werkes im Dritten Reich ähnlich ambivalent wie die bei Graf und Kolig. Flaig wurde in Villingen geboren und lebte ab 1920 in Meersburg am Bodensee mit Unterbrechungen, weil er zwischenzeitlich für begrenzte Zeit immer wieder mit seiner Familie den Wohnsitz in Großstädte wie Berlin oder Düsseldorf verlegte und nur zu bestimmten Jahreszeiten, etwa im Winter, in Meersburg weilte.

Kunst studierte Flaig an der Kunst- und Gewerbeschule Karlsruhe und an der Kunstakademie München von 1911 bis 1913. Im Ersten Weltkrieg wurde er schwer verwundet und hatte mit den Spätfolgen seiner Kriegsverletzung bis zu seinem frühen Tod zu kämpfen. Nach einem gesundheitlichen Zusammenbruch infolge einer Angina 1931 musste er sich einer Mandeloperation unterziehen. Sein Freund Hans Purrmann (1880–1966) ermöglichte ihm einen dreiwöchigen Aufenthalt im südfranzösischen Sanary, wo zahlreiche Aquarelle und Zeichnungen entstanden, auch das von Stuttgart erworbene Blatt.[421] Im gleichen Jahr malte Flaig auch Ansichten von Meersburg.

Richard Neuz wird heute zur sogenannten verschollenen Generation gerechnet, zu jenen Künstler:innen, die durch die Entwicklungen in den 1930er- und 1940er-Jahren in Deutschland nur geringe Beachtung fanden und auch nach 1945 durch den Siegeszug der ungegenständlichen Malerei ins Abseits gerieten. Neuz kämpfte im Ersten Weltkrieg als Soldat und wurde durch die Schrecken des Krieges zum Pazifisten. Wie sein langjähriger Freund Max Ackermann sympathisierte er mit sozialistischen Gesellschaftsutopien.[422] 1921 absolvierte er eine Ausbildung an der Staatlichen Kunstgewerbeschule in Stuttgart. Hier lernte er auch durch Ackermann den Hölzel-Kreis kennen.

Ein besonderer Fall ist auch der neusachliche Maler Kurt Weinhold, Sohn eines Künstlers aus Berlin und künstlerischer Autodidakt, der allerdings von seinem Vater in der Malerei unterwiesen wurde. Weinhold hatte mit seinen Menschenbildern und Porträts in den Zwanzigerjahren Erfolg, und in der Literatur ist über ihn zu lesen, seine Laufbahn wäre im Dritten Reich wegen Verfemung und Verfolgung zu Ende gewesen und der Künstler hätte sich in die „Innere Emigration" zurückgezogen. Allerdings hatte Weinhold zu Beginn des Nationalsozialismus durchaus Erfolge zu verzeichnen. Er erhielt 1934 den renommierten Rom-Preis der deutschen Akademie, der ihm den Aufenthalt in Rom und Florenz im Rahmen eines Villa-Massimo-Stipendiums für die Jahre 1935 und 1936 ermöglichte. 1937 konnte er eine Zeichnung auf der „Großen Deutschen Kunstausstellung" zeigen. Zudem erwarben das Luftfahrtministerium Berlin und weitere militärische Einrichtungen Bilder von ihm.[423] Des Weiteren waren Arbeiten von ihm auf der Ausstellung des Winterhilfswerks für deutsche bildende Kunst in Ulm 1938/39 zu sehen. Gemälde wie *Der Bergmann* (1938) dokumentieren, wie sehr sich Weinholds wirklichkeitsgetreuer Stil den Vorstellungen der Nationalsozialisten angenähert hatte. Weinhold war allerdings auch von Wolfgang Willrich, einem Künstler und Schriftsteller sowie fanatischen Verfechter der NS-Kulturpolitik in dessen Buch „Säuberung des deutschen Kunsttempels. Eine kunstpolitische Kampfschrift zur Gesundung deutscher Kunst im Geiste nordischer Art" (1937) angegriffen worden, weil er sich gleich nach dem Ersten Weltkrieg an einer Ausstellung der in Berlin gegründeten Künstlervereinigung „Novembergruppe" beteiligt hatte.[424] Inwieweit Weinhold tatsächlich verfolgt war, ist schwer zu beurteilen, doch der Rom-Preis, die öffentlichen Ankäufe und die Ausstellungsbeteilungen bis 1939 stehen im Widerspruch zu der Behauptung, er hätte mit „offener Ablehnung" auf die faschistische Diktatur reagiert.

Nach seiner Einberufung zum Kriegsdienst betätigte sich Weinhold offenbar für die Wehrmacht als Kriegsberichterstatter. Es erscheint kaum wahrscheinlich, dass er in dieser Funktion für die offizielle Wehrmachtspropaganda hätte arbeiten dürfen, wenn er nicht als politisch zuverlässig eingestuft worden wäre. Einen offenen Regimegegner hätten die Militärführung und das Propagandaministerium nicht mit dieser Aufgabe betraut und geduldet.

Max Ackermann war nicht nur wegen seiner politischen Überzeugungen, die er in den 1920er- und frühen 1930er-Jahren vertreten hatte, bei den Nationalsozialisten nicht wohlgelitten, sondern auch seine künstlerische Haltung, das Eintreten für die gegenstandslose und konstruktive Malerei – von ihm „absolute Malerei" genannt –, stand im Widerspruch zur Kunstdoktrin des NS-Staates. Als Konsequenz folgten sein Berufsverbot 1936 und der anschließende Rückzug nach Hornstaad am Bodensee. In der Aktion „Entartete Kunst" wurde 1937 ein Gemälde von ihm in der Staatsgalerie Stuttgart beschlagnahmt.

Im Gegensatz zu Ackermann gehörte Hermann Bäuerle bis zu seiner Verhaftung wegen eines sogenannten Rundfunkverbrechens nicht zu den verfemten und verfolgten Künstlern, denn die Stadt erwarb sechs Ölgemälde von ihm im Zeitraum von 1935 bis 1940. Auch seine Radierung eines Frauenakts muss in dieser Zeit in die Sammlung gekommen sein.[425] Es hat ganz den Anschein, dass er sich anfänglich den neuen Verhältnissen anpasste und seine Arbeiten daher auch ankaufswürdig waren. 1943 verurteilte ihn das Stuttgarter Sondergericht zu einer Zuchthausstrafe, weil er als Radiohörer einen ausländischen Sender – „Feindsender" – gehört hatte, was strengstens verboten war und bei Zuwiderhandlung mit Zuchthaus oder sogar mit der Todesstrafe geahndet werden konnte. Zugleich wurde ein Malverbot über ihn verhängt.[426]

Paul Bindel, ab 1933 Mitglied der NSDAP,[427] ging mit dem NS-Kunst- und Akademiebetrieb konform und wurde im Juni 1937 ordentlicher Professor an der Kunstakademie Düsseldorf, wo er die Ausbildung für das künstlerische Lehramt leitete.[428] Ungeachtet dessen konfiszierten die Nationalsozialisten fünf Arbeiten von ihm als „entartete" Kunst und zeigten ein Gemälde auf der Ausstellung „Entartete Kunst" in München 1937. Bindel blieb aber bis 1944 Professor für Malerei und nahm auch weiterhin an großen Ausstellungen teil wie „Der Rhein und das Reich" im Jahr 1942. Auf der „Großen Deutschen Kunstausstellung" war er 1939, 1942 und 1944 vertreten. Während seines Kriegseinsatzes ab 1942 war er eine Zeit lang in der 2. Propaganda-Ausbildungskompanie der Wehrmacht und gehörte der Fachgruppe Kriegsmaler an. 1945 geriet er in russische Gefangenschaft und kehrte erst 1947 nach Düsseldorf zurück. Dort lehrte er weiter als Professor von 1945 bis 1959.

Eine Spezialität von Bindels Kunstschaffen war die Aquarellmalerei und daher ist es vielleicht auch nicht verwunderlich, dass sich in der grafischen Sammlung der Stadt Stuttgart eines seiner Aquarelle befindet. *Blick aus dem Atelierfenster* entstand 1934 und zeigt eine Stadtansicht Düsseldorfs. Zu sehen ist der Ausblick aus dem Fenster seines Ateliers in der Kunstakademie Düsseldorf, die am Rande der Altstadt liegt. Über die Dächer hinweg fällt der Blick auf den schiefen Turm der Basilika St. Lambertus, das Wahrzeichen der Stadt – rechts im Bild –, und auf den benachbarten Turm der ehemaligen Kreuzherren-Klosterkirche. Am rechten Bildrand ist die Basis eines Pilasters zu sehen, der zur Fassade des Akademiegebäudes gehört. Auf dem Fensterbrett, fast in der Bildmitte, steht ein Geldbaum, auch Pfennigbaum genannt, eine Sukkulente. Solche Zimmerpflanzen erfreuten sich seit den Zwanzigerjahren einer großen Beliebtheit und wurden in Stillleben der Neuen Sachlichkeit häufig dargestellt. Der in Südafrika beheimatete Geldbaum wird als glückverheißende Pflanze betrachtet (Abb. 118).

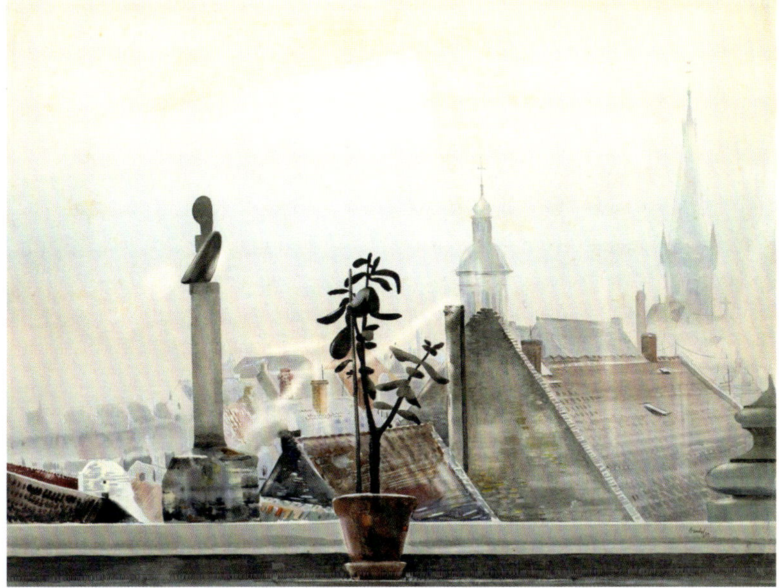

Abb. 118
Paul Bindel, *Blick aus dem Atelierfenster,* 1934, Aquarell, 47 × 61 cm

Es ist schon erstaunlich, dass dieses ganz der Gegenständlichkeit verpflichtete und im Stil der Neuen Sachlichkeit gemalte Aquarell vom Stuttgarter Kunstreferat erworben wurde, obwohl Bindel und das Motiv in keiner Beziehung zur Stadt standen.[429] Möglicherweise wurde das Blatt auf der vom Ulmer Kunstverein im Judenhof veranstalteten Kunstausstellung im Februar 1935 angekauft. Dort wurden Werke von vier Künstlern gezeigt. Laut der Besprechung im „Ulmer Tagblatt" stellte Bindel aquarellierte Stadtansichten von Düsseldorf aus, die im Stil und in der Technik an *Blick aus dem Atelier* erinnern. Auch hier sind die vom Rezensenten beobachtete „Farblosigkeit" der Aquarelle mit dem Ziel der „Auslöschung eines starken Raumgefühls" und die „erstaunliche Weite des Raumes" festzustellen. Deshalb spricht vieles dafür, dass auch dieses Blatt in Ulm zu sehen war. Überdies wurden Arbeiten von Karl Stirner (1892–1943) gezeigt, der in der Sammlung der Städtischen Galerie stärker vertreten ist und zu jenen Künstlern im Dritten Reich gehörte, die von den Nationalsozialisten zu den geschätzten württembergischen Malern gezählt wurden. Allein in der grafischen Sammlung sind 16 Arbeiten von ihm. Es könnte daher sehr gut sein, dass Vertreter des Stuttgarter Kunstreferats und der städtischen Kunstkommission die Ulmer Ausstellung besuchten und dort auch Bindels Aquarell erworben wurde.

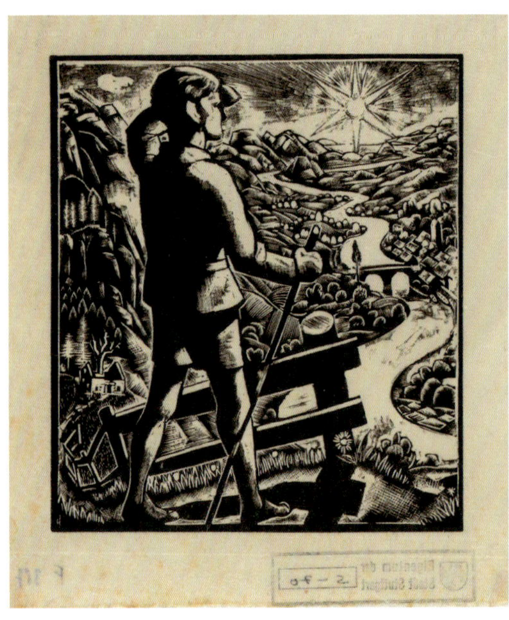

Abb. 119
Karl Stirner, *Ausblick*, o. J., Holzschnitt, 22 × 20 cm

Stirner hatte im Dritten Reich in Stuttgart und in der Region zahlreiche Ausstellungen und war auch im Kunsthandel vertreten.[430] Von ihm kaufte die Stadt insgesamt neun Gemälde im Zeitraum von 1933 bis 1942. Anlässlich seines 60. Geburtstags erwarb Stuttgart zwei Gemälde. Der Württembergische Kunstverein hatte eine breit angelegte Jubiläumsausstellung organisiert, die das Gesamtwerk präsentierte. Überdies hing auch im Rathaus im Büro des Kultur- und Kunstreferenten Cuhorst als Ämterschmuck das 1933 erworbene Stirner-Gemälde *Der Maibaum* (1933).

Stirner illustrierte die Bücher des Schriftstellers und Heimatdichters August Lämmle, der sich vor 1933 mit dem Bauerntum und der Heimat beschäftigte. Im Dritten Reich blieb der Autor diesen Themen treu, wurde aber zunehmend politischer und unterstützte die Nationalsozialisten. Er glorifizierte den Werdegang Hitlers in der Wehrmacht und idealisierte auch dessen Propaganda. In seinem Spruchkammerverfahren wurde er in die Gruppe der „Belasteten" eingestuft.[431]

Stirner war trotz seiner stilistischen Hinwendung zum Expressionismus durch seinen Aufenthalt unter anderem in Davos in der Schweiz von 1915 bis 1920 und durch die Begegnung mit Ernst Ludwig Kirchner (1880–1938) eng mit den Ideen und den Mitgliedern der Heimatschutz- und Heimatkunstbewegung in Württemberg verbunden. Daher war sein Werk für die Nationalsozialisten auch nur dort problematisch, wo er zu „expressionistisch" war und sich die Form zu sehr auflöste. Dennoch sahen sie in seinem Gesamtwerk einen herausragenden Beitrag zur „schwäbischen" Kunst. Noch 1946 wurde er in einer Publikation seiner schriftstellerischen Arbeiten als „schwäbischer Poet des volksliedhaften Idylls" bezeichnet.[432]

Durch das 1933 vom badischen Kultusminister Otto Wacker verhängte „Berufs- und Ausstellungsverbot" durfte Tell Geck angeblich nicht mehr als Maler arbeiten. Seine Werke sollen durch die Reichskulturkammer aus öffentlichen Sammlungen entfernt und vernichtet worden sein. Doch die Angaben über das „Berufsverbot" sind widersprüchlich, denn einerseits soll es bereits 1933 in Kraft getreten sein und andererseits heißt es, Geck hätte noch 1936 als „freier Maler" und im Krieg für das Deutsche Auslands-Institut gearbeitet. In der offiziellen Biografie wird angegeben, Geck habe aufgrund des Berufsverbots 1934 ein zweijähriges Cello-Studium am Konservatorium Basel absolviert und sich nach dessen Abschluss als Cello-Lehrer betätigt. Laut seiner Aussage in seinem Wiedergutmachungsprozess arbeitete er als Cello-Lehrer jedoch erst von Mai 1942 bis Mai 1943. Wegen der Beihilfe beim

Verstecken eines politisch Verfolgten kam Geck 1943 für zwei Monate in Untersuchungshaft, im Anschluss folgte seine Einberufung zum Sanitätsdienst an der Westfront. Bei einem Luftangriff auf Stuttgart 1944 wurden seine Wohnung und ein Großteil seines künstlerischen Werkes zerstört. In den 1980er-Jahren, kurz vor Gecks Tod, wurde insbesondere seine Verfolgungsvita herausgestellt, vor deren Hintergrund der Ankauf seines Aquarells *Landschaft mit Dorf* [433] unverständlich erscheint. Es stellt sich die Frage, warum das Kunstreferat die Arbeit eines verfemten Künstlers erwarb. Erklären ließe es sich damit, dass Geck als Zeichner im offiziellen Auftrag für das Deutsche Auslands-Institut (DAI) künstlerisch tätig war. Das DAI und die Stuttgarter Stadtverwaltung unterhielten enge Kontakte, im DAI fanden auch immer wieder Kunstausstellungen statt, aus denen die Stadt ankaufte. Somit ist die Erwerbung der Arbeit von Geck erklärlich. Dieser Fall belegt einmal mehr, dass die Verfolgungspolitik der Reichskammer der bildenden Künste nicht selten inkonsistent und keineswegs durchgängig gradlinig war, was auch daran lag, dass sie personell gar nicht in der Lage war, alle Künstler:innen zu überwachen, die nicht Mitglied der Kammer und mit Boykott belegt waren.

Ähnlich widersprüchlich verhält es sich beim Werk der Maler Anton Kolig und Waldemar Flaig. Kolig wurde wegen seiner expressionistischen Malerei in seinem Herkunftsland Österreich teilweise abgelehnt. Sein Lehramt an der Kunstakademie Stuttgart übte er dennoch bis zu seiner Zwangspensionierung im Jahr 1943 aus. Doch bezeichnenderweise kaufte die Städtische Galerie Stuttgart von ihm bis 1945 kein einziges Gemälde, obwohl er als Mitglied der Professorenschaft der Akademie zu denjenigen Künstlern gehörte, die laut Sammlungspolitik eigentlich mit Arbeiten in der Sammlung vertreten sein sollten. Am Ende waren es nur die beiden Männeraktzeichnungen, die in die Grafiksammlung gelangten. Damit wurde die Stadt aber kaum ansatzweise der Bedeutung von Koligs grafischem Schaffen gerecht, das allein bei den Zeichnungen circa 3000 Blatt umfasste und als bedeutend eingeschätzt wurde und wird.

Koligs zwei Zeichnungen müssen im Zeitraum 1934 bis spätestens Anfang 1937 erworben worden sein, denn auf den Bildrückseiten befindet sich jeweils der runde blaue Stempel der Stadtgemeinde Stuttgart, der im Zeitraum vor der Einführung des neuen Inventarstempels der „Stadt der Auslandsdeutschen Stuttgart“ verwendet wurde. Der Ehrentitel wurde Stuttgart im September 1936 verliehen.

Bis 1936 war Koligs spätexpressionistisches Werk noch weitgehend vor Femeangriffen sicher, er erhielt in diesem Jahr sogar den österreichischen Staatspreis. Allerdings waren da seine in Kärnten geschaffenen Fresken schon verhängt worden. Mit dem sogenannten Anschluss Österreichs 1938 wurden diese und andere Arbeiten von den Nationalsozialisten zerstört, auch Koligs Gemälde wurden in Galerien abgehängt. Gegen seine Kunst sprach sich Hitler persönlich aus. Als sein Gemälde *Flora* (1934) aus dem Zyklus „Jugend“ für die erste „Große

Deutsche Kunstausstellung" 1937 ausgewählt und gehängt wurde, verlangte Hitler dessen Entfernung im Rahmen einer Umhängung der Ausstellung. Dem Führer missfielen die gemäßigt modernistischen Tendenzen in der österreichischen Malerei, wie sie Koligs Stil repräsentierte, obwohl dessen Naturvorstellung und die folkloristischen Motive durchaus konform zur NS-Kunstanschauung waren.[434]

Es ist unbekannt, ob die beiden Zeichnungen direkt von Kolig an die Stadt verkauft wurden oder aus einer anderen Quelle stammen. Der Entstehungszeitpunkt zu Beginn des Dritten Reiches legt aber Ersteres nahe. Diese Erwerbung illustriert, dass die Städtische Galerie vor der Durchführung der Aktion „Entartete Kunst" im Jahr 1937 durchaus, wenn auch nur vereinzelt, Arbeiten von expressionistischen Künstlern sammelte. Thematisch fielen Koligs Zeichnungen jedoch aus dem Rahmen. Der Männerakt war in der Sammlung nur mit wenigen Werken von einer Handvoll Künstlern vertreten und im Vergleich zur großen Anzahl der Frauenakte vollkommen unterrepräsentiert.

Beim Ankauf von Koligs Arbeiten ist eine ähnliche Widersprüchlichkeit der Nationalsozialisten im Umgang mit Vertretern der modernen Kunst zu beobachten wie in dem bereits besprochenen Fall Alexander Kanoldt (siehe S. 200–202). Einerseits zerstörten sie in Österreich Koligs Wandbilder und Mosaiken, andererseits lehrte der Maler in Stuttgart aber weiter, und das nach 1937 noch weitere sechs Jahre.

Zwar verfolgten die Nationalsozialisten auch Teile des frühen Werkes von Albert Birkle als „entartete" Kunst und beschlagnahmten Bilder in öffentlichen Sammlungen, ein Ausstellungsverbot war jedoch nicht von Dauer und Birkle konnte bald wieder öffentliche Aufträge ausführen wie die Anfertigung von Glasfenstern für das Reichsluftfahrtministerium in Berlin. Er stellte auf der „Großen Deutschen Kunstausstellung" aus, wo er 1938 mit der Zeichnung *Loitalbrücke im Bau* vertreten war. 1944 beteiligte er sich an der Ausstellung „Deutsche Künstler und die SS"[435] in Salzburg mit einem Stadtgemälde Salzburgs.

Als überzeugter Pazifist schaffte es Birkle, zu Beginn des Zweiten Weltkriegs nicht als Soldat eingezogen zu werden. Er meldete sich freiwillig zum Reichsarbeitsdienst, wodurch er seine Einberufung zum Militärdienst bis 1944 hinauszögern konnte. Zwischen 1941 und 1943 war er als Kriegsberichterstatter für eine Propagandakompanie in Frankreich tätig,[436] anschließend führte er einen Freskoauftrag in einer Militärkaserne bei Salzburg aus. 1944 wurde er schließlich doch als Soldat eingezogen. Nach dem Krieg erhielt er die österreichische Staatsbürgerschaft.

Die Stuttgarter Zeichnung *Bau der (neuen) Donaubrücke in Linz (Nibelungenbrücke)* ist eines von mehreren heute noch bekannten Blättern mit diesem Motiv. Sie dokumentiert die Anstrengungen des Deutsches Reiches, nach dem Anschluss Österreichs die sogenannte Führerstadt Linz zu modernisieren und zu einem Zentrum der Wirtschaft und Kultur auszubauen. Die Brücke wurde von 1938 bis 1940 errichtet. Das Projekt für

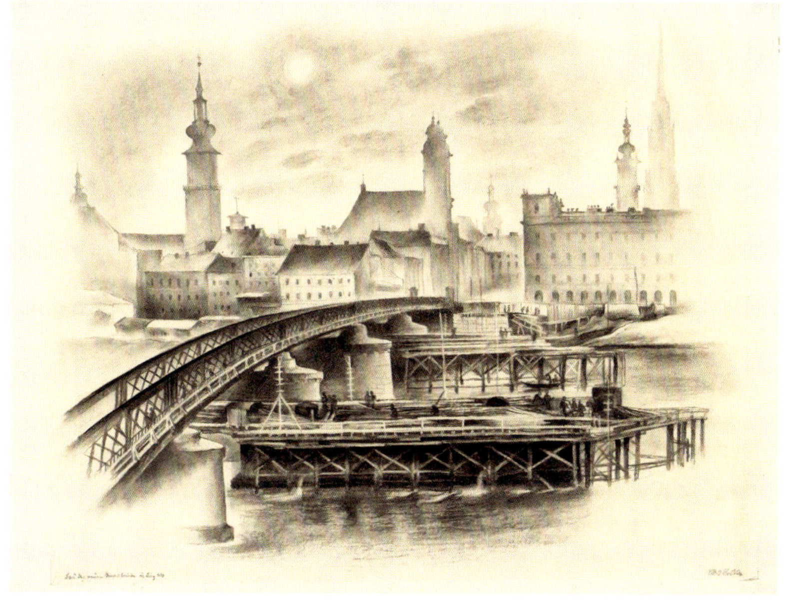

Abb. 120
Albert Birkle, *Bau der (neuen) Donaubrücke in Linz (Nibelungenbrücke)*, 1939, Kohle, 45 × 56 cm

einen Neubau reichte weiter zurück. Schon der junge Hitler, der für einige Zeit in Linz zur Schule ging, hatte sich dafür interessiert. 1925 hielt er seine Vorstellungen in Skizzen fest. Nach dem „Anschluss" wurden Teile der ehrgeizigen nationalsozialistischen Ausbaupläne in Angriff genommen, darunter der Bau der Nibelungenbrücke. Sie war eine der modernsten Konstruktionen ihrer Zeit (Abb. 120).

Birkle zeichnete das Bild vom Fenster seines Hotelzimmers aus. Er war für diese Arbeit extra nach Linz gereist. Auf dem einen der 1939 entstandenen zwei Gemälde zum Motiv, das nur in wenigen Details von der Stuttgarter Zeichnung abweicht, sind die alte Donaueisenbrücke und die Arbeiten an der neuen Brücke zu sehen. Die Kohlezeichnung ist jedoch nicht einfach eine Vorzeichnung zu dem Gemälde, sie kann als selbstständige Arbeit betrachtet werden, in der Birkle das Augenmerk auf die Errichtung der mächtigen Brückenpfeiler im Fluss lenkt. Die Arbeiter erscheinen im Größenverhältnis zum entstehenden Bauwerk winzig. Im Gemälde ist noch das vordere Donauufer mit den Baumaschinen zu sehen. Durch die Einbindung des Ufers als Bildvordergrund gewinnt der Bildraum an Tiefe, wodurch die Brücke und die Bauarbeiten eine noch größere Dimension annehmen. Auch ist die Jahreszeit festgehalten, es herrscht winterliches Wetter. Die Stadt und die Baustelle sind schneebedeckt. Doch trotz widriger Witterung gehen die Arbeiten auf der Großbaustelle weiter.

Sowohl auf der Zeichnung als auch auf dem Gemälde ist es die alte Donaueisenbrücke, die die Stadt auf beiden Seiten des Flusses verbindet. Durch die Perspektive wirkt sie wie ein schmaler Steg, der den modernen Anforderungen, vor allem denen der Kraftfahrtzeuge, nicht mehr zu entsprechen scheint. Die beiden riesigen Brückenpfeiler dagegen lassen erahnen, wie großzügig die neue Brücke ausgelegt ist. Sie quert den Fluss über 250 Meter und hat eine Fahrbahnbreite von 30 Metern und eine Brückendurchfahrtsbreite von 90 Metern. Dieses moderne Bauwerk wurde zum Symbol des Aufbruchs in eine neue Zeit. Der Zeichnung und dem Gemälde haftet dadurch ein propagandistischer Tenor an.

Auch die Erwerbung der drei in der Sammling befindlichen Lithografien von Gusto Gräser scheint widersprüchlich zu sein, denn die Nationalsozialisten belegten den ‚visuellen' Poeten und überzeugten Pazifisten, der von 1927 bis 1940 in Berlin lebte, einerseits mit Schreibverbot und verhafteten ihn gleich mehrfach, andererseits gab es aber durchaus auch nicht beabsichtigte Übereinstimmungen zwischen der Gedankenwelt Gusto Gräsers und der NS-Ideologie. Sein Biograf Hermann Müller weist darauf hin, dass Gräsers starke Betonung von Heimat, Land, einfachem Leben, von Not und Kampf, bei oberflächlicher Betrachtung im Sinne des NS-Regimes verstanden werden konnte. Gräser hatte Anhänger und Sympathisanten in Stuttgart und anderswo, die im Dritten Reich Karriere machten. Zu ihnen gehörten der „Reichslandschaftsanwalt" Alwin Seifert, der für die Reichsautobahn verantwortlich zeichnete und zu den frühen anthroposophisch ‚angehauchten' Grünen gehörte, die in Gräser ein Vorbild und einen Vorkämpfer sahen.[437] Dennoch wurde es Gräser 1940 in Berlin zu gefährlich und er ging nach München, wo ihm sein Bruder Ernst eine Unterkunft besorgt hatte. Für den Freiheitsgeist und Aussteiger war das Leben in der NS-Diktatur schwierig geworden, weil sie seine Unterordnung in den Führerstaat und in die Volksgemeinschaft verlangte. Die Bestreitung des Lebensunterhalts dürfte noch komplizierter geworden sein, als sie es ohnehin schon früher gewesen war. Deshalb ist es denkbar, dass Ernst Graeser auf seinen regelmäßigen Ausstellungen in den 1930er-Jahren auch Gustos Arbeiten zeigte, um seinen Bruder trotz des schwierigen Verhältnisses und weltanschaulicher Differenzen zu unterstützen.[438] Möglicherweise gab es für seine Bilder auch Anhänger in der Stadt, die deren Ankauf für die Grafiksammlung guthießen.

Denkbar wäre auch ein Ankauf von Gräsers Lithografien vor 1933. Eine passende Gelegenheit dazu wäre der internationale Vagabundenkongress zu Pfingsten 1929 in Stuttgart gewesen, in dessen Kielwasser das Kunsthaus Hirrlinger die „Vagabunden-Kunstausstellung" organisierte. Gusto Gräser war als Redner zum Kongress eingeladen. Allerdings hatten sich die Stadt und die Presse, wenn auch vergeblich, darum bemüht, die Zusammenkunft von rund 500 Vagabund:innen zu unterbinden. Eine Erwerbung von Gräsers Lithografien in der Ausstellung ist deshalb eher unwahrscheinlich. Ein Zusammenhang mit einem der zahlreichen Ankäufe von Werken seines Bruders im Dritten Reich ist dagegen viel naheliegender. Dass die Steindrucke nicht unbedingt der nationalsozialistischen Kunstanschauung entsprachen, scheint von untergeordneter Bedeutung gewesen zu sein.

Gräser war aber auch schon vor dem Ersten Weltkrieg in Stuttgart gewesen. Der Stuttgarter Rechtsanwalt Alfred Danien schrieb über ihn:

> „Meine Erinnerung an Gusto Gräser geht [...] bis zum Jahre 1913 zurück. [...] Damals begegnete mir in den Strassen Stuttgarts die Täufer-Johannes-Gestalt Gusto Gräser, in härenem Gewand, mit fliegenden Haaren, in Sandalen mit einem grossen Netz über der Schulter, in welchem Druckschriften verstaut waren. [...] Ich erinnere mich, wie er des Sonntags seine ‚Gemeinde' im Bopserwald, hoch über der Stadt, um sich versammelte. Passanten gesellten sich hinzu, und so mögen oft 50 oder 60 Personen dem Redner gelauscht haben, der wie ein wiedergekommener ‚Bergprediger' mit seiner sonoren, weithin schallenden Stimme redete."[439]

Die beiden Blätter *Burg der Armut* und *Sterne* gehören zu dem siebenteiligen Zyklus „Zeichen des Kommenden", der 1925 entstand oder in diesem Jahr in Dresden gedruckt wurde. *Kind mit Bär* wurde wahrscheinlich ebenfalls dort 1925/26 gedruckt.[440] Gräser stand zu dieser Zeit das Atelier des befreundeten Dresdner Akademieprofessors Georg Lührig (1868–1957) zur Verfügung. Bei den sieben Blättern handelte es sich um: 1. *Mut,* 2. *Sterne,* 3. *Freund,* 4. *Burg der Armut,* 5. *Mütterlichkeit,* 6. *Thorheiterkeit* und 7. *Ringhort.* Den Steindrucken war jeweils ein Textblatt im selben DIN-A4-Format beigegeben, das das jeweilige Thema erläuterte. Der Text zu *Burg der Armut* lautet:

> „‚Burg der Armut', wo aber nit die Ärmlichen, denn die Armutigen wohnen, die wildedlen Bauern hinter der Hatz – Menschen, die merken, dass lebendiger Reichtum nichts zu tun hat mit Üppigkeit, dass der grade nur dort sein kann, wo die nicht ist. Denn das ‚Zuviel', der Überfluss, ist uns wahrlich grössre Gefahr als das ‚Zuwenig'. // –   –   – // *Üppigkeit und Übel stecken in einem Kübel,* / und die Kraft, die blüht nur ohn – die, die – ‚Zuvielisation'!"[441]

Der Gräser-Kenner Hermann Müller nimmt an, dass die Zeichnungen zu *Burg der Armut* und *Sterne* nicht vor 1916, vermutlich aber im Ersten Weltkrieg geschaffen wurden. Beide Bilder würden an Gräsers Haus in Ascona während der Kriegsjahre erinnern.[442]

Die „Burg der Armut" ist Gräsers Festung, Rückzugsort, seine „Burg der Not", in die er sich vergräbt. Vergleichen wir *Burg der Armut* und *Ringhort,* lassen sich einige Parallelen feststellen. In beiden Fällen handelt es sich um ein einsam gelegenes, archaisches und festungsartiges Bauwerk fernab jeder Zivilisation. Gedanken zu diesem fiktiven Sakralort hatte sich Gräser bereits 1903 gemacht, als er einen Wahrheitstempel entwarf, einen elliptischen Bau, den er schon 1899 in einem seiner Gemälde dargestellt hatte. In der Zeit, als er im Schweizerischen Nationalpark im Engardin, im Parc Naziunal Svizzer bei Zernez, als Wildhüter arbeitete, erhielt er die Gelegenheit, seinen architektonischen Traum zu realisieren. Er trug Felsbrocken zusammen und schichtete sie auf einer Felsenanhöhe zu einem Rundtempel auf. Der Bau

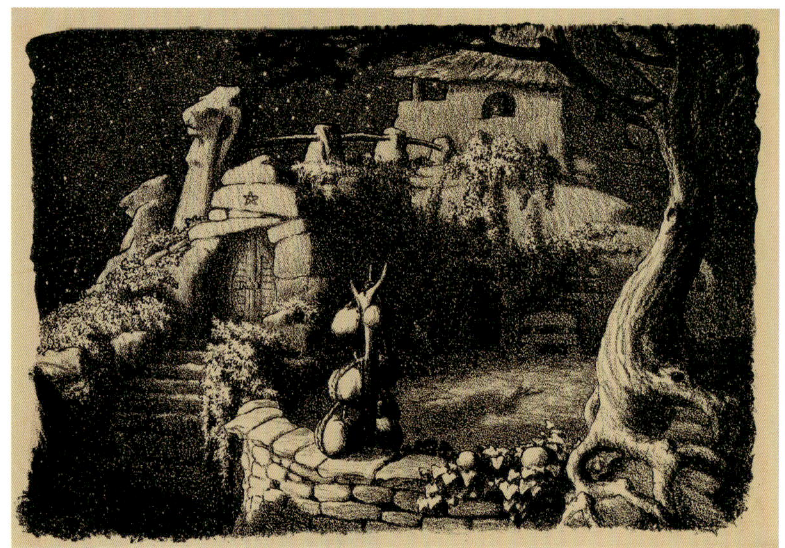

Abb. 121
Gustav Arthur (Gusto) Gräser, *Burg der Armut,* 1925, Lithografie, 30 × 43 cm

sollte ohne Hilfsmittel und nur von Menschenhand entstehen und sich harmonisch ins Landschaftsbild einfügen. Gräser ließ sich bei diesem Projekt von der Nibelungensage und Richard Wagner inspirieren. Für ihn war der *Ringhort* ein idealer Ort, ein Raum der Freiheit, an dem sich die „Erdsteinfrommen" zusammenfinden sollten (Abb. 121, Abb. 122).

Auch Richard Neuz hatte mit der Ablehnung seiner Arbeit zu kämpfen, so zum Beispiel 1935, als zwei Ausstellungen geschlossen wurden, in denen er mit Bildern vertreten war. Das bedeutete jedoch nicht, dass er nicht mehr künstlerisch arbeiten konnte, denn das Kunstreferat erwarb von ihm allein drei Aquarelle, die er von der Reichsgartenschau in

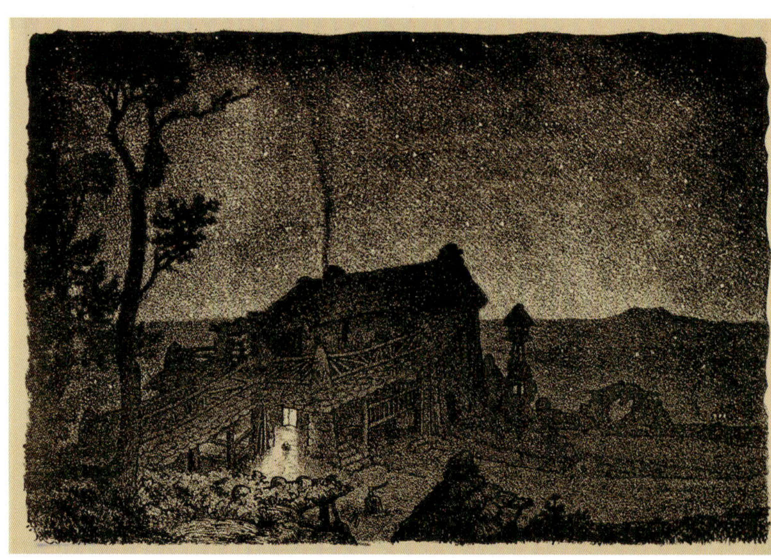

Abb. 122
Gustav Arthur (Gusto) Gräser, *Sterne,* 1925, Lithografie, 29 × 43 cm

Stuttgart 1939 malte (Abb. 123).[443] Darüber hinaus gibt es zwei weitere Landschaftsaquarelle von ihm in der Sammlung, deren Provenienz unbekannt ist und die nach derzeitigem Kenntnisstand im Dritten Reich erworben worden sein müssen.[444]

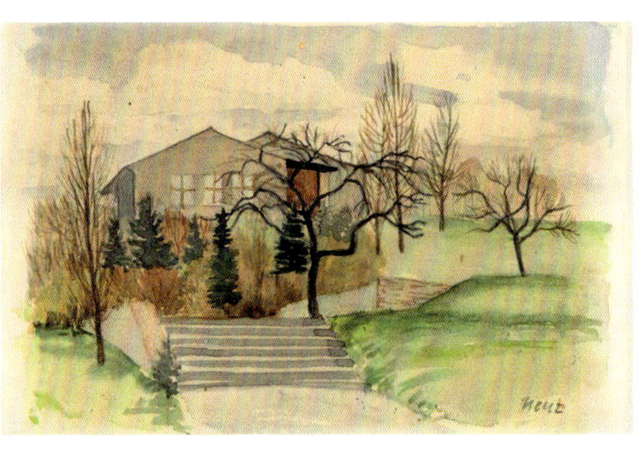

Abb. 123
Richard Neuz, *Reichsgartenschau 39 I*, 1939, Aquarell, 8,5 × 13,5 cm

Seinen Lebensunterhalt bestritt Neuz ab Mitte der 1920er-Jahre bis zum Beginn des Zweiten Weltkriegs als Angestellter der Werbeabteilung des Kaufhauses Tietz in Stuttgart. Bereits 1925 hatte er für Tietz ein Kinder-Weihnachtsbuch illustriert. Nach Ansicht von Stephan Geiger wollte Neuz mit dem Nationalsozialismus und dem von diesen vorbereiteten und dann durchgeführten Krieg nichts zu tun haben.[445] Dass er noch im Alter von 47 Jahren ein zweites Mal als Soldat eingezogen und von 1941 bis 1944 am Zweiten Weltkrieg teilnehmen musste, hätte ihn verbittert. Er war unter anderem Besatzungssoldat in Norwegen. Nach seiner Rückkehr stand er vor dem Nichts, sein Atelier und fast alle Bilder waren bei einem Luftangriff auf Stuttgart vernichtet worden.[446] Aus diesem Grund muss davon ausgegangen werden, dass die Werke von Neuz entweder vor seiner Einberufung zum Kriegsdienst oder vor der Zerstörung des Ateliers erworben wurden.

In Norwegen entstand 1941 die Zeichnung *Oslofjord*, die ebenfalls in die Sammlung der Stadt kam. Neuz war kein Kriegsberichterstatter, er fertigte die Landschaftszeichnung als Soldat in seiner freien Zeit an. Die norwegische Landschaft faszinierte ihn derart, dass er seine Naturimpressionen in Zeichnungen festhielt.[447] Auf welchem Weg das Blatt *Oslofjord* in die grafische Sammlung gelangte, ist unklar, man kann aber wohl davon ausgehen, dass es entweder auf einer Kriegsbilderausstellung oder auf einer anderen Kunstausstellung in Stuttgart gezeigt und dort vom Kunstreferat angekauft wurde. Die sehr gegenständliche, verglichen mit früheren Arbeiten von Neuz eher konventionelle Darstellungsweise entsprach den Ansprüchen, die für die Kunst im Dritten Reich erhoben wurden. Aber auch thematisch kam das Blatt der nationalsozialistischen Vorstellungswelt entgegen, denn es bot Anknüpfungspunkte an die Skandinavienschwärmerei der Deutschen, die schon unter Kaiser Wilhelm II. einen Höhepunkt erreichte, und ließ sich im Rahmen der NS-Ideologie vereinnahmen, in der die „nordische Rasse“ und die Mythen Skandinaviens eine wichtige Rolle spielten. Einer der bekanntesten und angesehensten Dichter im Dritten Reich war der norwegische Literaturnobelpreisträger Knut Hamsun.

Alle hier besprochenen Künstler waren auf unterschiedliche Weise Vertreter der zeitgenössischen modernen Tendenzen in der Malerei und Grafik der Weimarer Zeit. Im Verlauf des Dritten Reiches waren sie gezwungen, sich vom gleichgeschalteten Kunstbetrieb zurückzuziehen, denn das NS-Regime und die neue Entwicklung hatten sie marginalisiert und isoliert. Das trifft auch auf Max Ackermann zu, der in eine entlegene Region gezogen war und dort den Nationalsozialismus und Krieg „überwinterte“. Der Ankauf der beiden Zeichnungen von Anton Kolig diente vielleicht dem Ziel, dass der Künstler mit Arbeiten in der Sammlung vertreten sein sollte. Bei Neuz verhielt es sich insofern anders, als er die drei Reichsgartenschau-Aquarelle höchstwahrscheinlich im Auftrag der Stadt Stuttgart anfertigte und deshalb ihr Ankauf garantiert war.

Schwieriger zu erklären ist die Erwerbung von Ackermanns fünf Radierungen und drei Zeichnungen, es sei denn, es reichte zur Begründung aus, dass er an der Kunstakademie Stuttgart studiert und dem Hölzel-Kreis angehört hatte. Wäre das für die Nationalsozialisten ein ausreichendes Kriterium gewesen, von dem bekennenden Verfechter der abstrakten Kunst Arbeiten auf Papier zu kaufen? Das erscheint auf den ersten Blick zumindest fragwürdig. Oder ist es denkbar, dass es sich bei den Grafiken um NS-verfolgungsbedingt entzogene Kunstwerke gehandelt haben könnte? Darauf deuten bis jetzt keine Indizien hin.

Bei den Blättern handelt es sich um Frühwerke von Ackermann. Drei Radierungen sind Teil einer Serie zum Thema Ausdruckstanz, unter den drei Zeichnungen gibt es ebenfalls eine *Tanzstudie.*[448] Das radierte Porträt stellt den Kunsthistoriker Heinrich Weizsäcker dar, der Direktor des Städelschen Kunstinstituts von 1891 bis 1904 war und anschließend als Professor am Kunstgeschichtlichen Institut der Technischen Hochschule Stuttgart lehrte. Dort war er auch Rektor von 1923 bis 1924. Von diesem Blatt hat sich die Rechnung für den Ankauf erhalten. Die Stadt erwarb es im Dezember 1937 von dem Stuttgarter Kunsthändler Adolf Rein und inventarisierte es mit der Nummer E 227.[449] Auch dieses Beispiel illustriert erneut die teilweise widersprüchliche Ankaufspolitik der Nationalsozialisten. Vielleicht wurden Ackermanns Blätter in die Sammlung aufgenommen, weil sie noch von dem gegenständlich arbeitenden Künstler, dem Jugendstilmaler, kamen und deshalb den Sammlungskriterien nicht widersprachen.

Der japanische Irrläufer

Völlig aus dem Rahmen fällt der Farbholzschnitt *Sato Masakiyo* des japanischen Künstlers Toyokuni III. Die Sammlung der Städtischen Galerie hatte damals keinen Bezug zur Kunst Asiens im Allgemeinen und zur Kunst Japans im Besonderen. Dieser Farbholzschnitt ist singulär in der Grafiksammlung und über seine Provenienz lässt sich nur spekulieren. Im Kupferstichkabinett der Staatsgalerie Stuttgart gibt es ebenfalls Holzschnitte von Toyokuni I. bis III. Alle sind mit dem Stempel des Königlichen Kupferstichkabinetts versehen und daher wahrscheinlich im 19. Jahrhundert, mit Sicherheit aber vor 1933 erworben worden.[450] Zum Bild von *Sato Masakiyo* im Kunstmuseum Stuttgart gibt es daher keine Verbindung, denn der Farbholzschnitt kann erst in den Jahren nach

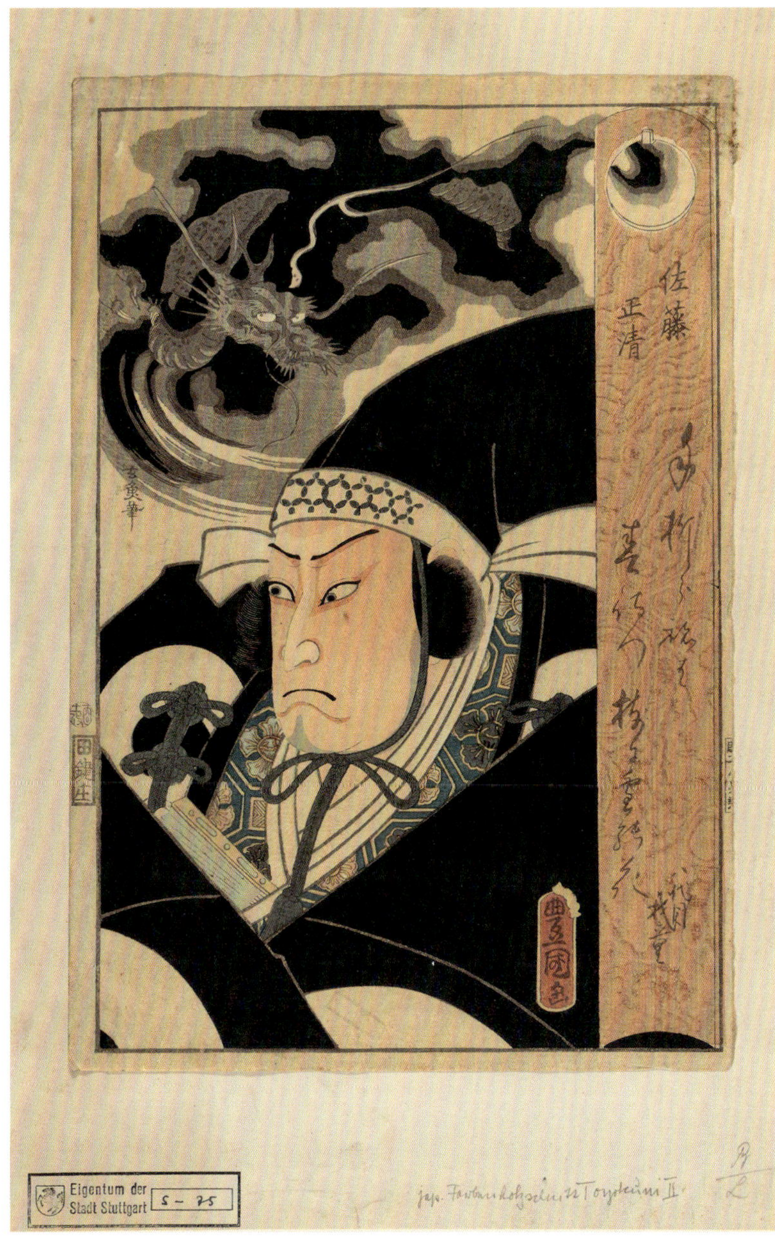

Abb. 124
Utagawa Kunisada,
genannt Toyokuni III.,
Sato Masakiyo, 1861,
Farbholzschnitt,
36 × 25 cm

der Eröffnung der Städtischen Galerie 1925 in den grafischen Bestand aufgenommen worden sein (Abb. 124).[451]

Toyokuni III. schuf das Blatt in Zusammenarbeit mit Kataoka Kadō II. (1839–1872), einem Kabuki-Schauspieler, der auch malte und dessen Vater Maler war. Der Drache und eventuell das Gedicht stammen von Kadō II., Letzteres ist nicht gesichert. Sato Masakiyo ist der besonders in Kabuki-Stücken fiktionalisierte Name des historischen Feudalfürsten und Feldherren Katō Kiyomasa.[452] Er wurde berühmt durch seine Eroberungen in Korea und galt als eine Art Teufelsgeneral, weil er die Feldzüge nicht aufgeben wollte. Toyokuni III. war zu seiner Zeit sehr populär und seine Werke waren weit verbreitet. Von dem Farbholzschnitt *Sato Masakiyo* scheint es heute aber nur noch sehr wenige Exemplare zu geben, was auf eine geringere Auflage beziehungsweise Überlieferungsrate hinweisen könnte.

Wegen der Schwerpunkte und Politik der Städtischen Galerie Stuttgart ist es unwahrscheinlich, dass das Werk von einem Sammler erworben wurde. Ein Ankauf wäre schon aus thematischen Gründen abgelehnt worden. Zudem belegt die singuläre Stellung des Blattes, dass die Stadt keine Sammlungsziele in Richtung asiatischer Kunst sowohl vor als auch nach 1945 verfolgte. Für dieses Themenspektrum wäre vor 1945 die ethnologische Sammlung im Linden-Museum Stuttgart die richtige Adresse gewesen. Daher ist es naheliegender, dass der Farbholzschnitt auf einem anderen Weg als gewöhnlich in die Sammlung kam. Eine mögliche Erklärung für die Erwerbung könnte sein, dass die Stadt das Werk als Gastgeschenk von Japan erhielt, denn seit dem 19. Jahrhundert waren Farbholzschnitte beliebte Gastgeschenke – und sind es noch heute –, weil den Japanern durchaus bewusst war (ist), dass sie seit dem Japonismus in Europa populär waren (sind).

1942 wurde eine Zweigstelle Stuttgart der Deutsch-Japanischen Gesellschaft gegründet und mit einem Festakt im Deutschen Auslands-Institut begangen, bei dem OB Strölin in einer Rede die Beziehungen zwischen Schwaben und Japan hervorhob. Der japanische Botschafter Generalleutnant Oshima und seine Frau nahmen daran teil. Angesichts dieses deutsch-japanischen Kulturaustauschs ist es vorstellbar, dass OB Strölin den Farbholzschnitt *Sato Masakiyo* von Japan geschenkt bekam. Die Darstellung des Feldherren Katō Kiyomasa war ein hervorragendes Motiv für ein Gastgeschenk zur Zeit der „Achse" Berlin-Tokio.[453]

Florenz

Einige Grafiken zeigen einen Italienbezug, Beispiele sind Eberhard Eges (1868–1932) Pastell *Sabinerin,* Kurt Weinholds Zeichnung von Florenz und der Toskana und vielleicht auch Walter Squarises Holzschnitt *Florentinerin.* Alle drei Künstler begeisterten sich für das Land, in dem die Zitronen blühen. Überdies entstanden die beiden letztgenannten Bilder zur Zeit des italienischen Faschismus. Da das Dritte Reich mit dem Regime Benito Mussolinis ein Bündnis eingegangen war, dürfte das Interesse an Grafiken mit italienischen Motiven in Stuttgart nicht gering gewesen sein, zumal die städtische Kunstsammlung ja selbst italienischen Ursprungs war.

Weinhold lieferte mit seiner Ansicht von Florenz eine klassische Landschaftszeichnung. Sie gliedert sich in drei in der Tiefe gestaffelte Ebenen: detailliert ausgearbeiteter Vordergrund, Mittelgrund und

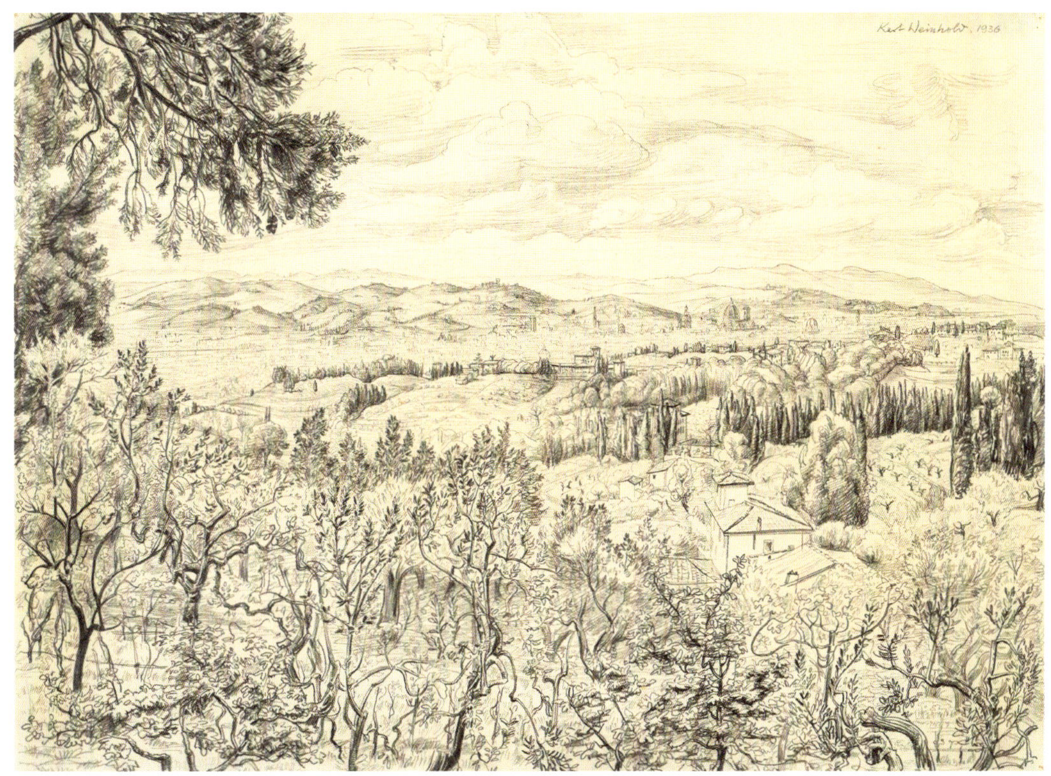

Hintergrund mit angedeuteter Luftperspektive. Es ist eine topografisch genaue Wiedergabe von Florenz und der Toskana. Sehr wahrscheinlich nahm Weinhold die Stadt von einem Standort am Berghang unterhalb von Fiesole bei Florenz auf, vielleicht sogar in der Nähe der Villa Bellagio, in der der berühmte Maler Arnold Böcklin (1827–1901) gelebt hatte. In der Ferne ist das Zentrum von Florenz mit der Kathedrale und dem Pallazo Vecchio zu erkennen. Weinholds Panoramadarstellung des Arno-Tals zeigt die typisch toskanische Landschaft mit Zypressenketten auf Hügelkuppen, Olivenhainen und Weinbergen, die die Landschaft gliedern und sich bis zum Horizont erstrecken. Die Stadt ist in die Campagna eingebunden und weit weg von der modernen industriellen Welt (Abb. 125).

Abb. 125
Kurt Weinhold, *Blick auf Florenz und die Toskana,* 1936, Bleistift, 47 × 65 cm

Im Fensterausschnitt von Squarises *Florentinerin,* dem Porträt einer weiteren Italienerin (vgl. dazu die Marchesa Casanova S. 30–32), die zur Stellvertreterin einer Stadt und Region erhoben wird, sind wie in Weinholds *Florenz* die Kathedrale und der Palazzo Vecchio zu erkennen. Squarise schuf seinen Holzschnitt im letzten Jahr seines dreijährigen Aufenthalts in der Stadt am Arno (Abb. 126). Als Sohn eines italienischen Kaufmanns und Sprachlehrers verbrachte er seine Kindheit und Jugend im schweizerischen Baden. Es folgten ein Kunstgewerbestudium und eine dreijährige Bildhauerlehre in Zürich. Anschließend ging Squarise nach Stuttgart und wurde Meisterschüler von Gottfried Graf an der Kunstakademie. Er gehörte zu den Schülern Grafs, die in dessen Buch „Der

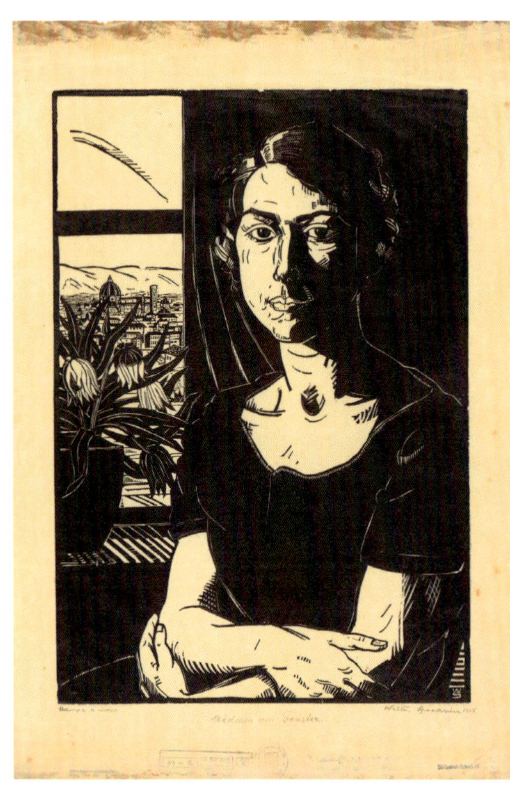

Abb. 126
Walter Squarise, *Florentinerin,* 1927, Holzschnitt, 50 × 35 cm

neue Holzschnitt“ mit zahlreichen Abbildungen nach Originalholzschnitten vertreten waren. Einer der drei Hochdrucke, die die grafische Sammlung des Kunstmuseums Stuttgart von Squarise besitzt, ist im Buch enthalten.[454] In der württembergischen Landeshauptstadt konnte der junge Künstler mit seinen Holzschnitten einen „ermutigenden Verkaufserfolg“[455] verzeichnen. Squarise besaß die italienische Staatsbürgerschaft und musste 1924 in Italien seinen Militärdienst ableisten. Um sich während dieser Zeit auch künstlerisch fortzubilden, wählte er Florenz als Standort. Dort blieb er nach Beendigung seines Wehrdiensts bis 1927, ehe er nach Baden zurückkehrte und sein eigenes Atelier als Bildhauer, Grafiker und Mosaizist eröffnete.

Squarises Bilder behandeln christliche und allegorische Themen, neben tradierten Motiven wie die Heilige Familie, die Verkündigung oder der verlorene Sohn gibt es Blätter wie *Die tote Stadt* und Freizeitdarstellungen wie *Billardspieler* oder *Schachspieler.* Dem Künstler waren traditionelle Werte und eine klare Rollenverteilung der Geschlechter wichtig. Die Frau stellt er als fürsorgende Mutter, Heilige, Geliebte und empfindsame Schwester dar. Auch wenn die *Florentinerin* das Porträt einer unbekannten selbstbewussten Italienerin zeigt, ist die Bildaussage nicht weniger konservativ im Sinne von traditionsbewusst, denn man blickt durch das Fenster direkt auf die mächtige Kuppel der Kathedrale, die Symbol für Florenz und die abendländische Kultur ist. Der Dom steht für die Stadt und ihre Kunst, für die kulturelle Größe und Errungenschaften der westlichen Zivilisation. Gleichzeitig setzt Squarise mit dem Medium des Holzschnitts als alte druckgrafische Technik eine Art Kontrapunkt zur modernen Kunst, die eine zersplitterte und fragmentarisierte Wirklichkeit zeigte. Squarises neusachliches Frauenporträt knüpft bewusst an die Tradition des italienischen Renaissancebildnisses an. Mehr noch schafft er eine Verbindung zwischen der italienischen und deutschen Kunst, denn der Schwarz-Weiß-Holzschnitt gilt vor allem als eine Kunstform, die im deutschsprachigen Kulturraum ihren Höhepunkt um 1500 erlebte und im Westen durch Albrecht Dürer (1471–1528), Hans Holbein (1497/98–1543) und andere Künstler weltweite Bekanntheit erlangte. Darauf hob Grafs pathetischer Schlusssatz im Vorwort seines Holzschnitt-Buches ab: „Der neue Holzschnitt, als echt deutsche Kunst, dem deutschen Volke!“[456] Für das Porträt der Florentinerin lässt sich festhalten, dass Squarise in zweierlei Weise eine Rückbesinnung auf die künstlerischen Ursprünge und die kunsthistorischen Traditionen in Italien und Deutschland verfolgte. Mit diesem Konzept stand er im Lager des konservativen Flügels der Neuen Sachlichkeit. Diese Positionierung in der damaligen Gegenwartskunst vermag mit zu erklären, warum seine Arbeiten von der Stadt Stuttgart erworben wurden, während sie die Holzschnitte seines Lehrers Graf und die seiner vielen anderen Schüler:innen ignorierte.[457]

9 DER FALL FRITZ FAISS – DIE ERFUNDENE VERFOLGUNG

Im Besitz des Kunstmuseums Stuttgart befinden sich zwei Holzschnitte des deutsch-amerikanischen Malers und Grafikers Fritz Faiss. Die Herkunft der Arbeit *Stadt* ist unbekannt, *Landschaft in Tirol* wurde sehr wahrscheinlich 1933 angekauft.[458] Bis 2021 war in Deutschland über Faiss' Leben und Werk fast nichts bekannt. Die Erforschung seines Lebens und Werkes ergab eine für den Zeitraum des Nationalsozialismus sehr widersprüchliche Biografie, die in einem Punkt extreme Züge annimmt, denn nach seiner Auswanderung in die USA im Jahr 1951 wurde Faiss als ein Holocaust-Opfer dargestellt, das angeblich Ungeheuerliches erlebt hatte, dessen Bilder diffamiert und verfolgt, dessen Atelier und Kunstwerke zerstört worden seien und dem körperliches Leid widerfahren sei. Damit nicht genug: Als ihm 1935 angeblich der Rom-Preis und das damit verbundene Stipendium der Villa Massimo verliehen wurde, hätte Propagandaminister Joseph Goebbels persönlich ihm verboten, Deutschland zu verlassen, weshalb er das Stipendium in Rom nicht hätte antreten können.[459] Mehr noch, die Nationalsozialisten hätten ihn in den Kriegsjahren in ein Lager in der Nähe Münchens gesteckt und zur Zwangsarbeit im Steinbruch verurteilt.[460] Schließlich wären an ihm medizinische Experimente durchgeführt worden, die sei-

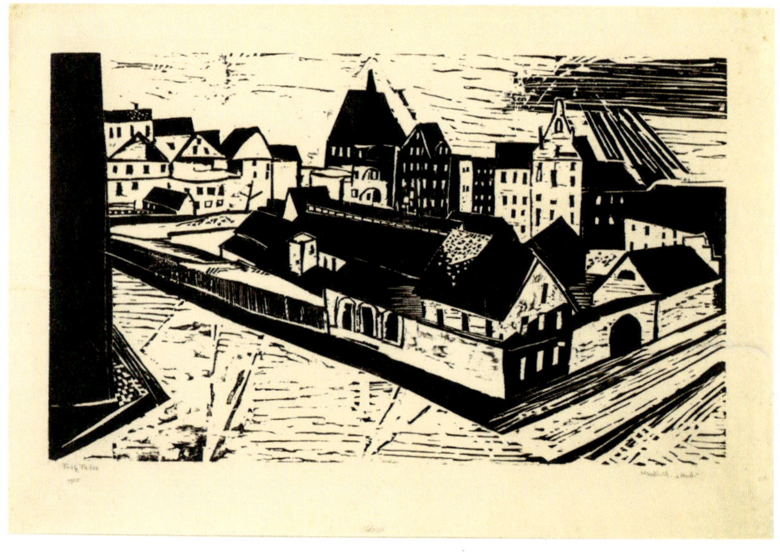

Abb. 127
Fritz Faiss, *Stadt*, 1925, Holzschnitt, 66 × 87 cm

ne Gesundheit geschädigt hätten.[461] Also eine von extremem Schicksal gezeichnete Vita, zu der jedoch andere Details aus Faiss' Leben im Dritten Reich im Widerspruch stehen, die nach dem Zweiten Weltkrieg aufgeschrieben wurden. So soll er in den Kriegsjahren als Professor an der Staatlichen Hochschule für Bildende Künste, der Städelschule in Frankfurt am Main, gearbeitet haben. In seinem vorläufigen Reisepass für seine Ausreise in die USA steht der akademische Grad „Professor". Während die Erwerbung der beiden Faiss-Holzschnitte durch die Städtische Galerie Stuttgart wegen der Verfolgungsgeschichte einerseits merkwürdig erscheint, wäre sie es andererseits wiederum nicht im Kontext einer Karriere als Kunstprofessor. Nur: Wie war es tatsächlich? Konnte ein ehemaliger Häftling im Dritten Reich Professor werden? Oder wurde Faiss erst nach seiner Ernennung zum Professor wegen Regimekritik eingesperrt?

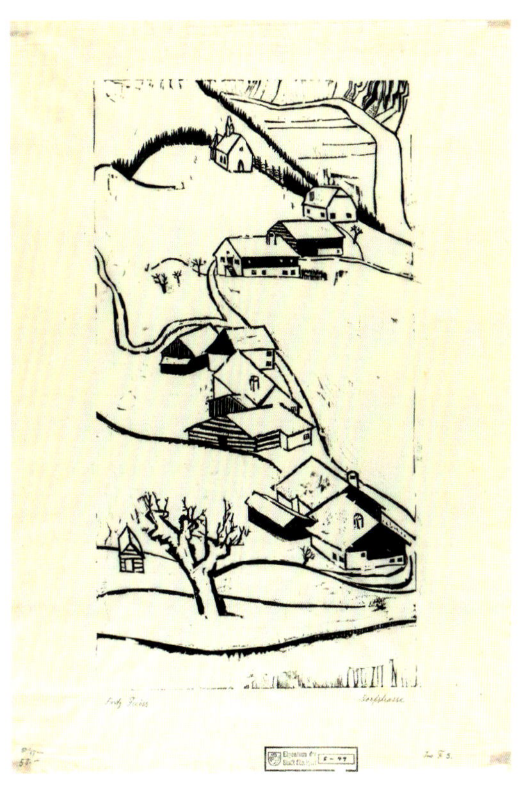

Abb. 128
Fritz Faiss, *Landschaft in Tirol*, vor 1927, Holzschnitt, 57 × 33 cm

In den USA machte Faiss dazu keine Angaben. Zu seiner Haft nannte er keine Jahresdaten und Ortsnamen.[462] Ebenso wenig ist bekannt, von wem und unter welchen Umständen die Nationalsozialisten die beiden Holzschnitte erwarben. Man sollte annehmen, dass sie angesichts der von Faiss überlieferten Verfolgtenbiografie eigentlich nicht in der Sammlung sein dürften, weil es doch Arbeiten hätten sein müssen, die die Nationalsozialisten als „entartet" klassifizierten und die von der öffentlichen Hand wegen des angeblich über Faiss verhängten Mal- und Ausstellungsverbots im Jahr 1937 nicht hätten erworben werden dürfen. Die Situation wäre anders, wenn die Holzschnitte von dem zum Professor ernannten Faiss angekauft worden wären, denn dann hätte der Künstler im Nationalsozialismus an der Staatlichen Kunsthochschule Frankfurt Karriere gemacht und wäre für die braunen Machthaber interessant gewesen. In diesem Fall hätte es sich bei den beiden Holzschnitten um Teile des Œuvres eines anerkannten Künstlers gehandelt. Dem stand allerdings bis vor kurzem die Information entgegen, Faiss' Verfolgung hätte auch in den Kriegsjahren nicht aufgehört. Die weiteren Recherchen haben allerdings ergeben, dass auch seine Lagerhaft in diesen Jahren mysteriös ist und dass es Belege für seine Tätigkeit als Lehrer an der Städelschule im Zeitraum von 1942 bis 1944 gibt. Die Angaben dazu, die in amerikanischen Zeitungsartikeln nach Faiss' Auswanderung gemacht wurden, sind uneinheitlich, so dass sich über seine Lehrtätigkeit in Frankfurt und die Frage, ob er dort nun Professor war oder nicht, bislang nur spekulieren ließ. Nach wie vor ist jedoch unklar, ob die Erwerbung der beiden Holzschnitte in die Zeit seiner Frankfurter Tätigkeit gefallen sein könnte. Der Sachverhalt wird noch verkompliziert durch die Möglichkeit, dass die beiden Holzschnitte auch unabhängig von Faiss in die Stuttgarter Sammlung gelangt sein könnten, nämlich dann, wenn sie jemand anderem gehört hätten. Denkbar wäre, dass sie aus Privateigentum stammen, das NS-verfolgungsbedingt eingezogen wurde.

Vor dem Hintergrund der Entstehungsgeschichte der Grafiksammlung ist die Erwerbung im Zeitraum 1933 bis 1945 am wahrscheinlichsten, ein Ankauf in den letzten Jahren der Weimarer Republik aber auch nicht ausgeschlossen.[463] Doch in diesem Fall hätten die Holzschnitte inventarisiert worden sein müssen. Entsprechende Eigentumsmerkmale fehlen aber auf beiden Blättern. Auszuschließen ist, dass sie nach 1945 in die Sammlung gelangten, denn dann hätte sie der Nachkriegsdepotverwalter Eugen Keuerleber ordentlich erfassen können (und müssen). Doch er fand ganz offensichtlich beide Grafiken schon 1945 und kannte die Erwerbungsumstände nicht. Deshalb versah er die Herkunft bei ihrer Neuinventarisierung mit Fragezeichen.

Fritz Faiss und sein Werk sind heute in Deutschland weitgehend vergessen. In einigen deutschen Kunstmuseen wie der Pinakothek der Moderne, München, dem Museum Wiesbaden oder dem Kupferstichkabinett der Staatlichen Museen Berlin gibt es Arbeiten von ihm, doch sie sind alle im Depot. Die Staatsgalerie Stuttgart hat zehn Druckgrafiken von ihm, von denen acht 1927 und zwei 1933 angekauft wurden. Die Bayerischen Staatsgemäldesammlungen kauften 1935 sein Gemälde *Im Karwendel* aus der Ausstellung „Süddeutsche Kunst in München". Im Museum Wiesbaden wurden nach dem Krieg im Jahr 1948 von Faiss sechs Gemälde und drei Zeichnungen erworben, wobei die Grafiken erst 1947 entstanden waren. Die Nationalgalerie Berlin kaufte 1935 im Grafischen Kabinett Günther Franke in München das Aquarell *Rharbarberblüte,* das heute dem Kupferstichkabinett Berlin gehört.[464] Durch seine Auswanderung war Faiss' Werk schon vor Jahrzehnten aus dem Blick der deutschen Kunstgeschichte und des Kunsthandels geraten.[465] Durch sein Wesen hätte Faiss selbst zu seiner relativen Unbekanntheit beigetragen, meinte der württembergische Kunsthistoriker und Faiss-Förderer Hans Hildebrandt. Er hielt ihn zwar für eines der wenigen originellen zeitgenössischen Talente, doch wäre Faiss auch jener Typ Künstler gewesen, der als introvertierter Mensch für seine Arbeit die Abgeschiedenheit liebte und es nicht schätzte, zu viel Aufhebens um seine Person zu machen. Trotzdem waren es die Dreißiger- und Vierzigerjahre, in denen sein Werk mehr Beachtung fand, wozu der bereits genannte Stuttgarter Kunsthistoriker Hildebrandt beitrug. Im Jahr 1947 erschien eine zwölfseitige Broschüre zur Ausstellung „Fritz Faiss, Gesamtschau", die von der Kunsthandlung Kern-Schroth in den Räumen der amerikanischen Militärregierung gezeigt wurde.[466] Wiederum steuerte Hildebrandt zum Ausstellungsheft die Einführung ins Werk des Künstlers bei. Und ein Jahr später erschien von dem Journalisten und Literaturkritiker Hermann Strenger ein Artikel über Faiss in der Stuttgarter „Wochenpost". Alles, was danach über Faiss geschrieben wurde, findet sich in Artikeln amerikanischer Zeitungen und Veröffentlichungen kalifornischer Museen. Auch gibt es einige wenige Bücher, die Faiss selbst publizierte. Dass er heute in den USA nicht vergessen ist, verdankt sich einerseits der Fritz Faiss Foundation, die 2012 gegründet wurde, und andererseits der Initiative von Janet Wullner Faiss, der 2017 verstorbenen zweiten Ehefrau. Nach deren Tod kümmerte sich ihre jüngere Schwester Dr. Kathryn Wullner Thomas um den künstlerischen Nachlass ihres Schwagers und ihrer Schwester und schenkte einen Teil 2019 dem German-American Heritage Museum in Washington, D. C. Das Museum zeigte die Schenkung 2019/20 in der Retrospektive „From the Black Forest to California Desert: Life and Work of Fritz Faiss". Aus diesem Anlass wurde eine Broschüre über das Leben und Werk des Künstlers publiziert. Für die Ausstellung und den Begleittext zeichnete die Historikerin Sarah Marsteller verantwortlich.[467] Bei ihrer Darstellung von Faiss' Leben und Werk stützte sie sich auf die wenigen Informationen, die ihr zugänglich waren, und auf das Material, das mit der Schenkung ins German-American Heritage Museum kam. Dabei handelte es sich in erster Linie um Zeitungsartikel aus den Jahren 1952 bis 1970, um Abschriften einiger Radiointerviews, die Faiss in den USA gab, und um wenige Originaldokumente wie die Mitgliedskarte des Reichsbundes Deutscher Kunsthochschüler von 1927.[468]

Marstellers Rekonstruktion von Faiss' Biografie ist lückenhaft und ungenau. Sie hielt besonders die Zeit von 1922 bis 1928 für wichtig, in der Faiss angeblich bei Paul Klee (1889–1940) und Wassily Kandinsky (1866–1944) am Bauhaus Dessau studiert hatte und gleichzeitig Student der Kunstakademie Stuttgart gewesen war, wo er von 1924 bis 1928 sogar eine Assistenzprofessur innegehabt haben soll. Darüber hinaus berichtet Marsteller noch von einer medizinischen Ausbildung als Arzt, die Faiss absolviert hätte. In seiner Sterbeurkunde wird der Titel „Doctor" angegeben, weshalb Marsteller annimmt, er hätte Medizin studiert und in diesem Fach seinen akademischen Titel erworben.[469] Zudem geht sie davon aus, Faiss wäre wegen seiner modernen Malerei und Druckgrafik als „entarteter" Künstler verfemt und verfolgt worden; er hätte 1937 Ausstellungs- und Arbeitsverbot erhalten und sein Verfolgtenschicksal hätte dann seinen Zenit mit der Lagerhaft erreicht.

Auffällig ist, dass Faiss in den USA gegenüber Journalist:innen offenbar nie Angaben zu Ortsnamen und Jahreszahlen im Zusammenhang mit seiner Verfolgung machte. Es sind weder der Name des Lagers bekannt, in das er angeblich gebracht wurde, noch die konkrete Haftdauer. Ebenso machte er zu den verschiedenen Phasen seiner Verfolgung als Künstler keine Angaben. Dadurch bleibt die Chronik der Verfolgungsereignisse vage.

Das „Holocaust-Opfer“

Ungeachtet der Widersprüche und Ungenauigkeiten geht von Faiss’ Biografie eine seltsame Faszination aus. Er scheint als ein aus politischen und künstlerischen Gründen verfolgter Künstler die brutale Gewalt des NS-Regimes am eigenen Körper erlebt zu haben und mutet deshalb wie ein Holocaust-Opfer an, das sich seinen Willen trotz aller Demütigungen, Repressionen und Gewalt nicht hat brechen lassen und unbeirrt seinen künstlerischen Weg ging. In der Darstellung seines Lebens gibt es sogar so etwas wie eine Klimax, die unerbittliche Steigerung seines persönlichen Dramas, die in den medizinischen Experimenten an ihm gipfelte und in dem entsetzlichen Detail zum Ausdruck kam, dass von den 130 Gefangenen seines Lagers nur er und drei andere Männer überlebten.

Angesichts eines solchen bewegten Lebens verwundert es nicht, dass die Amerikaner in Faiss einen Überlebenden des Holocaust sahen. So heißt es in der Online-Einführung der Faiss-Ausstellung des America’s National Churchill Museum (ANCM), die im März 2021 eröffnet werden sollte, aber wegen der damals herrschenden Corona-Pandemie verschoben wurde: „America’s National Churchill Museum will display *Fritz Faiss: Degenerate to Resilient* a exhibition of works of art by Holocaust survivor, Fritz Faiss […].“[470] Genau genommen verbindet sich in Deutschland mit dem Begriff „Holocaust“ der nationalsozialistische Völkermord an der europäischen jüdischen Bevölkerung. Faiss war kein Jude. Die Erzählung seiner Verfolgung weckt aber Erinnerungen an die Shoah und erklärt die Sicht der Amerikaner:innen, in ihm einen Überlebenden zu sehen.[471]

Den Wunsch, in die USA zu emigrieren, hatte Faiss schon im Dritten Reich gehegt, die Realisierung scheiterte aber angeblich an der Schwierigkeit, ein Reisevisum zu erhalten, auch soll sein Pass 1937 eingezogen worden sein.[472] Einige von Faiss’ Familienangehörigen wanderten bereits in den 1920er-Jahren in die USA aus. Faiss hatte Verwandtschaft in Kalifornien. Nach der Auswanderung ließ er sich vielleicht deshalb in Los Angeles nieder und arbeitete zuerst als Kunstdozent an der Universität von Kalifornien. Bald erfolgte seine Beförderung zum ordentlichen Professor. Bis zu seiner Emeritierung 1973 von der California State University, Northridge, arbeitete er sowohl als Hochschullehrer als auch als freier Künstler.

Angesichts seiner Verfolgtenvita ist es schwer nachvollziehbar, warum die Stuttgarter Nationalsozialisten und die von ihnen als Beratungsorgan berufene Kunstkommission Holzschnitte von ihm hätten erwerben wollen beziehungsweise sollen. Um die Umstände dieser mysteriösen Erwerbung aufklären zu können, war es unausweichlich, wesentliche Details aus Faiss’ Leben in der Weimarer Zeit und im Dritten Reich zu überprüfen und vielleicht dadurch zu einem klareren Bild zu gelangen, denn bei der Untersuchung drängte sich der Verdacht auf, hier könnte eine Art Hochstapler am Werk gewesen sein. Der Zweifel wurde noch verstärkt durch den Doktortitel in Medizin.[473] Sehr wahrscheinlich hatte Faiss „nur" eine Heilpraktikerausbildung. Ein Arzt scheint er dagegen nie gewesen zu sein, denn sein Name taucht weder im Reichsmedizinalkalender der Jahre 1931 bis 1937 auf noch kann von ihm eine medizinische Dissertation in deutschen Bibliotheken nachgewiesen werden.[474]

Herkunft und Ausbildung

Faiss wurde 1905 in eine Familie mit 14 Kindern in Furtwangen im Schwarzwald geboren.[475] Der Vater übte einen technischen Beruf aus und soll wenig begeistert gewesen sein über den früh geäußerten Wunsch seines Sohns, Künstler werden zu wollen. Fritz Faiss war in der Familie nicht das einzige Kind mit musischer Veranlagung. Sein Bruder Robert, den er auf einem frühen Gemälde festhielt, studierte Komposition und Gitarre und musizierte in den 1930er- und 1940er-Jahren im Orchester der Staatlichen Bühnen von Stuttgart. Faiss erzählte, 1922 ein Kunststudium im Bauhaus aufgenommen zu haben und dort Schüler von Klee und Kandinsky gewesen zu sein.[476] Tatsächlich lässt sich Faiss in den verschiedenen Bauhaus-Archiven in Weimar, Dessau und Berlin nicht nachweisen, auch nicht in der Datenbank „Bauhaus Community", die alle Schüler:innen und Lehrer:innen erfasst. Anders als beim Bauhaus lässt sich Faiss' Immatrikulation an der Stuttgarter Kunstakademie mit seiner Mitgliedskarte des Reichsbundes Deutscher Kunsthochschüler der Akademie der Bildenden Künste Stuttgart von 1927 belegen. Warum allerdings ein „Assistenzprofessor", der Faiss dort in der Zeit von 1924 bis 1928 gewesen sein will, noch einen Studentenausweis hatte, bleibt rätselhaft. Seine dortigen Lehrer waren Arnold Waldschmidt (1873–1958), Alexander Eckener (1870–1944) und Gottfried Graf (1881–1938).[477] Als Künstler sind sie heute in Deutschland vergessen und sie dürften auch in den USA in der Nachkriegszeit nicht bekannt gewesen sein, weil sie sich künstlerisch höchstens national einen Namen gemacht hatten. Deshalb ist es denkbar, dass Faiss bei seinen Bewerbungen nach seiner Ankunft in den USA klangvollere, bekanntere Namen für seine künstlerische Ausbildung angeben wollte und auf die Lehrstätte des Bauhauses und dessen Lehrer Klee und Kandinsky verfiel, die international berühmt waren und teilweise ihre Karriere in Amerika fortsetzten. Auch hatte sein Grafiklehrer Graf enge Kontakte zu Klee unterhalten. Graf hatte sich erfolglos darum bemüht, Klee als Professor an die Kunstakademie Stuttgart zu holen.

An der Tätigkeit von Faiss als Assistenzprofessor bestehen auch deshalb Zweifel, weil er 1924 erst 19 Jahre alt war und es eher unwahrscheinlich ist, dass er in diesen jungen Jahren bereits in einer solchen Position wirken konnte.[478] Allerdings gehörte er in Grafs Holzschnittklasse zu den herausragenden Schülern, denn im Buch „Der neue Holzschnitt“ sind nicht nur Faiss’ Drucke *Stadt* und *Landschaft in Tirol* abgebildet,[479] sondern noch weitere acht Arbeiten von ihm. Alle diese Drucke muss er als Student bis zur Drucklegung des Buches fertiggestellt haben.

Die Mär von der Verfolgung

So widersprüchlich wie Faiss’ Werdegang ist auch seine Verfolgung durch die Nationalsozialisten. Im Juli 1934 zog er mit seiner Frau Luise, geb. Wicke, und den beiden Kindern aus deren erster Ehe nach Dießen am Ammersee in Oberbayern. Das Kunstreferat Stuttgart erwarb noch im Juni 1934 sein kleines Ölgemälde *Bergleute*. Es wurde auch im Rahmen der Aktion „Entartete Kunst“ 1937 nicht konfisziert und erst im Krieg zerstört. Auch die Staatsgalerie Stuttgart erwarb von Faiss noch 1933 zwei Zeichnungen. In den Jahren davor waren acht Arbeiten angekauft worden, die alle die Aktion „Entartete Kunst“ überstanden und sich noch heute in der Sammlung der Staatsgalerie befinden. In der Datenbank „Entartete Kunst“ der Freien Universität Berlin wird Faiss nicht als verfemter Künstler gelistet. Keines seiner Werke taucht unter den beschlagnahmten Werken aus öffentlichen deutschen Museen auf.[480] Im erhaltenen Aktenbestand der Reichskammer der bildenden Künste, Landesleitung Berlin (heute im Landesarchiv Berlin) gibt es keine Unterlagen zu Faiss.[481] Hier lassen sich seine Verfolgung und das Berufs- und Ausstellungsverbot ab 1937 nicht verifizieren. Auch im Landesarchiv Baden-Württemberg ist dies nicht möglich, denn in den Beständen des Hauptstaatsarchivs befinden sich keine Unterlagen zur Reichskammer der bildenden Künste.[482] Ebenso gibt es keine relevanten Unterlagen dazu im Bundesarchiv Berlin. Doch dort stoßen wir auf eine Sachakte zu Fritz Faiss mit personenbezogenen Unterlagen der NSDAP.[483]

In den amerikanischen Medien wurde Faiss’ Verfolgung als „entarteter“ Künstler besonders betont. Anlässlich einer seiner ersten Ausstellungen in Kalifornien 1953 schrieb man: „Marked by the Nazis as a ‚decadent‘ modern artist, Faiss continued to paint secretively at great personal risk to himself and to the few trusted friends who knew of his activity as an artist. During those nightmaris years he endured the additional suffering imposed by a severe illness and confinement in an sanitarium. It is indeed a testament to the indestructible faith of Fritz Faiss in the human values of modern art that he continued his creative explorations without knowing whether or not he could manage to survive for doing so.“[484] Und in ihrer Sendung auf CBS Radio, San Francisco Bay Area, erzählte die Radiomoderatorin Jane Todd: „And imagine the artist working this way secretly, because the Nazis had forbidden him to paint! He did, though [...] and with the help of loyal friends, who risked their lives with his, a great many of his paintings were saved.“[485] Absurd wurden diese Erzählungen, wenn sie die Widersprüche in Faiss’ Biografie zurechtbiegen mussten, etwa dann, wenn es um die Klärung der Frage ging, welche Folgen die Verfolgung für den Lehrer der Frankfurter Kunsthochschule hatte: „Faiss' early career was stopped short in 1937 when the nazis forbade him to paint and to exhibit. A master of techniques, especially of the encaustic (hot wax) method of painting, he was allowed to teach but not to show his own work to his pupils."[486] Letztere Aussage stammt nicht von der Journalistin, sondern von Faiss selbst, aus seiner Erklärung in seinem Entnazifizierungsverfahren nach dem Krieg, in der er seine Gründe darlegte, warum er 1941 in die NSDAP eintrat.

Faiss muss Gründe gehabt haben, warum er die württembergische Landeshauptstadt 1934 verließ und in die bayrische Provinz ging, das heißt, Stuttgart gegen einen Weiler im Landkreis Landsberg am Lech am südwestlichen Ufer des Ammersees eintauschte. Das erinnert an einen Rückzug aufs Land, zu dem sich auch andere württembergische Künstler entschieden, wie Max Ackermann, mit dem Faiss befreundet war und der ihn zu Beginn seines Studiums mit dem Hölzel-Kreis bekannt machte.[487] Ackermann zog sich 1936 an den Bodensee zurück. Bei Faiss muss es aber nicht unbedingt an einer Verfolgung gelegen haben, dass er sich zu einem Ortswechsel entschied, vielmehr könnte es auch sein Wunsch gewesen sein, in der Abgeschiedenheit in Ruhe zu arbeiten, oder seine finanzielle Situation veranlasste ihn dazu. Auf dem Lande lebte es sich günstiger als in der Großstadt. Faiss hatte seit 1931 kein Einkommen und lebte vom Vermögen seiner Frau, ab 1933 teilweise von öffentlicher Unterstützung. Erst 1935, aber auch da nur für ein Jahr, verzeichnete er Einnahmen durch Bilderverkäufe auf Ausstellungen. Für die Jahre 1936 bis 1940 hatte er nach eigenen Angaben keine Einkünfte und war auf die Unterstützung seiner Schwiegermutter und von Freunden angewiesen. Erst 1941 konnte er wieder grafische Arbeiten verkaufen, und am Ende des Folgejahres erhielt er die Lehrerstelle an der Städelschule in Frankfurt.[488] Dass Faiss mit seiner Familie nach Dießen zog, hatte mit der Schwiegermutter zu tun, die dort ein Haus besaß und 1940 im Alter von 81 Jahren zu den Faissens nach Dießen zog.[489]

In Dießen war Faiss bis August 1943 gemeldet. Im Melderegister ist vermerkt, dass er ohne Frau und Kinder am 26. Oktober 1943 nach Frankfurt am Main zog und von dort am 8. Dezember 1943 wieder zurückkehrte. Diesen Meldedaten zufolge hielt er sich für zwei Monate in Frankfurt auf. Tatsächlich war er aber länger dort, denn er hatte die Lehrerstelle im November 1942 angetreten und mindestens bis Dezember 1943 ausgeübt.[490] Faiss bezeichnete sich selbst nach dem Krieg als Professor: „Ich entschied mich zur Annahme einer Professur an der Hochschule f. bild. Künste Frankfurt a. M."[491] Die „Professur" wäre seine einzige Chance gewesen, weiterhin künstlerisch zu arbeiten, obwohl es ihm mehrfach verboten worden wäre. Die wenigen erhaltenen Dokumente im Institut für Stadtgeschichte Frankfurt am Main und im Archiv der Hochschule für Bildende Künste Städelschule Frankfurt am Main bringen Klarheit in diese Angelegenheit. Im Stadtarchiv haben sich zwei Gehalts- und Lohnbescheinigungen von Faiss für die Laufzeit 1943 bis 1944 erhalten, in denen er als „Lehrer" erfasst ist.[492] Eine Personalakte gibt es nicht, es haben sich jedoch zwei Schreiben des Kulturamts an den OB von Frankfurt am Main erhalten, in denen es um die Neubesetzung von Faiss' Stelle im Jahr 1944 geht. Darin wird Faiss als „Maler" bezeichnet und mitgeteilt, dass er eine Vorklasse leitet und wegen Herzproblemen und Gelenkrheuma seit Monaten seinem Dienst nicht nachkommen kann. Weil keine Aussicht auf eine baldige gesundheitliche Besserung bestand, suchte die Hochschule ab März 1944 nach einem Ersatz.[493] Im Archiv der Städelschule hat sich ein Brief von Faiss an den Direktor der Hochschule erhalten. Die beiden Männer korrespondierten Ende Oktober 1948 wegen der Anfrage, ob sich Faiss für eine Lehrerstelle an der Hochschule bewerben wolle und dafür künstlerische Arbeiten einreichen könne. Faiss erklärte sich dazu grundsätzlich bereit, war aber nicht glücklich über den sehr kurzfristigen Einsendeschluss, weil er ihn unmöglich einhalten konnte. Auch zeigte er sich irritiert darüber, sich erneut einem Wettbewerb stellen zu müssen, obwohl er durch seine „früheren Bemühungen als Lehrer der Städelschule genugsam bekannt"[494] sei. Im Thieme-Becker-Vollmer-Künstlerlexikon wird im Eintrag über Faiss die „Übertragung einer Lehrstelle für Wachsmalerei und andere Wandmalereien" erwähnt, die er wegen Erkrankung nach einem Jahr wieder hätte aufgeben müssen.[495] Nach dem Krieg lagerte im Städelbunker in Frankfurt eine Reihe von Bildern, an denen Faiss während seiner Beschäftigung in der Mainmetropole gearbeitet hatte und die er bei seiner Rückkehr nach Dießen nicht hatte mitnehmen können. Die amerikanische Militärregierung beschlagnahmte sie und gab sie Faiss erst 1948 zurück.[496] Es ist steht also außer Frage, dass Faiss von November 1942 bis Dezember 1943 an der Staatlichen Kunsthochschule in Frankfurt am Main als Lehrer, nicht aber als Professor angestellt war. Doch wann war er in Haft – wenn er in Haft gewesen war? Vor oder nach der Anstellung? Oder war er tatsächlich nie inhaftiert gewesen?

Widersprüchlich sind auch hier die Informationen. Einmal soll er in den letzten Kriegsjahren verhaftet und zur Zwangsarbeit verurteilt worden sein, ein anderes Mal soll dies schon vor seiner Ernennung zum Lehrer an der Frankfurter Hochschule geschehen sein. Seine zweite Ehefrau meinte, er wäre am Ende des Krieges aus der Gefangenschaft entlassen worden, als die alliierten Streitkräfte auf Deutschland vorrückten. In den Arolsen Archives findet sich kein Hinweis auf Fritz Faiss.[497] Auch ist unverständlich, dass er den Namen des Lagers und die Art der medizinischen Versuche an ihm geheim hielt. Ungewöhnlich ist überdies, dass es keine Entschädigungsakte von Faiss in den Landesentschädigungsämtern von Hessen und Bayern gibt.[498] Auch in der Bundeszentralkartei bei der Bezirksregierung von Düsseldorf, dem zentralen Register aller Entschädigungsverfahren nach dem Bundesentschädigungsgesetz, konnte zu Faiss kein Entschädigungsvorgang ermittelt werden.[499] Die Bundeszentralkartei kann feststellen, welche Entschädigungsbehörde für ein Entschädigungsverfahren zuständig war. Trotz der berichteten Schwere der nationalsozialistischen Verfolgungsmaßnahmen stellte Faiss nie einen Entschädigungsantrag, etwas, das Opfer, die ein ähnliches Schicksal erlitten, in der Regel nach dem Krieg taten.

Noch ein weiterer Aspekt ist im Zusammenhang mit Faiss' Verfolgung als Künstler wichtig. Faiss war von 1934 bis 1937 Mitglied der 1934 gegründeten Künstlergilde Landsberg am Lech, einer zu Beginn des Dritten Reiches aus der Taufe gehobenen Künstlergemeinschaft, die zwar vor allem den Zweck verfolgte, ihre Mitglieder bekannt zu machen und den Verkauf ihrer Arbeiten zu fördern, die aber auch eindeutig regimetreu war. Als Mitglied wurde Faiss erstmalig am 17. November 1934 geführt. Die Gilde konnte nur mit dem Wohlwollen der Nationalsozialisten existieren und machte sich zwangsläufig deren Ideologie zu eigen. Geht man von den erhaltenen Unterlagen der Künstlergilde aus, kann über Faiss zumindest bis 1937 noch kein Arbeits- und Ausstellungsverbot verhängt worden sein, weil zur Mitgliedschaft in der Künstlergilde die Mitgliedschaft in der Reichskammer der bildenden Künste zwingend erforderlich war. Warum Faiss' Mitgliedschaft in der Gilde endete oder er sie selbst beendete, ist nicht bekannt.[500] Einen Ausschluss aus der Reichskammer können wir jedoch ausschließen, Faiss war von 1935 bis 1945 Kammermitglied.[501] Er wurde nie ausgeschlossen und erhielt nach dieser Sachlage auch kein Mal- und Ausstellungsverbot. Deshalb konnte der angebliche „Hitler-Gegner" Faiss 1934 auch als Mitglied in die regimetreue Künstlergilde aufgenommen werden. Im gleichen Jahr war er von der Reichskulturkammer als Mitglied registriert worden. Ein offenes Bekenntnis zu seinen regimekritischen Ansichten kann es bei Faiss also nicht gegeben haben, denn die Gilde verlangte die Anerkennung der Ziele der Reichskulturkammer. Faiss beteiligte sich an der Weihnachtsausstellung 1935 und der Jahresausstellung 1936. Auf der Weihnachtsausstellung 1938/39 taucht sein Name nicht mehr auf. Nach dem Krieg wird er nicht wieder Mitglied in der Gilde.

Faiss gab an, den Rom-Preis der Deutschen Akademie und das damit verbundene Stipendium der Villa Massimo 1935 erhalten zu haben. Die Geschichte der Preisträger und der Villa Massimo im Dritten Reich ist gut aufgearbeitet, die Preisträger sind bekannt.[502] Faiss ist nicht unter ihnen. Auch dieses Detail seiner Biografie ist erfunden, taucht aber bereits in seinem Entnazifizierungsverfahren auf. Und damit wären wir bei Faiss' Spruchkammerakte, die merkwürdigerweise bis 2021 unbekannt war und in den USA unbeachtet blieb.

Die Entnazifizierungsakte

Faiss hatte sich im März 1946 einem Entnazifizierungsverfahren zu stellen, weil er Mitglied in der NSDAP, in der Nationalsozialistischen Volkswohlfahrt und in der Reichskammer der bildenden Künste gewesen war. In seiner Spruchkammerakte gibt es keine Hinweise darauf, dass er erstens im Zweiten Weltkrieg verhaftet und in ein Lager gesperrt wurde und dass zweitens an ihm medizinische Experimente durchgeführt wurden. Faiss erklärte sich als „unbelastet“ nach dem Gesetz zur Befreiung von Nationalsozialismus und Militarismus der Alliierten. Er gab an, „Hilfeleistung für politisch Verfolgte“ geleistet zu haben, seit 1935 mit Ausstellungsverbot belegt, 1937 wegen seiner „entarteten“ Kunst mit der Einsperrung ins KZ Dachau bedroht und wegen seines „Ausreiseversuchs“ in die USA als „wehrunwürdig“ abgestempelt worden zu sein, und an die Staatliche Kunsthochschule in Frankfurt hätte man ihn lediglich als „Maltechniker“ berufen. Die Entnazifizierungsakte zeigt die gesamte Widersprüchlichkeit von Faiss’ Verfolgtenerzählung und seiner Situation als Künstler im Nationalsozialismus auf. Es ist bemerkenswert, dass er alles, was er hier zu Protokoll gab oder auch nicht erwähnte, in den Folgejahren verdrängte, so dass es vollkommen in Vergessenheit geriet. Faiss malte nach dem Krieg Details seiner Biografie derart aus, dass er am Ende als „Holocaust“-Opfer dastand.

In der chronologischen Aufzählung seiner Hauptanstellungen im Zeitraum 1931 bis 1945 gab er an, von 1931 bis 1940 als freischaffender Künstler tätig gewesen zu sein. Im Juni 1940 wurde er zur Wehrmacht eingezogen, doch sein Dienstverhältnis wurde bald wegen einer Erkrankung beendet. Es erfolgte die erneute Einberufung in die Wehrmacht, und wieder wurde Faiss krank. Nach zehn Monaten wurde er als dienstuntauglich aus der Armee entlassen und arbeitete wieder als freischaffender Künstler. Dann war er von November 1942 bis Dezember 1943 für die Kunsthochschule Frankfurt tätig, hatte dort angeblich eine außerordentliche Professur für Maltechnik und war Vorklassenleiter, wegen neuerlicher Erkrankung musste er den Dienst jedoch quittieren und war von Dezember 1943 bis zum Kriegsende arbeitsunfähig. Sein Lehrergehalt wurde gestrichen und die amerikanische Militärregierung entließ ihn offiziell im Juni 1945. Laut einer amtsärztlichen Bescheinigung von 1947 galt „Professor“ Faiss als Kriegsversehrter mit einer siebzigprozentigen Erwerbsminderung (Versehrtenstufe 3). Die Diagnose lautete: Herzprobleme, als Beweismittel dienten Lazarettpapiere. Im Rahmen des Entnazifizierungsverfahrens stellte der Landespolizeiposten in Dießen fest, Faiss wäre in keiner Weise politisch in Erscheinung getreten, strafrechtlich sei nichts Nachteiliges über ihn bekannt, polizeiliche Informationen seien keine vorhanden. Faiss musste der Spruchkammer jedoch erklären, warum er sich noch 1940 um die Mitgliedschaft in der Partei bemüht und in den Kriegsjahren durch die Nationalsozialisten die Hochschulstelle erhalten hatte. Dafür gab er mehrere Gründe an, die alle einer Überprüfung nicht standhalten. So wäre er seit 1933 ständigen Verfolgungen und Drangsalierungen ausgesetzt gewesen. Deren Hauptursachen hätten in seiner Mitgliedschaft in der KPD, in der Beteiligung an Arbeiterausstellungen mit Künstler:innen wie Ernst Barlach (1870–1938), Otto Dix (1891–1969), George Grosz

(1893–1959), Käthe Kollwitz (1867–1945) und anderen und in der offiziellen Bekanntgabe seiner Beteiligung an einer China-Hilfsexpedition der Roten Hilfe gelegen. Die nationalsozialistische Presse hätte ihn als „Kulturbolschewisten" beschimpft und starke Nachstellungen hätten begonnen. Beim letzten Versuch, im Jahr 1937 Arbeiten auszustellen, hätte der Gauleiter von Baden gedroht, ihn wegen seiner „entarteten Bilder" ins KZ Dachau zu stecken. Nur dem „zufälligen" Dazwischentreten des Fürsten von Fürstenberg hätte er es zu verdanken gehabt, dass er der Verhaftung entkam.[503] In diesem Stile geht es in Faiss' Verteidigung weiter, seine vorgebrachten Argumente sind eine Melange aus erfundenen Geschichten und Halbwahrheiten, die sich kaum entwirren, aber auch nicht belegen lassen.[504]

Faiss wurde nie aus der Reichskammer der bildenden Künste ausgeschlossen. Deshalb ist es auch nicht unverständlich, dass von ihm zu Beginn des Nationalsozialismus noch Arbeiten durch öffentliche Träger erworben wurden. Die vor 1933 entstandenen Holzschnitte, zu denen auch die beiden im Kunstmuseum Stuttgart gehören, weisen auf den ersten Blick keine ästhetischen Merkmale auf, die sie zwangsläufig in einen Gegensatz zur Kunstdoktrin des Nationalsozialismus hätten bringen müssen. Das gilt für die Drucke *Stadt* und *Landschaft in Tirol* ebenso wie für die Grafiken in der Staatsgalerie Stuttgart, die im Zeitraum 1926 bis 1933 entstanden und so unverfängliche Titel haben wie *Mutter, Arbeiterbildnis (Gasarbeiter), Hochspannungsmasten am Rhein* oder *Schwäbisches Dorf*. Faiss war in der Technik des Holzschnitts ein Schüler Grafs, der bekannt war für seine Unterstützung moderner Kunstströmungen. Als Professor der Stuttgarter Kunstakademie bekam Graf die Verfolgung unmittelbar durch seine Entlassung 1938 zu spüren. Eine Ausstellung seiner Holzschnitte und die seiner Meisterschüler im Württembergischen Kunstverein 1934 soll wegen politischen Drucks abgesagt worden sein. Möglicherweise sollten hier Faiss' Arbeiten ebenfalls ausgestellt werden, er selbst erwähnt diesen Vorfall in seiner Verteidigung nicht. Faiss konnte noch bis mindestens 1937 ausstellen, etwa 1936 zusammen mit dem expressionistischen Maler Josef Scharl im Grafischen Kabinett von Günther Franke in München.

Zum einen passte sich Faiss von 1933 bis 1937 an, indem er der Künstlergilde Landsberg beitrat, und zum anderen zeigte er seine Arbeiten weiterhin bei Förderern der modernen Kunst wie dem Galeristen Franke. Ob das Verdikt des „entarteten" Künstlers und die Verbote über ihn jemals ausgesprochen wurden, ist unklar, da ja ein offizieller Ausschluss aus der Reichskulturkammer nie erfolgte. Stattdessen nutzte er die vorhandenen Spielräume, um auszustellen und zu verkaufen. Und nach seiner eigenen Auflistung seiner Einkünfte verdiente er mit seinen grafischen Arbeiten erstmals 1941 richtig gut. Von einem Verbot kann daher keine Rede sein. In Dießen versuchte er ausschließlich von seiner Arbeit als freischaffender Künstler zu leben. Im Gewerberegister ist er nicht verzeichnet. Hätte er als Heilpraktiker gearbeitet, hätte er das als Gewerbe anmelden müssen, weil diese Tätigkeiten gewerbesteuerpflichtig waren. Dagegen waren Künstler und Ärzte Freiberufler, die sich nicht registrieren lassen mussten. Die Behauptung, Faiss hätte nur heimlich arbeiten können, ist eine Mär. Das alles legt den Verdacht nahe, dass er in den USA an seiner eigenen Verfolgungslegende gestrickt hat, um als Faschismusopfer besser Karriere machen zu können. Dafür sprechen die Hinweise, dass sein Lebenslauf umgeschrieben und dramatisiert wurde. Inwieweit die amerikanischen Medien daran einen Anteil hatten oder Faiss daran selbst aktiv mitwirkte, lässt sich schwer beurteilen. Was immer auch die Wahrheit ist, Faiss gelang der erfolgreiche Neustart in den USA.

10 KÜNSTLERINNEN

In der Erwerbungspolitik des städtischen Kunstreferats wurden Künstler gegenüber Künstlerinnen eindeutig bevorzugt, wobei zu bedenken ist, dass es insgesamt weniger Künstlerinnen als Künstler gab. In der Gemäldesammlung standen den Werken von 417 Männern die Arbeiten von 44 Frauen gegenüber, sie waren mit weniger als 10 Prozent vertreten. In der grafischen Sammlung war das Ungleichgewicht etwas geringer, hier waren es 18 Prozent – 28 Frauen in Relation zu 123 Männern, also nicht ganz ein Fünftel.[505] Darunter gab es 13 Künstlerinnen, von denen sowohl Gemälde als auch Grafiken erworben wurden, von den übrigen 15 Künstlerinnen gab es nur Arbeiten auf Papier in der Städtischen Galerie. Die Stuttgarter Künstlerin Clara Rühle, eine Schülerin Hölzels und Studentin der Damenklasse der Kunstakademie Stuttgart, gehört zu denjenigen, die mit Malerei und Grafik vertreten waren beziehungsweise sind.[506] Rühle leitete zwölf Jahre als Vorsitzende den Württembergischen Malerinnen-Verein und war Mitglied der NSDAP[507].

Selbst wenn wir bedenken, dass die Zahlen auf der Grundlage des aus dem Krieg geretteten und stark dezimierten Gemälde- und Grafikbestands errechnet worden sind[508] und der Frauenanteil vielleicht ursprünglich höher gewesen ist, wird doch erkennbar, dass die Arbeiten von Männern priorisiert wurden. Die statistische Auswertung der Motive, die von Künstlerinnen ausgewählt wurden, zeigt, dass der Schwerpunkt bei den 36 erhaltenen Grafiken auf dem Landschafts- und Städtebild lag.[509] Die Motive und Bildinhalte erscheinen auf den ersten Blick eher unpolitisch und nicht propagandistischer Natur, doch bei näherer Betrachtung lassen sich Bezugspunkte zur nationalsozialistischen Weltsicht und zum NS-Regime feststellen. Aber es gibt auch Künstlerinnenbiografien wie die von Erna Raabe von Holzhausen, die ambivalent zu sein scheinen und vor deren Hintergrund der Ankauf durch die Nationalsozialisten als ungewöhnlich erscheint. Raabes im November 1937 erworbenes Pastell *Gebirgslandschaft* ist ein solch merkwürdiger Ankauf, zu dem noch drei weitere Bilder von ihr gehörten.[510] Bemerkenswert ist die Erwerbung deshalb, weil Raabe eine sehr enge freundschaftliche Beziehung zur Stuttgarter Malerin und Grafikerin Käthe Loewenthal (1878–1942) unterhielt, ein Verhältnis, das vielleicht sogar eine Lebenspartnerschaft zwischen den beiden Frauen war. Loewenthal war als 14-jähriges Mädchen in der Schweiz zum christlichen Glauben übergetreten und dort konfirmiert worden. Ihre Familie gehörte zur assimilierten jüdischen Bevölkerung und lebte den entsprechenden Glauben und die Traditionen nicht mehr. Im Dritten Reich holte Loewenthal ihre jüdische Herkunft jedoch wieder ein: Sie wurde aus dem Württembergischen Malerinnen-

Verein, dem Stuttgarter Künstlerbund sowie der Stuttgarter Sezession, die sich gleichschalten ließen, ausgeschlossen und mit einem Arbeits- und Malverbot belegt.[511] Das alles ging einher mit dem Verlust ihres städtischen Ateliers und einem Ausstellungsverbot, wodurch ihr der Beruf und das Einkommen genommen wurden. Von 1933 bis 1942 lebte sie in erster Linie von ihren Ersparnissen. Mitte der 1930er-Jahre hielt sie sich mehrfach in der Schweiz auf und überlegte, dorthin zu emigrieren. Sie kehrte aber nach Stuttgart zurück, um ihre inzwischen schwer erkrankte Freundin Erna zu pflegen, die im Januar 1938 starb. Die langjährigen Freundinnen führten jeweils einen eigenen Haushalt in ihren Wohnungen und waren finanziell unabhängig. Im Jahr 1941 wurde Loewenthal gezwungen, in ein „Judenhaus" zu ziehen, dann folgte der Umzug in ein „jüdisches Altenheim" und schließlich 1942 die Deportation in das Durchgangslager Izbica bei Lublin, wo sie ermordet wurde.[512] Angesichts des Verfolgtenschicksals der engsten Freundin erhebt sich die Frage nach Raabes Verhältnis zum Nationalsozialismus. Warum verkaufte sie nach der Aktion „Entartete Kunst" vier ihrer Werke einem Regime, das ihrer treuen Gefährtin die Lebensgrundlage entzog und die Existenzberechtigung absprach? Benötigte sie dringend Geld zur Behandlung ihrer Krankheit oder wünschte sie, dass in der Städtischen Galerie einige ihrer Bilder überdauerten und posthum an sie erinnerten? Über ihr Motiv ist ebenso wenig bekannt wie über ihr Verhältnis zum Nationalsozialismus. Anders als Loewenthal muss sie aber noch Mitglied in der Reichskammer der bildenden Künste gewesen sein. Wenn die beiden Frauen ein lesbisches Paar gewesen sein sollten, so war das offensichtlich ein wohlgehütetes Geheimnis. Bei ihrem Pastell *Gebirgslandschaft,* das vielleicht um 1935 entstanden ist,[513] bestand jedenfalls nicht die Gefahr einer Ablehnung durch die Kunstkommission. Berglandschaften erfreuten sich großer Beliebtheit (Abb. 129).

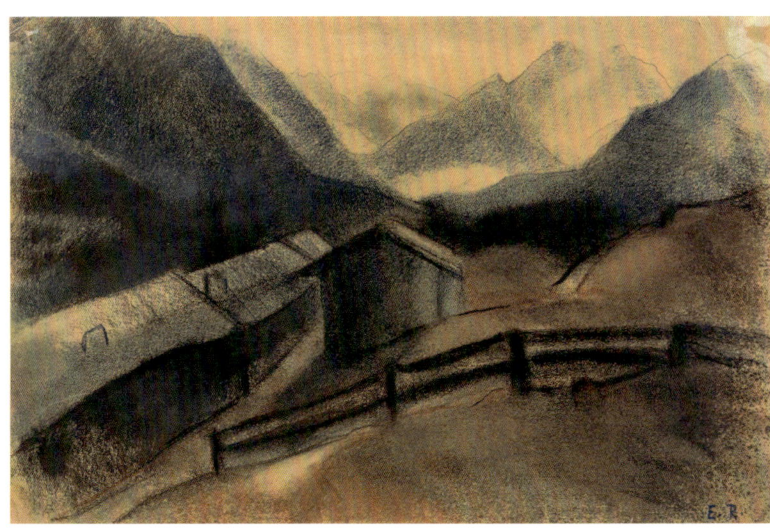

Abb. 129
Erna Raabe von Holzhausen, *Gebirgslandschaft,* o. J. (1935?), Pastell, 32 × 49 cm

Das Verhältnis von Künstlerinnen zum NS-Regime soll hier an vier weiteren Biografien genauer studiert werden. Es sind die Malerinnen und Grafikerinnen Dora Brandenburg-Polster, Grete Csaki-Copony, Olga Waldschmidt und Ruth Zimmermann. Alle vier Frauen waren mit Männern verheiratet, die sich – vorsichtig formuliert – dem Nationalsozialismus angepasst hatten oder sich offen zu ihm bekannten oder – wie im Fall von Richard Csaki und Arnold Waldschmidt (1873–1958) – kultur- und kunstpolitisch relevante Funktionen im Regime ausführten und damit mehr als nur opportunistische Mitläufer waren. Daher stellt sich die Frage, inwieweit die Erwerbungen der Arbeiten von Brandenburg-Polster, Csaki-Copony und Waldschmidt auch etwas mit dem Verhältnis ihrer Ehepartner zum Regime zu tun hatten oder ob sie davon völlig losgelöst zu betrachten sind.[514] Diese Frage ist nur schwer zu beantworten, weil zwar über das Verhältnis der Ehemänner zum NS-Regime einiges bekannt ist, dagegen in der spärlichen Literatur über die Künstlerinnen aber kaum ein Wort über ihre Beziehung zum Nationalsozialismus verloren wird. Eine Ausnahme bildet die Entnazifizierungsakte von Ruth Zimmermann, geb. Fischer, deren Ehemann Bernhard Zimmermann für den Sicherheitsdienst arbeitete.[515] In allen vier Fällen waren die Erwerbungen ihrer Arbeiten durch die Städtische Galerie Stuttgart im Dritten Reich bis vor kurzem unbekannt. Im Fall Csaki-Copony wurde nie von einem Ankauf ausgegangen, weil sich die Malerin kritisch über die Nationalsozialisten geäußert und ihre Verkäufe im Verlauf ihres sehr langen Lebens nie erwähnt hatte.

Eines illustrieren die angekauften Werke aller vier Malerinnen: Ihre Arbeiten standen in Form und Inhalt nicht im Widerspruch zur herrschenden Kunstdoktrin. Sie ließen sich in die bestehende Sammlung integrieren, ohne Anstoß zu erregen. Es kann daher nicht verwundern, dass von Brandenburg-Polster und Csaki-Copony jeweils ein Bauernstubeninterieur angekauft wurde und dass die Erwerbung von Brandenburg-Polsters Aquarell *Gletscher* und Waldschmidts *Fischer* im Kontext der weit verbreiteten Affinität zu Norwegen gesehen werden kann.

Von allen vier Künstlerinnen ist Dora Brandenburg-Polster die Älteste. Sie feierte bereits als junge freie Buchillustratorin, Malerin, Grafikerin und Designerin in München vor dem Ersten Weltkrieg große Erfolge, während Csaki-Copony und Waldschmidt mit ihren Arbeiten erst in den 1920er-Jahren hervortraten. Zimmermann war noch bis 1932 Meisterschülerin in Königsberg und hielt sich dann die nächsten beiden Jahre zu Studienzwecken in Rom und Florenz auf. Als Kunstmalerin selbstständig war sie erst ab 1943.

Bei allen vier Künstlerinnen drängt sich für die Jahre des Nationalsozialismus jedoch der Eindruck auf, dass sie in dieser Lebens- und Schaffensphase im Schatten ihrer Männer arbeiteten, die mit ihrer Tätigkeit stärker im Blickpunkt der Öffentlichkeit und Medien standen. Dazu trug auch der gegenemanzipatorische Geschlechterentwurf bei, in dem die Rolle der Frau, die „Neue Frau", auf die der Mutter und Hausfrau zurückgeschnitten wurde. Die selbstständige, emanzipierte und ihren eigenen Unterhalt verdienende oder dazu beitragende Künstlerin wurde gemäß dieses Rollenverständnisses zumindest nicht mehr offiziell gefördert, auch wenn sie selbstverständlich im Dritten Reich nicht verschwunden war.[516] So trug zum Beispiel Brandenburg-Polster vor allem zum Lebensunterhalt der Familie bei, weil die Autorenhonorare aus der schriftstellerischen Arbeit ihres Mannes unregelmäßig kamen. Dagegen war sie selbst bereits vor dem Ersten Weltkrieg eine Geschäftsverbindung mit der Nähmaschinenfabrik Pfaff eingegangen, die von Dauer war. Anfangs entwarf sie Werbung, später entwickelte sie eine ganz neue Art, mit der Nähmaschine zu sticken. Sie fertigte Entwürfe für Broschen und andere Dinge an, die die Vielseitigkeit der Nähmaschine dokumentierten. In ihren „Lebens- und Reiseblättern" schrieb Brandenburg-Polster über ihre Zusammenarbeit mit den Nähmaschinenfabrikanten: „Eines Tages meldete sich telegrafisch der Nähmaschinenfabrikant M. G. Pfaff aus Kaiserslautern bei uns an. [...] Frisch und fröhlich ging ich an meine Entwürfe, die auch immer gefielen. Geldsorgen hatten wir nun nicht mehr."[517] Brandenburg-Polsters freie Tätigkeit als Werbegrafikerin und Textildesignerin für Pfaff war die tragende Säule des Familienunterhalts. Die Künstlerin nahm ihren Beruf ernst und daran änderte sich auch nichts, als sie 1919 ihr erstes und einziges Kind bekam. Sie arbeitete weiter: „Eine neue, große Aufgabe war in mein Leben getreten, aber als sich eine Tiroler Bäuerin als treue zuverlässige Kinderfrau zu uns gefunden hatte, konnte ich mich wieder meiner Kunst widmen. Bei mancher begabten Malerin hab ich erlebt, daß sie als Frau und Mutter der Kunst Lebewohl sagte, aber ich hätte das nie gekonnt. Aber ich weiß aus Erfahrung, daß es eines der Schwersten ist, diese beiden Berufungen zu vereinigen."[518]

Brandenburg-Polster bemühte sich im Zeitraum von 1936 bis 1938 auch darum, dass die staatlichen Kunstsammlungen Werke von ihr ankauften. Das veranschaulicht, wie ernst es ihr um ihre Kunst war und wie sehr sie sich anstrengte, Arbeiten zu verkaufen.[519] Ähnlich gab auch Zimmermann in ihrem für ihren Entnazifizierungsprozess geschriebenen Lebenslauf an, für ihren kriegsversehrten Ehemann von 1935 bis 1936 den Haushalt geführt zu haben.

Die komplexe Gemengelage mag auch mit erklären, warum über die Arbeit insbesondere von Brandenburg-Polster, Csaki-Copony und Waldschmidt im Dritten Reich sehr wenig überliefert und bekannt ist. Ein weiterer Grund für die lückenhafte Rezeption könnte schließlich noch der künstlerische Rückzug wie im Fall von Csaki-Copony gewesen sein. Zweifelsohne spielte bei der Rezeption nach 1945 wohl auch eine Rolle, dass das Werk der Künstlerinnen nicht in den ‚negativen Sog' hineingezogen werden sollte, der vom Werk ihrer Männer ausging, weil jene im Nationalsozialismus aus unterschiedlichen Motiven mitgemacht oder aus Überzeugung kollaboriert hatten. Gerade wegen des Verhältnisses der Ehemänner zum Regime stellen sich heute Fragen zum Verhältnis ihrer Ehefrauen zum Nationalsozialismus.

Ruth Zimmermann

Über die im preußischen Königsberg 1911 geborene Künstlerin sind bisher nur drei Quellen bekannt: ihr Aquarell *Die Garnisonskirche in Stuttgart um 1850*, ihre Spruchkammerakte und ein Zeitungsartikel, der anlässlich ihres Todes im „Schwäbischen Tagblatt" erschien[520]. Wäre das minutiös gezeichnete, in seiner Architekturdarstellung entfernt an den niederländischen Realismus des 17. Jahrhunderts erinnernde Aquarell nicht unter unbekannten Umständen 1938 in die städtische Kunstsammlung gelangt, wäre die Malerin wohl weiterhin vergessen geblieben. Von ihr ist nur das eine Bild bekannt, obwohl sie 1946 gegenüber der amerikanischen Militärregierung als Beruf „Kunstmalerin" angab und in der Gedächtnisausstellung in der Aula der Realschule in Stuttgart mehr von ihren Arbeiten zu sehen gewesen sein müssen. Über die Kindheit und Jugend ist nur so viel bekannt, dass sie aus einem gut situierten Elternhaus kam. Dort verkehrten Künstler:innen wie unter anderem der ostpreußische Maler Alexander Kolde (1886–1963), ein Meisterschüler von Lovis Corinth (1858–1925), Käthe Kollwitz (1867–1945), Max Liebermann (1847–1935) und Max Pechstein (1881–1955). Auch der spätere Widerstandskämpfer Karl Gördeler soll Gast der Familie Fischer gewesen sein. Ihrem Nachruf zufolge besuchte Ruth Zimmermann die Kunstakademien in Dresden, Berlin und München. Nach eigener Aussage beendete sie ihr Kunststudium in Königsberg offenbar als private Meisterschulerin von Kolde. Ihr Vater ermöglichte ihr einen langjährigen Italienaufenthalt für ihre Kunststudien. 1936 ließ sie sich in Ludwigsburg nieder und heiratete ein Jahr später den Musikdirektor Bernhard Zimmermann aus Köln, der im Auftrag der Regierung deutsches Volksliedgut sammelte und für den Sicherheitsdienst arbeitete. Ruth Zimmermann soll ihn bei seiner Sammeltätigkeit unterstützt haben. Zu Beginn des Zweiten Weltkriegs stellte sie sich zur Lazarettarbeit zur Verfügung und unterrichtete Verwundete in handwerklichen Tätigkeiten. Ihre Ehe zerbrach und sie siedelte nach der Trennung in den Maler- und Künstlerort Nidden auf der Kurischen Nehrung um. Dort widmete sie sich wieder ausschließlich der künstlerischen Arbeit und stellte erfolgreich in Königsberg, Memel und Berlin aus. Nach ihrer Flucht aus Ostpreußen 1945 wurde sie in Ludwigsburg verhaftet und kam ins dortige Zuchthaus, wo sie vom 13. Juli 1945 bis zum 4. Februar 1946 inhaftiert war. Anschließend wurde sie im amerikanischen Gefangenenlager Camp 77 bis zum 24. Dezember 1946 interniert.

Ihre fast eineinhalbjährige Haftstrafe ist so ungewöhnlich wie der Umfang ihrer Spruchkammerakte. Der Grund für ihre sofortige Verhaftung und lange Internierung waren ihre vielfältigen Tätigkeiten in verschiedenen NS-Organisationen und ihr in der Spruchkammerakte mehrfach angesprochener schlechter Leumund. In der Öffentlichkeit war die junge Frau weniger durch ihr künstlerisches Werk hervorgetreten als durch ihre Taten als „Aktivistin, Propagandistin und Denunziantin mit nicht gutem

Charakter", wie es in der Anklage hieß.[521] Durch Bernhard Zimmermann hatte sie Verbindungen zum Sicherheitsdienst gehabt, die sie mehrfach zur Denunziation von Menschen aus ihrer Umgebung nutzte. Ruth Zimmermann, die 1939 NSDAP-Mitglied geworden war, wurde von ihrer Umwelt als überzeugte Nationalsozialistin wahrgenommen, die Andersdenkenden scharf entgegentrat und sich nicht scheute, Berichte über sie zu verfassen, die sie dann an zentrale Parteistellen weitergab. Nach Zeugenaussagen war sie in ihrer Ehe als Parteiaktivistin der aktivere Part. Bei einem Verhör mit einem amerikanischen Vernehmungsoffizier räumte sie ein, „bis 1942 eine gute Nationalsozialistin"[522] gewesen zu sein. Ab dann hätte sich jedoch angeblich ihre Haltung geändert. Glaubwürdig fanden die Amerikaner ihre Aussage nicht, denn Ruth Zimmermann wurde noch 1942 Scharführerin im Bund Deutscher Mädel, wo sie als Fachkraft für Werkarbeit eingesetzt wurde. Zudem hatte sie sich seit 1938 im nationalsozialistischen Frauenverband Deutsches Frauenwerk und ab 1940 als Schulungsleiterin in der Deutschen Arbeitsfront betätigt, wo sie laut Anklageschrift Sätze und Redewendungen von Referentinnen an die Leitstelle des Sicherheitsdiensts Stuttgart weitergegeben haben soll. Wegen ihres überzeugten Engagements für den Nationalsozialismus war die Stadt Ludwigsburg nicht bereit, sich für ihre vorzeitige Haftentlassung einzusetzen.

Der Fall Ruth Zimmermann ist einer der drastischsten unter den Künstler:innen, die vom NS-Staat überzeugt waren. Umso ungewöhnlicher erscheint vor diesem Hintergrund Zimmermanns historisierendes, genrehaftes Aquarell der Stuttgarter Hospitalkirche. Dieses Gotteshaus gehört zu den drei großen mittelalterlichen Kirchengründungen in der Altstadt und wurde nach seiner Zerstörung im Krieg nur teilweise wieder aufgebaut. Die Welt von 1850, die Zimmermann im Schatten der Kirche wieder aufleben lässt, mutet biedermeierzeitlich an. Wie auch bei anderen Heimatbildern zeigt sich hier eine Flucht in die ländliche, kleinstädtische Idylle, in die „gute alte" Zeit (Abb. 130).

Abb. 130
Ruth Zimmermann, *Hospitalkirche in Stuttgart um 1850*, um 1938, Aquarell, 34 × 24 cm

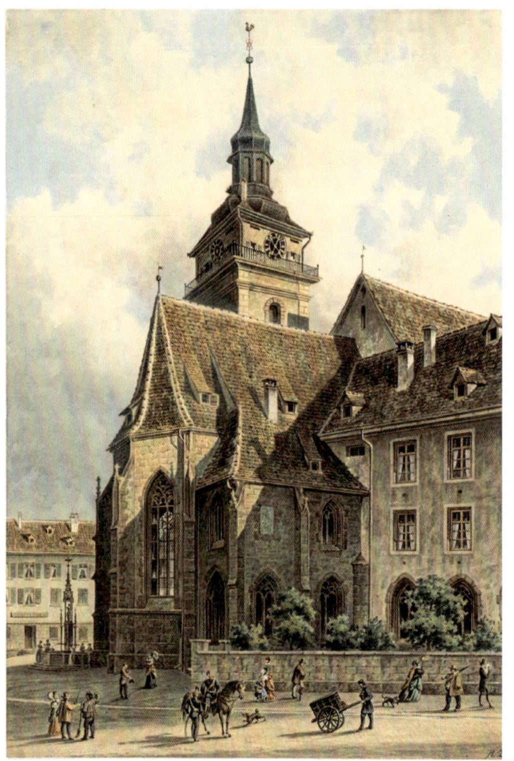

Dora Brandenburg-Polster

Wie bei Ruth Zimmermann gibt es keine Monografie über die Künstlerin und keinen Überblick über ihr Œuvre, das weitgehend zerstreut wurde und dessen aktueller Aufbewahrungsort nicht bekannt ist. Die spärliche Literatur über ihre Arbeit blendet die Jahre von 1933 bis 1945 aus.[523] Fast ausschließlich werden ihre Erfolge vor der „Machtergreifung" behandelt. Über das

Leben und Werk ihres Mannes Hans Brandenburg gibt es immerhin eine Doktorarbeit, doch darin kommt seine Frau kaum vor.[524]

Dora Polster kam 1884 in Magdeburg zur Welt. Ihr Vater war Ingenieur und sein Beruf bedingte einen häufigen Ortswechsel der Familie. Ihre Kindheit und Schulzeit verbrachte Dora Polster in Stuttgart. Als sie 13 Jahre alt war, zog die Familie nach Eisenach. Dort besuchte Dora Polster eine Zeichenschule, mit 15 Jahren ging sie auf die großherzogliche Zeichenschule und zwei Jahre später, im Jahr 1902, nahm sie in München ein Studium am Lehr- und Versuchs-Atelier für angewandte und freie Kunst auf, einer privaten Kunstgewerbeschule, die von Wilhelm von Debschitz (1871–1948) gegründet worden war und geleitet wurde. 1907 beendete sie ihr Studium und führte anschließend für Debschitz Aufträge im Bereich Kunstgewerbe aus. Meriten erwarb sie sich als Grafikerin und Buchillustratorin. Ihre Holzschnitte und Lithografien sowie Arbeiten für das Figurentheater „Schwabinger Schattenspiele" fanden viel Zuspruch. Als freischaffende Künstlerin spezialisierte sie sich auf Landschafts- und Tiermalerei.

Durch ihre Arbeit als Illustratorin war sie in der Münchner Verlags- und Literaturszene gut bekannt und pflegte Umgang mit Autor:innen wie Stefan George, Ricarda Huch, Rainer Maria Rilke und anderen mehr. Dabei lernte sie auch den Schriftsteller Hans Brandenburg kennen, der vom modernen Ausdruckstanz fasziniert war. Dora Polster und Hans Brandenburg wurden ein Liebespaar und heirateten 1911. Brandenburgs zwei Jahre später herausgegebenes Buch über den modernen Tanz stattete Dora Brandenburg-Polster mit Illustrationen aus. Es folgten weitere Bücher ihres Mannes, für die sie Illustrationen anfertigte.

Das Künstlerehepaar machte Reisen, besuchte Italien, die Niederlande, auch Norwegen. Dora Brandenburg-Polster war besonders an den nordeuropäischen Ländern interessiert. 1919 kam ihr einziges Kind, die Tochter Charlotte, zur Welt.

Welche Haltung sie gegenüber dem NS-Regime einnahm, lässt sich schwer beurteilen, weil nur wenige schriftliche Quellen darüber Auskunft geben. Dazu gehören zwei biografische Selbstdarstellungen: die von 1952 bis 1955 verfassten „Kindheits- und Jugenderinnerungen" sowie die „Lebens- und Reiseblätter", in denen Brandenburg-Polster über einige Reisen, ihre Arbeit und ihr Leben erzählt.

Den mündlichen Überlieferungen der Familie zufolge stand sie dem Nationalsozialismus fern.[525] Sie wäre eine unpolitische Künstlerin gewesen, die der Meinung war, das NS-Regime hätte „gute Pläne für Deutschland"[526]. Weder sie noch ihr Mann waren Mitglied in der NSDAP. Allerdings stand Hans Brandenburg im Dritten Reich für die „nationale Erneuerung" des Theaters und saß im Bundesausschuss des Reichsbundes der deutschen Freilicht- und Volksschauspiele. Auch war er Mitglied im Bamberger Dichterkreis, der für den Nationalsozialismus eintrat. Dieser Kreis kam von 1936 bis 1943 jährlich zusammen und wurde von Schriftstellern getragen, die in der Mehrzahl das NS-Regime unterstützten und zu einer nationalsozialistischen, völkischen Literatur beitragen wollten. Schirmherr des Dichterkreises war der NSDAP-Politiker, SA-Führer und Bamberger OB Lorenz Zahneisen. Unter seiner Ägide als Kreisleiter der NSDAP ging die Synagoge der Stadt in der Reichspogromnacht 1938 in Flammen auf. Brandenburgs politische Haltung in dieser Zeit war zwiespältig. Einerseits spielte er „als Nicht-Parteigenosse in der NS-Kulturpolitik eine willfährige Rolle“[527], andererseits „überstand er das Dritte Reich ohne Opposition und ohne direkte Verstrickung“[528]. Brandenburg „hat sich – wie viele andere – opportunistisch verhalten. Er war kein Held und ist nicht durch kämpferischen Widerstand hervorgetreten. [...] nach dem Zusammenbruch der deutschen Armeen vor Moskau im Dezember 1941 [hat er] sich in Böbing/Oberbayern vergraben und dort mehr schlecht als recht den Krieg überlebt.“[529] Im Dritten Reich veröffentlichte er durchaus Bücher und Texte, in der Münchner Literaturszene war er seit den Zwanzigerjahren bekannt und hatte seine Leserschaft. 1939 beteiligte er sich an Werbetexten über München, die im Auftrag des OB herausgegeben wurden.[530] Um weiterhin publizieren zu können, passte er sich an. Diese komplizierte Gemengelage könnte erklären, warum einige Arbeiten von Dora Brandenburg-Polster in die grafische Sammlung der Stadt Stuttgart gelangten, obwohl sie mit ihren Wohnsitzen in München und, in den Kriegsjahren, in Böbing nicht dem geografischen Sammlungsschwerpunkt entsprach und auch ansonsten keine künstlerische Verbindung zur schwäbischen Landeshauptstadt bekannt ist. Immerhin wurde auch ihre Arbeit in den späten Dreißigerjahren gewürdigt. Im Februar 1939 erschien eine ausführliche Besprechung in der Zeitschrift „Die Kunst für alle“, verfasst von dem Münchner Schriftsteller, Bühnenautor und Theaterkritiker Josef Magnus Wehner. Wehner, der als Kriegsfreiwilliger im Ersten Weltkrieg gekämpft hatte und bei Verdun schwer verwundet worden war, hatte seinen literarischen Durchbruch 1930 mit dem kriegsverherrlichenden Roman „Sieben vor Verdun“, eine Art ‚Anti-Antikriegsroman‘, mit dem er auf Erich Maria Remarques „Im Westen nichts Neues“ ablehnend reagierte und das Weltkriegserlebnis und die Kriegsbegeisterung als Erweckungserlebnis feierte. 1931 ehrte die Stadt München Wehner mit ihrem Literaturpreis. Von den Nationalsozialisten wurde er 1933 in die Sektion „Dichtkunst“ der Preußischen Akademie der Künste berufen, nachdem diese „gesäubert“ worden war. Er wird mit dem Ehepaar Brandenburg entweder gut bekannt oder sogar befreundet gewesen sein. Die beiden Männer dürften sich von ihrer Theaterarbeit her gekannt haben. Wehners nationalistische und rassistische Ansichten fanden auch ihren Niederschlag in seiner Besprechung von Dora Brandenburg-Polsters Arbeit und der dort getroffenen Bildauswahl. Zu Beginn steht eine Abbildung von ihrem Gemälde *Heimkehrende Rinderherde,* das eine Kuhhirtin mit ihren Tieren zeigt, und am Ende eines ihrer Norwegen-Aquarelle, auf dem der Hafen von Bergen zu sehen ist. Das bäuerliche Leben war eines der Themen, die Brandenburg-Polster darstellte. Ottilie Thiemann-Stoedtner schreibt 1973 dazu: „Ganz einmalig, selbständig und dabei sehr originell erscheint sie [Brandenburg-Polster] in Gemälden mit Motiven des bäuerlichen Lebens. Hier wirkt sie oftmals kindlich, den Sonntagsmalern nahestehend in ihrem Eifer, alles zu erschauen, zu erfassen und darzustellen.“[531] Die Szenen bäuerlichen Lebens in der bayrischen Provinz scheinen vor allem in der Zwischenkriegszeit entstanden zu sein. Ein Beispiel dafür ist das Gemälde *Die Dreschmaschine,* das das Bild eines intakten Landlebens mit Knechten und Mägden zeichnet.[532] Wehner bezieht gleich zu Beginn seiner Ausführungen nicht überraschend eine antimodernistische Position und legt die Künstlerin wegen seiner antifeministischen Haltung auf ein traditionelles Frauenbild, auf das „Naturwesen“ und die „Hüterin der Art“, fest:

> „Wir spüren alle die verhängnisvolle Unordnung, die in das Ganze einzog und es zerspaltete, seit die technischen Ordnungen eine neue, rücksichtslose Gegenwelt aufbauten – und hier, im Aufbruch des Volkes, das die Gefahr der Spaltung im Politischen und Kulturellen erkannt hat, liegt die Aufgabe des Künstlers: die Erkenntnis des organischen Zerfalls schlechthin anschaulich zu machen. Auf negativem Wege hat das die ‚entartete Kunst‘ gründlich getan und ist wider Willen zu einem Geburtshelfer des neuen Lebensgefühls geworden. In gläubiger Bejahung und selbstloser Hingabe nun den Weg in das Wesen der Natur zu öffnen, bleibt der schöne Dienst der deutschen Kunst. Von hier aus betrachtet, gewinnt die Kunst der Malerin Dora Brandenburg-Polster ihre erste geschichtliche und weltanschauliche Festigung. Sie steht als fromme Gestalterin mitten im Haushalt der Elemente. Ihre Bilder sind Legenden naturhaften Lebens, Sinnbilder eines Daseins in Ur.“[533]

Geradezu mythisiert und heroisiert werden an gleicher Stelle Brandenburg-Polsters Norwegen-Bilder, die während ihrer ersten und einzigen Reise 1934 entstanden:

> „Mutterseelenallein wanderte sie durch die unberührten Landschaften Norwegens, in den Hochtälern der Gletscher und Wasserfälle [...]. Die Künstlerin steht auf der Höhe ihrer Kraft. Immer klarer siegt der appolinische Weltblick über die dionysische Bedrängnis: ihre norwegischen Aquarelle atmen die Größe und den Frieden einer gebauten Götterwelt. Sie drang bis an die felsigen, von Wasserstürzen umschleierten Hochsitze der Mythen vor. Aber sie ist eine Freundin der einfachen Menschen geblieben, die den Elementen innewohnen wie Kinder dem Vaterhause. Wochenlang lebte sie mit norwegischen Fischern auf einer kleinen Felseninsel in der schlichten Reinheit eines Lebens, das Anfang und Ende zugleich ist.“[534]

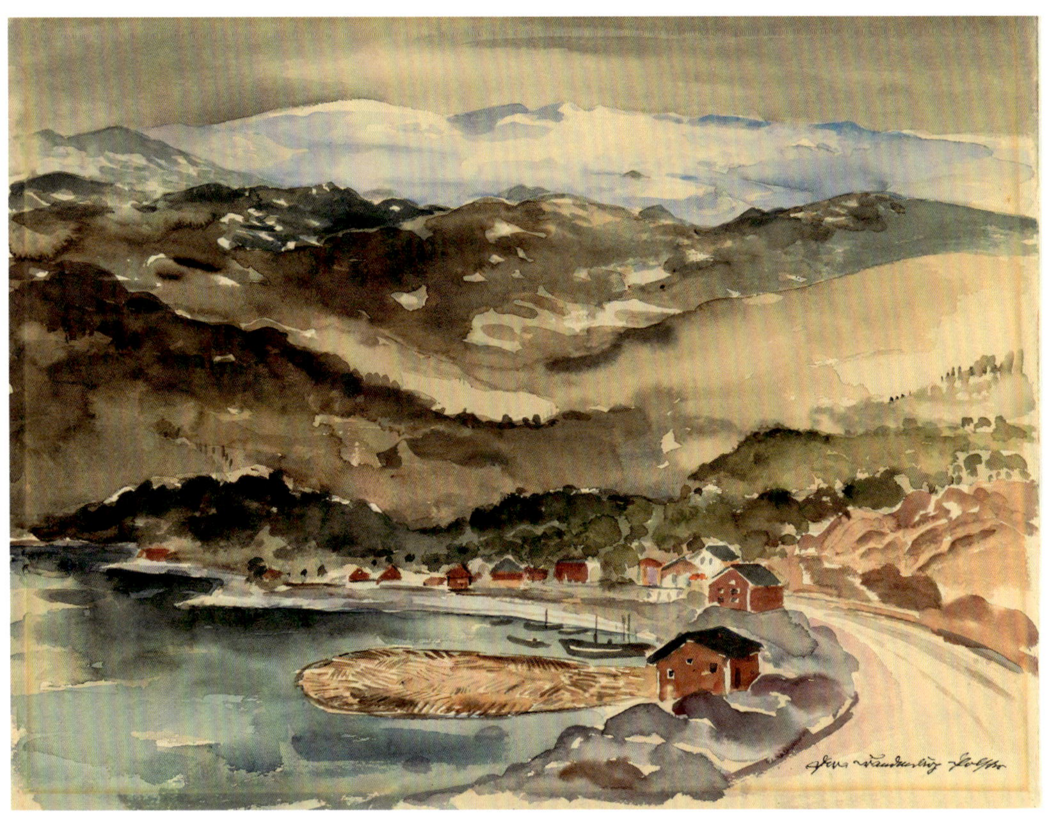

Abb. 131
Dora Brandenburg-Polster, *Gletscher* [Hardangerjøkul, Norwegen], 1934, Aquarell, 36 × 47 cm

Die Stadt Stuttgart erwarb eines dieser Norwegen-Aquarelle. Es trägt heute den Titel *Gletscher* und zeigt den Hardangerjøkul, eine großartige, erhabene Naturkulisse, die von dem Gletschermassiv gekrönt wird. Hier scheint das Leben noch ganz nah an der Natur und fernab der industrialisierten Zivilisation zu sein. Auf dem Fjordsee tief unten im Tal schwimmen zu einem großen Floß zusammengebundene Baumstämme. Ein Anblick wie aus grauer Vorzeit (Abb. 131). Brandenburg-Polster beschreibt ihre Norwegenreise und dieses Bild in ihren Reiseerinnerungen:

> „Da verlockte mich 1934 eine Freundin, ihr nach Norwegen zu folgen. Ich fuhr zu Schiff über Stavanger nach Bergen. Als ich an Land stieg, war mir doch ein wenig bänglich zu Mute, keine Seele, die ich kannte, der Sprache, auch der englischen, nicht mächtig. [...] Dann fuhr ich in den Hardangerfjord hinein bis zum Ende. Der Himmel lastete auf den gewaltigen Berghalden. Wasserfälle stäubten wie aus den Wolken herunter. Ich wanderte mit Rucksack und Malgerät ins Gebirge hinauf, tief unter mir lag der Fjord, auf dem in großen Eisenschlingen unzählige Stämme schwammen.“[535]

Olga Waldschmidt

Die Begeisterung für den Norden und seine Menschen spiegelt sich nicht nur in Dora Brandenburg-Polsters Aquarellen wider, sondern auch in der Grafik der Bilderhauerin, Malerin und Mosaizistin Olga Waldschmidt. Sie besaß mit ihrem Mann sogar einen eigenen Landsitz an Norwegens Südküste. Die Fischer boten sich daher als künstlerisches Thema an. Olga Schwarz kam aus Stuttgart und war die Tochter eines Kunstsammlers. Sie studierte Malerei und Bildhauerei an der Stuttgarter Kunstakademie, unter anderem bei ihrem späteren Ehemann, dem Professor, Bildhauer und Maler Arnold Waldschmidt. Zwischen den Ehepartnern bestand ein großer Altersunterschied: Als sie heirateten, war sie 23 und er 48 Jahre alt. Arnold Waldschmidt war zum Zeitpunkt der Eheschließung ein überregional bekannter und als Hochschulprofessor arrivierter Künstler. Auf die junge Frau dürfte er einen großen künstlerischen und intellektuellen Einfluss ausgeübt haben, der für ihre künstlerische Laufbahn bedeutsam war. Sie war in denselben Künstlergruppen und Künstlervereinigungen wie ihr Mann. Arnold Waldschmidt hatte 1923 die Stuttgarter Sezession mitbegründet, in der auch Olga Waldschmidt Mitglied war, und 1929 waren beide in der Gruppe 1929, die sie mit weiteren Künstlerkolleg:innen ins Leben riefen. Angesichts der künstlerischen und politischen Karriere, die Arnold Waldschmidt nach der Machtübernahme der Nationalsozialisten im Dritten Reich machte und die einherging mit einem enormen Prestigegewinn und gesellschaftlichen Status, ist kaum anzunehmen, dass Olga Waldschmidt eine kritische oder gar ablehnende Haltung gegenüber ihrem Mann und seinem Einsatz für das faschistische Regime eingenommen hat. Sie war selbst Mitglied der NSDAP und in der NS-Frauenschaft.[536] 1938 folgte sie ihrem Mann in die Reichshauptstadt Berlin, wo sie bis 1945 wohnten. Arnold Waldschmidt gehörte durch seinen sehr frühen Eintritt in die NSDAP zu den ersten Parteimitgliedern. Im Verlauf der nächsten 25 Jahre begleitete Olga Waldschmidt ihn bei seinem Aufstieg in den NS-Organisationen und -Institutionen. All die Jahre stand sie ihm zur Seite und auch nach dem Zusammenbruch des faschistischen Staates und während seiner achtjährigen russischen Kriegsgefangenschaft (1945–1953) hielt sie zu ihm.

In der Sammlung des Kunstmuseums Stuttgart hat von ihren Arbeiten nur die bereits oben erwähnte Zeichnung norwegischer Fischer die Zeiten überdauert, zwei Gemälde, ein Blumenstillleben und ein Sportbild, das einen Boxer im Ring zeigte, wurden im Krieg zerstört. Über andere Kunstwerke, die sie im Dritten Reich anfertigte, ist nichts bekannt, so dass es derzeit unmöglich ist, sich ein umfassendes Bild von ihrer Produktion zu machen. Aus der rudimentären Quellenbasis lassen sich keine gesicherten Rückschlüsse ziehen. Politisch und weltanschaulich scheint sie bis zum Ende zum Regime gestanden zu haben. Das belegen auch die Büsten, die sie 1943 und 1944 auf der „Großen Deutschen Kunstausstellung“ in München zeigte. 1943 handelte es sich dabei um

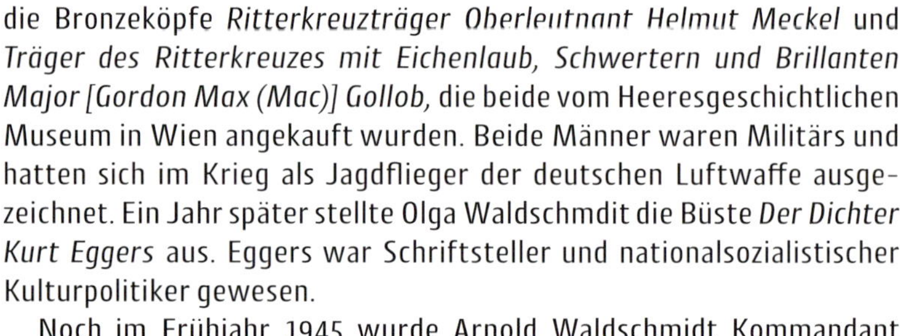

die Bronzeköpfe *Ritterkreuzträger Oberleutnant Helmut Meckel* und *Träger des Ritterkreuzes mit Eichenlaub, Schwertern und Brillanten Major [Gordon Max (Mac)] Gollob,* die beide vom Heeresgeschichtlichen Museum in Wien angekauft wurden. Beide Männer waren Militärs und hatten sich im Krieg als Jagdflieger der deutschen Luftwaffe ausgezeichnet. Ein Jahr später stellte Olga Waldschmdit die Büste *Der Dichter Kurt Eggers* aus. Eggers war Schriftsteller und nationalsozialistischer Kulturpolitiker gewesen.

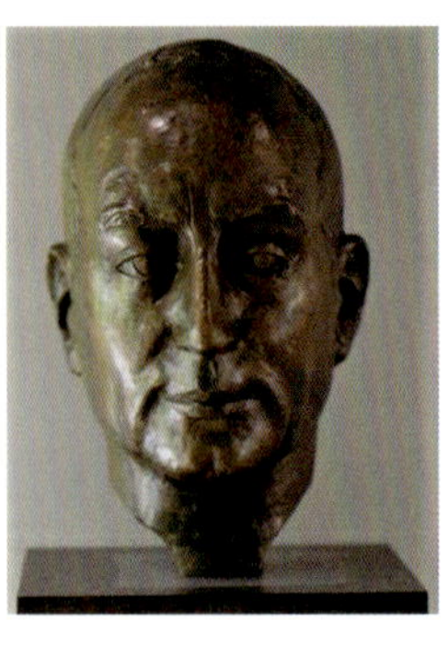

Abb. 132
Olga Waldschmidt, *Eugen Bolz,* 1958, Bronze

Noch im Frühjahr 1945 wurde Arnold Waldschmidt Kommandant eines kleinen Konzentrationslagers in Sassnitz, weshalb er und Olga Waldschmidt am Ende des Krieges vor der Roten Armee aus Berlin fliehen mussten.[537] Angesichts dieser Biografie mutet es fast zynisch an, dass der württembergische Ministerpräsident Gebhard Müller ausgerechnet Olga Waldschmidt 1958 den Auftrag zur Anfertigung einer Büste des Widerstandskämpfers Eugen Bolz erteilte.[538] Der ehemalige württembergische Staatspräsident Bolz war von den Nationalsozialisten verfolgt und 1945 hingerichtet worden. Die baden-württembergische Regierung stellte seine Büste Ende der Fünfzigerjahre zur Erinnerung und Mahnung im Innenministerium auf. Müller hatte im Dritten Reich dem Bund Nationalsozialistischer Deutscher Juristen angehört und war Förderndes Mitglied der SS gewesen, war aber nicht der NSDAP beigetreten. Eugen Bolz kannte er persönlich. Als Richter und Staatsbeamter stützte Müller einerseits das Unrechtsregime, war andererseits aber durchaus auch zu unangepassten, kritischen Entscheidungen fähig, die ihn in Konflikt mit den Nationalsozialisten brachten und sich dann nachteilig auf seine Karriere auswirkten. Nach seiner Strafversetzung als Landgerichtsrat an das Landgericht Stuttgart wird er Olga Waldschmidt

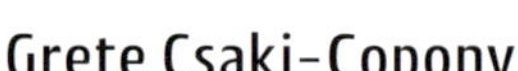

kennengelernt haben. Sie mit der Anfertigung der Bolz-Büste zu beauftragen, war naheliegend, weil die Bildhauerin auf Bronzefiguren und Kopfbüsten spezialisiert war.

Grete Csaki-Copony

In Bezug auf die Anzahl der erhaltenen Kunstwerke von Grete Csaki-Copony in der Sammlung des Kunstmuseums Stuttgart verhält es sich bei ihr ähnlich wie bei Olga Waldschmidt und Dora Brandenburg-Polster. Von vier Bildern sind heute nur noch ein Aquarell und ein Pastell erhalten. Die beiden Gemälde gingen nach 1945 im Rahmen des Ämterschmucks „verloren". Die Tatsache aber, dass die Stadt Stuttgart von der deutsch-rumänischen Malerin im Dritten Reich vier Werke ankaufte, ist im Vergleich zu Olga Waldschmidts Biografie umso bemerkenswerter, weil Csaki-Copony heute als eine Vertreterin der Klassischen Moderne und als eine von den Nationalsozialisten „verfemte Künstlerin" rezipiert wird, die im Gegensatz zu ihren Kolleginnen Waldschmidt und Brandenburg-Polster in „Opposition" zum NS-Regime gestanden haben soll. Dennoch hatte sie nach ihrem angeblichen Rückzug aus dem Kunstbetrieb noch 1941 eine Ausstellung im Kunsthaus Schaller, wo sie 40 Arbeiten (Gemälde, Aquarelle, Zeichnungen) zeigte – und daraus zwei Gemälde verkaufte –, und war 1942 an einer Ausstellung im Verein der Berliner Künstlerinnen beteiligt.[539]

Grete Copony wird 1893 in Zernescht bei Kronstadt in Siebenbürgen geboren, das damals noch zu Österreich-Ungarn gehörte. Die Familie war wohlhabend, der Vater, Traugott Copony, Fabrikant und Abgeordneter des Budapester Parlaments. Seine Tochter wird auf zwei privaten Kunstschulen ausgebildet und ist von 1911 bis 1912 Kunststudentin an der Berliner Zeichen- und Malschule des Vereins der Berliner Künstlerinnen. 1916 absolvierte Grete Copony ein mehrmonatiges Studium an der Kunstakademie Budapest und hatte 1918 ihre erste Einzelausstellung in Hermannstadt. Dazwischen, im Jahr 1917, heiratete sie den Gymnasiallehrer, Germanisten und Kulturpolitiker Richard Csaki, der ebenfalls aus einer alten siebenbürgischen Familie stammte. 1924 bildete sie sich durch einen Besuch der französischen Académie de la Grande Chaumière weiter und begann zwei Jahre später eine Freundschaft mit der Malerin Gabriele Münter (1877–1962). Von 1927 bis 1932 besuchte sie in Berlin die Malschule von Arthur Segal (1875–1944).

Ihre zahlreichen Ausstellungen und Ausstellungsbeteiligungen in den 1920er-Jahren in München und Berlin spiegeln ihren Erfolg wider. Darunter war auch die bedeutsame Ausstellung „Die schaffende Frau in der bildenden Kunst" im Künstlerhaus Berlin im Jahr 1927, die unter anderem Arbeiten von Käthe Kollwitz, Gabriele Münter und Paula Modersohn-Becker (1876–1907) zeigte. Weil die Nationalsozialisten das Parteimitglied Richard Csaki 1934 zum Leiter des Deutschen Auslands-Instituts (DAI) in Stuttgart ernannten, zog die ganze Familie in die württembergische Landeshauptstadt.[540] Grete Csaki-Copony begann sich nun mit dem Kunsthandwerk zu beschäftigen und absolvierte eine Töpferlehre auf der Schwäbischen Alb.

Während sie 1935 noch erfolgreich eine Ausstellung in der Galerie Nierendorf in Berlin bestreiten konnte, verlangten die Nationalsozialisten 1936, dass sie aus ihrer Ausstellung im Wilhelmspalais (heute StadtPalais) in Stuttgart fünf Bilder zurückziehen sollte, weil diese als „entartet" und „bolschewistisch" betrachtet wurden. Csaki-Copony weigerte sich und sagte die Ausstellung ab.[541] Sie habe sich aus dem Kunstbetrieb zurückgezogen, erzählte sie später. Tatsächlich fand danach sowohl eine bemerkenswerte Ausstellung ihrer Ölgemälde, Aquarelle und Zeichnungen in der Ehrenhalle des „Ehrenmals der deutschen Leistung im Ausland" (17.4.–17.5.1937) als auch die Ausstellung bei Schaller 1941 statt.[542] Die Schau in der Ehrenhalle kann man nur als eine besondere Würdigung der Künstlerin interpretieren, denn die Nationalsozialisten maßen dem Ehrenmal der „Stadt des Auslandsdeutschtums" als Kulturstätte eine herausragende Bedeutung zu. Und sie kauften insgesamt vier Arbeiten von Csaki-Copony. Wahrscheinlich wurden die beiden Grafiken 1937 erworben. Die beiden Gemälde kamen 1941 von Schaller.

Es kann kein Zufall sein, dass sich Csaki-Copony später insbesondere an die Ausstellung von 1937 nicht mehr erinnerte (oder erinnern wollte), weil dieses Detail ihrer Behauptung vom Rückzug aus dem Ausstellungsbetrieb widersprach. Und durch den Ankauf war sie erstmals in einer öffentlichen Sammlung in Stuttgart vertreten. Die Staatsgalerie besaß kein Werk von ihr.[543] Es muss davon ausgegangen werden, dass sich Richard Csaki für die Ausstellung seiner Frau in der Ehrenhalle eingesetzt hatte, denn sein bedeutsamer Posten in der Kulturpolitik der Stadt und des Landes erlaubte so etwas. Auch war das Museum des Auslandsdeutschtums, als das sich das „Ehrenmal der deutschen Leistung im Ausland" verstand, aufs Engste mit dem DAI verzahnt, es war dessen öffentliches Schaufenster, in dem es sich mit seiner Arbeit der Öffentlichkeit präsentierte. Richard Csakis privilegierte Stellung als Leiter des DAI machte die Ausstellung seiner Frau in der Ehrenhalle möglich. So etwas wurde keineswegs jeder Künstlerin oder jedem Künstler aus Stuttgart und Württemberg zuteil. Csaki-Coponys Kunst muss vom städtischen Kunstreferat geschätzt worden sein, und ihr Mann muss sich für sie beim OB, der auch Präsident des DAI war, und bei der Stadtregierung eingesetzt haben. Und wenn man darüber hinaus bedenkt, dass die Nationalsozialisten 1934 im Wilhelmspalais, das in Sichtweite des DAI liegt, zum ersten Mal den städtischen Kunstbesitz mit viel Pomp und Propaganda präsentierten, dann wird die große Bedeutung des Ausstellungsorts für die städtische NS-Kultur- und Kunstpolitik deutlich.

Nach ihrem Rückzug vom Kunstbetrieb erteilte Csaki-Copony nach eigener Aussage Malerinnen, die aus rassischen Gründen verfolgt und von den Akademien ausgeschlossen wurden, Privatunterricht. Der tödliche Flugzeugabsturz ihres Mannes 1943 führte zu ihrem völligen Ausscheiden aus dem Kunstbetrieb. Fortan widmete sie sich ganz ihrer Familie.

Ihr malerisches und grafisches Werk wird heute dem expressiven Realismus zugerechnet, Csaki-Copony selbst zählt man zur sogenannten verschollenen oder verlorenen Generation, die in den 1870er- und den folgenden Jahren geboren wurde und wegen der Verfolgung im Nationalsozialismus und der Kunstentwicklungen nach 1945 in Vergessenheit geriet.[544] Sie malte Landschaftsbilder aus Siebenbürgen, gegenständliche Darstellungen des bäuerlichen Lebens und Porträts. In ihren Arbeiten der 1920er- und 1930er-Jahre zeigt sich eine gewisse Nähe zum Œuvre Modersohn-Beckers, das sie jedoch erst frühestens 1927 kennengelernt haben konnte. Im Verlauf ihrer künstlerischen Entwicklung näherte sich Csaki-Copony einer zunehmend abstrahierenden Figürlichkeit an, ohne vollkommen ungegenständlich zu werden. Ihre Farbpalette war expressiv. Auch deswegen zählt sie stilistisch zur Klassischen Moderne in Deutschland.[545]

Bei aller malerischen Behandlung des Motivs bleibt im Aquarell *Durchblick* von 1932 die Gegenständlichkeit und Räumlichkeit gewahrt. Trotz der Modernität des Stils ist das Motiv der Bauernstube alt, seine Geschichte reicht weit ins 19. Jahrhundert zurück. In Württembergs Malerei beziehungsweise in der Sammlung des Kunstmuseums Stuttgart finden sich dazu einige Beispiele von Gustav Igler (1842–1938) (*Bauernstube,* 1870), Christian Adam Landenberger (1862–1927) (*Bauernstube,* o. J.) oder Bruno May (1880–1959) (*Grünes Bauernbett,* o. J.). Aber anders als die hier aufgezählten Künstler, die im Interieur bäuerliches Leben schildern, interessierte sich Csaki-Copony in erster Linie für das Licht, in das der karge Raum und die wenigen Einrichtungsgegenstände getaucht sind. In ihm erscheint die bäuerliche, dörfliche Welt rein und ungekünstelt, wohl einfach, gerade deshalb aber natürlich und damit weit entfernt von allen ‚dekadenten' Erscheinungen der Großstadt. Trotz des modernen Stils steht Csaki-Copony mit ihren Bauernmotiven inhaltlich in einer Tradition, die sich bis zur gründerzeitlichen Malerei eines Wilhelm Leibl (1844–1900) zurückverfolgen lässt (Abb. 133). Aus ideologischer Perspektive gab es hier also durchaus Anknüpfungspunkte für die Nationalsozialisten, die den Ankauf ihrer Bilder erklären können, kreisen doch drei der vier Erwerbungen um die bäuerliche Lebenswelt. In ihren Interessen und Ansichten dürfte es bei Csaki-Copony und ihrem Mann einige Berührungspunkte gegeben haben, denn Richard Csaki beschäftigte sich ebenfalls mit dieser Welt, insbesondere bei den Auslandsdeutschen, deren Existenz in Rumänien, aber auch anderswo oft von ländlichen Strukturen bestimmt wurde. Als Kulturpolitiker setzte er sich für die „auslandsdeutsche Sippenkunde" und Volkstums- sowie Deutschtumskunde ein. Für letztere erhielt er im Herbst 1933 einen Lehrauftrag an der Technischen Hochschule in Stuttgart, nachdem er zum Leiter des DAI berufen worden war. Anfang 1934 ernannte man ihn zum stellvertretenden Landesführer des württembergischen Landesverbandes des Vereins für das Deutschtum im Ausland.

Ein klares Bild von der Persönlichkeit Richard Csakis zu gewinnen, ist schwierig, weil er im Dritten Reich kaum durch Aktivitäten außerhalb des Instituts hervortrat und auch nicht viel veröffentlichte. In den vorhandenen Quellen erscheint er als eine blasse Figur. Dennoch waren seine Ansichten mit denen des NS-Regimes kompatibel, so dass er das DAI bis 1941 leitete und dessen Kulturpolitik mitbestimmte. Die Geschichte des DAI war in dieser Phase seines Bestehens aufs Engste mit dem Nationalsozialismus verbunden. Das Institut hatte die Aufgabe, die nationalsozialistische Weltanschauung unter den Auslandsdeutschen und auch unter den Soldaten zu verbreiten. Die Nationalsozialisten machten das DAI zum Planungszentrum der Volkstumspolitik des Hitler-Regimes und zum propagandistischen Sprachrohr für die deutsche „Rassenpolitik" und „Eindeutschung" ausländischer Gebiete.[546] Durch den 1936 an Stuttgart verliehenen NS-Ehrentitel „Stadt der Auslanddeutschen"

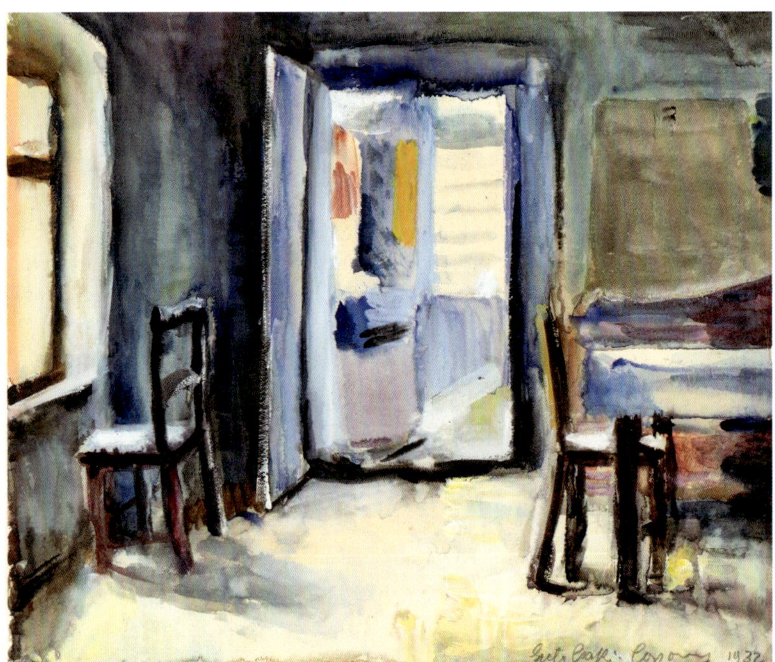

Abb. 133
Grete Csaki-Copony, *Durchblick*, 1932, Aquarell, 38,5 × 44 cm

wuchs noch einmal die Bedeutung der Volkstumspolitik als wichtiges Feld der kulturpolitischen Auseinandersetzung. Im Zweiten Weltkrieg war das DAI „an der Vorbereitung, Durchführung und Auswertung von Umsiedlungen in den eroberten osteuropäischen Gebieten beteiligt. Es bestanden eine enge Zusammenarbeit und ein reger Informationsaustausch mit der Gestapo, der NSDAP und dem Außenpolitischen Amt der NSDAP."[547] Der Siebenbürger Sachse Richard Csaki als Generalsekretär und OB Strölin als Präsident des DAI waren die obersten Vertreter des Instituts und seiner Aufgaben. Der streng konservativ eingestellte und von der Überlegenheit des Deutschums überzeugte Csaki brachte das Institut auf die Linie der NS-Ideologie.[548] Als Höhepunkt seiner Tätigkeit in Stuttgart wird die Eröffnung des „Ehrenmals der deutschen Leistung im Ausland" im Wilhelmspalais betrachtet.[549] 1940 erhielt er einen Lehrauftrag für Deutschtumskunde an der Universität Tübingen – jener Stadt, die als zweite Station der Ausstellung seiner Frau im Jahr 1936 vorgesehen war – und wurde im gleichen Jahr als Mitglied im Großen Rat der Deutschen Akademie München aufgenommen. Ein Jahr später beendete er seine Tätigkeit im DAI, um als Direktor das künftige Deutsche Auslandsmuseum in Stuttgart aufzubauen. Die Universität Tübingen ernannte ihn 1943 zum Honorarprofessor. Auf der Rückreise von einem Kriegsvortrag in Italien verunglückte er bei einem Flugzeugabsturz tödlich.

Grete Csaki-Copony erzählte lange nach dem Krieg, ihr Mann wäre der Privatlehrer des jungen Wolfram Freiherr von Richthofen gewesen, von dem bereits als Stabschef der Legion Condor berichtet wurde (siehe S. 73–74) und der im Zweiten Weltkrieg zeitweilig die Luftflotte 4 und 2 befehligte sowie ab 1943 Generalfeldmarschall der Luftwaffe war. Die Freundschaft zwischen den beiden Männern hätte bis zu Csakis Tod Bestand gehabt. Weiter führte Csaki-Copony über diese Männerfreundschaft aus: „Und dieser Richthofen liebte meinen Mann sehr, als Lehrer, er war jung, und man war ja auch sehr jung, aber um so mehr verstanden sie sich, und er hat diese Verbindung immer gehalten. Und im Krieg hat er dann meinen Mann immer wieder an die Front gerufen, zu den Soldaten zu sprechen. Über alle möglichen Themen, da er ja ein sehr guter freier Sprecher war."[550]

Sowohl Csaki-Copony selbst als auch ihre Biografin von der Dollen verlieren kein Wort darüber, dass Richthofen für die Zerstörung der baskischen Stadt Guernica verantwortlich war. Auch lag die rege Vortragstätigkeit ihres Mannes keineswegs in der Freundschaft zu Richthofen begründet. Das Vortragswesen des DAI gehörte schon vor 1933 zu den zentralen Aufgaben und daran änderte sich auch im Nationalsozialismus nichts. In den ersten Kriegsjahren unternahmen Csaki und seine Mitarbeiter zahlreiche Reisen in die Kriegsgebiete. Dabei blieben ihnen die menschenverachtende und rassistische Behandlung der Zivilbevölkerung in den Besatzungsgebieten nicht verborgen. Zwar ging Csaki in seinen Berichten nur selten darauf ein, doch wenn es einmal vorkam, verteidigte er das deutsche Vorgehen und erklärte die Aktionen für rechtmäßig. Beispielsweise stellte er in seinen Ausführungen über eine Rumänienreise mit Befriedigung fest, dass die öffentliche Meinung gegen die jüdische Bevölkerung sei und Pogromstimmung herrsche.[551] Aus den Reiseberichten der DAI-Mitarbeiter ist deutlich herauszulesen, dass sie über die verbrecherischen Geschehnisse innerhalb und außerhalb des Reiches bestens informiert waren.[552] Csakis Vorträge vor Soldaten der Luftwaffe wurden als Dienstleistung am Staat und der Wehrmacht verstanden. Das DAI demonstrierte damit gegenüber der Wehrmacht seine verstärkte Beteiligung an den Kriegsaufgaben und zeigte zugleich auch Flagge in entlegensten Auslandsgebieten.[553]

Bis heute ist nicht untersucht worden, ob sich in Csaki-Coponys Bildwelt ein Einfluss der Ansichten und Ideen ihres Mannes und der Volkstums- sowie Deutschtumskunde als Wissenschaft feststellen lässt. Zweifellos trug aber die Volkstumslehre in Deutschland in Verbindung mit der rassistischen NS-Ideologie dazu bei, das „arische" Bauerntum als eine der tragenden Stützen der Gesellschaft zu betrachten. Es stellt sich daher die Frage, ob in der Betonung des Bauernthemas in Csaki-Coponys Arbeit in den 1920er- und 1930er-Jahren eine weltanschauliche Komponente mitschwingt, die dem Denken ihres Mannes entsprach. Vor diesem Hintergrund wären die Erwerbungen ihrer Arbeiten durch die Stadt Stuttgart weniger unverständlich. Andererseits ließe sich Csakis blasses Bild als öffentlicher NS-Funktionsträger auch so deuten, dass er sich auf bestimmte Weise „zurückhielt", weil er nicht in allen Punkten und zu jeder Zeit mit der Politik des Regimes übereinstimmte. Hier teilten vielleicht er und seine Frau gemeinsame Positionen. Dennoch bleibt der Eindruck bestehen, dass die Herkunft beider in ihrem Denken und ihren Arbeiten eine außerordentliche Rolle spielte und dass deshalb auch in der zeitgenössischen Rezeption die Bedeutung Siebenbürgens und des Bauerntums im Werk Csaki-Coponys hervorgehoben wurde. So bemerkte die „Allgemeine Deutsche Zeitung" 1928 anlässlich einer Ausstellung in Berlin: „Eine der stärksten weiblichen Begabungen ist Grete Csaki-Copony [...]. Hinter diesen warmen und reifen Bildern ahnt man den bunten Reichtum eines bäuerlichen Volkes."[554] Die Künstlerin war auch auf der 1928 in Berlin präsentierten Ausstellung siebenbürgischer Volkskunst vertreten, wo Malereien, Stickereien, Trachten, Keramik und Fotografien gezeigt wurden mit dem Ziel, die deutsch-rumänischen Beziehungen zu pflegen und das deutsche Volkstum im Ausland vorzustellen. Und im Jahr 1930, wo Csaki-Copony den Zenit ihres Erfolgs in Berlin erreichte, schrieb die Zeitschrift „Neue Linie" über sie: „Grete Csaki-Copony, eine Deutsche aus Siebenbürgen, trat in diesem Jahr von neuem als eine der stärksten jüngeren Malerinnen hervor. Sie malt Kinder und Frauen der siebenbürgischen Bauern, leuchtend in der reifen Farbigkeit der Landschaft, beherzt angepackt, und ihre Bilder strahlen etwas von jener inneren Sicherheit dieser bäuerlichen Menschen wider."[555] Immer wieder wurde Csaki-Coponys Herkunft besondere Aufmerksamkeit geschenkt und betont, dass sie Siebenbürgerin und dort „noch etwas vom echten Volkstum lebendig geblieben" sei.[556] Das Thema Siebenbürgen verliert auch nicht an Bedeutung, als sie 1934 nach Stuttgart zieht, im Gegenteil, sie verstärkt sich noch.[557] Diese innige Heimatverbundenheit, die zudem noch der eigenen deutschen Volksgruppe im „Ausland" galt, bot genügend Anknüpfungspunkte, an die die Nationalsozialisten inhaltlich andocken konnten, selbst wenn sie teilweise mit der Form und dem Stil in Csaki-Coponys Malerei nicht übereinstimmten und daher 1936 einige ihrer Bilder aus der von ihr im Wilhelmspalais gehängten Ausstellung entfernen wollten. Interessant ist hierbei aber nicht nur der Umstand, der heute besonders betont wird, nämlich dass einige ihrer Arbeiten als „entartet" bezeichnet wurden, sondern dass ihr Werk für bedeutsam genug erachtet wurde, um ihr hervorragende Ausstellungsräume an einem privilegierten Ort zur Verfügung zu stellen. Das illustriert, dass ein großer Teil ihrer Malerei durchaus für kompatibel mit der Kunst im Dritten Reich gehalten wurde und deshalb auch Bilder von ihr angekauft werden konnten.

11 KONSERVATIVE KONTINUITÄT

Stuttgart war im Zweiten Weltkrieg durch die Angriffe der alliierten Luftstreitkräfte stark zerstört worden. Ein hoher Prozentsatz der Gebäude war beschädigt, das einstige Stadtbild in Schutt und Asche gelegt. Besonders schwer getroffen hatte es Industriestandorte wie Untertürkheim, wo die Daimler-Benz Aktiengesellschaft (heute Mercedes-Benz Group AG) ihren Sitz hat. Als kriegswichtiger Rüstungsbetrieb war sie ein Hauptangriffsziel gewesen. Der Ingenieur und künstlerische Autodidakt Paul Obrecht (1882–1977) hielt die Zerstörungen in Untertürkheim 1946 in einer Lithografie fest. Sie zeigt die Notbrücke über den Neckar (Abb. 134).[558]

Eine der wichtigsten Maßnahmen neben der Wiederherstellung der zerstörten Infrastruktur war die Enttrümmerung der Stadt. Erst nach der Beseitigung der Ruinen und Schuttberge konnte der Wiederaufbau beginnen. Er verlangte den Menschen große physische, psychische und wirtschaftliche Anstrengungen ab und kostete viel Geld, das die öffentliche Hand, die Landeshauptstadt und das Land Baden-Württemberg allein nicht aufbringen konnten. Deshalb forderten sie zu Spenden auf.

Dafür wurden auch visuelle Medien eingesetzt wie die Lithografie *Dörfchen* von Obrecht, unter der die Aufforderung steht: „Spende zum Wiederaufbau der Stadt Stuttgart 1946". Das kleinformatige Plakat offenbart die konservative Kontinuität in der städtischen Kunst- und

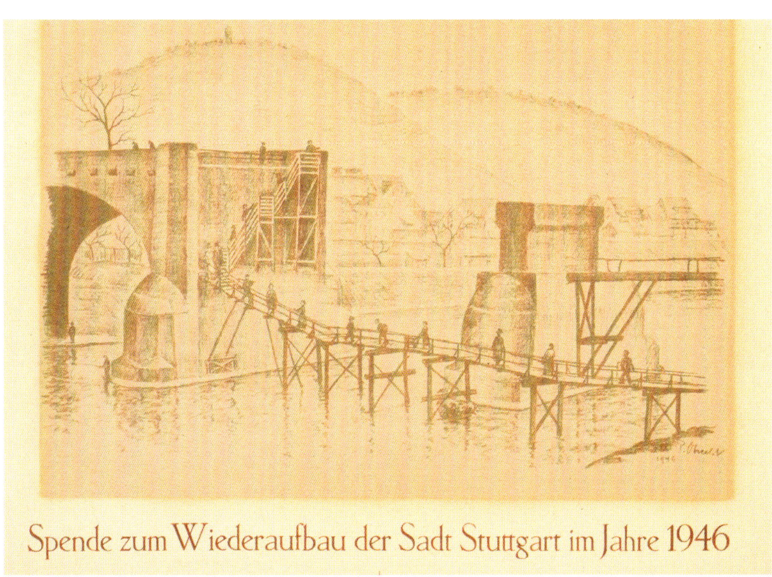

Abb. 134
Paul Obrecht, *Notbrücke über den Neckar bei Untertürkheim,* 1946, Lithografie, 26 × 35 cm

Sammlungspolitik, denn es fügt sich in einen Schwerpunkt, den es bereits im Nationalsozialismus gab: die Gattung des Landschaftsbilds, in dem im „Heimatbild“ nicht selten eine deutschtümelnde, völkische Note mitschwang (Abb. 135).[559] So passte Obrechts 1940 verlegtes Mappenwerk „Geliebtes Schwabenland“ mit 24 Landschaftszeichnungen und -radierungen gut in die Zeit.[560] Auch die Tatsache, dass er einige Zeichnungen zu dem Buch „Herz der Heimat“ des württembergischen Heimatdichters und Nationalsozialisten August Lämmle beisteuerte, unterstreicht seine enge Beziehung zur Heimatkunst.

Obrecht stammte aus dem Elsass und wuchs in der Familie eines Bäckers in Markkirch bei Schlettstadt auf. Seit 1911 lebte er in Obertürkheim. Jahrzehntelang war er in der Esslinger Maschinenfabrik bei Mettingen beschäftigt und arbeitete dort zuletzt 15 Jahre lang, bis zur Pensionierung 1947, als Werbeleiter. Durch die Ausbildung hatte er Fertigkeiten im technischen Zeichnen erworben, in seiner freien Zeit bildete er sich im künstlerischen Zeichnen und Malen fort. Dafür belegte er von 1916 bis 1918 Abendkurse bei Arnold Waldschmidt (1873–1958) an der Kunstakademie Stuttgart und nahm Privatstunden bei dem Esslinger Maler Hermann Sohn (1895–1971).[561]

Das Plakatmotiv *Dörfchen* geht auf die Bleistiftstiftzeichnung *Obertürkheim* zurück, die posthum auch als Postkarte gedruckt wurde. Ob das Bild für das Plakat oder unabhängig davon entstand, ist nicht bekannt, es scheint aber wahrscheinlicher zu sein, dass es eine von den vielen Bleistiftzeichnungen von Stuttgart und Umgebung war, mit denen Obrecht sich lokal einen Namen machte.[562] Aus diesem Fundus könnte 1946 das Motiv für den Spendenaufruf ausgewählt worden sein.

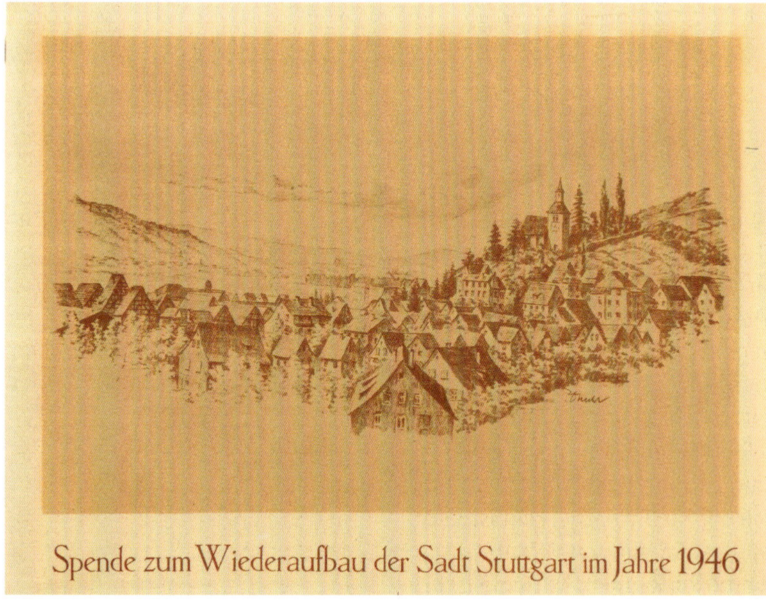

Abb. 135
Paul Obrecht, *Dörfchen*, o. J. (1946), Lithografie, 24 × 35 cm

Auffällig ist, dass die Häuser im Plakat *Dörfchen* keine sichtbaren Kriegsschäden aufweisen, vielmehr mutet der Ort mit seiner wohlbehüteten Lage unterhalb der Kirche idyllisch an. Zu sehen ist eine intakte Welt mit scheinbar festgefügter Ordnung. Über Stadt und Tal thront die Kirche als weithin sichtbares Symbol des Christentums und seiner Werte. Das Motiv steht damit in einem gewissen Widerspruch oder Spannungsverhältnis zur Zielsetzung des Aufrufs. Darstellungen von Dörfern und Örtchen, die unterhalb einer Kirche liegen, finden sich öfters in der württembergischen Heimatkunst. Auch in Obrechts Œuvre gibt es ein weiteres Beispiel: *Kirche im Dorf* zeigt eine verwandte topografische Situation (Abb. 137).[563] In *Dörfchen* ist der Bildvordergrund detailliert ausgeführt und der Hintergrund weitgehend ausgespart, so dass ein dahinterliegendes Tal nur erahnbar ist. Der Ort bietet sich als eine kleine, in sich abgeschlossene Welt dar, die von den Zeitläuften gnädig behandelt worden ist. Die Komposition lenkt den Blick zum höchsten Punkt im Bild: den Kirchturm. Wie eine feste Burg thront die Kirche über dem Ort.

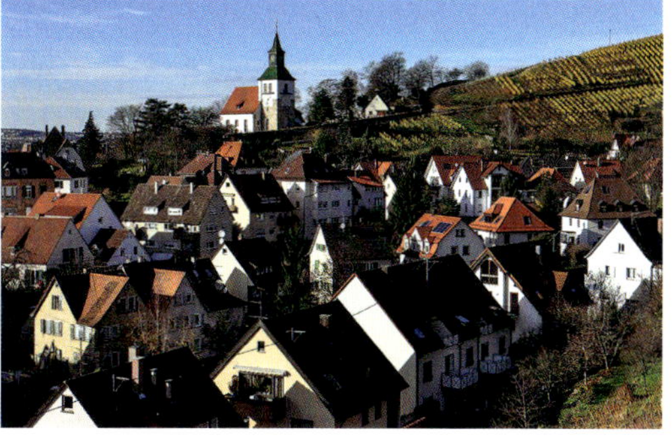

Abb. 136
Stuttgart-Gaisberg mit der Petruskirche

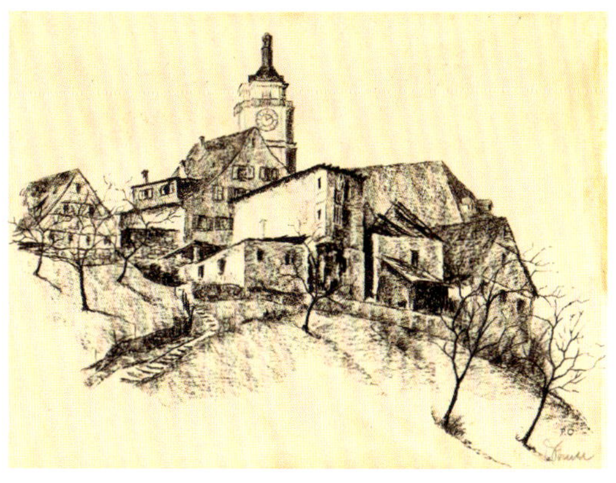

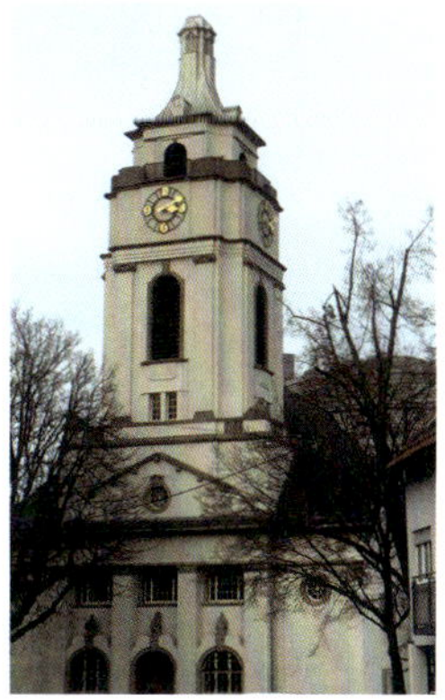

Abb. 137
Paul Obrecht, *Kirche im Dorf*, o. J. (nach 1913), Bleistift, 25 × 33 cm

Abb. 138
Kirche in Gaisburg mit Gasspeicher oben rechts im Hintergrund, Foto: Artinger

Einheimischen fiel es sicher nicht schwer, das Motiv als eine Ansicht Stuttgart-Obertürkheims zu identifizieren. Die Petruskirche auf dem Kirchberg am Rande der Weinberge ist das Wahrzeichen des Ortes (Abb. 136, Abb. 138). Ihr Bild fand sich schon damals auf vielerlei Gegenständen wieder wie Gartentüren und Weinflaschen. Dass sich das Ortsbild Obertürkheims in den vergangenen 80 Jahren kaum verändert hat, beweist der Vergleich mit einem neueren Foto, das ungefähr vom selben Standort aufgenommen wurde. Neben dem Medium unterscheiden sich die beiden Ansichten nur darin, dass die Topografie einmal rechts von der Kirche dargestellt ist und einmal links davon. Auf der Lithografie ist das Tal nur angedeutet. Weil Obertürkheim durch den Zweiten Weltkrieg kaum in Mitleidenschaft gezogen wurde, zeigt das Foto viele der alten Häuser. Vor diesem Hintergrund gehörte Obertürkheim sicher nicht zu den Stadtteilen, die dringend der Wiederaufbauhilfe bedurften. Warum also wählte die Stadt gerade Obertürkheim als Plakatmotiv, wo dieser Stadtteil doch eigentlich ungeeignet war zur Visualisierung der Aussage, die Wiederauferstehung aus Ruinen sei möglich?

Eine These könnte sein, das Spendenplakat stehe ein für die konservative Renaissance christlicher Werte und die Rückbesinnung auf die vermeintlich „gute alte Zeit" – vor der Weimarer Republik und dem Nationalsozialismus. Vielleicht wollte die neue Stadtverwaltung als Herausgeber des Plakats mit dem Motiv die von ihr gewünschte Richtung beim ideellen Wiederaufbau zum Ausdruck bringen. Der Kirche als einer traditionellen geistigen und moralischen Instanz wurde eine wesentliche Rolle beim Ausfüllen des ideologischen Vakuums zugedacht, das nach dem totalen Zusammenbruch des Faschismus entstanden war. Obrechts gegenständlich wirklichkeitsgetreuer und bewusst antimoderner Zeichenstil sekundiert diese konservative Botschaft. Auch spiegelt sich die von Rückbesinnung und Rückzug gekennzeichnete Heimatverbundenheit im Titel selbst wider, der entweder von Obrecht selbst oder von der Städtischen Galerie vergeben wurde. Das Wort „Dörfchen" steht gerade für jene beschaulich vorindustrielle Welt jenseits der Stadt und der industriellen Großkonzerne, die das moderne Leben maßgeblich prägten. Das trifft auch auf den Auto-Bauer Daimler-Benz und seine Bedeutung für Untertürkheim und Stuttgart zu. Betrachten wir Obrechts Dorfansicht im Kontext der durch die industrielle Revolution im Südwesten hervorgerufenen gesellschaftlichen Umwälzungen, so entsprach das Bild schon ab Mitte des 19. Jahrhunderts nicht mehr uneingeschränkt der Vorstellung eines „Dörfchens", vor allem nachdem die Württembergische Eisenbahn in Untertürkheim ihren dritten Bahnhof errichtet hatte und damit der Industrialisierung der Weg geebnet worden war. 1922 verlor Obertürkheim schließlich durch die Eingemeindung seine Selbstständigkeit. Obrecht hätte die Zeichnung ebensogut „Stuttgart-Obertürkheim mit Petruskirche" nennen können, doch ein solch profaner Titel hätte es zu einer Stadtvedute gemacht, während die Verallgemeinerung „Dörfchen" die Welt einer angeblich typisch deutschen Kleinstadt suggeriert, wie sie vor dem Krieg überall in Deutschland noch existiert hatte. Die Stuttgarter:innen sollten für den Aufbau dieses Deutschlands spenden.

Beim Titel der Zeichnung *Kirche im Dorf* begegnen wir derselben Anonymisierung und Verallgemeinerung des Bildgegenstands, denn auch hier handelt es sich bei dem dargestellten Gotteshaus nicht um irgendeine Kirche, sondern um die 1913 geweihte evangelische Stadtpfarrkirche in Stuttgart-Gaisburg, die noch heute als eine der schönsten der Region gilt. Obrechts Zeichnung wurde höchstwahrscheinlich im Dritten Reich von der Stadt erworben, denn sie ist unbekannter Herkunft, ihre Provenienz wurde nach dem Krieg mit einem Fragezeichen versehen, was auf eine Erwerbung im Nationalsozialismus hindeutet. Entstanden sein muss sie jedoch vor 1929, denn in diesem Jahr wurde in unmittelbarer Nähe der Kirche der große Gasspeicher für das Gaswerk in Gaisburg errichtet. Doch selbst vor 1929 war Gaisburg längst kein „Dorf" mehr. Zu Beginn des 19. Jahrhunderts war es wegen seiner schönen Lage, der Weinberge und der vielen Gastwirtschaften ein beliebtes Ausflugsziel. 1878 gab es dort 35 Lokale. Infolge der Industrialisierung wandelte sich das Weingärtnerdorf zu einem Industriestandort mit Gasfabrik, Schlachthof und Proletariat, das in katastrophalen Wohnverhältnissen lebte. Die Kindersterblichkeit für Einjährige lag bei 34 Prozent. 1901 wurde Gaisburg von Stuttgart eingemeindet. Und ein Jahrzehnt später war die alte Kirche für die stark angewachsene Bevölkerung zu klein geworden und musste daher dem eleganten Neubau weichen.

In Obrechts Stadtansichten und Landschaftsdarstellungen finden sich keine dieser Monumente der modernen Industriegesellschaft, er fing lieber das im Verschwinden begriffene vorindustrielle Ländle ein. Entsprechend strichen die Stuttgarter Tageszeitungen Obrechts konservativ-traditionelle Kunstauffassung heraus, als sie anlässlich seines 90. Geburtstags schrieben, er sei „kein irgendwie Moderner", sondern ein „Landschaftslyriker".[564] Die „Stuttgarter Zeitung" hob ihn als Zeichner und Maler der „stillen und idyllischen Motive", der objektiv beobachteten und präzise gezeichneten „schwäbischen Stadt- und Dorfidyllen" hervor.[565]

Dass sich die Zeichnung *Kirche im Dorf* in der Grafiksammlung des Kunstmuseums Stuttgart befindet, dokumentiert, dass Obrecht schon im Dritten Reich mit seinen Bleistiftzeichnungen auf Interesse stieß. Darüber hinaus belegt die Weiterverwertung seiner Arbeiten, dass man auch nach 1945 weiter an seiner Arbeit interessiert war. Mit seiner Vorliebe für das in Bleistift gezeichnete Heimatbild stand er nicht allein, andere Künstler:innen wie Paul Jauch (1870–1957) oder Gretli Fuchs (1917–1995) können ihm zur Seite gestellt werden (siehe S. 55, 66).

Karl Marx kommt in die Sammlung

Die Sammlungsgeschichte der Städtischen Galerie war unmittelbar nach dem Krieg nicht ohne Widersprüche wie das Beispiel einer weiteren Erwerbung aus dem Jahr 1946 veranschaulicht. Die Stadt kaufte von dem in Stuttgart geborenen Xylografen und Holzschneider Viktor Himmel (1877–1958) die in Holz geschnittenen Porträts von Karl Marx und August Bebel. Wie ist es zu erklären, dass Stuttgart gleich nach dem Krieg die Bildnisse von zwei der bedeutendsten Persönlichkeiten der sozialistischen Arbeiterbewegung und deutschen Sozialdemokratie anschaffte? Bebel gehörte zu den „Gründervätern" der Sozialdemokratischen Partei Deutschland (SPD) und war um 1900 ihr bedeutendster Parteivorsitzender. Bei Marx muss man sogar davon sprechen, dass es sich bei diesem wichtigen Theoretiker des Sozialismus im 19. Jahrhundert um eine Symbolfigur des Kommunismus handelte.[566] Stuttgart war nie ein Zentrum der linksrevolutionären und kommunistischen Bewegungen in Deutschland gewesen, auch wenn mit Clara Zetkin eines der Gründungsmitglieder der Kommunistischen Partei Deutschland (KPD) lange Zeit in Stuttgart lebte und hier vor dem Ersten Weltkrieg als einflussreiche Sozialdemokratin und Frauenrechtlerin wirkte. Warum also Marx und Bebel in einer Sammlung, in der bis dahin fast keine politischen Bildnisse Berücksichtigung gefunden hatten? Überdies ist zu fragen, warum Viktor Himmel diese ungewöhnlichen und in ihrer miniutiösen Ausführung an Holzstiche erinnernden Holzschnitte schuf (Abb. 139, Abb. 140).

Obwohl Viktor Himmel während seines aktiven Berufslebens vor allem als Gebrauchsgrafiker tätig war und als Künstler überregional nicht in Erscheinung trat, war er gegen Ende seines Lebens so bekannt, dass ihn die Stuttgarter Zeitungen zu seinem 80. Geburtstag mit längeren Artikeln als herausragenden Holzschneider würdigten. Daraus erfahren wir mehr über seine Vita.

Himmel lernte von 1891 bis 1895 in der Union Deutsche Verlagsanstalt in Stuttgart das Handwerk des Xylografen. Diese stellten die Druckstöcke für Bildreproduktionen im Verlags- und Zeitungswesen her. An sich war die Xylografie kein Holzschnitt-, sondern ein verfeinertes Holzstichverfahren, bei dem anstatt des traditionellen Schneidemessers der Grabstichel des Kupferstechers eingesetzt wurde, mit dem sich in detaillierter Kleinarbeit eine malerische Tonigkeit erzielen ließ und eine

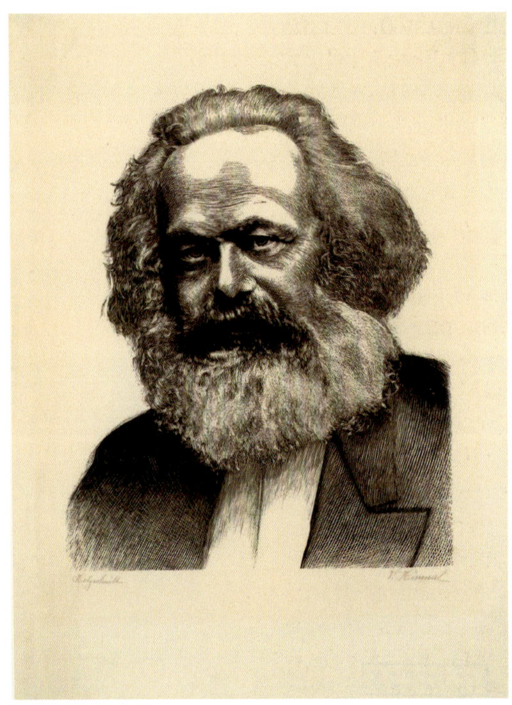

Abb. 139
Viktor Himmel, *Karl Marx*, o. J., Holzschnitt, 43 × 31 cm

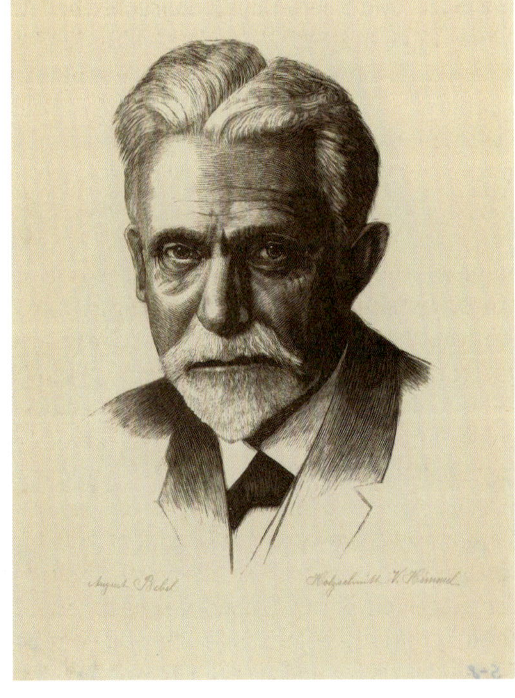

Abb. 140
Viktor Himmel, *August Bebel*, o. J., Holzschnitt, 41 × 29 cm

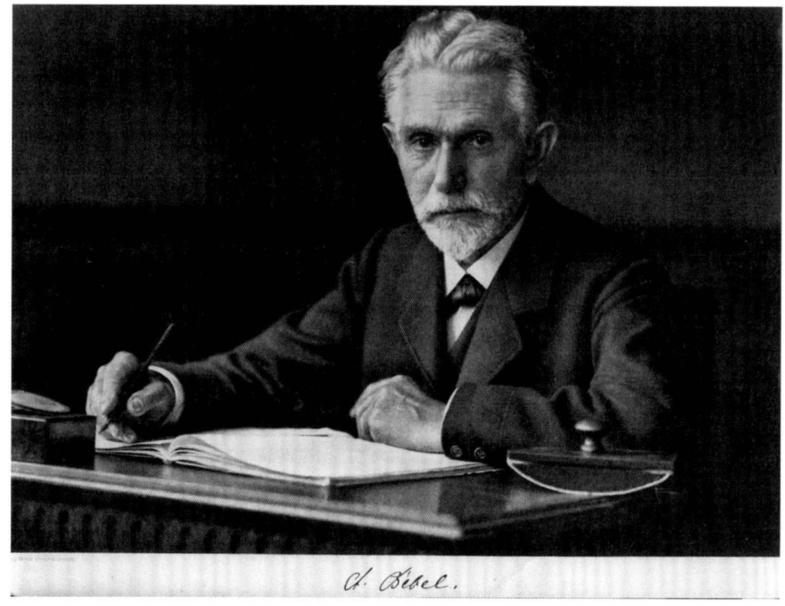

Abb. 141
August Bebel, Postkarte, Quelle: Archiv der sozialen Demokratie der Friedrich-Ebert-Stiftung

Bildwirkung, die an die Fotografie erinnert. Himmels Lehrer war der seinerzeit angesehene Holzschneider und Kunstkritiker Hermann Tafel, ein Freund der Künstler Hermann Pleuer (1863–1911), Otto Reiniger (1863–1909) und Leo Bauer (1872–1960). Im Anschluss an seine Lehre arbeitete Himmel in München, kehrte dann aber nach Stuttgart zurück und wurde Mitarbeiter der Xylographischen Anstalt Gustav Dreher, für die er unter anderem Holzschnitte für die Zeitschrift „Über Land und Meer" anfertigte. Auch soll er acht Semester an der Gewerbeschule in Stuttgart studiert und Abendkurse im Aktzeichnen an der Stuttgarter Kunstakademie belegt haben, doch ist unklar, wann genau.[567] Um 1900 ging er auf Wanderschaft und arbeitete anschließend für die Leipziger „Illustrirte Zeitung". Mit der Erfindung der Chemigrafie wurde der Beruf des Xylografen überflüssig und die meisten Xylografenateliers mussten schließen. Auch Himmel orientierte sich neu und wechselte zur Schriftgestaltung. Er beriet fortan Schriftgießereien und sorgte dafür, „dass im Buchdruckergewerbe das Interesse an der Weiterentwicklung guter Schriften wach blieb"[568]. Trotz der neuen Beschäftigung erlosch seine Liebe zum Holzschnitt nicht, er unternahm nach dem Ersten Weltkrieg große Anstrengungen, verstärkt wieder als Holzschneider arbeiten zu können. Dafür führte er eine Werbekampagne in eigener Sache mit dem Schlachtruf: „Weg von der Tonmalerei der überfeinerten Holzstecher, die das Holzschneidemesser mit dem Grabstichel des Kupferstechers vertauschten, und zurück zur linear bewegten schwarzen und weißen Zeichnung des guten alten Holzschnitts!"[569] Die „Württemberger Zeitung" interessierte sich für ihn und verpflichtete ihn, ihr täglich ein Porträt zu liefern und an der Beilage „Der Jugendfreund" mitzuarbeiten, für die er Porträtstiche nach Fotografien anfertigen sollte. Auch andere Zeitungen wie das „Stuttgarter Neue Tagblatt" gaben Arbeiten bei ihm in Auftrag. Himmel gab seine Kenntnisse über den Holzschnitt und den Hochdruck in Abendkursen der Höheren Fachschule für das Grafische Gewerbe im Hoppenlau weiter.[570] Zudem machte er sich mit den kunstvoll gestalteten Holzschnittmappen „Köpfe aus Schwaben", „Schwabenköpfe", „Industrielle", „Musiker", „Schwäbische Dichter" und „Schwäbische Landschaften" einen Namen. Auf der Leipziger Messe hatte er einen eigenen Stand und verkaufte erfolgreich seine Mappen. Diese Serien von Porträtköpfen entsprachen ganz dem Zeitgeist und waren von ihrer konzeptionellen Anlage verwandt mit Robert Haags (1886–1958) Zeichnungen zum „Deutschen Volksgesicht" oder den Menschenbildern von August Sander.

Himmels soziale Herkunft aus dem Handwerkermilieu und seine Tätigkeit als zeitweise abhängig Beschäftigter im Verlags- und Druckereigewerbe mögen mit erklären, dass er schon als junger Mann in die SPD eintrat, der er bis zu seinem Lebensende, über 50 Jahre, treu blieb. Zudem engagierte er sich zusammen mit seiner Frau in der Arbeiterwohlfahrt. Nach dem Zweiten Weltkrieg hatte er zahlreiche Ehrenämter im Stuttgarter Stadtbezirk Mitte inne und war sowohl regelmäßiger Teilnehmer an den Delegiertenversammlungen des Kreises als auch Vorsitzender eines Wahlbezirks. Seine politische Haltung wirkte sich im Dritten Reich anscheinend nachteilig aus. Der amerikanischen Militärregierung teilte er 1946 mit, als Fachlehrer für Holzschnitt an der Hoppenlauschule von den Nationalsozialisten entlassen und in seiner gewerblichen und beruflichen Freiheit beschränkt worden zu sein.[571] Doch ging die Verfolgung nicht so weit, dass keine Verbindungen zu Nationalsozialisten möglich gewesen wären, denn 1935 fertigte Himmel Illustrationen für die Publikation „Bayreuth, eine deutsche Schrift" an, die der Stuttgarter Hochschulprofessor, Nationalsozialist und Künstler der „Gottbegnadeten-Liste" Friedrich H. E. Schneidler veröffentlichte. Seine neue Linotype lehnt sich stark an die altdeutsche Schrift an. Zu der 1937 von dem Schriftsteller und Journalisten Olaf Saile herausgegebenen Anthologie „Schwäbische Erzähler" trug Himmel 30 Holzschnitte mit Dichterbildnissen bei, zu deren Technik der Germanist Stefan Keppler-Tasaki bemerkte: „Das Holzschnittverfahren [...] unterstrich den Gedanken der urtümlich-bodenverwurzelten Einheitsfront."[572] Das Buch wurde „mit der Bitte um freundliche Förderung" an Adolf Hitlers Privatkanzlei geschickt. Die NS-Presse nahm es positiv auf.[573] Der Herausgeber Saile war ein ehemals von den Nationalsozialisten verfolgter Sozialdemokrat, der sich dem Regime anpasste und 1937 vom württembergischen Ministerpräsidenten und Kultminister mit dem Schwäbischen Dichterpreis ausgezeichnet wurde.

Die Staatsgalerie Stuttgart, die seit der Weimarer Republik ebenfalls als einen Schwerpunkt Werke regionaler „schwäbischer" Künstler:innen sammelte, erwarb von Himmel im Zeitraum von 1935 bis

1938 21 Grafiken, darunter ein Porträt der 1936 mit dem Schwäbischen Dichterpreis ausgezeichneten Schriftstellerin Anna Schieber, deren Werk von den Nationalsozialisten vereinnahmt wurde. Bereits 1931 war Himmels Porträt von Otto Wels in die Sammlung gekommen, des Vorsitzenden der SPD von 1919 bis in die Zeit der Exil-SPD.

Himmel verschwieg der amerikanischen Militärregierung, SPD-Mitglied gewesen zu sein, obwohl er es seit Beginn des 20. Jahrhunderts war, aber er nannte die SPD als diejenige Partei, der er in der Novemberwahl 1932 und in der Märzwahl 1933 seine Stimme gegeben hatte. Laut seinen Angaben zu seinen Einkommensverhältnissen als freier Grafiker im Zeitraum 1932 bis 1945 musste er von 1933 bis 1942 mit einem Jahreseinkommen von 700 bis 900 RM auskommen. Erst in den letzten drei Kriegsjahren verfügte er über größere Einkünfte, die allerdings die Frage aufwerfen, warum sich gerade dann seine Einkommenssituation verbesserte.[574] Die 1957 veröffentlichten Würdigungen zu seinem Leben und Werk geben darauf keine Antwort. Eine Erklärung könnte sein, dass unter anderem das Stuttgarter Stadtarchiv seine Mappenwerke für seine historische Bildersammlung in den Jahren 1942 und 1943 erwarb.[575] Schon ab 1947 verlegte Himmel seine Holzschnitte im Eigenverlag, um, wie die „Allgemeine Zeitung“ schrieb, „seine Kunstblätter dem Volke preiswürdig anbieten zu können“[576]. Hier erschien 1948 auch die Grafikmappe zu Theodor Storms „Pole Poppenspäler“, die von Rolf Christiansen (1914–1990) gezeichnet und in 19 Hochdrucken von der „schwäbischen Holzschnittstube Viktor Himmel“ umgesetzt wurde. Vielleicht entstanden die Holzschittbildnisse von berühmten deutschen Musikern, Komponisten und anderen herausragenden Personen der deutschen Geschichte ebenfalls nach 1945. In der Deutschen Nationalbibliothek und im Internet lassen sich die Porträts von Sebastian Bach, Ludwig van Beethoven, Georg Friedrich Händel, Joseph Haydn, Wolfgang Amadeus Mozart, Franz Schubert und Richard Wagner nachweisen. Hinzu kommen die Bildnisse von Bebel, Marx und Johann Wolfgang von Goethe, die das Kunstmuseum Stuttgart besitzt. Die fünf Exemplare des Goethe-Porträts wurden 1949 angekauft, in jenem Jahr, in dem Goethes 200. Geburtstag begangen wurde. Der deutsche Nationaldichter stand in den ersten Nachkriegsjahren für das gute „Deutschtum“. Aus diesem Anlass kam Thomas Mann das erste Mal nach seiner Exilzeit ins geteilte Deutschland und hielt in Frankfurt am Main und in Weimar eine Rede.[577] Himmel leistete mit seinem Goethe-Porträt seinen Beitrag zu diesem gesamtdeutschen Kulturereignis.

Die Holzschnitte von Bebel und Marx stechen aus dieser Serie berühmter Köpfe heraus, weil sie die einzigen sind, die einen unmittelbaren Bezug zur Politik und zur gesellschaftlichen Situation im Nachkriegsdeutschland haben. Himmel scheint in den Jahren der Diktatur trotz Anpassung seinen sozialdemokratischen Überzeugungen treu geblieben zu sein. Vielleicht wollte er das mit seinen Bildnissen von Marx und Bebel dokumentieren, denn sie müssen entweder noch im Nationalsozialismus im Geheimen oder unmittelbar nach dem Krieg entstanden sein. Angesichts des erheblichen Arbeits- und Zeitaufwands, den beide Hochdrucke abverlangten, hat es den Anschein, als habe sich Himmel selbst vergewissern und den Vätern der deutschen Arbeiterbewegung sowie der Sozialdemokratie ein Denkmal setzen wollen. Seine Partei erkannte die Leistung an, indem ihre Vertreter in der Stadtverwaltung für den Erwerb der Porträts sorgten und Himmel dadurch ehrten, dass sie das Bebel-Porträt im Fraktionszimmer der SPD im Hauptamt aufhängten.

Die SPD begann schon im Sommer 1945 mit dem Wiederaufbau ihrer Partei auf lokaler Ebene. Ein Jahr später erlaubten ihr die französischen Besatzungsbehörden die Gründung der Landesverbände (Süd-)Baden und Württemberg-Hohenzollern. Ende 1946 hatte die SPD bereits wieder 41 000 Mitglieder und stellte in Südwestdeutschland, besonders aber in Württemberg-Baden, einen bedeutenden Machtfaktor dar. Auch Kommunisten waren präsent und gelangten in verantwortungsvolle öffentliche Positionen wie das prominente Beispiel des Kunsthistorikers Erwin Petermann zeigt, der seit 1926 KPD-Mitglied war und dem kommunistischen Widerstand in Stuttgart angehört hatte. Im Juli 1945 wurde er zum Leiter der Graphischen Sammlung und Konservator der Staatsgalerie Stuttgart ernannt, 1963 stieg er zum Direktor der württembergischen Landesgalerie auf und leitete sie bis 1968. Stuttgarts OB, der Jurist Arnulf Klett, war zwar parteilos, der zweite starke Mann in der Kommunalverwaltung, Bürgermeister Josef Hirn, war jedoch ein SPD-Mann.

Es ist nicht überliefert, ob das Marx-Porträt ebenfalls als Ämterschmuck diente, doch Himmel stand mit seiner Huldigung des Philosophen in einer jahrzehntelangen Tradition sozialdemokratischer Bildkultur, die er bereits als junger Mann kennengelernt haben dürfte. Schon 1900 meinte Eduard Fuchs, der Sozialdemokrat und damalige Leiter der Satirezeitschrift „Süddeutscher Postillon", es dürfe in keinem Arbeiter-Wohnzimmer ein Marx-Porträt fehlen.[578]

Himmel druckte seine Porträts nun selbst in größeren Auflagen zu moderaten Preisen. Gleichzeitig konnte er als Spezialist des Holzschnittdrucks seine ganze Könnerschaft ausspielen und den eigenen hochgesteckten Qualitätsansprüchen genügen. Anschaulich zeigt sich das bei dem Marx-Porträt. Als Vorlage diente eine bekannte Fotografie von 1880.[579] Himmels Übersetzung des Bildes in den Holzschnitt weist nicht nur nuancierteste Schwarz- und Grautöne auf, sondern strebt auch ein Maximum an Wirklichkeitstreue an und tritt dadurch in eine gewisse Konkurrenz zur Fotografie. Selbst feinste Härchen im üppigen Haupthaar und Vollbart des Philosophen sind erkennbar und die Lichtführung reicht vom samtigen Schwarz in den tiefverschatteten Gesichtspartien um Augen und Mund bis hin zu feinsten Grauabstufungen im weißen Schopf und auf der Denkerstirn. Hieran lässt sich Himmels Ausbildung zum Xylografen deutlich erkennen. Diese

Technik wurde im späten 19. Jahrhundert als Reklamedruck in der Produktwerbung eingesetzt. Die Xylografie verfolgte die exakte und sachliche Wiedergabe eines Gegenstands. Himmel schaffte mit seiner Technik eine getreue Nachbildung der Fotografie, sein Holzschnitt weist Merkmale eines Fotorealismus auf, den es als künstlerischen Stil zu diesem Zeitpunkt noch nicht gab. Noch deutlicher tritt der Anspruch an eine fotografisch genaue Wirklichkeitsabbildung im Bebel-Porträt zutage, das geradezu aus Licht und Schatten modelliert zu sein scheint und die feinen Schnitte des Messers vergessen macht. Himmels Ziel bei diesen beiden Drucken war es, mit der Perfektion seiner Schnitttechnik und einem hohen Maß an Realismus sein Künstlertum unter Beweis zu stellen und gleichzeitig Blätter zu schaffen, die ins gesellschaftspolitische Klima kurz nach dem Krieg passten. Seine Arbeitsweise wurde schon bei früheren Marx-Porträts in der Presseberichterstattung angewendet, etwa bei einem gravierten Porträt in der französischen Zeitung „L'Illustration" im November 1871. Es ging auf eine Aufnahme des Hannoveraner Fotografen Friedrich Wunder aus dem Jahre 1867 zurück und illustrierte einen Artikel über die Pariser Kommune, deren Anführer Marx angeblich gewesen war. Der Aufstand der Kommunarden in der von deutschen Truppen belagerten Hauptstadt wurde von den französischen Regierungstruppen im Mai 1871 blutig beendet. Die Leipziger „Illustrirte Zeitung" druckte Marx' Porträt im Dezember 1871 nach.[580]

Es ist davon auszugehen, dass 1946 in der Stadtverwaltung noch niemand an den Ausbau der Grafiksammlung in der Städtischen Galerie dachte, auch der kunstaffine Bürgermeister Hirn nicht, der 1947 zugleich zum Vorsitzenden des Württembergischen Kunstvereins gewählt wurde. Andere Dinge waren wichtiger. Der Nachkriegsverwalter Eugen Keuerleber hatte seine Arbeit als Angestellter im Kunstreferat zwar am 1. September 1945 begonnen, doch gehörten zu diesem frühen Zeitpunkt der Ankauf von Kunstwerken für den Ämterschmuck und die eingelagerte museale Sammlung sicherlich nicht zu seinen Kompetenzen. Es ist davon auszugehen, dass die oben erwähnte Lithografie mit der Ansicht Obertürkheims beziehungsweise das Spendenplakat (Abb. 134) und die beiden Porträtholzschnitte nie als Museumsstücke gedacht waren (im ersteren Fall schon deshalb nicht, weil das Kunstmuseum Stuttgart bis heute keine Plakatsammlung hat und daher keine Plakate sammelt). Auch Obrechts Lithografie der Notbrücke in Untertürkheim (Abb. 135) diente nachweislich als Ämterschmuck. Sie und das Plakat hingen ebenfalls im SPD-Fraktionszimmer.[581] Irgendwann nach einer Auswechslung kamen diese Bilder als städtischer Besitz in ein Depot, wo die städtische Sammlung lagerte, und wurden so Objekte der Grafiksammlung des 1961 eröffneten Kunstmuseums der Stadt.

Sammlungsstruktur und Erwerbungspolitik zwischen 1946 und 1970

Im Zeitraum von 1946 bis 1970 änderte sich an der Ausrichtung der Grafiksammlung als eine Sammlung von Grafik aus „Schwaben" beziehungsweise Baden-Württemberg grundsätzlich nichts. Unter den 253 Künstler:innen, von denen Arbeiten erworben wurden, waren 66, von denen bereits im Dritten Reich Werke in die Sammlung kamen. Das ist mit 26 Prozent etwas mehr als ein Viertel.[582] Vielleicht war die Anzahl auch größer, denn wir wissen heute nicht mehr, wie groß die Sammlung tatsächlich war und wie viele Künstler:innen insgesamt mit ihren Arbeiten vertreten waren. Wir können immer nur von dem erhaltenen fragmentarischen Bestand ausgehen. Dennoch ist auffällig, dass wir in der Nachkriegszeit in bestimmten Werkgattungen jenen Künstlern wieder begegnen, die auch schon im Nationalsozialismus als bedeutend erachtet wurden. Zum Beispiel sind das bei der Radierung Hans-Emil Braun-Kirchberg (1887–1971), Alexander Eckener (1870–1944), Paul Kälberer (1896–1974), Walter Romberg (1898–1973), Karl Sigrist (1885–1986) und Reinhold Weegmann (1889–1963). Ein Künstler wie der Stuttgarter Bildhauer, Maler und Direktor der Stuttgarter Akademie der Bildenden Künste von 1938 bis 1945, Fritz von Graevenitz (1892–1959), galt noch immer etwas, obwohl er den Nationalsozialismus unterstützt und sein Name auf Hitlers „Gottbegnadeten-Liste" gestanden hatte, einer Liste von Künstler:innen, die die Nationalsozialisten besonders schätzten.[583] Stuttgart erwarb von Graevenitz 1948 die Lithografie eines Pferdes.

Es kamen aber auch neue junge Künstler und einige wenige Künstlerinnen (19; 7,5 Prozent) hinzu, die die aktuellen Kunstströmungen repräsentierten. Die Sammlung wurde für Werke der Moderne geöffnet, die bis dahin unberücksichtigt geblieben waren. Ungeachtet dieser Veränderungen herrschte fast bis zum Ende der 1960er-Jahre eine Kontinuität, die besonders dadurch gekennzeichnet ist, dass man unter den bis dahin in der Sammlung vertretenen Künstler:innen diejenigen an der Hand abzählen kann, die es zu überregionaler Bekanntheit in (West-) Deutschland brachten. Schauen wir uns die Liste an, sind heute nur die wenigsten Namen im Gedächtnis geblieben, während der Großteil vergessen ist. Zu den Ausnahmen zählen Karl Schmidt-Rottluff (kein Baden-Württemberger), von dem 1951 ein Aquarell angekauft wurde, und Otto Dix (1891–1969), von dem im gleichen Jahr eine Lithografie in die Sammlung kam. Schmidt-Rottluffs zweites Aquarell folgte erst 20 Jahre später, und die erste Aquarell-Tempera-Arbeit von Dix (*Toter Soldat,* 1922) kam 1968 hinzu. 1960 erfolgte erstmals auch die Aufnahme einer Arbeit von HAP Grieshaber (1909–1981). Ebenfalls ab Beginn der 1950er-Jahre begann man Werke von Oskar Schlemmer (1888–1943), Willi Baumeister (1889–1955) und Ida Kerkovius (1879–1970) zu sammeln, und nach der Rückkehr von Reinhold Nägele (1884–1972) aus dem US-amerikanischen Exil wurden auch seine Arbeiten kontinuierlich angekauft.

Wie beharrlich man noch zu Beginn der Fünfzigerjahre an dem Sammlungskonzept aus dem Dritten Reich festhielt, veranschaulicht folgendes Beispiel: 1952 erwarb Keuerleber die kolorierte Federzeichnung *Kuttenberg in Böhmen*[584] des Künstlers Wig Wollenheit (1915–?) von der Künstlergilde e. V. – Verband der heimatvertriebenen Kulturschaffenden Eßlingen/N. Wollenheit stammte aus einer sudetendeutschen Familie und studierte von 1935 bis 1938 an der Kunstgewerbeschule in Prag. 1940 setzte er sein Studium an der Kunstakademie Dresden fort. An der „Großen Deutschen Kunstausstellung" nahm er 1943 und 1944 teil. Nach dem Krieg wurde er im baden-württembergischen Lauchheim ansässig. Seine Ansicht der mittelalterlichen Bergstadt Kuttenberg entstand 1942. Deutsche Truppen besetzten sie 1939, nachdem das Protektorat Böhmen und Mähren errichtet worden war. 1942 war auch das Jahr, in dem die in Kuttenberg und Umgebung lebende jüdische Bevölkerung in das Ghetto und Durchgangskonzentrationslager Theresienstadt deportiert wurde. Die deutschen Besatzer reagierten nach dem im Mai 1942 verübten erfolgreichen Attentat auf den Reichsprotektor Reinhard Heydrich durch den tschechoslowakischen Widerstand mit einer blutigen Repressionswelle, bei der viele Tschechen ermordet und die Dörfer Lidice und Ležáky ausgelöscht wurden. Von dieser brutalen Wirklichkeit ist in der Zeichnung nichts zu erahnen, die Architekturdarstellung hat stattdessen viel gemeinsam mit den ‚Heimatbildern' deutscher Städte. So wundert es nicht, dass Wollenheits Arbeit nach dem Krieg von der Künstlergilde des Verbandes der heimatvertriebenen Kulturschaffenden Eßlingen/N. an die Stadt vermittelt wurde. Das böhmische Kuttenberg stand nun als Symbol für die verlorene Heimat (Abb. 142).

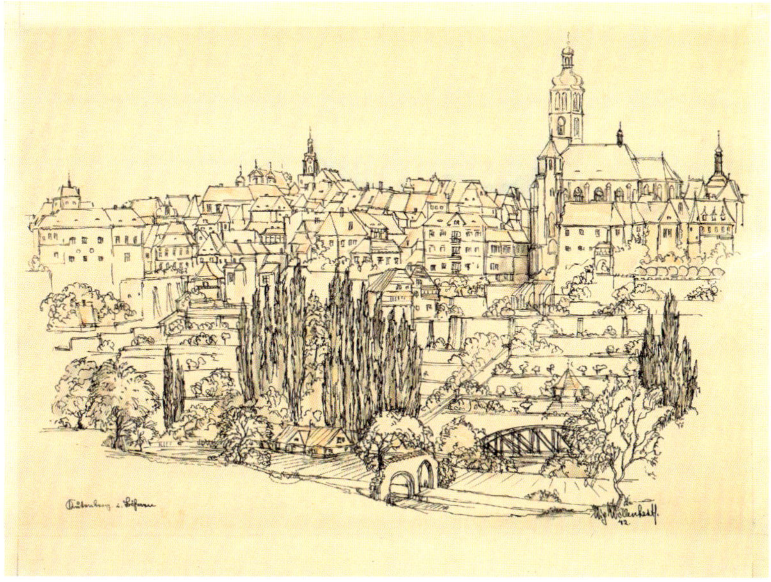

Abb. 142
Wig Wollenheit, *Kullenberg in Böhmen,* 1942, Feder koloriert, 42 × 63 cm

Geschichtsvergessenheit kennzeichnet auch die Aufnahme der Grafiken, die der ehemalige Stadtrestaurator, Kunst- und Antiquitätenhändler sowie Sammler Felix Frick Stuttgart 1960 stiftete, darunter die 1923 entstandene Radierung *Judencafé* von Max Körner (1887–1963). Körner war ein deutscher Grafiker, Maler und Buchkünstler, der seine Ausbildung in Stuttgart erhielt und dort einige Jahre als Lehrer arbeitete. Anschließend trat er eine Professur in Nürnberg an. Im Dritten Reich schaffte er es auf Hitlers „Gottbegnadeten-Liste". 1941 organisierte man für ihn eine große Ausstellung in Nürnberg. Er erhielt viele Aufträge von der Wehrmacht, der Luftwaffe und der SS. 1953 ehrte die Stadt Nürnberg ihn mit dem Kulturpreis und ernannte ihn fünf Jahre später zum Ehrenmitglied ihres Kulturbeirats. Von der Bundesrepublik Deutschland erhielt er das Verdienstkreuz 1. Klasse.[585]

Fricks Biografie im Nationalsozialismus und in der Nachkriegszeit verlief ähnlich. Er war zwar kein Mitglied der NSDAP, möglicherweise aber ab 1935 Parteianwärter, denn er betätigte sich als Blockhelfer[586] in der Nationalsozialistischen Volkswohlfahrt von circa 1937 bis 1943. Daher musste er sich einem Spruchkammerverfahren stellen, das jedoch eingestellt wurde.[587] Frick begann 1933 als Restaurator seine Tätigkeit für die Stadt. Wahrscheinlich kannten sich Frick und Körner, die fast gleichaltrig waren, schon bevor Körner 1921 nach Nürnberg ging. Nach dem Krieg restaurierte Frick zahllose Bilder für die Städtische Galerie Stuttgart, er saß als Berater in der Ankaufskommission des Kulturreferats und kannte die städtische Kunstsammlung sehr gut. Diese engen Verbindungen veranlassten ihn wohl, der Stadt Grafiken für ihr ein Jahr später eröffnetes Kunstmuseum zu schenken. Frick leistete damit einen Beitrag zur Grafiksammlung des neuen Museums und ergänzte sie gleichzeitig um Arbeiten von Körner, der bis dahin nicht vertreten war. Es ist bemerkenswert, dass die Viten der beiden in der Nachkriegszeit sicher bekannt waren, aber vor den Auschwitzprozessen völlig ausgeblendet wurden und deshalb niemand an der Radierung *Judencafé* Anstoß nahm. Dass die Darstellung und der Bildtitel antisemitische Intentionen verfolgen, legen die im Profil gehaltenen Gesichter nahe, die nicht dem „arischen" Ideal entsprachen. Die deutsche jüdische Bevölkerung gehörte zum Bildungsbürgertum und trug maßgeblich zur Entwicklung der Kaffeehauskultur in Deutschland, Wien, Prag und anderen Orten bei. Der historische Titel *Judencafé* spielt ausdrücklich auf dieses Phänomen an und konnotiert es durch die karikaturhafte Darstellung negativ.[588] Bis 2023 wurde das Blatt mit dem antisemitischen Bildtitel in der Museumsdatenbank geführt (Abb. 143).

Nach fast zwei Jahrzehnten kollektiver Verdrängung in der westdeutschen Gesellschaft spiegelt sich erstmals in den 1960er-Jahren der Ansatz eines Bewusstseins für die nationalsozialistischen Verbrechen und die Shoah in der Grafiksammlung, denn 1963 hatten die Auschwitzprozesse in Frankfurt am Main begonnen, in denen der Völkermord an der jüdischen Bevölkerung und die Verbrechen in Auschwitz juristisch aufge-

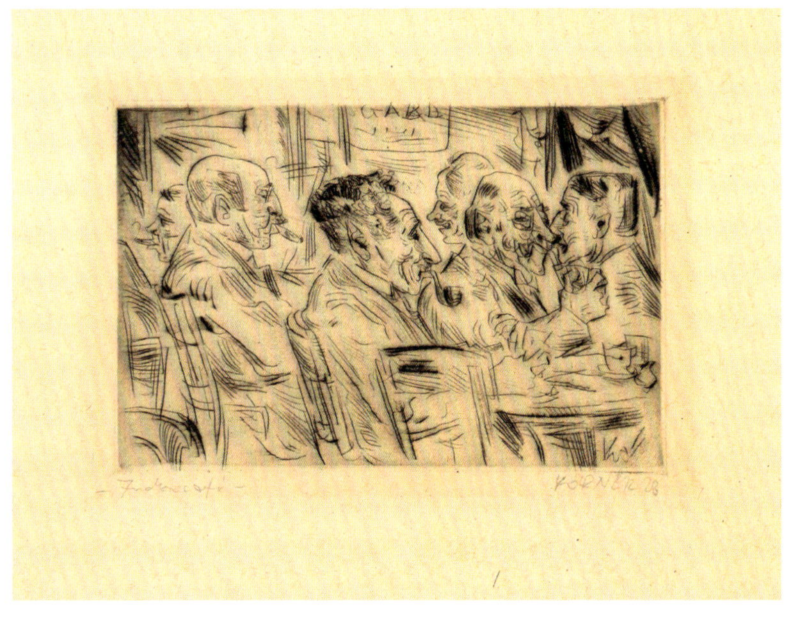

Abb. 143
Max Körner, *Café,* historischer Titel: *Judencafé,* 1923, Radierung, 10,8 × 16,4 cm

arbeitet wurden. Keuerleber erwarb 1964 in der Grafikausstellung des Künstlerbundes Baden-Württemberg die Kohlezeichnung *Gaskammer (Gas chamber)*[589], die der US-amerikanische Künstler und Sohn jüdischer Einwanderer Shmuel Shapiro (1924–1983) im gleichen Jahr geschaffen hatte. Drei Jahre später wurde Hermann Bäuerles (1886–1972) bereits 1944 entstandene Zeichnung *Exekution im KZ*[590] angekauft, die die Tötung eines KZ-Häftlings durch Erhängen aus der Perspektive der Lagerinsassen zeigt. Solche Erwerbungen blieben aber Einzelfälle und ihre Existenz in der Sammlung war bis vor kurzem der Öffentlichkeit unbekannt (Abb. 144, Abb. 145).

Abb. 144
Shmuel Shapiro, *Gas Chamber,* 1964, Kohle, 73 × 55 cm

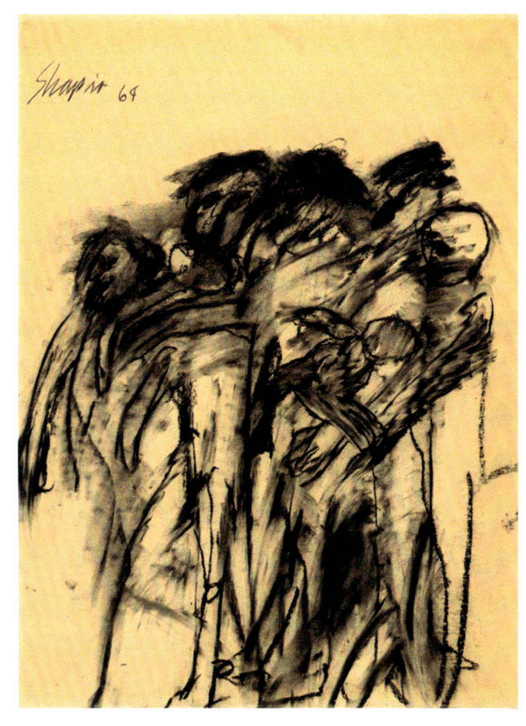

Nach dem Krieg schwiegen die Künstler und die Bevölkerung über den Krieg. Erstere vergaßen, dass sie in den besetzten Ländern wie ‚Touristen' Bilder von den Sehenswürdigkeiten gemacht hatten. Das persönliche Weltkriegserlebnis wurde so vollständig verdrängt, dass die in den Kriegsgebieten gemachten Bilder in der städtischen Grafiksammlung vollkommen „vergessen" wurden, wenngleich sie physisch weiterhin vorhanden waren. Offensichtlich war sich der erste Direktor der Galerie der Stadt Stuttgart, selbst Soldat im Krieg, mit seinen Zeitgenossen einig, dass keiner mehr von diesen Bildern etwas wissen wollte. Auch die Künstler hatten wenig Interesse daran, an diese Werke zu rühren, besonders wenn man sich nach 1945 als „Verfemter“ des NS-Systems gerierte.

Wegen der strukturellen Selbstbeschränkung blieb die Erwerbung von grafischen Arbeiten prominenter deutscher und internationaler Vertreter:innen der Moderne wie Erich Heckel (1883–1970), Carl Hofer (1878–1955), Frans Masereel (1889–1972), Emil Nolde (1867–1956) oder Renée Sintenis (1888–1965) die Ausnahme, selbst wenn Künstler wie Heckel seit 1944 in Hemmenhofen am Bodensee lebten. Nur langsam und vorsichtig öffnete Keuerleber ab 1961 die Grafiksammlung für Werke von Künstler:innen, die nicht im Ländle lebten und arbeiteten und damit im engeren Sinne nicht zur baden-württembergischen Kunstlandschaft gehörten.

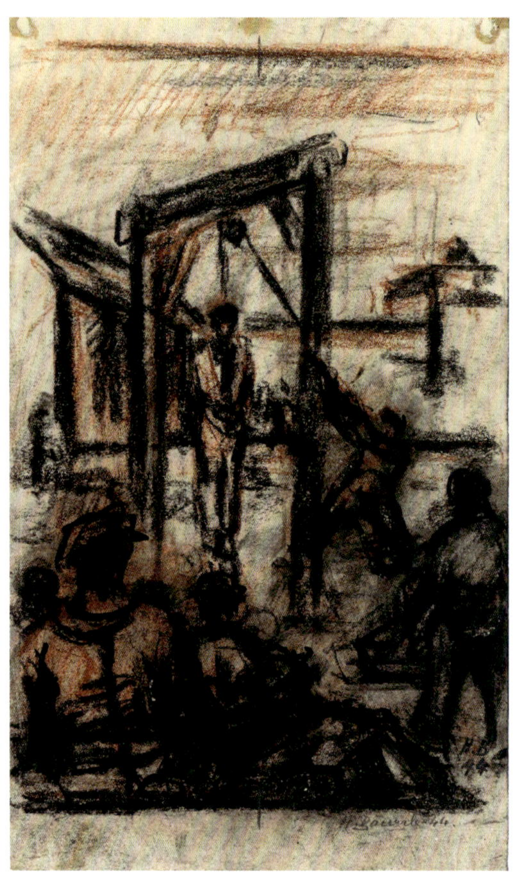

Abb. 145
Hermann Bäuerle,
Exekution im KZ, 1944,
Kohle, Rötel, 32 × 21 cm

ANHANG

Der Restitutionsfall Max Rosenfeld

Eigentum verpflichtet – deshalb gibt es seit 2014 am Kunstmuseum Stuttgart die Provenienzforschung. Sie untersucht die Herkunftsgeschichte und Eigentümerwechsel von Kunstwerken der Sammlung und prüft, ob sich darunter NS-verfolgungsbedingt entzogene Kulturgüter befinden. Das Fernziel ist, alle im Zeitraum von 1933 bis 1945 und seit 1945 erworbenen Kunstwerke zu überprüfen (die vor 1945 entstanden sind). Unter Berücksichtigung aller in der Sammlung vertretenen Gattungen sind das mehrere Tausend Kunstwerke. Seit 2017 wird zugleich auch die Institutionen- und Sammlungsgeschichte der Städtischen Galerie Stuttgart beziehungsweise ab 1961 der Galerie der Stadt Stuttgart – der Vorläufer des Kunstmuseums Stuttgart – erforscht.

Das Kunstmuseum Stuttgart sieht sich den Zielen der Washingtoner Prinzipien von 1998 und der Gemeinsamen Erklärung der Bundesregierung der Länder und kommunalen Spitzenverbände zur Auffindung und zur Rückgabe NS-verfolgungsbedingt entzogenen Kulturguts, insbesondere aus jüdischem Besitz, vom Dezember 1999 verpflichtet.

Das Kunstmuseum Stuttgart ist ein relativ junges Museum (seit 1961), doch seine Entstehungs- und Entwicklungsgeschichte ist komplex und

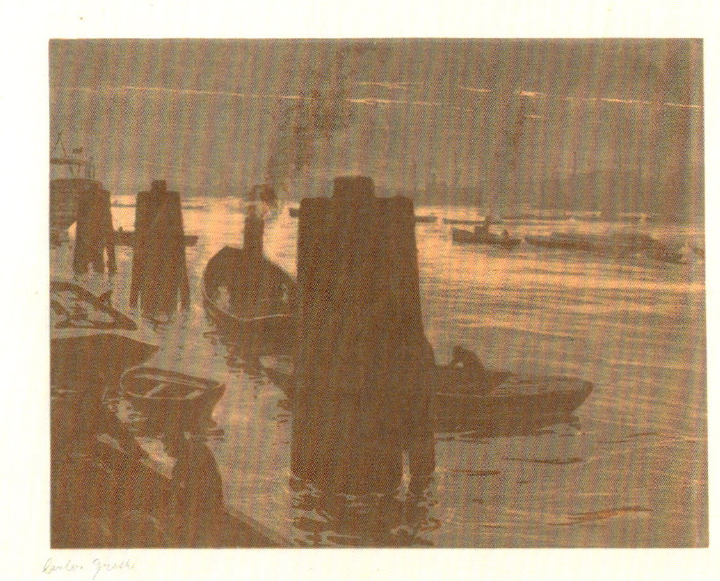

Abb. 146
Carlos Grethe, *Im Hafen I*, 1901, Lithografie, 26 × 34 cm

kompliziert. Die Geschichte der Vorläuferinstitutionen und vor allem die Geschichte der städtischen Sammlung im Nationalsozialismus lagen lange im Dunkeln. Der Autor schloss im Rahmen seiner Tätigkeit als Provenienzforscher am Kunstmuseum Stuttgart die Forschungslücke für die Gemäldesammlung und deckte die Entwicklungsgeschichte der Städtischen Galerie auf. Mit der Untersuchung der Geschichte der Grafiksammlung im Nationalsozialismus und der Herkunft ihrer Objekte wurde nun ein weiterer wichtiger Schritt zur Erforschung dieses Museumskapitels getan, dennoch gibt es weitere Kunstwerke in der Sammlung, deren Herkunft unklar ist und weiterer Forschungsanstrengungen bedarf.

Der Fall des jüdischen Tabakgroßhändlers und Kunstsammlers Max Rosenfeld aus Stuttgart dokumentiert, dass auch in die Grafiksammlung des Kunstmuseums Stuttgart NS-verfolgungsbedingt entzogene Kunstwerke gelangten. Max Rosenfeld war bis vor kurzem weitgehend vergessen, obwohl er besonders im zweiten Jahrzehnt des 20. Jahrhunderts in Stuttgart (und Deutschland) eine durchaus bekannte Persönlichkeit gewesen war wegen seiner Villa, die weitgehend 1912 in Stuttgart fertiggestellt wurde. Der Architekt und Innengestalter war Bernhard Pankok (1872–1943), der mit Rosenfeld befreundet war. Die im Jugendstil gehaltene Villa Rosenfeld gilt als Pankoks bedeutendstes Bauwerk. Wegen Rosenfelds Flucht aus Deutschland im Sommer 1939 und der Zerstörung seiner Villa am Ende des Zweiten Weltkriegs verschwand der Name des kunstaffinen Kaufmanns nach 1945 aus dem kollektiven Gedächtnis der Stadt Stuttgart. Daher war über ihn, seine Familie und seine Kunstsammlung bis zum Zeitpunkt dieser Untersuchung kaum etwas bekannt.

Wohl im Zeitraum 1937/38 erwarb die Stadt Stuttgart 23 Grafiken von Carlos Grethe (1864–1913).[591] Dabei handelt es sich um 20 Lithografien und 3 Zeichnungen; 19 Blätter tragen auf der Rückseite Max Rosenfelds Sammlerstempel. Durch den Stempel ließ sich der einstige Eigentümer der Grafiken identifizieren, deren Provenienz vorher unbekannt gewesen war (Abb. 147).[592]

Rosenfeld wurde am 25. Mai 1867 in Stuttgart als Sohn einer jüdischen Kaufmannsfamilie geboren, die mit Tabak handelte. Er ergriff ebenfalls diesen Beruf und gelangte zu großem Vermögen, das es ihm

Abb. 147
Max Rosenfelds Sammlerstempel

1909 ermöglichte, den Bau seiner Villa in Auftrag zu geben, die über die Landesgrenzen bekannt wurde. Dem Alter nach gehörte Max Rosenfeld derselben Generation an wie Grethe, und auch Pankok war nur fünf Jahre jünger als er. Grethe lehrte als Professor für Malerei an der Akademie der Bildenden Künste Stuttgart, Pankok war Professor an der Königlichen Lehr- und Versuchswerkstätte Stuttgart. Beide Künstler spielten eine prominente Rolle im Kunstbetrieb der württembergischen Landeshauptstadt und waren entsprechend mit ihren Arbeiten in privaten Kunstsammlungen vertreten.

Abb. 148
Detail: Unterschrift Max Rosenfelds aus seinem Reisepass von 1923, StA Ludwigsburg

1897 heiratete Rosenfeld Martha Süssmann, Tochter des sehr vermögenden Textilfabrikanten Lyon Süssmann. Sie wurde 1873 in Stuttgart geboren und starb bereits im Alter von 55 Jahren. Im Jahr ihrer Heirat kam auch ihr erstes Kind Hans Erik zur Welt. Er verunglückte tödlich 1927 bei einem Autounfall.[593] Der zweite Sohn Paul Georg erblickte 1906 das Licht der Welt.

Lyon Süssmann hatte die Stuttgarter Trikotagenfabrik Ludwig Maier & Co. AG zu Weltrang geführt mit dem 1912 entwickelten Büstenhalter „Hautana". Seine zweite Tochter Leonie Dentz-Süssmann[594], Max Rosenfelds Schwägerin, heiratete 1900 den niederländischen Tabakhändler Théodore Carel Dentz aus Amsterdam, so dass die Familien Rosenfeld, Süssmann und Dentz sowohl familiär als auch geschäftlich eng verbunden waren. Leonie Dentz' Sohn Henri Dentz sollte in der Shoah als Regierungskommissar der niederländischen Exilregierung für Repatriierung eine außergewöhnliche Rolle spielen, indem er als einer der Ersten detailliert über die Vernichtungslager im Osten berichtete und Zahlen nannte.[595]

Abb. 149
Max Rosenfelds Reisepass mit Foto, 1923, StA Ludwigsburg

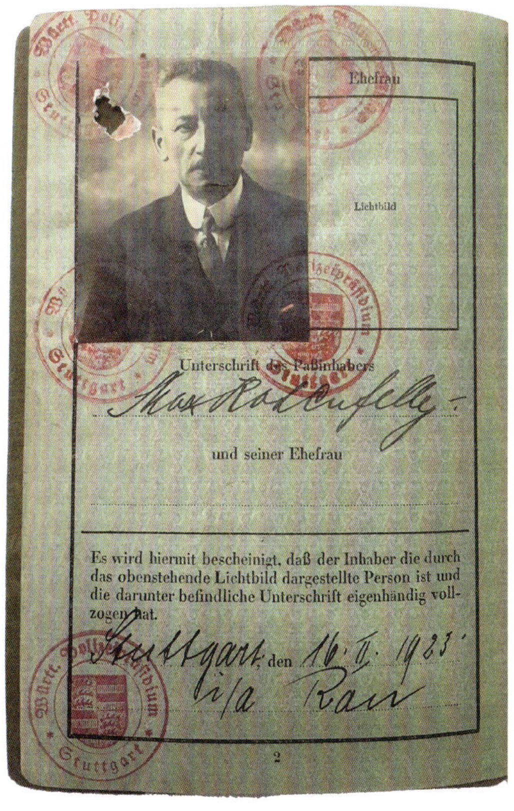

Als Max Rosenfeld Anfang August 1939 in die Niederlande emigrierte, sorgte seine Schwägerin dafür, dass er eine Aufenthaltserlaubnis erhielt und bis zu seiner Deportation ins Durchgangslager beziehungsweise Konzentrationslager Westerbork am 2. Februar 1943 in Amsterdam wohnen konnte. Seine Staatsangehörigkeit wurde ihm vom Deutschen Reich am 29. April 1941 aberkannt.[596] Während seines Aufenthalts in Westerbork kam er ins Lagerkrankenhaus, wo er schließlich am 18. März 1943[597] starb.

Am 5. August 1942 wurde gegen Max Rosenfeld vom Devisenschutzkommando Niederlande eine Strafanzeige erlassen. Er

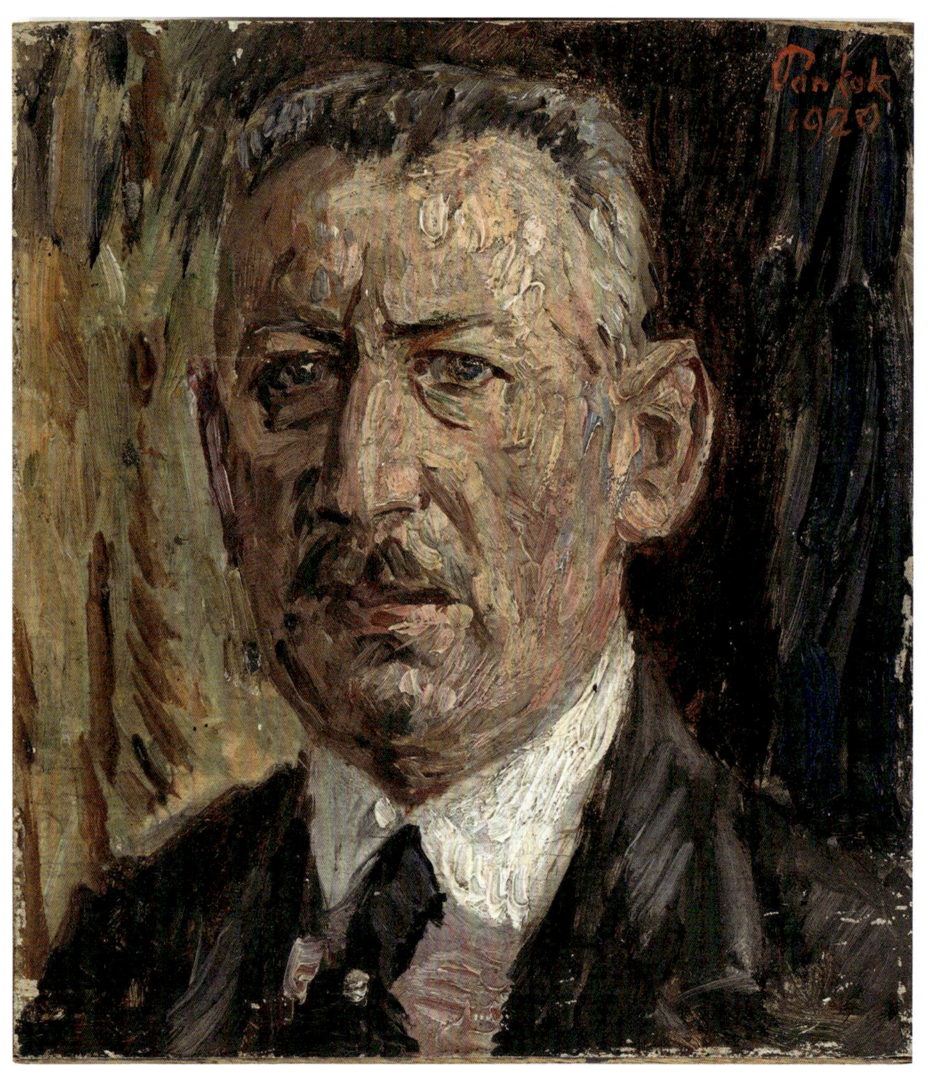

Abb. 150
Bernhard Pankok, *Max Rosenfeld,* 1920, Öl auf Holz, Privatbesitz, Foto: Frank Kleinbach

wurde beschuldigt, „vorsätzlich Bargeld, Kunstgegenstände und Sachen aus Gold und Silber entgegen der bestehenden Einlieferungspflicht nicht fristgerecht bei dem Bankhaus Lippmann, Rosenthal und Co. eingeliefert zu haben“[598]. Weiter wurde ihm vorgeworfen: „Wie aus dem Akteninhalt hervorgeht, hat der staatenlose Jude Max Rosenfeld die unter II. dieser Strafanzeige aufgeführten Werte, wie Bargeld, Kunstgegenstände, und Sachen aus Gold und Silber bei verschiedenen Ariern untergestellt, um sie nicht beim Bankhaus Lippmann, Rosenthal & Co. einliefern zu müssen. Er hat sich daher vorsätzlich im Sinne meiner Ausführungen unter I. vergangen. Da der Beschuldigte aber im hohen Alter steht und dauernd kränklich ist, eignet sich das Verfahren zur Erledigung im Verwaltungswege.“[599]

Max Rosenfelds Eigentum, Kunstwerke und zahlreiche Wertgegenstände aus Edelmetall, wurden beschlagnahmt. Einige der Bilder tauchten später auf dem deutschen Kunstmarkt und einem Flohmarkt in Ostfriesland wieder auf.

Kaufmann und Kunstsammler

1853 war die Tabakblätterhandlung M.[oriz] L.[ouis] Rosenfeld in Stuttgart von der Familie Rosenfeld gegründet worden. Der Handelszweck bestand im Import und Verkauf von Rohtabak an Fabriken. 1873 wurde das Unternehmen in eine offene Gesellschaft übertragen mit den Teilhabern M.L. Rosenfeld und Jonas Kahn, 1892 wurde eine Zweitniederlassung in Amsterdam eingerichtet. M.L. Rosenfeld schied im gleichen Jahr aus der Gesellschaft aus und Max Rosenfeld wurde neuer Teilhaber. Er reiste regelmäßig nach Bremen und Amsterdam, den Umschlagplätzen für Tabak in Norddeutschland und den Niederlanden, und kaufte in den 1910er- und 1920er-Jahren für die in Bremen ansässige Deutsche Tabakhandels-Gesellschaft m.b.H. in Holland ein.[600] Im Ersten Weltkrieg wurde die Firma für kriegswichtig erklärt.[601]

Im Wilhelminischen Kaiserreich gehörte Max Rosenfeld zu den neuen Millionären. Inwieweit er den Reichtum nach dem Zusammenbruch des Kaiserreichs und der folgenden Wirtschaftskrise und Inflation in den frühen Zwanzigerjahren halten konnte, ist unklar. Nach dem Tod seiner Frau scheint sich Max Rosenfeld 1929 ins Privatleben zurückgezogen zu haben, denn aus dem Handelsregister geht hervor, dass die Gesellschaft in diesem Jahr aufgelöst wurde und die Firma erlosch.[602]

Bis mindestens 1918 hatte er ein florierendes Unternehmen und gehörte zur wohlhabenden großbürgerlichen Schicht in Stuttgart. Mit dem Bau seiner Villa durch einen der bekanntesten Künstler und Architekten der Stadt zeigte die Familie Rosenfeld ihren Reichtum und ihre gesellschaftliche Stellung.[603]

Max Rosenfeld war Kunstsammler. Jedoch war bis vor kurzem unklar, wie groß seine Sammlung war, denn nur wenige Bilder und eine Skulptur sind überliefert, die zu seinem Besitz gehörten.[604] Ob es mehr gab und welchen Umfang die Sammlung gehabt haben könnte, darüber ließ sich bis 2022 nur spekulieren. Die Fotografien der Innenräume der Villa Rosenfeld zeigen aber in einzelnen Räumen Kunstwerke, darunter Gemälde, Grafiken und mindestens eine Skulptur. Neben zwei großen Ölbildern von Carlos Grethe, die in der Diele hingen, wissen wir unter anderem von drei Gemälden Bernhard Pankoks und mehreren Grafiken: *Porträt Martha Rosenfeld* (1917), *Lesender junger Mann* (1892), eine bisher nicht identifizierte Landschaft, die 1916 in einer Ausstellung der Galerie Heinemann in München gezeigt wurde, jeweils eine Porträtzeichnung von Max Rosenfeld und seinem Sohn Hans Erik und die Lithografie *Bildnis Frau Rosenfeld.*[605] Hinzu kommen zwei Kinderbildnisse.

Erhalten geblieben sind die Abschriften zweier notarieller Testamente von 1908 und 1928. Im letzteren gibt es eine Beilage mit einer Auflistung von Kunstwerken, die zur Erbschaft des Sohns Paul und der Enkelin Doris gehören sollten. Doris Rosenfeld war die einzige Tochter von Hans Erik und Helene Rosenfeld. In den Beilagen I und II, die dem Testament angefügt sind, wird auch eine „Grafiksammlung der Eltern“ aufgelistet.[606]

Im Verlauf der Nachforschungen konnten circa 47 Kunstwerke nachgewiesen werden, wobei die kunstgewerblichen Objekte von großem Wert noch nicht einbezogen sind. Rosenfeld sammelte neue und alte Kunst. In einem Brief, den er seinem Freund Pankok Weihnachten 1939 aus Amsterdam schrieb, erwähnt er ein Bild des Rembrandt-Schülers Govaert Flinck (1615–1660). Flinck war ein holländischer Maler, der ab 1632 in Amsterdam arbeitete und drei Jahre in der Werkstatt Rembrandts lernte. In der im Niederländischen Nationalarchiv in Amsterdam erhaltenen Akte über Max Rosenfelds „Feindvermögen“ werden weitere bisher unbekannte Gemälde aufgelistet, darunter altniederländische Meister.[607]

Wie groß Rosenfelds Grafiksammlung war, ist unbekannt. Auch ob er oder seine Eltern sie zusammengetragen hatten, doch von Grethe sind 23 Blätter erhalten. Vielleicht war das schon der gesamte Grethe-Bestand, vielleicht gab es aber auch mehr Blätter. Wahrscheinlicher ist aber, dass es sich wohl um den Gesamtbestand von Grethe-Grafiken in der Rosenfeld-Sammlung handelte, denn fast alle Druckgrafiken Grethes sind bis auf ein Blatt darin enthalten.

Paul Georg Ronald, Max Rosenfelds Sohn, erklärte im Rahmen des Wiedergutmachungsverfahrens in der Nachkriegszeit, dass sein Vater einen Teil seines Vermögens in teurem Schmuck und Kunstwerken anlegte.[608] Aus der Akte im Niederländischen Nationalarchiv geht hervor, dass er daneben noch Bargeld und zahlreiche Sachen aus Gold und Silber besaß.[609] All das wurde Anfang August 1942 von den deutschen Besatzern beschlagnahmt. Nachdem die Kunstwerke dem Handel preisgegeben waren, wurden sie in alle Welt verstreut und gelangten auch nach Deutschland.

Die Familie Rosenfeld

Max Rosenfeld hatte zwei Söhne: Hans Erik und Paul Georg sowie zwei Enkelinnen, namentlich Doris, die 1927 geborene Tochter seines älteren Sohns Hans Erik und dessen Ehefrau Helene, geb. Gutmann, und Martha, die 1938 geborene Tochter von Paul und seiner Frau Grete, geb. Kahn. Hans Erik war promovierter Jurist, Paul Kaufmann. Beide Söhne waren in der Textilindustrie tätig.

Den Holocaust überlebten Paul Rosenfeld und seine kleine Familie sowie Helene Rosenfeld und ihre Tochter. Sie verließen Deutschland 1938. Bei den in den USA lebenden Nachfahren ist nur die dramatische Flucht der Großeltern überliefert. Diese war derart traumatisch, dass Paul und Grete Rosenfeld ihren Kindern und Enkeln fast nichts über das Leben und die Situation der Familie in Deutschland im Dritten Reich erzählten. Entsprechend stimmen die Daten in den Schilderungen der Familie nicht immer mit denen in den Akten in den Archiven überein. Laut der Erinnerung der Familie emigrierten Paul und Grete 1938/39 über die Niederlande und Großbritannien in die USA. Nach Aussage von Max Rosenfeld kamen sie aber bereits am 20. Dezember 1938 in New York an. Die Eheleute fanden eine Wohnung und Paul arbeitete wieder in der Textilindustrie als Direktionsassistent. 1941 kam das zweite Kind, der Sohn Mark, zur Welt.[610]

Die Entscheidung von Paul und Grete Rosenfeld, das Land zu verlassen, fiel vor dem Pogrom in der Nacht vom 9. auf den 10. November 1938. Anfangs unterschätzten die jungen Eheleute wohl die Gefahr des Nationalsozialismus, denn sie machten noch im Frühjahr 1934 in Italien ihre Hochzeitsreise. Grete Rosenfeld, die der Familie von Jonas Kahn, einem der Gründerväter des Unternehmens M. L. Rosenfeld, entstammte, wurde im Oktober 1937 schwanger. Das veränderte die Situation des Paares, denn nun stellte sich die Frage nach ihrer Zukunft in Deutschland. Die Situation von Pauls Vater war etwas anders. Max Rosenfeld war ein verwitweter älterer, bereits kränklicher Herr von 70 Jahren und sah dem Ende eines erfüllten Lebens entgegen. Sein Bedürfnis, Deutschland zu verlassen, war wohl im Gegensatz zu den jungen Leuten geringer. Doch der bevorstehende Familienzuwachs seines Sohns dürfte auch seine Entscheidung beeinflusst haben, denn mit der Emigration des einzigen verbliebenen Kindes, seiner beiden Schwiegertöchter und der beiden Enkelkinder wäre er allein in Stuttgart zurückgeblieben. Man kann sich daher gut vorstellen, dass in der Familie Rosenfeld um die Entscheidung gerungen wurde, ob man Deutschland verlassen soll. Doch spätestens im September 1938 müssen Paul und Grete Rosenfeld sich entschieden haben, in die USA zu emigrieren, denn noch im gleichen Monat ließen sie ihre drei Monate alte Tochter Martha mit der Hilfe von Leonie Dentz, Max Rosenfelds Schwägerin, in ein Diakonissenhaus in Amsterdam bringen, wo der Säugling solange blieb, bis die Eltern ihn auf ihrer Durchreise in die USA abholten. In dieser Zeit übernahm Leonie Dentz die Verantwortung für das Kind.

Sie war überhaupt für die Flucht der Familie Rosenfeld aus Deutschland von entscheidender Bedeutung,[611] denn nach März 1938 hatten die Niederlande ihre Flüchtlingspolitik verschärft und zeitweise die Grenze geschlossen gehalten, so dass keine Flüchtlinge mehr ins Land gelangen konnten. Leonie Dentz setzte sich bei den niederländischen Behörden dafür ein, dass Max sowie Paul und Grete Rosenfeld Aufenthaltsgenehmigungen erhielten. Wegen ihres Vermögens konnte sie glaubhaft garantieren, dass ihre deutschen Verwandten dem niederländischen Staat nicht zur Last fielen.

Bis zur Ausreise von Paul und Grete Rosenfeld Ende November 1938 musste alles Notwendige für den Umzug organisiert und ein Transportunternehmen beauftragt werden, ihre Möbel und ihr Haushaltsgerät in zwei „Liftvans" zu verpacken, die dann mit dem Schiff in die USA transportiert werden sollten. Liftvans waren containerartige Behältnisse aus Holz, die beladen mehrere Tonnen wiegen konnten. Paul und Grete Rosenfeld mussten bis Mitte November auf die Visa der USA warten, die ihrem Einwanderungswunsch stattgaben. Anfang Dezember bestiegen sie dann endlich den Zug nach Amsterdam und verließen Deutschland – für immer.

Bei dem Pogrom vom 9./10. November 1938 gehörten Max und Paul Rosenfeld nicht zu jenen reichen jüdischen Männern in Stuttgart, die im Rahmen von Massenverhaftungen eingesperrt wurden. Doch Paul Rosenfeld berichtet, dass er mit seiner Frau kurz danach, am 13. oder 14. November, im Haus seines Vaters gewesen war. Der hätte krank zu Bett gelegen und sie hätten ihm während der schlimmen Tage beigestanden. An jenem 13. oder 14. November suchten morgens um 11 Uhr zwei Männer der Gestapo das Haus seines Vaters auf, um ihn, Paul Rosenfeld, zu verhaften. Sein Hinweis, dass sein Visum und das seiner Frau zur Auswanderung in die USA bewilligt worden seien und sie kurz davorstünden, das Land zu verlassen, ließ die Gestapo-Männer kalt, sie bestanden darauf, ihn mitzunehmen. Sie ließen erst von ihm ab, als sich Paul Rosenfeld bereit erklärte, ihnen sein neues Mercedes Cabriolet zu überlassen. Im Gegenzug wollte die Gestapo ihn bis zu seiner Ausreise unbehelligt lassen. Das Auto wurde ausgehändigt und das Ehepaar konnte tatsächlich ohne weitere Vorkommnisse im Dezember 1938 ausreisen. Es holte seine Tochter ab und reiste weiter nach Rotterdam, wo es sich auf einen holländischen Dampfer einschiffte. Den Start in ihr neues Leben in New York begannen Paul und Grete Rosenfeld völlig mittellos. Max Rosenfeld sorgte währenddessen in Stuttgart dafür, dass ihr Umzugsgut kurz vor seiner eigenen Ausreise von der Logistikfirma losgeschickt wurde.

Vor der Emigration war Paul Rosenfeld technischer Leiter der Mechanischen Trikotweberei Ludwig Maier & Co. AG in Böblingen gewesen. Er hielt an dem Unternehmen 10,4 Prozent der Aktien. Im Zuge der „Arisierung" des Unternehmens durfte er im September 1938 dort nicht mehr weiterarbeiten und musste mit einer Abfindung gehen. Seine

Aktien verkaufte er zwangsweise zu einem niedrigeren Preis. Der Betrag kam auf ein Sperrkonto der Deutschen Bank Stuttgart und wurde später mit dem übrigen Vermögen aus Wertpapieren, Bankkonten usw. vom Deutschen Reich beschlagnahmt. Schon wegen dieser Ereignisse muss den Rosenfelds klar gewesen, dass sie nicht in Deutschland bleiben konnten. Deshalb ist davon auszugehen, dass ihre Vorbereitungen zur Emigration eine gewisse Zeit in Anspruch genommen hatten. Schließlich mussten Visa für die USA beschafft, die Zwangsabgaben für die Auswanderung bezahlt und der Umzug nach Übersee organisiert werden. Das kostete Zeit, Kraft und Geld. Um an die nötigen Ausreisepapiere zu gelangen, mussten die Auswanderungswilligen zahllose Vorschriften, Behördengänge und Schikanen über sich ergehen lassen. Die Pässe von Juden waren 1935 eingezogen worden. Dadurch sollten illegale Auswanderungen verhindert und eine bessere Kontrolle über die Juden erlangt werden. Ab diesem Zeitpunkt hatten die Pässe von Juden nur noch eine Gültigkeitsdauer von sechs Monaten. Für Auslandsreisen musste ein Visum beigebracht werden. Bei Verstößen gegen die Ausreisebestimmungen und Devisengesetze drohten drakonische Strafen. Um einen Pass bei der Polizei beantragen zu können, mussten bei verschiedenen Finanzämtern zuerst Unbedenklichkeitsbescheinigungen eingeholt werden, mit denen nachgewiesen wurde, dass der Auswanderungswillige alle Steuern bezahlt und die Reichsfluchtsteuer entrichtet hatte. Nach der Reichskristallnacht kam noch die sogenannte Sühneabgabe hinzu, die den Juden abverlangt wurde.

Bereits 1938, dem Jahr, in dem Paul Rosenfeld und seiner Familie sowie Helene Rosenfeld und ihrer Tochter die Flucht aus Deutschland gelang, war die Ausreise stark erschwert worden. Seit Ende April wurden jüdische Vermögen beschlagnahmt. Die sogenannte Arisierung der Firmen und Unternehmen von Juden begann. Angesichts solcher Zustände war es fast unmöglich, Eigentum und Vermögen zu bewahren, es sei denn, dieses war rechtzeitig im Ausland in Sicherheit gebracht worden, um dem Zugriff der deutschen Behörden weitgehend, aber selbst dann nicht immer, entzogen zu sein.

Auswanderern war die Mitnahme von Geld und Wertsachen ins Ausland verboten, jeder durfte nur 10 RM ausführen. Sie hatten bei dem Oberfinanzpräsidenten eine Erklärung zu unterschreiben, dass sie keine Vermögenswerte zurücklassen. Des Weiteren verlangte das Einwanderungsland, im Fall der Rosenfelds die USA, ein Affidavit, eine eidesstattliche Erklärung, mit der ein Bürge im Land der Emigration garantierte, dass er für die eingewanderte Person bürgt und die finanzielle Verantwortung übernimmt. Während des Dritten Reiches kam dieser eidesstattlichen Erklärung eine besondere Bedeutung zu, weil auswanderungswillige Juden aus Deutschland sie den Behörden vorlegen mussten. Vielen Juden war das Beibringen des Affidavits nicht möglich.

Restriktiv und räuberisch waren auch die Genehmigungen für die Mitnahme von Gegenständen ins Auswanderungsland. Ab 1938 wurde als Umzugsgut nur noch „unbedingt notwendiger Hausrat“ zugelassen. Neuwertige Gegenstände, Dinge, die nach 1933 gekauft worden waren, wurden mit einer Gebühr in der Höhe des ursprünglichen Kaufpreises belegt. Schließlich wurden hohe Abgaben erhoben oder sogar Mitnahmeverbote auf all jene Sachen ausgesprochen, die nach der Flucht hätten verkauft werden können. Dazu gehörten Fotoapparate, Musikinstrumente, Kunstgegenstände, Schmuck.

Die Auswanderungsformalitäten gingen mit der Ausplünderung und Enteignung der Juden einher. Die Nationalsozialisten wollten sie wirtschaftlich vernichten und völlig verarmt ins Ausland entlassen, damit sie dort für soziale Unruhe sorgten. Die Kosten der Auswanderung konnten nur reiche Juden tragen, nur sie hatten eine Chance zur legalen Flucht. Die Demütigungen und psychischen Belastungen, die die Juden neben der alltäglichen Gewalt, Stigmatisierung und Ausgrenzung ertragen mussten, sind kaum zu ermessen und sorgten, neben dem Wissen über die Ermordung von Angehörigen, Freunden und Bekannten im Genozid, für ein lebenslanges Trauma.

Paul und Grete Rosenfeld gelang es am Ende, alle Hürden zu nehmen und das begehrte Visum zu bekommen. Das Packen ihrer Umzugskisten war von der Gestapo genehmigt, vielleicht waren diese auch schon unter zollamtlicher Aufsicht beladen worden. Ein halbes Jahr später nach ihrer Ausreise gingen die Kisten als Frachtgut auf ein Schiff und kamen wohlbehalten in den USA an. Damit gehörte die Familie Rosenfeld zu den Glücklicheren, denn nicht selten kam es vor, dass das gesamte Umzugsgut kurz vor der Abreise beschlagnahmt und versteigert wurde.

Vielleicht waren Paul und Max Rosenfeld bei den Massenverhaftungen im Novemberpogrom gerade deswegen in Ruhe gelassen worden, weil sie ihre Auswanderung bereits eingeleitet hatten und diese den Behörden bekannt war. Die Verhaftungen dienten dazu, die Juden in Deutschland unter Druck zu setzen und zur Auswanderung zu zwingen. In Stuttgart wurden dafür die wohlhabenden jüdischen Männer ins KZ Dachau gebracht.[612]

In den Wiedergutmachungsakten zu Max Rosenfeld findet man nicht die Erzählungen, die bis zu den Nachfahren von Paul Ronald/Rosenfeld innerhalb der Familie tradiert worden sind. So berichtet Paul Ronald in seinen ausführlichen eidesstattlichen Erklärungen nicht über die mit Hilfe seiner Schwägerin organisierte Flucht und auch nicht über den Erhalt der Reisepapiere nur unter Vortäuschung einer Geschäftsreise ins Ausland. Der Grund dafür, warum Paul Rosenfeld kurz vor der Auswanderung noch die Verhaftung drohte und er sie nur verhindern konnte, indem er der Erpressung der Gestapo (oder SS) nachgab, bleibt unklar. Vielleicht hatten sie es von vornherein nur auf den Wagen abgesehen. Doch gerade diese Geschichte wird ausführlich in einer eidesstattlichen Erklärung von Paul Ronald behandelt, die er in seinem sich über Jahre hinziehenden Wiedergutmachungsverfahren abgab. Er verlangte die Rückerstattung der Kaufsumme seines geraubten Mercedes.

Paul und Grete Ronald/Rosenfeld sahen Max Rosenfeld nie wieder, denn sie erreichten bereits am 20. Dezember 1938 New York, während Max Rosenfeld erst im August 1939 Deutschland verließ. Sie blieben aber weiterhin in Kontakt, denn Max Rosenfeld berichtete seinem Freund Pankok über die Situation seiner ausgewanderten Familienangehörigen.

Max Rosenfeld meldete sich laut Stuttgarter Standesamt am 1. August 1939 ab, also sieben Monate nach der Ausreise seines Sohns und seiner Schwiegertochter. Über die Organisation seiner Flucht ist nur wenig bekannt. Steuerakten des Stuttgarter Finanzamts, in denen die zu leistenden Zwangsabgaben dokumentiert waren, wurden im Krieg zerstört. Der Verkauf der 23 Grethe-Grafiken scheint Teil der Vorbereitungen zur Auswanderung gewesen zu sein. Wahrscheinlich verkaufte er sie im lokalen Kunsthandel.[613]

Im besetzten Amsterdam

Zuerst kam Max Rosenfeld bei seiner Schwägerin unter, die in einem Haus in der Van Eeghenstraat wohnte. Ab Ende November 1939 wohnte er in der Cliostraat 55, die im Stadtteil Amsterdam-Süd liegt. Dort befindet sich auch das Olympiastadium, in dem 1928 die Spiele ausgetragen wurden. Warum sich Rosenfeld für dieses Quartier entschied, darüber kann nur spekuliert werden – vielleicht hatten seine Schwägerin und ihr Sohn, Freunde oder ehemalige Geschäftspartner aus Amsterdam ihm bei der Vermittlung der Wohnung geholfen. In diesem Viertel lebten viele jüdische Flüchtlinge aus Deutschland. Nach der deutschen Besetzung der Stadt am 10. Mai 1940 erwies sich dieser Standort jedoch als problematisch, denn in der Umgebung ließen sich zahlreiche deutsche Organe der Judenverfolgung nieder und jüdische Institutionen, die unter Zwang ihrer eigenen Verfolgung und Vernichtung zuarbeiten mussten. Schaut man sich die Lage von Rosenfelds Wohnung auf dem Stadtplan an, springt sofort die hohe Dichte von Standorten deutscher Besatzungsorganisationen ins Auge. In unmittelbarer Nachbarschaft befanden sich: die Hausraterfassungsstelle in der Adama van Scheltemaplein 1; die Raubbank Lippmann, Rosenthal & Co. in der Sarphatistraat 47–55; der Sicherheitsdienst in der Beethovenstraat 6; die Sicherheitspolizei und der Sicherheitsdienst in der Gerrit van der Veenstraat 99; der Einsatzstab Rosenberg in der Rubensstraat 36, 40, 42, 60, 64; das Distriktbüro Süd in der Bachstraat 1; die „Expositur", ab 1941 eine Filiale des jüdischen Rates, in der Van Eeghenstraat 151; der „Judenmarkt" (20. Juni 1941 – September 1943) am Minervaplein; Wohnungen deutscher Offiziere in der Bernhard Zweerskade 18. Die Besatzer und Verfolger waren an Rosenfelds Fluchtort zu direkten Nachbarn geworden und hatten hier ihre Verwaltungssitze aufgeschlagen, was auch an dem bevorzugten Standort lag, denn er war nicht weit entfernt vom zentral gelegenen Museumsquartier. Max Rosenfeld wohnte plötzlich mit seinen Häschern Tür an Tür, was seinen Eindruck verstärkt haben dürfte, in der „Mausefalle“ zu sitzen, aus der es kein Entrinnen mehr gab.

Bereits im August 1940 wurden erste Vorschriften zur Namensregistrierung aller Juden in den Niederlanden aufgestellt und Pläne ausgearbeitet, die sie aus dem Kulturleben ausgrenzen sollten. Ganz bewusst setzten die deutschen Besatzer auf die Strategie, die Bevölkerung in die Irre zu führen, indem die Maßnahmen nach und nach in Kraft traten und die Entrechtung der Juden sukzessive durchgeführt wurde. Die Verordnung Nr. 6 vom 10. Januar 1941, wonach sich alle Juden ohne Ausnahme anzumelden hatten, also auch „Halbjuden und Vierteljuden“, begründete man mit dem Satz: „Der jüdische Einfluss auf das gesamte öffentliche Leben in den Niederlanden übersteige das Maß des Erträglichen.“[614] Die Deutschen planten, in Amsterdams Zentrum ein jüdisches Ghetto einzurichten, mussten von der Idee aber ablassen, weil es unmöglich war, Juden und Nichtjuden voneinander zu trennen. Man befürchtete Proteste aus der einheimischen nichtjüdischen Bevölkerung, die von den Verfolgungsmaßnahmen ebenfalls betroffen gewesen wäre.

Die Deutschen richteten eine Zweigstelle der Deutschen Revisions- und Treuhand AG (DRT) in Den Haag ein, die das sogenannte feindliche Vermögen verwaltete. Ihre Aufgaben waren die administrative Bearbeitung der Anmeldeformulare sowie die Unternehmenskontrolle und Ernennung von Verwaltern. Die Verordnung 26/1940 vom 27. Juli 1940 sorgte dafür, dass jeglicher feindliche Besitz innerhalb einer Woche bei der DRT gemeldet werden musste. Er wurde dann dem Generalkommissar für Finanzen und Wirtschaft zur Verwaltung unterstellt. Die DRT war eine Treuhandgesellschaft mit Sitz in Deutschland. Ihre primäre Aufgabe war die Verwaltung feindlicher (jüdischer) Vermögenswerte. Darunter fielen alle Besitzformen wie Möbel, Immobilien, Zahlungsmittel, Aktien, Rechte, Ansprüche usw. von Feinden und Niederländern, die sich seit Beginn der Besatzung im Feindesland aufhielten. Das galt auch dann, wenn sie weiterhin einen festen Wohnsitz in den Niederlanden hatten. Die DRT erfasste systematisch die Namen der Bürger, die Mobiliar und andere Güter bei Speditionen oder in Lagern untergestellt hatten. Diese Informationen wurden in der Sammelstelle feindlicher Hausgeräte zentralisiert.[615]

Im Verlauf des Jahres 1941 kamen immer weitere Maßnahmen hinzu, die die niederländischen und eingereisten ausländischen Juden diskriminierten, isolierten und entrechteten. Ab dem 8. August mussten vermögende Juden ihr Geld, ihre Wertpapiere und ihre Wertgegenstände bei der zu einer Scheinfirma umgewandelten Raubbank Lippmann, Rosenthal & Co. (Liro) in Amsterdam deponieren.[616] Bis 1942 wurde die Beschlagnahmeaktion auf alle Juden ausgedehnt. Sie kam einer faktischen Enteignung gleich.

Ab Dezember 1941 wurden alle Juden, die in den Niederlanden lebten, aber keine niederländischen Staatsbürger waren, dazu verpflichtet, einen sogenannten Ausreiseantrag zu stellen, in dem zahlreiche persönliche Daten preisgegeben werden mussten, die in keinem Zusammenhang mit einer eventuellen Ausreise standen. Diesen Antrag mussten sie stellen unabhängig davon, ob sie tatsächlich ausreisen wollten oder nicht. Gegen Ende Januar 1941 wurde die Ausweispflicht in den Niederlanden eingeführt, die zur Folge hatte, dass in den Pass von Juden ein großes „J" gestempelt und sie so stigmatisiert wurden. Schließlich wurde ab Anfang Mai 1942 das Tragen des Judensterns für alle „Voll- und Halbjuden" verpflichtend.

Der Raub von jüdischem Hausrat begann im März 1942. Die Konfiskationsaktion wurde im „Joodschen Weekblad" von der Zentralstelle für jüdische Auswanderung am 20. März 1942 mitgeteilt: „Jeder Jude, der in einer eigenen, gemieteten oder anderweitig zur Verfügung gestellten Wohnung lebt, muss für die Entfernung von Mobiliar, Gegenständen, die zur Einrichtung der Wohnung gehören, Hausrat oder anderem Besitz gemäß Par. 3 der Anordnung des Generalkommissars des Sicherheitswesens vom 15. September 1941 beim Jüdischen Rat für Amsterdam schriftlich Genehmigung beantragen. Übertretung dieser Bestimmungen wird streng geahndet."[617]

Die jüdische Bevölkerung musste fürchten, dass die Deutschen ihre Wohnungseinrichtungen plündern würden. Daher versuchten einzelne, so viel wie möglich bei nichtjüdischen Bekannten und Freunden in Sicherheit zu bringen. „Der Bericht vom 20. März 1942 war der Auftakt zur systematischen Plünderung jüdischer Wohnungen und Häuser. Im Juli 1942 lief im Zuge der Deportationen die Hausratsplündermaschinerie auf Hochtouren. Gut ein Jahr später, im September 1943, war die M-Aktion [das war der deutsche Decknahme] bereits größtenteils abgeschlossen."[618]

Teams von Männern, die zur Inventarisierung abgeordert wurden, fielen über die Wohnungen her, aus denen die jüdischen Bewohner verschleppt worden waren. Sie erfassten den gesamten Hausrat. In der Regel war ein Mitarbeiter der Raubbank Liro zugegen, er sorgte dafür, dass wertvolle Gegenstände sofort für die Bank beschlagnahmt wurden. Dabei handelte es sich um leicht transportable Gegenstände, Bargeld, Aktien, Kunstgegenstände und Schmuck. Nach dieser Aktion wurden die Wohnungen von einer Spedition leergeräumt oder solange versiegelt, bis die „Entrümpelung" durchgeführt werden konnte. Der Hausrat kam in Lagerräume im Amsterdamer Hafen und wurde dann über Binnenschiffe nach Deutschland verfrachtet. Die Juden hatten kaum Möglichkeiten, dieser Plünderung zu entgehen. Max Rosenfeld versuchte, sein Eigentum in Sicherheit zu bringen, doch die Besatzungbehörden kamen dahinter und leiteten gegen ihn eine Strafanzeige ein. Daraufhin wurde sein ganzer Besitz beschlagnahmt und verwertet.

Betrachten wir die antijüdischen Maßnahmen zur sukzessiven Enteignung sämtlicher Vermögenswerte, ist klar, dass Max Rosenfeld nach der deutschen Besatzung ab 10. Mai 1940 nach und nach seines gesamten Vermögens beraubt wurde, darunter die Kunstwerke, die er ins Ausland retten konnte beziehungsweise vielleicht bereits vor der Auswanderung in den Niederlanden aufbewahrte. Auf seiner letzten Reise ins Durchgangslager Westerbork durfte er nur noch einen Koffer mit persönlichen Dingen mitnehmen. Das Paar Arbeitsschuhe, die Essschüssel und Essensvorräte für drei Tage, die die Juden für die als Arbeitseinsatz getarnte Deportation mitzunehmen hatten, dürften in Max Rosenfelds Fall gefehlt haben, denn als kranker Mann war er nicht mehr arbeitsfähig.

Der Verbleib von Max Rosenfelds Kunstsammlung

Max Rosenfelds letzter Brief an Bernhard Pankok und die Akte über die Feindvermögensverwaltung im Nationalarchiv der Niederlande (siehe S. 274) sind Beweise dafür, dass er sich auch im Alter von 72 Jahren nicht von einigen ihm liebgewonnenen Kunstwerken trennte und sie auch im Exil besaß. Auffällig ist in diesem Zusammenhang, dass es sich bei fast allen Gemälden, bis auf das Porträt seiner Frau Martha von Bernhard Pankok, um eher kleinformatige Bilder handelte.

Ein weiterer bisher noch nicht angesprochener Beweis dafür, dass die deutschen Besatzer Max Rosenfeld um Vermögen und Eigentum brachten, ist der erzwungene Abschluss des „Heimeinkaufsvertrags" am 5. März 1941, für den er eine Summe von über 30 529 RM zahlen musste.

In Deutschland war die Reichsvereinigung der Juden im Dritten Reich zuständig für die Organisation der jüdischen Wohlfahrt und für die jüdischen Altersheime. Auf Anordnung des Reichssicherheitshauptamts zwang die Gestapo sie 1942, mit den älteren Juden, die in das Ghetto Theresienstadt deportiert werden sollten, „Heimeinkaufsverträge" abzuschließen. Diese Verträge behaupteten die lebenslange kostenfreie Unterbringung, Verpflegung und Krankenversorgung der entsprechenden Personen. Als Gegenleistung wurden von ihnen Vorauszahlungen, Abgaben, Spenden und Vermögensübertragungen zugunsten des Reichssicherungshauptamts verlangt. Allerdings wurden diese „Heimeinkaufsverträge" nicht freiwillig abgeschlossen, sondern die Juden wurden zur Unterschrift gezwungen.

Unter dem „Heimeinkaufsvertrag" verbarg sich der perfide und zynische Erlass des Reichswirtschaftsministeriums vom 21. Juli 1942, der die Übertragung sämtlicher Vermögen aller zur Deportation nach Theresienstadt vorgesehenen Juden bestimmte.[619] Das Konzentrationslager Theresienstadt war insbesondere für privilegierte Juden aus dem Deutschen Reich gedacht, für über 65-Jährige, Prominente, Künstler usw., die für die angeblich „privilegierte" Unterbringung in dem als „Alters-" oder „Musterghetto" deklarierten KZ eine besonders hohe Summe zahlen mussten. Es wurde die Illusion erweckt, die Alten erhielten eine bevorzugte Behandlung in einem „Privilegiertenghetto", tatsächlich raubten ihnen die Nationalsozialisten jedoch ihr Vermögen. Der Abschluss des „Heimeinkaufsvertrags" bedeutete am Ende den vollkommenen Verlust der Ersparnisse und das Todesurteil.[620]

Auch im besetzten Holland wurde diese Praxis angewandt, wie der Fall Max Rosenfeld zeigt. Die Rechtsanwälte von Paul George Ronald stellten im Wiedergutmachungsverfahren bei der Prüfung der Kontoauszüge fest, dass sein Vater diesen Vertrag hatte abschließen müssen.[621]

Ab dem 29. April 1942 hatte Max Rosenfeld mit allen anderen holländischen Juden, die älter als 6 Jahre alt waren, als weitere Stigmatisierung und Ausgrenzung den gelben Stern mit dem Wort „Jood" gut sichtbar an der Kleidung zu tragen. Er war nun 75 Jahre alt. Da er offenbar immer noch über gewisse Finanzreserven verfügte, entschieden die Nationalsozialisten, dass er nach Theresienstadt gebracht werden sollte. Vom Durchgangslager Westerbork wurden Juden auch dorthin deportiert. Möglicherweise veranlasste der Jüdische Rat von Amsterdam, der die Maßnahmen der deutschen Besatzer an die Juden weiterzugeben hatte, dass Rosenfeld den „Heimeinkaufsvertrag" abschloss. Gerade der Umstand, dass er diesen Vertrag unterzeichnete und die Summe bezahlte, zeigt, dass er im niederländischen Exil noch immer über Ersparnisse oder über ein gewisses Vermögen verfügte (oder in der Lage war, sich das Geld zu beschaffen). Mit dem „Heimeinkaufsvertrag" wurde ihm auch das Letzte genommen.

Aus einem Dokument des Instituts für Weltkriegs-, Holocaust- und Genozidstudien (NIOD) in Amsterdam geht hervor, dass Rosenfeld im KZ Westerbork noch versuchte, seine Deportation in die Vernichtungslager in Polen zu verhindern. Auf seiner Karteikarte taucht der Name „Puttkammer" auf. Erich August Puttkammer, in Polen geboren und seit 1939 niederländischer Staatsbürger, war Prokurist der Rotterdamschen Bankvereinigung. Er hatte das Vertrauen der Nationalsozialisten und stellte während der deutschen Besatzung im Austausch gegen Gold, Diamanten, Juwelen, Gemälde und ähnliche Werte, aber auch große Geldsummen, sogenannte Sperrstempel für Juden aus, die sich bereits in Westerbork befanden und der Deportation zu entgehen versuchten. Diese „Sperren" wurden vom Devisenschutzkommando bereitgestellt. Die Nationalsozialisten hofften über Puttkammer an versteckte Besitztümer zu gelangen, die Juden nicht an die Raubbank Liro abgeliefert hatten. Puttkammers Versprechen, die Deportation zu verhindern, war Betrug, denn fast alle Juden, die sich eine „Puttkammer-Sperre" erkauften, wurden abtransportiert. Offensichtlich bemühte sich auch Rosenfeld noch, diese „Sperre" zu bekommen.[622] Auch das macht deutlich, dass er noch über eigene finanzielle Mittel verfügte oder sich Freunde für ihn einsetzten.

Paul George Ronald beantragte 1948 die Wiedergutmachung für seinen erlittenen Vermögensentzug und persönlichen und beruflichen Schaden sowie den Vermögensentzug seines Vaters. Die einzelnen Verfahren zogen sich insgesamt über einen Zeitraum von 15 Jahren hin und zwischenzeitlich resignierte Ronald einmal und ließ den Kontakt zu seinem Rechtsbeistand in Stuttgart kurzzeitig abbrechen, weil er wohl keine Kraft mehr hatte und die vom Wiedergutmachungsamt verlangten Belege immer wieder aufs Neue die Wunden aufrissen.

In allen Akten, sowohl in denen über den Sohn als auch über den Vater, wird nirgendwo Max Rosenfelds Kunstsammlung angesprochen. Merkwürdigerweise beantragte Ronald nicht die Rückerstattung des Kunstbesitzes seines Vaters, von dem dieser sich im Dritten Reich und im niederländischen Exil unter deutscher Besatzung hatte trennen müssen. Wie ist das zu erklären? Könnte es damit zu tun haben, dass Ronald keine Chance sah, den Eigentumsanspruch seines (toten) Vaters beziehungsweise des/der Erben von Max Rosenfeld an den Kunstwerken mit Eigentumsnachweisen belegen zu können? Auch hatte er nur bis Dezember 1938 mitverfolgen können, was sein Vater mit diesen Wertgegenständen getan hatte – wenn er etwas mit ihnen gemacht hatte wie zum Beispiel ihren Verkauf im Kunsthandel. Wäre das nicht in diesem Zeitraum geschehen, sondern vielleicht erst danach, hätte er es nicht mehr mitbekommen. Wenn sein Vater sich allerdings in der Zeit, in der er noch in Stuttgart war, von einem Teil seiner Kunstwerke getrennt hatte, um die Auswanderung zu organisieren und vor allem zu bezahlen, dann hätte sein Sohn davon wissen können, doch vielleicht sah dieser trotzdem keine Chance auf Wiedergutmachung, denn sein Vater hätte in dem Fall die Kunstgegenstände ja selbst veräußert. Nach dem Krieg wären diese Verkäufe wohl nicht als Zwangsverkäufe akzeptiert worden, wie das heute vor dem Hintergrund der Washingtoner Prinzipien der Fall ist. Oder maß Ronald dem offensichtlichen Entzug der Kunstwerke im Vergleich zu den anderen Posten eine geringere Bedeutung bei? Dass die Kunstwerke, die Max Rosenfeld mit nach Amsterdam genommen hatte und die teilweise für das Erbe des Sohns vorgesehen waren, nie zu seinem Sohn gelangten und im Zweiten Weltkrieg „verschwanden“, daran bestand nach dem Krieg kein Zweifel. Während Ronald in zahlreichen Schlichtersprüchen für den Entzug seines Vermögens, seiner Wertgegenstände und für den Schaden an seiner Person „entschädigt“ wurde, geschah das nie in Bezug auf die Kunstgegenstände, die sein Vater bis zur Auswanderung und bis zur Deportation nach Westerbork besessen hatte.

Im Fall des Grethe-Grafikkonvoluts entschieden das Kunstmuseum Stuttgart und die Stadt Stuttgart im März 2022, die Kunstwerke an die Erben von Max Rosenfeld zurückzugeben.

Ergebnis der untersuchten Grafiksammlung

Status der Provenienzgeschichte von 1112 Grafiken in der Sammlung des Kunstmuseums Stuttgart:

GRÜN	Die Provenienz ist rekonstruierbar und unbedenklich. Sie schließt einen NS-verfolgungsbedingten Hintergrund aus, eine weitere Überprüfung ist nicht notwendig.	circa 27,08 %
GELB	Die Provenienz ist nicht eindeutig geklärt oder nicht zweifelsfrei unbedenklich. Die Herkunft muss weiter erforscht werden.	circa 70,49 %
ORANGE	Die Provenienz ist bedenklich, da Hinweise auf einen Zusammenhang mit einem NS-verfolgungsbedingten Entzug vorliegen. Die Herkunft muss dringend weiter erforscht werden.	circa 0,26 %
ROT	Die Provenienz ist eindeutig belastet. Eine Meldung muss in der Lost Art-Datenbank erfolgen.	circa 2,15 %

Zwei Drittel des im Nationalsozialismus erworbenen Grafikbestands haben eine nicht zweifelsfreie unbedenkliche Herkunft. Bei fast einem Drittel ist die Herkunft unbedenklich. Im Fall des Carlos-Grethe-Grafikkonvoluts (siehe S. 270) ist die Provenienz eindeutig belastet. Im Fall der drei Lithografien von Alexander Kanoldt (siehe S. 200–202) ist die Provenienz bedenklich und es scheint Indizien für einen NS-verfolgungsbedingten Entzug zu geben, doch lässt sich der Sachverhalt aus Mangel an weiteren Erkenntnissen zurzeit nicht weiter klären.

DANKSAGUNG

Vor gut zehn Jahren gab es einen Bestseller der Geschichtsliteratur: Yuval Noah Hararis „Eine kurze Geschichte der Menschheit". Das Buch erschien in zahllosen Auflagen. Darin stellt der Autor fest, die meisten Geschichtsbücher verlören kein Wort darüber, wie sich historische Persönlichkeiten, Ereignisse und Entwicklungen auf das Glück oder Unglück der Menschen auswirken. Die Geschichtswissenschaft, so Hararis Meinung, sollte daher beginnen, sich auch mit der Frage des Glücks zu beschäftigen. Die in der vorliegenden Studie von mir vorgestellten Bilder, Ereignisse und Zusammenhänge machen nicht glücklich, im Gegenteil – sie erscheinen eher als die Produkte einer Zeit, die in einem katastrophalen Unglück endete, das Abermillionen von Menschen viele Opfer und unendliches Leid brachte. Zum reinen ästhetischen Genuss eignen sich die hier vorgestellten Kunstwerke kaum, schon eher als historische Zeugnisse. Dennoch sind sie für die Geschichte des Kunstmuseums Stuttgart äußerst interessant, weil sie zeigen, wie diese Sammlung entstanden ist und welche Akteure und welche ideologischen Vorstellungen und gesellschaftlichen Voraussetzungen mit ihnen verbunden waren. So gesehen scheint es wiederum ein Glück zu sein, dass die Grafiken die Verheerungen des Zweiten Weltkriegs überstanden und uns heute von dieser Geschichte erzählen.

Wie schon im vorangegangenen Projekt zur Entwicklung der Gemäldesammlung im Dritten Reich möchte ich auch dieses Mal Ulrike Groos danken für ihr großes Interesse und ihre nicht nachlassende Unterstützung der Erforschung der Geschichte des Kunstmuseums Stuttgart im Nationalsozialismus.

Auch ich danke der Ernst von Siemens Kunststiftung und ihrem Generalsekretär Dr. Martin Hoernes, dass sie erneut das Projekt finanziell unterstützten. Mein Dank in gleicher Sache gilt den Freunden des Kunstmuseums Stuttgart, die ebenfalls mit ihrer finanziellen Unterstützung die Realisierung der Publikation und der Ausstellung ermöglichten.

Danken möchte ich den Erben von Max Rosenfeld, insbesondere Jeff Ronald, ihrem Sprecher, dass sie das restituierte Konvolut der Lithografien und Zeichnungen von Carlos Grethe, das einst zur Kunstsammlung Max Rosenfeld gehörte, dem Kunstmuseum Stuttgart für die Ausstellung zur Verfügung stellen. Danach geht es zu den Erben von Max Rosenfeld in die USA und wird dort an eine verlorene Kunstsammlung erinnern, die einmal ihren Platz in Stuttgart hatte.

Mein Dank gebührt allen Kolleg:innen im Kunstmuseum Stuttgart, die meine Arbeit durch viele Gespräche und Hinweise unterstützten.

Hier sind Sabine Gruber und Eva-Marina Froitzheim zu nennen, vor allem aber Roger Bitterer, der Leiter des Grafikdepots, mit dem ich in den vergangenen Jahren zahlreiche Gespräche über das Thema führte, und die Restauratorin Stella Eichner, die immer ein offenes Ohr für meine Anliegen und Ausführungen hatte und bei der Klärung wichtiger Fragen half. Der Mitarbeiterin der Grafikwerkstatt Britta Schmierer sei gedankt für ihre Arbeit, die sie zusammen mit Roger Bitterer bei der Aufbereitung des grafischen Bestands und für dessen Herrichtung zur Ausstellung leistete.

Danken möchte ich den Mitarbeiter:innen der vielen Archive, Museen und Bibliotheken im In- und Ausland, die dabei halfen, Fragen zu beantworten, Sachverhalte zu klären und Materialien zu beschaffen. Besonders zu erwähnen sind hier das Stadtarchiv Stuttgart, das Staatsarchiv Ludwigsburg, das Hauptstaatsarchiv Stuttgart, das Wirtschaftsarchiv Baden-Württemberg und das Bundesarchiv Berlin. Allen anderen Mitarbeiter:innen der vielen anderen Archive, die hier nicht alle namentlich genannt werden können, sei an dieser Stelle ebenfalls für ihre Unterstützung der Forschungsarbeit herzlich gedankt.

Ebenfalls danken möchte ich der Landesbibliothek Baden-Württemberg für die Ausleihe einiger Medien; Ulrich Ziegler für seine Leihgabe; Gerhard Kälberer von der Kunststiftung Paul Kälberer für die Zurverfügungstellung des Fotos von Paul Kälberers Radierung *Bauernpaar;* dem Archiv der sozialen Demokratie der Friedrich-Ebert-Stiftung für die Zurverfügungstellung des Fotos der Postkarte von August Bebel; Wolfgang Wittstock aus Hermannstadt/Rumänien für die Zurverfügungstellung des Fotos von Fritz Kimms *Bauernmadonna;* Martin Weck für die Verwendung der aquarellierten Ansicht des Ferkelmarkts in Straßburg auf seiner Homepage; dem Rheinischen Bildarchiv Köln für das Foto von Arnold Waldschmidts *Stierpflüger.*

Last but not least möchte auch ich mich bei Dr. Bettina Preiß und dem Verlag ars + science für das gelungene Buch bedanken, und schließlich geht mein großer Dank an die Lektorin Dr. Birgit Wüller.

ANMERKUNGEN

1 SA Stuttgart, Sign. 87 134/2, Hängung von der Villa Berg, Inventarverzeichnis der Städtischen Gemäldesammlung in der Villa Berg vom 1.6.1932. Von den 183 aufgeführten Bildern sind 18 Grafiken (circa 10 Prozent): 10 Zeichnungen, 6 Radierungen, 2 Aquarelle, 1 Pastell. Einige davon befinden sich wegen Kriegsverlust heute nicht mehr in der Sammlung; dabei handelt es sich um Arbeiten von Leopold Bode, Robert Dick, Adalbert Frickenhausen und Peter Widmaier.

2 Kai Artinger, Das Kunstmuseum Stuttgart im Nationalsozialismus. Der Traum vom Museum „schwäbischer" Kunst, hrsg. von Ulrike Groos, Köln 2020.

3 Hans Gotthard Vierhuff, Die Neue Sachlichkeit. Malerei und Fotografie, Köln 1980, S. 32.

4 StA Ludwigsburg, EL 902/20 Bü86471, Spruchkammerakte Niedrbühl, Roland.

5 StA Ludwigsburg, EL 902 17 Bö 4339, Spruchkammerakte Hirsching, August. Hirsching verkaufte allerdings durchaus an die Stadt. Im Grafikbestand befindet sich sein Aquarell *Beim Diebsturm, Forchtenberg* von 1939, das die alte Inventarnummer aus dem Dritten Reich und den Stempel der „Stadt der Auslandsdeutschen" trägt: Inventar B Nr. 500, heute A-0024. Ähnlich wie Hirschings Situation war die des Malers Oscar Obier (1876–1952), dessen Jahresverdienst sich bis 1938 auf rund 2000 RM belief. Erst im Krieg, in den Jahren 1942 (7834 RM), 1943 (11 228 RM) und 1944 (2862 RM), hatte er substanziell höhere Einnahmen; vgl. StA Ludwigsburg, EL 902/ 20 Bü 52904, Spruchkammerakte Obier, Oscar.

6 1939: 7500 RM, 1940: 7500 RM, 1941: 15 000 RM, 1942: 17 000 RM, 1943: 23 000 RM, 1944: 16 500 RM, 1945: 1620 RM; vgl. StA München, K 4506, Spruchkammerakte Klinkert, Walter.

7 Romberg in einer Erklärung zu seinen Einkommens- und Vermögensangaben im Meldebogen. Romberg war kein Einzelfall mit diesem Einkommenszuwachs im Krieg. Franz Heinrich Gref (1872–1957), NSDAP-Mitglied (Nr. 2 873 035), konnte sein Jahreseinkommen von 2219 RM (1934) auf 61 842 RM (1943) steigern und hatte 1945 ein steuerpflichtiges Vermögen von 219 109 RM. Seine sehr verbesserte Finanzlage erklärte er im Spruchkammerverfahren mit „altem Familienbesitz" und Verkäufen aus der Ausstellung seines Lebenswerks im Württembergischen Kunstverein Stuttgart 1943 anlässlich seines 70. Geburtstags. Die Stadt hatte dort zahlreiche Gemälde und Grafiken erworben. Gref behauptete, das sei „unabhängig von der Partei" geschehen. Nur war die Partei die Stadtregierung; vgl. StA Ludwigsburg EL 902/20 Bü 82083, Spruchkammerakte Gref, Franz Heinrich, und Artinger (wie Anm. 2), S. 66.

8 StA Ludwigsburg, EL 902/20 Bü 86471, Spruchkammerakte Niederbühl, Roland. Niederbühl erklärte: „Zu der Anführung des höchsten Jahreseinkommens von M 8500.– im Jahre 1943 möchte ich darauf hinweisen, dass mein Einkommen stets sehr mässig war und nur um das Jahr 1943, als die allgemeine Flucht in Kunstwerte infolge der Warenknappheit begann, grösser wurde. Zu dieser Zeit hatte jeder Maler grössere Einnahmen, unabhängig von der Parteizugehörigkeit."

9 Alle Zahlen: Adam Tooze, Die Ökonomie der Zerstörung. Die Geschichte der Wirtschaft im Nationalsozialismus, München 2006, S. 176.

10 Artinger (wie Anm. 2), S. 46–67.

11 Paul Obrecht (* 1882), Clara Rühle (* 1885), Hermann Bäuerle (* 1886), Erich Feyerabend (* 1889), Fritz Kimm (* 1890), Eduard Trautwein (* 1893), Martin Sternagel (* 1893), Paul Bindel (* 1894), Rudolf Hengstenberg (* 1894), Peter Jakob Schober (* 1897), Leo Schobinger (* 1897), Olga Waldschmidt (* 1898), Peter Anton Gekle (* 1899), Johannes Maier (* 1899), Rupert Salzberger (* 1899); Albert Birkle (* 1900), Alfred Nübel (* 1900), Walter Klinkert (* 1901), Alfred Reder (* 1901), Horst Freitag (* 1902), Friedrich Wilhelm Schindhelm (* 1902), Walter Squarise (* 1902), Fritz Ketz (* 1903), Max Osterrieder (* 1903), Fritz Faiss (* 1905), Karl Freitag (* 1905), Heinrich Kübler (* 1905), Adolf Saile (* 1905), Eugen Schickhardt (* 1905), Gustav Uecker (* 1905), Walter Brudi (* 1907), Willy Widmann (* 1908), Dieter Franck (* 1909), Hektor Kirsch (* 1909), Max Pöppel (* 1909), Ludwig Schäfer-Grohe (* 1909), Gottlieb

Schäfer (* 1910), Ruth Zimmermann (* 1911), Hans Dorn (* 1913), Norbert Gerd Hartmann (* 1914), Konrad Baum (* 1917), Otto Steinhilber (* 1918), Kurt Delian (* 1920). Otto Palmer (* 1865?) (im Stuttgarter Adressbuch finden sich zu Otto Palmer 1942 die Hinweise „früh. Kunstmaler" und 1943 „Kunstmaler i. R. [im Ruhestand]"; setzt man hierfür die Altersgrenze von 60 beziehungsweise 65 Jahren an, erhält man das Geburtsjahr 1877 beziehungsweise 1882; wahrscheinlich war Palmer 1915 ungefähr in den Mittdreißigern), Heinrich Seufferheld (* 1866). Arnold Waldschmidt (* 1873) und Elisabeth Schönleber (* 1877) wurden in den 1870er-Jahren geboren. Von Jos. Pflügl, Georg Reisinger, Rudi Trickl und Eduard Trautwein liegen bisher keine Lebensdaten vor.

12 Bauer (Leo), Bindel, Brudi, Dorn, Faiss, Feyerabend, Finsterer, Franck, Frey, Gekle, Gref, Haag, Hammel (?), Hengstenberg, Hirsching, Körner, Lutz, Maier, Niederbühl, Obier, Palmer, Piffl, Raum, Rühle, Romberg, Salzberger, Schober, Schobinger, Sigrist, Sluyterman von Langeweyde, Spiegel, Trautwein, Waldschmidt (Arnold und Olga), Zimmermann. Hier ist auch der von 1932 bis 1943 in Stuttgart wohnende Kunstmaler Wilhelm Haag (1907–1944) zu nennen, der ebenfalls in der NSDAP war und von dem die grafische Sammlung im Dritten Reich ein Aquarell ankaufte (1945 deakzessioniert): *Höfen an der Enz,* o. J., 25 × 36 cm, KMS, A-0176. Zu Haags NSDAP-Mitgliedschaft: StA Ludwigsburg, Karteikarte PL 502/29 a Nr. 1199 (Sammlungsgut der US-Militärregierung zur Dokumentation der NS-Belastung von im Kreis Stuttgart ansässigen Personen: NSDAP-Mitgliederkartei I / circa 1930 – circa 1945 H). Der in Stuttgart geborene Haag war 1931 in die Partei eingetreten (Nr. 467277). Zudem war er in der SA. Zur NSDAP-Mitgliedschaft von August Hirsching (1889–1962): StA Ludwigsburg, EL 902/17 Bü 4339, Spruchkammerakte. Fünf seiner Arbeiten wurden erworben: *Alter Hof in Reichenweiher,* 1942, Aquarell, 35 × 47 cm, KMS, A-0023; *Alter Hof in Niedermorschweiler,* 1942, Aquarell, 40 × 58 cm, KMS, A-0026; *Friedrichsruhe bei Oehringen,* o. J., Aquarell, 35 × 47 cm, A-0147, deakzessioniert; *Beim Diebsturm,* o. J., Aquarell, 50 × 37 cm, KMS, A-0024; *Bei Oberschwandorf,* o. J., Aquarell, 40 × 58 cm, KMS, A-0025. Zu Oscar Obier (wie Anm. 5): Obier trat 1933 in die Partei ein (Nr. 3235088). Zu Leo Bauer: Er trat 1940 in die NSDAP ein. Von ihm erwarb die Stadt im Dritten Reich die Grafik *Bacchanal,* o. J., 36 × 36 cm.

13 Sylvia Taburski, Der Anfang, in: art, September 2020, S. 68–75, hier: S. 74. Taburski bezieht sich hier auf die Untersuchungsergebnisse der Historikerin Ursula Büttner.

14 Alle Angaben zu Waldschmidt aus: Landesarchiv Baden-Württemberg, StA Ludwigsburg, EL 902/20 Bü 81193, Spruchkammer 37 Stuttgart, Verfahrensakten, Professor Arnold Waldschmidt; darin der von Olly Waldschmidt, der Ehefrau, am 25. November 1952 ausgefüllte Meldebogen.

15 SA Stuttgart, 134/2-64: Künstlerischer Beirat der Galerie der Stadt Stuttgart, Protokoll der 6. Sitzung am 28.8.1933. Die Zeichnung wurde dann angekauft; vgl. SA Stuttgart, 134/2 Galerie der Stadt Stuttgart, Akte 88: Angebote und Ankäufe Kunstgegenstände.

16 Vgl. https://de.wikipedia.org/wiki/Arnold_Waldschmidt#cite_note-1 (Stand: 27.3.2020). Hier wird zur Beschreibung von Waldschmidts Stil und Kunstauffassung im Frühwerk der etwas konstruiert und widersprüchlich erscheinende Begriff „naturalistischer Expressionismus" verwendet.

17 Alle biografischen Informationen auf: https://de.wikipedia.org/wiki/Arnold_Waldschmidt#cite_note-1 (Stand: 27.3.2020); des Weiteren: Stuttgart im Dritten Reich. Völkische Radikale in Stuttgart. Zur Vorgeschichte und Frühphase der NSDAP 1890–1925, Stuttgart 1982, u. a. S. 126–129; Waldschmidts Entnazifizierungsakte: StA Ludwigsburg, EL 902/20 Bü 81193, Spruchkammer 37 Stuttgart, Verfahrensakten, Professor Arnold Waldschmidt. Dort auch Aussagen über seine Meeresalgenforschung in Norwegen und Sassnitz und seine Kommandantur im Außenlager Sassnitz.

18 Wie Anm. 14.

19 Ebd.

20 Von einem „Karton" spricht Uwe Fleckner (ders., Carl Einstein und sein Jahrhundert. Fragmente einer intellektuellen Biografie, Berlin 2007, S. 21). Fleckner schreibt, Waldschmidt habe die „großformatige" Kohlezeichnung als Karton für das Gemälde ausgestellt; vgl. Heinrich Schäff, Städtische Gemäldesammlung Villa Berg – Vorwort, in: Villa Berg. Stadtpark und Städtische Gemälde-Sammlung, Stuttgart 1925, o. S. Kartons sind maßstabsgerechte Vorzeichnungen für großformatige Gemälde und Fresken. Die Zeichnung muss deshalb 155 × 222 cm groß gewesen sein. In der erhaltenen Ankaufsliste aus dem Jahr 1933/34 sind keine Maße angegeben. Im Katalog „Ausstellung aus dem Kunstbesitz der Stadt Stuttgart" (1934), in dem die Zeichnung abgebildet ist, werden keine Maße genannt.

21 Arnold Waldschmidt, *Stierpflüger,* 1905, Öl auf Leinwand, 155 × 222 cm, Walraff-Richartz-Museum & Fondation Carboud, Köln.
22 Arnold Waldschmidt, *Stier,* um 1905, Öl auf Leinwand, 140 ×119 cm.
23 Der Karton war unter anderem 1909 ausgestellt. Carl Einstein sah und besprach ihn; vgl. Fleckner (wie Anm. 20). Das Gemälde war 1917 auf der „Stuttgarter Jubiläumsausstellung" zu sehen; vgl. Oskar Doering, Die Stuttgarter Jubiläumsschau, in: Die christliche Kunst. Monatsschrift für alle Gebiete der christlichen Kunst und Kunstwissenschaft sowie für das gesamte Kunstleben, 13. Jg., 1916/1917, S. 21. Über Waldschmidt schrieb Felix Lorenz einen Beitrag: Arnold Waldschmidt, in: Die Kunstwelt. Deutsche Zeitschrift für bildende Kunst, 3, 1913–1914, S. 390–399.
24 Richard Hamann, Jost Hermand, Stilkunst um 1900. Epochen deutscher Kultur von 1870 bis zur Gegenwart, Frankfurt am Main 1977, S. 24.
25 Vgl. die Biografie Waldschmidts (wie Anm. 17).
26 Lorenz (wie Anm. 23), S. 390.
27 Aus dem Kunstbesitz der Stadt Stuttgart. Eröffnung einer Kunstausstellung im Wilhelmspalais, in: Beilage zum Schwäbischen Merkur, Nr. 67, 22.3.1934.
28 Ein Autor mit dem Kürzel „le", Die schwäbischen Maler im Wilhelmspalais. Aus dem Kunstbesitz der Stadt Stuttgart, in: NS-Kurier – Abendausgabe, Nr. 138, 23.3.1934, S. 2.
29 Die Kunstschule trug den Namen „Kunst- und Handwerkerschule Danzig" und entsprach einer örtlichen Kunstakademie. Weegmann war 1927 dorthin berufen worden und übte seine Lehrtätigkeit bis 1936 aus. Aus politischen Gründen soll er aus der Lehrinstitution ausgeschieden und dann nach Stuttgart zurückgekehrt sein. Er war kein NSDAP-Mitglied.
30 Alle Zitate wie Anm. 27.
31 Ebd.
32 In der erhaltenen alten Systematik des Inventars der städtischen Kunstsammlung waren die technischen Gattungen wie folgt abgekürzt: Aquarelle: A; Zeichnungen: Z; Pastelle, Gouachen, Tempera-Arbeiten: T; Radierungen: R; Holz- und Linolschnitte: S; Lithografien: L. Im Zeitraum von den 1920er-Jahren bis in die zweite Jahreshälfte 1945 verwendete das SA Stuttgart für die Grafik folgende Buchstaben zur Bezeichnung der Werkgattung in der Inventarnummer: A: Ölgemälde; B: Aquarell; C: Zeichnung; D: Kupferstich; E: Radierung; F: Holzschnitt; G: Lithografie. Diese Werkgattungsbezeichnungen finden sich auch unter den in der Städtischen Galerie vergebenen Inventarnummern für Grafik, wobei unklar ist, wie systematisch dieses Buchstabensystem angewendet wurde. Bei den Gemälden wurde grundsätzlich der Buchstabe A verwendet (Barbara Six, SA Stuttgart, an Artinger in einer E-Mail vom 18.6.2020).
33 SA Stuttgart, 134/2, Galerie der Stadt Stuttgart, Akte 75: Alte Akten Kriegsschaden.
34 Ebd.
35 SA Stuttgart, 134/2, Galerie der Stadt Stuttgart, Akte 11.
36 Arnulf Klett, Vorwort zu: Zwei Jahrhunderte Malerei in Stuttgart aus dem Kunstbesitz der Stadt, Stuttgart 1950, S. 1.
37 Schäff (wie Anm. 20).
38 Dieser Nebensaal zu Saal II ist im ersten Führer zur Villa Berg (wie Anm. 37) auf S. 32 erwähnt.
39 In der Besprechung der im Württembergischen Kunstverein Stuttgart 1903 ausgestellten Sammlung Casanovas in der Zeitschrift „Die Kunst" (Bd. 3, 1903, S. 414) wird ein Künstler namens A. Frickenhausen genannt, dessen Arbeiten sich durch „seltsame visionäre Stimmungen" auszeichneten. Dieser Künstler taucht in der Rezeption der Casanova-Sammlung sonst nirgends auf, so wie auch Zundels Arbeiten in der Sammlung Casanova an dieser Stelle zum ersten und letzten Mal erwähnt werden.
40 Ulrich Ziegler, Verwalter des Nachlasses von Otto Reiniger, an Artinger in einer E-Mail vom 14.2.2020. Ziegler schreibt, dass heute unklar ist, was aus diesem Bestand geworden ist, nachdem der italienische Staat das Anwesen San Remigio übernommen hat. Frau Sella, die Enkelin Casanovas, war nach Aussage Zieglers 2005 sehr unzufrieden damit, wie Italien mit der Hinterlassenschaft ihres Großvaters umgegangen ist.
41 Marchesa della Valle di Casanova Browne, *Margarethe Klinckerfuß,* o. J., Pastell, 100 × 80 cm, KMS, T-0006. In dem von Artinger erst im September 2023 gefundenen Inventarverzeichnis von 1932 ist das Bild im Bestand der Städtischen Gemäldesammlung aufgelistet; vgl. Anm. 1.
42 Auf der Inventarkarte sind lediglich die Künstlerin und der Depotplatz vermerkt. Als die Karte angelegt wurde, befand sich das Pastell in K. Depot 131. Vielleicht bezeichnete die Abkürzung „K" das Kunstgebäude am Stuttgarter Schlossplatz und „131" den Depotplatz. Roger Bitterer, heutiger

Verwalter des Grafikdepots, vermutet, dass das „K" als Abkürzung für „Kunstgebäude" steht. Dort gab es zwei Depoträume mit Regalen und Schränken, in denen die Sammlung untergebracht war. Die Schreibmaschinentypen auf der Inventarkarte unterscheiden sich. Die Angabe des Depotplatzes wurde mit einer anderen Schreibmaschine getippt und ist höchstwahrscheinlich späteren Datums, wahrscheinlich nach der Eröffnung des Kunstgebäudes 1961. Das hieße, dass die Inventarkarte bereits früher angelegt wurde und das Bild sich bereits in der Sammlung befand.

43 Es wurde in der „Ausstellung aus dem Kunstbesitz der Stadt Stuttgart" im Wilhelmspalais im Raum XV mit Aquarellen, Zeichnungen, Stichen, Radierungen und anderen Pastellen gezeigt. Im Katalog wird das großformatige Pastell jedoch als „Gemälde" bezeichnet und nur als anonymes *Bildnis* betitelt (Ausstellung aus dem Kunstbesitz der Stadt Stuttgart, Stuttgart 1934, S. 10).

44 Margarethe Klinckerfuß, Aufklärung aus versunkener Zeit, Urach 1948, S. 80.

45 Ebd.

46 SA Stuttgart, 13 Hauptaktei/Bürgermeisteramt, Akte 170, Schreiben des Staatskommissars Dr. Karl Strölin an alle städtischen Ämter vom 27.6.1933.

47 Ebd. Wenn Ämterschmuck vorhanden war, wurden die Kunstwerke entweder gleich direkt in der Antwort aufgelistet oder sie wurden in einer Liste erfasst und dem Antwortschreiben beigefügt. Unklar ist, ob in dem erhaltenen Aktenbestand die Antworten aller Institutionen enthalten sind oder ein Teil verloren gegangen ist.

48 Bei der Überprüfung des alten Grafikbestands wurden die Inventarnummern [Radierung] E 253, [Zeichnung] C 174, [Lithografie] G 403 gefunden. Die E- und die C-Nummer stammen aus dem Jahr 1932, die G-Nummer von 1931/32. Die Blätter wurden von der Städtischen Bibliothek inventarisiert und trugen teilweise den Inventarstempel der Gemeinde Stuttgart und den Stempel „Archiv der Bücherei der Stadt Stuttgart". Es gibt zwei Möglichkeiten, wie inventarisiert worden sein könnte: Entweder wurde jeweils innerhalb einer Werkgattung gezählt und die Nummern geben die jeweilige Menge an oder es wurde nicht in den einzelnen Gattungen allein gezählt, sondern gattungsübergreifend und zur Bezeichnung der grafischen Technik wurde in der Inventarnummer die Gattungsbezeichnung angegeben. Im ersten Fall würde man eine größere Gesamtmenge als im zweiten erhalten. Addiert man die oben genannten drei Zahlen, ergibt sich eine Gesamtmenge von 830. Das bedeutet, dass der Grafikbestand ungefähr doppelt so groß gewesen wäre wie der Gemäldebestand, wobei zu bedenken ist, dass die Zahlen sehr wahrscheinlich den Grafikbestand des städtischen Archivs *und* der Galerie wiedergeben, weil sie vor 1933 zusammen von der städtischen Bibliothek inventarisiert wurden. Ginge man von dem zweiten Inventarsystem aus, hätte der Bestand zu diesem Zeitpunkt rund 400 Grafiken umfasst, also die Hälfte. Zur Diskussion über die Art und Weise der Inventarisierung und Zählung siehe auch Anm. 62.

49 Es müssen jedoch mehr gewesen sein, denn auf zwei Radierungen, die 1926/27 angekauft wurden, befinden sich die Inventarnummern „E. [Lithografie] Nr. 112/1" und „Nr. 112/2". Das heißt, es gab allein bereits über 100 Radierungen vor 1928.

50 KMS, Geschichte der Sammlung. Gründung der Sammlung, KM 260, Sammlungsverwaltung; Kopie des Schreibens des Präsidenten der Reichskammer der bildenden Künste, Professor Adolf Ziegler, an den OB der Stadt der Auslandsdeutschen, Berlin vom 25.10.1937.

51 KMS, Geschichte der Sammlung. Gründung der Sammlung, KM 260, Sammlungsverwaltung; Entwurf eines Schreibens des OB an den Präsidenten der Reichskammer der bildenden Künste, Professor Adolf Ziegler, Berlin, vom 27.9.1937. Es ist gezeichnet von einem gewissen Hirzel.

52 Carlos Grethe, *Segelschiffe,* o. J., Bleistift, 13 × 16 cm; Heinrich Lotter, *Eltingen,* o. J. (um 1940), Aquarell, 38,1 × 29,5 cm; Gottlieb Schäfer, *Rückenakt,* o. J., Rötel, 22 × 31 cm; Manfred Jäger, *Der Brief an „Sie",* 1941, Feder, 23 × 32 cm; Felix Hollenberg, *Lauffen am Neckar,* 1921, Feder, getuscht, 9 × 26,5 cm; Hans Gaukel, *Männlicher Akt,* o. J. (vor 1914), Bleistift, 46 × 31 cm; Peter Jakob Schober, *Krakau,* 1940, Lithografie, 33,4 × 45 cm, dieses Blatt wurde irrtümlich als Zeichnung inventarisiert; Adolf Saile, *Essenholer,* 1941, Lithografie, 34 × 25 cm; Adolf Saile, *Athen,* 1941, Lithografie, 17 × 22 cm. Im Dezember 1937 wurde die Zeichnung *Selbstbildnis,* 1912, 58,5 × 45,2 cm, von Christian Adam Landenberger erworben und inventarisiert. Sie erhielt die alte Inventarnummer C 1164. Auch das belegt die Aussage von Cuhorst, die Stadt besäße „1200 Zeichnungen". Merkwürdig ist jedoch, dass diese Zeichnung nicht mit dem neuen Inventarstempel „Stadt der Auslandsdeutschen Stuttgart" versehen wurde. Nach der Verleihung des Ehrentitels und der Einführung des neuen Inventarstempels wird dieser benutzt worden sein. Andererseits gibt es Grafiken, die den neuen Stempel auf der Rückseite haben und niedrigere Nummern aufweisen als das Landenberger-Selbstbildnis, zum Beispiel die Landenberger-Zeichnung *Der Alte und der Tod* (1914, 18,5 × 26,2 cm [für R-208/73]), die die Inventarnummer 1150 hat. Auch wurden 1938 von dem Stuttgarter Reallehrer Gustav Klöpfer eine Reihe von Zeichnungen und Radierungen von Albert Reinwald angekauft, einem Stuttgarter Künstler, der im Ersten Weltkrieg als Soldat getötet wurde. Hier wurden die Nummern C 613 bis C 614 und E 250 bis E 261 vergeben. Die Rechnung ist von Cuhorst abgezeichnet; SA Stuttgart, 134/2 Galerie der Stadt Stuttgart, Akte 88: Angebote und Ankäufe Kunstgegenstände A–K. Auch gibt es 1938 angekaufte Zeichnungen, die mit den C-Nummern 613 und 614 inventarisiert wurden. Diese Widersprüche konnten bis jetzt nicht geklärt werden. Möglichweise wurden sie durch Fehler bei der Inventarisierung im Krieg verursacht.

53 Friedrich von Keller, *Arbeiter,* o. J., Kohle, 39 × 27 cm (C-1067). Für das Jahr 1932 gibt es eine C-Nr. 175 (Otto Groß, *Baumgarten,* 1927, 24 × 30 cm) und für 1934 eine C-Nr. 287 (Anton Kolig, *Aktskizze,* 1934, 60 × 47 cm). Das veranschaulicht, in welcher kurzen Zeit die Nationalsozialisten den Grafikbestand vergrößerten. Hier gibt es in der Sammlungspolitik offensichtliche Parallelen zur Gemäldesammlung.

54 Albert Burkart, *Frau mit Kind,* um 1926, Radierung, 14 × 18 cm. Das Blatt ist zweifach vorhanden. Bis jetzt ist jedoch nicht klar, wie die Nummer „III.942.1926/27" zu interpretieren ist. Vermutlich handelt es sich bei „1926/27" um Jahreszahlen. Das Entstehungsjahr war bisher unbekannt, doch ein stilistischer Vergleich mit der Radierung *Verkaufsstandl* (1926) zeigt, dass *Frau mit Kind* in dieser Zeit entstanden sein muss; vgl. Abbildung in: Frauen in Bildern von Albert Burkart, hrsg. vom Verein für Altertumskunde und Heimatpflege 1851 e. V. und der Albert-Burkart-Stiftung, Riedlingen 2010, S. 18.

55 Vgl. https://de.wikipedia.org/wiki/Deutsche_K%C3%BCnstler_und_die_SS und https://de.wikipedia.org/wiki/Albert_Burkart (Stand: 12.1.2021).

56 Beide Stempel finden sich auf den Blättern *Frau mit Kind* von Albert Burkhart, R-0192 u. R-192a.

57 Ernst Rebel, Druckgrafik. Geschichte – Fachbegriffe, Stuttgart 2003, S. 238.

58 SA Stuttgart, 1004 Württembergischer Kunstverein, Akte 73: Verkaufsbuch 1935–1940.

59 Aufgrund des nach dem 11. September 1936 eingeführten Inventarstempels „Stuttgart Stadt der Auslandsdeutschen" wissen wir, dass die Aquarellsammlung rund 280 Arbeiten umfasste; 1938: 431, 1940: 657, 1941: 713 und 1943: 794 Arbeiten. Die Sammlung war innerhalb von sieben Jahren um über 510 Arbeiten angewachsen.

60 Könekamp spricht im März 1943 von „nunmehr circa 3.000 Werke[n] der Malerei". Es ist unklar, auf welcher Berechnungsgrundlage diese Zahl zustande gekommen ist; vgl.: SA Stuttgart, 134/2, Akte 87: Hängung Villa Berg, u. a. Inventarverzeichnis: Schreiben von Dr. Eduard Könekamp an die Stadtkämmerei am 9.3.1943.

61 Erwerbungen nach 1945 bis September 1951: Aquarelle (A): 31; Radierungen (R): 34; Zeichnungen (Z): 32; Schnitte (S): 6; Tempera, Pastell, Gouache usw. (T): 12; Lithografien (L): 11. [Plastiken (P): 16]. Von 1945 bis 1948 wurde von der Stadt nur sehr wenig angekauft (A: 5, R: 9, Z: 19, S: 2, T: 2, L: 6). Erst ab 1949 steigen die Ankäufe bei der Grafik insbesondere beim Aquarell, bei der Radierung und der Tempera / dem Pastell signifikant an, so dass wieder von regelmäßigen Ankäufen für die grafische Sammlung die Rede sein kann. Erstaunlich hoch erscheint die Menge der Stiche (D) mit über 1100 Arbeiten. Gerade aber die ausschlaggebende Inventarnummer D 1181 findet sich auf fünf Stichen des Künstlers Ferdinand August Fellner (1799–1859).

62 B 794: Eugen Funk, *Dorfausgang im Hohenlohischen,* 1943, A-0022; C 1554: Adolf Saile, *Athen,* 1941, L-0011; C 1266: Hans Gaukel, *Männlicher Akt,* o. J., Z-0215; E 500/4-9a: Heinrich Seufferheld, *Des Todes Lied,* 1921, R-209/4-9a; F 388: Karl Stirner, *Schwäbische Kreuzigung,* 1919, S-0062; G 1562: Christian Adam Landenberger, *Gretchen in der Kirche,* 1922, handkoloriert, L-1562 (R-208/147). Für D (Stiche) gibt es ein entsprechendes Objekt: D 1181 Ferdinand August Fellner, o. T., o. J., V-0002. Durch erhaltene Rechnungen des Kulturreferats von Grafikankäufen bei der Stuttgarter Kunsthandlung Adolf Rein im Dezember 1937 liegen uns Inventarnummern vor, die einen Eindruck vom Umfang der Sammlung geben, die teilweise in ihrer Höhe aber auch in Widerspruch zu den oben dargelegten Zahlen stehen: C 570, E 230, F 115, G 874. Cuhorst schreibt von 1200 Zeichnungen im Bestand der Grafiksammlung 1937; nach der im Dezember vergebenen Nummer wäre es aber nur ungefähr die Hälfte gewesen – wenn die Zahlen stimmen. Addieren wir die Mengen der in den einzelnen grafischen

Gattungen enthaltenen Blätter und zählen die 431 Aquarelle hinzu, die 1938 angesammelt wurden, dann erhalten wir eine Gesamtsumme von ungefähr 2200 Grafiken. Weil für die anderen Gattungen jedoch auch im Jahr 1938 weitergesammelt wurden, muss die Zahl noch höher gewesen sein. Wie bereits angesprochen, könnte eine weitere Möglichkeit eine andere Art der Inventarisierung und der Zählweise sein, das heißt, dass nicht in den einzelnen Gattungen jeweils allein gezählt wurde, sondern übergreifend, und dass zur Bezeichnung der grafischen Technik in der Inventarnummer der jeweilige Buchstabe für die Gattung angegeben wurde. Dann würde die Gesamtmenge der Grafiken geringer ausfallen. Doch stünde diese Interpretation im Widerspruch zu Cuhorsts Aussage der 1200 Zeichnungen im Jahr 1937. Die höchste Inventarnummer, die gefunden wurde (C-1554), kann nicht den Gesamtbestand zum Zeitpunkt der Vergabe der Inventarisierung angeben, wenn darin allein schon 1200 Zeichnungen enthalten gewesen sein sollen. Es müssten insgesamt mehr Grafiken gewesen sein, weil all die anderen Blätter aus den anderen technischen Gattungen noch hinzukommen. Im hier dargelegten Fall müssten die Blätter der anderen Gattungen eine größere Menge als 300 Arbeiten ergeben.

63 SA Stuttgart, 13 Hauptaktei/ Bürgermeisteramt, Akte 173: Deutscher Gemeindetag, Zusammenstellung der Rundfrage über die Verleihung von Bildern aus städtischem Kunstbesitz vom 1.2.1938.

64 SA Stuttgart, 1004 Württembergischer Kunstverein, Akte 73: Verkaufsbuch 1935–1940.

65 Eugen Keuerleber, der Nachkriegsverwalter der Kunstsammlung, inventarisierte 115 Radierungen, 31 Handzeichnungen, 3 Lithografien und 1 Druck, also insgesamt 150 Blätter. In Diskrepanz dazu steht ein Brief vom 24. März 1942 der Kunsthandlung Kern & Co., die das Grafikkonvolut in zwei Kassetten anbot. In ihm ist von 144 Grafiken die Rede: Der Mitarbeiter Schneider vom Kulturreferat schreibt in seinen Ausführungen über das Angebot des Kunsthändlers am 14. März 1942, es gehe um „2 Kartons mit zusammen 144 grafischen Arbeiten, darunter 68 Handzeichnungen". Am 18. März 1942 bestätigt der Kulturreferatsleiter Könekamp, dass er für die Stadtverwaltung die „144 grafischen Arbeiten" für die Stadtverwaltung ankaufen wolle.

66 Der Geschäftsführer des Kunsthauses Schaller, der das Konvolut der Stadt anbot, schrieb am 24. März 1942 an OB Strölin: „Es ist sehr zu begrüßen, daß in der Villa Berg ein Raum zum Ausstellen von Grafik hergerichtet werden wird, sodaß in Zukunft die Arbeiten in diesem Rahmen zu einer vollständigen Wirkung kommen können" (KMS, Alte Akten, Angebote S–Z; Kunsthaus Schaller).

67 Die Radierungen zu Storms „Schimmelreiter" waren auf der Ausstellung des Württembergischen Kunstvereins im Mai 1939 zu sehen und wurden von dem Kunstreferenten Cuhorst gekauft; vgl. SA Stuttgart, 1004 Württembergischer Kunstverein, Akte 74: Verkaufsbuch (1939–1947). Inventarnummern R-0081–R-0084, R-0190, R-0271, V-0019; alle KMS. Cuhorst kaufte den Radierzyklus zu Storms „Schimmelreiter" für 280 Reichsmark im Mai 1939 vom Württembergischen Kunstverein; vgl. SA Stuttgart, 1004 Württembergischer Kunstverein, Akte 73: Verkaufsbuch 1939.

68 Franz Heinrich Gref, *Waldige Hügel,* o. J., Zeichnung, 21 × 31 cm; ders., *Pferdedroschke,* o. J., Zeichnung, 13 × 20 cm; ders., *Weide,* 1915, Zeichnung, 12,5 × 21,5 cm; ders., *Auf der Weide,* o. J., Zeichnung, 12,5 × 31,5 cm; ders., *Messstetten,* o. J., Zeichnung, 19,5 × 30,5 cm; ders., *Kinderakte,* o. J., Zeichnung, 17,5 × 19 cm; ders., *Rabe im Schnee,* o. J., Zeichnung, 22 × 31 cm; ders., *Sterntaler,* o. J., Zeichnung, 35 × 23 cm; ders., *Winzer,* o. J., Zeichnung, 36 × 18 cm; ders., *Frühling in den Bergen,* o. J., Aquarell, 20 × 32 cm; ders., *Studienkopf,* o. J., Aquarell, 31 × 29 cm.

69 Das geschah entweder auf der dafür vom Württembergischen Kunstverein organisierten Ausstellung oder auf der Ausstellung des Kunsthauses Schaller, die von September bis Oktober 1943 Aquarelle und Handzeichnungen des Malers zeigte.

70 1942: 7, 1943: 16. Zu Gref siehe auch: Artinger (wie Anm. 2), S. 66.

71 Emil Klein, *Begrüßung (Studie),* o. J., Zeichnung, 43 × 23 cm; ders., *Wäscherinnen (Studie),* o. J., Zeichnung, 32 × 43 cm; ders., *Bauern und Reiter (Studie),* o. J., Zeichnung, 32 × 43 cm; ders., *Jagdszene (Studie),* o. J., Zeichnung, 42 × 31 cm; ders., *Abschied Ludwigs XVI. von seiner Familie (Studie),* o. J., Zeichnung, 42 × 30 cm; ders., *Studie zu: Robespierre im Kreise der Familie Duplay I,* o. J., Zeichnung, 42 × 30 cm; ders., *Studie zu: Robespierre im Kreise der Familie Duplay II,* o. J., Zeichnung, 30 × 40 cm; ders., *Studie zu: Maria Antoinette auf dem Wege zum Schafott,* o. J., Zeichnung, 42 × 30 cm; ders., *Studie zu: Maria Antoinette auf dem Wege zum Schafott II,* o. J., Zeichnung, 40 × 29 cm; ders., *Studie zu: Maria Antoinette auf dem Wege zum Schafott III,*

o. J., Zeichnung, 41 × 30 cm. Die Städtische Galerie Stuttgart erwarb die zehn Zeichnungen zu einem bis jetzt unbekannten Zeitpunkt und unter unbekannten Umständen. Die Blätter wurden höchstwahrscheinlich im Dritten Reich erworben, vielleicht wurden sie auf einer der beiden Ausstellungen (1937 oder 1942) gekauft. Möglicherweise gelangten sie auch erst nach Kleins Tod 1943 in den Bestand der Städtischen Galerie und stammten aus dem Nachlass des Künstlers, den er der Stadt Esslingen überließ und der 1944 an den Altertumsverein e. V. Esslingen ging. Vorstellbar wäre in diesem Kontext, dass Klein auch Arbeiten der Städtischen Galerie Stuttgart vermachte. Im SA Esslingen gibt es keine direkten Akten dazu, auch keine Listen darüber, welche Werke sich genau in den nachgelassenen Grafikkonvoluten Kleins befunden haben. Die Archivarin Karla Rommel schreibt hierzu: „Akten, die sich in unserem Bestand ‚Stadtkämmerei' befinden, geben die Übernahme, Konditionen und Bedingungen, die an den Nachlass nach Vereinbarung geknüpft worden sind, wieder. Die Stadt Esslingen hat den Nachlass-Vertrag für das Mobiliar und die Bilder bereits 1941 geschlossen. Dieser ging dann 1944 an den sog. Altertumsverein e. V. Esslingen. Der künstlerische Teil wurde später an die Städtische Galerie in der Villa Merkel und an das Stadtmuseum übergeben. Im Bestand der Stadtkämmerei gibt es ein Verzeichnis der Bilder Emil Kleins, die sich jetzt in der Villa Merkel befinden und in dem Zeitraum von 1928 bis 1947 angekauft wurden. Darin befinden sich keine Bilder/Zeichnungen zur französischen Revolution. Weiterhin gibt es eine Liste vom 09.01.1948 in der Akte zum Nachlass, in der ein Bild mit dem Titel ‚Revolutionsszene' und zwei mit dem Titel ‚Revolutionstribunal' (alles Aquatinta) angegeben wurden. Ein Bild wird mit dem Titel ‚Französische Revolution', aber leider ohne Angabe der verwendeten Technik, angegeben. Angaben zur Entstehungszeit der Bilder wurden natürlich nicht gemacht" (Rommel, SA Esslingen, an Artinger in einer E-Mail vom 19.1.2021).

72 SA Stuttgart, 13 Hauptaktei/Bürgermeisteramt, Akte 173: Auszug aus der Niederschrift über die Beratung mit den Verwaltungsräten, 24.11.1936, § 407: Ankauf von Bildern des Kunstmalers Kerschensteiner.

73 Die Witwe von Reiniger, die 1951 starb, hatte nie von einem Ankauf von Grafiken ihres Mannes durch die Nationalsozialisten erzählt. Ihr Enkel Ulrich Ziegler schreibt dazu: „Von einem Ankauf von Grafiken bei meiner Großmutter (gest. 1951) oder später habe ich nie etwas gehört. Frau Dr. Gauss von der Staatsgalerie war wohl in den 80er Jahren ein- oder zweimal bei meiner Mutter und hat in dieser Hinsicht Interesse gezeigt. Die Sache ist dann aber nicht weiter gediehen, ich weiß auch nicht[,] wie ernsthaft die Anfrage war, denn ich war bei den Gesprächen nicht dabei. Ich glaube nicht, dass nach 1943 irgendeine Reiniger-Arbeit von einer Galerie oder einem Museum aus dem Nachlass angekauft wurde. Ich habe nicht den Eindruck, dass nach 1945 der ‚schwäbische Impressionismus' als besonders wichtig angesehen wurde. Daran hat auch die Pleuer/Reiniger-Gedächtnisausstellung von 1964 nichts geändert" (Ziegler an Artinger in einer E-Mail vom 14.2.2020). Der städtischen Kommission war aber schon seit Juli 1933 bekannt, dass sich „verschiedene wertvolle Tempera-Malereien" im Nachlass befanden: „Die Kommission weist darauf hin, dass im Besitz der Witwe Reiniger noch verschiedene wertvolle Tempera-Malereien aus dem Nachlass des Malers sich befinden und regt an, dass die Stadtverwaltung sich doch in den Besitz dieser wertvollen Kunstwerke setzen soll" (SA Stuttgart, 13 Hauptaktei/Bürgermeisteramt, Akte 173: Protokoll über die 5. Sitzung der Kunstkommission am 10. Juli 1933).

74 Hermann Vietzen, Die stadtgeschichtlichen Sammlungen im Wilhelmspalais, Stuttgart 1965, S. 5–10.

75 Bei dieser Einschätzung kann nur von dem erhaltenen Grafikbestand ausgegangen werden. Es ist denkbar, dass früher entstandene Grafiken angekauft wurden, diese aber den Krieg nicht überstanden. Wegen des zerstörten Grafikinventars kann dieser Sachverhalt nicht verifiziert werden, es sind nur Spekulationen möglich.

76 Heinrich Stiebel war Prokurist des Bankhauses B. H. Goldschmidt; von 1894 bis 1928 war er Privatsekretär von Max Freiherr von Goldschmidt-Rothschild in Frankfurt am Main. Der Schwerpunkt seiner Grafiksammlung lag auf Francofurtensien in Druck und Bild. Sie bestand aus 46 500 Nummern, davon allein 31 200 Einblätter. Stiebels Sammlungen wurden nach seinem Tod 1928 von einem Frankfurter Antiquariat und einer Kunsthandlung auf fünf Auktionen zwischen 1928 und 1930 versteigert. Vielleicht wurden die fünf Stiche, deren Herkunft unbekannt ist, von einem Stuttgarter Sammler erworben und von ihm im Dritten Reich der Stadt verkauft. Der in Frankfurt am Main geborene Fellner hatte seit 1831 in Stuttgart gelebt und hier vor allem als Illustrator für den Cotta Verlag gearbeitet. So erklärt es sich auch, dass er als ein Stuttgarter Künstler betrachtet und seine fünf Stiche für die städtische Grafiksammlung erworben wurden.

77 Im Rahmen der Provenienzforschung konnte das Blatt als eine Arbeit von Robert Breyer identifiziert werden; vgl. Kai Artinger, Robert Breyer. *Slevogt mit dem Zwicker*, unveröffentlichtes Dossier vom 4.7.2019, KMS MuseumPlus.

78 Das waren die Stilbegriffe für die damalige Gegenwartskunst, die Richard Hamann 1932 für seine auf eine breite Leserschaft abzielende Kunstgeschichte verwendete: ders., Geschichte der Kunst von der altchristlichen Zeit bis zur Gegenwart, Berlin 1932.

79 Bei den Werken handelt es sich um: *Aktskizze*, o. J., Bleistift, 60 × 47 cm; *Aktskizze*, o. J., Bleistift, 60 × 47 cm. Eine der Zeichnungen trägt auf der Rückseite einen runden Stempel der Stadt Stuttgart und die C-Nummer 289. Das legt nahe, dass die Blätter vor der Einführung des Stempels „Stuttgart Stadt der Auslandsdeutschen" (1936/37) erworben wurden.

80 Bei den Werken handelt es sich um: *Olevano II.*, 1924 / Blatt XX, Lithografie, 26 × 34 cm; *Hiddensee I.*, 1927 / Blatt XXVIII, Lithografie, 31 × 46 cm; *Hiddensee II.*, 1927, Lithografie/Blatt XXIX, 31 × 46 cm.

81 Die Pfalzgalerie war seit ihrer Gründung auf das zeitgenössische Sammeln ausgerichtet. Ähnlich wie in Stuttgart fehlt auch hier infolge der Kriegsverluste jeder Nachweis der Erwerbungen zwischen 1926 und 1937; vgl. Gisela Fiedler-Bender, Heinz Höfchen, Wolfgang Stolte, Pfalzgalerie Kaiserslautern (museum), Braunschweig 1992, S. 124.

82 Nach 1943 gab es mindestens 794 Aquarelle. Eugen Funks (1911–2004) Aquarell *Dorfausgang im Hohenlohischen* hatte die alte Inventarnummer B 794 und wurde zwischen 1943 und 1945 erworben.

83 Auf der Grundlage der museumseigenen elektronischen Datenbank MuseumPlus kommt man auf 734 Objekte; nach der direkten Untersuchung der Arbeiten und der Einbeziehung der Mappenwerke, Grafikkonvolute und eines Skizzenbuchs erhöht sich die Summe auf 1112 Objekte. Bei diesen Werten wird von den tatsächlich nach dem Krieg gezählten und neu inventarisierten Grafiken ausgegangen. Dagegen wird bei der Schätzung der einstmaligen Größe der Sammlung von den höchsten Werten ausgegangen, die unter den Inventarnummern gefunden wurden (C 1266, G 875, B 794). Im Folgenden wird sich weiter auf die 734 Objekte bezogen, weil diesen auf den dazugehörigen Inventarkarteikarten jeweils der Provenienzstatus zugeordnet ist. Die Mappenwerke, Konvolute und das Skizzenbuch wurden nach dem Krieg jeweils als einzelnes Objekt gezählt und ihnen nur ein Status zugeordnet.

84 Eine Anfrage bei Tanja Baensch und der Kustodin vom KMS, Sabine Gruber, 2019 ergab, dass sich nicht mehr erurieren lässt, wie die Zahlen zustande gekommen sind.

85 Julius Lusser, *Rathaus Untertürkheim*, 1900, Zeichnung, 69 × 58,3 cm; Anonym, *Untertürkheim von Wangen aus gesehen*, o. J., Lithografie, 25 × 35 cm; Anonym, *Türkheim am Neckar 18. Jh.*, o. J., handcolorierter Stahlstich, 13,4 × 16,8 cm; W. Geissler, *Untertürkheim im Jahr 1848 (Blick über den Neckar auf den Ort)*, o. J., Lithografie, 22,5 × 43 cm.

86 Die im Bezirksamt vorhandenen Bilder des Ämterschmucks waren 1985 wegen des Umbaus abgehängt worden und lagerten dort bis 2000. Dann wurden sie in die Sammlung der Galerie der Stadt Stuttgart, wie das KMS damals hieß, gebracht. Darunter befanden sich unter anderem neben der Zeichnung von Lusser zwei Bilder von Leonhard Schmidt (1892–1978) und ein Bild von Emil Glücker (1896–1971) (Klaus Enslin, Vorsitzender des Bürgervereins Untertürkheim, an Artinger in einer E-Mail vom 20.1.2021).

87 Das ist eine ungefähre Zahl, weil von einigen Künstler:innen keine Vornamen bekannt sind, so dass sich das Geschlecht anhand des Vornamens nicht bestimmen lässt. Es könnten vielleicht mehr sein.

88 Robert Haag (1886–1958), Georg Elsenhans (1900–1927) und Leo Schobinger (1897–1985) (zu Schobinger siehe S. 168–170).

89 Künstler:innen mit Angabe des Ausstellungsjahres auf der „Großen Deutschen Kunstaustellung": Paul Bindel (1939, 1942, 1944), Albert Birkle (1938, 1941, 1942), Leo Hubert Braun (1940), Willi Döhler (1937, 1938, 1939, 1940, 1942, 1943, 1944), Ruth Dolmetsch (1943), Alfred Finsterer (1937, 1939, 1940, 1941, 1942), Oskar Frey (1937, 1939, 1940, 1942, 1943, 1944), Gretli Fuchs (1943, 1944), Otto Geigenberger (1940, 1941, 1942, 1943), Franz Heinrich Gref (1941), Otto Gross (1937, 1938, 1939), Rudolf Hengstenberg (1939, 1941), August Hirsching (1942, 1943, 1944), August Illenberger (1938, 1941, 1942), Paul Kälberer (1937), Walter Klinkert (1937, 1939, 1940, 1941), Julius Koch (1940, 1942), August Köhler (1939, 1940), Heinrich Lotter (1938, 1939, 1940, 1941), Roland Niederbühl (1944), Josef Niklas (1938, 1941), Peter Jakob Schober

(1941, 1942, 1943, 1944), Heinrich Seufferheld (1937), Marianne Spiegel (1942, 1943, 1944), Gustav Uecker (1941, 1942, 1943), Kurt Weinhold (1937), Leo von Welden (1938, 1940, 1941, 1942).

90 Die drei Tierzeichnungen wurden auf der „Großen Deutschen Kunstausstellung" 1937 in Saal 30 ausgestellt. Von den Blättern sind keine Fotos überliefert. Es ist vorstellbar, dass die Stadt Stuttgart zwei Zeichnungen auf der Kunstausstellung erwarb. Allerdings fertigte Frey von den jeweiligen Tieren im Verlauf seines Schaffens zahlreiche Zeichnungen an, so dass es unmöglich ist, ohne eine Fotografie im Werkvergleich die Werkidentität festzustellen. Denkbar wäre auch, dass die von der Stadt erworbenen Zeichnungen in den Kriegsjahren 1942 oder 1943 im Rahmen größerer Gemäldeankäufe anlässlich Freys 60. Geburtstag angeschafft wurden.

91 Hermann Mayrhofer, *Passau, Innseite,* August 1942, Lithografie, 23 × 32 cm; ders., *Passau, Niederhaus,* o. J., Lithografie, 43 × 30 cm; ders., *Danzig Fischmarkt,* o. J., Lithografie, 29 × 42 cm; ders., *Abend an der Donau,* o. J., Lithografie, 32 × 48 cm.

92 Gretli Fuchs, *Blick auf Stuttgart,* 1942, Zeichnung, 33 × 57 cm.

93 Pieter Francis Peters (1818–1903), Carl von Häberlin (1832–1911), Albert Kappis (1836–1914), Friedrich von Keller (1840–1914), Anna Peters (1843–1926), Robert Stieler (1847–1908), Gustav Schönleber (1851–1917), Wilhelm Plappert (1856–1925), Robert von Haug (1857–1922), Carlos Grethe (1864–1913), Josef Kerschensteiner (1864–1936), Karl Schickhardt (1866–1933), Theodor Schnitzer (1866–1939) und Felix Hollenberg (1868–1945).

94 Aus dem Frühwerk Hölzels wurden durchaus Werke erworben: 1938 das Gemälde *Frau mit Kind am Wassertümpel* im Rahmen des Ankaufs der privaten Kunstsammlung Gotthilf Krieg, 1943 das Gemälde *Im Dachauer Moor* und 1944 *Paar am Fluss,* beide vom Stuttgarter Kunsthaus Schaller erworben.

95 Die heute noch bekannten Namen sind mit „(b)" gekennzeichnet: Max Ackermann (b), Elisabeth Beckström, F. Berger, Paul Bindel, Albert Birkle (b), Ragnvald Blix, Hans Brasch, Grete Csaki-Copony, Christian Dehler, Ruth Dolmetsch, Herbert Eggers, Robert Ehinger, Alfred Eichhorn, Georg Eisenhans, Alfred Finsterer, Robert Frank, Karl Freitag, Gretli Fuchs, Caspar Fürst, Eugen Funk, Hans Gaukel, Tell Geck, Otto Geigenberger, Peter Anton Gekle (b), Gottfried Graf (b), Robert Haag, Willy Haas, Albert Hammel, Paul Haustein, Rudolf Hengstenberg (b), August Philipp Henneberger, Georg Ilsenhans, Paul Jauch, ? Jürgens, Alexander Kanoldt (b), Fritz Kimm, Emil Klay, Emil Klein (b), ? v. Klein, Walter Klinkert, Anton Kolig (b), Arnold Lutz, Johannes Maier, Hermann Metzger, Hans Molfenter (b), Reinhold Nägele (b), Richard Neuz, Josef Niklas, Alfred Nübel, Paul Obrecht, Max Osterrieder, Otto Pfitzer, Jos. Pflügl, Wilhelm Plappert, Max Pöppel, Konrad Raum, Georg Reisinger, Adolf Saile, Rupert Salzberger, Gottlieb Schäfer, Ludwig Schäfer-Grohe, Fritz Scherer, Friedrich Wilhelm Schindhelm, Ernst Schlotter, Adolf Schmidt (b), Karl Schmoll von Eisenwerth (b), ? Schumm, Max Schwarzer, Karl Sigrist, K. Sperlich, A. Sprösser, Martin Sternagel, Robert Stieler, Eduard Trautwein, R. Trickl, Alexander von Volborth, Wilhelm Walther, Leo von Welden, ? Wertz-Strathmeyer, Willy Widmann, ? Zeltmann, Ruth Zimmermann.

96 Bei einem stichprobenartigen Abgleich mit der Namensliste in der Online-Datenbank German Sales – Deutsche Auktionskataloge 1900–1945 konnten 31 Künstler:innen gefunden werden: Emma Bechtle-Kappis, Albert Birkle, Grethe Carlos, Alexander Eckener, Robert Ehinger, Oskar Frey, Hans Gaukel, Otto Geigenberger, Carl von Häberlin, Robert von Haug, Paul Haustein, Hans von Heider, Felix Hollenberg, Alexander Kanoldt, Friedrich von Keller, Josef Kerschensteiner, Anton Kolig, Julius Kurz, Christian Adam Landenberger, K. Leiberich, Hans Molfenter, Reinhold Nägele, Oscar Obier, Anna Peters, Pieter Francis Peters, Albert Reinwald, Karl Schmoll von Eisenwerth, Gustav Schönleber, Robert Stieler, Eduard Trautwein.

97 Artinger (wie Anm. 2) S. 90–91.

98 Weitere Themen sind: Schiff, Fischer, Interieur/Bauerninterieur, Industrielandschaft/Fabrik, Akt (Männer-, Frauenakt), Flugzeug, Bauwesen, Religion, Handwerker, Arbeiter, Porträt, Frauenarbeit.

99 Die Herkunft der zwölf Zeichnungen, einer Tempera, der drei Holzschnitte und zwei Radierungen ist unbekannt. Der Ankauf 1942 – es war durchaus üblich, anlässlich des 60. oder 70. Geburtstags von Künstler:innen Werke zu erwerben – oder 1943 würde sich gut mit der in dieser Zeit gefällten Entscheidung zum Aufbau der städtischen grafischen Sammlung decken. Stirner war seit 1938 bereits sehr krank und konnte nur mehr eingeschränkt arbeiten. 1940/41 musste er sich für einen mehrmonatigen Aufenthalt ins Krankenhaus begeben. Die Stadt Ellwangen, wo er lebte, ehrte ihn 1942 anlässlich seines Geburtstags mit einer Feierstunde im Rathaussaal. Er starb am 21. Juni 1943 im Diakonissenkrankenhaus in Schwäbisch Hall.

100 Fritz Georg, Heilbronner Tagblatt vom 10.4.1943, hier zitiert nach Norbert Jung, Albert Hammel – eine Spurensuche unter besonderer Berücksichtigung zeitgenössischer Berichterstattung, Heilbronn 2016, S. 44.

101 Albert Hammel, *Dachfenster mit Geranien,* o. J., Aquarell, 26 × 37 cm, KMS, A-0075. Wo die Ausstellung stattfand, ist nicht bekannt. Vielleicht wurde die vom Heilbronner Kunstverein organisierte Schau vom Württembergischen Kunstverein übernommen und in seinen Ausstellungsräumen gezeigt.

102 gw [Autorenkürzel], Der Vielseitige. Peter-Anton Gekle fünfundsiebzig Jahre alt, in: Stuttgarter Zeitung vom 9.11.1974 (StA Ludwigsburg, JL 410 P Nr. 226).

103 StA Ludwigsburg, EL 904/5 I S 1431. Gekle, dessen Geburtsname Gettle war, war am 9. Februar 1931 eingetreten und hatte die Mitgliedsnummer 3234467; des Weiteren: PL 502/29a Nr. 1192 Sammlungsgut der Militärregierung zur Dokumentation der NS-Belastung von im Kreis Stuttgart ansässigen Personen: NSDAP-Mitgliederpartei I / circa 1930 – circa 1945.

104 StA Ludwigsburg, PL 530 Bü 38, OMG-WB Denazification Division, Überprüfung von deutschen Staatsangehörigen.

105 StA Ludwigsburg, EL 904/2 Nr. 18958. Gekle war erst in Gefängnissen in Göppingen und Geislingen untergebracht und wurde dann vom 31. Juli 1945 bis zum 1. Februar 1947 in dem P-Lager in Neu-Ulm sowie in Ludwigsburg in den Internment Camps 74, 80, 73 und 72 (der Reihenfolge nach) interniert. Laut Unterlagen in den Akten StA Ludwigsburg, PL 530 Bü 38, OMG-WB Denazification Division, Überprüfung von deutschen Staatsangehörigen, war er von 1940 bis 1942 Dolmetscher der Gestapo und 1942 für den Sicherheitsdienst. Auf die Frage bei den Nationalarchiven in Washington, D. C., nach den Verhörprotokollen von Gekle Ende Januar 2021 wurde geantwortet, dass die Archive infolge der Corona-Pandemie nur eingeschränkt arbeiten können und daher keine abschließende Antwort darüber gegeben werden kann, ob solche Protokolle existieren. Bei einem ersten Recherchedurchgang konnten solche Verhörprotokolle nicht ermittelt werden. Allerdings fand man eine Property Card für zwei Zeichnungen mit der Nummer 29590-29591 H. d. Kunst 1250/51, die von den Amerikanern im Mai 1948 im Haus der Deutschen Kunst in München aufgenommen und im Juli 1949 an die Bayerischen Staatsgemäldesammlungen weitergegeben wurden (Suzanne Zoumbaris, Textual Reference Archives II Branch [RR2RR], National Archives, an Artinger in einer E-Mail vom 26.1.2021). Gekle muss demnach Arbeiten zu einer Ausstellung im Haus der Deutschen Kunst eingereicht haben. Auf der GDK Research, der bildbasierten Forschungsplattform zu den Großen Deutschen Kunstausstellungen 1937 bis 1944 in München, ist er jedoch nicht zu ermitteln. In den Lithuanian Special Archives, Vilnius, konnte im Bestand „Committee for State Security (KGB) of the Lithuanian SSR" ebenso nichts zu Gekle gefunden werden (Ovidijus Leveris, Direktor, an Artinger in einem Schreiben vom 27.1.2021).

106 Peter-Anton Gekle, Geschwätzwerk. Schwäbische Zeichnungen und Aufzeichnungen, Ostfildern 1978, S. 7.

107 Peter Anton Gekle, *SOS,* o. J., Zeichnung, 35 × 27 cm, Z-0018, erst vermisst, dann deakzessioniert; ders., *Am Kurischen Haff / Orig. Zeichnung,* o. J., Zeichnung, 28,5 × 40,5 cm, KMS, Z-0181; ders., *Ferien im Süden,* 1937, Lithografie, 38 × 19 cm, KMS, L-0024, ders., *Schneemann,* 1935, Lithografie, 20 × 27 cm, KMS, L-0025; ders., *Winter im Walsertal,* o. J., Lithografie, 15 × 20 cm, L-0007, Fehlbestand, alt. Zudem wurde ein Aquarell erworben: *Paris,* o. J., 47 × 55 cm, KMS, A-0154.

108 *Sommernacht in Karelien* (Finnland); *Sonnenuntergang am Ladogasee* (Russland); vgl. http://www.gdk-research.de/db/apsisa.dll/ete (Stand: 12.1.2024).

109 StA Ludwigsburg, EL 905/6 I Nr. 1893, Zentralspruch- und -berufungskammer Württemberg-Baden: Verfahrenseinstellungsbescheinigung.

110 Kamera: Dr. Herbert Ecke, 37 Minuten; vgl. https://www.youtube.com/watch?v=qWu-s5ZdumbU (Stand: 12.1.2024).

111 Zu Leo von Welden siehe Anke Gröner, Leo von Welden zur Zeit des Nationalsozialismus, München 2016, online: HA_AnkeGroener_LeovonWelden.pdf (Stand: 12.1.2024); Ingrid von der Dollen, Leo von Welden 1899–1967. Das Bild als Bühne, Malerei und Grafik, Tutzing 2008.

112 Leo von Welden, *Paar,* o. J. (1940er-Jahre), Tusche, 45 × 30 cm, KMS, Z-0175; ders., *Beim Orakelmann,* o. J. (1940er-Jahre), Tusche, 32 × 44 cm, KMS, Z-0176; ders., *Zwei Männer,* o. J. (1940er-Jahre), Tusche, 46 × 32 cm, KMS, Z-0177.

113 Erwin Bareis in einem unbezeichneten Stuttgarter Zeitungsartikel von Februar 1944, hier zitiert nach von der Dollen (wie Anm. 111), S. 22.
114 Vgl. https://de.wikipedia.org/wiki/Eugen_Funk (Stand: 8.1.2021).
115 Nils Büttner, Im Zeichen des Neubeginns: Die Kunstakademie zwischen 1898 und 1933, in: Nils Büttner, Angela Zieger (Hrsg.), 250 Jahre Akademie der Bildenden Künste Stuttgart. Rücksichten. Ein Lesebuch, Stuttgart 2011, S. 75–102, hier: S. 98.
116 Die Ausstellung fand von August bis September 1938 statt.
117 Gustav Schönleber (1851–1917), der als Professor an der Karlsruher Akademie lehrte, entdeckte Besigheim. Auch Alexander Kanoldt (1881–1939) war von dem Ort angetan und hielt ihn 1902/03 in Zeichnungen und Lithografien fest; vgl. Michael Koch, Alexander Kanoldt 1881–1939. Werkverzeichnis der Gemälde, München 2018, S. 15. In der grafischen Sammlung des Kunstmuseums Stuttgart gibt es allein zwölf Bilder mit Ansichten von Besigheim. Davon wurden sieben im Dritten Reich erworben. Neben einer anonymen Zeichnung und einer Radierung von Otto Steinhilber (1918–1995) gibt es zwei Radierungen von Walter Romberg, eine Radierung von Herbert Eggers (KMS, R-0193), einen Holzschnitt von Karl Freitag (* 1905–?) (KMS, S-0051) und ein Aquarell von August Friedrich Müller (KMS, A-0007).
118 Kunsthistorischer Wanderführer Württemberg und Hohenzollern, Stuttgart, Zürich 1984, S. 8.
119 Gert K. Nagel, Schwäbisches Künstlerlexikon vom Barock bis zur Gegenwart, München 1986, S. 62.
120 https://als.wikipedia.org/wiki/Paul_Jauch (Stand: 18.1.2021). Paul Jauch soll sich aber angeblich der Vereinnahmung durch die Nationalsozialisten entzogen haben. Im Landratsamt Reutlingen – Kreisarchiv und im Gemeindearchiv Eningen konnten zum Vorgang der Ehrung keine Unterlagen gefunden werden (Marco Birn an Artinger in einer E-Mail vom 20.1.2021). Jauch heiratete 1942 im Alter von 72 Jahren die 28 Jahre jüngere Lehrerin Emilie Krebs. Während er kein NSDAP-Mitglied war und auch keiner NS-Organisation angehörte, war sie von 1936 bis 1945 Mitglied der NS-Frauenschaft in Eningen und stand ihr von Februar 1938 bis Dezember 1942 als Ortsfrauenschaftsleiterin vor. Jauchs Ehrung durch die Benennung eines Weges nach ihm könnte auch von ihrer Initiative mitgetragen worden sein; zu Angaben zu Jauchs und Emilie Krebs Beziehung zur NSDAP siehe Landesarchiv Baden-Württemberg, Abt. Sigmaringen, Wü 13 T 2 Nr. 1625/099, Fragebogen von Paul Jauch, 15.7.1946.
121 Die Städtische Galerie erwarb von Reinhold Bach unter anderem: *An der Wörnitz bei Dinkelsbühl*, o. J., Radierung, 23 × 23 cm, KMS, R-0071; *Dinkelsbühl*, o. J., Radierung, 24 × 34 cm, KMS, R-0100; *Am Plönlein, Rothenburg o. T.*, o. J., Radierung, 33 × 36 cm, KMS, R-0073; *Brügge am Kanal*, o. J., Radierung, 27 × 33 cm, KMS, R-0074.
122 Jörg Friedrich, Brandstätten. Der Anblick des Bombenkriegs, München 2003, S. 7.
123 Ebd.
124 Vgl. N. N., „Der Schwäbische Heimatbund in der NS-Zeit", in: Schwäbische Heimat, Heft 2, 2009, online: http://schwaebischer-heimatbund.de/shb_in_eigener_sache/ueber_uns/geschichte/ns_zeit.html (Stand: 12.1.2024).
125 Ebd.
126 Hans Schwenkel, Volksstamm und Landschaft im schwäbischen Raum, in: Schwäbisches Heimatbuch 1936, hrsg. im Auftrag des Bundes für Heimatschutz in Württemberg und Hohenzollern von Felix Schuster, 22. Bd., Stuttgart 1936, S. 5–22.
127 Ebd., S. 13.
128 Walter Romberg, *Hautklinik Bad Cannstatt*, o. J. (circa 1935?), Radierung, 23 × 32 cm.
129 Walter Romberg, *Haus der Technischen Werke*, o. J. (circa 1936?), Radierung, 23,5 × 31,5 cm.
130 Walter Romberg, *Warschau, alter Markt*, 1942, Radierung, 36,2 × 28 cm.
131 Walter Romberg, *Brest-Litowsk*, o. J., Radierung, 30,5 × 26,5 cm.
132 Vgl. https://de.wikipedia.org/wiki/Brest_(Wei%C3%9Frussland)#Zweiter_Weltkrieg (Stand: 10.9.2020).
133 NS-Kurier am Sonntag, in: NS-Kurier, Nr. 186, 10.7.1943, S. 5.
134 Alle biografischen Angaben zu Romberg in: StA Ludwigsburg, EL 902/4 Bü11165, Spruchkammerakte Romberg, Walter. In der Partei war er laut Meldebogen von 1941 bis 1944 (Mitgliedsnummer 7563121). Zugleich war er von 1940 bis 1944 Mitglied in der Nationalsozialistischen Volkswohlfahrt und „Blockwalter". In der Wehrmacht war er Soldat bei den Baupionieren Erstes Bataillon 5.
135 In der Regel wird die Darstellung von Rombergs Leben und Werk Ende der 1920er-Jahre unterbrochen und beginnt dann wieder in der Nachkriegszeit. Erwähnung findet gerade noch, dass er mehrfach ausgebombt wurde; vgl. Siegfried Schulz, Der Umweg: Walter Romberg, in: Amtsblatt

der Stadt Waldenbuch, Weil der Stadt, Februar 2000; Erich Heyfelder, Walter Rombergs schwäbische Landschaftsradierungen, in: Schwäbisches Heimatbuch, hrsg. im Auftrag des Bundes für Heimatschutz in Württemberg und Hohenzollern von Felix Schuster, 21. Bd., Stuttgart 1935, S. 10–14; Fritz Heimberger, Walter Romberg, der schwäbische Merian, in: Aus Schönbuch und Gäu, Beilage der Kreiszeitung Böblinger Bote vom 25.8.1979; Gerhard Raff: „Schwäbischer Merian". Raffs Raritäten CXXIII, in: Stuttgarter Zeitung vom 16.7.1998.

136 Es gibt allerdings auch Ungereimtheiten bei der Erwerbung des Romberg-Konvoluts, die sich heute nur schwer erklären lassen. Dazu gehört etwa die Radierung *Jugendherberge der Stadt Stuttgart,* deren Ankaufsjahr unbekannt ist und die 1970 mit einem Fragezeichen inventarisiert wurde. Die Jugendherberge war ein kompletter Neubau, der am 21. März 1953 eingeweiht wurde (Annika Haegele-Ziegler, Referentin der Geschäftsführung des Deutschen Jugendherbergswerks Landesverband Baden-Württemberg e. V., an Artinger in einer E-Mail vom 11.3.2020).

137 Allerdings hätte sie sich aus der Lektüre von Röttgers Monografie über Hollenberg erschließen lassen; vgl. Ralpf Jentsch (Hrsg.), Friedhelm Röttger, Felix Hollenberg, München, New York 1983, S. 252.

138 Auf diesen Brief verweist auch Röttger (ebd.), der ihn aus dem schriftlichen und künstlerischen Nachlass von Hollenberg hat, der sich damals bei seiner Tochter Dr. Erika Schad befand.

139 „[…] Beispiele: Prof. [Hans] von Heider, Prof. [Alexander] Eckener, hier war unser Bestreben darauf gerichtet, noch rechtzeitig Arbeiten aus den besten, zumeist früheren, Schaffenszeiten dieser Künstler zu erhalten. Dies ist dank dem Entgegenkommen der Künstler, die weniger auf den Geldertrag als auf den Nachruhm bedacht waren, in der Reihe von Fällen mit gutem Erfolg möglich gewesen" (SA Stuttgart, 13 Hauptaktei/Bürgermeisteramt, Akte 169: Förderung der Kunst durch die Stadt, Typoskript betr. Ausbau der Städt. Kunstsammlung. Bereitstellung überplanmässiger Mittel für den Kunstfonds, 29.5.1942, [Haushaltsstelle 320-37 – Erwerb von Kunstwerken], S. 2–3).

140 Sein Monograf schreibt dazu: „Zehn Tage nach dem Tod seiner Frau am 5. Mai 1943 in Stuttgart schenkt er der Städtischen Sammlung 44 Radierungen, die am 20. Mai von Stadtrat Könekamp abgeholt werden. Vorausgegangen war ein Brief des Stuttgarter OB Dr. Karl Strölin, in dem dieser sich für die Stiftung ‚eines großen Landschaftsbildes aus der Frühzeit' seines Schaffens bedankt und […] den Wunsch äußert, einen Bestand an Arbeiten auf Papier zu erwerben" (Jentsch [wie Anm. 137]). Offenbar gingen 15 Radierungen im Krieg verloren, da nur noch 29 vorhanden sind.

141 Erich Heyfelder, Heinrich Seufferheld als Graphiker schwäbischer Landschaften, in: Schwäbisches Heimatbuch, hrsg. im Auftrag des Bundes für Heimatschutz in Württemberg und Hohenzollern von Felix Schuster, 20. Bd., Stuttgart 1934, S. 60.

142 Ebd.

143 Hollenberg zitiert nach Professor Dr. Erich Heyfelder, in: ebd., S. 61.

144 Heinrich Theodor Musper, Heinrich Seufferheld als Graphiker, in: Württemberg. Monatsschrift im Dienste von Volk und Heimat, 1936, S. 314–325.

145 Heinrich Theodor Musper, Heinrich Seufferheld. Das radierte Werk, Stuttgart 1941.

146 Walther von zur Westen zitiert in Heyfelder (wie Anm. 141), S. 61.

147 Ebd.

148 Ebd.

149 Der größte Teil des Nachlasses ging als Stiftung an die Stadt Weinsberg, wo er heute im Weibertreu-Museum aufbewahrt wird. Das einzige Gemälde und die einzige Handzeichnung von Seufferheld gelangten erst sehr viel später durch eine Schenkung in die Galerie der Stadt Stuttgart. Seufferhelds Schwester Hedwig Martha war mit dem Maler Albert Volk (1882–1982) verheiratet. Sie lebten ab Ende des Zweiten Weltkriegs in Seufferhelds Elternhaus in Weinsberg, wo Seufferheld sein Atelier gehabt hatte. Volk katalogisierte den Nachlass seines Schwagers 1970 und vermachte der Galerie der Stadt Stuttgart 1979 ein kleines Ölgemälde und eine Handzeichnung von Seufferheld. Hierbei handelt es sich um: Heinrich Seufferheld, *Atelier im Herbst,* 1906, Öl auf Leinwand, 36,5 × 45,5 cm, und ders., *Handzeichnung,* 1931, 22,5 × 9 cm. Die Radierungen in dem von Stuttgart erworbenen umfangreichen Grafikkonvolut liefen unter der Inventarnummer E 500/1 fortlaufend. Da ein großer Teil den Eigentumsstempel „Stuttgart Stadt der Auslandsdeutschen" rückseitig aufweist, müssen die Arbeiten nach 1936/37 in die Sammlung gekommen sein.

150 https://de.wikipedia.org/wiki/Heinrich_Seufferheld (Stand: 12.3.2020). Dem Artikel zufolge kommt diese politische Haltung in einigen Werken zum Ausdruck, zum Beispiel in der 1939 entstandenen Zeichnung *Gewalt in Bromberg*. In einem Brief an den Stuttgarter Kulturreferenten Dr. Hans Schumann schreibt Gretel Seufferheld am 2. Oktober 1950, dass sie der Seufferheld-Sammlung der Städtischen Galerie einen Druck als Geschenk überreichen wolle, den sie schon Stadtrat Könekamp versprochen hatte. Könekamp hatte dafür gesorgt, dass die Radiersammlung von Seufferheld am Heiligabend 1942 nach Stuttgart gesandt und dann im Rahmen des Kunstschutzes ausgelagert wurde, wodurch sie den Krieg überstand (KMS, Künstlerakte Heinrich Seufferheld, Margarete [Gretel] Seufferheld an Dr. Hans Schumann am 2.10.1950).

151 Vgl. http://www.gdk-research.de (Stand: 12.1.2024).

152 Das Blatt wurde wahrscheinlich in einer Auflage von 100 Exemplaren gedruckt.

153 Archiv Bezirksamt Stuttgart-Möhringen, Akte über die Ehrengaben der Stadt/Gemeinde im Dritten Reich, Brief des Bürgermeisters der Gemeinde Möhringen a. d. F. an den Leutnant Willi Rosenberg vom 4. Mai 1943.

154 August Illenberger, *Spitalhof Möhringen*, um 1937, Aquarell, 49,9 × 36 cm.

155 Wie Anm. 153, Brief des Bürgermeisters der Gemeinde Möhringen an Gustl Illenberger vom 9. März 1942.

156 Alle Angaben im Archiv Bezirksamt Stuttgart-Möhringen, Akte über die Ehrengaben der Stadt/Gemeinde im Dritten Reich, Verzeichnis der als Ehrengabe abgegebenen Radierungen.

157 SA Stuttgart, 13 Hauptaktei/Bürgermeisteramt, Akte 171, Eduard Könekamp an OB Arnulf Klett in einem Brief vom 27.6.1945.

158 Archiv der Akademie der Bildenden Künste Stuttgart, Personalakte Erich Feyerabend, Eduard Könekamp an Erich Feyerabend in einem Brief vom 3.10.1944.

159 Ebd., Christian Mergenthaler an den Direktor der Akademie der Bildenden Künste Stuttgart in einem Brief vom 15.12.1944.

160 StA Ludwigsburg, PL 501 II Bü 450, NSDAP-Gauleitung Württemberg-Hohenzollern / 1925–1943, 2. Kulturarbeit und Propaganda, Personalangelegenheit des Holzschneiders und Kunstmalers Professor Erich Feyerabend. In einem Brief an den Reichsstatthalter Gauleiter Wilhelm Murr vom 5. Oktober 1938 wird Feyerabend als „Pg. Feyerabend" bezeichnet. Dort heißt es, dass er „zwar früher der Loge angehört hat, dass er aber heute bedingungslos auf dem Boden der nationalsozialistischen Weltanschauung steht".

161 Ebd.

162 Julia Müller, Die Akademie der Bildenden Künste und die Kunstgewerbeschule in Stuttgart in der Zeit des Nationalsozialismus, in: Büttner, Zieger (wie Anm. 115), S. 155–178, hier: S. 162 und 164. Direktor Fritz von Graevenitz (1892–1952) wurde im März 1940 offiziell seines Amtes enthoben, blieb aber Lehrer für Bildhauerei und wurde krankheitsbedingt zurückgestellt. Feyerabend wurde im Juni 1940 endgültiger Direktor der Akademie.

163 H. D. Roeder, Erich Feyerabend, Kopie eines Artikels, Zeitschrift und Jahr unbekannt, in: Archiv der Akademie der Bildenden Künste Stuttgart, Personalakte Erich Feyerabend.

164 Dr. Wilhelm Fraenger, Erich Feyerabend, Kopie eines Artikels, Zeitschrift und Jahr unbekannt, in: ebd.

165 „Seine Kunstwerke lagert Feyerabend in der Akademie, weil der Keller der Hochschule an der Urbanstraße als bombensicher gilt. Sohn Christian: ‚Ich erinnere mich noch, dass wir nach dem Angriff auf Stuttgart zur Akademie gegangen sind. Eine Bombe war von oben nach unten durchgegangen, alles war zerstört, bis auf die Druckstöcke, die daheim lagerten'" (Maria Raudszus, ‚Das Einfache ist wahr', Neue Rhein Zeitung vom 10.4.2004, Kopie des Artikels in: ebd.). Erich Feyerabend war 1889 in Rees am Niederrhein zur Welt gekommen.

166 Klaus Richter, Der Maler Erich Feyerabend, in: Kunst- und Antiquitäten-Rundschau, Nr. 9, September 1935, S. 223.

167 KMS, Künstlerakte Roland Niederbühl; in dem Brief weist Niederbühl darauf hin, dass Könekamp gern nähere Auskünfte über ihn erteilt.

168 Vgl. Gerhild Kaselow, „Kampf dem Kitsch – Für eine wahre Kunst". Entwicklung und Stellenwert des Holzschnitts in der Kunst im Nationalsozialismus in Braunschweig, in: Deutsche Kunst 1933–1945 in Braunschweig. Kunst im Nationalsozialismus, hrsg. vom Städtischen Museum Braunschweig und der Hochschule für Bildende Künste Braunschweig, Hildesheim, Zürich, New York 2000, S.99–109, hier: S. 99.

169 Aus der Zeitschrift „Das Bild", 1937, S. 300, hier zitiert nach Kaselow (ebd.).

170 Zum Vergleich wird hier die Graphische Sammlung des Städtischen Museums Braunschweig herangezogen. Zusammen mit der Hochschule für Bildende Künste Braunschweig untersuchte das Museum in einem umfangreichen und wissenschaftlich fundierten Ausstellungsprojekt unter anderem auch die von der Stadt im Nationalsozialismus erworbene Grafik, hierzu: Kaselow (wie Anm. 168), S. 99–109 und 212–216.

171 Peter-Klaus Schuster, „Artisten-Metaphysik". Zum Künstlerkult der Deutschen, in: das xx. jahrhundert. ein jahrhundert kunst in deutschland, Berlin 1999, S. 31–44, hier: S. 41.

172 Kaselow (wie Anm. 168).

173 Alexander Heilmeyer, Zeichnung und Graphik. Aus der „Großen Deutschen Kunstausstellung 1939" im Haus der Deutschen Kunst, in: Die Kunst im Deutschen Reich, 3. Jg., München, Oktober 1939, S. 326, hier zitiert nach Kaselow (ebd.).

174 StA Ludwigsburg, EL 905/2 II Bü 238 und EL 902/20 Bü 80215. Spiegel hatte die Mitgliedsnummer 3229107. Aus dem Ersten Weltkrieg kehrte er als Schwerkriegsbeschädigter (70 %) zurück, was seine Mitgliedschaft in der NS-Kriegsopferversorgung erklärt.

175 Über das Kunsthaus Schaller wird berichtet: „Zwei Ausstellungen sind uns von Professor Spiegel regelrecht geschlossen worden: einmal die Ausstellung von Westfahl, die ordnungsgemäss 4 Wochen vor Eröffnung angemeldet war, die die Kommission der Reichskammer aber erst nach der offiziellen Eröffnung besuchte. Prof. Spiegel geriet angesichts der Aquarelle ausser sich und es fielen neben anderen Verunglimpfungen die groben Worte von ‚schwüler Erotik'. Die Ausstellung musste nach der Besichtigung durch die Kommission sofort geschlossen und abgehängt werden. Das andere Mal wurde die Weihnachtsausstellung für mehrere Tage geschlossen, weil darin ein völlig harmloses Winterbild von Bäuerle gezeigt wurde, der nach einem unbestätigten Gerücht seit kurzer Zeit verhaftet sein sollte (wegen politischer Unsicherheit). Wieder war ein gehässiger, bösartiger Ausbruch von Prof. Spiegel die Folge der Besichtigung dieses ganz schlichten, problemlosen Bildes aus früheren Jahren des Malers, das uns gehörte, von deren Ausstellung u. Verkauf er also nichts hatte. Die Gedächtnisausstellung von Waldemar Flaig, ordnungsgemäss angemeldet, aber nicht durch die hochwohllöbliche Kommission besichtigt, wäre nach den späteren Aeusserungen von Prof. Spiegel sofort abgehängt worden, wenn er Kenntnis davon gehabt hätte, welche Bilder von dem Künstler gezeigt wurden! Man müsse in Zukunft das Kunsthaus Schaller strengstens beaufsichtigen und ihm scharf auf die Finger sehen!" (Wirtschaftsarchiv Baden-Württemberg, Universität Hohenheim, Bestand Kunsthaus Schaller, 634 B 84, Bericht von Hildegard Brunnemann, Hameln, vom 28.7.1946). Des Weiteren soll Spiegel 1943 und 1944 gegen Norbert Gerd Hartmann ein Ausstellungsverbot zu verhängen versucht haben (vgl. Barbara Lipps-Kant, Norbert Gerd Hartmann 1914–1969 mit einem Werkverzeichnis von Hilde Hartmann, Sindelfingen 1993, S. 16).

176 Laut Randnotiz im Nürtinger Geburtsregister verstarb Nübel am 29. Dezember 1960 in Stuttgart (Reinhard Tietzen, SA Nürtingen, an Artinger in einer E-Mail vom 3.3.2021).

177 StA Ludwigsburg, K 746 Bü 50, Reichskammer der bildenden Künste Landesleitung Stuttgart, Personalakten Maler und Grafiker 1933–1939.

178 Alle biografischen Angaben in StA Ludwigsburg (ebd.).

179 Ebd.

180 Jesko von Hoegen, Hindenburg. Die Visualisierung des Retter-Mythos, in: Gerhard Paul (Hrsg.), Das Jahrhundert der Bilder 1900 bis 1945, Göttingen 2009, S. 412–419.

181 „Schaffendes Volk" war der Titel einer Ausstellung 1937 in Düsseldorf, die die Nationalsozialisten organisierten; „Das deutsche Volksgesicht" ist der Titel eines 1932 veröffentlichten Fotobuchs der Fotografin Erna Lendvai-Dircksen.

182 Richard Hamann, Jost Hermand (wie Anm. 24), S. 344–345. Der niederdeutsche Reaktionär Momme Nissen schrieb 1905 im „Kunstwart", man wolle keine „Kaviarkunst": „Die echte deutsche Kunst von Dürer und Vischer bis Leibl und Böcklin arbeitete für den künstlerischen Starksinn. Wir brauchen eine Kunst der vollen Seele, der vollen Faust" (Die mittlere Linie [1]. Zur deutschen Kunstlage, in: Kunstwart 1905, 1, S. 557–612, hier S. 611), hier zitiert nach Hamann, Hermand (ebd.), S. 345.

183 Ebd., S. 345.

184 Dr. Judith Bihr, Museum Biberach, an Artinger in einer E-Mail vom 28.4.2020.

185 In den für den Zeitraum 1933 bis 1945 unvollständig erhaltenen Verkaufsbüchern des Württembergischen Kunstvereins sind die Zeichnungen nicht aufgeführt; vgl. SA Stuttgart, 1004 Württembergischer Kunstverein, Akte 73: Verkaufsbuch 1935–1940.

186 Wie Anm. 184.

187 Ebd.

188 StA Sigmaringen, Wü 13 T 2 Nr. 2550/056, Digitalisat.

189 Wie Anm. 184.
190 August Sander, Antlitz der Zeit. 60 Fotos deutscher Menschen, München 1929.
191 Claudia Gabriele Philipp, Erna Lendvai-Dircksen (1883–1962). Repräsentantin einer weiblichen Kunsttradition oder Propagandistin des Nationalsozialismus? Verschiedene Möglichkeiten, eine Fotografin zu rezipieren, in: Barbara Schaeffer-Hegel (Hrsg.), Frauen und Macht. Der alltägliche Beitrag der Frauen zur Politik des Patriachats, Berlin 1984, S. 58–74, hier: S. 67.
192 Erna Lendvai-Dircksen, Das germanische Volksgesicht. Norwegen, Bayreuth 1942, o. S.
193 Philipp (wie Anm. 191), S. 68.
194 Erna Lendvai-Dircksen, Das germanische Volksgesicht. Flandern, Bayreuth 1942, o. S.
195 NS-Kurier, Nr. 144, 13.12.1942, S. 2.
196 SA Stuttgart, 134/2 Galerie der Stadt Stuttgart, Akte 88: Angebote und Ankäufe Kunstgegenstände, Liste Anschaffungen 1933/34.
197 Adolf Hitler, „Mein Programm". Wahlaufruf der NSDAP zur Präsidentenwahl 1932, hier zitiert nach Berthold Hinz, Die Malerei im deutschen Faschismus. Kunst und Konterrevolution, München 1984, S. 85.
198 Adolf Hitler in seiner Rede auf dem Nürnberger Parteitag am 8. September 1934 in Nürnberg, hier zitiert nach: Kai Artinger, Volksgemeinschaft, in: Kai Artinger (Hrsg.), Die Grundrechte im Spiegel des Plakats von 1919 bis 1999, Berlin 2000, S. 69–71, hier: S. 69.
199 Ebd.
200 Die Ausführungen hier zur Mutterrolle und Volksgemeinschaft im Bild bereits in: ebd., S. 69–71. Auf der Tagung „Kunst im Nationalsozialismus – Männlichkeits- und Weiblichkeitsbilder" im Zentralinstitut für Kunstgeschichte München, 11. bis 13. Oktober 2021, wurden aktuelle Forschungsprojekte und -ergebnisse zu spezifischen Rollenbildern in der NS-Ideologie, dem Staat, der Partei und der Gesellschaft und die Bedeutung von Geschlechterbildern aus unterschiedlichen thematischen und methodischen Perspektiven diskutiert.
201 Hinz (wie Anm. 197).
202 StA Ludwigsburg, EL 902/20 Bü 13140, Spruchkammerakte Sigrist, Karl. Sigrist hatte die Mitgliedsnummer 6500000. Er wurde als „Mitläufer" in die Gruppe IV der Betroffenen eingruppiert und musste eine Sühnestrafe entrichten. Angeblich trat er nur unter Zwang nach dreimaliger Aufforderung in die Partei ein. Sigrist, geboren in Stuttgart, absolvierte eine Ausbildung zum Lithografen. Von 1905 bis 1907 besuchte er in Stuttgart die Kunstgewerbeschule und von 1912 bis 1914 die Kunstakademie, danach war er als Werbegrafiker tätig und gewann zahlreiche Preise. Von 1919 bis 1922 hatte er einen Lehrauftrag für Werbegrafik an der Kunstgewerbeschule Stuttgart (KMS, Künstlerakte Karl Sigrist; f [Autorenkürzel], Karl Sigrist 75 Jahre, in: Stuttgarter Zeitung vom 16.5.1960).
203 Arthur Hanzer, Switbert Lobisser, 1982/83, hier zitiert nach https://de.wikipedia.org/wiki/Switbert_Lobisser (Stand: 15.5.2020). Arthur Hanzer war selbst Künstler und später Direktor einer Schule in Kärnten.
204 „1934 haben die Illegalen dem Führer eine große Mappe mit fünfzehn der besten meiner Schnitte überreicht, die Partei braucht Arbeiten aus meiner Hand" (Switbert Lobisser, Das Lobisser-Buch, Klagenfurt 1940, S. 126).
205 Switbert Lobisser, Das Lobisser-Buch, Klagenfurt 1940, S. 128–129.
206 Ebd., S. 105.
207 Ebd., S. 126. Ob die Ausstellung tatsächlich stattfand und wenn ja, wann und wo das geschah, ist unklar.
208 Peter Staudenmaier, Der Deutsche Geist am Scheideweg: Anthroposophen in Auseinandersetzung mit Völkischer Bewegung und Nationalsozialismus, in: Uwe Puschner, Clemens Vollnhals, Die völkisch-religiöse Bewegung im Nationalsozialismus. Eine Beziehungs- und Konfliktgeschichte, Oaksville 2012, S. 473–490.
209 Willi Bohn, Stuttgart: Geheim! Ein dokumentarischer Bericht, Frankfurt am Main 1970, S. 155–164, hier: S. 163–164 („Lehrer und Schule unter der Nazi-Diktatur / Die Schließung der Freien Waldorfschule").
210 Bis zum 6. Oktober 2020 war das Entstehungsdatum nicht bekannt.
211 Schäfer wurde am 22. Mai 1910 in Berghülen bei Blaubeuren geboren. Er war Stein- und Holzbildhauer und gehörte zum Kreis der Neuen Stuttgarter Sezession. Er absolvierte ein Kunststudium an der Akademie der Bildenden Künste in Stuttgart und reiste für Studienaufenthalte nach Paris und Italien. Im Zweiten Weltkrieg wurde er zum Kriegsdienst eingezogen und verletzt. 1941 starb er in einem polnischen Lazarett (KMS, Künstlerakte, darin: In den Galerien, aus: Stuttgarter Zeitung, Nr. 156, 10.7.1962). 1942 veranstaltete das Kunsthaus Schaller eine Gedächtnisausstellung zu dem im Krieg

getöteten Künstler. Es ist sehr wahrscheinlich, dass die Stadt bei dieser Gelegenheit drei Zeichnungen für die Grafiksammlung ankaufte, um den Bildhauer zu ehren. Sie besaß von ihm bereits eine Büste des österreichischen Lyrikers und Erzählers Josef Weinheber, in dem die Nationalsozialisten den „bedeutendsten lebenden Lyriker der Gegenwart" (https://de. Wikipedia.org/wiki/Josef_Weinheber [Stand: 13.1.2024]) sahen. Der NS-Poet schrieb in ihrem Dienst und setzte sich im Dritten Reich aktiv für ihre Kulturpolitik ein. Im Dezember 1936 las er auf auf Einladung des Deutschen Auslands-Instituts in der Ehrenhalle des „Ehrenmals der Deutschen Leistung im Ausland". Von Gottlieb Schäfer befinden sich in der Sammlung: *Männlicher Akt,* o. J., Rötel, 32 × 23 cm; *Schnitterin,* o. J., 46 × 29,9 cm; *Rückenakt,* o. J., Rötel, 22,4 × 31,6 cm.

212 F. A. Kaufmann zitiert nach B. Kroll, Deutsche Maler der Gegenwart, Berlin 1937, S. 130, hier zitiert nach Christian Groß, Uwe Großmann, Die Darstellung der Frau, in: Kunst im 3. Reich. Dokumente der Unterwerfung, hrsg. vom Frankfurter Kunstverein und der Arbeitsgruppe des Kunstgeschichtlichen Instituts der Universität Frankfurt im Auftrag der Stadt Frankfurt, Frankfurt am Main 1980, S. 182–192, hier: S. 184.

213 „Das Dritte Reich wird ein Bauernreich sein, oder es wird vergehn wie die Reiche der Hohenstaufen und Hohenzollern" (Adolf Hitler zitiert nach Friedrich Wilhelm Runge [Bearb.], Das Buch des deutschen Bauern, Berlin 1935, S. 5).

214 Dieter Bartetzko, Stefan Glossmann, Gabriele Voigtländer-Tetzner, Die Darstellung des Bauern, in: Kunst im 3. Reich. Dokumente der Unterwerfung, hrsg. vom Frankfurter Kunstverein und der Arbeitsgruppe des Kunstgeschichtlichen Instituts der Universität Frankfurt im Auftrag der Stadt Frankfurt, Frankfurt am Main 1975, S. 144–161, hier: S. 144.

215 Ebd., hier: 4. Auflage 1980, S. 316.

216 Runge (wie Anm. 213), S. 318–319.

217 „Seit der Wiederbegründung im Jahre 1946 durch zuvor verfemte Künstler der sogenannten ‚verlorenen Generation' wie Hans Fähnle, Rudolf Müller, Heinrich Kübler und Emil Brüllmann, hat die Freie Kunstschule Stuttgart nicht nur in Fachkreisen einen ausgezeichneten Ruf" (http://www.freie-kunstschule.de/akademie/ [Unterpunkt: Akademie Geschichte; Stand: 13.1.2024]); vgl. hier auch Anm. 420 zu dem Maler und Grafiker Helmut Muehle, der die Schule bis 1948 leitete und ebenfalls zu den Verfemten gehört haben soll.

218 Erworben wurden die Gemälde 1934, 1937, 1939 und 1943 auf Ausstellungen des Württembergischen Kunstvereins in Stuttgart, beim Kunsthaus Schaller und zum Teil von Kälberer selbst. Das Gemälde der Bäuerin in einer Tracht wurde der Kunstkommission der Stadt direkt von Kälberer vorgelegt und dann von ihr erworben (KMS, altes Gemäldeinventar). Bei den Gemälden, die alle im Krieg zerstört wurden, handelt es sich um die Bilder: Paul Kälberer, *Sizilianische Landschaft,* o. J., Öl, 65 × 80,5 cm, alte Inv. 545, erworben am 22.2.1934 vom Kunsthaus Schaller; ders., *Bauernfrau in Festtracht,* 1936, Öl auf Leinwand, 77 × 63 cm, alte Inv. 1096, erworben von der Kunstkommission im Dezember 1937; ders., *Stillleben* (*Dahlien,* Werkverzeichnis 38500), o. J., Öl auf Leinwand, 87 × 69 cm, alte Inv. 1495, erworben im Dezember 1939 vom Württembergischen Kunstverein; ders., *Landschaft,* o. J., Öl auf Leinwand, 55 × 75 cm, alte Inv. 2244, erworben im Dezember 1943 vom Württembergischen Kunstverein; ders., *Abendstimmung,* 1893, Öl auf Pappe, 79 × 37 cm, alte Inv. 2246, erworben im Dezember 1943 vom Württembergischen Kunstverein. Bei den erworbenen Radierungen handelt es sich um: *Bauernpaar,* 1933, 16 × 11 cm, R-0001, deakzessioniert; *Mürzsonne,* 1933, 17 × 21 cm, KMS, R-0002; *Bachlandschaft,* 1931, 22 × 30 cm, KMS, R-0188; *Rottweiler Narren,* 1930, 16 × 22 cm, KMS, R-0189.

219 StA Sigmaringen, Ho 13 T 1 Nr. 177, Skizzenheft über Volkstrachten in Glatt, 1934.

220 HStA Stuttgart, N 60.

221 Kai Artinger, Die „Volksseele" vor dem Verschwinden bewahren. Die Worpsweder Künstlerkolonie und die niedersächsische Heimatbewegung um 1900, in: Jahrbuch des Vereins für Niedersächsisches Volkstum e. V., hrsg. vom Bremer Heimatbund, Mitteilungen 77, Jg. 2003–2004, Heft 142, S. 11–34.

222 Tooze (wie Anm. 9), S. 201–239. Tooze widmet der nationalsozialistischen Ideologie der „Erhaltung des Bauerntums" und ihren wirtschaftlichen Auswirkungen ein eigenes Kapitel in seiner Wirtschaftsgeschichte.

223 So die Aussage seiner Tochter Margreth Kälberer in dem Kurzfilm „Kunststiftung Paul Kälberer – Erinnerungen – Atelier in Glatt 2016 – Neue Sachlichkeit", den die Stiftung im Frühsommer 2016 herstellen ließ; vgl. https://www.youtube.com/watch?v=tM1IE7BCJVw (Stand: 1.4.2021).

224 Paul Kälberer – Maler und Grafiker der Neuen Sachlichkeit, Biografie, online: http://www.paul-kaelberer.de/biographie.html (Stand: 3.4.2021).

225 Das wird an Kälberers Einkünften deutlich sichtbar, die ab 1939 stiegen und ihren Höhepunkt in den Kriegsjahren 1943 und 1944 erreichten: 1933: 773 Reichsmark; 1934: 1373 Reichsmark; 1935: 868 Reichsmark; 1936: 1458 Reichsmark; 1937: 3122 Reichsmark; 1938: 2119 Reichsmark; 1939: 5007 Reichsmark; 1940: 3456 (?) Reichsmark; 1941: 5007 Reichsmark; 1942: 6359 Reichsmark; 1943: 10 058 Reichsmark; 1944: 11 207 Reichsmark (StA Sigmaringen, Wue 13 T2 1266).

226 Dieser Sachverhalt konnte bisher nicht aufgeklärt werden, laut Aussage seines Sohns Gerhard Kälberer gibt es dazu keine Dokumente in dem von der Kunststiftung Paul Kälberer aufbewahrten schriftlichen Nachlass, der von Gerhard Kälberer betreut wird. In einem Telefonat zwischen Gerhard Kälberer und Artinger am 1. April 2021 sagte Gerhard Kälberer, sein Vater habe von der Ausstellungsbeteiligung nichts gewusst und die Arbeiten auch nicht selbst zur Verfügung gestellt. Das wirft dann allerdings die Frage auf, woher sie kamen. Es wäre zudem ein sehr ungewöhnliches Verfahren gewesen, dass im Dritten Reich Arbeiten eines Künstlers ohne dessen Kenntnis auf einer internationalen Ausstellung präsentiert und dort auch noch ausgezeichnet worden wären. Wie sich Paul Kälberer zu der Auszeichnung verhielt und was er darüber dachte, darüber kann Gerhard Kälberer nichts sagen. Dazu und auch zur Ausstellungsbeteiligung auf der „Großen Deutschen Kunstausstellung" 1937 sind keine schriftlichen und mündlichen Aussagen seines Vaters überliefert. Ob es solche im Nachlass gibt, wäre noch zu prüfen. Das Archiv der Stiftung wird von der Familie betreut.

227 Bartetzko, Glossmann, Voigtländer-Tetzner (wie Anm. 214), hier: 4. Auflage 1980, S. 338.

228 Zur Biografie Kimms: Walter Myss, Kunst in Siebenbürgen, Innsbruck 1991, S. 116 und 270; des Weiteren: Fritz Kimm, Handschriftlicher Lebenslauf, Siebenbürgisch-sächsisches Künstlerarchiv, Hermannstadt (Kopie des Lebenslaufs, zur Verfügung gestellt von Manfred und Wolfgang Wittstock).

229 Markus Enzenauer, Archivar vom Marchivum Mannheim, wertete im Rahmen einer Forschungsrecherche über die Geschichte des DAI und des „Ehrenmals der deutschen Leistung im Ausland" die entsprechenden Aktenbestände im BArch Berlin-Lichterfelde aus. Dankeswerterweise gewährte er Artinger Einsicht in die Ergebnisse seiner Archivrecherche. Wann genau die Kimm-Ausstellung in der Ehrenhalle stattfand, geht aus Enzenauers Ausführungen nicht hervor. Weil er aber von einer Kimm-Ausstellung schreibt, ist davon auszugehen, dass mit ihr nicht die Wanderausstellung gemeint ist, an der Kimm beteiligt war.

230 Myss (wie Anm. 228), S. 270.

231 B. [Autorenkürzel], Vorwort zu: Deutsche Künstler aus Rumänien, veranstaltet im Rahmen des Hilfswerkes für deutsche bildende Kunst im Neuen Museum, Kunstausstellung, Berlin 1942, S. 2.

232 Heilmeyer (wie Anm. 173); Karl Hennemann, Der deutsche Holzschnitt der Gegenwart, in: Die Kunst im Deutschen Reich, 5. Jg., Folge 11, München, November 1941, Ausgabe B, S. 308–320; 8. Jg., Folge 11, München, November 1941; 8. Jg., München 1944.

233 Unser Liederbuch. Liederbuch der Hitlerjugend, hrsg. von der Reichsjugendführung, München 1939.

234 Hennemann (wie Anm. 232), darin werden neben Alfred Finsterer unter anderem auch Erich Feyerabend und Switbert Lobisser behandelt.

235 Rudolf Cammisar (1891–1983), Tübingen; Emil Ernst Heinsdorff (1887–1948) und Karl Alexander Flügel (1890–1967), München; Rudolf Scheller (1889–1984) und Siegfried Czerny (1889–1979), Heidelberg.

236 Der Stuttgarter Galerieverein war der Vorläufer des heutigen Vereins der Freunde der Staatsgalerie Stuttgart. Er erwarb Kunstwerke und verkaufte sie dann weiter. Besonders im Zeitraum von 1928 bis 1930 gab es viele solcher Verkäufe an die Staatsgalerie, die Stadt und auch an Kunsthändler für den Weiterverkauf. Der Verein sammelte für die Staatsgalerie, die Werke verbleiben jedoch Eigentum des Vereins. Ihm ist es daher möglich, Objekte wieder zu verkaufen, wenn er zum Beispiel Geld für einen größeren Ankauf benötigt. Diese Informationen verdanke ich der Provenienzforscherin Andrea Richter, die im Rahmen eines Provenienzforschungsprojekts die Erwerbungen des Galerievereins im Nationalsozialismus untersuchte (Richter an Artinger in E-Mails vom 2. und 22.10.2020).

237 Andreas Zoller, Der Landschaftsmaler Edmund Steppes (1873–1968) und seine Vision einer „deutschen Malerei", Univ.-Diss. Hochschule für Bildende Künste Braunschweig 1999, S. 7, online: https://opus.hbk-bs.de/files/4/STEPPES.PDF (Stand: 13.1.2024).

238 Thoma zitiert nach Zoller (wie Anm. 237), S. 165.

239 Franz Hofmann, Alfred Vollmar als Grafiker, in: Die Kunst für alle: Malerei, Plastik, Grafik, Architektur, 49, 1934, S. 170–172.
240 Ebd., S. 171.
241 Vgl. https://de.wikipedia.org/wiki/Alfred_Vollmar (Stand: 2.10.2020).
242 Franz Hofmann, Josef Nicklas, in: Die Kunst für alle: Malerei, Plastik, Grafik, Architektur, 49, 1934, S. 24–28, hier: S. 24.
243 Eva-Marina Froitzheim, Kunstgeschichtliche Aspekte im Radierwerk von Paul Kälberer, 2006, online: www.paul.kaelberer.de/aufsatz_paul_kaelberer_kunst_geschichtliche_aspekte.html (Stand: 3.4.2021).
244 Ebd.
245 Hans Killian, Hans Otto Schönleber, in: Gabriele Brugger, Vom Impressionismus in die Moderne. Sammlung Dehner, mit einem Beitrag über Hans Otto Schönleber von Prof. Hans Killian, Bad Dürrheim, 2007, S. 54–65. Von Hans Otto Schönleber wurden neben einem Totentanz-Zyklus noch vier weitere Druckgrafiken erworben: *Castragiovanni,* 1927, Radierung, 17 × 33 cm; *Alte Strandfeste,* 1928, Holzschnitt, 28,2 × 44,2 cm; *Der alte Mann,* o. J., Holzschnitt, 29,5 × 44,5 cm; *Donautal bei Diethfurth,* 1925, Holzschnitt, 40 × 40 cm. Drei Bilder stammen aus dem künstlerischen Nachlass.
246 Solveig Grothe, Nazi-Freilichttheater und Thingbewegung. Das Thing lief schief, in: Spiegel Geschichte, online: https://www.spiegel.de/geschichte/nazi-freilichttheater-und-thingbewegung-das-thing-ging-schief-a-34e879ae-ad60-4a1d-97cd-2002d50a-79ed (Stand: 11.10.2020); Katharina Bosse (Hrsg.), Thingstätten, Bielefeld 2020.
247 https://de.wikipedia.org/wiki/Thingstätte_(Heidelberg) (Stand: 16.4.2020).
248 Einweihung der Thingstätte in Koblenz, in: Nationalblatt, Kreis Kreuznach, 24. März 1935 (ebd.).
249 Fotos auf: http://www.thirdreichruins.com/thingplatz.htm (Stand: 21.4.2020).
250 Alle Angaben zur Biografie Salzbergers in den Spruchkammerakten: StA Ludwigsburg, PL 502/29 a Nr. 2943; EL 904/10 Nr. 9532; EL 904/6 Nr. 5292; EL 904/2 Nr. 57538; EL 903/3 Bü 391.
251 KMS, Künstlerakte August Illenberger, Brief von Dr. H. Kaun, Technische Werke der Stadt Stuttgart, an Stadtrechtsrat Dr. Seeliger vom 11.11.1947.
252 SA Stuttgart, Verwaltungsbericht der Stadt der Auslandsdeutschen, Stuttgart im Jahr 1939, Kulturpflege.
253 Hans Dorn, geboren am 2. Juni 1913 in Stuttgart, gefallen am 2. August 1941 bei Malin, Ukraine (Konrad Raum, Vorrede: Fritz von Graevenitz, Stuttgart 1942).
254 Nicole-Melanie Goll, Kupferstichkabinett der Akademie der bildenden Künste Wien, an Artinger in einer E-Mail vom 9.3.2022.
255 Es handelt sich hier um Walter Brudi (1907–1987), Willy Widmann (1908–1985) und Paul Erich Felger (1910–1979).
256 Die Liste der 33 Künstler, die im Krieg waren, wurde abgeglichen mit der Liste bildender Künstler in Stuttgart, die Maria Zelzer publiziert hat in: Stuttgart unterm Hakenkreuz. Chronik 1933–1945, Stuttgart 1984, S. 434–435. In der Liste der Professorinnen und Professoren, Werkstattlehrerinnen und -lehrer sowie akademischen Mitarbeiterinnen und Mitarbeiter der Staatlichen Akademie der Bildenden Künste Stuttgart lässt sich nur Peter Jakob Schober (1897–1983) nachweisen, der von 1932 bis 1936 einen Lehrauftrag für Radierung hatte; vgl. Listen/Register Professoren und Professorinnen (u. a.), bearb.von Angela Zieger, in: Büttner, Zieger (wie Anm. 115), S. 383–409.
257 Den Begriff „Frontmaler der Wehrmacht" verwendet Harald Seiler in seinem Vorwort zum Ausstellungskatalog „Das Bild des Krieges. I. Die Ausstellung Kunst der Front", hrsg. vom Luftgaukommando VI, Essen 1942, S. 3.
258 Auch nach 1945 kamen wohl vereinzelt solche Bilder in die Sammlung, wobei unklar ist, wie viele es sind. Ein Beispiel ist Heinrich Sommers (1879–1916) Aquarell *Musestunde im Unterstand,* 1916, 28,5 × 37 cm, A-1033.
259 Carl von Häberlin, *Szene aus dem 1. Schleswig-Holsteinischen Kriege. Ein auf der Insel Amrum Verwundeter Freiwilliger wird auf der Tragbahre zu seiner Familie gebracht* (auch: *Nach der Seeschlacht*), 1857, Bleistift, 59 × 107 cm; vgl. SA Stuttgart, Sign. 87 134/2 Hängung von der Villa Berg, Inventarverzeichnis der Städtischen Gemäldesammlung in der Villa Berg, 1.6.1932. Die Bleistiftzeichnung ist hier mit dem Titel „Nach der Seeschlacht" aufgelistet.
260 Peter Wilhelm Pech, Carl von Haeberlin (1832–1911). Studien zu Leben und Werk eines Historienmalers und Akademieprofessors in Stuttgart in der zweiten Hälfte des 19. Jahrhunderts, Univ.-Diss. Eberhard-Karls-Universität Tübingen, Tübingen 1983, S. 183–186 und 243–244.

261 Man kaufte ihn von der Stuttgarter Kunsthandlung Adolf Rein mit acht weiteren Lithografien; SA Stuttgart, 134/2 Galerie der Stadt Stuttgart, Akte 91: Angebote und Ankäufe Kunstgegenstände L–R. Erhalten sind die Unterlagen zu dieser Erwerbung im Dezember 1937, die insgesamt 34 Arbeiten von verschiedenen Künstlern umfasste.
262 Amandus Faure, *Ausmarsch 1914 in Stuttgart*, 1914, Öl auf Leinwand, 84 × 100 cm, erworben im März 1943 vom Verlag Kern, Stuttgart. Die Provenienz ist nicht eindeutig geklärt.
263 Die Anfrage beim BArch, Abt. PA, ergab, dass über Jürgens nichts ermittelt werden kann. Das in der Abteilung PA verwahrte Schriftgut ist personenbezogen und nach Namen und Geburtsdatum erschlossen. Allerdings können ohne vollständige Personalien keine Ermittlungen durchgeführt werden. In der Einheit Stab Gren.Ersatz-Regiment 25 (mot.), Standort Stuttgart-Zuffenhausen, konnte kein Namensträger Jürgens ermittelt werden.
264 SA Stuttgart, 13 Hauptaktei/Bürgermeisteramt, Akte 171: Erwerbung von Kunstwerken, Der Oberbürgermeister, Entschließung Nr. 774, 10.4.1943.
265 Jürgens, *Am eisernen Tor von der rumänischen Seite aus abwärts*, 1941, Tempera, 29 × 39 cm.
266 Luftgau VII, Kunst der Front 1942. Ausstellung von Soldaten der Luftwaffe, o. O., o. J., Geleitwort vom Kommandierenden General und Befehlshaber Zenetti, General der Flakartillerie, o. S.
267 Die umfangreichsten Arbeiten dazu lieferten William P. Yenne, Wolfgang Schmidt und Veit Velztke. In dem von dem amerikanischen Kunsthistoriker Yenne herausgegebenen Buch wird die „German War Art Collection" vorgestellt, die die Amerikaner nach dem Krieg zusammentrugen und in die USA abtransportierten, wo sie bis 1982 lagerte, ehe sie nach einem Kongressbeschluss in die Bundesrepublik Deutschland zurückkehrte (William P. Yenne [Hrsg.], German War Art 1939–1945, mit einer Einführung von Keith W. Dills, New York 1983). Velztke legte im Rahmen der Ausstellung „Kunst und Propaganda. Gemälde und Grafiken aus dem Russlandkrieg 1941–1945" im Preußen-Museum Nordrhein-Westfalen die Publikation „Kunst und Propaganda in der Wehrmacht" vor (Veit Veltzke, Kunst und Propaganda in der Wehrmacht. Gemälde und Grafiken aus dem Russlandkrieg, Bielefeld 2005). Schmidt schrieb einen umfangreichen Aufsatz über die Kriegsmaler Ende der 1990er-Jahre (Wolfgang Schmidt, „Maler an der Front". Zur Rolle der Kriegsmaler und Pressezeichner der Wehrmacht im Zweiten Weltkrieg, in: Die Wehrmacht. Mythos und Realität, im Auftrag des Militärgeschichtlichen Forschungsamtes hrsg. von Rolf-Dieter Müller und Hans-Erich Volkmann, München 1999, S. 635–684). In etwas veränderter Form erschienen seine Ausführungen noch einmal in dem Sammelband „Der Krieg im Bild – Bilder vom Krieg" unter dem Titel „‚Maler an der Front'. Die Kriegsmaler der Wehrmacht und deren Bilder von Kampf und Tod", in: Der Krieg im Bild – Bilder vom Krieg, Hamburger Beiträge zur Historischen Bildforschung, hrsg. vom Arbeitskreis Historische Bildforschung, Frankfurt am Main, Berlin, Bern u. a. 2003, S. 45–76. Zudem gibt es noch einige wenige monografische Literatur zum Thema wie Klaus P. Lückes Buch über Rudolf Hengstenberg als Maler im Nationalsozialismus (Klaus P. Lücke, Rudolf Hengstenberg. Maler im Nationalsozialismus, Eschborn 1996).
268 Eberhard Birk, Der „Kriegsmaler" Richard Hohly, in: Militärgeschichte. Zeitschrift für historische Bildung, Ausgabe 3/2006, S. 18–21; zur Biografie auch: Günther Wirth, Verbotene Kunst 1933–1945. Verfolgte Künstler im deutschen Südwesten, Stuttgart 1987, S. 307.
269 Hermann Schludi, 1900–2000 Caspar Fürst – Ringen um Wahrheit, Ellwangen 2002, S. 6.
270 Ebd., Abb. 4.
271 Lücke (wie Anm. 267), Abb. 23.
272 Michael Noth, BArch, Abt. Militärarchiv, Referat MA 5, an Artinger in einer E-Mail vom 19.6.2020.
273 Das gilt für Künstler wie F. Berger, Kurt Dellian (* 1920), Karl Freitag, Willy Haas, Hektor Kirsch (1909–1941), Emil Klay († 1943), Walter H. Kohler († 1945), Jos. Pflügl, Alfred Reder (1901–1944), Friedrich Wilhelm Schindhelm, Martin Sternagel († 1943), Rudolf Trickl und Gustav Uecker (1905–1944).
274 KMS, Altes Gemäldeinventar, Bd. 1, Nr. 536: Gerth Biese, *Panzerschiff Admiral Scheer*, 1935, Öl auf Leinwand, 32 × 47,8 cm, im Krieg zerstört.
275 Vgl. https://de.wikipedia.org/wiki/Admiral_Scheer (Stand: 2.9.2020).
276 Yenne (wie Anm. 267), S. 137, Abb., und S. 158. Hier wird Biese als Kriegsmaler für Marinemotive genannt. Das Bild befindet sich heute in der Sammlung des Deutschen Historischen Museums, Berlin.
277 Zitiert nach Schmidt (wie Anm. 267), S. 638.
278 Schmidt setzte dabei voraus, es hätte in jeder Kompanie mindestens einen und höchstens drei Kriegsmaler gegeben. Diese Annahme stützt sich

auf die Tatsache, dass jede Marine-Kriegsberichter-Kompanie über zwei Pressezeichner und einen Kriegsmaler verfügte und die Situation in der Luftwaffen-Kriegsberichter-Kompanie dieselbe war (Schmidt [wie Anm. 267], S. 639). Veltzke schätzte, dass von mehr als 100 Kriegsmalern und circa 150 Pressezeichnern ausgegangen werden könne (Veltzke [wie Anm. 267], S. 98).

279 Veltzke (wie Anm. 267), S. 98. Yenne listet 102 Künstler in der „Staffel der bildenden Künstler" auf (Yenne [wie Anm. 267], S. 158–159).

280 Birk (wie Anm. 268), S. 18.

281 Anonym; Berger, F.; Böhler, Maxim; Brudi, Walter; Dambacher, Walter; Eichborn, Alfred; Felger, Paul Ernst; Frank, Robert; Freitag, Karl; Fürst, Caspar; Gekle, Peter Anton; Grohe, Hans; Haas, Willi; Hartmann, Norbert G.; Hengstenberg, Rudolf; Henneberger, August P.; Jürgens, ?; Klay, Emil; Klinkert, Walter; Kohler, Walter H.; Kübler, Heinrich; Lutz, Arnold; Maier, Johannes; Mayrhofer, Hermann; Metzger, Hermann; Müller, August; Neuz, Richard; Österrieder, Max; Pöppel, Max; Reder, Alfred; Romberg, Walter; Saile, Hermann; Salzberger, Rupert; Schäfer-Grohe, Ludwig; Schindhelm, Friedrich Wilhelm; Schober, Peter Jakob; Schobinger, Leo; Steisslinger, Fritz; Sternagel, Martin; Trautwein, Eduard; Trickl, Rudolf; Uecker, Gustav; Widmann, Willy.

282 Von Felger ist zumindest bekannt, dass er in der Ausstellung „Künstler im feldgrauem Rock" im November 1942 in Stuttgart vertreten war und daraus sein Ölgemälde *Bessarabisches Dorfleben,* Öl auf Leinwand, 57 × 89 cm, angekauft wurde (im Krieg zerstört). Er gehörte also zu jenen Künstlern, die als Soldat an verschiedenen Kriegsorten künstlerisch tätig waren (Frankreich, Bessarabien). Über Uecker ist bekannt, dass er an der West- und Ostfront Kriegsbilder anfertigte, die in einem Fall durch ihren Titel an eine visuelle Kriegsberichterstattung erinnern (Näheres zu Uecker siehe S. 181–182).

283 Jahresarbeit des Kunstvereins, in: NS-Kurier, Nr. 338, 9.12.1942, S. 3.

284 KMS, altes Gemäldeinventar, Bd. 1: Nr. 1544, Eugen Schickardt, *Ruhepause,* 1942, Öl auf Pappe, 58 × 48 cm; Nr. 1545, ? Pachmayr, *Flugmelder im Hochgebirge,* 1941, Öl auf Leinwand, 112 ×78 cm. Beide Bilder wurden im Krieg zerstört.

285 HStA Stuttgart, Schickhardt Eugen 15.4.1905, Stuttgart – 8.1.1965, Stuttgart, Nachruf auf Eugen Schickhardt in den Stuttgarter Nachrichten vom 11.1.1965. Auch hier keine Hinweise auf seine Kriegsteilnahme und künstlerische Tätigkeit während des Kriegsdienstes.

286 Alle weiteren Angaben zu Hohlys Biografie und Kriegsberichterstattertätigkeit sind dem Aufsatz von Birk (wie Anm. 268) und dem Wikipedia-Artikel über Hohly entnommen.

287 Edwin Ernst Weber, Zum Tod des Mengener Altbürgermeisters und Kunstförderers Hermann Zepf, in: Hohenzollerische Heimat, hrsg. vom Hohenzollerischen Geschichtsverein, 48 Jg., Nr. 1, März 1998, S. 5–7, hier: S. 6; Gottfried Graf, Der neue Holzschnitt und das Problem der künstlerischen Gestaltung, Heilbronn 1927.

288 The First Hand Account of Heinz Hindorf, in: Yenne (wie Anm. 267), S. 108–109.

289 Hindorf war als Kriegsmaler in Russland, in der Ukraine und in Italien.

290 The First Hand Account of Heinrich Klumbies, in: Yenne (wie Anm. 267), S. 56–61.

291 The First Hand Account of Theo Scharf, in: ebd., S. 148–157.

292 KMS, altes Gemäldeinventar, Bd. 1: Nr. 1948, Heinrich Kübler, *Aufbruch der Umsiedler* (auch: *Aufbruch der [Um-]Siedler*), 1940, Öl auf Papier, 26,5 × 46,5 cm.

293 Ausst.-Kat. Heinrich Kübler 1905–1965. Gemälde, Aquarelle, Zeichnungen, Schloß Dätzingen 2.2.–8.3.1986, Galerie Schlichtenmaier, Stuttgart 1986, o. S.

294 Heinrich Kübler, *Stillleben,* o. J., Öl, 100 × 70 cm, Ankauf 1935; ders., *Tiroler Landschaft,* o. J., Öl, 79 × 63 cm, Ankauf 1936; ders., *Landschaft,* o. J., Öl auf Leinwand., 51 × 64 cm, Ankauf 1937; *Pflügender Bauer,* 1939, Radierung, 19,8 × 31,3 cm; ders., *Aufbruch der (Um-)Siedler,* 1940, Öl auf Papier, 26,5 × 46,5 cm, Ankauf September 1942 aus der Ausstellung „Künstler im feldgrauen Rock" im Kronprinzenpalais; ders., *Sommerabend,* o. J., 43 × 33 cm, Ankauf Juli 1943 aus der Ausstellung „Künstler im feldgrauen Rock" im Kronprinzenpalais; ders., *Zirkusaufbau,* o. J., Öl auf Pappe, 43 × 56 cm, Ankauf Dezember 1943 aus einer Ausstellung im Württembergischer Kunstverein.

295 Die Angabe über Küblers Mitarbeit an diesem Film und die folgenden biografischen Informationen in: Ausst.-Kat. Heinrich Kübler (wie Anm. 293), o. S. Dort heißt es über seine Mitarbeit an dem Film: „Reise nach Polen als Assistent eines Kamera-Teams der Firma Kling-Film zur Herstellung eines Dokumentarfilms über die Aussiedlung der Volksdeutschen aus Polen." Diese Angaben sind nur teilweise richtig, denn der Film zeigt nicht die „Aussiedlung" der Volksdeutschen aus Polen, sondern die Umsiedlung der Bessarabier als sogenannte

Volksdeutsche aus Bessarabien. Wer den Film realisierte, ist nicht eindeutig feststellbar, denn das BArch führt als Herstellerfirma die ARRI FILM + TV in München, während die andere Quelle die Stuttgarter Kling-Film nennt. Der im BArch Berlin aufbewahrte Film hat jedoch auch einen anderen Titel: „Umsiedlung von Volksdeutschen durch die SS", Laufzeit: 23:20 Minuten, s/w, 1940, ARRI Film, Signatur: B 132271-1, BArch – Abteilung Filmarchiv.

296 Vgl. https://de.wikipedia.org/wiki/Heinrich_K%C3%BCbler (Stand: 28.9.2021), hier wird keine Quelle angegeben; vgl. auch die biografischen Angaben im Katalog zur der Ausstellung 1986 (wie Anm. 293).

297 StA Ludwigsburg, EL 901/20 Bü 475, Heinrich Kübler, Meldebogen, 20.4.1946. Nach eigenen Angaben wurde er am 1. Juli 1943 als Obergefreiter in die 1. Komp. Land. Schten. Batt. 422, eingezogen.

298 Hinweis auf diesen Film von Theo Keller, Bessarabiendeutscher Verein e. V., Heimatmuseum – Bildarchiv, an Artinger in einer E-Mail vom 12.10.2021. Dieser Titel legt nahe, dass es sich um jenen Film handeln könnte, an dem Kübler beteiligt war. Allerdings weichen die Angaben über den Film im Katalog zur Ausstellung 1986 (wie Anm. 293) ab, was daran liegen könnte, dass es sich hierbei nicht um den Originalfilmtitel handelt, sondern um eine Kurzbeschreibung des Filminhalts. Da kein anderer im Jahr 1940 produzierter deutscher Dokumentarfilm über das Thema Umsiedlung gefunden wurde, kann wohl davon ausgegangen werden, dass es sich bei dem im BArch archivierten Film um den gesuchten handelt; auch deshalb, weil das Heimatmuseum der Bessarabiendeutschen in Stuttgart diesen Film zum Thema Umsiedlung der Bessarabiendeutschen in seinem eigenen Filmarchiv hat. Zudem gibt es noch den Kriegsdokumentarfilm „Feldzug in Polen, 1940", der in die Kinos kam und an dem Albert Kling als Kameramann mitwirkte. Kübler könnte auch hier sein Assistent gewesen sein, doch dieser Film hat den Feldzug und den Blitzsieg der Wehrmacht zum Thema, nicht die Umsiedlung von Volksdeutschen. In der „Deutschen Wochenschau", Nr. 528, Nr. 43, vom 16. Oktober 1940 wird über die Umsiedlung der Besserarabiendeutschen berichtet. Teile des Filmmaterials ähneln Teilen des Dokumentarfilms im BArch; vgl. Findbücher zu Beständen des BArchs, Bd. 8: Wochenschauen und Dokumentarfilme 1895–1950 im Bundes-Filmarchiv, S. 101; der Film auf: https://archive.org/details/1940-10-16-Die-Deutsche-Wochenschau-528 (Stand: 4.11.2021).

Das Erschließungsreferat des Filmarchivs schreibt: „Auf der Grundlage der uns vorliegenden Erschließungsinformationen gehen wir davon aus, dass es sich bei dem in Rede stehenden Film um einen Amateurfilm, nicht um eine Auftragsproduktion handelt, obwohl von der PK [Propagandakompanie] ein Kameramann, der wohl auch diesen Film gedreht hat (?), anwesend war. Auch in dem Sichtungsprotokoll wird in diesem Zusammenhang auf einen SS-Kameramann verwiesen. Vor diesem Hintergrund erscheint es eher unwahrscheinlich, dass ARRI [siehe Anm. 295] dabei eine Rolle gespielt haben könnte" (Beatrix Haußmann, Bundesarchiv, an Artinger in einer E-Mail vom 16.11.2021).

299 Hinweise auf die Umsiedelungsziele im Deutsch-Sowjetischen Grenz- und Freundschaftsvertrag und die anderen Künstler, die die Umsiedlungsaktionen dokumentierten, von Andrea Camp, Kuratorin des Dokumentationszentrums Flucht, Vertreibung, Versöhnung, Berlin, an Artinger in einer E-Mail vom 9.9.2021.

300 Zu den Produktionen gehörten unter anderem „NS-Kampfspiele im Bereich der SA-Gruppe Südwest in Stuttgart 1937", „Der Gau Württemberg-Hohenzollern beim Reichsparteitag 1937 der NSDAP in Nürnberg" und „Kennt Ihr das Land in deutschen Gauen" (1939).

301 Hier ist anzumerken, dass der Film unter der Annahme, es handele sich dabei um eine Produktion der Kling-Film, zuerst nicht gefunden werden konnte. Anfragen beim BArch, bei der Deutschen Kinemathek – Museum für Film und Fernsehen, beim Landesarchiv Baden-Württemberg, beim HStA Stuttgart und beim Haus des Dokumentarfilms, Landesfilmsammlung Baden-Württemberg, waren negativ. Erst das Bildarchiv des Bessarabiendeutschen Vereins e. V., Stuttgart, nannte einen Film mit dem Titel „Umsiedlung von Volksdeutschen durch die SS", der im BArch aufbewahrt wird. Für diesen Film wird allerdings als „Hersteller" die ARRI Film + TV München genannt. Vielleicht arbeitete ARRI bei diesem Projekt mit den Kameramännern der Kling-Film zusammen, da Albert Kling an verschiedenen Filmprojekten der NS-Propaganda als Kameramann mitwirkte. Nach dem Krieg war die ARRI Film auch Co-Produzent von Filmen, die nicht vollständig finanziert waren und bei denen ARRI Film als finanzielle Gegenleistung prozentual an den Einnahmen beteiligt war. Vielleicht gab es bei der Herstellung der Dokumentation über die Umsiedler ein ähnliches Kooperationsmodell, das erklärt, warum ARRI Film + TV vom BArch als Produzent genannt wird (vgl. dazu Anm. 298).

302 Tooze (wie Anm. 9), S. 550.

303 Der Vorname ist nur in der Abkürzung bekannt. Wahrscheinlich hieß er Josef oder Joseph. Über Pflügls Biografie konnte bisher nichts in Erfahrung gebracht werden.

304 Curt Strohmeyer, Stukas. Erlebnis eines Fliegerkorps, hrsg. von Wolfram Freiherr von Richthofen, Berlin um 1940.

305 John Jahr trat der NSDAP nach dem Sieg der Nationalsozialisten in den Reichstagswahlen 1933 bei. Er wurde nach 1945 zu einem der erfolgreichsten Verleger und Medienunternehmer und zum Mitbegründer des Gruner + Jahr Verlags, der sich zu einem Medienimperium entwickelte. Nach Einschätzung von Arn Strohmeyer, dem Sohn von Curt Strohmeyer, legten die Gewinne aus dem kleinen Bestseller „Stukas" das finanzielle Fundament mit für Jahrs Aufstieg nach dem Krieg zum erfolgreichen Medienunternehmer (Strohmeyer in einem Telefonat mit Artinger am 13.4.2020). Jahr schrieb Curt Strohmeyer von „Stukas" eine persönliche Widmung in ein Exemplar, in der er sich für dessen „ausgezeichnete Arbeit" bedankte. Es ist im Besitz Arn Strohmeyers.

306 Curt Strohmeyer zitiert nach Arn Strohmeyer, Vaters Masken, Nierstein am Rhein 2005, S. 35–36.

307 Curt Strohmeyer zitiert nach ebd., S. 39.

308 Curt Strohmeyer zitiert nach ebd., S. 39–40.

309 Im Ausstellungskatalog ist unter Nummer 243 das Bild aufgeführt, allerdings hier mit der materialtechnischen Angabe „Tempera". Entweder ist das eine fehlerhafte Information oder Osterrieder malte das Bild zweimal: einmal in Wasserfarben und einmal in Tempera. Das erscheint aber nicht sehr wahrscheinlich, deshalb wird hier von einer falschen Angabe ausgegangen.

310 Vgl. Strassburg-Prospekt 1941, online: http://www.eichwaelder.de/Altes/altesbuch338.html (Stand: 18.8.2020).

311 Vgl. https://timelineimages.sueddeutsche.de/ferkelmarkt-in-stra%C3%9Fburg-1910_00241219 (Stand: 18.8.2020).

312 Zitat in Strassburg-Prosepkt 1941 (wie Anm. 310).

313 Im Erlanger Auktionshaus Bergmann wurde im Oktober 2010 ein Ölgemälde mit einer Stadtansicht Straßburgs angeboten. Es zeigt Straßburg an der Ill und ist rückseitig mit Max Osterrieder signiert. Das Auktionshaus bezeichnet ihn als Landschaftsmaler der ersten Hälfte des 20. Jahrhunderts, hat über ihn aber keine weiteren Kenntnisse.

314 Er trat am 1. September 1930 in die NSDAP Ortsgruppe Schiltach ein (Mitgliedsnummer 411880). Später war er Mitglied der Ortsgruppe Wolfach; vgl. https://de.wikipedia.org/wiki/Eduard_Trautwein (Stand: 24.1.2024).

315 Hans Vollmer (Hrsg.), Allgemeines Lexikon der Bildenden Künstler der Antike bis zur Gegenwart, Bd. 33, 1939, S. 358.

316 Luftgau VII, Kunst der Front 1942. Ausstellung von Soldaten der Luftwaffe, o. O., o. J., Nr. 407: Martin Sternagel, *Landsers Sonntagmorgen,* Aquarell, S. 22.

317 Bei den Ausführungen über die Bedeutung der Stiefel gebe ich hier meine Überlegungen wieder aus: Kai Artinger, Ein Bild der „deutschen Seele". Anton von Werners „Im Etappenquartier vor Paris 1871" (1894), in: Jahrbuch Preußischer Kulturbesitz, hrsg. im Auftrag des Stiftungsrats vom Präsidenten der Stiftung Preußischer Kulturbesitz Werner Knopp, Bd. 32, Berlin 1996, S. 419–440.

318 Auf wikipedia gibt es einen sehr kurzen biografischen Artikel über Martin Sternagel: https://de.wikipedia.org/wiki/Martin_Sternagel (Stand: 16.1.2024).

319 Walter Klinkert, *Berlin. Portalfront des Berliner Schlosses,* 1940, Radierung mit Kaltnadel und Stichel, 31,3 × 38,4 cm, V. Zustand, Probedruck, KMS, R-0187.

320 Vom Berliner und Dresdner Kupferstichkabinett, von der Kunsthalle Hamburg, vom Folkwang Museum, Essen, Herzog Anton Ulrich-Museum, Braunschweig, Kunstmuseum Bern und von der Bibliothèque Nationale de France, Paris (Vorwort von Rupert Schreiner in: Danuta Kessler-Zieroth, Rupert Schreiner [Bearb.], Walter Klinkert. Meisterwerke der Vedute, Ostdeutsche Galerie Regensburg 1986, S. 5).

321 StA München, Spruchkammerakte K 4506 Klinkert, Walter.

322 In seinem Spruchkammerverfahren gaben Klinkert und die von ihm aufgerufenen Zeug:innen an, dass er kein Parteimitglied gewesen wäre. Laut Gutachten des Bayerischen Staatsministeriums für Unterricht und Kultus war er seit 1937 in der NSDAP. Der Vorsitzende der Kommission für Kulturschaffende, Dr. Stenzel, schrieb dazu, Klinkert hätte „nicht mehr als nominell am Nationalsozialismus teilgenommen". Der Widerspruch in den Angaben zur Parteimitgliedschaft wird im Verfahren nicht aufgelöst. Es ist nicht der einzige Widerspruch, der sich bei der Lektüre der Akten ergibt. Grundsätzlich versuchte Klinkert den Eindruck zu erwecken, ein vollkommen unpolitischer und regimeferner Künstler gewesen zu sein, der überdies auch mit der Rassen- und Kunstpolitik der Nationalsozialisten nicht einverstanden gewesen sei. Seinen beruflichen Aufstieg sah er allein in seinem ausgezeichneten künstlerischen Können begründet. Dass er durch öffentliche Aufträge in den Kriegsjahren 1941 bis 1944 eine Verdrei- bis Versechsfachung seines Jahreseinkommens hatte, erklärte er mit der allgemein erhöhten Kaufkraft und erhöhten Einkommen in der Gesellschaft sowie mit seiner gesteigerten Arbeitsleistung. In der Akte finden sich gleich an drei Stellen verschiedene Angaben zu den Einkünften, die aber alle die Steigerung im Krieg dokumentieren (immer in Reichsmark): 1. 1938: 4400, 1939: 4200, 1940: 4500, 1941: 12 000, 1942: 14 000, 1943: 16 000, 1944: 13 000, 1945: 1620; 2. 1937: 6500, 1938: 7500, 1939: 7500, 1940: 7500, 1941: 15 000, 1942: 17 000, 1943: 23 000, 1944: 16 500, 1945: 1620; 3. 1938: 4400, 1943: 16 900, 1945: 1620 (alle Angaben: StA München, Spruchkammerakte K 4506 Klinkert, Walter).

323 Rupert Schreiner, Walter Klinkert und die Kunst der Vedute, in: Kessler-Zieroth, Schreiner (wie Anm. 320), S. 23–29, hier: S. 26.

324 Hildegard Klinkert, geb. Weinischke (1897, Berlin – ?, Berlin) war ebenfalls Malerin und Grafikerin. In Berchtesgaden wohnten die Klinkerts erst im Schloss (3.10.1945), dann in Salzborg, Seimlerlehen (ab 8.4.1946) und dann in Schönau, Am Buchenanger (ab 12.7.1948) (Meldekarte von Walter und Hildegard Klinkert, Archiv Markt Berchtesgaden).

325 Universitätsarchiv der Universität der Künste Berlin, Personalakte Walter Klinkert.

326 Jobst C. Knigge, Die Villa Massimo in Rom 1933–1943. Kampf um künstlerische Unabhängigkeit, Humboldt-Universität Berlin 2013, S. 64, online: https://edoc.hu-berlin.de/handle/18452/14218 (Stand: 16.1.2024).

327 Schreiner (wie Anm. 320).

328 Hella Reelfs, Walter Klinkerts Ansichten Berliner Bauten, in: Kessler-Zieroth, Schreiner (wie Anm. 320), S. 14–20, hier: S. 18.

329 Andreas Hüneke, Rudolf Hengstenberg, in: „entartet" – beschlagnahmt. Bremer Künstler im Nationalsozialismus, Bremen 2009, S. 66–69, hier: S. 66.

330 Schmidt (wie Anm. 267), S. 651.

331 Lücke (wie Anm. 267), S. 54.

332 HStA Stuttgart, Q 3/39b, Zeitungsausschnittsammlung zu Johannes Maier.

333 Kurz vor der Drucklegung lernte der Autor die Tochter des Malers kennen. Sie hat Fotos der Bilder.

334 Zu den Problemen der Landwirtschaft Tooze (wie Anm. 9), S. 311.

335 Den Begriff verwendet Hannah Ahlheim als Überschrift für ihren Artikel über die Vergewaltigungen, Verstümmelungen, Misshandlungen und vieles mehr von Frauen durch deutsche Soldaten im Zweiten Weltkrieg (dies., Die sexuelle Wehrmacht, in : Frankfurter Allgemeine Zeitung, 6.4.2011, online: https://www.faz.net/aktuell/feuilleton/politik/zweiter-weltkrieg-die-sexuelle-wehrmacht-1622448.html [Stand: 27.4.2020]).

336 https://www.deutsche-digitale-bibliothek.de/item/SBJDRMMEPRUPH52OTT2O7PMZAQAQ6JDF (Stand: 27.4.2020). Sein Sterbedatum war bis vor kurzem nicht bekannt, doch gab es einen Hinweis darauf, dass er noch 1960 lebte, weil er den Umschlag des „Heimatbuchs" des Landkreises Rastatt 1960 zeichnete; vgl. https://verlag-regionalkultur.de/media/pdf/79/ea/a0/bib_684-9.pdf (Stand: 27.4.2020), S. 10. Die Nachfrage beim SA Pforzheim ergab, dass das Datum 28. Oktober 1902 in das Geburtenbuch von Pforzheim eingetragen wurde; gestorben ist er am 22. März 1979 in Rastatt (Marco Tänzer, SA Pforzheim, an Artinger in einer E-Mail vom 5.5.2020). Eigentlich wurde Schindhelm als Friedrich Wilhelm Frey geboren. Er war das uneheliche Kind der ledigen Köchin Rosa Frey (Geburtsnebenregister der Gemeinde Pforzheim, Amtsgericht Pforzheim für das Jahr 1902, Nr. 1326, StadtA PF B35-38), die in der Östlichen Karl Friedrich-Straße 18 wohnte. Dr. Sonja Hillerich, stellvertretende Archivleiterin des SA Pforzheim – Institut für Stadtgeschichte – stellte fest, dass in den Adressbüchern dieser Zeit dort nur das Schuhgeschäft Friedrich Bausch aufgeführt ist, Rosa Frey dort aber nirgends genannt wird. Weiter führt sie aus: „Am 15.8.1930 wurde Friedrich Wilhelm Frey von den Eheleuten Oberschirrmeister a. D. Georg und Wilhelmine Schindhelm, wohnhaft in Rastatt, an Kindes statt angenommen. Am 30.10.1930 bestätigt das Standesamt die geänderte Namensführung (Beglaubigte Abschriften aus dem Geburtsregister der Gemeinde Rastatt, 1930, Nr. 440, im Pforzheimer Geburtsnebenregister von 1902). Gestorben ist er am 22.3.1979 in Rastatt (Beglaubigte Abschriften aus dem Sterberegister der Gemeinde Rastatt, 1979, Nr. 112, im

Pforzheimer Geburtsnebenregister von 1902)" (Hillerich an Artinger in einer E-Mail vom 6.8.2020).

337 Sie wurde im April 2020 auf der spanischen Auktionsplattform catawiki angeboten (https://www.catawiki.de/l/35449329-deutschland-militar-2-weltkrieg-postkarten-sammlung-von-110-1930-1945), im August war sie dann nicht mehr erhältlich und aus dem Netz genommen. Die Suche nach der Postkarte in deutschen Militärarchiven und -museen (Wehrgeschichtliches Museum Rastatt, Militärhistorisches Museum der Bundeswehr, Dresden, Bayerisches Armeemuseum, Ingolstadt) sowie bei Händlern (Bartko-Reher oHG, akpool) im Jahr 2022 erbrachte keine Ergebnisse.

338 Die Historikerin Regina Mühlhäuser untersuchte in einer Studie die sexuellen Gewalttaten und intimen Beziehungen deutscher Soldaten im deutsch-sowjetischen Krieg 1941 bis 1945 (dies., Eroberungen. Sexuelle Gewalttaten und intime Beziehungen deutscher Soldaten in der Sowjetunion 1941 bis 1945, Hamburg 2010).

339 Ahlheim (wie Anm. 335).

340 Hinweis auf das Bild (*Mädchen aus der Gegend von Kremnica – Hauerland,* 1936, Öl auf Holz, 50 × 38 cm) von Lucia Krchnáková, Kuratorin des Museums für Münzen und Medaillen der Nationalbank der Slowakei in Kremnica, an Artinger in einer E-Mail vom 11.5.2021. Das Bild wurde auf einer Auktion verkauft; vgl. http://www.artnet.de/k%C3%BCnstler/leo-schobinger/m%C3%A4dchen-aus-der-gegend-von-kremnitz-sudetenland-LS-cMBEH3RUdFaHegW6cCg2 (Stand: 11.5.2021). Die Lithografie trägt die alte Inventarnummer G 1077a und den runden Stempel „Der Oberbürgermeister der Stadt der Auslandsdeutschen Stuttgart".

341 Graf (wie Anm. 287). Schobinger war in Grafs Buch mit einem Holzschnitt vertreten.

342 Auskunftserteilung des Kultministeriums am 25. September 1946: „Studienrat Schobinger steht seit 1929 im württ. gewerbl. Berufsschuldienst. Er hat sich stets als gewissenhafter, fleissiger und zuverlässiger Lehrer bewährt. Dienstliches Verhalten einwandfrei. Seine Beförderung zum Studienrat im Jahre 1940 hatte er seiner Tüchtigkeit, nicht seiner Mitarbeit in der Partei zu verdanken" (StA Ludwigsburg, EL 902 Bä 65701, Spruchkammerakte Schobinger, Leo).

343 Vgl. www.laende.kressbronn.info/schobinger.html (Stand: 5.5.2021).

344 Laut altem Gemäldeinventar des Kunstmuseums Stuttgart wurden erworben: 1935: 1; 1936: 1; 1941: 1, 1943: 2, 1944: 1. Aus der Staatsgalerie Stuttgart wurde *Schloßgartencafé* (1928) beschlagnahmt.

345 Wie Anm. 342.

346 Er zeigte die Bilder mit den Ausstellungsnummern Nr. 244 *Ehemalige französische Flugwache,* Nr. 245 *Hafen von La Rochelle,* Nr. 246 *Französisches Dorf auf einer Atlantik-Insel,* in: Seiler (wie Anm. 257), darin im Anhang: Liste der Kunstwerke.

347 KMS, Alte Akten, Schenkungen, Brief von Karl Strölin an Erna Piffl in Wien am 19. Mai 1938.

348 Elsbeth Wallnöfer, Trachtenforschung als rassische Delimitation. Gertraud Pesendorfer (1895–1952), Gretl Karasek (1910–1992), Erna Piffl (1904–1987), in: dies. (Hrsg.), Maß nehmen, Maß halten. Frauen im Fach Volkskunde, Wien, Köln, Weimar 2008, S. 24–52, hier: S. 46.

349 Schmidt (wie Anm. 267), S. 653–664.

350 Zitiert nach ebd., S. 653.

351 Zitiert nach Veltzke (wie Anm. 267), S. 12.

352 August Philipp Henneberger, *Bei der Einnahme von Brüssel,* Bleistift, 29 × 47 cm.

353 https://regiowiki.pnp.de/wiki/August_Philipp_Henneberger (Stand: 10.9.2020).

354 Laut Stuttgarter Adressbuch im Jahr 1938 in die Hohenzollernstraße 1.

355 Der Rang Sonderführer entsprach in der Wehrmacht einem Leutnant/Oberleutnant oder Zugführer. Diese Position wurde 1937 im Rahmen des Mobilmachungsplans geschaffen. Soldaten mit zivilen Spezialkenntnissen und geringen militärischen Erfahrungen wurden in den Offiziers- beziehungsweise Unteroffiziersrang erhoben.

356 Vgl. https://www.dieschatzkisteimnetz.de/viewtopic.php?t=19319 (Stand: 1.7.2022). Ein Urgroßneffe gibt in dem Forum bekannt, eine Homepage über das Schaffen von Paul Horst Freitag einrichten zu wollen. Er verfügte zu diesem Zeitpunkt über einen Teil des künstlerischen Nachlasses, der in einem Keller aufbewahrt wurde.

357 Anordnung von Joseph Goebbels vom 10. Juni 1940, hier zitiert nach Schmidt (wie Anm. 267), S. 662.

358 SA Heilbronn. Um welchen Ort es sich hier genau handelt, konnte bisher nicht ermittelt werden. Vielleicht könnte es auch eine Ortschaft in der Ukraine sein; vgl. https://stadtarchiv.heilbronn.de/fileadmin/daten/stadtarchiv/online-publikationen/20-blaesi-1944.pdf, S. 15 (Stand: 17.1.2024).

359 Dieses Bild ging verloren und wurde deakzessioniert.

360 Hierzu Kai Artinger, Franz Radziwill: *Grab im Niemandsland.* Ein Beitrag zum

Gefallenenkult im „Dritten Reich“, in: Magazin, Mitteilungen des Deutschen Historischen Museums, 8. Jg., Heft 22, Berlin 1998, S. 12–23.

361 Schmidt (wie Anm. 267), S. 678, Abb. 33. Der Vorname des Künstlers ist unbekannt.

362 Ebd., S. 663.

363 Kai Artinger, Die Kunsthalle Bremen im Dritten Reich. Eine historische Aufarbeitung, Saarbrücken 2010, S. 102.

364 KMS, A-0048. Ein weiteres Beispiel ist Arnold Lutz' Bleistiftzeichnung *Prag Obstmarkt* (1940), die die Stadt Stuttgart auf der „Kunstausstellung im Wehrkreiskommando V / Künstler im feldgrauem Rock“ im Kronprinzenpalais Stuttgart 1942 kaufte.

365 Hermann Metzger, *Rosenstein,* 1928, Öl, 40 × 50 cm, alte Inv. 678, im Krieg zerstört; ders., *Stuttgarter Rosenstein,* 1928, Öl, 49 × 59 cm, alte Inv. 681, im Krieg zerstört; ders., *Steiler Weg,* 1939, Öl auf Leinwand, 29 × 35 cm, alte Inv. 1748, im Krieg zerstört.

366 Laut seiner Biografie kam er erst zu Beginn 1942 nach Frankreich. Für das Jahr 1941 wird von keiner Frankreichreise berichtet, zumal Frankreich zu diesem Zeitpunkt bereits teilweise vom Deutschen Reich besetzt war. Das Aquarell kann also nicht auf einer normalen Studienreise entstanden sein. Trotzdem gibt die Datierung Rätsel auf, weil sie sich nicht mit Hartmanns Kriegseinsatz in Übereinstimmung bringen lässt; zur Biografie vgl. Barbara Lipps-Kant, Norbert Gerd Hartmann 1914–1969. Mit einem Werkverzeichnis von Hilde Hartmann, Sindelfingen 1993, S. 16–17.

367 KMS, Altes Gemäldeinventar. Die Stadt kaufte jeweils von April bis September monatlich ein Bild. Alle wurden im Krieg zerstört.

368 Norbert Gerd Hartmann, *An der unteren Loire,* o. J., Öl auf Pappe, 80 × 60 cm, alte Inv. 2084 ; das andere Aquarell ist *Straße am Atlantik,* 1941, 28 × 24 cm.

369 Pöppel studierte erst an der Staatsschule für angewandte Kunst und dann an der Akademie der Bbildenden Künste in München, wo er Meisterschüler war. Ab 1931 arbeitete er als freischaffender Bildhauer. Im Zweiten Weltkrieg geriet er in Kriegsgefangenschaft.

370 Wie Anm. 250.

371 SA Stuttgart, Meldekarte von Gustav Uecker. Seine Berufsbezeichnung war „Kunstmaler“. Er wohnte in Stuttgart zur Untermiete bei Bidlingmaier, Urbanstraße 33. Zur Kunstausstellung vgl. Hermann Werner, Juni-Ausstellung des Kunstvereins, in: Schwäbischer Merkur (Schwäbische Chronik), 21.6.1940, S. 7.

372 SA Stuttgart, Sterberegister Nr. 503. Er starb am 16. Februar 1944.

373 Gustav Uecker, *Nachrichtentrupp im Bunkergelände,* o. J. (wahrscheinlich um 1942), Aquarell, 11 × 16 cm. Der historische Standort war das Klinikum Stuttgart, Kriegsbergstraße 60. Es ging „verloren“ und wurde mit der Entschließung des Kulturamts deakzessioniert.

374 Gustav Uecker, *Buche,* o. J., Zeichnung, 58 × 47 cm; ders., *Löwenzahn an der Mauer,* o. J., Zeichnung, 39 × 32 cm; ders., *Bodensee am Untersee,* o. J., Aquarell, 32 × 44 cm; ders., *In Russland Feb. 1942,* Aquarell, o. J., Zeichnung, (deakzessioniert); ders., *Nachrichtentrupp im Bunkergelände,* Aquarell, o. J., Zeichnung, (deakzessioniert); ders., *Vor Sonnenaufgang,* Aquarell, 1942, Zeichnung, 15 × 20 cm.

375 Wie Anm. 371. Das Blatt *Löwenzahn an der Mauer* stellt genau eine der vom Autor genannten Löwenzahnpflanzen dar, so dass es sehr wahrscheinlich ist, dass die Stadt es auf dieser Ausstellung erwarb. Das Gleiche („knorrige Baumgestalten“) gilt für die großformatige Bleistiftzeichnung *Buche,* 1933, 48 × 47 cm.

376 Emil Waldmann, Wilhelm von Alten, Ein Halbjahrtausend deutscher Zeichnung, Kunsthalle Bremen, Juni–August 1936, S. 3.

377 Theodor Musper, zitiert in Albrecht Dürer. Das graphische Werk in zwei Bänden, 1. Handzeichnungen, München 1988, S. 395.

378 Die Gruppe bestand aus einer Anzahl deutscher Künstler aus dem ehemaligen polnischen Staatsgebiet, also vor dem Überfall der deutschen Wehrmacht auf Polen am 1. September 1939.

379 BArch Berlin. Schober lässt sich in der Gaukartei der NSDAP nachweisen.

380 Ehrenfried Kluckert, Peter Jakob Schober. Monographie mit Werkverzeichnis, hrsg. von Berta Schober, Stuttgart 1990, S. 246.

381 Berthold Seewald, Warum die Wehrmacht den Winter 1941/42 überlebte, online: https://www.welt.de/geschichte/zweiter-weltkrieg/article161020676/Warum-die-Wehrmacht-den-Winter-1941-42-ueberlebte.html (Stand: 30.4.2020).

382 Verwaltungsbericht der Stadt Stuttgart 1937; SA Stuttgart, 134/2, Akte 88: Angebotene Kunstgegenstände L–R (1925–1942), Vorgang: Rein, Adolf, Kronprinzenstr. 21, Kunsthändler in Stuttgart. Zu Cuhorsts Stadtpräsidentschaft in Lublin vgl. Roland Müller, Stuttgart zur Zeit des Nationalsozialismus, Stuttgart 1988, S. 346; Michael Kißner, Joachim Scholtyseck (Hrsg.), Die

Führer der Provinz. NS-Biografien aus Baden und Württemberg, Konstanz 1999 (Studienausgabe), S. 123, Fußnote 78: „Cuhorsts Bruder Fritz war Ende November 1939 für fast ein Jahr als Stadtpräsident nach Lublin gegangen. Von dort berichtete er wiederholt über Mordaktionen an polnischen Juden, die er von Amts wegen mit vorbereitete, an das Stuttgarter Rathaus […].“ Bogdan Musial bezeichnet ihn als Kreishauptmann und gibt als Zeitraum November 1939 bis Juni 1940 an. Als Grund für Cuhorsts frühe Rückkehr aus Polen werden von ihm gesundheitliche Gründe Cuhorsts angeführt (ders., Deutsche Zivilverwaltung und Judenverfolgung im Generalgouvernement. Eine Fallstudie zum Distrikt Lublin 1939–1940, Wiesbaden 1999, S. 94–96). Des Weiteren: KMS, Alter Aktenbestand: Stadt Stuttgart, Kulturamt, Künstlerakten, Verschiedenes: Entwurf eines Schreibens von Fritz Cuhorst im Auftrag des OB an die Stifterin Emma Müller am 12. September 1940. Darin schreibt er: „[…] Nach meiner Rückkehr aus Polen […].“

383 „Tichindera, tichindera, bum, bum, bum! Hurra! Musik! Musik! Das sind die Soldaten. Zu dritt marschieren sie mit Stahlhelm und Gewehr. Vorn reitet der Hauptmann. Er hat das Eiserne Kreuz auf der linken Seite und eine Narbe im Gesicht. Wo hat ihn die Kugel getroffen? In Norwegen, in Frankreich, in Griechenland, in Afrika oder in Rußland? Der kann vom Krieg erzählen. Die jungen Soldaten sind ganz mit Staub bedeckt. Wo kommen sie her? Wohin marschieren sie? Dahinten kommen die Maschinengewehre und eine Kanone. Die Musik hört auf. Die Soldaten singen: Auf der Heide blüht ein kleines Blümelein, und das heißt […]“ (Fibel für die Volksschulen Württembergs, mit Bildern von P. J. Schober, K. Sigrist, H. Sohn und K. Stirner, Stuttgart 1941, genehmigt durch den Erlaß des Reichsministers für Wissenschaft, Erziehung und Volksbildung vom 11. Juli 1941 E II A 5561/41, S. 64).

384 SA Aalen A 277, Der Bürgermeister der Stadt Aalen, 18.6.1936, Entschließung, Schreiben des Stadtbauamts Aalen an den Deutschen Gemeindetag, 1.3.1937; vgl. auch Karlheinz Bauer, Bilder aus einer heroischen Zeit. Die Malereien im ehemaligen Ratssaal, in: Aalener Jahrbuch, hrsg. vom Geschichts- und Altertumsverein Aalen e. V., bearb. von Karlheinz Bauer, Stuttgart/Aalen 1986, S. 261–272, hier: S. 265. In der Monografie über Schober (wie Anm. 380), die mit der Unterstützung des Ministeriums für Wissenschaft und Kunst Baden-Württemberg gedruckt wurde, werden diese Arbeiten nicht erwähnt.

385 Bauer (ebd.), S. 264.

386 kd [Karl Diemer], Landschafter, Wandmaler, Porträtist. Dem Maler Peter Jakob Schober zum 70. Geburtstag, in: Stuttgarter Nachrichten, 12.12.1967.

387 kd [Karl Diemer], P. J. Schober wird 85. „Hofmaler“ der Prominenz, in: Stuttgarter Nachrichten, 13.12.1982.

388 NS-Kurier, 2.7.1943, Nr. 178, S. 2. Zu Schobers Biografie im Dritten Reich und in der Nachkriegszeit auch: Nikolai B. Forstbauer, Braune Flecken auf der Ahnengalerie, Stuttgarter Nachrichten, 27.7.2022, S. 3; Kai Artinger, Die Ministerpräsidentengalerie und ihre braunen Künstler, Stuttgarter Nachrichten online, 27.7.2022.

389 Werner P. Heyd, Gottfried Graf und die „entartete Kunst“ in Stuttgart, in: Beiträge zur Geschichte der Staatlichen Akademie der Bildenden Künste Stuttgart, Bd. 6, Stuttgart 1987, S. 11–109, hier: S. 95 und 98.

390 Heinz Eisgruber, Augenblicke der Entscheidung im Leben eines Kriegsfliegers, Berlin, Leipzig 1940.

391 Vgl. http://www.lexikon-der-wehrmacht.de/Gliederungen/Polizei-Bataillone/PB51.htm (Stand: 12.5.2020).

392 Peter Jahn, Reinhard Rürup (Hrsg.), Zur Zahl der zerstörten Städte und Dörfer: Erobern und Vernichten. Der Krieg gegen die Sowjetunion 1941–1945. Essays, Berlin 1991, S. 14.

393 Jedenfalls hat der Autor bisher keine Hinweise zu dieser Grafik gefunden, die Eichhorn im Zweiten Weltkrieg angefertigt hat.

394 Alfred Reder, *Unterkünfte*, Aquarell, 50 × 70 cm; ders., *Eismeerfront*, Aquarell, 55 × 42,5 cm, verloren gegangen und deakzessioniert.

395 Himmler zitiert nach Wolfgang Schumann, Deutschland im Zweiten Weltkrieg, Bd. 4, Berlin 1984, S. 167.

396 Landesarchiv Baden-Württemberg, Abt. StA Sigmaringen, Wü13T2 Nr. 2529/480 Bild 1.; des Weiteren: StA Ludwigsburg, EL 905/2 II Bü 32, Spruchkammerakte Brudi, Walter.

397 KMS, Künstlerakte Walter Brudi; darin: Stuttgarter Zeitung, Nr. 104, 6.5.1965.

398 „In den Kriegsjahren war er [Brudi] Kriegsberichter in Rußland“ (KMS, Künstlerakte Walter Brudi; darin: kd [Karl Diemer], Schriftkünstler, Illustrator, Akademiedirektor. Professor Walter Brudi zum 60. Geburtstag, in: Stuttgarter Nachrichten, Nr. 19, 23.1.1967). Am 23. April 1963 hatten die Stuttgarter

Nachrichten anlässlich einer Ausstellung von Brudis Arbeiten in der Staatsgalerie zu den in Rußland entstandenen Zeichnungen geschrieben: „Neben einer Reihe von kleinen, sehr reizvollen Aquarellen und Gouachen, die in den Kriegsjahren 1943 und 1944 in Rußland entstanden sind, spontanen Notizen, eine Art ‚Tagebuch', das sich jedoch nicht auf das Kriegsgeschehen selber, sondern auf das Unzerstörte, Schöne am Rande konzentriert, es gleichsam in seiner zarten Verletzlichkeit sichtbar macht, [...]."

399 Der Nachlass wird in der Handschriften-Abteilung aufbewahrt. Bei seinen Arbeiten als Kriegsmaler handelt es sich um eine Auswahl, die für die Erwerbung vorgenommen wurden. Sie befinden sich in drei Kassetten: B1: 40 Gouachen aus der Zeit Russland/Ukraine 1943–1944; B2: 82 Gouachen und Mischtechniken aus der Zeit Russland/Ukraine 1943–1944; B3: 97 Zeichnungen aus Russland/Ukraine und Frankreich 1943–1944.

400 Prof. Dr. Nils Büttner, Archiv der Akademie der Bildenden Künste Stuttgart, in einem Telefonat mit Artinger am 12.5.2020. Nach Büttners Aussage war Brudi als Mitglied der Propagandakompanie an verschiedenen Frontabschnitten und Orten des Ostfeldzugs. In der dem Nachlass beigefügten biografischen Skizze über Brudis Zeit als Soldat ist zu lesen, dass er Obergefreiter war und als Kriegsmaler vor allem in der Ostukraine, damals Sowjetunion, eingesetzt worden war. Am Kriegsende kam er nach Wuppertal, wo er desertiert sei, nachdem alle höheren Dienstgrade verschwunden gewesen seien. Zu Fuß hätte er sich dann nach Stuttgart, seinem Geburtsort, durchgeschlagen.

401 Landesbibliothek Baden-Württemberg, Handschriften-Abteilung, Nachlass Walter Brudi, M7/B, Feldpostbrief Alfred Brudi an Walter Brudi vom 6.3.1943.

402 Ebd., M7, Feldpostbrief Walter Brudi an seine Frau Elfriede Brudi vom 7.1.1945.

403 Eva-Marina Froitzheim, Stunde Null? Die Akademie der Bildenden Künste ab 1946, in: Büttner, Zieger (wie Anm. 115), S. 203–230, hier: S. 226.

404 Zur städtischen Kunstsammlung und der Aktion „Entartete Kunst" auch: Christoph Zuschlag, „Entartete Kunst". Ausstellungsstrategien im Nazi-Deutschland, Worms 1995, S. 366.

405 Wie Anm. 51.

406 Er studierte an der Akademie von 1904 bis 1906 und von 1912 bis 1914, Meisterschüler war er dort von 1918 bis 1922.

407 Eugen Keuerleber, Brigitte Reinhardt, Tell Geck. Gemälde, Aquarelle, Zeichnungen, hrsg. von der Galerie der Stadt Stuttgart, Ausst.-Kat., Stuttgart 1984, S. 70–71.

408 Janos Frecot, Johann Friedrich Geist, Diethart Kerbs, Fidus 1868–1948. Zur ästhetischen Praxis bürgerlicher Fluchtbewegungen, München 1972, S. 110.

409 An anderer Stelle wird Gräser als „visueller Poet und Prophet, früher Naturschützer und Ökologe sowie Pazifist" bezeichnet (vgl. http://www.gusto-graeser.info/Wirkung/Ausstellungen/2018/2018_Szeemann_LosAngeles.html [Stand: 17.1.2024]) oder auch als Naturprophet (vgl. https://www.siebenbuerger.de/zeitung/artikel/kultur/9597-naturprophet-gusto-graeser-in-freimann.html [Stand: 17.1.2024]).

410 https://www.schirn.de/magazin/kontext/vordenker_einer_neuen_menschheit/ (Stand: 21.12.2020).

411 1934: 1; 1935: 1; 1937: 1; 1939: 3; 1941: 2; 1942: 5; 1943: 3; 1945: 1.

412 Die Ausstellungen fanden 1935, 1937, 1939 und 1942 (?) statt. Für Albert Vaihinger, den Monografen von Graeser, war unklar, ob die Ausstellung 1942 tatsächlich stattgefunden hat. Alle Ausstellungsdaten wurden von ihm zusammengetragen. Sie wurden Artinger von Hermann Müller, der ein Archiv zu Gusto Gräser und Ernst Heinrich Graeser aufgebaut hat, zur Verfügung gestellt (Müller an Artinger in einer E-Mail vom 20.12.2020).

413 Hermann Müller vermutet, dass die drei Lithografien wahrscheinlich auf der Ernst-Graeser-Ausstellung 1934 von der Stadt Stuttgart angekauft wurden (Müller an Artinger in einer E-Mail vom 12.12.2020). Nachdem Müller noch einmal seinen Archivbestand zu Ernst Graeser nach Dokumenten über die Retrospektive 1934 durchgesehen hatte, schrieb er in einer weiteren E-Mail vom 12. Januar 2021: „[...] ich habe nun die EG[Ernst Graeser]-sachen vom dachboden geholt und konnte einiges in den dokumenten nachschlagen. Demnach zeigte sich schon 1934 bei der EG-ausstellung im kunstverein zu seinem 50. geburtstag, dass gewisse werke von ernst nicht genehm waren. So wurde das grosse gemälde ‚Um 1914', das eigentlich eingeplant war, dann doch nicht ausgestellt. Der grund ist klar: die antimilitaristisch-pazifistische aussage des bildes. / Vielsagend auch das schreiben eines dr. (...) (unleserlich) ‚namens des Verwaltungsrats' vom 8. Mai 1934 an Graeser: ‚Dass sich der bildende Künstler **nicht nur unter den heutigen Verhältnissen,** sondern auch in der Vergangenheit, nie leicht getan hat, sich durchzusetzen und sich auf Grund seiner Arbeit einen auch nur bescheidenen Lebensunterhalt zu verdienen, ist eine traurige Erscheinung. Ich habe mich daher gefreut, dass es sich hat ermöglichen lassen, auf Ihrer Ausstellung wenigstens einiges für den Kunstverein, den Staat und die Stadt unterzubringen.' (Hervorhebung von mir, HM) / Das heisst doch wohl, dass man ihm aus solidarität einiges abgekauft hat, vielleicht auch einiges von gusto. Später soll dann eine berufung als professor nach berlin im gespräch gewesen sein, die aber, vermutlich aus politischen gründen, nicht zustande kam. Als anthroposoph und von anthroposophen öffentlich gerühmter passte er nicht in den rahmen des regimes. Die sache ist naturgemäss wenig belegt, mehr mündliche überlieferung. Ich erinnere mich aber, mit [albert] vaihinger mehrmals darüber gesprochen zu haben. / Auch im fall einer nichtberufung ist es möglich, dass man, als trostpreis sozusagen und um ihn finanziell zu unterstützen, einige ankäufe machte. Denn schon 1937 war es soweit, dass graeser bei der reichskammer um finanzielle unterstützung bitten musste. Jahreseinkommen 1936: 1295 Reichsmark. Trotz ariernachweis wurde ihm am 2. september 1939 beschieden, er solle erst mal einen ahnenpass vorlegen. Es ist wohl keine frage, dass misserfolg, missachtung und existenzängste zum frühen tod von gräser beigetragen haben."

414 In der Dokumentensammlung des Herder-Instituts für historische Ostmitteleuropaforschung, Institut der Leibniz-Gemeinschaft, Marburg, befinden sich die Akzessionsbücher des Schlesischen Museums. Auf den entsprechenden Seiten zu den Erwerbungen der Grafik von Kanoldt steht nicht der Stempel „Entartete Kunst".

415 Werner P. Heyd, Gottfried Graf und die „entartete Kunst" in Stuttgart, in: Beiträge zur Geschichte der Staatlichen Akademie der Bildenden Künste Stuttgart, Stuttgart 1987, S. 96–100.

416 Gottfried Graf, *Pappelallee,* o. J., 9 × 22 cm, KMS, R-0005; ders., *Feldkreuz,* o. J., 11 × 15 cm, KMS, R-0137.

417 http://www.dieter-franck.de/bio.html (Stand: 1.3.2021); des Weiteren Ursula Richter, Der Künstler Dieter Franck (1909–1980) in der Zeit des Nationalsozialismus, in: Südwest Presse, 27.4.2016. Nach Kriegsende arbeitete er bis 1956 als Kunsterzieher im Kirchlichen Aufbaugymnasium Schloss Michelbach. Ursprünglich hatte er Archäologie, Kunstgeschichte und Philosophie an der Universität Freiburg studiert und war dann zu einem Studium an der Kunstakademie Stuttgart gewechselt, das er mit dem Staatsexamen für das künstlerische Lehrfach abschloss (KMS, Künstlerakte Dieter Franck). 2016 veranstaltete das Dieter Franck Haus in Schwäbisch Hall eine Ausstellung zur Malerei und zum Holzschnitt des Künstlers. Dabei wurde durch den Kunsthistoriker Uwe Degreif Francks NSDAP-Mitgliedschaft bekannt.

418 Dieter Franck, *Waldlandschaft mit Gartenfeld,* o. J., Aquarell, 28 × 40 cm, KMS, A-0082. Im April 1938 erwarb die Stadt aus der Ausstellung des Württembergischen Kunstvereins Francks Aquarell *Stuttgarter Talkessel vom Kapellberg aus* und im Juni 1939 das Aquarell *Hohenloher Ebene* (beide nicht mehr im Bestand, offenbar im Krieg zerstört).

419 Die Städtische Galerie kaufte vom Stuttgarter Kunsthändler Adolf Rein die Radierung *12 Uhr mittags,* 1919, 29 × 19 cm. Von diesem Ankauf haben sich im SA Stuttgart die Unterlagen erhalten: SA Stuttgart, 134/2, Nr. 91: Angebote und Ankäufe Kunstgegenstände, Städtische Galerie Stuttgart L–R.

420 Helmut Muehle, *Landungssteg am Bodensee,* o. J., Öl auf Leinwand, Maße unbekannt (erworben 1935, im Krieg zerstört); ders., *Weinbergweg,* o. J., Öl auf Leinwand, 50 × 63 cm (1938 erworben, im Krieg zerstört); ders., *Schwäbische Landschaft,* Öl auf Leinwand, 50 × 65 cm (1941 erworben, Erwerbungsumstände unbekannt), ders., *Gemüsestillleben,* o. J., Bildträger unbekannt, 59 × 71 cm (1943 erworben, im Krieg zerstört); ders., *Eichenhain,* o. J., Aquarell, 28 × 40 cm; ders., *Der Württemberg,* o. J., Aquarell, 33 × 46 cm; ders., *Häuser in Lombarda,* o. J., Radierung, 14 × 19 cm. In einem Artikel über die Freie Kunstschule Stuttgart wird Muehle als „verfemter" und „verfolgter" Künstler bezeichnet: „Was muss das 1946 für ein Gefühl gewesen sein: Nach zwölf Jahren Naziregime mit all seinen Gräueltaten, nach zwölf Jahren Berufs- und Ausstellungsverbot, ja sogar Mal- und Lehrverbot. Endlich ein Aufbruch, mitten aus Trümmern: Künstler durften wieder ungestört ihrer Kunst nachgehen und ihr Wissen weitergeben. So haben sich vor 70 Jahren einige Gleichgesinnte – verfemt und verfolgt während des Dritten Reiches – zusammengetan und die Freie Kunstschule Stuttgart erneut ins Leben gerufen" (Claudia Leihenseder, Von den Nazis nicht unterkriegen lassen, online: https://www.stuttgarter-nachrichten.de/inhalt.ausstellung-in-bad-cannstatt-von-den-nazis-nicht-unterkriegen-lassen.f14aea16-96ff-4499-b102-455d4a175802.html [Stand: 5.3.2021]); des Weiteren: „Um sich nicht der Kunstdoktrin des Dritten Reiches beugen zu müssen, wurde der Lehrbetrieb [der Freien Kunstschule, sie war 1927 von Adolf Hölzel gegründet worden] im Jahre 1934 eingestellt, um bereits 1946 von einer Gruppe verfemter Künstler um Fritz Dähn, Hans Fähnle, Anton Kaper, Heinrich Kübler und Helmut Muehle wieder etabliert zu werden" (http://www.freie-kunstschule.de/ [Stand: 5.3.2021]).

421 Webseite über Waldemar Flaig, die von der Familie verantwortet wird: https://www.waldemarflaig.de/lebenslauf/schaffende-zeit-1926/ (Stand: 4.12.2020). Der Enkel Frank Milpacher gab 2022 die erste und bisher einzige Biografie zu Flaigs Leben und Werk heraus: Waldemar Flaig, Sein Leben – Sein Weg – Sein Werk, 1892–1932, München 2022. Zur Finanzierung der Reise durch Purrmann siehe S. 43.

422 Dr. Stephan Geiger, Galerie Geiger, Konstanz, an Artinger in einer E-Mail vom 5.2.2021.

423 Marlies Schmidt, Die „Große Deutsche Kunstausstellung 1937 im Haus der Deutschen Kunst zu München". Rekonstruktion und Analyse, Halle (Saale) 2012, S. 886, online: https://suche.gmx.net/web/result?q=marlies%20schmidt%20gro%C3%9Fe%20deutsche&page=1&src=tb_newtab_ff&btabid=dcb5c57d-1d37-4a65-85fd-934d462962fd&comp=web_backtab (Stand: 5.2.2021).

424 Knigge (wie Anm. 326).

425 Nur eines davon ist erhalten, die übrigen wurden im Krieg zerstört. Vier der Bilder wurden direkt von Bäuerle an die Stadt verkauft, zwei kamen über den Kunsthandel in die Sammlung (Kunstantiquariat Rein, Kunsthaus Schaller); Hermann Bäuerle, *Weiblicher Akt*, o. J., Radierung, 12,5 × 9 cm.

426 StA Ludwigsburg, E 311 Bü 688 (Ersatzakte, denn die Originalakte ist verbrannt); des Weiteren Akten zum Wiedergutmachungsverfahren: EL 350 I Bü 1177, FL 300/33 I Bü 3916, Bü 10040, K 50 Bü 223. In der Biografie des Künstlers und Freundes Paul Kälberer (1896–1974) ist zu lesen, dass er Bäuerle 1944/45 vor dem Todesurteil wegen „Feindpropaganda" bewahrt hätte: „Seine Hilfe rettet dem Malerfreund Hermann Bäuerle das Leben: die Vollstreckung des über ihn verhängten Todesurteils wegen ‚Feindpropaganda' kann bis zum Einmarsch der Amerikaner verschleppt werden", online: wie Anm. 224 (Stand: 31.3.2021).

427 Archiv Kunstakademie Düsseldorf, Personalakte Paul Bindel: Abschrift des „Einreihungsbescheids (Kategorien III und IV)", wonach Bindel seit 1. März 1933 Mitglied in der NSDAP war (Informationen von Miriam Müller, Bibliothekarin, an Artinger in einer E-Mail vom 18.2.2021). Alle weiteren Informationen zu Bindel aus der Personalakte und: Die Geschichte der Kunstakademie Düsseldorf seit 1945, hrsg. von der Kunstakademie Düsseldorf, München 2014, S. 452.

428 Im Düsseldorfer Adressbuch von 1930 wird er noch als Studienrat geführt, in der Ausgabe von 1934 steht dann seine Berufsbezeichnung „Akademieprofessor".

429 Bindel hatte sehr wahrscheinlich keine Verbindung zur Kunstakademie Stuttgart, jedenfalls ist eine solche nicht bekannt. Eine Anfrage beim Archiv der Akademie der Bildenden Künste Stuttgart ergab, dass sich dort über ihn keine Informationen befinden beziehungsweise dort über ihn nichts bekannt ist (Prof. Dr. Nils Büttner, Archiv der Akademie, an Artinger in einer E-Mail vom 10.2.2021). Es lassen sich auch keine Beziehungen zur Stadt nachweisen, etwa dortige Ausstellungen im Dritten Reich mit der Beteiligung Bindels.

430 1934: Kunsthaus Schaller, Kunstverein Ulm; 1935: Württembergischer Kunstverein, Kunstverein Konstanz, Ausstellung Schwäbisch Gmünd; 1937: Kunsthaus Schaller; 1942: Württembergischer Kunstverein, Rathaus Ellwangen.

431 Elena Baumgärtel, August Lämmle (1876–1962), ... lächerliche Lobrede, in: Stephan Molitor (Hrsg.), Der „schwäbische Dichterkreis" von 1938 und seine Entnazifizierung, Stuttgart 2019, S. 54–57.

432 Das Karl Stirner-Buch. Bilder, Gedichte und Erzählungen, Stuttgart 1946, S. 4.

433 Tell Geck, *Land mit Dorf*, 1940, Aquarell, 33 × 43 cm.

434 Vgl. https://de.wikipedia.org/wiki/Anton_Kolig (Stand: 5.5.2020). Über diese Anpassung Koligs und seine partielle Anschlussfähigkeit an die Kunst im Nationalsozialismus sprach auch Christian Drobe in seinem Vortrag „Flora oder das Problem der Naturalisierung. Fragen zu konservativen Bildthemen in der Kunst während des Nationalsozialismus" auf der Tagung „Kunst im Nationalsozialismus" (wie Anm. 200). Des Weiteren zu Kolig im Dritten Reich: Ulrich Röthke, Schwäbischer Adam und schlafender Apoll, in: Carla Heussler, Christof Wagner (Hrsg.), Stuttgarter Kunstgeschichten. Von den schwäbischen Impressionisten bis zur Stuttgarter Avantgarde, Regensburg 2022, S. 362–371.

435 Birkle war nicht der einzige Künstler, dessen Werk auf der Ausstellung gezeigt wurde. Auch der in München lebende Maler und Grafiker Hermann Geiseler (1903–1978) war dort vertreten; vgl. https://de.wikipedia.org/wiki/Deutsche_K%C3%BCnstler_und_die_SS (Stand:

12.1.2021). Ein Gemälde Geiselers von 1934 wurde im Kulturhistorischen Museum Rostock im Rahmen der Aktion „Entartete Kunst" beschlagnahmt. Von Geiseler ist eine Zeichnung von 1932 in der grafischen Sammlung, deren Herkunft unbekannt ist und die wahrscheinlich im Dritten Reich erworben wurde: Hermann Geiseler, *Eintrachtplatz in Paris,* 1932, Zeichnung, 36 × 65 cm.

436 An anderer Stelle heißt es, er sei im offiziellen Auftrag des Reichsarbeitsdiensts im besetzten Frankreich tätig gewesen; vgl. Nikolaus Schaffer, Albert Birkle, hrsg. vom Salzburger Museum Carolino Augusteum, Salzburg 2001, S. 29.

437 Müller an Artinger in einer E-Mail vom 4.1.2021; des Weiteren: Hermann Müller, „Ein wenig beneideter Vorläufer". Alwin Seifert über Gusto Gräser, online: http://www.gusto-graeser.info/ (Stand: 4.1.2021).

438 Hermann Müller berichtete Artinger von dem sehr schwierigen Verhältnis der beiden Brüder. Dabei handelte es sich wohl auch um eine Art emotionales Abhängigkeitsverhältnis. Müller schreibt: „Und welchen überwältigenden Eindruck (um nicht zu sagen: Druck) sein Bruder Gusto auf ihn ausgeübt haben muss, lässt sich einem anderen Aufsatz entnehmen. Dieses Bruderverhältnis war ein Drama – mit tragischem Ausgang für den jüngeren, schwächeren" (Müller an Artinger in einer E-Mail vom 4.1.2021).

439 Alfred Daniel, Erinnerungen an Gusto Gräser, 1915, hier zitiert nach: Peter Watson, Das Zeitalter des Nichts. Die Ideen- und Kulturgeschichte von Friedrich Nietzsche bis Richard Dawkins, München 2014, S. 65.

440 Diese zeitliche Zuordnung nimmt Hermann Müller vor (Müller an Artinger in einer E-Mail vom 12.12.2020).

441 Zitiert nach dem Beitext zum Blatt *Burg der Armut* (Müller an Artinger in einer E-Mail vom 17.1.2021).

442 Müller an Artinger in einer E-Mail vom 6.1.2021.

443 Richard Neuz, *Motiv aus der Reichsgartenschau,* 1939, Aquarell, 8,5 × 13 cm; ders., *Reichsgartenschau 39 I,* 1939, Aquarell, 8,5 × 13,5 cm; ders., *Reichsgartenschau 39 II,* 1939, Aquarell, 10 × 14 cm.

444 Richard Neuz, *Landschaft,* o. J., Aquarell, 8,5 × 13,5 cm; ders., *Blauer Berg,* o. J., Aquarell, 8 × 13 cm.

445 Stephan Geiger, Galerie Geiger, Konstanz, an Artinger in einer E-Mail vom 4.2.2021.

446 Geiger schreibt hierzu: „Bei seiner Rückkehr nach Stuttgart war sein Atelier durch einen Bombenangriff fast vollständig zerstört, weshalb sich kaum Werke aus der Zeit vor 1944 erhalten haben" (ebd.).

447 Geiger über Neuz' Zeit als Soldat in Norwegen: „Durch meinen Vater weiß ich, dass Richard Neuz in der Tat ab 1941 als Besatzungssoldat in Norwegen war und dort – fasziniert von der Landschaft – auch Naturimpressionen geschaffen hat. Mein Vater besitzt einige frühe Zeichnungen aus dieser Zeit. Diese sind sehr gegenständlich und damit viel ‚traditioneller' als die wenigen Werke, die mir vor 1941 bekannt sind. Sie sind eher als handwerkliche Fingerübungen des Soldaten Neuz zu bezeichnen und entstanden wohl mehr zum ‚Zeitvertreib' (mein Vater erwähnte auch einmal, dass diese Landschaftsskizzen bei der norwegischen Bevölkerung großen Anklang fanden, die ihm als deutschen Soldaten dadurch weniger feindselig entgegentrat)" (ebd.).

448 Bei den acht Grafiken handelt es sich um: *Bauplatz,* frühe 1920er-Jahre, Radierung, 46 × 38 cm; *Ausdruckstanz I,* 1920, Radierung, 19 × 15 cm; *Ausdruckstanz IV,* 1920, Radierung, 11 × 21 cm; *Ausdruckstanz V,* 1920, Radierung, 18,5 × 15 cm; *Professor Weizsäcker,* 1928, Radierung, 33 × 19,5 cm; *Der Lautensänger,* o. J., Zeichnung, 22 × 12 cm; *Tanzstudie,* o. J., Zeichnung, 35 × 50 cm; *Akt (Frauenakt),* 1917, Zeichnung, 22 × 37 cm.

449 SA Stuttgart, 134/2 Galerie der Stadt Stuttgart, Nr. 91: Angebote und Ankäufe Kunstgegenstände L–R.

450 Johanna Poltermann, Provenienzforscherin der Staatsgalerie Stuttgart, an Artinger in einer E-Mail vom 5.5.2020.

451 Laut Alexander Hofmann, Kurator für Kunst aus Japan im Museum für Asiatische Kunst in den Staatlichen Museen zu Berlin – Preußischer Kulturbesitz, war der Verleger des Blattes Kagiya und der Holzschneider Koizumi. Das Entstehungsjahr wird von seinen japanischen Kollegen auf 1861 datiert. Hofmann weist aber darauf hin, dass er diese Datierung selbst nicht überprüft hat (Hofmann an Artinger in einer E-Mail vom 2.11.2020).

452 Ebd.

453 Ebd., zur „Wahrscheinlichkeit dieser Herkunft im gegebenen Kontext" kann Hofmann keine Aussage treffen.

454 Graf (wie Anm. 287), hier: Walter Squarise, *Die zärtliche Schwester,* vor 1927, Holzschnitt, 34 × 24 cm, S. 53.

455 Robert Mächler, Der Bildhauer Walter Squarise, in: Badener Neujahrblätter, Bd. 42, 1967, S. 77–80, hier: S. 77, online: http://doi.org/10.5169/seals-322944 (Stand: 18.5.2021). Die Erwerbungsumstände des Blattes sind unklar. Die Bezeichnungen auf der Rückseite des Drucks könnten bedeuten, dass er bereits Ende der 1920er-Jahre erworben wurde, denn er trägt die Stempel „Stadtgemeinde Stuttgart" und „Städt. Bibliothek Stuttgart Rathaus", die in der Weimarer Republik, aber auch zu Beginn des Dritten Reiches für die Inventarisierung verwendet wurden.

456 Graf (wie Anm. 287), S. 12.

457 Die in Grafs Buch mit Abbildungen ihrer Arbeiten berücksichtigen Schüler:innen sind: Walter Eglin (1895–1966), Fritz Faiss (1905–1981), Wilhelm Fröscher (1904–?), Fritz Hartmann (1878–1961), Theodora Hock (1902–nach 1931), Richard Hohly (1902–1995), Immanuel Knayer (1896–1962), Josef Kneer (1900–1990), Robert Mayer (1899–1975), Josef Medler (?), Hugo Reutter (?), Rudolf Richter (* 1920), Leo Schobinger (1897–1985), Luise Siegeneger (1900 – nach 1954), Walter Squarise und Reinhold Strohhäcker (1900–1975). In der Grafiksammlung des Kunstmuseums Stuttgart gibt es außer den Arbeiten von Faiss, Schobinger und Squarise nur noch Holzschnitte von Hohly (alle nach 1945 erworben), Knayer (vor 1933 erworben) und Strohhäcker (alle nach 1945 erworben). Die expressionistischen und kubistischen Holzschnitte von Graf kamen erst ab den 1960er-Jahren in die Sammlung.

458 Auf der Liste der Anschaffungen für das Jahr 1933/34 ist unter Nr. 9 Faiss' Holzschnitt *Dorfstraße* aufgeführt. Wahrscheinlich ist das der beschreibende Titel für *Landschaft in Tirol* (ohne Maßangabe); vgl. SA Stuttgart, 134/2 Galerie der Stadt Stuttgart, Akte 88: Angebote und Ankäufe Kunstgegenstände.

459 „He won the coveted Rome Prix in 1935 but was never able to avail himself of it – Goebbels forbade him to leave Germany" (Maxine Reams, Unique wax paintings by immigrant artist should endure 10,000 years, in: Los Angeles Times, 6.10.1952).

460 „Fritz Faiss was a fascinating and well-rounded character who did not allow a personal hardships, including his incarceration in a forced labor camp […]" (Katja Sipple, Greeting from the Executive Director, in: From the Black Forest to the California Desert: The Life and Work of Fritz Faiss, Broschüre für die gleichnamige Ausstellung im German American Heritage Museum, Washington, D. C., September 2019 – April 2020, o. S., online: https://gahmusa.org/wp-content/uploads/2020/06/Fritz-Faiss-Brochure-Final.pdf [Stand: 24.2.2024]).

461 „During his time in the labor camp he was forced to work in a stone quarry; he also underwent severe medical experiments from which he suffered lasting physical ramifications" (Sarah Marsteller, The War and Its Aftermath, in: From the Black Forest to the California Desert [ebd.], o. S.). Marsteller war die Kuratorin der Ausstellung und schrieb den Text der Broschüre. Die US-amerikanische Kunsthistorikerin Kristen Gonzalez, die zu Faiss forscht, stellte im Dezember 2019 beim SA Dießen eine Anfrage, ob Faiss nach einem KZ-Aufenthalt etwa 1945 im Krankenhaus Dießen gewesen sei. In den entsprechenden Protokollbüchern des Gemeindearchivs lässt sich für den Zeitraum 1943 bis 1951 ein solcher Krankenhausaufenthalt jedoch nicht nachweisen (Barbara Blankenburg, Gemeindearchivarin in Dießen, an Artinger in einer E-Mail vom 20.5.2021).

462 Nachforschungen wegen des Arbeitslagers waren negativ, ebenso eine Anfrage bei der KZ-Gedenkstätte Dachau. In der vollständigen Namensliste der KZ-Häftlinge von Dachau gibt es keinen Hinweis zu Fritz Wilhelm Faiss. Nach Auskunft von Alex Pearman vom Archiv gab es keinen Steinbruch im KZ Dachau beziehungsweise in dessen Außenlagersystem, und die Sterberate des Lagers, die Faiss angab (von 130 Insassen nur drei Überlebende) entspricht auch keinem Außenlager des KZ Dachau (Pearman an Artinger in einer E-Mail vom 17.5.2021).

463 Nur auf dem einen Druck – *Landschaft in Tirol* – gibt es auf der Bildrückseite eine Bezeichnung in Bleistift, die aber wenig aussagekräftig ist: „Inv. F. 5.". Der Buchstabe F stand im Inventarverzeichnis für Schnitte (Holz, Linoleum). Über das Erwerbungsjahr lässt sich daraus nichts ableiten.

464 Fritz Faiss, *Im Karwendel,* Öl auf Leinwand, Sammlung Moderne Kunst, Pinakothek der Moderne, München; Fritz Faiss, *Rharbarberblüte,* Aquarell, Kupferstichkabinett SMB.

465 Er findet lediglich eine kurze Erwähnung im Thieme-Becker-Vollmer-Künstlerlexikon und in Gert K. Nagels „Schwäbisches Künstlerlexikon vom Barock bis zur Gegenwart" (1986).

466 h. [Hildebrandt], Der Meister der Wachsmalerei. Fritz Faiß, der Enkaustiker, in einer bewunderungswürdigen Schau, in: Badische Neueste Nachrichten, 7. Juni 1947.

467 Sie ist heute Direktorin der Abteilung Entwicklung und Kommunikation der Montgomery County Historical Society in Maryland/USA.

468 Marsteller an Artinger in einer E-Mail vom 27.4.2021.
469 „[…] Faiss also underwent training as a medical doctor“ (Sarah Marsteller, The Early Years, in: From the Black Forest to the California Desert [wie Anm. 460], o. S.).
470 https://www.nationalchurchillmuseum.org/03-24-20-cslewislecture2020.html (Stand: 7.5.2021).
471 Ebd.
472 „In 1937 Faiss' work as an artist was officially declared *entartet;* his passport was revoked […]“ und: „Because his passport had been revoked by the Nazis, he needed documentation and references before being allowed to emigrate“ (Marsteller [wie Anm. 461], o. S.). Auch diese Geschichte vom eingezogenen Pass erscheint merkwürdig. Artinger sind keine vergleichbaren Fälle bei anderen deutschen Künstler:innen bekannt, die als „entartet“ verfolgt wurden.
473 „In your message of a few weeks ago, you mentioned the difficulty and problem with the attribution of ‚medical doctor' to Fritz Faiss. In my conversations with Janet Wullner Faiss, she always referred to him as a practitioner of homeopathic medicine – never a doctor. She was consistent and careful not to label Fritz a more conventional medical doctor. This seems to be consistent with your own finding“ (Tim Riley, Direktor und Chefkurator sowie Churchill Fellow am America's National Churchill Museum, an Artinger in einer E-Mail vom 11.5.2021).
474 Das überprüfte Robert Jütte, emeritierter Professor für Medizingeschichte in Stuttgart. Weiter geht Jütte davon aus, dass auch Faiss' Behauptung, er wäre in einem Arbeitslager gewesen und hätte dort als einer der wenigen Menschenversuche überlebt, nicht stimmt. Als Häftling wird er nicht in den Arolsen Archives geführt, obwohl das eigentlich naheläge, denn dort sind die Daten von sehr vielen NS-Opfern erfasst, darunter auch andere Personen, die Faiss heißen. Allerdings nicht alle. Der wissenschaftliche Mitarbeiter der Arolsen Achives, Giora Zwilling, merkte dazu an, dass bei einer negativen Onlinerecherche auf der Website der Arolsen Archives noch keine hundertprozentige Sicherheit darüber bestünde, ob ein Opfer erfasst sei oder nicht. Es müsse in diesem Fall immer auch noch einmal institutsintern recherchiert werden, ob es nicht eventuell doch Dokumente in nicht digitalisierten Beständen gibt (Zwilling in einem Telefonat mit Artinger am 28.4.2021). Aus diesem Grund wurde am 28. April 2021 bei den Arolsen Archives der formale Antrag gestellt, zu prüfen, ob es zu Fritz Faiss Unterlagen gibt und ob sich klären lässt, ob er ein Opfer der NS-Verfolgung war. Jütte findet außerdem verdächtig, dass in der biografischen Darstellung zu Fritz Faiss nicht der Name des sogenannten Arbeitslagers erwähnt wird, im Übrigen auch nicht die Art der medizinischen Versuche. Daher äußerte Jütte den Verdacht, der Künstler könnte diese Legende gestrickt haben, um in den USA als Opfer des Nationalsozialismus besser Karriere machen zu können, was ihm schließlich ja auch gelungen sei (Jütte an Artinger in einer E-Mail vom 27.4.2021).
475 Im SA Furtwangen gibt es zu Fritz Faiß (hier mit „ß“) nur die Geburtsurkunde, die Familie erscheint in den Einwohnermeldebüchern oder Ähnlichem nicht. Es gibt keine weiteren Unterlagen über sie (Dr. Ludger Beckmann, Stadtarchivar von Furtwangen, an Artinger in einer E-Mail vom 1.6.2021).
476 Die Information, am Bauhaus studiert zu haben, steht auch in den „Biographical Notes“ über Faiss, die sich im ANCM befinden. Dieses Material wurde Artinger von Tim Riley als Scan zugänglich gemacht. Darunter finden sich weitere entsprechende Stellen. Zur Ausstellung von Faiss in der Falk-Rabroff-Galerie in Los Angeles im Dezember 1953 schreibt Frederick S. Wight in „Art Digest“, 1.12.1953: „He was a pupil of Klee and Kandinsky, and he has much of the Bauhaus anatomy in his work, but he should not be seen as a disciple.“ Und im Transkript eines Radiobeitrags von Jane Todd für CBS Radio, San Francisco Bay Area, heißt es: „He has also studied with Klee and Kandinsky at the Bauhaus for a time.“
477 Gert K. Nagels, Schwäbisches Künstlerlexikon vom Barock bis zur Gegenwart, Stuttgart 1986; Volker Buchner, Malerei am Ammersee, Bd. 1, Starnberg 2018, S. 83; Thieme-Becker-Vollmer-Künstlerlexikon.
478 Auch der Leiter des Archivs der Akademie der Bildenden Künste Stuttgart, Prof. Dr. Nils Büttner, hält die Geschichte für unwahrscheinlich. Er äußerte sich dazu wie folgt: „[…], es laufen bis heute eine Menge Leute durch die Gegend, von denen man lesen kann, dass sie an unserer Hochschule Assistenz- oder Honorarprofessoren sind. Einige von ihnen haben oder hatten tatsächlich regelmäßig Lehraufträge. Manche waren mal Tutoren oder zum Vortrag eingeladen und tauchen dann als ‚Hochschullehrer' auf […]. Die Angabe, dass Fritz Wilhelm Faiss […] 1924 bis 1928 als ‚assistant professor' an der Kunstakademie Stuttgart unterrichtet hat, lässt sich

nicht prüfen. Die Unterlagen der Kunstakademie vor dem Jahr 1945 sind verloren, Lehrbeauftragte sind gar nicht dokumentiert (leider auch nicht für die Kunstgewerbeschule). Einen offiziellen Titel hatte er vermutlich nicht, denn sein Name ist wirklich in keinem mir zugänglichen Repositorium oder Archiv dokumentiert. Auch in der gründlich recherchierten Dissertation von Julia Müller oder deren Vorarbeiten ist mir der Name nie untergekommen" (Büttner an Artinger in einer E-Mail vom 23.4.2021). Zieht man als Vergleich die Badische Landeskunstschule (heute Staatliche Akademie der Bildenden Künste Karlsruhe) heran, dann wurden dort Georg Scholz, Jg. 1890, und Karl Hubbuch, Jg. 1891, als Assistenten des Professors Ernst Würtenberger (1868–1934) im Alter von 33 Jahren berufen. Würtenberger war Professor für Holzschnitt, Illustration und Komposition. Scholz wurde 1923 Assistent in der Lithografieklasse, Hubbuch war von 1924 bis 1925 Würtenbergers Assistent und 1925 Leiter einer Zeichenklasse; vgl. https://de.wikipedia.org/wiki/Ernst_W%C3%BCrtenberger (Stand: 18.5.2021).

479 Graf (wie Anm. 287), S. 100 und 123.

480 Das hat jedoch hinsichtlich der Verfolgung nichts zu bedeuten, weil diese Beschlagnahmeaktionen teilweise sehr unorganisiert erfolgten und nach willkürlichen Kriterien durchgeführt wurden. Auch befand sich Grafik zumeist in Mappen, so dass sie den Nationalsozialisten bei ihren Beschlagnahmeaktionen schon einmal entgehen konnten.

481 Erhalten ist der Aktenbestand A Rep. 243-04, Reichskammer der bildenden Künste, Landesleitung Berlin (regionale Zuständigkeit) (Gisela Erler, Landesarchiv Berlin, an Artinger in einer E-Mail vom 10.5.2021).

482 Auch die kursorische Durchsicht der Findmittel ergab keine Treffer zu Fritz Faiss. Ebenfalls ist er nicht im Nachlass des Verbandes Bildender Künstler Württemberg e. V. aufgeführt (Sophie Scholz, Landesarchiv Baden-Württemberg, an Artinger in einer E-Mail vom 17.5.2021).

483 BArch Berlin, R 9361-II/222121 Faiss, Fritz.

484 Jules Langsner zur Ausstellung von Gemälden und Grafiken von Faiss der Jahre 1926 bis 1953 im Art Center Ojai, Kalifornien, 1953 (Scan von Riley [wie Anm. 476]).

485 Ebd.

486 A. M. über eine Ausstellung von Faiss in der Marinette Andrews Galerie in West Wood, Los Angeles, im Juli 1958 (ebd.).

487 KMS, Registratur, Inventarkarte Fritz Faiss.

488 Alle Angaben zu Faiss' finanzieller Situation aus seiner Spruchkammerakte: SA München, SpKA K 3101 Faiss, Fritz.

489 Von der verwitweten Schwiegermutter Emma Wicke, geb. Mohr (1859–1944), gibt es im Gemeindearchiv Dießen eine Meldekarte des Marktes Dießen (nach der Eingemeindung von St. Georg nach Dießen 1939). „Auch von Fritz Faiss, Kunstmaler, * 6.3.1905 in Furtwangen/Schwarzwald, gibt es eine Meldekarte, auf der auch seine Frau Luise und zwei Kinder aus erster Ehe (wohl der Frau) eingetragen sowie die Eltern von ihm und seiner Frau vermerkt sind: Fritz Faiss zog am 5.7.1934 mit seiner Frau von Stuttgart nach Dießen, HsNr. 291. Am 2.11.1938 zog er in die HsNr. 172 in St. Georgen, das zum 1.1.1939 nach Dießen eingemeindet wurde. Am 4.8.1943 war er noch in Dießen gemeldet (wohl die bisherige Wohnung im Ortsteil St. Georgen). Wegzug (ohne Frau oder Kinder) nach Frankfurt/Main am 26.10.1943, Zuzug von Frankfurt/Main am 8.12.1943. Außer Frankfurt/Main und dem jeweiligen Datum ist nichts vermerkt. Wegzug mit seiner Frau nach Pasadena USA Californien, Douglasstr. 516 am 23.4.1951. Er und Luise (geb. Wicke, * 1.11.1897 in Köln) hatten am 18.07.1929 in Stuttgart geheiratet. Auf der Meldekarte ist über die Schwiegermutter vermerkt: Emma Wicke, geb. Mohr, verw., Eheschließung in Heidelberg [o. D.], Apothekenbes., * 22.8.59 Bruchsal, zugezogen von Köln Ehrenfeld 4.8.40, † in Diessen 27.I.44; Wohnung seit 4.8.40 in St. Gg. [Sankt Georgen] HsNr. 172 bei Vermieter Faiss; Hauptwohnsitz Köln Ehrenfeld Venloerstr. 239 b.; Ehemann Theodor Wicke, Apotheker, † in Köln Ehrenfeld [o. D.]; Eltern Franz Mohr u. Margarete geb. [kein Geburtsname eingetragen] beide † in Bruchsal. Mit eingetragen als Tochter: Wicke Margarete * 14.4.99 in Köln-Ehrenfeld, zugezogen von Köln Ehrenfeld am 4.8.43, weggezogen nach Köln-Braunsfeld Monschauerpl. am 10.9.46. Anmerkung zum Eintrag ‚bei Vermieter Faiss': In der Meldekarte von Fritz Faiss heißt es, dass er seit 1938 in der Hsr. 172 wohnte bei Vermieter Ender Jos." (Barbara Blankenburg, Archivarin Gemeindearchiv Dießen, an Artinger in einer E-Mail vom 2.6.2021).

490 „Faiss was offered and accepted a position teaching at the Städelschule Frankfurt, a small and competitive art academy in the Hessian capital. There he lectured on encaustic painting, an artistic process in which dry colored pigment is mixed with heated beeswax and painted onto a heated canvas" (Marstaller [wie Anm. 461]); SA München, SpKA K3101 Faiss, Fritz, Meldebogen.

491 SA München, SpKA K3101 Faiss, Fritz.
492 Institut für Stadtgeschichte Frankfurt am Main, Bestand VS Nr. 177, Fritz Faiss. Hier ist sein Gehalt für Oktober 1943 und Februar 1944 ausgewiesen. Ob es ursprünglich mehr Gehaltsbescheinigungen gab, lässt sich heute nicht mehr feststellen (Annette Handrich, Institut für Stadtgeschichte Frankfurt a. M., in einem Telefonat mit Artinger am 10.5.2021).
493 Institut für Stadtgeschichte Frankfurt am Main, ISG FFM Best. A.41 (Kulturamt) Nr. 307, S. 33 und 36. Im Brief des Kulturamts an den OB vom 13. März 1944 heißt es: „Die bisherige ausreichende Besetzung der ‚Vorklassen' durch Professor HEISE und den Maler FAISS (Vorgänger von Scholz und Röhl) ist leider bereits wieder hinfällig geworden, weil der erstere die Klasse freie Grafik nach dem Ausscheiden von Prof. DELAVILLA übernehmen muß und weil der letztere für längere Zeit an Herzmuskelschaden und Gelenkrheuma erkrankt ist und ausfallen wird." Im Brief vom 3. August 1944 ist über Faiss zu lesen: „Da andererseits der Vorklassenleiter Maler FAISS seit Monaten und voraussichtlich noch für Monate erkrankt ist, ergibt sich die Notwendigkeit, den Vorklassen eine neue Leitung zu geben" (Hinweis auf die Dokumente von Annette Handrich [ebd.]).
494 Archiv der Hochschule der bildenden Künste Städelschule Frankfurt am Main, Fritz Faiss an Dr. Ernst Holzinger in einem Brief vom 31.10.1948.
495 Allgemeines Lexikon der Bildenden Künstler des 20. Jahrhunderts, 5. Bd.: V–Z, Nachträge A–G, Leipzig 1961, S. 70–71.
496 Nara Catalog Id: 3223274 ff., online: https://www.fold3.com/image/270035494?terms=fritz,faiss (Stand: 15.5.2015).
497 Martin Kriwet, Arolsen Archives, International Center on Nazi Persecution, an Artinger in einer E-Mail vom 23.6.2021.
498 Im Landesentschädigungsamt Bayern wurde kein Entschädigungsakt zu Faiss gefunden (Maria Stehr, Bayerisches HStA München, an Artinger in einer E-Mail vom 7.5.2021). Eine Recherche nach einer Entschädigungsakte in „Arcinsys Hessen" ergab ebenfalls keinen Treffer, so dass davon ausgegangen werden kann, dass Faiss keinen Entschädigungsantrag wegen der Behinderung seiner beruflichen Tätigkeit in Frankfurt am Main stellte.
499 Wolfgang Grimm, Dezernat 15, Angelegenheiten nach dem BEG, Bundeszentralkartei bei der Bezirksregierung von Düsseldorf, an Artinger in einer E-Mail vom 14.5.2021. Auch im Landesamt für Finanzen – Dienststelle München 1F5 konnte kein Vorgang zu Fritz Faiss gefunden werden (Renate Malzer, Landesamt für Finanzen, an Artinger in einer E-Mail vom 25.5.2021).
500 Rainer Hollenweger von der Künstlergilde Landsberg konnte im Archiv der Künstlervereinigung keine diesbezüglichen Dokumente über einen Ausschluss oder Austritt finden (Hollenweger an Artinger in einer E-Mail vom 17.5.2021). Auch dem Kunsthistoriker Dr. Hans-Jürgen Tzschaschel aus Landsberg am Lech, der sich in der Geschichte der Gilde gut auskennt, sind die Gründe für Faiss' „Verlassen" der Gilde nicht bekannt (Tzschschel an Artinger in einem Telefonat am 17.5.2021). Faiss' Ausstellungsbeteiligungen in der Gilde waren: Weihnachtsausstellung 23.11.1935, Katalog-Nr. 14: *Frühling*, Nr. 15: *Winter* (2 Aquarelle?); Jahresausstellung 11.7.–15.9.1936, Katalog-Nr. 20: *Sonnenaufgang*, 360.–, Nr. 21: *Ankernde Boote*, 270.–, beide Öl, Nr. 22: *Andechs*, 90.–, Aquarell.
501 SA München, SpKA K3101 Faiss, Fritz; das gab Faiss selbst in seinem Meldebogen an.
502 Knigge (wie Anm. 326).
503 Diese Aussage lässt sich heute nicht mehr verifizieren: „Leider können wir in unseren Beständen keine Beziehungen des Hauses Fürstenberg zu Fritz Faiss nachweisen. In dem durch Namensregister erschlossenen Briefverkehr von Fürst Max Egon II. wird Faiss nicht genannt, ebenso wurden keine Kunstwerke von Faiss für die fürstlichen Sammlungen erworben. Da Fürst Max Egon II. 1941 starb, kann auch kein Schriftverkehr im unmittelbaren Zusammenhang mit dem Entnazifizierungsverfahren von Faiss vorhanden sein. Da alle von Faiss genannten Zeugen für den Vorfall des Jahres 1937 verstorben waren, ist die Einschätzung dieser Aussage in der Tat schwierig" (Jörg Martin, Fürstlich Fürstenbergisches Archiv, Donaueschingen, an Artinger in einer E-Mail vom 28.5.2021). Und weiter: „Eine mögliche Verbindung zum Haus Fürstenberg dürfte über Faiss' Geburtsort Furtwangen zu erklären sein. Dass Faiss also an einer Veranstaltung (?) mit dem badischen Gauleiter, den Kreisleitern von Freiburg und Karlsruhe sowie dem Fürsten teilgenommen haben könnte, ist also nicht völlig unplausibel" (Martin an Artinger in einer E-Mail vom 28.5.2021).
504 Vgl. Spruchkammerakte: SA München, SpKA K3101 Faiss, Fritz.
505 Liste der Künstlerinnen, die in der Grafiksammlung vertreten sind (wenn sie

gleichzeitig in der Gemäldesammlung mit Werken sind, wird das mit dem Zusatz „[GM]" angegeben): Emma Bechtle-Kappis (1875–1957) (GM), Elisabeth Beckström (1901–1942), Annemarie Berger (?), Dora Brandenburg-Polster (1884–1958), Clara Brigel (1872–1955) (GM), Martha Buhl († 1942) (GM), Marchesa Sophie della Valle di Casanova Browne (1866–1960), Grete Csaki-Copony (1893–1990) (GM), Ruth Dolmetsch (1918–2000), Else Eberle (1905–1989 [?]), Gretli Fuchs (1917–1995), Elisabeth Hahn (1883–1967) (GM), Ilse Beate Jäkel (1907–1982), Lilli Kerzinger-Werth (1879–1971), Felicitas von Klein (?) (GM), Doris Lautenschlager (?) (GM), Martha Mühe (?), Emma Nachtigal (1875–1969), Anna Peters (1843–1926) (GM), Erna Raabe von Holzhausen (1882–1938) (GM), Clara Rühle (1885–1947) (GM), Elisabeth Schönleber (1877–1960), Maria Schwab-Hasse (1909–1988) (GM), Colomba von Volborth (1900–1976) (GM), Helene Wagner (1878–1956), Olga Waldschmidt (1898–1972) (GM), Sally Wiest (1866–1952) (GM), Ruth Zimmermann (1911–1970).

506 Von 1933 bis 1945 verkaufte sie der Stadt acht Gemälde und zwei Radierungen: *Am Bodensee, Unteruhldingen mit Säntis,* o. J., Radierung, 9,5 × 19,5 cm, KMS, Inv-Nr. R-0087; *Unterland,* o. J., Radierung, 47,5 × 30,5 cm.

507 StA Ludwigsburg, PL 502/29 a Nr. 2907; StA Sigmaringen, Wü 15 T 1 Nr. 237b/031, Spruchkammerakte Rühle, Clara; zu Rühle auch: Edith Neumann, Künstlerinnen in Württemberg. Zur Geschichte des Württembergischen Malerinnen-Vereins und des Bundes Bildender Künstlerinnen Württembergs, Stuttgart 1999, Bd. 1, S. 168.

508 Artinger (wie Anm. 2).

509 13 Landschaftsbilder, 10 Stadtbilder, 4 Marinebilder, 4 Blumenbilder, 2 Bauernstuben-interieurs, 1 Kinderbild, 1 Porträt, 1 Selbstbildnis.

510 *Schneeschmelze,* o. J., Öl auf Leinwand, 34 × 47 cm; *Herbst,* o. J., Öl auf Leinwand, 35 × 48 cm; *Sommerwald,* o. J., Öl auf Leinwand, 34 × 47 cm.

511 Generell gab es vier Verbote: Ausstellungsverbot, Malverbot, Arbeitsverbot und Berufsverbot. „Ob das Malverbot in jedem Fall mittels Atelierkontrollen und konsequent durchgesetzt wurde, ließ sich [...] nicht mehr nachprüfen. Die Künstler haben wohl meist heimlich weitergearbeitet. Von öffentlichen Aufträgen an sie konnte allerdings kaum mehr die Rede sein. Die vier Arten von Verboten sind nicht genau abzugrenzen, sie wurden offensichtlich auch von den NS-Behörden unterschiedlich angewandt" (Künstlerschicksale im Dritten Reich in Württemberg und Baden, hrsg. vom Verband Bildender Künstler, Stuttgart o. J., S. 22). Für Loewenthal wird an dieser Stelle von einem „Mal-" und „Arbeitsverbot" gesprochen.

512 Artinger (wie Anm. 2), S. 254–255.

513 StA Ludwigsburg, FL 300/33 I Bü 14431, Amtsgericht Stuttgart: Akten des Schlichters für Wiedergutmachung Stuttgart. In dieser Akte werden zwei Pastelle genannt, die 1935 gemalt wurden und vom Motiv an die *Gebirgslandschaft* erinnern: *Landschaft Vorgebirge* und *Wiesen im Nebel.*

514 Es gab sicher noch mehr Künstlerehepaare in Stuttgart und Württemberg, zu nennen wären hier zum Beispiel Maria Schwab-Hasse und Eugen Schwab (1892–1965) sowie Marianne und Hans Spiegel (1893–1966), doch ist über sie nur sehr wenig bekannt. Die Malerin, Grafikerin und Kunsthandwerkerin Maria Schwab-Hasse stammte aus Mannheim und hatte an der Stuttgarter Kunstakademie studiert. Ihr Ehemann war ein Stuttgarter Bildhauer, der sich auf religiöse Bau- und Freiplastiken spezialisiert hatte, vor 1933 war er unter anderem Berater des Hochbauamts Stuttgart. Das Paar lebte und arbeitete in Stuttgart-Weilimdorf. 1944 wurde Schwab-Hasses Atelier vollkommen zerstört. Neben einem Aquarell konnte sie drei Gemälde an die Stadt verkaufen, zuletzt im Jahr 1944, wo sie im Kunsthaus Schaller ausstellte: *Herbstblumen,* o. J., Aquarell, 63 × 48 cm; *Abgeerntet,* o. J., Öl auf Leinwand, 27 × 18 cm (im Krieg zerstört); *Gärtnerhaus,* o. J., Öl auf Leinwand, 60 × 78 cm, alte Inv. 852, 0-0383; *Abendgold,* 1942, Öl auf Leinwand, 52 × 67 cm, alte Inv. 2307 (im Krieg zerstört). Laut dem von Schwab-Hasse 1979 verfassten Lebenlauf war das Paar nicht in der NSDAP, wodurch Schwab als Baukünstler keine öffentlichen Aufträge mehr bekam. Schwab-Hasse zählte sich und ihren Mann zur Generation von Künstler:innen, die nach 1945 vergessen waren (KMS, Künstlerakte Maria Schwab-Hasse, Lebens-Lauf vom 8.8.1979). Die überwiegend grafisch tätige Marianne Spiegel war eine ehemalige Schülerin von Hans Spiegel. Ihr Frühwerk wurde mit dem Dürer-Preis der Stadt Nürnberg ausgezeichnet.

515 StA Ludwigsburg, EL 902/15 Bü 25555, Spruchkammerakte Zimmermann, Ruth.

516 Ein Beispiel ist Hanna Nagel (1907–1975). Die Kunsthalle Mannheim zeigte im April 2022 die Ausstellung „Hanna Nagel. Wiederentdeckung einer Pionierin feministischer Kunst", in der am Beispiel vom Leben und Werk der Künstlerin die Themen Paarbeziehung, Frauenbild und Mutterschaft in den

1920er- und 1930er-Jahren erörtert wurden. Stuttgart erwarb von der in Heidelberg geborenen und dort auch gestorbenen neusachlichen Künstlerin kein Werk.

517 Diese und alle weiteren biografischen Details über das Leben und Werk von Dora Brandenburg-Polster von Bettina Vogel, der Enkelin der Künstlerin, an Artinger in zwei E-Mails vom 19. und 26.2.2021 und einem Telefonat am 25.2.2021. Das Zitat stammt aus den „Lebens- und Reiseblättern" (Privatbesitz Bettina Vogel).

518 Lebens- und Reiseblätter (ebd.).

519 Im Bestand des Kultusministeriums gibt es eine Akte, die Gesuche zum Ankauf von Kunstwerken Dora Brandenburg-Polsters für die staatlichen Sammlungen betrifft; vgl. Bayerisches HStA München, MK 60634.

520 HStA Stuttgart, J 191, Zimmermann-Fischer, Ruth, M. C. Schicksal einer Künstlerin. Zur Gedächtnis-Ausstellung für Ruth Zimmermann-Fischer, in: Schwäbisches Tagblatt, 1.4.1971.

521 StA Ludwigsburg, EL 902/15 Bü 25555, Spruchkammerakte Zimmermann, Ruth.

522 Ebd.

523 Zum Beispiel: Ottilie Thiemann-Stoedtner, Dora Brandenburg-Polster. Würdigung einer Dachau nahestehenden Malerin, in: Amperland, 1973, Jg. 9, S. 347–350, online: https://www.zeitschrift-amperland.de/download.php?id=288 (Stand: 16.2.2021). Auch im Wikipedia-Artikel über die Künstlerin wird diese Phase in ihrem Leben nicht erörtert.

524 Hansjörg Lobentänzer, Hans Brandenburg (1885–1968). Ein Dichter in seiner Zeit. Leben – Werk – Würdigung, München 1997 (Diss. Ludwigs-Maximilians-Universität, München).

525 Vogel (wie Anm. 517).

526 Ebd.

527 Reinhard Wittmann, Auf geflickten Straßen. Literarischer Neubeginn in München 1945–1949, München 1995, S. 74, hier zitiert nach Lobentänzer (wie Anm. 524), S. 31.

528 Manfred Brauneck (Hrsg.), Autorenlexikon deutschsprachiger Literatur des 20. Jahrhunderts, Reinbek 1991, S. 95, hier zitiert nach Lobentänzer (ebd.).

529 Lobentänzer (ebd.), S. 3.

530 Bayerisches HStA München, Sammlung Varia 1327/2: NSDAP im Gau München-Oberbayern, 1939, Werbetexte über München im Auftrag von Oberbürgermeister Karl Fiehler.

531 Thiemann-Stoedtner (wie Anm. 523), S. 350.

532 Ebd., S. 347, o. J., wahrscheinlich in den Jahren zwischen den Kriegen entstanden.

533 Josef Magnus Wehner, Über Dora Brandenburg-Polster, in: Die Kunst für alle: Malerei, Plastik, Grafik, Architektur, Jg. 54, 1938–1939, Heft 5, Februar 1939, S. 147–148.

534 Ebd., S. 148.

535 Lebens- und Reiseblätter (wie Anm. 517).

536 StA Ludwigsburg, EL 901/20 BÄ 1348, Meldebogen Olga Waldschmidt, 28.1.1953. Olga Waldschmidt gruppierte sich bei den „Mitläufern" ein. Ihr Entnazifizierungsverfahren vor der Zentralen Spruchkammer Württemberg-Baden wurde am 28. Januar 1953 eingestellt; vgl. StA Ludwigsburg, EL 905/6 I Nr. 7873.

537 Auch Olga Waldschmidt lebte zeitweise in Sassnitz, Weddingstraße I, in der russischen Besatzungszone; vgl. StA Ludwigsburg, EL 902/20 Bü 81193, Waldschmidt, Arnold.

538 Ungewöhnlich waren solche Aufträge an ehemalige Nationalsozialist:innen in der jungen Bundesrepublik jedoch ganz und gar nicht, wie die Ausstellung „Die Liste der ‚Gottbegnadeten'. Künstler des Nationalsozialismus in der Bundesrepublik" im Deutschen Historischen Museum, Berlin, 2021 eindrücklich zeigte; vgl. Wolfgang Brauneis, Raphael Gross (Hrsg.), Die Liste der „Gottbegnadeten". Künstler des Nationalsozialismus in der Bundesrepublik, München 2021.

539 KMS, altes Gemäldeinventar: Grete Csaki-Copony, *Am Webstuhl*, o. J., Öl auf Leinwand, 58,5 × 43,5 cm, alte Inv. 1780, deakzessioniert; dies., *Knabe mit Krug*, o. J., Öl auf Leinwand, 47,5 × 37,5 cm, deakzessioniert; dies., *Schiff*, Pastell, 47 × 68 cm; dies., *Durchblick*, o. J., Aquarell, 38,5 × 44 cm; zur Ausstellung im Kunsthaus Schaller siehe Ingrid von der Dollen, Grete Csaki-Copony. 1893–1990, Zwischen Siebenbürgen und weltstädtischer Kultur, Hermannstadt/Sibiu 2008, S. 171.

540 Zur Parteimitgliedschaft Richard Csakis siehe Katja Gesche, Kultur als Instrument der Außenpolitik totalitärer Staaten. Das Deutsche Ausland-Institut 1933–1945, Köln, Weimar, Wien 2006, S. 247.

541 Von der Dollen (wie Anm. 539), S. 65–66.

542 Markus Enzenauer nennt als Quelle für das Ehrenmal als Veranstaltungsort für auslandsdeutsche Kulturveranstaltungen und die dortige Ausstellung von Csaki-Copony die Akte R 57 neu/1810 im BArch Berlin-Lichterfelde (Näheres zu Enzenauer siehe Anm. 229).

543 Ingrid von der Dollen geht in ihrer umfangreichen Monografie über die Künstlerin auf diesen

Widerspruch nicht ein (wie Anm. 539). Ihr war die Ausstellung bei Schaller bekannt, sie führt sie in ihrem Ausstellungsverzeichnis auf, doch hatte sie keine Kenntnis von der Ausstellung 1937 in der Ehrenhalle und den Erwerbungen Stuttgarts. In von der Dollens Liste der Arbeiten der Künstlerin in öffentlichen Sammlungen wird das KMS nicht genannt.

544 So ist sie zum Beispiel vertreten im privat geführten Museum Kunst der verlorenen Generation, Salzburg.

545 Zu dieser Einschätzung siehe Günther Ott, Csaki-Copony, online: https://kulturportal-west-ost.eu/biographien/csaki-copony-grete-2 (Stand: 17.2.2021).

546 Das heutige Institut für Auslandsbeziehungen, vor 1945 das Deutsche Auslands-Institut Stuttgart, arbeitete seine Geschichte im Nationalsozialismus auf, siehe dazu https://www.ifa.de/ifa-geschichte/#section3 (Stand: 17.2.2021).

547 Ebd.

548 Zu dieser Einschätzung gelangt das Stuttgarter Museum für Stadtgeschichte, StadtPalais, in seiner in der Dauerausstellung präsentierten Kurzbiografie über Csaki als „Führende[n] Kultur- und Volkstumspolitiker".

549 Ebd.

550 Grete Csaki-Copony zitiert nach von der Dollen (wie Anm. 539), S. 73.

551 Gesche (wie Anm. 540), S. 270, und Zuschlag (wie Anm. 404), S. 366.

552 Gesche (ebd.), S. 271.

553 Ebd., S. 279.

554 Allgemeine Deutsche Zeitung vom 8.5.1928 anlässlich einer Ausstellung im „Großen Berliner Glaspalast", hier zitiert nach von der Dollen (wie Anm. 539), S. 40.

555 G. W. Werner, in: Neue Linie, Dezember 1930, hier zitiert nach von der Dollen (wie Anm. 539), S. 54.

556 Dr. Anton von Werner, in: Deutsche Allgemeine Zeitung, hier zitiert nach von der Dollen (ebd.), S. 56.

557 Von der Dollen (ebd.), S. 66.

558 Der Erwerbungsvorgang der Druckgrafik ist unbekannt, die Provenienz ist mit einem Fragezeichen versehen. Sie hing als Ämterschmuck zuerst im Hauptamt, im SPD-Fraktionszimmer (KMS, Inventarkarte, Aufbewahrungsort).

559 Artinger (wie Anm. 2), Kapitel 7: Landschaftsmalerei und Nationalsozialismus in Württemberg, besonders S. 122–131.

560 Paul Obrecht, Geliebtes Schwabenland, 24 Zeichnungen und Radierungen, Esslingen-Mettingen 1940.

561 Alle biografischen Angaben aus: HStA Stuttgart, J 191 Obrecht, Paul, Zeitungsausschnitte: flg [unbekanntes Autorenkürzel], In den Stuttgarter Galerien, in: Stuttgarter Zeitung, Nr. 36, 13.2.1978; ow [unbekanntes Autorenkürzel], „Dichterisch anmutende Bekenntnisse". Kunstmaler Paul Obrecht in Obertürkheim vollendet heute sein 90. Lebensjahr bei bester Gesundheit, in: Untertürkheimer Zeitung, 2.8.1977; des Weiteren: Q 3/39 B Bü 569 Obrecht, Paul / 1946–1978, kd [Karl Diemer], Maler Obrecht 90 Jahre alt, in: Stuttgarter Nachrichten, 2.8.1972.

562 Wie Anm. 561, Einladungskarte mit der Zeichnung *Obertürkheim* für die „Gedächtnisausstellung Paul Obrecht. Zeichnungen – Aquarelle", die in der Galerie Kunsthöfle – Stadtbücherei Bad Cannstatt vom 2. bis 28. Februar 1978 stattfand.

563 Paul Obrecht, *Kirche im Dorf,* o. J., Zeichnung, 25 × 33 cm, Erwerbungsvorgang und Entstehungsjahr unbekannt, höchstwahrscheinlich Drittes Reich.

564 kd [Karl Diemer] (wie Anm. 561).

565 flg [unbekanntes Autorenkürzel] (ebd.).

566 In der Ausstellung „Karl Marx und der Kapitalismus" behandelte das Deutsche Historische Museum, Berlin, 2022 die Bedeutung und Wirkungsgeschichte vom Leben und Werk Karl Marx'. Die Rezeption seines visuellen Porträts wurde aber nur am Rande erörtert; vgl. Raphael Gross, Jürgen Herres, Sabine Kritter (Hrsg.), Karl Marx und der Kapitalismus, Darmstadt 2022.

567 Diese Informationen über Himmel sind der biografischen Inventarkarte des KMS entnommen, die wohl noch von Eugen Keuerleber geschrieben wurde.

568 SA Stuttgart, Zeitungsausschnitte im biografischen Archiv, hier zitiert nach P. H., Viktor Himmel wurde 80 Jahre, in: Allgemeine Zeitung, Nr. 294, 20.12.1957.

569 Ebd., hier zitiert nach f [unbekanntes Autorenkürzel], Der alte Viktor Himmel meint, er lebe wie im Himmel. Besuch bei dem heute den achtzigsten Geburtstag feiernden Meister des Holzschnitts, in: Stuttgarter Zeitung, Nr. 294, 20.12.1957.

570 Ebd., hier zitiert nach kd [Karl Diemer], Hier sind die „Schwabenköpfe" entstanden. Der Xylograph Viktor Himmel wird 80 Jahre alt – Ein Meister der schwäbischen Holzschnittstube, in: Stuttgarter Nachrichten, Nr. 293, 19.12.1957.

571 HStA Stuttgart, Q 3/39 B Bü 399 Himmel, Viktor / 1946–1958, Angaben Viktor Himmels auf die 114. und 115. Frage im Fragebogen der Military

Government of Germany, den er am 13. März 1946 auffüllte. Die 114. Frage lautet: „Sind Sie jemals aus dem Beamtenstand, dem Lehrerberuf oder aus einer kirchlichen oder irgendeiner Stellung auf Grund aktiven oder passiven Widerstandes gegen die Nazis oder Ihre Weltanschauung entlassen worden?" Diese Frage beantwortete Himmel mit ja. Die 115. Frage lautet: „Wurden Sie jemals aus rassischen oder religiösen Gründen oder weil Sie aktiv oder passiv den Nationalsozialisten Widerstand leisteten, in Haft genommen oder in Ihrer Bewegungs- oder Niederlassungsfreiheit oder sonstwie in Ihrer gewerblichen oder beruflichen Freiheit beschränkt?" Auch diese Frage beantwortete Himmel mit ja. In der Gewerblichen Schule Im Hoppenlau haben sich keine Unterlagen erhalten, die die Verfolgung Himmels verifizieren könnten; Akten aus der Zeit vor 1945 sollen wahrscheinlich durch Kriegseinwirkungen zerstört worden sein (Dr. Andreas Baitinger, Schulleiter, an Artinger in einer E-Mail vom 20.10.2021). Offenbar stellte Himmel nach dem Krieg aber wegen seiner beruflichen Benachteiligung keinen Antrag auf Wiedergutmachung. Im StA Ludwigsburg gibt es dazu keine Wiedergutmachungsakte (Corinna Knobloch, StA Ludwigsburg, an Artinger in einer E-Mail vom 29.10.2021). Zu finden ist die Information, Himmel hätte als Lehrer an der Höheren Fachschule für das graphische Gewerbe gearbeitet, die 1928 nach einem Beschluss des Württembergischen Landtags eingerichtet worden war. In ihr verschmolzen die Fachschule für Buchdruckgewerbe und die Städtische Gewerbeschule zu einer Institution, die Fachkräfte im Buchdruck ausbildete. Ob diese Anstellung nach der Tätigkeit für die Hoppenlauschule oder erst nach dem Zweiten Weltkrieg erfolgte, ist unbekannt. Zur Geschichte der Höheren Fachschule für das grafische Gewerbe: http://www.hdm-stuttgart.de/hundertjahre/grusswort (Stand: 15.10.2021).

572 Stefan Keppler-Tasaki, Hans Heinrich Ehrler (1872–1951). Biografie eines Abendländers, Wien, Köln, Weimar 2018, S. 393.

573 https://dewiki.de/Lexikon/Olaf_Saile (Stand: 15.10.2021).

574 Wie Anm. 571, Fragebogen. Darin gibt Himmel folgende Einkommen an (in RM): 1931: 3000; 1932: 2500; 1933: 800; 1934: 700; 1935: 800; 1936: 800; 1937: 800; 1938: 700; 1939: 800; 1940: 900; 1941: 900; 1942: 900; 1943: 5600; 1944: 3300; 1945: 6600.

575 Schwabenköpfe, Mappe 1, 6 Blatt, o. J., Holzschnitt, je 31 × 24 cm: Ludwig Uhland, Georg Wilhelm Friedrich Hegel, Friedrich Hölderlin, Justinus Kerner, Eduard Mörike, Friedrich Schiller; Mappe 2: 5 Blatt, o. J., Holzschnitt, je 31 × 24 cm: Robert Bosch, Gottlieb Daimler, Max Eyth, Robert Meyer, Graf Ferdinand von Zeppelin. Beide Mappen befinden sich im SA Stuttgart, Sammlung 9050 – Dokumentation Historisches Bild.

576 Wie HStA Stuttgart (Anm. 571).

577 Willi Jasper, Der gläserne Sarg. Erinnerungen an 1968 und die deutsche „Kulturrevolution", Berlin 2018, S. 59.

578 Eduard Fuchs, Kunst und Partei, in: Süddeutscher Postillon, Nr. 18, 1900, S. 148–149 (Hinweis auf den Artikel von dem Provenienzforscher Ulrich Weitz an Artinger).

579 Henry Guttmann Collection, Hulton Archive, GettyImages; vgl. https://www.gettyimages.de/detail/nachrichtenfoto/german-social-political-and-economic-theorist-karl-nachrichtenfoto/2672369?adppopup=true (Stand: 24.1.2024).

580 Gross, Herres, Kritter (wie Anm. 566), S. 123. Das Marx-Porträt erschien in der „Illustrirten Zeitung" vom 2. Dezember.1871.

581 KMS, Inventarkarte, Aufbewahrungsort. Hier ist jeweils angegeben: „Hauptamt (SPD- Fraktionszimmer)". In den 1950er-Jahren hingen sie im Personalamt.

582 Liste der Künstler:innen, deren Werke zwischen 1945 und 1970 für die Grafiksammlung (Aquarell, Zeichnung, Tempera, Holz-/Linolschnitt, Lithografie) erworben wurden; die Künstlerinnen sind durch Unterstreichung hervorgehoben, die heute noch überregional bekannten Künstler:innen durch Markierung in Fett: Ackermann, Max; Aichele, Erwin; Alpar, Istvan von; **Antes, Horst;** Appelhans, Albrecht; Bach, Reinhold; Bachschuster, Hermann; Bauer, Leo; Bauer, Max; Bäuerle, Hermann; Baum, Franz; **Baumeister, Willi;** Bauschert, Heiner; <u>Bechtle-Kappis, Emma</u>; Bendixen, Klaus; Bertsch, Carl Rudolf; Binder, Alfred; **Bissier, Julius;** Blutbacher, Helmut; <u>Böhringer, Margherita</u>; Bongert, Adolf; Bönninghausen, Hans; Börner, Emil Paul; Braith, Anton; Brasch, Hans; Braun, Leo Hubert; Braun, Louis (Ludwig); Braun, Reinhold; Braun-Kirchberg, Hans Emil; Breitinger, Eugen; Brude, Erhard; Brühlmann, Hans; Bundschuh, Günter; (Bendixen-)Busse, Hannelore (Hal); Caillard, ? (Christian Hugues oder André); Caspar, Karl; Cimiotti, Emil; Clavé, Antoni; Csösz, Ferenc; Curjel, Ernst; Cziossek, Felix; Dambacher, Walter; **Dix, Otto;** Dohme, Wilhelm; Dörfler, Roland; (Doerr) Dörr, Paul; Eberhardt, Friedrich (Fritz); Eberhardt, Heinrich; Eckener, Alexander; Ehmann, Eugen; Erlenbusch,

Hermann; Faber du Faur, Otto von; Fähnle, Hans; Felger, Paul Erich; Feuerstein, Gustav Adolf; Fischer, Cuno; Fischer, Wilhelm; Foerster, Heidi; Förch, Robert; Frank, Hugo; Franke-Luther, A. S.; Franz, Hugo; Freitag, Karl; Frey, Oskar; Fuhrmann, Rudolf; Funk, Eugen; Fürst, Stephanie; Gassebner, Hans; Gaugler, Hans; Gaul, Winfred; Gebhard, Adolf; Geiger, Hermann; Gekle, Peter Anton; Geyer, Wilhelm; Goll, Karl; Graevenitz, Fritz von; Grau, Peter; Gref, Franz Heinrich; **Grieshaber, HAP;** Gross, Hermann; Gross, Otto; Grünenwald, Jakob; Haber, Hans Ludwig; Hagstotz, Magda; Hahn, Elisabeth; Halbritter, Gerhard; Hammel, Albert; Hans, Emil; Harr, Rudolf; Hartmann, Norbert Georg; Haueisen, Albert; Haug, Paul Otto; Haug, Robert von; **Heckel, Erich; Hegenbarth, Josef;** Heim, Peter Otto; Henning, Erwin; Herdtle, Hermann; Herwig, Ferdinand; Hildenbrand, Paul; Hirsching, August; Holderried-Kaesdorf, Romane; **Hölzel, Adolf; Hofer, Carl;** Hofer-Bach, Otto; Hoffmann, Wolf; Houwald, Werner von; **Hubbuch, Karl;** Huber, Ludwig; Huber, Werner; Illenberger, August (Gustl); Jäkel, Ilse Berta; Jelin, Rudolf; Joyeux, Midel; Kälberer, Paul; Kalckreuth, Leopold von; Kapitzki, Herbert Wolfgang; Keller, Friedrich; **Kerkovius, Ida;** Kerschensteiner, Josef; Kerzinger-Werth, Lilli; Ketz, Fritz; Kiesdorf-Holderried, Romane; Kiessling, Erich; Kirchberger, Guenther C.; Klein, ?; Klumbies, Heinrich; Knoedler, Karl Heinz; Koch, Julius; Kohler, Walter H.; Köhler, Maxim; Kolb, Fritz; Kolig, Anton; Körner, Max; Kramm, Willibald; Krauss, Eugen; Kreißle, Walter; Krumm, Willibald; Kübler, Heinrich; Landenberger, Christian Adam; Lang, Elisabeth; Lang, Ernst; Lang, Fritz; Langhammer, Arthur; Lenk, Franz; Leonhardt, Heinrich; Lichtwald-Hallbauer, Marianne; Lippmann, Karl Friedrich; Losert, Heribert; Mahringer, Anton; Martin, Nicolaus; **Masereel, Frans;** Mayrhofer, Josef; Meinshausen-Felsing, ?; Metzger, Hermann; Meyer, Gerhard; Molfenter, Hans; Mora, Herta; Mühle, Helmut; Müller, R. Friedrich; Müller-Graefe, Rudolf; Nachbauer, Robert Heinrich; **Nägele, Reinhold;** Nesch, Irma; Nesch, Rolf; Niederbühl, Roland; **Nolde, Emil;** Oberle, Werner; Obrecht, Paul; Oehler, Christian; Oesterle, Manfred; Ogilvie, Wilfried; Otterstedt, Freiherr von Alexander; Pahl, Manfred; Pankok, Bernhard; Pfahler, Karl Georg; Plappert, Wilhelm; Pross, Hedwig; Raabe, Erna; Rabe, Walter; Raible-Butscher, Karl; Rapp, Richard; Raum, Konrad; Reder, Alfred; Rein, Günther; Renz, Walter; Richter, Hans Theo; Roesner, Uli; Rombach, Hermann; Romberg, Walter; Rössing, Karl; Rössle, Herta; Ruoff, Fritz; Rupprecht, Wilhelm; Rusicskai, ?; Ruth-Soffner, Asta; Saile, Adolf Valentin; Sanden, Bruno Albert von; Sartorius, Malte; Scheef, Lore; Scheurle, Ernst; **Schlemmer, Oskar;** Schmidt, Leonhard; **Schmidt-Rottluff, Kar;** Schmitt, August Ludwig; Schober, Hans; Schöllkopf, Günter; Scholz, Ernst; Schönleber, Gustav; Schopf, Gustav Georg; Schotel, A. (Anthonie Pieter?); Schwab-Hasse, Maria; **Seitz, Gustav;** Sieber, Friedrich; Siesser, Helmut; Sigrist, Karl; Silberberger, Adolf; **Sintenis, Renée;** Söder, Hans W.; Sohl, Will; Sperling, Gerhard; Stantscheff-Becker, Marie; Stark, Bruno; Stehwien, Fritz; Steinkopf, Gottlob Friedrich; Steisslinger, Fritz; Stirner, Karl; Stockhausen, Hans Gottfried von; Strakosch-Giesler, Maria; Strohhäcker, Reinhold; Tallada, Ignacio Lorente; Teuber, Hermann; Thiel, Johannes; Thies, Rolf; Treichler, Alida; Treidler, Adolph; Ulff, Doris; Ulmer, Paul; Umgelter, Hermann; Unterer, Gerhard; Wagner, Rolf; Wais, Alfred; Waldschmidt, Arnold; Waldschmidt, Olga; Walz, Theodor; Webskey, Wolfgang von; Weegmann, Reinhold; Weinhold, Kurt; Wessels, Wolfgang; Widmann, Willy; Wolff-Filseck, Eugen; Wollenheit, Wig; Wörn, Walter.

583 Brauneis, Gross (wie Anm. 538).

584 Wig Wollenheit, *Kuttenberg in Böhmen,* 1942, Feder, koloriert, 42 × 63 cm.

585 Tanja Beuthen, „Kunst und Politik gingen Hand in Hand“. Interview. Wolfgang Brauneis hat ein Jahr lang als Direktor des Nürnberger Kunstvereins dessen NS-Geschichte aufgearbeitet, in: art, April 2023, S.134–136.

586 StA Ludwigsburg, EL 902/20 Bü 99259 Frick, Felix. In der NS-Zeit bildeten der NS-Block- und der NS-Zellenleiter die unterste Organisationseinheit in einer Gemeinde, einem Stadtteil oder Wohngebiet. Diese Partei-Funktionäre standen ganz unten in der NS-Hierarchie. Der Blockleiter konnte einen Blockhelfer zur Unterstützung und zur Erledigung seiner Amtsgeschäfte ernennen. Diese „mussten nicht zwingend NSDAP-Mitglied sein, denn die Position [...] galt auch als Bewährungszeit für eintrittswillige Parteianwärter“ (https://www.gedenken-nt.de/dokumente/block-zellenleiter-teil-1 [Stand: 20.4.2023]).

587 StA Ludwigsburg (ebd.).

588 Deutung gemäß einem Hinweis von Daniela F. Eisenstein, Direktorin des Jüdischen Museums Franken in Fürth, die – bei aller Vorsicht – der Grafik eine antisemitische Tendenz zuweist und den Bildtitel als eindeutig antisemitisch einstuft (Eisenstein an Artinger in einer E-Mail vom 6.4.2023).

589 Shmuel Shapiro, *Gas Chamber,* 1964, Kohle, 73 × 55 cm.
590 Hermann Bäuerle, *Exekution im KZ,* 1944, 32 × 21 cm.
591 Lithografien mit Sammlerstempel (2, 4–19): 1. *Morgen* (früher: *Segelboote*), o. J., 23 × 17 cm (kein Sammlerstempel); 2. *Einfahrt,* 1896, 20 × 34 cm; 3. *Fischerboote auf See II* (früher: *Fischerboote im Nebel*), o. J., Lithografie, 30 × 29 cm (kein Sammlerstempel); 4. *Goldregen,* 1897, 39 × 24 cm; 5. *An Bord der Durango,* 1897, 30 × 32 cm (2 Mal); 6. *Im Hafen* (früher KMS: *Aus dem Hamburger Hafen*), 1897, 23 × 17 cm; 7. *Frühling,* 1898, 21 × 27 cm; 8. *Abend,* 1898, 22 × 15 cm; 9. *Heimkehr vom Fischfang,* 1898, 27 × 18 cm; 10. *Mondschein,* 1898/99, 23 × 18 cm; 11. *Windstille,* 1900, 18 × 23 cm; 12. *Fischerboote im Schlepp,* 1900, 18 × 24 cm; 13. *Im Hafen I,* 1901, 26 × 34 cm; 14. *Lootsboot* (frühere Titel im KMS: *Lotsenboot* und *Rettungsboot vor sinkendem Frachter*), 1907, 20 × 38 cm (2 Mal); 15. *Studie (Selbstbildnis),* 1907, 21 × 15 cm; 16. *Böiges Wetter,* 1907, 19 × 32 cm; 17. *Im Hafen II,* 1910, 29 × 40 cm; 18. *Fischerboote auf See I,* 1912, 13 × 21 cm; 19. *Elbe bei Hamburg,* 1912/13, 9 × 17 cm; Zeichnungen mit Sammlerstempel (20–21): 20. *Fischer,* Bleistift, 12 × 18 cm, 21. *Hafen in Nieuport,* Bleistift, 16 × 26 cm; 22. *Segelschiffe,* Bleistift, 13 × 16 cm; Fehlbestand: 23. *Morgen* (?), 1898/99, Lithografie, 23 × 18 cm, fehlt seit der Rückgabe aus dem Ämterschmuck 1982. Früher wurde *Morgen* als Fehlbestand erfasst, doch dieses Blatt gibt es, nur trug es bisher den Titel *Segelboote.* Die Frage ist daher, ob es sich bei L-0002 um eine Duplette handelt oder um ein anderes Motiv. Weil Grethe aber nur 19 Lithografien fertigte, muss es sich um die Duplette eines Motivs handeln.
592 Der Vor- und Nachname beziehungsweise die Signatur Max Rosenfelds, die den Stempel bildet, war anfangs schwer entzifferbar. Ingrun Stocke, die die Monografie Carlos Grethes und sein Werkverzeichnis 2009 publizierte (Der Maler des Meeres. Carlos Grethe [1864–1913], Leben und Werk, Weimar 2008) und die von Artinger gefragt wurde, ob sie den Sammlerstempel kenne, vermutete dahinter den Namen Max Rosenfeld. Diese Annahme erwies sich als richtig, wie der dann durchgeführte Vergleich mit Unterschriften aus Akten des StA Ludwigsburg beweist. Auch passt diese Zuweisung in den historischen Kontext (Stocke an Artinger in einer E-Mail vom 28.10.2021).
593 Hans Erik Rosenfeld wurde am 28. November 1897 in Stuttgart geboren. Die Kunsthistorikerin Gudrun Wessing erzählte Artinger von dem tödlichen Autounfall in einem Telefonat am 17. November 2021.
594 In den Niederlanden hieß sie sowohl Leonie Dentz als auch Leonie Dentz-Sussmann. Dieser Name findet sich auch in der Akte des Nationalarchivs der Niederlande über Max Rosenfeld: NS_RVD1040.
595 Katja Happe, Viele falsche Hoffnungen. Judenverfolgung in den Niederlanden 1940–1945, Paderborn 2017, S. 209 und 317; PW Klein, Het rechtsherstell gewogen: vragen mét en zondé antwoord (Die Wiederherstellung von Rechten abgewogen: Fragen mit und ohne Antworten), online: http://horaadema.me/Hora_Adema/Henri_Dentz.html (Stand: 8.6.2022); Wim de Wagt, De akelige waarheid van henri dentz (Die schreckliche Wahrheit von Henri Dentz), online: https://wimdewagt.nl/blog/article/54206/de-akelige-waarheid-van-henri-dentz (Stand: 8.6.2022).
596 Wessing nennt das Datum 26./29.4.1941 (Gudrun Wessing, Bernhard Pankok als Porträtmaler, Münster 1988, S. 281). Auf der Archivkarte des Bevölkerungsregisters im SA Amsterdam steht 29.4.1941 (SA Amsterdam, Archivkarte Volgnr. 1596, Rosenfeld. Max. Israel).
597 In den Unterlagen der Arolsen Archives. International Center on Nazi Persecution, Bad Arolsen, gibt es zwei Daten für seinen Tod: den 16.3. und 18.3.1943. In der „Lijst van in de concentratiekampen Westerbork en Buchenwalde overleden Joodse Personen, die op Nederlandsche begraafplaatsen tar sarde werden besteld“ ist der 18.3.1943 angegeben. Das Standesamt Stuttgart gibt den 16.3.1943 an.
598 Nationaal Archief, Reichskommissariat in den besetzten Niederländischen Gebieten Feindvermögensverwaltung 1940–1945, Invnnr(s).: 1677, Strafanzeige vom 5.8.1942.
599 Ebd., Punkt IV. Gründe, S. 2.
600 StA Ludwigsburg, F 201 Bü 489, Rosenfeld, Max / 1916–1920.
601 Ebd.
602 StA Ludwigsburg, F 303 II Bd 31, Handelsregister, Register für Gesellschaftsfirmen und für Firmen juristischer Personen Bd. 3, 1873–1877 (–1940), S. 1.
603 K. Lange, Das Haus Rosenfeld in Stuttgart, Dekorative Kunst, XVI, 2.11.1912, S. 57–104.
604 Nach der Kunstsammlung gefragt, teilte die Urgroßenkelin Jill Hollenbach mit, sie

glaube, dass es eine „substanzielle" („substantial") Kunstsammlung gab, dass aber das meiste davon verloren ging. Genauere Details weiß sie darüber aber nicht (Hollenbach an Artinger in einer E-Mail vom 9.10.2021). Hier ist aber anzumerken, dass die Nachfahren von Max Rosenfeld in den USA nur sehr wenig über Max Rosenfeld wissen und keine Kenntnisse über den Verbleib der Sammlung haben. Das dokumentieren auch die Fragen von Jeff Ronald, des Urgroßenkels, die er in einer E-Mail an Artinger vom 10. November 2021 formulierte: „We are unsure, and eager to further explore with you the following: 1. Are there other culturally treasured/sentimental pieces of art/artifacts/sculptures/antiques; as yet undiscovered/recovered (so many items of exquisite beauty in so many rooms of our family home)? 2. Were the contents of Max's home abruptly looted by Nazi soldiers, or was Max 'forced/coerced' to sell items under duress, *und fur phennig an dem Deutschmark* [...] or a combination of both? 3. Did he sell some items to art/antique dealers/collectors prior to the rise of the Third Reich during the high inflationary (preceding) period of economic contraction?"

605 Die Landschaft, die Zeichnung vom Sohn Hans und die Lithografie erwähnt Gudrun Wessing in einer E-Mail an Artinger am 15. Dezember 2021.

606 StA Ludwigsburg, FL 300/33 I Bü 835, Amtsgericht Stuttgart / Schlichter für Wiedergutmachung Stuttgart.

607 So konfiszierten die Nationalsozialisten: 1. Govaert Flinck, *Schäfer und Schäferin,* 2. Thomas Gainsborough, *Damenbildnis,* 3. zwei unbekannte Kinderbildnisse, 4. Genetscher, *Bildnis Edelmann,* 5. Damenbildnis in Lederumschlag, 6. G. van der Wyn, Bild. Im Bildarchiv Foto Marburg finden sich folgende Bilder aus der Sammlung Rosenfeld: Adriaen oder Isaac van Ostade, *Zwei Bauern,* o. J.; Jan Steen, *Theseus und Achelous (Das Festmahl des Achelous),* Öl auf Holz, zw. 1659 u. 1660, heute Phoenix Art Museum, USA.

608 StA Ludwigsburg, FL 300/33 I Bü 835 Amtsgericht Stuttgart / Schlichter für Wiedergutmachung Stuttgart, Eidesstattliche Erklärung vom 19.10.1960, S. 2–3.

609 Eine goldene Sprungdeckelherrenuhr Nr. 104948, ein goldenes Zigarettenetui, ein goldenes Streichholzetui, drei goldene Geldbörsen, ein kristallener Flakon mit Goldbeschlag, ein Ring, ein Paar goldene Manschettenknöpfe mit Steinen im Etui, ein Ripsband mit goldener Schnalle und Haken, eine Platinkette, zwei Federhalter und ein Bleistift aus Gold, vier goldene Uhrketten, eine goldene Halskette mit einer Perle, eine Krawattennadel mit Perle (Gold), zwei goldene Messer, eine goldene Halskette, ein goldener Anhänger in Herzform mit Saphir und Brillant, ein goldenes Kreuz mit zehn Brillanten und sieben Rubinen und einer Perle (eine Brillantfassung leer), ein goldener Ring mit Stein, eine goldene Nadel mit Perle, eine goldene Nadel als Schwan mit Perle und kleinen Steinen, eine goldene Krawattennadel, eine goldene Kragennadel, eine goldene Anstecknadel, Jahreszahl 1900 mit Steinen, drei Manschettenknöpfe, davon ein Paar mit Steinen, zehn goldene Vorhemdknöpfe, davon drei mit Steinen, zwei mit Perlmutter, eine ohne Knopf, ein Lederkoffer (Toilettenkoffer) mit 31 teils silbernen Teilen, ein Etui mit silberner Zuckerstange, eine silberne Schale, ein silberner Becher mit Lederhülle, ein Karton mit sechs silbernen Serviettenringen, zwei silberne Aschenbecher, eine silberne Schale, ein silbernes Teesieb, vier silberne Messer, ein großes silbernes Messer, ein silberner Tortenheber und ein silberner Flaschenverschluss, eine silberne Vase mit Steinen besetzt, zwei silberne Tintenfässer mit Steinen besetzt, ein silberner Deckel von einem Tintenwischer, eine silberne Zigarettendose, zwei silberne Leuchter, sieben silberne Schalen beziehungsweise Körbchen, drei silberne Tablette, drei silberne Körbchen, davon eines mit blauem Glaseinsatz, eine silberne Streichholzschachtel, zwei silberne Salzschalen, ein silbernes Teesieb, ein silberner Eierlöffel, zehn Teile Kleinsilber, drei silberne Ringe, eine silberne Leibbinde mit Münzen, eine silberne Kette mit Münzen und Ziernadel, sechs silberne Münzen.

610 Jeff Ronald schreibt über die Verwandtschaftsverhältnisse und Nachkommen von Max Rosenfeld: „Jill's sister, Amy Goldberg also resides in California. Their mother was Martha Ronald (daughter of Paul Rosenfeld/Ronald); she was born in Stuttgart, Germany, escaped the Third-Reich as an infant with her parents (Paul and Grete Rosenfeld), lived her life in the U.S. and died in the U.S. as an adult. Thus Jill and Amy are the great granddaughters of Max Rosenfeld; their mother was: Martha Ronald (aka, Rosenfeld) and grandparents were: Paul and Grete Rosenfeld. My Father, Mark Ronald, (Martha's brother; the son of Paul Rosenfeld/Ronald & grandson of Max Rosenfeld). Mark was born in the U.S. in 1941 and lives in Florida and Delaware" (Ronald an Artinger in einer E-Mail vom 5.11.2021).

611 Nationalarchiv der Niederlande, Amsterdam, NA_RVD 1040 Max Rosenfeld; Informationen über Leonie Dentz' Rolle bei der Emigration der Rosenfelds von Lea Grüter, Provenienzforscherin, Rijksmuseum Amsterdam, an Artinger in einer E-Mail vom 28.7.2023.

612 Diese These steht allerdings in einem gewissen Widerspruch zu der Geschichte der in letzter Minute abgewendeten Verhaftung von Paul Rosenfeld am 13. oder 14. November 1938. Eine Anfrage in der Gedenkstätte Buchenwald ergab, dass es hier keine Informationen über die Rosenfelds gibt. Nach heutigem Erkenntnisstand erfolgten nach dem Novemberpogrom in Stuttgart keine direkten Einweisungen von inhaftierten jüdischen Männern ins KZ Buchenwald, sie wurden ins KZ Dachau gebracht (Dr. Michael Löffelsender, Kustodie 1 – Geschichte des KZ Buchenwald, Stiftung Gedenkstätten Buchenwald und Mittelbau-Dora, an Artinger in einer E-Mail vom 16.11.2021). Auch im StA Ludwigsburg konnten keine Unterlagen zu einer Verhaftung von Max und Paul Rosenfeld in der Pogromnacht vom 9./10. November 1938 ermittelt werden (Ulrike Leuchtweis, StA Ludwigsburg, an Artinger in einer E-Mail vom 10.12.2021).

613 In eine Auktion gab er sie nicht, denn die Grafiken (im Konvolut) lassen sich nicht in den überlieferten Auktionskatalogen des Zeitraums 1933 bis 1945 nachweisen. Unter den Dokumenten, die über die Erwerbung von Kunstwerken durch die Stadt Stuttgart im Stadtarchiv erhalten sind, findet sich ebenfalls kein Hinweis auf diesen Ankauf (SA Stuttgart, 13 Hauptaktei/Bürgermeister, 171 Erwerbungen von Kunstwerken, Zeitraum von 1933 bis 1943; SA Stuttgart, 134/2 Galerie der Stadt Stuttgart, Akte 91: Angebote und Ankäufe Kunstgegenstände L–R [1925–1942]).

614 Zitiert in Kai Artinger, Zwei schleswig-holsteinische Nationalsozialisten in Amsterdam. Die Geschichte von Heinrich Böhmcker und Dr. Hans Böhmcker. Ein Beitrag zur deutschen Okkupationsgeschichte der Niederlande, in: Informationen zur Schleswig-Holsteinischen Zeitgeschichte, Heft 49, hrsg. vom Arbeitskreis zur Erforschung des Nationalsozialismus in Schleswig-Holstein e. V. (Akens), Kiel 2007, S. 5–55, hier: S. 36.

615 Gerard Aalders, Geraubt, Köln 2000, S. 190–191.

616 Ebd., S. 327–329.

617 Ebd., S. 360.

618 Ebd., S. 361.

619 Jürgen Lillheider, Die Rückerstattung jüdischen Eigentums in Westdeutschland nach dem Zweiten Weltkrieg. Eine Studie über Verfolgungserfahrung, Rechtsstaatlichkeit und Vergangenheitspolitik 1945–1971, Univ.-Diss., Albert-Ludwigs-Universität zu Freiburg im Breisgau, Freiburg i. Br. 2002/2003, S. 208.

620 Jürgen Sielemann, Ihr seid alle beruhigt. Briefe von Regina van Son an ihre Familie 1941–1942, Hamburg 2005, S. 94.

621 StA Ludwigsburg, EL 350 I Bü 27385, Landesamt für die Wiedergutmachung Baden-Württemberg, Einzelfallakten, die Rechtsanwälte von Paul George Ronald am 28. Mai 1962 an das Landesamt für die Wiedergutmachung Stuttgart.

622 René van Heijningen, NIOD, an Artinger in einer E-Mail vom 10.1.2022; zu Puttkammer: https://portal.ehri-project.eu/units/nl-002896-mf758763 und https://www.joodsmonument.nl/en/page/565/puttkammer (Stand: 18.1.2022).

AUSGEWÄHLTE LITERATUR

Ahlheim, Hannah, Die sexuelle Wehrmacht, in : Frankfurter Allgemeine Zeitung, 6.4.2011, online: https://www.faz.net/aktuell/feuilleton/politik/zweiter-weltkrieg-die-sexuelle-wehrmacht-1622448.html (Stand: 27.4.2020)

Artinger, Kai, Ein Bild der „deutschen Seele". Anton von Werners „Im Etappenquartier vor Paris 1871" (1894), in: Jahrbuch Preußischer Kulturbesitz, hrsg. im Auftrag des Stiftungsrats vom Präsidenten der Stiftung Preußischer Kulturbesitz Werner Knopp, Bd. 32, Berlin 1996, S. 419–440

Artinger, Kai, Franz, Radziwill: *Grab im Niemandsland.* Ein Beitrag zum Gefallenenkult im „Dritten Reich", Magazin, Mitteilungen des Deutschen Historischen Museums, 8. Jg., Heft 22, Berlin 1998, S. 12–23.

Artinger, Kai, Volksgemeinschaft, in: Kai Artinger (Hrsg.), Die Grundrechte im Spiegel des Plakats von 1919 bis 1999, Berlin 2000, S. '69–71

Artinger, Kai, Die Kunsthalle Bremen im Dritten Reich. Eine historische Aufarbeitung, Saarbrücken 2010

Artinger, Kai, Das Kunstmuseum Stuttgart im Nationalsozialismus. Der Traum vom Museum „schwäbischer" Kunst, hrsg. von Ulrike Groos, Köln 2020

Bartetzko, Dieter / Glossmann, Stefan / Voigtländer-Tetzner, Gabriel, Die Darstellung des Bauern, in: Kunst im 3. Reich. Dokumente der Unterwerfung, hrsg. vom Frankfurter Kunstverein und der Arbeitsgruppe des Kunstgeschichtlichen Instituts der Universität Frankfurt im Auftrag der Stadt Frankfurt, Frankfurt am Main 1980, S. 310–346

Bauer, Karlheinz, Bilder aus einer heroischen Zeit. Die Malereien im ehemaligen Ratssaal, in: Aalener Jahrbuch, hrsg. vom Geschichts- und Altertumsverein Aalen e. V., bearb. von Karlheinz Bauer, Stuttgart, Aalen 1986, S. 261–272

Bertonati, Emilio, Die neue Sachlichkeit in Deutschland, München 1974

Birk, Eberhard, Der „Kriegsmaler" Richard Hohly, in: Militärgeschichte. Zeitschrift für historische Bildung, Ausgabe 3/2006, S. 18–21

Bock, Robert Mario, Fritz Boehle. Das malerische Werk, Weimar 1998

Brauneis, Wolfgang / Gross, Raphael (Hrsg.), Die Liste der „Gottbegnadeten". Künstler des Nationalsozialismus in der Bundesrepublik, München 2021

Büttner, Nils, Im Zeichen des Neubeginns: Die Kunstakademie zwischen 1898 und 1933, in: Büttner, Nils / Zieger, Angela (Hrsg.), in: Rücksichten. 250 Jahre Akademie der Bildenden Künste Stuttgart. Ein Lesebuch, Stuttgart 2011, S. 75–102

Das Bild des Krieges. I. Die Ausstellung Kunst der Front, hrsg. vom Luftgaukommando VI, Essen 1942

Doering, Oskar, Die Stuttgarter Jubiläumsschau, in: Die christliche Kunst. Monatsschrift für alle Gebiete der christlichen Kunst und Kunstwissenschaft sowie für das gesamte Kunstleben, 13. Jg., 1916/1917, S. 21

Durchdenwald, Thomas, Streit über die Chronik spaltet die Stadt, in: Stuttgarter Nachrichten, Nr. 133, 12. Juni 2020, S. 17

Fibel für die Volksschulen Württembergs, mit Bildern von P. J. Schober, K. Sigrist, H. Sohn und K. Stirner, genehmigt durch den Erlaß des Reichsministers für Wissenschaft, Erziehung und Volksbildung vom 11. Juli 1941 E II A 5561/41, Stuttgart 1935

Fiedler-Bender, Gisela / Höfchen, Heinz / Stolte, Wolfgang, Pfalzgalerie Kaiserslautern (museum), Braunschweig 1992

Fleckner, Uwe, Carl Einstein und sein Jahrhundert. Fragmente einer intellektuellen Biografie, Berlin 2007

Friedrich, Jörg, Brandstätten. Der Anblick des Bombenkriegs, München 2003

Friese-Oertmann, Sabine, Arbeiter in der Malerei und Fotografie des 19. Jahrhunderts. Deutschland, Großbritannien, USA, Berlin 2017

Froitzheim, Eva-Marina, Stunde Null? Die Akademie der Bildenden Künste ab 1946, in: Büttner, Nils / Zieger, Angela (Hrsg.), Rücksichten. 250 Jahre Akademie der Bildenden Künste Stuttgart. Ein Lesebuch, Stuttgart 2011, S. 203–226

Gauss, Ulrike, Pleuer und die Eisenbahn, Ausst.-Kat. Aalen, hrsg. von der Stadt Aalen, Stuttgart 1978

Gesche, Katja, Kultur als Instrument der Außenpolitik totalitärer Staaten. Das Deutsche Ausland-Institut 1933–1945, Köln, Weimar, Wien 2006

Graf, Gottfried, Der neue Holzschnitt und das Problem der künstlerischen Gestaltung, Heilbronn 1927

Groß, Christian / Großmann, Uwe, Die Darstellung der Frau, in: Kunst im 3. Reich. Dokumente der Unterwerfung, hrsg. vom Frankfurter Kunstverein und der Arbeitsgruppe des Kunstgeschichtlichen Instituts der Universität Frankfurt im Auftrag der Stadt Frankfurt, Frankfurt am Main 1980, S. 391–392

Gross, Raphael / Herres, Jürgen / Kritter, Sabine (Hrsg.), Karl Marx und der Kapitalismus, Darmstadt 2022

Hamann, Richard, Geschichte der Kunst von der altchristlichen Zeit bis zur Gegenwart, Berlin 1932

Hamann, Richard / Hermand, Jost, Stilkunst um 1900. Epochen deutscher Kultur von 1870 bis zur Gegenwart, Frankfurt am Main 1977

Heimberger, Fritz, Walter Romberg, der schwäbische Merian, in: Aus Schönbuch und Gäu, Beilage der Kreiszeitung Böblinger Bote vom 25.8.1979

Heinrich Kübler 1905–1965. Gemälde – Aquarelle – Zeichnungen, Galerie Schlichtenmaier, Schloß Dätzingen 2.2.–8.3.1986, Stuttgart 1986

Heussler, Carla / Wagner, Christof (Hrsg.), Stuttgarter Kunstgeschichten. Von den schwäbischen Impressionisten bis zur Stuttgarter Avantgarde, Regensburg 2022

Heyd, Werner P., Gottfried Graf und die „entartete Kunst" in Stuttgart, Bd. 6, Staatliche Akademie der Bildenden Künste Stuttgart, Stuttgart 1987

Heyfelder, Erich, Heinrich Seufferheld als Graphiker schwäbischer Landschaften, in: Schwäbisches Heimatbuch, hrsg. im Auftrag des Bundes für Heimatschutz in Württemberg und Hohenzollern von Felix Schuster, 20. Bd., Stuttgart 1934, S. 60–66

Heyfelder, Erich, Walter Rombergs schwäbische Landschaftsradierungen, in: Schwäbisches Heimatbuch, hrsg. vom Bund für Heimatschutz in Württemberg und Hohenzollern, Stuttgart 1935, S. 10–14

Hinz, Berthold, Die Malerei im deutschen Faschismus. Kunst und Konterrevolution, München 1984

Hitler, Adolf, Mein Kampf, München 1933

Hofmann, Franz, Josef Nicklas, in: Die Kunst für alle: Malerei, Plastik, Grafik, Architektur, 49, 1934, S. 24–28

Hofmann, Franz, Alfred Vollmar als Grafiker, in: Die Kunst für alle: Malerei, Plastik, Grafik, Architektur, 49, 1934, S. 170–172

Hüneke, Andreas, Rudolf Hengstenberg, in: „entartet" – beschlagnahmt. Bremer Künstler im Nationalsozialismus, Bremen 2009, S. 66–69.

Jahn, Peter / Rürup, Reinhard (Hrsg.), Erobern und Vernichten. Der Krieg gegen die Sowjetunion 1941–1945. Essays, Berlin 1991

Jentsch, Ralph (Hrsg.), Friedhelm Röttger, Felix Hollenberg, München, New York 1983, S. 252

Kaselow, Gerhild, „Kampf dem Kitsch – Für eine wahre Kunst". Enwicklung und Stellenwert des Holzschnitts in der Kunst im Nationalsozialismus in Braunschweig, in: Deutsche Kunst 1933–1945 in Braunschweig. Kunst im Nationalsozialismus, hrsg. vom Städtischen Museum Braunschweig und der Hochschule für Bildende Künste Braunschweig, Hildesheim, Zürich, New York 2000, S. 99–109

Kessler-Zieroth, Danuta / Schreiner, Rupert (Bearb.), Klinkert, Walter, Meisterwerke der Vedute, Ostdeutsche Galerie Regensburg 1986, S. 23–29

Kißner, Michael / Scholtyseck, Joachim (Hrsg.), Die Führer der Provinz. NS-Biografien aus Baden und Württemberg, Konstanz 1999 (Studienausgabe)

Klett, Arnulf, Vorwort zu: Zwei Jahrhunderte Malerei in Stuttgart aus dem Kunstbesitz der Stadt, Stuttgart 1950

Klinckerfuß, Margarethe, Aufklärung aus versunkener Zeit, Urach 1948

Kluckert, Ehrenfried, Peter Jakob Schober. Monographie mit Werkverzeichnis, hrsg. von Berta Schober, Stuttgart 1990

Koch, Michael, Alexander Kanoldt 1881–1939. Werkverzeichnis der Gemälde, München 2018

Kraker, Sylvia, Albert Birkle 1900–1986, Univ.-Diss. Leopold-Franzens-Universität Innsbruck, Innsbruck 1992

Kunsthistorischer Wanderführer Württemberg und Hohenzollern, Stuttgart, Zürich 1984

Lendvai-Dircksen, Erna, Das Germanische Volksgesicht. Flandern, Bayreuth 1942

Lendvai-Dircksen, Erna, Das Germanische Volksgesicht. Norwegen, Bayreuth 1942

Lobisser, Switbert, Das Lobisser-Buch, Klagenfurt 1940

Lorenz, Felix, Arnold Waldschmidt, in: Die Kunstwelt. Deutsche Zeitschrift für bildende Kunst, 3, 1913–1914, S. 390–399

Lücke, Klaus P., Rudolf Hengstenberg. Maler im Nationalsozialismus, Eschborn 1996

Luftgau VII, Kunst der Front 1942. Ausstellung von Soldaten der Luftwaffe, o. O., o. J., Geleitwort vom Kommandierenden General und Befehlshaber Zenetti, General der Flakartillerie

Mächler, Robert, Der Bildhauer Walter Squarise, in: Badener Neujahrsblätter, Bd. 42, 1967, S. 77–80, online: http://doi.org/10.5169/seals-322944 (Stand: 18.5.2021)

Max Ackermann 1887–1975. Leben und Werk – 1887–1912, Weimar 2017

Mühlhäuser, Regina, Eroberungen. Sexuelle Gewalttaten und intime Beziehungen deutscher Soldaten in der Sowjetunion 1941–1945, Hamburg 2010

Müller, Julia, Die Akademie der Bildenden Künste und die Kunstgewerbeschule in Stuttgart in der Zeit des Nationalsozialismus, in: Büttner, Nils / Zieger, Angela (Hrsg.), Rücksichten. 250 Jahre Akademie der Bildenden Künste Stuttgart. Ein Lesebuch, Stuttgart 2011, S. 155–178

Müller, Roland, Stuttgart zur Zeit des Nationalsozialismus, Stuttgart 1988

Musial, Bogdan, Deutsche Zivilverwaltung und Judenverfolgung im Generalgouvernement. Eine Fallstudie zum Distrik Lublin 1939–1940, Wiesbaden 1999

Musper, Heinrich Theodor, Heinrich Seufferheld als Graphiker, in: Württemberg. Monatsschrift im Dienste von Volk und Heimat, 1936, S. 314–325

Musper, Heinrich Theodor, Heinrich Seufferheld. Das radierte Werk, Stuttgart 1941

Myss, Walter, Kunst in Siebenbürgen, Innsbruck 1991

Nagel, Gert K., Schwäbisches Künstlerlexikon vom Barock bis zur Gegenwart, München 1986

Neumann, Edith, Künstlerinnen in Württemberg. Zur Geschichte des Württembergischen Malerinnen-Vereins und des Bundes Bildender Künstlerinnen Württembergs, Stuttgart 1999

Philipp, Claudia Gabriele, Erna Lendvai-Dircksen (1883–1962). Repräsentantin einer weiblichen Kunsttradition oder Propagandistin des Nationalsozialismus? Verschiedene Möglichkeiten, eine Fotografin zu rezipieren, in: Schaeffer-Hegel, Barbara (Hrsg.), Frauen und Macht.

Der alltägliche Beitrag der Frauen zur Politik des Patriachats, Berlin 1984, S. 58–74

Raff, Gerhard, Schwäbischer Merian. Raffs Raritäten CXXIII, in: Stuttgarter Zeitung vom 16.7.1998

Rebel, Ernst, Druckgrafik. Geschichte – Fachbegriffe, Stuttgart 2003

Reelfs, Hella, Walter Klinkerts Ansichten Berliner Bauten, in: Kessler-Zieroth, Danuta / Schreiner, Rupert (Bearb.), Walter Klinkert. Meisterwerke der Vedute, Ostdeutsche Galerie Regensburg 1986, S. 14–20

Richter, Klaus, Der Maler Erich Feyerabend, in: Kunst- und Antiquitäten-Rundschau, Nr. 9, September 1935, S. 223

Rödiger-Diruf, Erika, Die Malerei ist tot, es lebe die Malerei. 150 Jahre Kunstakademie Karlsruhe – die Professoren von 1947 bis 1987, Karlsruhe 2004

Sander, August, Antlitz der Zeit. 60 Fotos deutscher Menschen, München 1929

Schäff, Heinrich, Städtische Gemäldesammlung Villa Berg – Vorwort, in: Villa Berg. Stadtpark und Städtische Gemälde-Sammlung, Stuttgart 1925

Schaffer, Nikolaus, Albert Birkle, hrsg. vom Salzburger Museum Carolino Augusteum, Salzburg 2001

Schirmbeck, Peter, Darstellung der Arbeit (Malerei und Plastik), in: Kunst im 3. Reich. Dokumente der Unterwerfung, hrsg. vom Frankfurter Kunstverein und der Arbeitsgruppe des Kunstgeschichtlichen Instituts der Universität Frankfurt im Auftrag der Stadt Frankfurt, Frankfurt am Main 1980, S. 347–384

Schludi, Hermann, 1900–2000 Caspar Fürst – Ringen um Wahrheit, Ellwangen 2002

Schmidt, Wolfgang, „Maler an der Front". Zur Rolle der Kriegsmaler und Pressezeichner der Wehrmacht im Zweiten Weltkrieg, in: Die Wehrmacht. Mythos und Realität, im Auftrag des Militärgeschichtlichen Forschungsamtes hrsg. von Rolf-Dieter Müller und Hans-Erich Volkmann, München 1999, S. 635–684

Schmidt, Wolfgang, „Maler an der Front". Die Kriegsmaler der Wehrmacht und deren Bilder von Kampf und Tod, in: Der Krieg im Bild – Bilder vom Krieg, Hamburger Beiträge zur Historischen Bildforschung, hrsg. vom Arbeitskreis Historische Bildforschung, Frankfurt am Main, Berlin u. a. 2003, S. 45–76

Schreiner, Rupert, Walter Klinkert und die Kunst der Vedute, in: Kessler-Zieroth, Danuta / Schreiner, Rupert (Bearb.), Walter Klinkert. Meisterwerke der Vedute, Ostdeutsche Galerie Regensburg 1986, S. 23–29

Schulz, Siegfried, Der Umweg: Walter Romberg, in: Amtsblatt der Stadt Waldenbuch, Weil der Stadt, Februar 2000

Schumann, Wolfgang, Deutschland im Zweiten Weltkrieg, Bd. 4, Berlin 1984

Schuster, Peter-Klaus, „Artisten-Metaphysik". Zum Künstlerkult der Deutschen, in: das XX. jahrhundert. ein jahrhundert kunst in deutschland, Berlin 1999, S. 31–44

Schwenkel, Hans, Volksstamm und Landschaft im schwäbischen Raum, in: Schwäbisches Heimatbuch 1936, hrsg. im Auftrag des Bundes für Heimatschutz in Württemberg und Hohenzollern von Felix Schuster, 22. Bd., Stuttgart 1936, S. 5–22

Seewald, Berthold, Warum die Wehrmacht den Winter 1941/42 überlebte, online: https://www.welt.de/geschichte/zweiter-weltkrieg/article161020676/Warum-die-Wehrmacht-den-Winter-1941-42-ueberlebte.html (Stand: 30.4.2020)

Strohmeyer, Arn, Vater Masken, Nierstein am Rhein 2005

Strohmeyer, Curt, Stukas. Erlebnis eines Fliegerkorps, hrsg. von Wolfram Freiherr von Richthofen, Berlin um 1940

Stuttgart im Dritten Reich. Völkische Radikale in Stuttgart. Zur Vorgeschichte und Frühphase der NSDAP 1890–1925, Kat.-Ausst., Stuttgart 1982

Stuttgart unterm Hakenkreuz. Chronik 1933–1945, Stuttgart 1984

Tooze, Adam, Ökonomie der Zerstörung. Die Geschichte der Wirtschaft im Nationalsozialismus, München 2006

Veltzke, Veit, Kunst und Propaganda in der Wehrmacht. Gemälde und Grafiken aus dem Russlandkrieg, Bielefeld 2005

Vietzen, Hermann, Die stadtgeschichtlichen Sammlungen im Wilhelmspalais, Stuttgart 1965

Vogt, Paul, Geschichte der deutschen Malerei im 20. Jahrhundert, Köln 1976

Watson, Peter, Das Zeitalter des Nichts. Die Ideen- und Kulturgeschichte von Friedrich Nietzsche bis Richard Dawkins, München 2014

Wirth, Günther, Verbotene Kunst 1933–1945. Verfolgte Künstler im deutschen Südwesten, Stuttgart 1987

Yenne, William P., German (Hrsg.), War Art 1939–1945, mit einer Einführung von Keith W. Dills, New York 1983

Zuschlag, Christoph, „Entartete Kunst". Ausstellungsstrategien im Nazi-Deutschland, Worms 1995

ABKÜRZUNGEN

Bundesarchiv: BArch
Hauptstaatsarchiv: HStA
Kunstmuseum Stuttgart: KMS
Staatsarchiv: StA
Stadtarchiv: SA

ARCHIVE, MUSEEN, NACHLÄSSE

ABN AMRO Archives for the Art & Historiy Department, Amsterdam, NL
Archiv der Akademie der Bildenden Künste, Stuttgart
Archiv des Herinnerungscentrum Kamp Westerbork, NL
Archiv des Instituts für Weltkriegs-, Holocaust- und Genozidstudien (NIOD), Amsterdam, NL
Archiv Gedenkstätte Dachau
Archiv Markt Berchtesgaden
Arolsen Archives, Bad Arolsen
Galerie Valentien, Stuttgart
Gedenkstätte Buchenwald und Mittelbau-Dora
Badisches Landesmuseum, Karlsruhe
Bayerisches Hauptstaatsarchiv, München
Bessarabiendeutscher Verein e. V. / Heimatmuseum, Bildarchiv
Bezirksamt Stuttgart-Möhringen
Bundesarchiv, Abteilung Militärarchiv, Freiburg i. Br.
Bundesarchiv Berlin-Lichterfelde
Bundeszentralkartei bei der Bezirksregierung von Düsseldorf

Deutsches Monte Verità Archiv Freudenstein
Dokumentensammlung des Herder-Instituts für historische Ostmitteleuropaforschung, Institut der Leibniz-Gemeinschaft, Marburg
Dokumentationszentrum Flucht, Vertreibung, Versöhnung, Berlin
Getty Research Institute, Los Angeles, USA
Haus der Stadtgeschichte – Stadtarchiv Ulm
Historical Communications, Historisches Archiv der Robert Bosch GmbH, Stuttgart
Jüdisches Museum Franken, Fürth
Kreisarchiv Reutlingen
Kulturhistorisches Museum, Baden, Schweiz
Kunstakademie Düsseldorf, Archiv
Kunstgewerbemuseum, Staatliche Museen zu Berlin – Preußischer Kulturbesitz
Kunstmuseum Stuttgart
Landesamt für Finanzen – Landesentschädigungsamt, München
Landesarchiv Baden-Württemberg, Hauptstaatsarchiv Stuttgart
Landesarchiv Baden-Württemberg, Staatsarchiv Ludwigsburg
Landesbibliothek Baden-Württemberg, Handschriften-Abteilung, Stuttgart
Landesbibliothek Baden-Württemberg, Staatsarchiv Sigmaringen
Landesarchiv Berlin
Litauische Staatliche Historische Archive, Vilnius, Litauen
Max-Ackermann-Archiv, Bietigheim-Bissingen
Märkisches Archiv Berchtesgaden
Medizinhistorisches Museum der Charité, Berlin
Museum Biberach
Museum Riedlingen
Museum Wiesbaden
Nationalarchiv der Niederlande, Amsterdam, NL
Nationalbank der Slowakei, Museum für Münzen und Medaillen, Kremnica, Slowakei
Ortsmuseum Untertürkheim/Rotenburg
Paul-Jauch-Haus, Eningen unter Achalm
Paul Kälberer Stiftung, Sulz a. N.-Glatt
Staatsarchiv München
Staatsarchiv Sigmaringen
Staatsgalerie Stuttgart
Stadtarchiv Aalen
Stadtarchiv Amsterdam, NL
Stadtarchiv Dießen
Stadtarchiv Esslingen
Stadtarchiv Furtwangen
Stadtarchiv Heilbronn
Stadtarchiv Konstanz

Stadtarchiv München
Stadtarchiv Nürtingen
Stadtarchiv Pforzheim
Stadtarchiv Stuttgart
Städtische Galerie im Lenbachhaus und Kunstbau München
Städtische Kunstsammlung Murrhardt
Städtische Museen Esslingen am Neckar
Städtische Museen Villingen-Schwenningen
Universitätsarchiv der Universität der Künste, Berlin
Weibertreu-Museum, Weinsberg
Wessenberg-Galerie, Konstanz
Wirtschaftsarchiv Baden-Württemberg, Universität Hohenheim, Stuttgart
Zentralarchiv der Staatlichen Museen zu Berlin

PERSONENREGISTER

IMPRESSUM

Diese Publikation erscheint anlässlich der Ausstellung
Grafik für die Diktatur
Die Geburt der Grafiksammlung des Kunstmuseums Stuttgart im Nationalsozialismus

1. November 2024 – 14. September 2025

Kurator / Projektleitung
Kai Artinger

Kunstmuseum Stuttgart
Stiftung Kunstmuseum Stuttgart gGmbH
Kleiner Schlossplatz 13
70173 Stuttgart
T: +49 (0)711/216 196 00
www.kunstmuseum-stuttgart.de

KUNSTMUSEUM STUTTGART

Direktorin
Ulrike Groos

Stellvertretende Direktorin / Sammlungskuratorin
Sabine Gruber

Assistenz der Direktorin
Helga Holzapfel

Sekretariat
Ebru Faber

Kurator:innen
Eva-Marina Froitzheim, Dierk Höhne

Wissenschaftliche Assistentinnen
Antonia Rittgeroth, Stefanie Ufrecht

Bibliothek und Sammlungsdokumentation
Veronika Großer, Miriam Seifert-Wahl, Sabine Kirsammer

Provenienzforschung
Kai Artinger

Registrare
Nicole Groß, Thomas Basilides

Kaufmännische Leitung
Sabine Rieker

Verwaltung
Jörg D. Alexander, Pia-Marie Lorke, Melanie Schneider

Sponsoring, Vermietung und Veranstaltungen
Astrid Eberlein, Felix Weidner

Restaurierung
Roxanne Schindler, Farina Werland, Roger Bitterer, Stella Eichner, Britta Schmierer

Pressesprecher
Constantin Neumeister

Marketing
Janina Schneider

Kommunikation und Social Media
Sonja Köster, Maria Rox

Kunstvermittlung
Stefan Stegmaier, Johannes Müller, Laura Wünsche

Digitalisierung
Dean Verebes

Führungskoordination
Alenia Miranda Rodriguez, Rita Holzwarth

Depotverwaltung
Tobias Fleck, Roger Bitterer, Axel Koch

Ausstellungstechnik
Tobias Fleck, Holger Fleck, Michel Vallejo Atienza, Jochen Irion, Izabela Ambrozinska, Karen Jacob

Gebäudetechnik
Sandro Nerz, Bernd Neubauer, Luigi Ruggeri, Hans-Peter Wettenmann, Erich Krohmer

Technische Projektkoordination
Rudi Schweizer

Kasse und Information
Markus Klein

Aufsicht
Jochen Irion, Winfried Gehrke, Jutta Lienig

Archiv Baumeister
Hadwig Goez, Carla Link-Walesch

Museum Haus Dix
Alexandra Bürgel, Renate Horner

Buch

Herausgeber:innen
Kai Artinger, Ulrike Groos

Autor
Kai Artinger

Lektorat
Birgit Wüller

Satz und Gestaltung
Monika Aichinger, arts + science weimar GmbH

Gesamtherstellung
VDG / arts + science weimar GmbH
Druck: Beltz Bad Langensalza GmbH

Besuchen Sie uns im Internet:
www.asw-verlage.de

ISBN: 978-3-89739-988-4

Bibliografische Information der Deutschen Nationalbibliothek:
Die Deutsche Nationalbibliothek verzeichnet diese Publikation in der Deutschen Nationalbibliografie; detaillierte bibliografische Daten sind im Internet über http://d-nb.de abrufbar.

Umschlagabbildungen
Grete Csaki-Copony, *Durchblick*, 1932, Aquarell; Alfred Eichhorn, *Vormarsch im Osten*, 1941, Zeichnung; Hektor Kirsch, *Der Revolutionär*, o. J., Holzschnitt; Emil Klay, *Am Chemin des Dames*, o. J., Aquarell; Switbert Lobisser, *Am Fenster*, 1937, Holzschnitt; Jos. Pflügl, *Stuka-Angriff*, 1940, Zeichnung; Karl Sigrist, *Ernte Filderebene*, 1938, Aquarell

Bildnachweis
Die Geltendmachung der Ansprüche gem. § 60h für die Wiedergabe von Abbildungen der Exponate/Bestandswerke erfolgt durch die VG Bild-Kunst.
© VG Bild-Kunst, Bonn 2024 für die Werke von: Max Ackermann, Albert Birkle, Norbert Gerd Hartmann, Paul Kälberer.
Kunstmuseum Stuttgart: Abb. 1–7, 9–88, 90, 92–95, 97–101, 103–115, 117–119, 121–134, 136, 138–139, 141–145
Abb. 8: © Rheinisches Bildarchiv
Abb. 56: © Kunststiftung Paul Kälberer
Abb. 61: © Siebenbürgisches Museum
Abb. 89: © „Historische Bildpostkarten – Universität Osnabrück – Sammlung Prof. Dr. Sabine Giesbrecht
Abb. 91: © Ilanna Irion
Abb. 131: © Bettina Vogel
Abb. 136: © wikipedia
Abb. 132, 137, 148: © Kai Artinger
Abb. 141: © Archiv der sozialen Demokratie der Friedrich-Ebert-Stiftung
„Historische Bildpostkarten – Universität Osnabrück – Sammlung Prof. Dr. Sabine Giesbrecht
Abb. 149: © Landesarchiv Baden-Württemberg, Abt. Staatsarchiv Ludwigsburg (Foto: Kai Artinger)
Tafel 1: © Kunstmuseum Stuttgart
Tafel 2: © Zentrum für Militärgeschichte und Sozialwissenschaften der Bundeswehr, Fachbereich Publikationen, Bereich Kartografie

Fotonachweis
Frank Kleinbach: alle oben genannten Abb. des Kunstmuseums Stuttgart

Trotz intensiver Recherchen war es nicht in allen Fällen möglich, die Rechteinhaber ausfindig zu machen. Berechtigte Ansprüche werden selbstverständlich im Rahmen der üblichen Vereinbarungen abgegolten.